스퀘어 에닉스의 게임 AI

옮긴이 송지연

수학과를 졸업한 후 일본에서 컴퓨터 그래픽 프로그래밍을 전공했다. 15년 넘게 한국과 일본의 3D 게임, 콘텐츠 및 앱 제작 업체에서 프로그래머이자 엔지니어로 활동했다. 이 경험을 바탕으로 현재 IT 전문 도서 번역 및 편집자로 활동하고 있다. 옮긴 책으로는 <픽셀 아트 마스터 컬렉션>, <객체지향 UI 디자인>(에이콘), <VR의 이해 2/e>(에이콘), <재미나는 생각, AI와 게임>, <홀로그램 미래를 그리다>, <유니티 2D 디펜스 게임은 이렇게 만든다> 등 다수.

■ 주의 사항
이 책은 저작권 보호를 받고 있습니다. 비평을 목적으로 한 발췌나 인용을 제외하고, 저작권자 및 출판사의 허락 없이 복제하는 것은 금지되어 있습니다. 본서 또는 그 일부를 복제하여 개인적인 사용 목적 외의 용도로 이용하는 행위는 어떠한 이유라도 저작권법 위반에 해당합니다.

■ 책임 및 보증의 한계
책의 내용에 대해서는 정확하게 기술하고자 노력했으나, 저자 및 (주)AK커뮤니케이션즈는 내용에 대한 어떠한 보증을 하지 않으며, 내용이나 예제에 의거한 어떠한 운용 결과에 관해서도 일체의 책임을 지지 않습니다.

■ 저작권 및 상표에 대하여
본서에 기재된 제품명과 회사명은 각각 해당 회사의 상표 또는 등록상표입니다. 이 책에서는 특별한 경우를 제외하고, 상표권을 가진 회사나 조직의 목록을 명시하거나 상표명이 나올 때마다 상표 기호를 삽입하지는 않았습니다. 상표명은 편집상의 목적으로만 사용되었으며, 상표권자의 권리를 존중하고 있으며 이를 침해할 의도는 전혀 없습니다.

FINAL FANTASY VII REMAKE INTERGRADE© SQUARE ENIX CHARACTER DESIGN: TETSUYA NOMURA / ROBERTO FERRARI
ドラゴンクエストビルダーズ2 破壊神シドーとからっぽの島© ARMOR PROJECT/BIRD STUDIO/SQUARE ENIX
SQUARE ENIX Tech Preview: THE PORTOPIA SERIAL MURDER CASE© SQUARE ENIX
ドラゴンクエストX 目覚めし五つの種族 オフライン© ARMOR PROJECT/BIRD STUDIO/SQUARE ENIXヴァルキリーエリュシオン© SQUARE ENIX
Unreal® is a trademark or registered trademark of Epic Games, Inc. in the United States of America and elsewhere. Unreal® Engine, Copyright 1998 - 2024, Epic Games, Inc. All rights reserved.
ROBOTO Apache-2.0 license https://www.apache.org/licenses/LICENSE-2.0

감사의 글

이 책을 선택해주신 모든 분께 감사드립니다. 출판사인 주식회사 본 디지털 여러분께 깊이 감사드립니다.
키류 타카시(桐生隆司, Kiryu Takashi) 사장님, 스퀘어 에닉스의 모든 스태프, 이 책의 제작에 관여해주신 모든 분께 감사의 뜻을 전합니다.

아라마키 타케시(荒牧岳志) 님, 하세가와 이사무(長谷川勇) 님, 아오이케 에미코(青池恵美子) 님 그리고 원고를 정리해주신 나이토 유미(內藤ゆみ) 님께도 감사드립니다.

집필자 대표
미야케 요이치로(三宅 陽一郎)

인사말

여러분 안녕하세요. 스퀘어 에닉스의 미야케 요이치로입니다. 이 책은 가능한 많은 분께 우리가 매일같이 연구하고 있는 '디지털 게임의 AI'를 알기 쉽게 전달하고 싶다는 마음에서 시작됐습니다. '디지털 게임의 AI'는 정말로 흥미로운 분야입니다. 너무 재미있어서 저는 2004년부터 약 20년 가까이 이 일을 계속해오고 있습니다. 질릴 틈도 없고, 발전 속도도 빠르며, 매일 새로운 마음으로 임하고 있습니다.

들어가기에 앞서 '디지털 게임의 AI'에 대해 간단히 설명드리자면 '함께 모험하는 동료 캐릭터를 더 똑똑하게 만들고, 적 캐릭터를 더 생명체답게 만드는 것'입니다. 이 책에서 소개할 AI는 이 외에도 말씀드릴 게 많지만, 우선은 이렇게 생각해주셔도 좋습니다. 거기서 모든 것이 시작되니까요.

이 책은 어떤 책?

하지만 AI는 눈에 보이는 분야가 아니다 보니, 좀처럼 이해하기 어려운 부분이 있습니다. 이 분야의 재미와 넓은 가능성을 많은 분들께 전하고 싶지만, 혼자 힘으로는 한계가 있었기에 제가 신뢰하는 스퀘어 에닉스의 AI 개발팀 멤버들에게 도움을 청했고, 각자 맡고 있는 개발 및 연구 분야를 직접 설명해 주게 되었습니다. 목표는 '일본에서 가장 알기 쉬운 디지털 게임 AI 입문서'였습니다(그리고 실제로 그렇게 됐다고 생각합니다).

각 집필자에게 부탁한 건 단 하나, '무조건 알기 쉽게!'였습니다. 구체적으로는 "설명 절반까지는 누구라도 이해할 수 있도록 써주세요"라는 것이었습니다. 그래서 각 장의 전반부는 누구나 이해할 수 있도록 구성되어 있습니다. 후반부로 갈수록 다소 전문적인 설명이 나올 수도 있지만, 그 부분도 최대한 완만하게 넘어갈 수 있도록 쓰여 있습니다. 그러므로 독자 여러분은 아무런 배경 지식 없이, 빈손으로 읽기 시작해도 전혀 문제없습니다.

문과, 이과 따지지 않아도 괜찮습니다. 수식도 꼭 필요한 부분이 아니면 최대한 생략했습니다. 또한 어느 장부터 읽어도 상관없기 때문에 관심 가는 부분부터, 마음이 이끄는 대로 이 분야를 산책하듯 읽어 보시길 바랍니다. 분명 독자 여러분은 지금까지 본 적 없는 새로운 지식과 관점을 얻게 될 것입니다.

디지털 게임 AI의 풍경

하나의 산에는 숲도 있고, 초원도 있고, 꽃들도 있으며 덤불도 있습니다. 마찬가지로 '디지털 게임 AI'라는 산에도 다양한 장소와 풍경이 존재합니다. 이 책은 그 산을 느긋하게 산책하는 책입니다. 최대한 평탄한 길을 따라갈 수 있도록 설명에 공을 들였습니다. 어려운 곳은 "여기쯤에서 이런 풍경이 보여요" 정도로 짚고 넘어가는 정도입니다. 이제 여러분이 산책하게 될 코스를 간단하게 소개해 보겠습니다.

PART 1 **'게임 AI'**는 이 책의 입구입니다. 앞서 언급한 것처럼 '캐릭터를 더 똑똑하게, 더 생명체처럼 만드는 것'이 목표입니다. AI로 움직이는 캐릭터가 게임 스테이지의 복잡한 지형 속에서 바위를 피하거나, 강을 뛰어 넘거나, 자유롭게 움직이도록 하는 기술을 **'내비게이션'**이라고 부릅니다. 이 분야 전문가인 프랑소 님이 공중을 나는 캐릭터까지 포함한 '3D 내비게이션'의 세계를 안내합니다. 다음으로, 캐릭터는 스스로 생각하고 행동할 필요가 있습니다. 이러한 기술을 **'의사 결정'**이라고 부르며, 게임 업계는 오랫동안 이 분야에서 세계를 선도해 왔습니다. 특히 '스스로 계획을 세우고 행동하는 AI'를 **'플래닝'**이라고 부릅니다. 이 주제에 대해서는 최근 몇 년간 연구와 개발을 계속해온 나미키(並木) 님이 설명합니다. 한편 캐릭터이기 때문에 자신의 몸은 스스로 움직여야겠지요. 신체를 움직이는 기술은 **'애니메이션'**이라고 합니다. 모리 토라요시(森寅嘉) 님은 대학원 석사 시절부터 이 분야에 흥미를 가지고 지속적으로 개발 및 연구를 이어오고 있습니다. 이 파트에서 그 성과를 소개합니다.

PART 2에서는 **'캐릭터와의 상호작용'**을 다룹니다. 게임이라는 것은 크게 보면 사용자와 캐릭터 간의 인터랙션(상호작용)으로 이루어져 있습니다. 인터랙션에는 여러 형태가 있으며, 몸짓이나 행동을 통해 이루어지기도 하고, **'언어'**를 통해 이루어지기도 합니다. 또한 캐릭터가 단순히 명령을 따르는 경우도 있지만, 반대로 **'감정을 가지고 상호작용하는'** 경우도 있습니다. "캐릭터에게 감정을 부여하려면 어떻게 해야 할까?"라는 주제는 고티에 님이, '언어를 통해 사용자와 대화하는 기술'에 대해서는 모리 토모아키(森友亮) 님이 각각 해설합니다.

PART 3 에서는 **'메타 AI'**를 다룹니다. 이 단어를 처음 듣는 분도 많을 거라 생각합니다. PART 1~2는 캐릭터를 중심으로 다루기에 직관적으로 이해하기 쉽지만, 메타 AI는 게임 시스템 그 자체가 AI가 되는 개념입니다. 즉, 신의 시점에서 사용자를 바라보며 게임 전체를 변화시킵니다. 자세한 설명은 본 파트를 읽어보시길 바랍니다. 스퀘어 에닉스는 <파이널 판타지 XV>(2016)에도 메타 AI를 탑재했을 정도로 이 기술에 많은 공을 들이고 있습니다. 이 기술은 게임 전체의 퀄리티를 확 끌어올릴 수 있는 힘을 가지고 있습니다. 혹은 개발 과정에서 생기는 '아쉬운 빈틈'을 보완하는 능력도 갖추고 있습니다. 사토이(里井) 님은 이 기술을 활용해 사용자 경험(UX)을 향상시키는 개발을 주도하고 있으며, 미즈노(水野) 님은 오므론 사와의 공동 프로젝트를 통해 이 기술을 로봇에 응용해 실공간으로 확장했습니다. 그리고 송 님은 이 기술을 더욱 정제하여 핵심 기술로 삼는 프로젝트를 맡고 있습니다.

PART 4는 '**딥러닝**'입니다. AI라고 하면 곧 딥러닝(심층 학습)이라고 생각하는 분도 많지만, 실제로는 그 외에도 다양한 AI 기술이 존재하며, 딥러닝은 방대한 AI 기술 중 하나에 불과합니다. 그럼에도 딥러닝은 여전히 중요한 기술로, 앞으로 디지털 게임 AI 분야의 변화를 이끌 핵심 기술이기도 합니다. 딥 뉴럴 네트워크라는 기초 기술은 공통적이지만, 음성, 이미지, 애니메이션 분야에의 응용은 각각 레안드로 님, 에드가 님, 엔도(遠藤) 님이 설명합니다.

PART 5는 '**AI를 활용한 품질 보증 자동화**'입니다. 디지털 게임은 점점 더 대형화되고 복잡해지고 있으며, 완성 후에 버그나 오류가 없는지를 확인하는 작업은 매우 어렵고 시간이 많이 듭니다. 이때 AI가 자동으로 게임을 플레이하면서 남아 있는 문제점을 찾아내는 기술이 아주 중요해집니다. 이 파트에서는 오랫동안 이 주제에 매달려온 파비앙 님, 오타(太田) 님, 조슈아 님이 설명합니다. 실제 게임 타이틀을 바탕으로 한 원고이기에 읽는 재미도 충분할 것입니다.

이 책을 읽는 방법

앞에서 이 책의 전체적인 구성을 간단히 소개해드렸습니다. 아마도 '디지털 게임의 AI에는 이렇게 다양한 분야가 있구나' 하고 느끼셨을 겁니다. 이제부터는 마음 가는 대로, 흥미로운 부분부터 읽으며 즐기시면 좋겠습니다. 관심 있는 파트부터 읽어도 되고, 관심 있는 장부터 읽어도 괜찮습니다. 또한, 이 책 전반에 걸쳐 주석을 덧붙여 두었으니, 그 주석부터 읽어보는 것도 색다른 재미가 될 수 있습니다.

이 책의 내용을 단순히 즐기셔도 좋고, 게임을 플레이할 때 떠올리며 색다른 시점에서 게임을 즐겨 보셔도 좋습니다. 또는 이 분야를 본격적으로 연구해보는 것도 좋은 선택일 것입니다. 이 책을 통해 "나의 세계가 조금 넓어졌다"고 느껴주신다면 더없이 기쁠 것입니다. 그럼 이제, 디지털 게임 AI의 세계로 모험을 떠나봅시다.

■ 주석에 대하여
맞는 듯하면서도 조금은 다른, 혹은 살짝 맞을 수도 있는 주석들. 난해한 용어가 많은 기술서 속에서 초보자도 끝까지 읽어나갈 수 있도록 도움을 주고자 마련한 것입니다. PART 1은 본문 집필자인 모리 토라요시(森寅嘉) 님과 나미키 고스케(並木幸介) 님이, PART 2~5는 사카타 신페이(坂田新平) 님이 주석을 맡아 해설해 주셨습니다.

■ 알림
2024년 4월 조직 개편에 따라 예전 AI부를 포함한 부서명 및 직종 등에 변경이 있었습니다. 이 책에서는 집필 시점의 표기를 그대로 사용했습니다.

미야케 요이치로 Youichiro Miyake

스퀘어 에닉스 AI부
제너럴 매니저

2022년부터 AI부 제너럴 매니저. 2011년 입사 이후 리드 AI 리서처로 활동. 교토대학교에서 수학을 전공하고, 오사카대학교 대학원에서 물리학 석사 과정을 마친 뒤, 도쿄대학교에서 공학 박사 학위를 취득. 2004년부터 디지털 게임 분야의 인공지능 개발과 연구에 종사해왔다. 게임 AI 기술의 초기 단계부터 다양한 AI 기술을 수집하고 독자적인 기술을 개발해오며, 게임 AI의 체계화와 발전을 지속적으로 추진해왔다. '대규모 디지털 게임에 있어 인공지능의 일반적 체계와 구현 ― <파이널 판타지 XV>의 사례를 바탕으로 ―'('大規模デジタルゲームにおける人工知能の一般的体系と実装 ― FINAL FANTASY XV の実例を基に―') 논문으로 2020년도 일본 인공지능학회 논문상을 수상. <파이널 판타지 XIV> AI 테크니컬 어드바이저, <파이널 판타지 XV' 리드 AI 아키텍트, <킹덤 하츠 III' AI 테크니컬 디렉터, <파이널 판타지 VII 리메이크' QA 자동화 AI 테크니컬 어드바이저 등을 맡았다. 일본디지털게임학회 이사, 일본인공지능학회 편집위원회 부위원장, 게임정보학연구회 운영위원. 저서로는 <파이널 판타지 XV의 인공지능>(본디지털) 등 다수가 있으며, CEDEC, GDC(Game Developers Conference), IEEE CoG(Conference on Games), SIGGRAPH, SIGGRAPH Asia, 일본인공지능학회 등 국내외 학회와 산업 컨퍼런스에서 다수의 강연과 발표를 진행하고 있다.
(직함과 소속은 2024년 3월 기준)

목차

인사말   4
이 책은 어떤 책?   4
디지털 게임 AI의 풍경   5
이 책을 읽는 방법   6

PART 1   게임 AI   16

들어가며 18

캐릭터의 정의   20
1. 캐릭터 제작   21
2. 인형술사   22
3. 데이터, 데이터, 데이터!   23

내비게이션 메쉬   25
1. 환경 인식   25
2. 매핑(지도 제작)   26
3. 복셀화   28
4. 연결   32
5. 삼각형 분할   32
6. 침식   35

경로 탐색, 스티어링, 회피   37
1. 간단한 쿼리   37
2. 경로 탐색   39
3. 스티어링   44
4. 회피   45
5. 정리   46

내비메쉬의 확장   47
1. 오프메쉬 링크   47
2. 코스트   49
3. 선호도와 기타 요인   50
4. 내비메쉬 개조   51
5. 런타임 생성   52
6. 도색과 보수   53
7. 정리   56

3D 내비게이션   57

1. 풀월드 복셀화	57
2. 풀어야 할 문제	58
3. 희소 복셀 8분 트리 스파스 복셀 옥트리(Sparse voxel octree)	60
이분법	62
구축	63
4. 그 외의 풀어야 할 문제	65
연결	65
가지치기	65
최적화	65
스트리밍	65
경로 탐색	66
5. 앞으로의 활용	66
파괴와 장애물	66
새로운 환경	67
더 정교한 AI 동작	67
소리 전달	67

결론   67

플래닝을 활용한 의사결정 시스템   68

1. 계획적인 AI	68
2. 플래닝 AI의 약점	69
3. 플래닝 AI의 실용 예	71
실시간 변화에 대한 대응	74
상태 공간의 방대함에 대응	74
4. 플래닝과 머신러닝	75
5. 새로운 기술 개발의 어려움	75
6. 개발 지원 부서의 업무	76

캐릭터 AI와 애니메이션   78

1. 우리는 어떻게 몸을 움직이고 있을까?	78
2. 캐릭터 AI의 문제점	79
3. 캐릭터 AI의 도입 사례	80
4. MULS 애니메이션 생성 시스템	82
5. 정리	90

PART 2   캐릭터 인터랙션   92

캐릭터 인터랙션이란   94

감정 AI를 둘러보는 여정 : AI는 실제로 감정을 느끼는가?   96

1. 지금까지의 AI에 감정은 존재했는가? 감정 AI의 역사   96

기분, 감정, 분위기	96
AI로 작동하는 캐릭터	97
만들고자 하는 것	99
2. 관련 연구	100
감정 모델	101
기분 모델	102
모델에 대한 최종 결정	103
3. 게임을 위한 감정 요소	105
이모셔널 컴포넌트	106
감정 모듈	107
이벤트 평가 시스템	108
기분 모듈	110
성격이란?	111
감정, 기분, 성격을 표현한다	111
디자이너가 캐릭터를 자신만의 방식으로 조정하기 위한 방안	114
4. 이모셔널 컴포넌트 개발에서 배운 것	117
5. 부록 : 페이퍼・연구	121
감정 모델	121
기분 모델	122

자연어 처리   124

1. 게임 캐릭터들과 자유롭게 대화하자   126
2. AI에서 '언어'를 다루는 기술   129
3. 개발 사례 : NLP 어드벤처   134
   어드벤처 게임 방식: '커맨드 입력식'과 '커맨드 선택식'   134
   '신세대 커맨드 입력식'의 실현을 위해   136
   테크 프리뷰 'SQUARE ENIX AI Tech Preview: 139
   THE PORTOPIA SERIAL MURDER CASE' 릴리즈   139
   '디지털 게임을 위한 NLP'에 필요한 것   140
4. ChatGPT 이후의 세계   141
   게임과 대규모 언어 모델   143

PART 3   메타 AI   146

메타 AI란   148

'감정을 자극하는'메타 AI   152

1. 메타 AI로 이루고자 했던 것   154
2. 2차원 감정 맵   155
3. 2차원 감정 맵에 기반한 메타 AI   158
4. Current EP의 추정   158
5. Goal EP의 플래닝   160

- 6. Next EP의 갱신과 게임 조정　　161
- 7. 메타 AI와 접점을 이루는 게임 요소　　162
- 8. 감정을 시각화하는 게임 플레이 분석 도구　　163
- 9. 감정 강도의 타임라인 표시　　164
- 10. 메타 AI의 평가　　165
  - Current EP의 추정 결과와 플레이어의 감정은 일치했는가?　　165
  - 메타 AI를 통해 플레이어의 감정을 흔들 수 있었는가?　　166
  - 난이도가 허용 가능한 범위였는가?　　166
  - 게임디자이너가 밸런스 조정이 쉽다고 느꼈는가?　　166
- 11. 정리　　167

슈팅 게임의 메타 AI　　168
- 1. 슈팅 게임의 난이도 설계 방법　　168
  - 일반적인 방법　　169
  - 동적 난이도 조정　　170
- 2. 슈팅 게임에 메타 AI를 도입해보았다　　170
  - 2-Layer 위험도 컨트롤　　172
  - 3가지 AI　　174
- 3. 동적 난이도 조정 시 주의할 점　　177
- 4. 미래 과제　　177
- 5. 정리　　178

탁구 로봇의 메타 AI　　179
- 1. 메타 AI, 게임 세계를 뛰쳐나오다　　179
- 2. 즐겁게 실력이 늘고 싶다!　　180
- 3. 탁구를 모릅니다…　　183
- 4. 탁구와 액션 게임은 무엇이 다른가　　184
- 5. 다 함께 땀 흘리며 가설을 검증하자!　　186
- 6. 플레이어의 모티베이션을 콘트롤하는 작전　　188
- 7. 현실 세계에서 메타 AI가 작동했다! 탁구 로봇의 메타 AI　　190
- 8. 게임 AI여, 게임 세계를 뛰쳐나가자　　191

메타 AI의 효과 검증　　193
- 1. 상관관계와 인과관계　　193
  - 상관관계　　193
  - 인과관계　　194
- 2. 인과관계를 검증하기 : 대조 실험과 맹검화　　194
- 3. 정리　　196

메타 AI와 게임 사용자 경험(UX)　　197
- 1. 메타 AI를 쓸 수 있는 게임과 쓸 수 없는 게임　　197
- 2. 게임 UX란　　197
- 3. 감정의 '흐름'을 분석한다　　198

    4. 게임 UX의 공통 언어화 - 패턴 랭귀지   203
    5. 정리   204

메타 AI의 전망   205
    1. 메타 AI의 활용 영역이 더 넓어진다   205
        더 많은 게임에 메타 AI가 도입된다   205
        다른 게임 AI와 결합해 활용된다   206
        게임이 아닌 분야의 인터렉션에도 응용된다   206
    2. 메타 AI로 실현되는 체험이 더 깊어진다   207
        메타 AI가 플레이어 앞에 등장한다   207
        메타 AI가 플레이어의 성장을 지원한다   207
    3. 메타 AI의 발전을 뒷받침한다   208
        게임 UX가 더욱 가시화되고, 더욱 객관적으로 검증될 수 있게 된다   208
    4. 정리   209

PART 4 딥러닝   210

머신러닝이란   212

스타일 트랜스퍼   220
    1. 게임 AI와 그 감정   220
    2. AI라도 그림 그릴 수 있어요!   220
        스타일 트랜스퍼와 감정 표현   221
    3. 이미지 생성 AI 기술의 이면   222
        AI는 어떻게 이미지를 그리는 걸까?   222
        이미지 데이터의 구조   222
        CNN의 기초   223
        이미지 생성에서의 CNN   225
        스타일 트랜스퍼 모델의 개요   226
        스타일 정보의 주입   227
        스타일 개념을 획득하라 : 스타일 트랜스퍼의 역전파   229
        학습 하드웨어   230
        추론   232
        여담   232
    4. AI는 그림을 그린다   233
        감정과 그림   233
        이모셔널 컴포넌트   233
        스타일의 선택과 출력   234
        스타일 트랜스퍼에 의한 AI의 감정 표현   235
    5. 앞으로의 그림을 통한 감정 표현   236

머신러닝을 활용한 자동 립싱크 애니메이션   238

1. 데이터로서의 소리 표현	238
2. 오디오를 이미지로 변환하기	241
3. 절대음감과 상대음감	243
4. 음성의 시간 흐름에 따른 변화를 학습한다	248
5. 애니메이션 생성	251

딥러닝을 활용한 캐릭터 애니메이션 생성 — 256

1. 애니메이션 제작 과정	256
키 프레임을 지정한다	257
베이크한다	258
자동 보간을 수행한다	258
2. 캐릭터 애니메이션	259
캐릭터 애니메이션 제작 전 과정	259
캐릭터 애니메이션 제작	260
모션 캡처의 이용	260
3. 딥러닝을 통한 애니메이션 생성의 동기	261
4. 딥러닝을 활용한 캐릭터 애니메이션 생성의 기초	262
5. 연구 내용	264
연구의 전제	264
연구 대상	265
방법 개요	265
모델	266
6. 현재의 과제와 향후 연구에 대하여	268
7. 딥러닝을 활용한 캐릭터 애니메이션 생성의 전망	269
자연어를 이용한 애니메이션 생성	269
실시간 애니메이션 생성	269
연기를 AI에게 가르친다	269
8. 정리	270

TALK 1 스퀘어 에닉스 AI부 좌담회 - 젊은 멤버 편

AI 부에서 탄생하는, 새로운 게임의 가능성	**272**

PART 5 | **AI를 활용한 품질 보증 자동화** | **280**

품질 보증의 개요	282

QA에서 게임 AI 활용 — 288

1. 시뮬레이션 테스트	289
2. 탐색 테스트	290

3. 스크립트 테스트　　　　　　　　　　　　　　　　　290
　　4. 비침투형과 침투형 테스트　　　　　　　　　　　　291
　　5. ACRE의 취지　　　　　　　　　　　　　　　　　292
　　6. 조작 기록과 리플레이　　　　　　　　　　　　　293
　　7. 게임 스테이트　　　　　　　　　　　　　　　　295
　　8. 동기화　　　　　　　　　　　　　　　　　　　296
　　9. 맵과 경로 탐색　　　　　　　　　　　　　　　　299
　　10. 탐색　　　　　　　　　　　　　　　　　　　　301
　　11. 앞으로의 과제　　　　　　　　　　　　　　　　302

백엔드 시스템　　　　　　　　　　　　　　　　　　303
　　1. 개발 배경　　　　　　　　　　　　　　　　　　303
　　2. 워크플로우　　　　　　　　　　　　　　　　　304
　　3. 테스트 스케줄러　　　　　　　　　　　　　　　306
　　4. 슬라이스 패키지와 고정 패키지　　　　　　　　　307
　　5. 장비 사용률 배분　　　　　　　　　　　　　　　308
　　6. 장비의 공유와 할당　　　　　　　　　　　　　　309
　　7. 레질리언스(회복 기능)　　　　　　　　　　　　　310
　　8. 중단 시간과 토일의 절감　　　　　　　　　　　　311
　　　　우선순위 기반 테스트 결과 삭제　　　　　　　311
　　　　세션의 병합과 커밋　　　　　　　　　　　　　311
　　　　Windows Update의 자동화　　　　　　　　　312
　　　　메트릭스(측정된 데이터)의 수집과 계측　　　　312

버그 분류와 데이터 분석　　　　　　　　　　　　　313
　　1. 버그 분류　　　　　　　　　　　　　　　　　　313
　　2. 핑거프린트를 활용한 버그 분류　　　　　　　　　314
　　3. 버그 재현율과 해결　　　　　　　　　　　　　　314
　　4. 알림　　　　　　　　　　　　　　　　　　　　316
　　5. 데이터 분석　　　　　　　　　　　　　　　　　318
　　　　Metabase™　　　　　　　　　　　　　　　318
　　　　Sentry™　　　　　　　　　　　　　　　　　319

결론　　　　　　　　　　　　　　　　　　　　　　321

TALK 2　스퀘어 에닉스 AI부 좌담회 - 섹션 리더 편

　　연구자들이 그리는 '게임×AI의 미래상'　　　　　322

　　후기　　　　　　　　　　　　　　　　　　　　　332
　　용어집　　　　　　　　　　　　　　　　　　　　334

PART 1
게임 AI

PART 1에서는 "AI로 움직이는 캐릭터가 게임 세계 속에서 생생하게 활약하기 위해 필요한 AI 기술"을 해설합니다. 여러분은 어떤 상황에서 캐릭터가 '게임 세계 속에서 생동감 있게 살아 움직이고 있다'고 느끼시나요? 저는 이 주제에 20년 넘게 매달려왔는데 아마도 이런 순간들이 아닐까 생각합니다.

> 캐릭터가 게임 세계의 상황을 제대로 인지하고 있을 때
> 캐릭터가 게임 세계에서 적절한 판단을 내리고 있을 때
> 캐릭터가 게임 세계에서 올바르게 이동하고 있을 때
> 캐릭터가 게임 세계에서 능숙하게 몸을 움직이고 있을 때

차례대로 전문 용어로 말하면, 위 2가지는 '센싱과 인식', '의사결정'이며 3번째는 '내비게이션', 마지막은 '애니메이션'에 해당합니다. 이 PART의 3개 챕터는 각각 이러한 주제를 다루고 있으며, 각 분야의 전문가인 프랑소와 님, 나미키 님, 모리 토라요시 님이 설명을 맡았습니다.

캐릭터 1명을 움직이기 위해 이처럼 다양한 AI 기술이 총동원된다는 사실에 놀랄 수도 있습니다. 하지만 그것은 곧 우리 인간이 현실 세계에서 활동하기 위해 그만큼 깊고 방대한 지능을 활용하고 있다는 뜻이기도 합니다. 부디 이 PART를 통해 지능의 깊이란 무엇인지 느껴보시기 바랍니다.

미야케 요이치로

1 들어가며

PART 1에서는 스퀘어 에닉스 AI부의 '게임 AI'에 대한 접근 방식을 소개합니다. 오늘날 게임에서 사용하는 캐릭터 AI는 '센서', '의사결정', '이펙터'라는 세 가지 주요 모듈로 구성되어 있습니다. 센서는 환경으로부터 정보를 수집하고, 의사결정 시스템은 어떤 행동을 하지 판단하며, 이펙터는 그 판단에 따라 실제 동작을 생성합니다. 여기에 더해 공유 정보를 기록하는 '블랙보드' 시스템, 환경 정보를 처리하기 위한 '내비게이션' 시스템을 더한 것이 현대 캐릭터 AI의 기본 구조가 됩니다(그림 A).

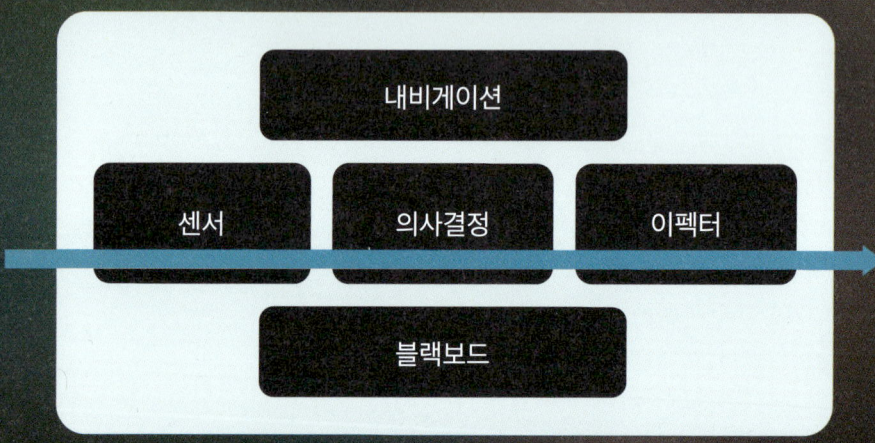

[그림 A] 캐릭터 AI의 구성

본 PART에서는 먼저 두리스 장프랑수아 님이 일반적인 AI에 대한 설명과 AI부에서 개발 중인 내비게이션 시스템에 대한 접근 방식을 소개합니다. 그 다음으로 나미키 님이 플래닝을 활용한 고도화된 의사결정 시스템, 마지막으로 모리 토라요시 님이 게임 AI와 애니메이션 시스템을 연결하는 프로시저럴 애니메이션 기술에 대해 설명합니다. 여기에서는 PART 1 전반에서 공통적으로 등장하는 주요 용어 몇 가지를 소개하겠습니다.

FSM과 비헤이비어 트리

현대 게임에서 사용되는 대표적인 의사결정 방식으로는 'FSM(Finite-State Machine, 유한 상태 기계)'와 '비헤이비어 트리(Behavior Tree)'가 있습니다. FSM은 게임 업계에서 오랫동안 활용되어 온 방식으로, 상태 간 전이(이동)를 통해 AI 행동을 기술하는 시스템입니다. FSM은 오늘날에도 여전히 널리 사용되고 있지만, 상태 수가 늘어날수록 상태 간 전이의 수가 기하급수적으로 증가해 버리는 문제점을 안고 있습니다(그림 B).

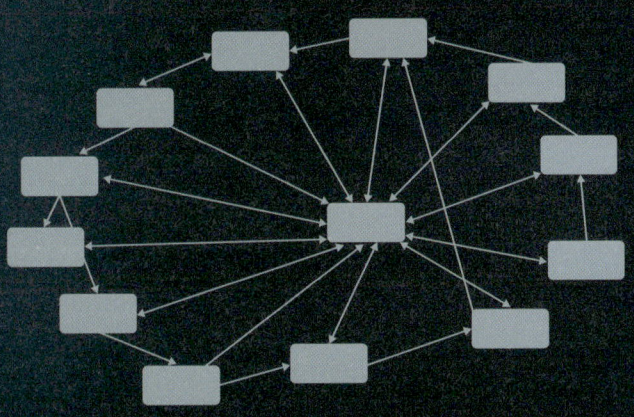

[그림 B] 상태 전이가 폭발적으로 증가해버린 FSM 데이터의 예. 이런 상태가 되면 데이터 관리가 매우 어려워집니다.

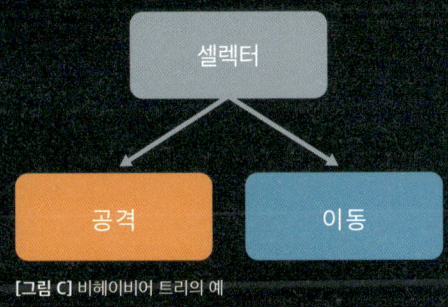

[그림 C] 비헤이비어 트리의 예

이 문제를 해결하고 어느 정도 성공을 거둔 방식이 바로 비헤이비어 트리라고 불리는 기법입니다 (그림 C). 이는 AI가 수행할 작업(태스크)을 기술하는 시스템으로, 컴포지트 태스크(합성 태스크)와 프리미티브 태스크(원천 태스크)라는 두 가지 유형의 태스크를 이용해 캐릭터의 행동을 기술해 나갑니다. FSM에서는 상태 간 전이로 작성하던 제어 로직이, 비헤이비어 트리에서는 컴포지트 태스크로 대체됩니다. 이를 통해 상태 간 전이의 폭발적인 증가를 억제하겠다는 발상이 적용된 것입니다.

게임 엔진

게임 개발에 필요한 소프트웨어, 툴, 렌더링 시스템 등이 통합된 개발용 패키지를 말합니다. 기술이 발전하며 게임의 복잡성과 고도화가 증가하여 게임을 구성하는 최소한의 요소만 갖추는 데도 막대한 작업량이 요구되게 되었습니다. 그 때문에 현대 게임은 기본적인 '게임 엔진'이라고 불리는 정해진 개발 환경을 기반으로 개발 및 제작되고 있습니다. 대표적인 사용 엔진으로는 언리얼 엔진(Unreal Engine), 유니티(Unity), 고도 엔진(Godot Engine) 등이 있으며, 각 회사에서 자체적으로 사용하는 인하우스 개발용 엔진도 존재합니다.

장프랑수와 두리스   Jean-Francois Durris

프랑스 출신 게임플레이/AI 프로그래머, 게임 업계에서 15년 경력을 보유하고 있다. <Far Cry 4>, <Dishonored 2>, <Deathloop> 등의 AAA 타이틀에 참여했으며, 게임플레이 메커니즘과 캐릭터의 능력을 구현해왔다. 전문 분야는 캐릭터 내비게이션으로, NPC가 점프하거나 사다리를 이용하고, 수영을 하거나 문을 여는 등의 동작을 가능하게 하는 시스템을 개발해왔다. 현재는 미공개 타이틀에서 사용할 자사 개발 3D 내비게이션 미들웨어의 개발을 주도하고 있다.

캐릭터의 정의

새로운 롤플레잉 게임을 손에 넣었다고 상상해보세요. 게임패드를 손에 쥐고 게임을 시작한 뒤 세계 탐험을 시작합니다. 어느 마을에서 모험이 시작되고, 당신은 이야기의 주인공인 '히어로'를 조작하게 됩니다. 마을을 돌아다니다 보면 마을 주민, 상인, 동물, 경비병 그리고 마왕을 물리치라고 명령하는 왕 등 다양한 인물과 생명체를 만나게 됩니다. 임무를 수행하기 위해 마을 밖으로 나가면 몬스터와 조우하게 되고, 그를 쓰러뜨려야 합니다!

이런 전형적인 게임 속 장면에는 다양한 캐릭터들이 등장하지만, 크게 두 가지로 분류할 수 있습니다. 하나는 주인공처럼 플레이어인 당신이 조작하는 캐릭터, 즉 흔히 **'플레이어 캐릭터'**(PC)라고 불리는 존재입니다. 반면, '게임'이 제어하고 있어 플레이어가 조작할 수 없는 캐릭터는 **【NPC】**(Non-Player Character)라고 합니다.

당신이 조작하는 플레이어 캐릭터는 걷기, 달리기, 점프, 아이템 줍기, 공격, 방어 등 다양한 행동을 버튼 하나로 실행할 수 있습니다. 각각의 행동은 플레이어인 당신이 화면을 보고 상황을 파악한 다음 직접 결정해서 조작합니다. 예를 들어, 마을 주민을 보면 말을 걸고, 닿기 어려워 보이는 장소에 보물 상자가 있으면 주변을 둘러보며 환경을 확인하고 접근 방법을 찾아냅니다. 몬스터와 싸우는 중 불덩이가 날아오면 피하려 할 것입니다. 이러한 행동들(즉 '무엇을' 할 것인가)은 모두 당신이 조작하는 캐릭터가 실행하며, '언제', '어디서', '어떻게', '왜' 그 행동을 할지는 컨트롤러를 들고 있는 당신(인간)이 결정합니다. 상황을 분석하고 판단하여 버튼을 눌러 행동을 실행시키는 것이죠.

그렇다면 NPC는 어떨까요? 인간이 조작하는 것이 아니기 때문에 필연적으로 '게임'이 지배하고 있는 존재입니다. 실제로 NPC의 행동을 보면 제한은 있지만, 플레이어 캐릭터가 할 수 있는 행동과 유사한 동작들이 있습니다. 또한 단순하지만 어색하지 않은 행동을 하고, 상황에 따라 반응하며 움직입니다. 그렇다면 이들의 행동, 즉 '무엇을 할 것인가'는 플레이어와 비슷하다 하더라도, '언제', '어디서', '어떻게', '왜'라는 요소는 어떤 방식으로 결정되는 걸까요? NPC는 인간처럼 보고, 듣고, 환경을 이해하고, 주변에서 일어나는 일에 반응할 수 있는 걸까요?

이제부터는 NPC가 '어떻게' 움직일 수 있는가에 초점을 맞춰 그 작동 원리를 설명하겠습니다. 우선, NPC가 어떻게 만들어지는지부터 살펴보겠습니다.

【NPC】
원래는 테이블탑 RPG에서 유래한 용어로, 플레이어가 아닌 게임 마스터나 심판이 조작하는 캐릭터를 의미합니다. 컴퓨터 게임이 주류가 되면서 게임 마스터의 역할을 컴퓨터가 맡게 되었고, 자연스럽게 플레이어가 아닌 컴퓨터가 조작하는 캐릭터라는 의미로 바뀌게 되었습니다.

1. 캐릭터 제작

이미 알고 계실지도 모르지만, 게임 내에서 눈에 보이거나 접근할 수 있는 모든 것은 '**폴리곤**'(일반적으로 삼각형)으로 구성되어 있으며 '물리적'인 요소로 만들어져 있습니다. 수많은 삼각형을 이어 붙여 '형태'를 만들고, 이것을 '메쉬(mesh)'라고 부릅니다.

예를 들어 양복을 만들 때 가느다란 실을 엮어 '그물망'을 만드는 것처럼 게임의 '메쉬'도 동일한 구조입니다. 테이블, 나무, 다리, 지면 등 게임에 등장하는 모든 것은 여러 개의 메쉬로 구성되며, 주인공이나 NPC도 마찬가지입니다. 이 메쉬에는 옷이나 머리카락까지 포함되며 이를 통틀어 '캐릭터 메쉬'라고 합니다. 무기는 일반적으로 캐릭터 메쉬와 구별해 별도로 부착된 메쉬로 구성됩니다.

이 시점에서 완성된 것은 색이 없는 폴리곤으로만 이루어진 '3D 모델'입니다. 캐릭터의 형태가 완성되면 '텍스처'(삼각형 위에 이미지를 입혀 색이나 질감을 부여하는 요소)로 색을 입힙니다. 이렇게 하면 캐릭터의 외형이 보기 좋아지지만, 한 가지 더 작업이 필요합니다. 걷기, 앉기, 점프, 공격 등과 같은 동작을 실행하려면 캐릭터 메쉬에 '스켈레톤(skeleton)'을 내장시켜야 합니다. 이를 통해 스켈레톤 주변에 있는 폴리곤을 움직일 수 있게 됩니다. 스켈레톤을 삽입하면 마지막으로 '애니메이션'을 제작하여 시간의 흐름에 따라 폴리곤을 움직이게 됩니다. 이렇게 해서 캐릭터가 움직이는 것처럼 보이게 되는 것이죠! ([그림 1])

[그림 1] 캐릭터가 만들어지기까지

모델링(메쉬 제작), 텍스처링(텍스처 제작 및 적용), 애니메이션(동작 부여), 이 세 단계가 캐릭터 제작의 주요 과정입니다. 그 외에도 다양한 기법이 있지만, 위 세 단계는 최소한 반드시 필요한 작업입니다. 이 과정은 플레이어 캐릭터와 NPC를 막론하고 모든 캐릭터에 공통적으로 적용됩니다.

이러한 캐릭터는 게임 엔진이 아닌, 전문 3D 모델링 및 애니메이션 제작 소프트웨어로 제작합니다. 텍스처링에 사용되는 이미지 역시 전용 이미지 편집 소프트웨어로 만들어집니다. 캐릭터를 실제 게임에서 사용하려면 이들 외부 소프트웨어에서 제작한 데이터를 게임 엔진으로 익스포트(Export)해야 합니다.

게임 엔진이 해당 데이터를 읽을 수 있도록 캐릭터의 메쉬 정보는 삼각형의 리스트 형식으로, 텍스처는 색상 정보 리스트 형식으로 파일에 저장됩니다. 일반적으로 메쉬 1개당 파일 1개, 텍스처는 1개 이상, 애니메이션도 보통 파일 1개(하지만 많을 경우 수십 개에 이를 수도 있다)로 구성됩니다. 이렇게 게임 내에서 사용되는 데이터를 【에셋】(asset)'이라 부르며, 이는 캐릭터에만 국한되지 않습니다. 예를 들어 사운드 에셋, VFX(비주얼 이펙트) 에셋, AI 에셋 등도 존재합니다.

캐릭터 제작 전체는 기본적으로 오프라인에서 이루어지며, 게임이 실행되기 이전 단계에서 모든 데이터가 미리 만들어지기 때문에 정적인 성격을 지닙니다. 게임 내에서는 이 파일들을 불러와 하드웨어의 메모리에 탑재하고 그대로 사용하게 됩니다. 이에 반해 실시간(real time)'(또는 '런타임') 제작은 게임이 실행되는 중간에 동적으로 데이터를 생성하는 방식입니다. 예를 들어 주변 환경에 따라 그 자리에서 애니메이션을 생성하는 '프로시저럴 애니메이션(Procedural Animation)'이 있습니다.
(자세한 내용은 모리 토라요시 님의 장 '캐릭터 AI와 애니메이션'을 참고하시길 바랍니다).

【에셋】
일반적인 영어에서 Asset(에셋)은 재산이나 자산을 뜻하는 경우가 많지만, 게임 개발에서는 게임을 구성하는 각종 파일을 에셋이라고 부른다. 에셋에는 '목표 달성을 위해 유용한 것'이라는 의미도 포함되어 있으며, 개발 현장에서는 게임을 구동하는 데 있어 '유용하고' '소중한' 것이라는 뉘앙스로 사용된다.

2. 인형술사

현재 우리의 캐릭터는 일련의 파일 형태로 존재하고 있습니다. 이 파일들을 사용하여 캐릭터를 게임 엔진에 넣어보겠습니다. 여기서 말하는 엔진은 이미지나 메쉬를 불러오고, 소리를 재생하며, 네트워크로 정보를 주고받거나 화면에 무언가를 그려내고, 게임 컨트롤러를 처리하는 등 다양한 기능을 수행할 수 있는 특수한 소프트웨어입니다. 게임 제작에 필요한 요소들이 모두 이 엔진에 포함되어 있습니다.

캐릭터 메쉬의 경우, 사전에 만들어진 파일을 불러와 캐릭터의 폴리곤을 텍스처와 함께 화면에 출력합니다. 게임 엔진에는 중력을 시뮬레이션하는 '물리 시스템'도 탑재되어 있기 때문에 캐릭터는 자연스럽게 지면 위에 있게 됩니다! 이 캐릭터를 주인공으로 사용할 경우 게임패드의 버튼과 애니메이션을 연결해줍니다. 예를 들어 조이스틱을 앞으로 밀면 게임 엔진이 그 방향으로 걷는 애니메이션을 '재생'합니다. 다소 간단하게 보일 수 있지만, 이것이 게임 안에서 캐릭터를 움직이는 기본적인 방식입니다!

조이스틱으로 조작하기 전까지는 플레이어 캐릭터와 NPC 사이에는 큰 차이가 없습니다. 그렇다면 NPC에게 있어 조이스틱을 대신하는 것은 무엇일까요?

현 단계의 캐릭터는 물리적인 형상을 가진 데이터 조각에 불과하며 스스로 판단할 수 있는 능력은 없습니다. 팔다리나 머리는 있지만, 스스로 움직이거나 환경을 인식하거나 사고할 수는 없는, 말 그대로 '인형'인 셈입니다. 이 조종 인형은 외부에서 주어진 지시에만 반응합니다. 하지만 인간이 모든 NPC를 직접 조종할 수는 없기 때문에 NPC에게는 자율성을 부여해야 합니다. 이를 위해서는 '데이터'를 다룰 수 있는 '로직'을 추가해주는 작업이 필요합니다.

이러한 작업은 '프로그래밍'이라고 불리며, 어떤 데이터를 프로그램(로직)에 전달하면 그 프로그램이 특정한 행동을 취하거나 새로운 데이터를 생성하게 됩니다. 즉, 올바른 로직이 구현되어 있다면 인형에 지능을 부여할 수 있다는 의미입니다. 바로 이 지점에서 AI 엔지니어의 역할이 중요해집니다. 저희는 '캐릭터에 생명을 불어넣는 인형술사'인 셈입니다!

그런데, 우리 뇌는 어떻게 작동하는 걸까요? 물론 이 주제는 매우 복잡하므로 여기에서는 이 책과 관련된 부분에 한해 설명하겠습니다. 인간이 무언가를 듣거나, 보거나, 느끼는 것은 일반적으로 '자극을 받고 있다'고 표현할 수 있습니다. 말하자면 이러한 자극은 반응을 만들어내기 위해 뇌가 처리해야 하는 '데이터'라고 할 수 있습니다. 우리는 갑자기 큰 소리를 들으면 깜짝 놀라고, 귀여운 것을 보면 미소를 짓습니다. 테이블에 발가락을 부딪히면 아픔을 느끼고, 펄쩍 뛰며, 어쩌면 울 수도 있겠죠. 이것이 바로 '작용과 반작용'의 메커니즘입니다.

[그림 2] AI 엔지니어는 인형술사?
©ARMOR PROJECT/BIRD STUDIO/SQUARE ENIX

게임 속 상황에 대입하자면 주변에 존재하는 다양한 형태의 데이터를 '입력'으로 받아들이고, 그것을 어떤 로직으로 처리한 뒤, 그에 맞는 적절한 행동을 '출력'하는 구조라고 볼 수 있습니다. 이는 인간이 실제로 하는 것을 매우 단순화한 형태이지만, NPC에게 【지적인 인상】을 부여하기에는 충분하며, 이것이야말로 게임에서 말하는 AI의 본질이라고 할 수 있습니다(AI가 입력을 어떻게 처리하고 출력을 생성하는지는 니미키 님의 챕터 '플래닝을 활용한 의사결정 시스템'을 참고해 주세요).

3. 데이터, 데이터, 데이터!

입력이 많아질수록 이를 처리하기 위한 연산 능력도 더 많이 요구되며 그 결과 NPC가 보여줄 수 있는 행동(출력)의 수가 증가하게 됩니다.

예를 들어 게임 안에서 NPC가 자신의 행동에 어떻게 반응하는지 실험한다고 해봅시다. NPC를 날려 버리거나, 가는 길 앞을 막고 서있다면 그 NPC는 화를 낼까요? 사람이라면 분명히 화를 내겠지만, 게임 속 NPC는 그런 행동을 몇 시간 계속해도 화내지 않습니다. 당신 주위를 뱅뱅 돌거나, 그 자리에 멈춰서 있으려고 할 뿐입니다. 왜 그럴까요?

그 이유는 먼저, NPC가 '화내는' 반응을 할 수 있도록 만들어져 있지 않기 때문입니다(즉, 그 반응이 게임에 프로그래밍 되어 있지 않다는 뜻입니다). 캐릭터의 타입에 따라서는 소리를 지르거나, 울거나, 도망치거나, 혹은 싸움을 거는 등의 다른 반응이 필요할 수도 있습니다. 단순한 자극만 다루더라도 그로 인해 다양한 반응이 유발될 수 있으며, 이를 현실감 있게 표현하는 일은 쉽지 않습니다.

[지적인 인상]
일반적으로 게임 AI가 어떤 움직임을 보이지 않으면 플레이어는 그것이 지능을 가진 존재인지 알 수 없습니다. 아무리 똑똑하더라도 가만히 앉아 아무 행동도 하지 않는 NPC는 플레이어 입장에서는 단지 외형만 갖춘 모델 데이터와 구별되지 않습니다. 하지만 플레이어가 NPC를 들어 올리거나 움직이려고 할 때, "으앗, 뭐예요?!"라고 외치는 반응을 추가해두면 플레이어는 이 NPC가 지성을 가진 존재라고 인식하게 됩니다.

동시에 NPC의 전체적인 행동이 점점 더 복잡해지게 됩니다. 예를 들어 NPC가 도망치기로 결정했다면 어디로 도망쳐야 할까요? 자기 집으로? 아니면 경비원이 있는 곳으로? 상황이나 캐릭터의 성향에 따라 반응은 제각각일 수 있지만, 저희 입장에서 보면 입력 데이터는 모두 동일합니다.

다음으로, NPC는 플레이어가 자신을 괴롭히고 있다는 사실을 '이해'할 수 없습니다. NPC가 알고 있는 것은 '앞에 장애물이 있다'는 정보 뿐이며 그것을 피하려고 할 뿐입니다. NPC가 '화내는' 행동을 하려면 플레이어의 의도를 분석할 수 있어야 하지만, 그것을 감지하게 만드는 일은 매우 어렵습니다. PART 3에서 설명할 메타 AI는 이와 같은 상황에서 정보를 끌어내는 것을 가능하게 합니다!

이 예에서 알 수 있듯이, NPC가 우리와 비슷한 반응을 하게 만들기 위해서는 세계에 대한 다양한 정보를 추출해 전달하고 올바른 판단을 내릴 수 있도록 해줘야 합니다. 인간의 판단 대부분은 오감에서 얻은 지식에 기반합니다. 보고, 듣고, 느끼고, 만지고, 냄새 맡는 것들이 모두 주변 환경에 대한 정보가 되며, 우리는 그것을 바탕으로 판단을 내립니다. 따라서 NPC가 우리와 비슷한 반응을 보이게 만들고 싶다면 어떤 식으로든 감각을 부여하고 주변 공간으로부터 정보를 얻을 수 있도록 해줘야 합니다. 다음은 그런 NPC에게 공간 감각을 어떻게 부여할 수 있을지 함께 생각해봅시다!

개발일기 : 레벨 1 모험가　　　　　　　　　　　　　　　　　　　　　　　　AI 연구원 **A**

20XX년 모월 모일　스퀘어 에닉스로 이직했다.
　　　　　　　　　타 업계로 넘어온 터라 게임 개발자 레벨이 1에 불과한 내가 라스보스급의 게임 회사에 들어가도 되는 걸까 하는 불안도 있었지만 어쩐 일인지 입사하게 되었다.

20XX년 모월 모일　입사 후 사무실에서 근무하던 중, 그 유명한 게임 타이틀이나 익숙한 게임 크리에이터의 이름이 귀에 들어올 때가 있다. 그럴 때면 마치 게임 초반에 실수로 최종 던전에 들어가 버린 듯한 기분이 든다.

20XX년 모월 모일　생각해보면 너무 당연한 이야기지만, 게임 회사라고 해서 모든 직원이 게임 개발을 하는 것은 아니다. 실력이 있다면 다른 분야의 기술자라도 게임 회사에 들어갈 수 있는 기회가 있다는 것을 알게 되었다.

내비게이션 메쉬

게임 속 NPC가 물리적으로 이동할 수 있는 장소와 이동할 수 없는 장소를 어떻게 알고 있는지 궁금해하실 분도 계실 것입니다. 그 메커니즘에 대해 함께 생각해보도록 하겠습니다!
NPC는 자신 주변에 있는 사물을 시각화하고 인식하고 있는 걸까요? 예를 들어, 벽이나 의자, 문이 무엇인지 '개념적'으로 알고 있어서 인간처럼 그 주변을 이동할 수 있다는 의미일까요? NPC는 점프하거나, 사다리를 오르거나, 문을 여는 등의 다양한 액션을 수행할 수 있지만, 이 액션들을 '어디서' '어떻게' 할 수 있는지를 어떻게 알고 있는 걸까요?

또한 NPC에게는 '불을 보면 무서워한다'는 반응도 요구됩니다. 한편으로는 소방관이나 마법으로 불에 대한 내성이 있는 예외적인 경우도 있을 수 있습니다. 불을 좋아하는 생물일 가능성도 있을 것입니다. 반대로, [물을 싫어해]서 물에 들어가지 않으려는 생물도 있고, 수영만 할 수 있고 육지를 걷지 못하는 물고기 같은 생물도 있습니다.

그 뿐만 아니라 인간처럼 육지를 걷고 물속에서도 수영할 수 있는 NPC도 있을 수 있습니다(갑옷을 입고 있다면 또 다른 이야기이지만요). 코끼리도 수영할 수 있지만, 헤엄치는 건 수면 위로만, 잠수는 할 수 없습니다. 또한 육지를 이동하는 코끼리는 자동차나 집을 피하겠지만, 이는 어디까지나 일반적인 경우일 뿐 화가 나면 뭐든지 부수는 경우도 있을 수 있습니다!

이처럼 NPC를 이동시키려면 고려해야 할 정보나 생각해야 할 요소가 매우 많습니다. 위의 예시들이 조금은 복잡하게 느껴졌을까요? 하지만 필요한 것은 환경 배치를 알기 위한 공간 정보, NPC의 성향(무엇을 할 수 있고, 할 수 없는지) 그리고 의미가 있을 때만 액션을 실행하도록 하는 컨텍스트입니다. 이 세가지 요소만 있다면 거의 모든 행동을 만들고 캐릭터에 생명을 불어넣을 수 있을 것입니다. 복잡한 주제지만, 이 챕터를 끝낼 즈음에는 그 매커니즘을 더 깊이 이해할 수 있게 될 것입니다.

[물을 싫어하는 생물]
고양잇과 동물은 일반적으로 물에 젖는 것을 싫어하는 경우가 많지만, 호랑이 등은 물을 좋아해 물놀이를 하기도 한다. 같은 고양잇과라도 서식하던 지역이나 진화의 과정에 따라 생태에 다양한 차이가 생긴다. 생물은 참 흥미롭다.

1. 환경 인식

인간의 시점에서 이 문제를 생각해보도록 합시다. 우리는 환경을 어떻게 인식하고 있을까요? 우리가 움직일 때는 적극적으로 분석하거나 이동할 수 있는 장소와 그렇지 않은 장소를 계속해서 자문하지는 않습니다. 우리는 '직관적으로' 장애물을 알고 그 주변을 움직일 뿐 자세한 것은 알지 못합니다.

예를 들어 테이블이 중앙에 있는 방에 서 있다고 가정해봅시다. 방의 반대편으로 이동하려 할 때 '저기에 테이블이 있으니까 왼쪽으로 다섯 걸음, 그 다음에 3초간 직진해서 오른쪽으로 몇 걸음…' 이렇게 생각하며 걸을까요? 물론 그렇지 않습니다! 우리는 테이블이 거기에 있음을 알고 아무렇지 않게 그 주변을 걸어가는 것입니다.

그렇다면 침실이나 주방까지 장애물을 피하는 것에 의식을 집중하며 걸어보세요. 그 장소를 잘 아는 사람이라면 눈을 감고도 마치 그 곳의 심상 지도(mental map)를 가진 것처럼 이동할 수 있을지도 모릅니다.

맞아요, 바로 지도입니다! 우리는 이동할 때 주변 환경을 그다지 자세히 보지 않습니다. 기본적으로 무엇이 장애물이고 무엇이 그렇지 않은지를 파악하고, 머릿속 깊은 곳에 있는 지도 같은 것을 사용해 이동합니다. 새로 생긴 쇼핑몰처럼 익숙하지 않은 장소에 있다고 해봅시다. 처음 가본 곳이라면 원하는 가게가 어디에 있고 건물이 어떻게 배치되어 있는지 알 수 없습니다. 그래서 우리는 주변을 둘러보며 환경을 인식하고 그 곳의 심상 지도를 만들어 나갑니다. 우리는 이와 같은 방식으로 NPC를 이동시킵니다. 주변을 스캔해서 지도를 만들면 NPC는 주변의 장애물이 어떤 성질인지 신경 쓰지 않고 자유롭게 이동할 수 있게 됩니다. 이런 방식으로 NPC의 일종의 '기억'을 만드는 것이지요.

게임의 내비게이션 맵을 만들기 위해서는 몇 가지 기법이 있습니다. 어떤 방식이 가장 좋은지는 게임의 타입(2D, 아이소메트릭, 레이싱 등)에 따라 달라집니다. 액션 게임이나 RPG 같은 3D 실시간 게임의 경우, 현재 가장 일반적인 방식은 '내비게이션 메쉬(Navigation Mesh)'라는 기술로, 우리는 보통 이를 '내비메쉬'라고 부릅니다.

어떤 게임에서 NPC가 벽이나 나무에 붙어 있는데도 그 자리에서 계속 걷고 있는 걸 본 적 없으신가요? 마치 장애물을 보거나 느끼지 못하고, 자신이 움직이지 않고 있다는 사실도 인식하지 못한 채 계속 걷고 있는 것처럼 보이지요. 이때 무슨 일이 벌어지고 있는 걸까요? 여러 가지 원인이 있을 수 있지만, 가장 가능성이 높은 건 누군가가 장애물을 추가했음에도 불구하고 【내비메쉬 업데이트를 잊어버린】 경우입니다. 즉, NPC는 오래된 지도를 따라 걷고 있는 것입니다. 이는 마치 자동차 내비게이션이 이미 사라진 길을 안내하는 것과 같습니다!

[내비메쉬 업데이트 누락]
예전에는 아티스트가 수동으로 내비메쉬 파일을 출력했기 때문에 내비메쉬 업데이트 누락이 자주 발생했다. AI 엔지니어들이 아티스트의 책상을 돌며 '내비메쉬 출력 잊지 않으셨나요?'라고 묻고 다니는 풍경도 흔하게 볼 수 있었다.
최근에는 자동으로 내비메쉬를 출력하는 워크플로우가 주류가 되었기 때문에 업데이트 누락도 줄어들고 있다. 자동화 시스템은 효율적이고 훌륭하지만, 그만큼 개발 현장의 활기찬 분위기가 사라진 면도 있다.

2. 매핑(지도 제작)

지도가 되는 내비메쉬가 필요하지만, NPC는 인간처럼 환경을 분석할 수 없습니다. 그렇다면 어떻게 해야 할까요? 먼저 '지도'는 무엇으로 만들어지는지를 생각해보세요. 집의 상세한 지도를 그려보거나 [그림 3] 왼쪽에 있는 평면도를 보면 다양한 정보가 보이기 시작할 것입니다. 여기서 우리가 주목하는 것은 단 하나, '어디를 걸을 수 있는가'입니다. 그림에서는 그 장소를 녹색으로 표시하고, 나머지는 흰색으로 해뒀습니다. 자, 이 지도에서 한 곳을 무작위로 골라봅시다. 녹색 영역에 해당된다면 문제 없습니다. 그곳은 보행 가능한 장소입니다! 반대로, 녹색 이외의 영역으로는 갈 수 없습니다!
이처럼, '어디로 갈 수 있는지를 알려주는, 환경을 단순화한 것'이 내비메쉬의 본질적인 구조입니다. NPC는 이러한 맵을 이용해 이동하며, 목적지가 녹색 영역에 있으면 그곳으로 갈 수 있다고 판단합니다. 내비메쉬는 흰색 부분에 대한 정보를 가지고 있지 않기 때문에 NPC는 그것이 벽인지, 부엌 개수대인지, 아니면 빈 공간인지 판단할 수 없지만, 이동시키는 데에는 충분합니다.

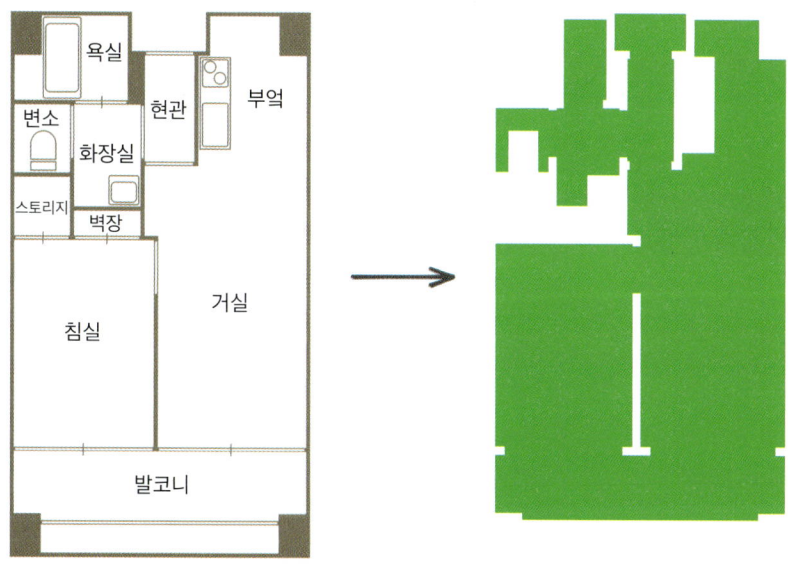

[그림 3] 어떤 방의 평면도와 그 내비게이션 영역

자택의 맵을 만드는 일은 간단했지만, 어디까지나 2D였고 수작업으로 작성해야 했습니다. 또한 게임을 구성하는 데는 시간이 많이 걸리고 레이아웃도 자주 변경되기 때문에 맵은 금세 구식이 되어 버립니다. 이러한 문제를 해결하기 위해서는 맵을 자동으로 생성해주는 시스템이 필요합니다.

우리가 만드는 내비메쉬라는 이름의 맵은 크고 복잡한 것이 될 가능성이 높습니다. 단순한 건물 뿐 아니라, 오픈월드 게임에서는 넓은 지역, 어쩌면 세계 전체를 포함할 수도 있습니다. 게임 실행 중에 실시간으로 맵을 생성하는 방법도 생각해볼 수 있지만, 그 경우 막대한 컴퓨팅 파워와 시간, 메모리가 필요합니다. 게임을 실행할 때마다 맵을 다시 생성하는 것은 너무나 비현실적이기 때문에 캐릭터와 마찬가지로 '오프라인'에서 만드는 편이 훨씬 합리적입니다. 그렇게 하면 게임 시작 시에 맵 파일을 불러와 게임 메모리에 올리기만 하면 바로 사용할 수 있게 됩니다!

Column : 내비메쉬 아티스트

요즘은 내비메쉬처럼 자동으로 생성되는 콘텐츠 이야기를 해도 놀라지 않는 시대입니다. 내비메쉬를 수작업으로 만들거나 그래서 시간을 낭비하고 싶은 사람은 없을 겁니다. 하지만 믿기 어려울 수도 있겠지만, 얼마 전까지만 해도 내비메쉬를 수작업으로 만드는 사람들이 있었습니다! 내비메쉬를 생성하는 시스템을 만들기 위해서는 많은 메모리와 처리 능력이 필요했고(몇 년 전까지만 해도 이용할 수 없었습니다), 최초의 내비메쉬 생성 알고리즘은 정확하지 않은 경우도 있었기 때문에 수작업으로 제작하는 것이 가장 신뢰할 수 있는 해결책이었던 것입니다! 지도 레이아웃은 자주 바뀌기 때문에 굉장히 힘들고 스트레스가 많은 일이었습니다!

맵은 보통 게임 엔진의 에디터 내에서 자동으로 생성됩니다. 맵 레이아웃이 완성되면 레벨 디자이너는 맵 생성 버튼을 누르기만 하면 됩니다. 이 생성 과정에는 일련의 절차가 필요합니다. 다음으로는 '복셀화(Voxelization)'라고 불리는 첫 번째 절차에 대해 설명하겠습니다.

3. 복셀화

[픽셀과 복셀]
픽셀은 picture cell을 줄인 말이라고 알려져 있다. '사진의 세포'라는 의미다. 복셀은 Volume + pixel이기 때문에 어감상 약간 억지스러운 느낌을 지울 수 없다. 복셀을 4차원으로 확장한 개념으로는 도셀(dynamic voxel, doxel)이라는 것도 있다.

복셀화란, 환경을 스캔하여 공간 정보를【복셀】에 저장하는 과정입니다. 최근에는 많은 게임에서 사용되고 있기 때문에 들어본 적이 있을지도 모릅니다! 복셀은 '픽셀'이라는 이름과 비슷하지요. 【픽셀】이란 화면 위의 작은 정사각형(2D)을 의미하며, 화면상 특정 2D 위치의 색상 정보(빨강, 파랑, 초록 등)를 담고 있습니다. 복셀도 기본적으로 같은 개념이지만, 입방체(3D)입니다('볼륨'과 '픽셀'을 합쳐 '복셀'이라고 부릅니다). 즉, 정사각형(2D) 대신 입방체(3D)로 표현되며, 색상 정보만 저장하는 것이 아니라 공간 내 위치에 관한 다양한 정보를 저장할 수 있습니다([그림 4] 참조).

그럼 왜 복셀화를 사용하는 걸까요? 앞서 설명한 것처럼 게임 내의 물리적인 모든 요소는 폴리곤으로 구성되어 있습니다. 지면, 캐릭터, 가구 등 각각의 요소는 수백에서 수천 개(혹은 그 이상)의 폴리곤으로 이루어져 있습니다. 하지만 우리는 그 폴리곤이 어떤 요소에 속하는지 또는 그것들이 서로 어떤 관계에 있는지를 알 수 없습니다.

어떤 폴리곤이 나무에 속하는지, 벽에 속하는지, 실제로는 알 수 없습니다. 즉, 우리가 '환경을 스캔하고 있다'고 해도 실제로 얻을 수 있는 것은 폴리곤(보통은 삼각형)으로 이루어진 커다란 '스프'뿐입니다. 우리가 아는 것은 그 폴리곤들이 NPC에게는 장애물이라는 사실 뿐입니다. 이 폴리곤의 커다란 '스프'에서 각 요소를 구분하고 구체화하는 것이 바로 복셀화의 목적입니다. 환경을 단순화하고, NPC를 '막는' 요소가 어디에 있는지를 알기 위해 이러한 폴리곤을 작은 입방체인 복셀로 '치환'하는 것입니다.

세계를 '복셀화'하기 전에 그 범위가 어디서부터 어디까지인지 결정합니다! 게임 세계는 사실상 무한하기 때문에 어느 정도 제약을 두지 않으면 안 됩니다. 보통 NPC가 이동할 수 있는 영역은 레벨 디자이너가 정의한 특정 구역으로 한정됩니다. 제한을 설정하기 위해서는 하나 또는 여러 개의 '내비게이션 볼륨'을 사용합니다. 이것은 NPC가 이동할 수 있는 장소의 한계를 정의하는 큰 박스입니다. 예를 들어 NPC를 도시에서 이동시키고 싶다면 도시 전체를 커버하는 볼륨을 배치합니다. 시내

픽셀   복셀

[그림 4] 픽셀과 복셀 ©ARMOR PROJECT/BIRD STUDIO/SQUARE ENIX

중심에서만 이동하도록 하고 싶다면 복수의 볼륨을 배치하고 그것들을 서로 연결합니다. [그림 5] 처럼 캐릭터, 바닥, 테이블이 있는 간단한 상황을 상상해보세요.

모든 요소는 폴리곤으로 구성되어 있으며(테이블과 바닥), 이동 가능하게 만들고 싶은 영역을 포함하는 볼륨이 존재합니다.

- 복셀은 월드의 축(X, Y, Z)을 따라 배치된다.
- 복셀은 서로 겹치지 않는다.
- 복셀은 모두 동일한 크기다(보통의 경우).

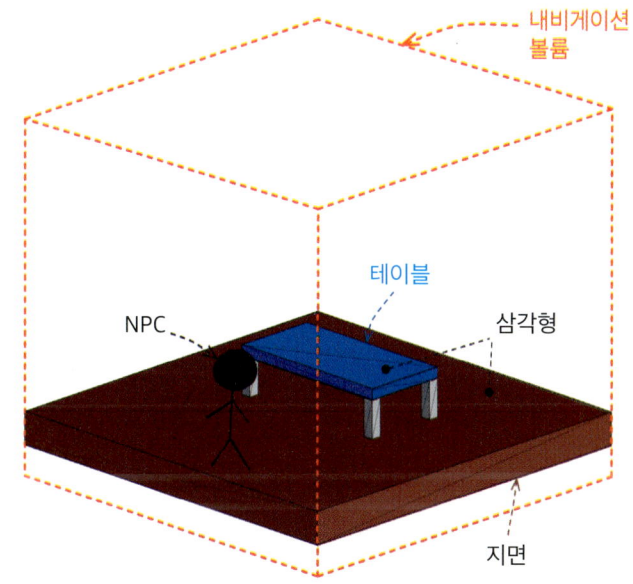

[그림 5] 이번에 복셀화할 씬

자, 이제 준비가 끝났으니 시작해봅시다! 첫 번째 단계에서는 볼륨 안에 있는 모든 폴리곤을 가져와 앞에서 설명했던 커다란 '폴리곤 스프'를 만듭니다. 볼륨의 한쪽 모서리부터 시작해서, 그 지점에 복셀을 생성하고, 그 복셀과 스프를 비교해봅시다.

이 복셀 안에 폴리곤이 존재한다면 그 복셀을 '블록'으로 표시하고 회색으로 렌더링하기로 합니다. 아무 것도 없다면 그 복셀은 빈 복셀입니다! 이 과정을 반복하면서 이웃한 복셀로 하나씩 이동해 나가고 집 전체를 복셀로 채우면 완료입니다! 생성된 모든 복셀을 회색으로 표시하면 [그림 6]과 같은 모습이 됩니다. 테이블이 블록으로 치환된 것을 볼 수 있지요! 빈 공간도 복셀로 채워져 있지만, 비어 있기 때문에 눈에는 보이지 않습니다

【폴리곤 스프】
게임 개발에서는 최근 자주 보이게 된 표현으로, 예전 일본의 개발 현장에서는 단순히 '삼각형 리스트'라고 불리는 경우가 많았다. 개발 용어도 시대에 따라 변화하고 있다

29

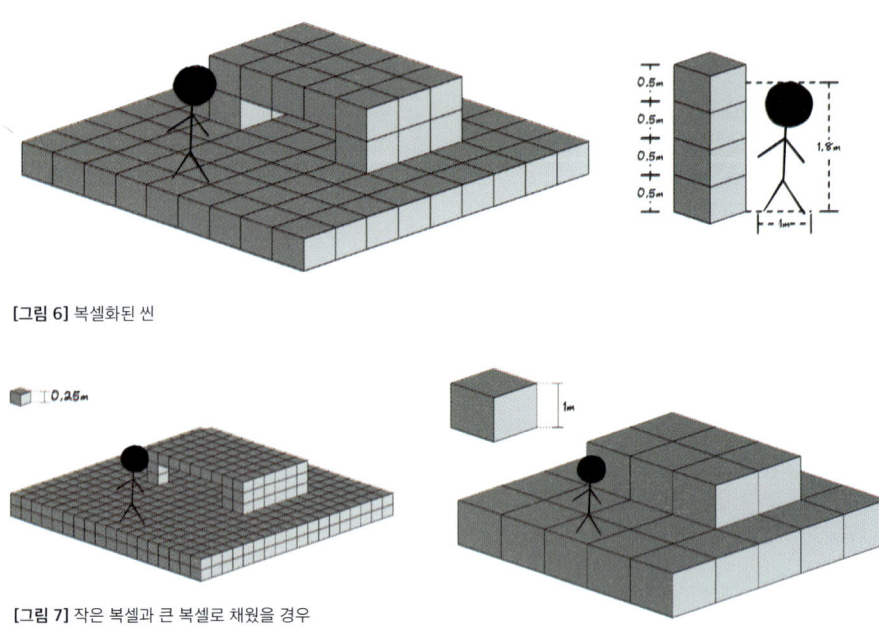

[그림 6] 복셀화된 씬

[그림 7] 작은 복셀과 큰 복셀로 채웠을 경우

지금까지의 설명에서는 사용하는 복셀 크기에 대해서는 언급하지 않았습니다. 복셀의 크기는 복셀화의 '정확도'를 조절하기 위한 것으로, 충분한 디테일을 얻을 수 있는 값으로 설정합니다. 우리는 NPC의 내비게이션에 복셀을 사용할 것이므로 복셀이 NPC에 비해 너무 크면 통로가 벽이나 바닥과 겹쳐져 '블록' 복셀로 채워질 수도 있습니다. 반대로 너무 작으면 환경은 매우 정밀해지지만, 불필요한 영역까지 포함되어 지나치게 많은 메모리와 처리 능력을 소모하게 됩니다.

게다가 복셀 자체도 많은 시간과 메모리를 사용하게 됩니다. 복셀 크기를 2로 나눈다면 메모리 소비량은 8배가 됩니다! 따라서 합리적인 크기를 사용해야 합니다. 이번 목적은 'NPC가 걸을 수 있는 장소'를 찾는 것이므로 NPC 크기에 적합한 값을 사용합니다. 권장되는 복셀의 최대 크기는 'NPC의 반경'입니다. 그렇게 하면 복셀이 복도에 정확히 배치되지 않더라도 NPC가 이동할 수 있는 공간이 남게 됩니다! [그림 6]의 예에서는 복셀 크기로 0.5미터를 사용하고 있습니다.

[그림 7]은 두 가지 서로 다른 크기의 복셀을 사용한 결과입니다. 작은 복셀을 사용하면 더 많은 디테일을 얻을 수 있으며, 큰 복셀을 사용하면 테이블의 디테일은 완전히 사라집니다. 복셀이 너무 크면 통로를 막게 되지만, 그림(오른쪽)에서는 테이블을 한 바퀴 도는 데 필요한 최소한의 공간은 남아 있습니다!

이제 복셀로 씬을 변환하는 데에 성공했습니다. 우리 목적은 'NPC가 걸을 수 있는 장소'를 찾는 것입니다. 결과 이미지를 보고 NPC가 걸을 수 있는 곳이 어디라고 생각하시나요? 대략 봤을 때 모든 회색 윗면은 그 위에 다른 복셀이 쌓여 있지 않다면 '걸을 수 있는' 장소로 간주될 수 있을 겁니다, 그렇죠? 여기서 한 가지 고려해야 할 점은 바로 NPC의 신장입니다. 즉, 회색 복셀 위에 복셀 1개 분량의 공간이 아니라 NPC의 키와 같은 높이만큼의 공간이 있어야만 걸을 수 있다는 뜻입니다.

[복셀과 메모리 소비량]
3×3차원 데이터인 복셀은 일반적으로 2차원 데이터인 메쉬보다 메모리 사용량이 많다. 한 변이 10m인 상자 안에는 한 변이 1m인 정육면체가 1,000개 들어간다. 2차원의 메쉬의 경우 100㎡ 정사각형 안에는 1㎡인 정사각형이 100개만 들어가기 때문에 메모리 소비량의 차원이 다르다는 것을 알 수 있다.

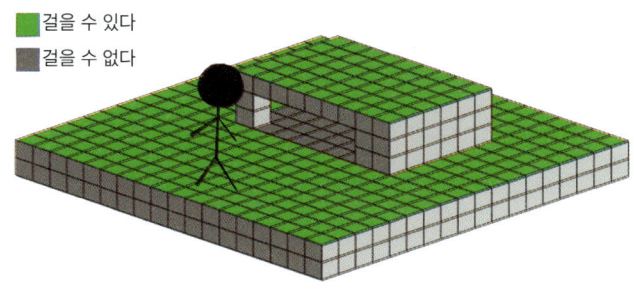

[그림 8] 걸을 수 있는 복셀과 걸을 수 없는 복셀

이 NPC의 신장은 약 1.8m이며 복셀 크기가 0.5m라면, '걸을 수 있다'고 판단하기 위해서는 회색 복셀 위에 비어 있는 복셀 4개가 있어야 합니다. 그렇다면 걸을 수 있는 복셀을 초록색으로 표시해서 어떻게 보이는지 확인해 봅시다!

[그림 8]의 초록색 복셀은 NPC가 어디로 갈 수 있는지를 보여줍니다. 그렇다면 그 복셀을 이용해서 NPC를 실시간으로 움직인다는 뜻일까요? 기술적으로는 가능합니다. 하지만 2D 내비게이션에서는 복셀은 정보가 너무 많습니다. 이 씬을 보면 필요한 정보는 복셀 전체의 몇 퍼센트에 불과하며 전부를 보존할 필요는 없습니다. 복셀은 빠르게 많은 메모리를 소모합니다(복셀이 보이지 않더라도, 빈 공간도 복셀로 차지하고 있다는 점을 잊지 마세요!). 그래서 메모리 사용량을 줄이고 전반적인 성능을 높이기 위해 씬을 더 단순화합니다. 단, 그 전에 복셀 간의 링크 정보를 추가해야 합니다.

Column : 캐릭터 크기

신장이 서로 다른 캐릭터가 있다면 어떻게 해야 할까요? 대부분의 게임은 이 문제를 피하려고 합니다. NPC와 반지름은 같고, 신장만 다르면 '이전에 만든 복셀 데이터를 그대로 사용할 수 있다!' 고 생각할 수 있겠지만, 권장하지는 않습니다. 캐릭터의 키가 작다면 이동에는 문제가 없지만, 키가 큰 경우 실제로 이동 가능한 범위가 줄어들 수 있습니다.

보통은 게임 월드에서 가장 키가 큰 NPC를 기준으로 삼아 그 신장을 사용해서 게임 메모리에 단 하나의 내비메쉬만 유지하도록 합니다. 어떤 캐릭터의 너비나 높이가 기준 캐릭터보다 훨씬 크다면 별도로 복셀화를 진행해야 하고, 그 결과 별도의 내비메쉬를 생성하게 됩니다.

4. 연결

앞의 예에서는 설명을 간단히 하기 위해 평평한 부분만을 보여주었지만, 경사면은 어떻게 처리해야 할까요? 이 질문에 답하기 위해서는 지금까지 생략했던 부분을 설명해야 합니다. 걷거나 계단을 오를 때 작은 '장애물'을 넘기 위해 발을 약간 들어 올리죠. 평소보다 약간 발을 높이 들더라도 여전히 걷고 있는 것에는 변함이 없습니다. 이 스텝의 높이 역시 NPC를 위해 고려해야 하지만 사실은 아주 간단하게 처리할 수 있습니다.

우선, 스텝의 높이를 복셀 크기인 0.5m로 설정합니다. 그리고 캐릭터의 높이(신장)를 기준으로 했던 것과 유사한 로직을 적용합니다. 다만 여기서는, 걸을 수 있는 복셀 위의 빈 복셀 개수를 세는 대신 인접한 4개의 복셀을 확인합니다. 인접한 복셀도 걸을 수 있고, 높이 차가 스텝의 높이 범위 내에 있다면, 그 복셀들은 '연결되어 있다'고 표시합니다. [그림 9]는 다른 씬의 예입니다. 연결이 생성되지 않은 위치가 어디인지 보이시나요?

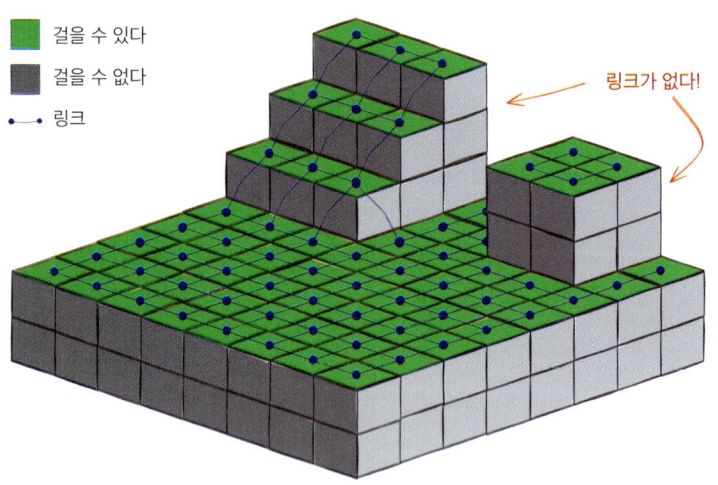

[그림 9] 걸을 수 있는 복셀과 걸을 수 없는 복셀

5. 삼각형 분할

어떤 복셀이 걸을 수 있는지 그리고 그것들이 어떻게 연결되어 있는지를 알게 되었으니 다음은 '삼각형 분할'이라고 불리는 과정을 통해 이 모든 것을 단순화합니다. '캐릭터 메쉬'에 대한 설명을 기억하시나요? 다시 설명하자면, 메쉬란 삼각형들을 연결한 형태를 말합니다. '삼각형 분할' 프로세스의 목적은 '보행 가능'으로 표시된 복셀을 사용해 메쉬를 생성하는 것입니다. 이 메쉬는 최종적으로 게임에서 NPC를 내비게이션하는 데에 사용될 맵이 됩니다. 그렇습니다, 이것이 앞서 언급했던 내비메쉬입니다!

메쉬를 만들기 위해서는 복셀로부터 삼각형을 생성해야 합니다. 그 과정에는 다양한 '알고리즘'(문제를 해결하기 위한 수학적인 기법)을 사용합니다. 삼각형 분할을 수행하는 일반적인 알고리즘은 수학자 보리스 델로네가 고안한 '**델로네 삼각형 분할**'(Delaunay triangulation)'입니다. 임의의 수의 점이 주어지면 이 알고리즘을 통해 삼각형 메쉬를 만들 수 있습니다. 구체적인 원리는 아래와 같습니다([그림 10]).

1. 공간 내에서 임의의 수의 점을 선택합니다.
2. 세 점을 골라 그 모든 점을 지나는 원을 그립니다. 이러한 원을 '외접'원이라고 부릅니다.
3. 그린 원의 내부에 다른 점이 있으면 그 점은 폐기합니다(빨간색 원). 다른 점이 없다면 그 원을 유지합니다(초록색).

【델로네 삼각형 분할】
점의 집합을 변으로 연결하여 삼각형의 집합을 얻는 수학 알고리즘. 러시아의 수학자 보리스 델로네에 의해 고안되었다. 러시아는 수학의 거장 오일러가 활약한 곳이기도 하며, 우수한 수학자들을 배출해 왔다.

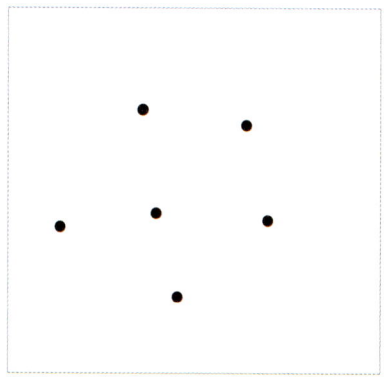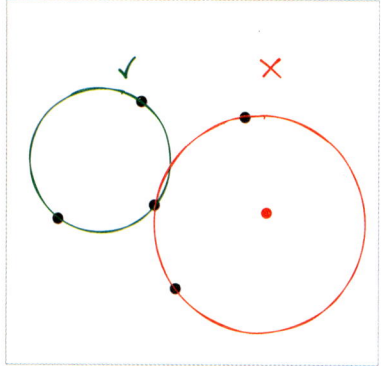

[그림 10] 점을 골라 외접원을 만들기까지

4. 실행 가능한 모든 점의 조합에 대해 같은 작업을 반복합니다.
5. 남은 원이 삼각형을 그릴 위치를 나타냅니다! 이 점들을 선으로 이으면 삼각형 메쉬가 완성됩니다.

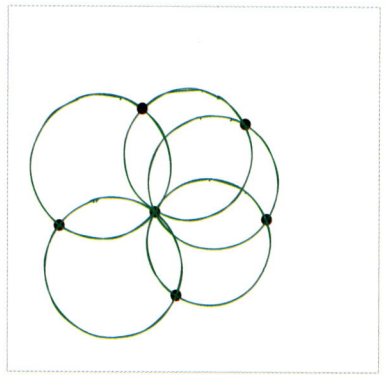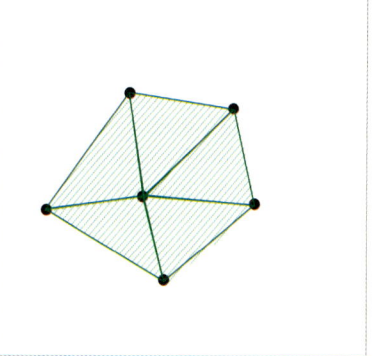

[그림 11] 모든 원을 그려 삼각형을 만들기까지

앞의 예는 2D였지만 이 알고리즘은 3D에서도 작동합니다! 점만으로 작동하며 복셀에는 적용되지 않기 때문에 어떤 점을 사용할지 고민해야 합니다. 복셀은 실제로는 작은 입방체이며, 우리는 복셀의 가장 윗면인 '초록색 면'에만 관심이 있습니다. 면은 4개의 점으로 이루어진 정사각형이기 때문에 각 복셀에서 그 점들을 사용할 수도 있지만, 그렇게 하면 너무 많은 삼각형이 생기게 됩니다. 여기서 목표는 복셀을 사용할 때의 복잡성을 줄이는 것이지, 늘리는 것이 아니라는 점을 잊지 마세요! 삼각형 수를 가능한 한 줄이기 위해 **[큰 삼각형]**을 만들어야 합니다. 그렇게 하려면 삼각형 분할에 사용할 점의 수를 줄이고, 적절하고 가능한 서로 멀리 떨어진 점만 선택해야 합니다. 복셀의 '맵' 형태를 보고 어느 점이 가장 관련성이 있어 보이나요?

> **[큰 삼각형]**
> 내비메쉬는 이를 구성하는 삼각형 크기에 따라 데이터 크기가 달라진다. 내비메쉬의 삼각형을 크게 할수록 전체 데이터 크기를 줄일 수 있다.

어렴풋이 짐작했을지도 모르지만, 맵의 '모서리'에 있는 점을 사용하면 됩니다. 그 점들은 보행 가능한 영역을 구분해주는 역할을 하기 때문에 적절하다고 볼 수 있습니다. 그럼, 면의 리스트에서 어떻게 그런 점들을 찾아낼 수 있을까요?

점은 안쪽이나 바깥쪽 중 어느 한쪽의 모서리를 형성하는 면에 속합니다. [그림 12]를 보면 하나의 점은 최대 4개의 면에 속하며, 1개나 3개의 '걸을 수 있는' 면에 속하는 점은 모서리라고 할 수 있습니다. 따라서 걸을 수 있는 면에 포함된 점들을 모두 분석하고, 그 점이 몇 개의 면에 사용되었는지를 세면 됩니다! 그 수가 1이나 3이면 그 점은 유지하고, 그렇지 않으면 버립니다.

이제 삼각형 분할이 완료되었지만 그대로 사용하면 문제가 생깁니다. 이동할 수 없는 곳에 삼각형을 그려서는 안 되기 때문입니다. 예를 들어 테이블 주변의 지면에 있는 4개의 점 사이에 삼각형을 그려서는 안 됩니다. 거기에 삼각형을 그려버리면 테이블 아래에도 삼각형이 생기게 됩니다. 이를 방지하기 위해 삼각형의 중심점이 보행 가능한 영역 안에 있도록 삼각형을 만듭니다. [그림 13]은 그 결과를 보여줍니다!

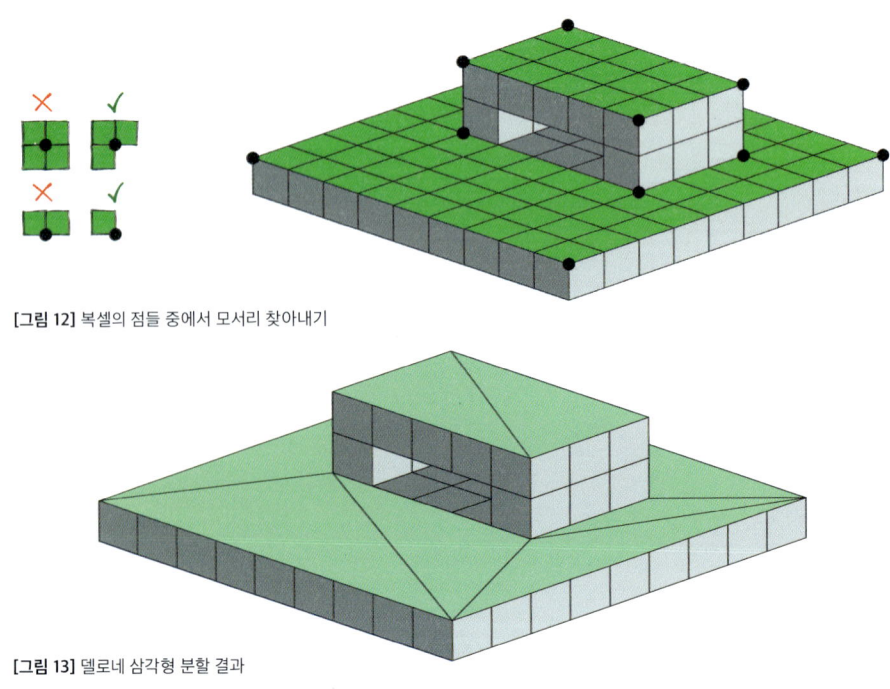

[그림 12] 복셀의 점들 중에서 모서리 찾아내기

[그림 13] 델로네 삼각형 분할 결과

6. 침식

아직 고려하지 않은 것이 있습니다. 그것은 바로 NPC의 크기입니다. 게임 요소 간 충돌을 감지하는 물리 시스템은 계산을 단순화하기 위해 NPC를 【캡슐】모양으로 표현합니다. 이 보이지 않는 캡슐을 NPC에 부착하여 NPC가 지면에 머물도록 하고 다른 요소 내부로 이동하지 못하도록 강제합니다.

다만, NPC를 경계선 근처에서 이동시키려 해도 캡슐로 표현하는 것만으로는 정확하게 이동시킬 수 없습니다. [그림 14]에서처럼 몸이 벽에 파고드는 현상이 생깁니다! 이 파고듦을 방지하려면 NPC의 캡슐 반경을 기준으로 내비메쉬의 경계를 벽에서 '떼어내는' 처리가 필요합니다. 이 과정은 내비메쉬를 안쪽으로 줄이는 방식이기 때문에 '침식'이라 합니다.

침식을 적용하면 내비메쉬는 [그림 15]와 같이 됩니다.

이로써 내비메쉬 생성이 완료됩니다! 기술적인 문제는 해결되었으니 이제 NPC가 내비메쉬를 어떻게 활용하는지에 대해 이야기해보겠습니다!

【캡슐모양】
캡슐 모양은 길쭉한 오브젝트를 표현할 수 있다는 점과, 다른 오브젝트와 충돌할 때 원형의 단면을 가지고 있어 서로를 차단하기 어려운 특징이 있습니다. 직육면체를 캐릭터의 충돌에 사용하면, 모서리 부분에서 차단 현상이 자주 발생해 움직일 수 없는 경우가 많아집니다.

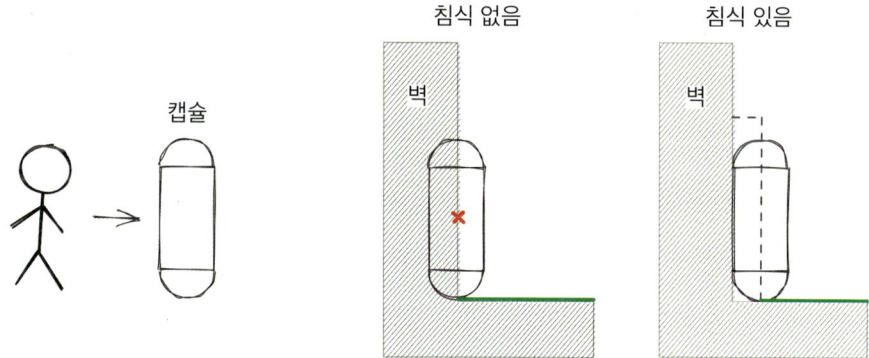

[그림 14] 침식을 하지 않으면 벽에 파고들게 된다.

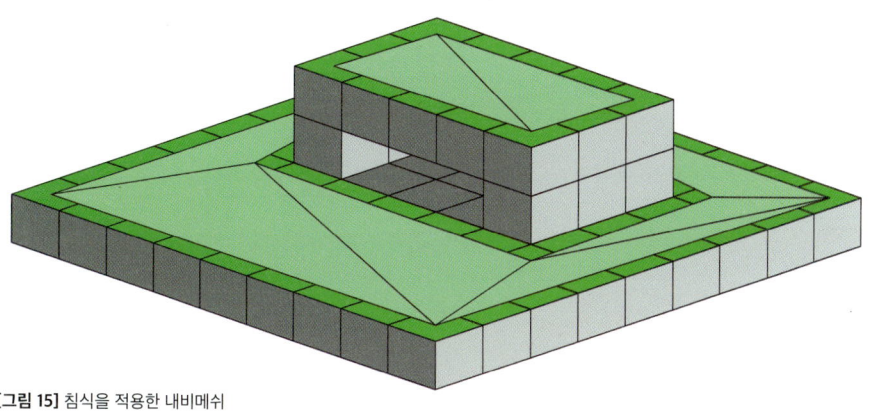

[그림 15] 침식을 적용한 내비메쉬

Column : Recast

현재 가장 널리 사용되는 내비메쉬 생성 기술 중 하나로 'Recast' 가 있습니다. 이것은 C++ 언어로 작성된 코드 라이브러리이며 '오픈 소스' 소프트웨어입니다. 즉, 무료로 다운로드하여 사용해볼 수 있습니다!

https://github.com/recastnavigation/recastnavigation

이 라이브러리는 많은 상용 게임 엔진에 사용될 뿐 아니라 언리얼 엔진이나 유니티 같은 일반적인 게임 엔진에서도 활용되고 있습니다.

어느 위치가 내비메쉬 위에 있는지 여부를 판단

Unreal® is a trademark or registered trademark of Epic Games, Inc. in the United States of America and elsewhere. Unreal® Engine, Copyright 1998 - 2024, Epic Games, Inc. All rights reserved.

경로 탐색, 스티어링, 회피

환경에 맞춰 NPC가 갈 수 있는 장소와 갈 수 없는 장소를 알려주는 내비메쉬가 완성되었습니다. 내비메쉬는 일종의 지도라고 할 수 있습니다. 그렇다면 여러분은 평소 지도를 어떻게 사용하시나요? 보통은 다음과 같이 사용할 것입니다.

1. 현재 위치를 정한다(출발 지점을 찾는다).
2. 가고 싶은 장소를 정한다(목표 지점을 찾는다).
3. 두 위치 사이의 경로를 찾는다.

NPC의 기본적인 생성 방식도 이와 같습니다. 그럼, 자세히 살펴봅시다!

1. 간단한 쿼리

내비메쉬는 게임 내의 다른 많은 엔티티와 마찬가지로 게임 시작 시 메모리에 로드됩니다. 이는 주로 AI가 정확한 공간 정보를 빠르게 얻기 위함이지만, 플레이어가 사용하는 경우도 있습니다(게임에 따라서는 플레이어의 움직임을 내비메쉬로 제한하기도 합니다). 한편, 개발자인 우리가 게임을 제작할 때 내비메쉬를 화면에 표시하는 경우는 그것이 기대한 위치에 잘 배치되어 있는지 확인하거나, 상황을 '디버깅'하고 있을 때입니다. 예를 들어 어떤 NPC가 알 수 없는 이유로 움직이지 않을 때 화면에 내비메쉬를 표시해서 그 NPC가 유효한 위치에 있는지, 혹은 【내비메쉬 바깥으로 밀려나】 있지는 않은지를 확인할 수 있습니다.

최종 게임에서는 내비메쉬가 보이지 않지만, 메모리에 로드되어 존재하고 있습니다. 코드를 이용해 '쿼리'를 실행하면, 내비메쉬를 사용하기 전에 특정 위치가 내비메쉬 '위'에 있는지를 확인할 수 있습니다(이것이 우리가 언제나 사용하는 기본적인 쿼리입니다).

예를 들어, 일반적인 2D 맵 위에서 임의의 위치를 골랐을 때, 그 위치가 맵의 '걸을 수 있는' 부분에 있을 경우에만 그 맵의 '위'에 있다고 간주됩니다. 내비메쉬에서도 완전히 같은 방식으로 처리합니다. 즉, 3D 위치가 주어졌을 때 그 위치가 내비메쉬의 삼각형 근처에 있는지를 검사합니다.

단, 이번에는 3D 공간이기 때문에 그 위치가 삼각형보다 훨씬 위나 아래에 있을 수도 있습니다. 그래서 내비메쉬의 삼각형을 찾기 위해 【레이캐스트】(ray cast)'라는 작업을 수행합니다. 레이캐스트는 3D 위치에서 아래 방향으로 수직선을 그어 수학적으로 그 선과 내비메쉬의 교차점을 찾는 방식입니다. 이 선의 길이는 '톨러런스(허용) 거리'가 되며, 내비메쉬에서 어느 정도 거리까지 떨어져 있어도 유효한 위치로 판단할지를 정의하는 기준이 됩니다.

【내비메쉬 바깥으로 밀려나다】
NPC가 내비메쉬 바깥으로 벗어나는 원인은 여러 가지가 있지만, 애니메이션에서 백스텝했을 때 바깥으로 나가버리는 등 애니메이션과 관련된 케이스가 많은 편이다.
이동 처리는 내비메쉬를 참조해서 체크하지만, 애니메이션 시스템은 원칙적으로 내비메쉬를 참조하지 않기 때문에 이런 문제가 발생하게 된다.
이런 문제를 방지하기 위해 내비메쉬의 경계에 콜리전으로 벽을 만들어버리거나, 내비메쉬 바깥으로 나간 NPC는 임의의 위치에서 리스폰할 수 있도록 처리하는 방법이 있다. 해당 게임이 무엇을 중시하는지에 따라 대책도 달라진다.

【레이캐스트】
지정한 선분과 겹치는 오브젝트가 존재하는지 물리 엔진을 이용해 판정하는 처리다. 광선을 던지듯이(Cast) 판정하는 것에서 '레이캐스트(ray cast)'라는 이름이 붙었다. 이름이 멋지기 때문에 프레젠테이션에서 사용하고 싶은 기술 용어 1위로 꼽히기도 한다.

[그림 16]에서 3D 예시를 살펴보겠습니다. 내비메쉬가 있는 지면 위에 NPC를 배치합니다. 내비메쉬 위의 NPC 위치를 찾기 위해 NPC의 중심 위치(인간형 캐릭터의 경우는 배 부근)를 기준으로 삼아 내비메쉬와의 교차점을 찾기 위해 레이캐스트를 수행합니다. 캐릭터의 발 사이 위치가 더 합리적으로 보일 수도 있지만, 모든 캐릭터가 인간형일 거라는 보장은 없습니다! 네 발로 걷는 동물이거나 아예 발이 없는 괴물일 수도 있으니까요.

일관성을 유지하기 위해서는 중심을 기준으로 삼는 쪽이 더 유리하며, 어떤 타입의 캐릭터라도 형태에 관계없이 간단하게 계산할 수 있습니다. 중심 위치에서 아래 방향으로 레이캐스트를 할 때 그 길이는 캐릭터의 높이에 따라 달라집니다. 최소한 캐릭터 키의 절반 이상은 사용해야 하며, 일반적으로는 전체 높이를 사용하는 것이 좋습니다. 다음으로, 해당 세그먼트 근처에 있는 삼각형을 탐색합니다. 삼각형이 NPC에서 100미터 떨어져 있다면 테스트할 필요가 없습니다. 충분히 가까운 경우에만 세그먼트와 삼각형 사이에 교차점이 있는지를 테스트합니다. 교차점이 발견되면 바로 그 지점이 내비메쉬 위의 위치가 됩니다.

레이캐스트는 3D 공간에서 어느 방향으로든 수행할 수 있으며 반드시 아래 방향일 필요는 없습니다! 또한 NPC가 도달할 수 있는 위치를 찾을 때 내비메쉬로부터 10미터 위 같은 지나치게 높은 위치를 지정할 필요는 없겠죠. 그래서 레이캐스트의 길이는 NPC의 키 정도로 제한합니다. 같은 방식으로 내비메쉬의 유효한 목표 지점도 탐색할 수 있습니다([그림 17]). 간단하게 하기 위해 캐릭터로부터 그다지 멀지 않은 위치를 무작위로 선택해서 레이캐스트를 실행하고 유효한 지점을 찾습니다. 이것으로 내비메쉬 상에 두 개의 유효한 위치가 생기게 되었으니 다음으로는 그 두 지점 사이의 패스(경로)를 찾는 방법을 살펴보겠습니다.

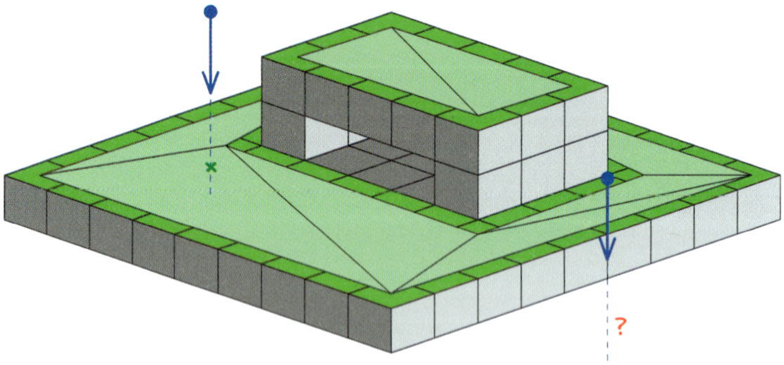

【내비메쉬와 지면의 오차】
내비메쉬와 실제 지면 사이에는 약간의 오차가 존재한다. 대부분의 경우 문제되지 않지만, 드물게 내비메쉬상으로는 통과 가능한 구간에서 NPC가 돌진하며 이동했더니 작은 단차나 작은 돌에 걸려 멈춰버리는 경우가 발생할 수 있다. 보통은 파라미터 조정을 통해 해결되는 경우가 많지만, 해결되지 않을 경우에는 단차를 넘기 위한 전용 경사면을 지형 위에 붙여 처리한다. 게임에서도 배리어 프리 대응은 중요한 요소다.

[그림 16] 어떤 위치가 내비메쉬 위에 있는지를 판단

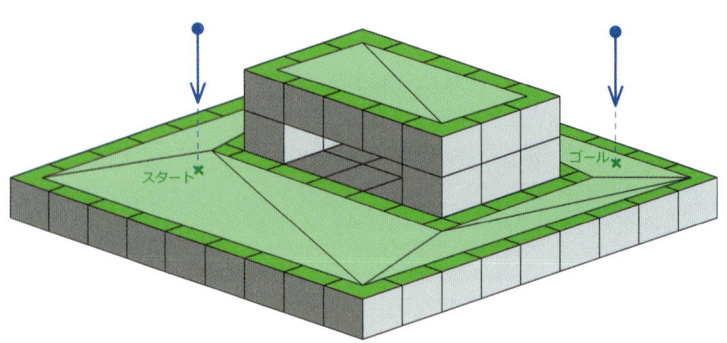

[그림 17] 내비메쉬 위에서 출발점과 도착점을 설정

2. 경로 탐색

지금 두 점 사이의 패스(경로)를 계산해야 합니다. 그 방법은 무엇일까요?

여기서는 【A*】(A-Star, 에이 스타)라고 불리는 또 다른 알고리즘을 사용합니다. 이 알고리즘을 통해 그래프 내의 두 노드 사이에서 최단 경로를 구할 수 있습니다. '그래프'란 단순히 '노드'들의 리스트이며, 이들이 '링크'로 열결되어 있을 수도 있고, 그렇지 않을 수도 있습니다. 이러한 '링크'에는 값이 존재하며, 이론적으로는 어떤 값이든 설정할 수 있지만, 여기서는 노드 간의 거리를 값으로 사용합니다.

이러한 그래프는 [그림 18]과 같은 모습이 됩니다.

【A* 탐색】
게임 AI 분야에서 '탐색'이라고 하면 바로 이 알고리즘이 떠오를 정도로 정석이 된 방식이다. 더 효율적인 탐색 방법도 존재하지만, 제약이 많거나 사용하기 까다로워서 결국 언제나 A*를 사용하게 된다.

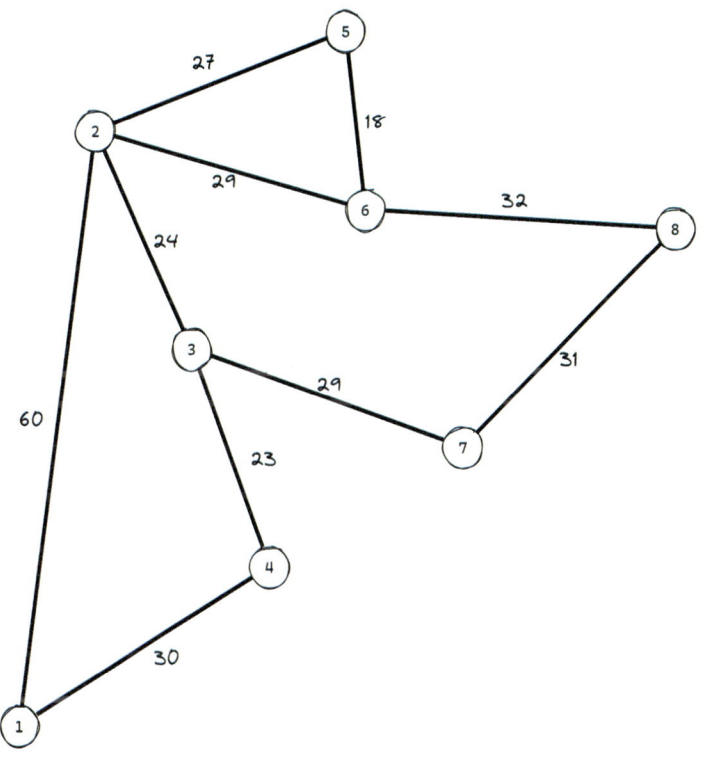

[그림 18] 그래프 예

'내비메쉬와 무슨 관련이 있지?'라고 생각하실 수도 있습니다. 하지만 사실, 내비메쉬도 일종의 그래프입니다! 내비메쉬는 메쉬며, 메쉬는 서로 연결된 삼각형들의 리스트라는 것을 기억하시죠? 내비메쉬를 그래프로 표현하려면 삼각형 하나하나를 기준으로 노드를 만들고 삼각형들이 변(edge)을 공유할 때 노드 간에 링크를 추가하면 됩니다.

예를 들어 앞서 예시로 든 테이블을 둘러싼 내비메쉬는 [그림 19]와 같은 방식으로 표현할 수 있습니다.

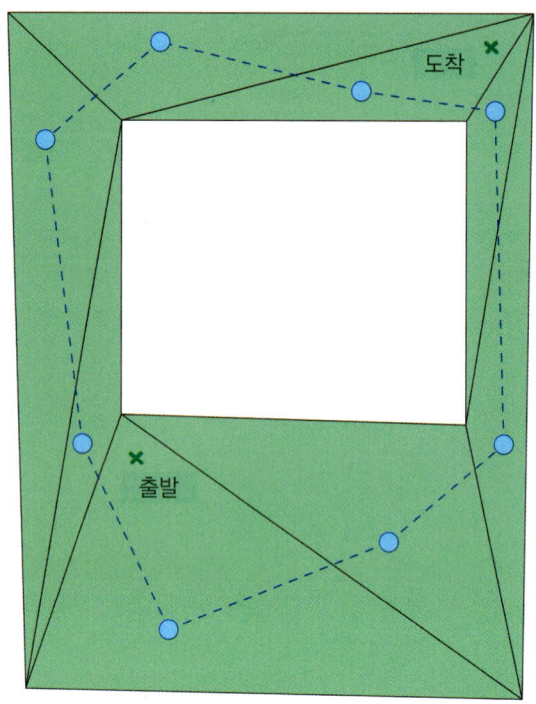

[그림 19] 내비메쉬를 그래프화한 그림

그래프가 만들어졌으니 이제 어떤 노드를 거쳐 패스를 생성할지를 결정해야 합니다. 위의 상황에서는 두 개의 경로만 존재하지만, 어느 쪽이 최적인지는 판단해야 합니다.

처음 떠오르는 해결책은 출발(스타트) 노드에 연결된 모든 노드를 탐색하고, 탐색한 노드에서 다른 노드로 이동하면서 최종적으로 목적지를 찾는 방식입니다. 어느 노드에서 왔는지를 기억해 두면 경로가 결정됩니다!

이 방법은 직관적인 해결책으로 단순한 상황에서는 효과적이지만 몇 가지 큰 문제가 있습니다!

우선, 많은 노드를 탐색하게 되며, 운이 나쁘면 모든 노드를 탐색해야 할 수도 있습니다! 테이블 예시는 단순하므로 별문제 없어 보일 수 있지만, 오픈월드 게임의 그래프를 상상해 보세요. 목표 지점까지의 경로를 찾는 데 시간이 오래 걸릴 뿐만 아니라 우리가 바라는 '최단 경로'를 찾지 못할 가능성이 높습니다. 그렇다면 어떻게 해야 할까요?

미로 안에 있다고 가정해 봅시다. 공중에 빛이 떠 있고, 이동함에 따라 출구에 가까워지고 있는지 멀어지고 있는지를 알려줍니다. 이런 상황에서 당신은 어떻게 출구를 찾으시겠어요? 아마도 빛이 있는 방향을 따라가면서 미로를 이동하고 빛이 커질수록 출구에 가까워진다고 느낄 것입니다. 탐색하다 보면 막다른 길에 부딪혀 왔던 길을 되돌아가야 할 수도 있겠지요. 하지만 같은 장소를 두 번 탐색하지 않기 위해 이미 지나온 장소를 기억해두기 위해 벽에 표시를 남겨 둘 것입니다([그림 20]).

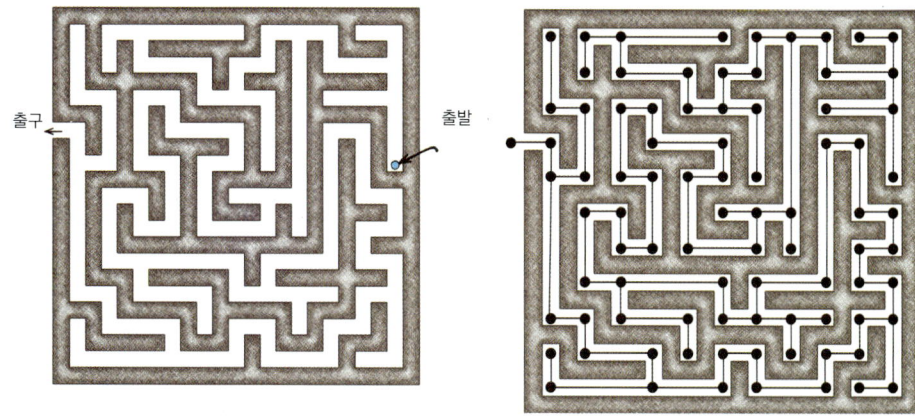

[그림 20] 미로 예시와 이를 그래프화한 그림

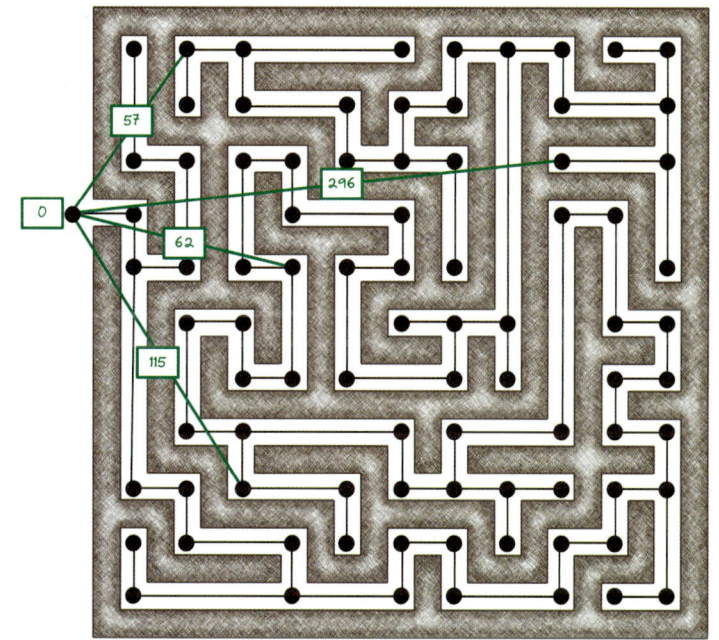

[그림 21]
휴리스틱 값의 예시

이 '직관적'인 탐색 방식이 바로 A* 알고리즘의 기본적인 작동 방식입니다. 어떤 노드에서 다른 노드로 이동할 때 다음에 탐색할 노드를 어떻게 선택할지는 목표 지점까지의 거리(두 점 사이의 직선 거리, 즉 '유클리드 거리')에 따라 달라집니다. 알고리즘에서는 이 직관을 '휴리스틱(heuristic)'이라고 부르며 목표 지점에 대해 해당 노드가 얼마나 '좋은지'를 나타냅니다. 우리는 최단 경로를 원하기 때문에 휴리스틱 값은 목표 지점에 얼마나 가까운지를 기준으로 설정됩니다. 노드가 목표에 가까울수록 휴리스틱 값은 작아지며 목표 지점의 휴리스틱 값은 0입니다. [그림 21]은 몇 개의 노드에 대한 휴리스틱 값의 예를 보여주며 초록색 선은 노드와 목표 지점 사이의 거리입니다.

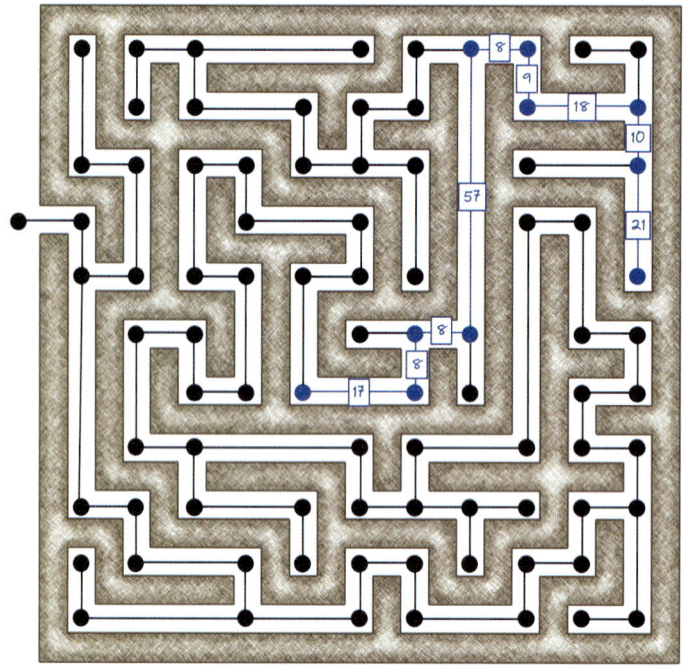

[그림 22] 맨해튼 거리의 예

[맨해튼 거리]
수학적인 거리 계산 방식 중 하나로, 격자 형태의 셀 사이 거리를 상하좌우로 이동한 횟수로 측정합니다. 처음 AI를 배웠을 때, '미국 뉴욕의 맨해튼 섬은 다른 지역과 거리 계산 방식이 다른가?' 하고 착각해서 놀라기도 했다는…

휴리스틱에 더해, 어떤 노드에서 다른 노드로 이동할 때는 이미 걸어온 거리의 합계도 고려해야 합니다. 이 경우에는 직선 거리가 아니라, 실제로 걸어간 거리 값을 사용해야 합니다. 이것을 **【맨해튼 거리】**(Manhattan distance)'라고 부릅니다([그림 22] 참고).

휴리스틱과 실제 이동 거리 값을 더하면 예상되는 패스의 길이가 되며, 이를 '코스트(비용)'라고 부릅니다. 우리는 최단 경로를 찾고 싶기 때문에 노드들을 탐색하면서 코스트가 가장 낮은 노드를 선택해 나갑니다. 최종적으로 목표 지점에 도달하면 출발점에서 도착점까지의 하나의 경로를 발견한 것이며 이 경로의 '코스트'가 결정됩니다.

여기서 탐색이 끝났다고 생각할 수도 있지만, 우리가 찾은 경로보다 더 나은 경로가 있을 수 있습니다. 아직 탐색하지 않은 노드를 계속 탐색해가며 더 나은 패스를 찾을 수 있는 여지를 남깁니다. 단, 탐색한 노드의 계산된 코스트가 이미 발견된 코스트보다 크다면 그 노드에 대한 탐색은 중단합니다.

총 코스트 = 해당 노드까지의 이동 거리 + 해당 노드의 휴리스틱 값

패스를 찾았을 때의 미로 탐색 상태는 [그림 23]처럼 표현됩니다. 매번 목표에 가까운 노드를 우선적으로 탐색했기 때문에 아직 탐색되지 않은 노드들은 초록색으로 표시되어 있습니다. 빨간색은 탐색했지만 막다른 길이었던 노드입니다. 자, 직접 탐색을 진행하면서 각 색이 의미하는 바를 유추해보세요!

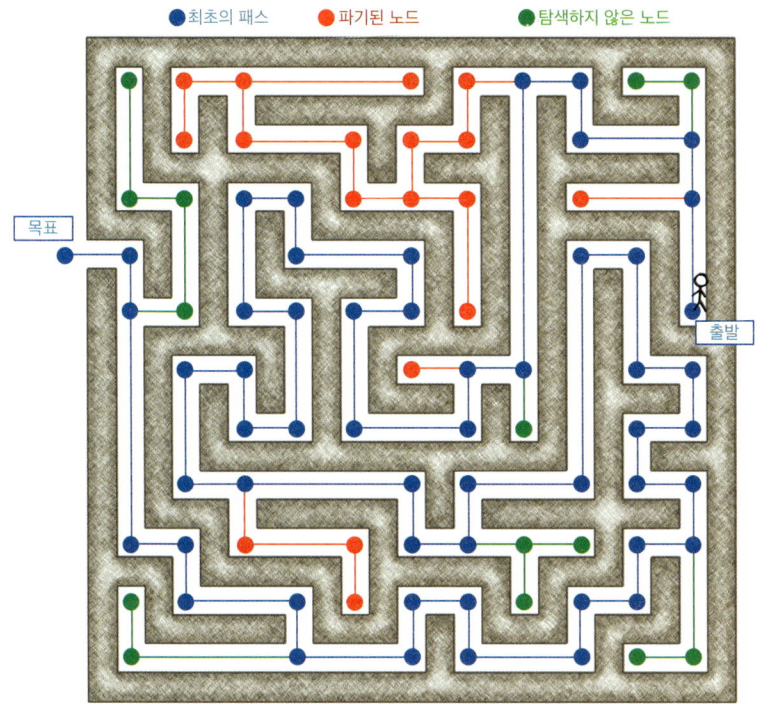

[그림 23] 검색한 노드와 최종 미로 탐색 패스

다시 내비메쉬로 돌아가봅시다! 같은 방법으로 NPC가 목적지에 도달하기 위해 통과해야 할 삼각형을 결정합니다. 최종적인 패스는 NPC가 더듬어 갈 위치들의 리스트가 됩니다. 노드의 위치를 그대로 사용하는 것도 가능하지만, 그렇게 하면 이상적인 패스가 되지 않습니다. 대신, 노드를 탐색하면서 패스를 구축하고, 그 패스와 삼각형의 변이 교차하는 지점을 연결합니다. 마지막으로 이 패스를 최적화하고, 사용되지 않은 점들을 파기하는 최종 처리를 거치면 완료입니다! ([그림 24])

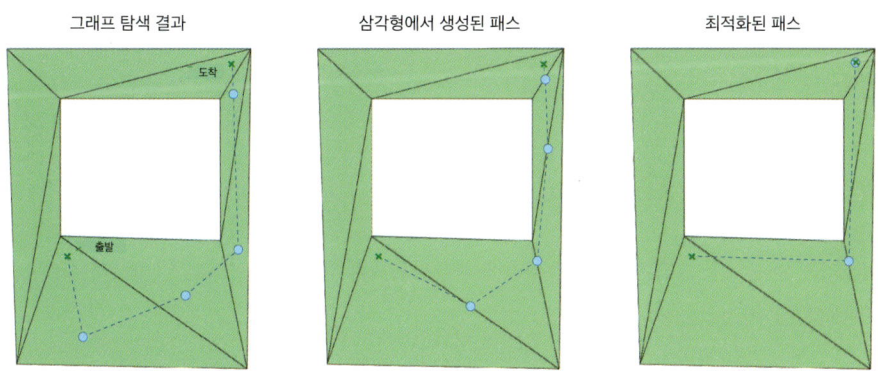

[그림 24] 내비메쉬에서 패스를 탐색하는 프로세스

3. 스티어링

경로가 완성되었으니, 이제 드디어 NPC에게 움직임을 부여해봅시다! 처음 캐릭터 제작 이야기를 했을 때 캐릭터 메쉬를 움직일 수 있는 '**애니메이션**'이 있다고 말했었죠. 그럼 바로 사용해봅시다.

짐작하셨겠지만, NPC는 다양한 속도로 움직이는 애니메이션을 갖고 있습니다. 일반적으로 걷는 애니메이션과 뛰는 애니메이션이 최소 하나씩 있으며, 각각 상황에 따라 적절히 사용합니다. 애니메이션 시스템 자체도 하나의 주제가 될 만큼 방대한 기능을 지니고 있으므로, 여기서는 일반적인 사용 방식만 설명합니다. 애니메이션 시스템에 일련의 정보를 제공하면 시스템은 어떤 애니메이션을 재생할지를 결정합니다. 예를 들어, NPC가 낙하 중이라는 정보를 제공하면 낙하 애니메이션을 재생하려고 합니다. NPC가 지면에 발을 딛고 있고 방향과 이동 속도가 주어지면 시스템은 걷는 애니메이션이나 뛰는 애니메이션을 선택해 재생합니다([그림 25]).

【아니메와 애니메이션】
기술 용어로는 영어 'Animation(애니메이션)'이라는 말을 사용한다. 'Anime(아니메)'라는 줄임말은 흔히 애니메이션 TV 프로그램이나 애니메이션 영화를 뜻한다. 무심코 '아니메'라는 줄임말을 사용하려 하면, 동료들에게 의아한 눈초리를 받을 수도 있다.

[그림 25] 내비메쉬 위를 움직이는 NPC

즉, 캐릭터의 현재 위치에서 경로상의 첫 번째 지점까지의 방향을 계산해 애니메이션 시스템에 전달합니다. 이때는 경로상의 첫 번째 지점에서 캐릭터의 위치를 빼는 방식으로 벡터 연산을 하고, 그 벡터를 정규화합니다. 하지만 이것만으로는 캐릭터를 문제없이 움직일 수 없습니다.

애니메이션 시스템은 애니메이션을 재생할 뿐 캐릭터를 실제로 움직이지는 않습니다. 캐릭터를 실제로 움직이는 것은 물리 시스템입니다. 이 시스템은 중력을 시뮬레이션하고, 모든 엔티티 간의 충돌(콜리전, collision)을 감지해 캐릭터가 벽을 통과하지 않도록 막아줍니다. 다만, 이 캐릭터 메쉬에는 충돌 판정이 없습니다. 대신 캐릭터의 실제 충돌은 캐릭터와 같은 크기의 보이지 않는 '캡슐'을 이용해 처리됩니다. 이동 방향을 지정하면 물리 시스템은 이 캡슐을 움직이려 시도합니다. 충돌이 없다면 물리 시스템은 실제로 이동한 거리를 반환합니다. 반대로 충돌이 발생해 캐릭터가 움직일 수 없는 경우, 빈 벡터가 반환됩니다. 이렇게 물리 시스템이 반환한 벡터는, 예컨대 장애물에 부딪혀 멈췄을 때 올바른 애니메이션을 재생하는 데 쓰이기 위해 다시 애니메이션 시스템으로 전달됩니다. 다만, 모든 게임 엔진이 이와 똑같이 동작하는 것은 아니라는 점에 주의하세요!

이제 드디어 캐릭터가 움직이기 시작했습니다! 왜냐하면 캐릭터에게 첫 번째 지점까지의 방향을 알려줬기 때문입니다. 다음 단계는 캐릭터가 그 첫 번째 지점에 '도달'했는지를 감지하고, 도달했다면 다음 지점으로 유도하는 과정을 반복하는 것입니다. 이 과정을 목적지에 도착할 때까지 계속합니다. NPC는 목적지에 도착할 때까지 한 지점에서 다음 지점으로 계속 이동하기만 하면 되므로 이 과정을 논리적으로는 '패스 추적(Path Following)'이라고 부릅니다.

4. 회피

내비메쉬가 월드의 정적인 요소(벽이나 지면, 나무 등 기본적으로 움직이지 않는 것)를 사용해 만들어진다는 점은 이미 소개했습니다. 그렇다면 다른 NPC나 차량 같은 움직이는 요소는 어떻게 해야 할까요? 캐릭터끼리 부딪히거나 차에 치이는 상황은 피해야 하겠죠.

하지만, [다이내믹한 요소]는 내비메쉬를 생성할 때 고려되지 않습니다. 게임 실행 중에 내비메쉬를 수정할 수는 있지만, 시간이 걸립니다. 또한, 캐릭터는 목적지에 도달할 때까지 오랜 시간 동안 이동할 수 있기 때문에 내비메쉬의 수정이 끝날 무렵이면 다시 한 번 수정해야 할 수도 있습니다! 게다가 내비메쉬의 삼각형을 변경할 때마다 영역 내 모든 NPC의 현재 패스가 여전히 유효한지를 확인해야 합니다. 이걸 모든 캐릭터에 대해 매 프레임마다 수행하면 많은 CPU 시간을 소모하게 되고, NPC가 1초에 여러 번 패스를 바꾸는 상황이 생겨 좋은 결과를 얻기 어렵습니다.

그럼 어떻게 해야 할까요? 여기서도 늘 그렇듯, 실생활에서 움직이는 장애물을 피하는 방법을 생각해봅시다! 당신이 출근이나 등교길에 지하철역까지 걸어가고 있다고 가정합시다. 많은 사람이 지나가고 있는 상황에서 누군가의 앞을 가로지르려 할 때 당신의 머릿속에서는 어떤 일이 일어나고 있을까요? 말로 설명하긴 어렵지만, 상대와 부딪힐 것인지 아닌지를 판단하는 일종의 직감 같은 것이 있습니다. 지금의 걸음 속도를 유지할지, 속도를 올릴지 아니면 상대에게 맞춰 속도를 줄일지, 어느 정도 감이 오는 거죠(상대도 당신처럼 생각하고 있다면 멈춰 설지도 모릅니다!). 진로를 조금 바꿀 수도 있지만, 그렇게 하면 다른 사람의 경로에 들어가게 될 가능성도 있습니다.

생각해보면 이건 꽤 신기한 감각입니다. 마치 움직이는 장애물의 현재 속도로부터 그 위치를 예측해, 충돌할 것 같아지면 머릿속에서 경보가 울리듯 반응하고, 어떻게든 피하도록 지시받는 듯한 느낌입니다.

> [다이내믹한 요소]
> 배경 데이터가 파괴 불가능하며 불변이라는 설계를 따르는 게임이 많은 편이지만, 사용자가 지형을 바꾸거나 오브젝트를 자유롭게 배치할 수 있는 게임도 점점 늘고 있습니다. 이러한 지형 가변형 게임에서도, 변화 빈도에 따라 상대적으로 정적인 요소인지, 다이내믹한 요소인지를 구분해 처리합니다. 예를 들어, 정차해 있는 자동차 같은 경우는 일시적인 정적 요소로 취급하는 경우도 있습니다.

[회피 메커니즘]

도심의 역을 걸을 때 우리는 아무렇지 않게 혼잡한 인파 속을 걸어가지만, 막상 NPC에게 같은 일을 시키려고 하면 복잡한 수학 알고리즘이 필요하다는 걸 알게 된다. 회피 메커니즘이 실패하면 같은 방향으로 피하려다 NPC끼리 부딪히는 일이 생기기도 한다. 이런 NPC의 실패 동작도 인간과 비슷한 움직임이 되곤 한다. 우리의 무의식도 의외로 수학적으로 구성되어 있는 걸지도 모른다.

【회피 메커니즘】은 그런 행동을 재현하려는 것입니다. 기본적으로는 NPC의 주위를 이동하는 다른 장애물(또는 다른 NPC)을 포착하고, 현재 속도로부터 미래 위치를 계산해 우리 캐릭터의 패스와 교차하는지를 확인하는 구조입니다. 그렇게 복잡해 보이지는 않지만, 충돌할 것으로 판단되면 장애물을 피하기 위한 새로운 방향을 계산해야 합니다. 그러자마자 상황이 복잡해지죠! 다음으로 가야 할 방향은? 왼쪽? 오른쪽? 그리고 속도는?

이 문제를 해결하는 방법은 여러 가지가 있지만, 모두 '속도 방해'(VO, Velocity Obstacle)라는 테크닉에서 유래합니다. 이를 시각화하기 위해 [그림 26처럼 두 명의 NPC가 서로 마주 보며 이동하는 상황을 상상해봅시다. 이동하는 각각의 NPC는 충돌 캡슐과 같은 반경을 가진 원으로 표현됩니다.

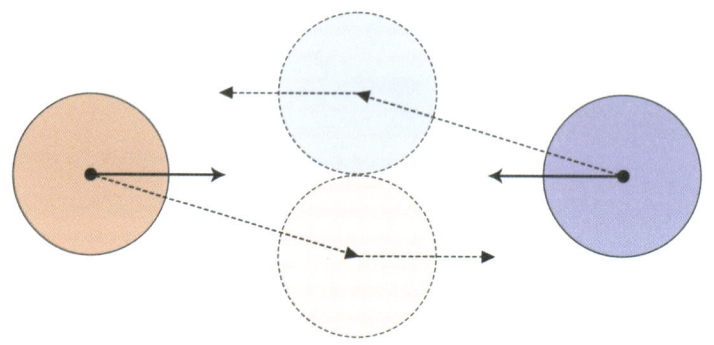

[그림 26] VO를 사용해 서로를 피하는 NPC

각각의 장애물에는 현재 속도를 나타내는 벡터가 있습니다. 이 벡터의 끝에 원을 그려 미래의 위치를 표시합니다. 예를 들어 어떤 NPC가 1m/s로 이동하고 있다면 1초 후에는 그 NPC는 1m 이동해 있을 것입니다. 양쪽 NPC가 현재 속도를 그대로 유지하며 이동하면 서로 부딪히게 됩니다. 이를 막기 위해서는 눈앞의 장애물을 피할 수 있도록 해당 영역의 바깥쪽으로 새로운 속도를 선택하도록 하며, 상대방 장애물에도 같은 처리를 합니다!

'속도 방해'(VO) 테크닉은 자주 움직임에 진동이 발생하고 그다지 '부드럽지' 않기 때문에 오늘날에는 거의 사용되지 않습니다. 하지만 RVO(상대 VO), ORCA(최적 RVO), Clear Path, Human-Like 등, '속도 방해'(VO)를 기반으로 개선된 테크닉들이 많이 존재합니다.

5. 정리

이번 절에서는 NPC를 움직이기 위한 메커니즘에 대해 설명드렸습니다. 꽤 복잡했지만, 그 구조는 이해하셨을 거라고 생각합니다! 다음은 NPC에게 점프나 사다리 오르기 같은 특정 동작을 수행하게 하는 방법에 대해 설명드리겠습니다!

내비메쉬의 확장

NPC 걷거나 뛸 수 있게 되었고, 미끄러지거나 웅크리는 등의 간단한 동작도 수행할 수 있게 되었습니다. 내비메쉬, 경로 탐색, 회피 메커니즘에 대해 이해한 지금, 이제 그것을 실제로 어떻게 구현할 수 있을지 상상해 봅시다.

1. 오프메쉬 링크

지상에 있는 NPC가 사다리를 이용해 빌딩의 옥상으로 올라간다고 해봅시다. 이 상황에서 내비메쉬가 어떻게 보일지를 생각해 보세요. [그림 27]에서는 옥상과 지상 모두에 내비메쉬가 있지만, 이 둘은 연결되어 있지 않습니다. 이유를 쉽게 이해하기 위해 내비메쉬가 어떻게 생성되는지를 다시 떠올려 봅시다.

'걸을 수 있는 복셀' 위에 삼각형이 만들어지고, 해당 복셀끼리 연결되는 것은 거의 같은 높이일 때 (예: NPC가 올라설 수 있는 한 걸음 정도의 높이)뿐입니다. 이번처럼 지면과 지붕처럼 서로 너무 떨어져 있을 경우, 서로 다른 두 개의 내비메쉬가 만들어지게 됩니다.

두 개의 내비메쉬가 연결되어 있지 않으면 경로 탐색은 다른 한쪽 내비메쉬 위에 있는 목적지까지의 경로를 찾을 수 없습니다. 그렇다면 어떻게 해결해야 할까요? 맞습니다, 두 내비메쉬 사이에 연결을 만들어주는 것입니다!

[그림 28]의 사다리는 두 내비메쉬 삼각형 사이에 '가상'의 연결을 생성하고 있습니다. 이것은 현재의 내비메쉬 바깥으로 나가기 때문에 '오프메쉬 링크'라고 불립니다. '내비링크', '점프링크', '유저엣지' 등 다른 이름으로도 불리지만, 모두 같은 개념입니다.

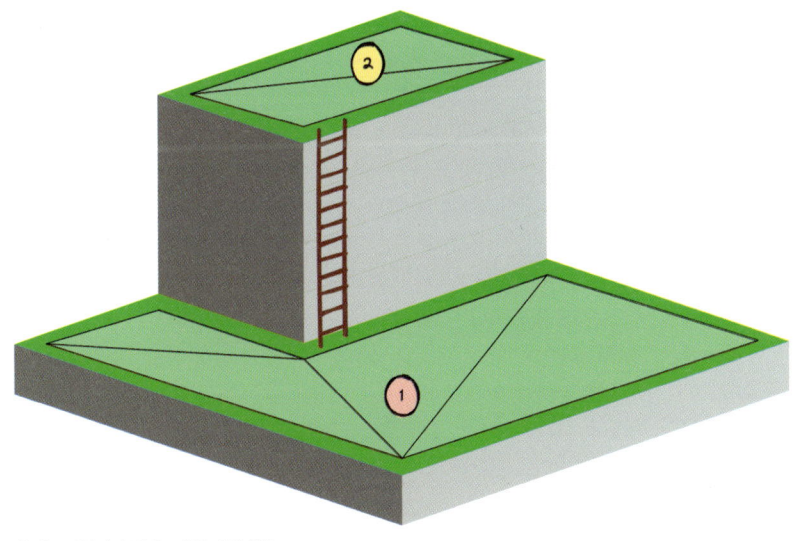

[그림 27] 서로 연결되지 않은 2개의 내비메쉬

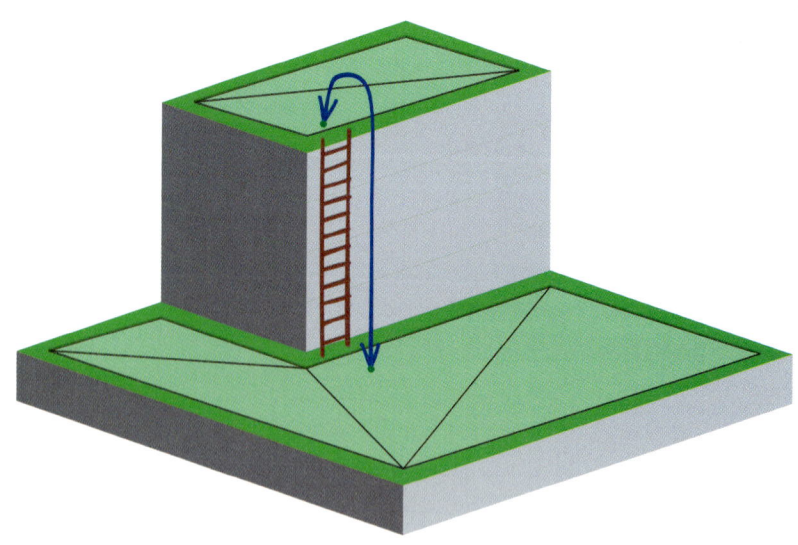

[그림 28] 지상과 지붕의 내비메쉬를 연결하는 오프메쉬 링크

그렇다면 이 링크를 내비메쉬에 어떻게 추가하면 좋을까요? 사다리의 경우, 실제 물리 오브젝트를 월드에 배치하게 되므로 내비메쉬에 '사다리의 각 【엔트리 포인트】(entry point, 진입 지점) 사이에 링크를 생성한다'는 정보를 추가하게 됩니다. 이를 위해서는 내비메쉬 상의 위치를 찾는 일반적인 테크닉인 레이캐스트와, 양쪽 위치에 가장 가까운 삼각형을 찾는 쿼리를 사용합니다. 위치를 찾은 뒤, 해당 삼각형에 다른 쪽 삼각형으로 연결되는 새로운 링크를 추가합니다.

이러한 링크가 있으면 경로 탐색 알고리즘은 목적지까지의 경로를 찾을 수 있게 됩니다. NPC는 평소처럼 경로를 따라가고, 사다리 입구에 도달하면 특수한 액션을 트리거해 '사다리를 오르는' 애니메이션을 재생합니다. 정상에 도착하면 다시 걷기 동작을 시작합니다.

사다리는 양방향 링크이기 때문에 위아래 방향 모두에 사용할 수 있지만, 게임 내에 집라인이나 소방봉처럼 빠르게 아래로만 내려가는 오브젝트가 있다면 한 방향으로만 이동이 가능하도록 설정해야 합니다([그림 29]). 또한, NPC가 4미터 높이의 벽에서 뛰어내릴 수는 있지만 너무 높아서 다시 올라갈 수 없도록 하고 싶은 경우도 있을 것입니다(운동 신경이 너무 좋은 경우는 제외!).

오프메쉬 링크가 어떻게 작동하는지 이해하셨을 거라고 생각합니다. 완전히 동일한 논리를 점프하거나 기어오르는 등의 다른 유형에도 적용할 수 있습니다. 이들의 주요한 차이는 '물리적인' 사다리가 있을 때와 달리 링크와 연결된 물리 오브젝트가 존재하지 않는다는 점입니다. 즉, 물리적 접촉이 없는, 눈에 보이지 않는 오브젝트를 만들고 있는 셈입니다. 사다리가 만들어지는 방식과 마찬가지로, 보이지 않는 오브젝트가 게임 세계에 로드되면 내비메쉬에 링크가 추가되는 것입니다.

【엔트리 포인트】
사다리나 좁은 다리, 문 등 특수한 지형에서는 시작 지점, 즉 엔트리 포인트 정보를 맵에 설정하는 경우가 있다. 엔트리 포인트에서는, 예를 들어 사다리를 오를 때 애니메이션의 타입을 전환하거나 닫힌 문을 열기 위해 문 앞의 엔트리 포인트에서 위치를 맞춘 뒤 문을 여는 애니메이션을 재생하는 등의 처리가 이루어진다.
단순히 걷는 것만으로는 도달할 수 없는 지형에는 대부분 엔트리 포인트가 설정되어 있다. 예를 들어 현관에서 신발을 벗고 집에 들어갈 때, 우리는 현관의 엔트리 포인트에 접근하고 있는 것이다.

[그림 29] 미끄럼봉은 내려가기 전용 링크가 됩니다.

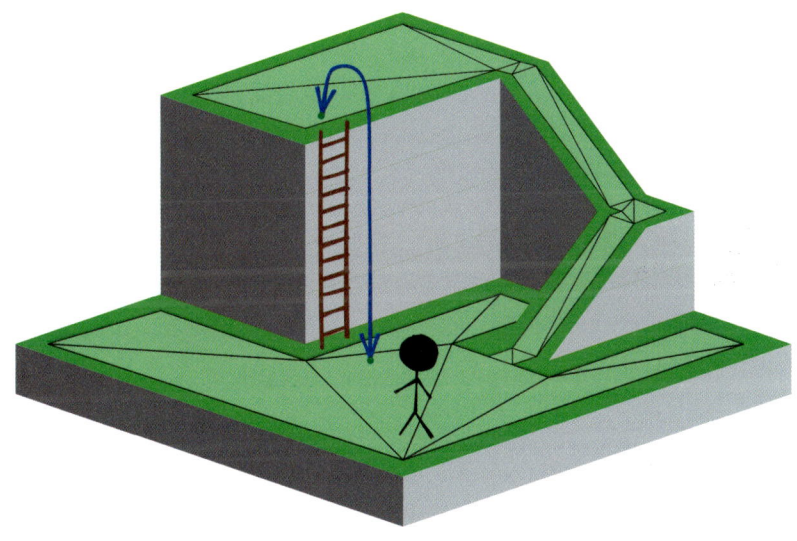

[그림 30] 옥상으로 가는 길이 2개 있는 씬

2. 코스트

사다리 상황을 조금 변경해서 [그림 30]처럼 옥상으로 가는 또 다른 방법(비탈길)을 추가해 봅시다. 옥상에 올라가는 방법이 두 가지가 되었는데 NPC는 어느 쪽을 사용해야 할까요?

길을 탐색할 때의 목표는 '최단 거리'를 찾는 것입니다. 즉, 목적지까지 '최단 시간'에 도달할 수 있는 길입니다. 중요한 것은 거리 자체가 아니라, 거기에 도달하기까지 걸리는 시간이라는 말입니다! 오프메쉬 링크가 도입되기 전에는, NPC가 내비메쉬 위를 이동하는 방법은 '걷기'뿐이었기 때문에 거리를 기준으로 최단 경로를 측정하는 것이 합리적인 방법이었습니다.

하지만 이번에는 같은 거리를 이동하더라도 사다리나 다른 종류의 링크가 걷는 것보다 빠른지를 확인할 필요가 있습니다. 이는 스마트폰 앱을 사용해 지도에서 최단 경로를 찾을 때와 같습니다. 앱에는 목적지까지 가는 여러 가지 방법(도보, 자동차, 버스, 지하철 등)이 표시되지만, 대부분 실제 거리보다는 더 빠른 수단을 선택할 것입니다. 물론 도보는 무료지만, 다른 수단은 코스트가 발생합니다. 사다리도 마찬가지로 오르기 어렵다는 '코스트'가 따르는 것입니다.

따라서 사다리와 다른 모든 종류의 오프메쉬 링크의 사용 코스트를 계산해야 합니다. 이를 파악하는 가장 좋은 방법은 기준이 되는 걷기와 비교해, 오프메쉬 링크를 사용할 때의 속도를 계산하는 것입니다. 모든 캐릭터가 동일한 속도로 걷는 것은 아니고, 애니메이션 제작 방식에 따라 속도도 달라지지만, 여기서는 단순화를 위해 모든 NPC가 1m/s로 걷는다고 가정합니다(즉, 10m를 걷는 데 10초가 걸립니다). 사다리를 오를 경우, 올라타고, 위까지 오르고, 내려와야 합니다. 사다리를 오르는 데 걸리는 시간을 측정하면 약 20초이며, 이를 도보와 비교하면 사다리를 사용하는 데 걸리는 시간은 도보의 두 배, 즉 사다리를 사용할 때의 코스트는 2가 됩니다! 이는 매우 느린 편입니다. 한편 사다리를 미끄러져 내려오는 속도는 상당히 빨라서 걷는 속도의 두 배이므로, 사다리 이용 코스트는 1/2이 됩니다. 이러한 과정을 반복하여 각 링크의 코스트를 구합니다!

다음으로 경로 탐색 알고리즘이 내비메쉬를 탐색합니다. 하나의 삼각형에서 다른 삼각형까지의 거리(링크의 길이)를 계산하고, 이 거리에 링크의 코스트를 곱합니다. 링크가 두 삼각형 사이의 일반적인 링크라면 코스트는 1입니다. 그렇지 않은 경우에는 링크의 유형에 따라 앞서 계산한 코스트를 사용합니다. 이 방법을 통해 어떤 경로가 가장 빠를지 현실적인 추정이 가능해집니다.

3. 선호도와 기타 요인

링크가 있는 경우에도 최적의 경로를 찾을 수 있게 되었지만, NPC가 항상 링크를 사용하도록 만들지는 않습니다. 이에는 몇 가지 이유가 있습니다.

부적절한 상황: 예를 들어 당신이 어떤 집에 살고 있고, 그 집 앞에 울타리와 작은 문이 있다고 가정합시다. 일반적인 상황에서는, 특별한 이유로 문이 열리지 않는 경우를 제외하면 반드시 문을 이용하겠죠! 게임에서도 마찬가지로 NPC가 벽을 뛰어넘거나 사다리를 사용하는 행동은 특별한 이유가 없는 한 피하고 싶은 것입니다.

일반적으로 NPC는 링크를 이용해 이동하지 않습니다. 하지만 마을이 공격받고 있고 갑자기 패닉 상태가 된다면, 최단 경로를 통해 링크를 사용할 것입니다. 이러한 행동을 제어하기 위해, 보통은 먼저 코스트를 계산할 때 '계수'를 적용합니다. 링크를 사용하지 않게 하고 싶을 때는 큰 값(예: 1000)을 사용합니다. 이 값은 에너지 소비에 대한 값으로 간주할 수 있습니다.

캐릭터의 능력: 지팡이를 짚고 걷는 노년의 여성 NPC가 있다고 가정해봅시다. 그녀가 사다리를 타거나 울타리를 뛰어넘을 수 있을까요? 아마 불가능할 것입니다! 캐릭터에 따라 특정 종류의 링크를 사용할 수 없도록 하고 싶다면 경로 탐색 시 NPC가 사용할 수 없는 링크를 아예 탐색하지 않도록

설정하는 것만으로 충분합니다. '계수'를 매우 높은 값으로 설정해도 구현은 가능하지만, 보다 확실히 사용하지 못하게 하려면 경로 탐색 과정에서 해당 링크를 제외하는 것이 더 효율적입니다.

다수의 이용자: 사다리를 오르는 데에는 시간이 걸리기 때문에 두 명의 NPC가 동시에 같은 사다리를 사용하려는 경우, 【**사다리를 예약**】하는 시스템이 필요합니다. 또 다른 방법으로는, 동시에 사다리를 사용하려는 NPC의 수에 따라 계수를 이용해 사다리의 코스트를 조금씩 올리는 방식도 있습니다. NPC 수가 많아지면 다른 NPC는 결국 다른 경로를 선택하겠죠. 이는 여러 개의 링크에 NPC를 '분산'시키는 데 매우 효과적인 방법입니다. 예를 들어 들판을 따라 길게 늘어선 울타리가 있다면 NPC는 울타리의 서로 다른 지점에서 점프하게 됩니다.

환경적인 요인: 다시 원래의 사다리 상황으로 돌아가 봅시다. 플레이어가 옥상에서 사다리를 타고 올라오는 NPC를 하나씩 처치하고 있는 상황입니다. 만약 당신이 NPC이고, 사다리 근처에 시체가 수북이 쌓여 있다면 그 사다리를 사용할까요? 아마 사용하지 않을 것입니다. 이런 상황에서는, 사다리 근처에 아군의 시체가 많이 있을 경우, 다시 한 번 계수를 활용해 해당 사다리의 코스트를 높이면 됩니다!

그 외에도 상황에 따라 링크를 강제로 사용하게 하거나 사용하지 못하게 하는 등의 다양한 상황을 고려하거나, 계수를 조합해서 활용할 수도 있습니다. 이런 방식들은 내비게이션 시스템에 다양성과 현장감을 더하는 데 매우 유용합니다.

> **【사다리 예약】**
> 사다리나 좁은 통로처럼 동시에 통행할 수 있는 수가 제한되는 지형에서는 가상의 티켓 대기 시스템을 만들어 티켓이 없으면 지나갈 수 없도록 설정하는 경우가 있다. 같은 방향으로는 동시에 세 명까지 통행할 수 있지만, 오르기와 내리기는 동시에 어느 한 쪽만 통행 가능하도록 하는 등, 의외로 세밀하게 시스템을 구성해야 하는 포인트가 된다.

4. 내비메쉬 개조

예를 들어 게임 내에 긴 나무 울타리가 있는 시골길이 있다고 가정해봅시다([그림 31]).

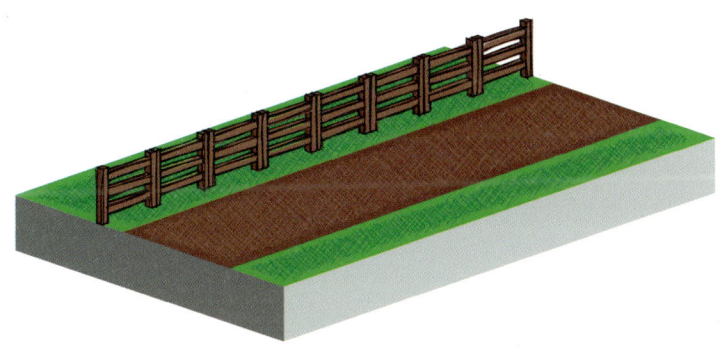

[그림 31] 시골길과 나무 울타리

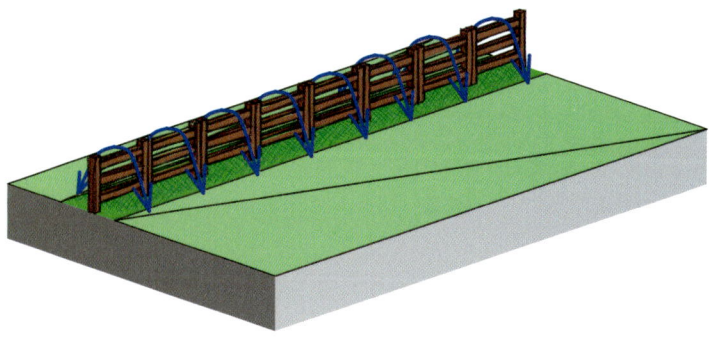

[그림 32] 내비메쉬와 울타리 주변에 추가된 오프메쉬 링크

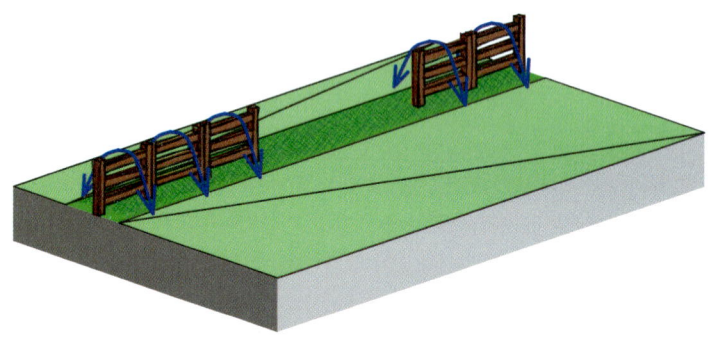

[그림 33] 파괴된 울타리 자리에는 내비메쉬가 없다.

NPC에게 울타리를 뛰어넘게 하고 싶으면 오프메쉬 링크를 추가합니다([그림 32]).

울타리를 파괴할 수 있게 만들면 어떨까요? 전투 중에 마법 공격을 사용하거나 몬스터가 돌진해 와서 울타리가 파괴됐다고 가정해봅시다([그림 33]). 울타리가 없어지면 NPC가 그 자리를 걸어갈 수 있게 되고, 더 이상 뛰어넘을 필요가 없어진다는 흐름을 상상할 수 있을 겁니다. 하지만 그렇게 되지 않습니다! NPC는 내비메쉬를 지도처럼 사용하고 있지만, 울타리가 파괴되더라도 지도는 갱신되지 않습니다. 그래서 울타리가 사라져도, 걷기 위한 삼각형이 존재하지 않게 되는 것입니다.

이 문제를 해결하기 위해서는 두 가지 접근 방식이 있습니다.

5. 런타임 생성

첫 번째 해결책은 내비메쉬를 '**[런타임]** 생성'하는 것입니다. 즉, 앞서 소개한 내비메쉬 생성 기법을 게임 실행 중에 적용하는 방식입니다. 물론 다시 계산하는 대상은 월드 전체가 아니라 변경된 영역만입니다. 그렇다 하더라도 앞에서 설명했듯이 내비메쉬 생성은 많은 메모리와 시간을 소모하는 느린 프로세스입니다.

[런타임]
게임 업계에서는 게임 실행 중에 어떤 처리를 수행하는 것을 '런타임 처리'라고 부른다. 게임 외부에서 미리 준비해두는 경우는 '오프라인 처리'라고 한다. 요리 프로그램을 예로 들면 미리 준비해둔 재료는 '오프라인 처리'에 해당하고, 방송 중에 실제로 요리하는 과정이 '런타임 처리'에 해당한다. 런타임 처리가 너무 많아지면 프로그램이 정해진 시간 안에 끝나지 않게 되므로 무엇을 런타임 처리로 둘지는 신중히 판단해야 한다.

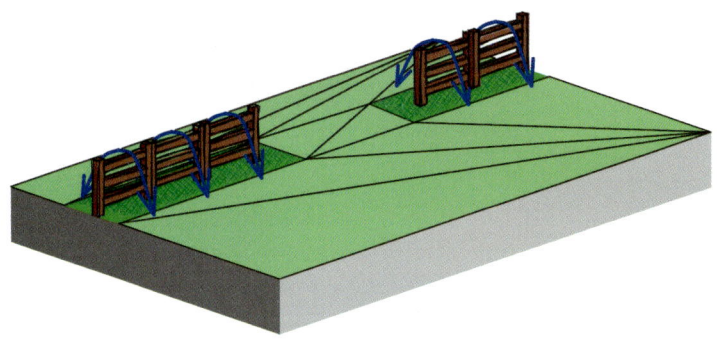

[그림 34] 내비메쉬를 다시 생성한 결과

어떻게 생성되는지를 간단히 다시 떠올려봅시다. 먼저 변경하고자 하는 영역의 지오메트리를 수집하고, 복셀화를 수행하고, 걸을 수 있는 위치를 찾아내고, 삼각형을 생성하고, 새로 생성한 삼각형을 기존 내비메쉬의 삼각형에 '짜넣기'합니다. 다시 계산하는 영역이 그다지 크지 않다면 이 방법으로 괜찮지만, 해당 영역 내에 파괴된 곳이 많거나 업데이트해야 할 요소가 크면 금방 코스트가 증가하게 됩니다. 동적으로 다시 계산한 내비메쉬는 [그림 34]와 같습니다.

일반적으로 이 기법을 사용하는 경우는 자동차나 대형 트럭처럼 일시적으로 멈춰 있는 큰 이동 오브젝트를 다룰 때뿐입니다. 왜냐하면 그런 크기 때문에 도로나 통로 전체를 막아버릴 수 있기 때문입니다. 그런 상황에서는 NPC가 그 막힌 구역으로 걸어가지 않도록 내비메쉬를 업데이트하는 것이 좋습니다. 차량이 다시 움직이기 시작하면 그 즉시 내비메쉬가 다시 업데이트되어 NPC는 그 구역을 통과할 수 있게 됩니다.

앞서 설명한 울타리의 경우에도 이 방법은 작동하지만, 더 나은 해결책이 있습니다!

6. 도색과 보수

흑백 지도가 있다고 가정해봅시다. 흰색은 이동 가능한 장소, 검은색은 벽을 의미합니다. 그 지도에는 당신이 '특별'하다고 알고 있는 장소, 예를 들어 강이나 화재 지역 같은 곳이 있다고 합시다. 다양한 색의 펜이 있다면 물은 파란색으로, 불은 빨간색으로 칠할 것입니다. 이것이 내비메쉬의 컬러링 아이디어입니다.

내비메쉬에서는 '머티리얼'이라고 불리는 요소를 사용해 삼각형에 색을 입히고, 그 영역이 어떤 '타입'의 지역을 나타내는지를 구분할 수 있게 합니다. 이 아이디어는 오프라인에서도 적용할 수 있습니다. 일반적으로는 수역처럼 정적이고 변하지 않는 요소에 사용되지만, 여기에서는 런타임 중에 변화를 줄 수 있는 영리한 트릭을 사용합니다!

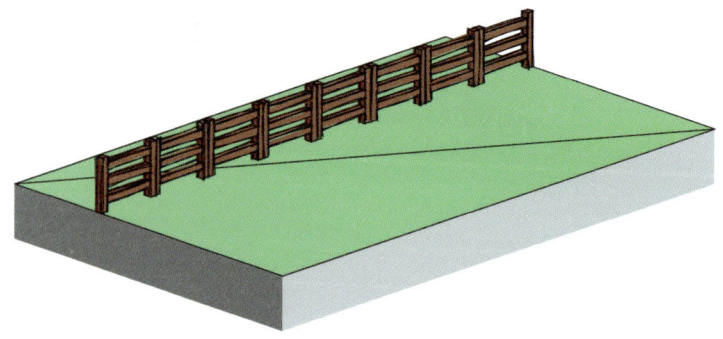

[그림 35] 울타리를 무시하고 생성한 내비메쉬

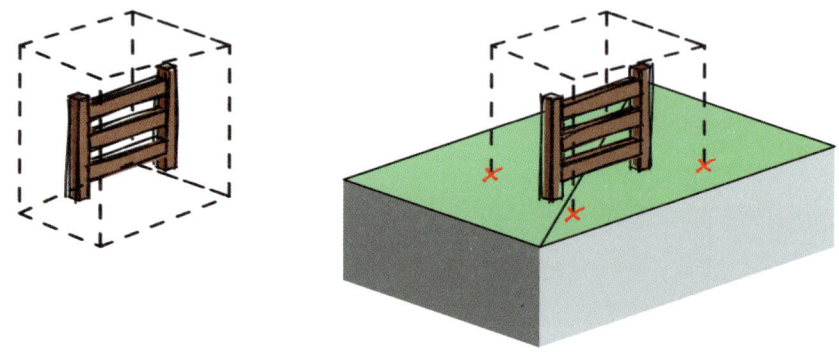

[그림 36] 울타리의 바운딩 박스와 내비메쉬의 교점

현재 울타리는 내비메쉬에 '구멍'을 만들고 있으니 이를 변경해봅시다. 울타리를 '파괴 가능'으로 마크하고, 내비메쉬 제너레이터에게 울타리를 무시하라고 지시하면 울타리는 더 이상 구멍이 아닙니다. 그 결과, 내비메쉬는 [그림 35]와 같은 형태가 됩니다(점프 링크는 생략됨).

보시다시피 이제 내비메쉬에 울타리로 인한 구멍이 생기지 않게 되었습니다! 울타리가 게임 메모리에 로드되면 그것이 '파괴 가능한' 요소임을 인식하므로 바운딩 박스를 배치하고 내비메쉬와 교차하는 네 개의 점을 계산합니다([그림 36]).

점이 결정됐으면 그 다음에는 어떻게 해야 할까요? 앞서 이야기했던 '델로네 삼각형 분할'을 기억하시나요? 바로 이 테크닉을 사용해 내비메쉬에 점을 추가해 갑니다! 바운딩 박스와 접하는 모든 삼각형의 꼭짓점을 가져오고(이 예시에서는 삼각형이 두 개이므로 네 개의 점), 그 점들과 추가된 점을 함께 사용해 델로네 삼각형 분할을 수행합니다. 내비메쉬에 국소적인 작은 변화를 적용하는 것이기 때문에 이 테크닉을 '패치'라고 부릅니다. 일반적인 삼각형 분할과는 달리, 계산된 점만으로 구성된 삼각형에는 '파괴 가능' 머티리얼을 새롭게 할당합니다(노란색으로 그려진 부분, [그림 37]).

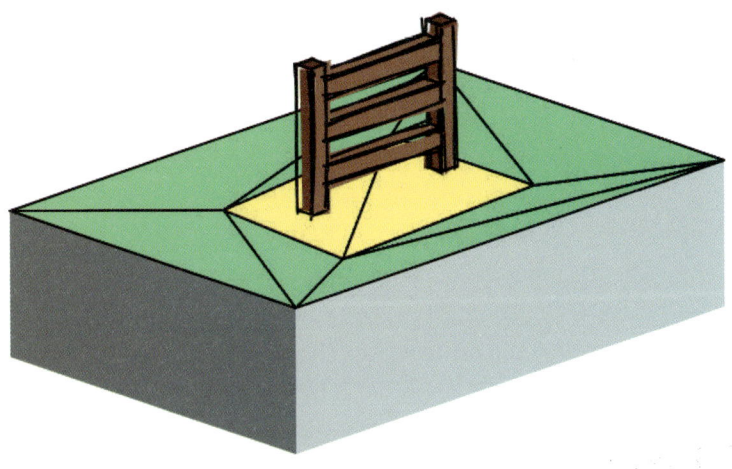

[그림 37] 울타리 부분만 타입이 다른 내비메쉬

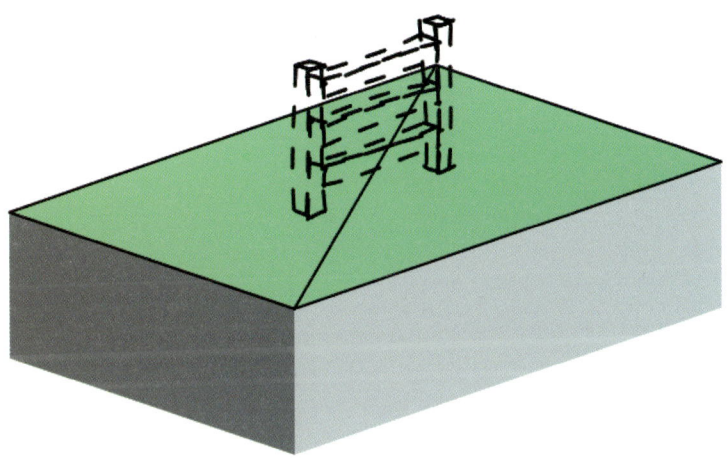

[그림 38] 울타리가 파괴된 후의 내비메쉬

울타리가 파괴되면 다시 삼각형 분할만 수행하면 되지만, 이전에 추가한 점은 사용하지 않고 기존 내비메쉬의 네 개 점만 사용합니다. 기본적으로는 이전에 만든 점을 삭제하기만 하면 됩니다! 울타리가 파괴되면 [그림 38]과 같은 상태가 됩니다.

정리하면, NPC는 노란색 삼각형 위를 걸을 수 없기 때문에 오프메쉬 링크를 사용해 울타리를 뛰어넘어야 합니다. 그리고 울타리가 파괴되면 노란색 삼각형과 오프메쉬 링크가 제거되어 NPC는 일반적인 방식으로 통과할 수 있게 됩니다. 정말 편리하죠!

머티리얼은 오프메쉬 링크와 유사하게 작동합니다. 머티리얼에는 코스트가 있으며, NPC의 타입에 따라 통과 가능 여부를 제어할 수도 있습니다. 예를 들어, 크기가 큰 적은 노란색 삼각형 위를 걸을 수 있도록 해 전투 중에 해당 구역을 파괴할 수 있게 합니다! 또 다른 예로, 불길에 휩싸인 지역이 있다면 해당 내비메쉬는 '불' 머티리얼로 칠해, 불에 면역이 있는 적은 그 구역을 걸을 수 있게 합니다. 반면 인간형 NPC는 그곳으로 갈 수 없습니다. 이는 게임플레이의 가능성을 크게 확장시켜 줍니다! 또한 이 테크닉은 성능이나 메모리 측면에서도 코스트가 크게 들지 않기 때문에 널리 활용할 수 있습니다! 단, 사용할 때에는 다음과 같은 몇 가지를 주의해야 합니다.

- **기존 내비메쉬만 수정할 수 있음**: 이동 가능한 영역의 외부에 새로운 내비메쉬 삼각형을 생성할 수는 없습니다. 이를 위해서는 런타임 생성을 사용해야 합니다.
- **동일한 영역에 많은 내비메쉬 포인트가 생김**: 처음에 나온 긴 울타리 예시처럼, 각 구간이 내비메쉬를 수정해 서로 인접한 많은 작은 삼각형들이 생기게 됩니다. 삼각형이 너무 많아지면 경로 탐색 속도가 느려집니다.
- **【머티리얼】중복**: 울타리처럼 내비메쉬를 칠하는 게임 오브젝트가 두 개 있는데 머티리얼도 서로 다를 경우, 두 머티리얼을 결합한 새로운 머티리얼을 만들거나 어느 한쪽이 다른 쪽보다 '우선 순위'가 높다고 판단합니다! 서로 다른 머티리얼이 많아지면 점점 복잡해집니다.

7. 정리

내비메쉬 확장에 관한 이 절은 여기까지입니다. 지금까지 2D 내비게이션에서 사용되는 주요 기술 대부분을 다뤘습니다. 마지막 절에서는 많이 다뤄지지 않는 주제인 '3D 내비게이션'에 대해 이야기하겠습니다!

> **【머티리얼】**
> 게임 안에는 여러 종류의 '머티리얼'이라는 용어가 있다. 내비메쉬 머티리얼은 내비메쉬의 통행 정보 데이터를 의미하지만, 그래픽 머티리얼은 오브젝트의 질감을 표현하는 데이터를, 물리 머티리얼은 오브젝트의 탄성이나 마찰력 등의 데이터를 가리킨다.
> 이 때문에 AI 엔지니어끼리는 '머티리얼'이라고 말해도 잘 통하지만, 그래픽 엔지니어나 물리 엔지니어가 대화에 끼면 순식간에 혼란이 발생한다. 대규모 개발 현장에서는 회의록을 작성하는 것도 꽤나 고된 일.

Column : 기술적 결단

우리가 만드는 게임은 여러 하드웨어 플랫폼에 대응해야 할 경우가 많습니다. 따라서 문제를 해결하기 위한 기술적 결단을 내려야 할 때, 성능이 낮은 플랫폼을 고려하는 것을 잊지 말아야 합니다! 이상적인 기법이 성능과 메모리 사용량 모두를 너무 많이 요구할 경우 그 기법이 꼭 최선의 해결책이 되는 것은 아니므로 결정을 내리기 전에 모든 제약을 고려해야 합니다.

3D 내비게이션

지금까지는 '지상을 이동하는 NPC를 위한 2D 내비게이션'에 대해서만 설명했습니다. 게임 세계의 '걸을 수 있는' 영역을 기준으로 NPC의 움직임을 만들고 있다는 점을 기억해 주세요. 그런데 NPC가 하늘을 날 수 있다면 어떻게 해야 할까요? 하늘을 나는 NPC는 지면에 묶여 있지 않기 때문에 모든 방향으로 자유롭게 이동할 수 있도록 해야 합니다.

하지만 사실 3D 내비게이션 시스템은 게임에서 그리 일반적이지 않습니다. 새처럼 나는 몬스터나 드론 등 '비행하는' NPC가 등장하는 여러 게임을 보면 그들은 그다지 높이 날지 않고 일정한 고도를 넘지 않는다는 걸 알 수 있습니다. 왜냐하면 이러한 비행형 적들은 **【2D 내비메쉬를 사용해 이동】**하고 있기 때문입니다. 내비메쉬를 여느 때처럼 생성하고 캐릭터를 비행 최대 고도와 동일한 높이로 생성해 놓는 것이죠.

예를 들어 NPC를 지상에서 최대 3미터까지 날 수 있게 하려면 내비메쉬 제너레이터에 캐릭터의 신장이 3미터 이상이라고 설정합니다. 게임에서는 캐릭터를 지면에 배치하는 대신 원하는 높이에 배치합니다! 이 기법을 사용하면 NPC는 내비메쉬 위에 있는 한 3미터 이내에서 위아래로 자유롭게 움직일 수 있습니다. 하지만 이 해결책은 완벽하지 않습니다. 왜냐하면 비행하는 NPC도 지상의 NPC와 동일한 제약을 받게 되기 때문입니다. 즉, 나무나 단순한 테이블 같은 오브젝트 위를 날 수 없게 되어 조금 어색하게 보일 수 있습니다!

NPC를 2D 내비메쉬로 비행시키는 더 간단한 기법들도 있지만, 그 모두가 같은 문제를 안고 있습니다. 2D이기 때문에 해당 위치의 상하 방향에 장애물이 있는지를 정확히 판단할 수 없다는 점입니다. 대부분의 게임에서는 이 기법을 사용하지만, 비행 NPC의 수가 많지 않고, 소수의 NPC를 위해 복잡한 시스템을 만드는 것은 효율적이지 않기 때문입니다. 하지만 더 복잡한 3D 움직임을 구현하고 싶다면 어떻게 해야 할까요? 예를 들어 나무 위를 날아다니다가 지상으로 다이브하고, 창문으로 집 안에 들어갔다가 굴뚝으로 나오는 새를 만들고 싶다면, 그때는 3D 내비메쉬가 필요합니다!

【2D 내비메쉬를 사용한 비행】
FINAL FANTASY XV에 나오는 비행형 적은 2D 내비메쉬로 움직이고 있었다. 복잡한 입체 지형이 거의 없었기 때문에 2D로 충분했고 3D 내비게이션에 리소스를 쏟기보다는 오픈월드 표현에 더 집중하는 것이 좋다는 판단이었다.
그런데 개발 막바지에 기획자로부터 "복잡한 지형의 던전에도 비행형 적을 배치하자."는 이야기가 나와서 엄청 고생했던 기억이 있다.

1. 풀월드 복셀화

3D내비메쉬를 생성하려면 기본적으로 2D 내비메쉬를 생성할 때와 같은 절차를 따릅니다. 2D 방식이 어땠는지 간단히 떠올려봅시다.

1. 월드 내 모든 구조물을 폴리곤 '덩어리'로 만든다.
2. 폴리곤이 있는 위치는 '블록' 복셀을 생성, 없는 곳에는 '빈' 복셀을 생성한다.
3. 걷기 편해 보이는 복셀에 마크를 한다.
4. 보행 가능한 복셀 간의 연결 관계를 찾는다.
5. 보행 가능한 복셀로부터 삼각형을 생성한다.

3D 내비메쉬를 생성하는 절차도 기본은 같지만, 3단계와 5단계는 생략합니다! 복셀이 보행 가능한지는 비행과 무관하고, 삼각형도 필요하지 않습니다! 필요한 것은 공간에 대한 3차원 정보이기 때문에 평면적인 삼각형만으로는 충분하지 않습니다. 즉, 최종 게임에서는 복셀 데이터를 그대로 보존해야 합니다. 맞습니다, 3D 내비메쉬는 전부 복셀로 구성되어 있습니다!

예를 들어, 여러 곳에 섬이 떠 있는 게임이 있다고 가정해봅시다. 그 복셀은 [그림 39]와 같은 모습이 됩니다.

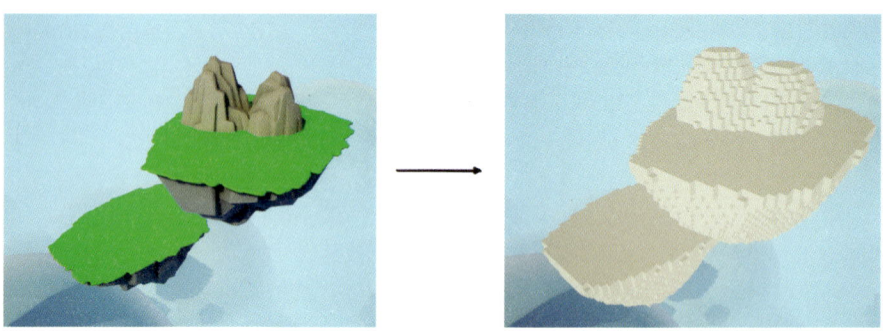

[그림 39] 복셀화된 떠 있는 섬

Unreal® is a trademark or registered trademark of Epic Games, Inc. in the United States of America and elsewhere. Unreal® Engine, Copyright 1998 - 2024, Epic Games, Inc. All rights reserved.

2D 내비메쉬의 삼각형은 NPC가 '갈 수 있는' 장소를 나타내지만, 3D 내비메쉬의 차단된 복셀은 NPC가 '갈 수 없는' 장소를 나타냅니다!

실제로는 복셀도 삼각형과 같은 방식으로 사용합니다. 복셀 간에는 연결 관계가 있고, 인접한 복셀이 '빈 공간'인지 '차단된' 상태인지 알 수 있기 때문에 두 개의 빈 복셀 사이에서 패스를 찾는 '그래프'를 만들 수 있습니다. 결국 비행 중인 NPC는 '빈 공간' 복셀에서 다른 복셀로 이동하기만 하면 되고 '차단된' 복셀은 피해갈 수 있습니다. 경로 탐색 로직은 삼각형을 사용할 때와 완전히 동일하며 '차단된' 복셀에 연결된 링크를 무시하기만 하면 됩니다.

2. 풀어야 할 문제

지금까지 설명한 것을 보면 3D 내비메쉬는 2D 내비메쉬보다 생성 절차가 적기 때문에 더 쉽게 만들 수 있을 것처럼 보입니다. 실제로 그럴 수도 있지만, 문제는 다른 데 있습니다! 앞서 2D 내비메쉬에서 삼각형을 생성하는 이유 중 하나가 '복셀이 메모리와 성능 양면에서 코스트가 매우 크기 때문'이라고 설명한 바 있습니다.

그 구체적인 예로, 우리 세계가 10×10미터 크기의 평평한 정사각형이라고 가정한 단순한 상황을 생각해봅시다([그림 40]).

3D 내비게이션

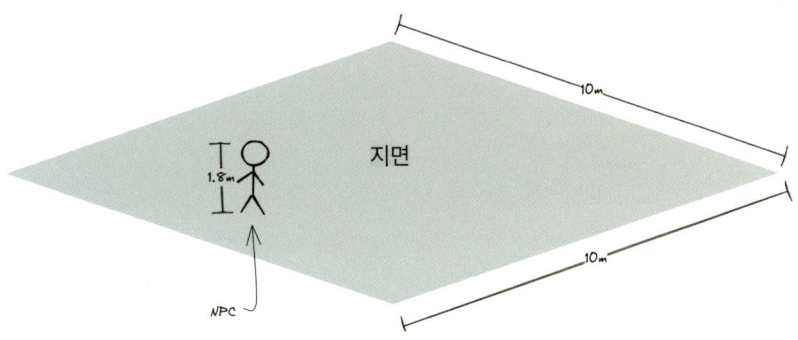

[그림 40] 10×10미터 크기의 평평한 씬

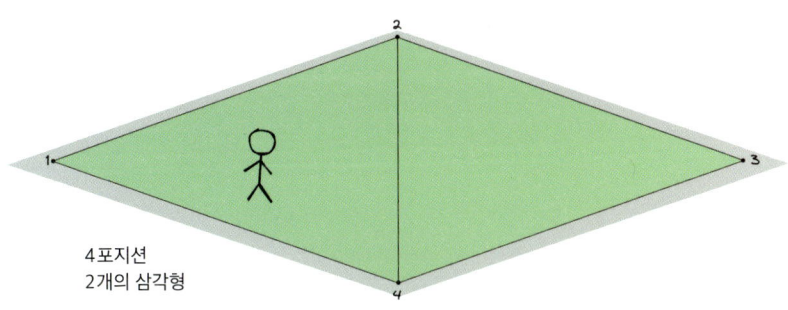

[그림 41] 이 씬에서의 2D 내비메쉬

이 경우 2D 내비메쉬는 매우 단순해서 **【청크】**(이번에는 지면)을 전부 덮기 위해 필요한 삼각형은 단 두 개뿐입니다([그림 41]). 정사각형의 크기가 1x1킬로미터라고 해도 삼각형은 그대로 2개이며(단, 엄청 커질 뿐이다!) 게임 메모리에서는 단순히 네 개의 위치(각 모서리에 하나씩)만 저장하면 됩니다.

하지만 3D 내비메쉬의 경우 NPC가 비행을 전제로 하므로 고도를 고려해야 합니다. 예를 들어 NPC가 지상에서 10미터 높이까지 날 수 있다고 가정해 봅시다. 2D 내비메쉬에서는 삼각형이 중요한 부분에만 존재했던 것과 달리, 비행이 가능한 모든 위치를 커버하려면… 그렇습니다, 여기저기, 모든 위치에 복셀이 필요합니다!

이 영역을 전부 덮기 위해 1미터 너비의 복셀을 사용한다면 최소한 10 × 10 × 10 = 1,000개의 복셀이 필요하게 됩니다([그림 42])! 이 폭이 너무 크다고 판단해 0.5미터 너비의 복셀을 사용할 경우 그 크기를 3차원 모든 방향을 2로 나눠야 합니다! 즉, 복셀 수는 단순히 두 배가 아니라 8배로 증가하는 셈입니다! 같은 면적을 커버하기 위해 20 × 20 × 20 = 8,000개의 복셀이 생기납니다.

게임 메모리 내에서는 이 모든 복셀의 위치와 상태(빈 공간인지, 차단된 공간인지)를 각각 저장해야 하며, 2D 내비메쉬에 비해 훨씬 더 많은 정보를 보존해야 합니다. 따라서 **【메모리가 적은 하드웨어】** (휴대용 게임기나 스마트폰 등)에서는 메모리 사용이 문제가 될 수 있습니다.

【청크】
영어 일반 명사로, '큰 덩어리'를 의미한다. 여기서는 복셀이나 삼각형 폴리곤이 일정량 모여 있는 집합을 '청크'라고 부른다. 2D 내비의 경우 삼각형 폴리곤의 집합, 3D 내비의 경우는 복셀의 집합을 뜻한다.

【메모리가 적은 하드웨어】
스마트폰의 경우 2023년경부터 메인 메모리가 4GB를 넘는 기종이 늘어나고 있다. 한편 2004년에 발매된 휴대용 게임기 PlayStation Portable의 메인 메모리는 겨우 32MB에 불과했다. 근래 메모리를 기준으로 하면 1/100의 메모리다. 당시에는 내비메쉬를 메모리에 올리는 것만 해도 큰 일이었다.

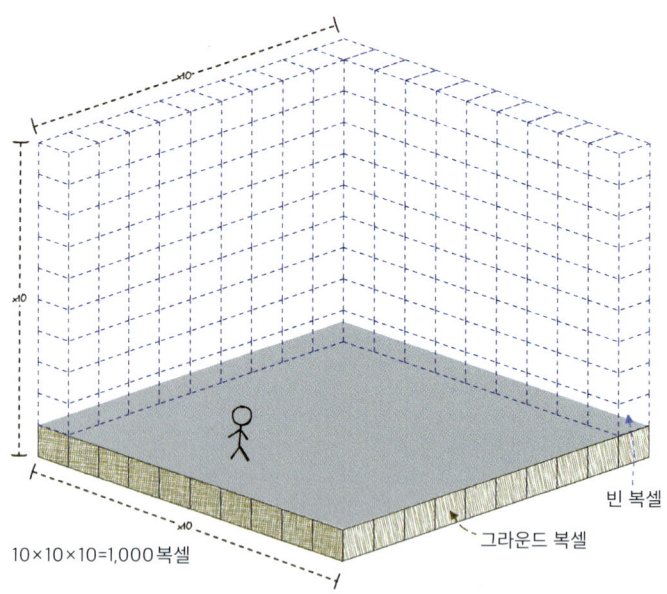

[그림 42] 이 씬에서의 3D 내비메쉬

복셀 수가 많은 것 이외의 또 다른 단점은 경로를 탐색할 때입니다. 복셀은 2D 내비메쉬에서 삼각형을 사용하는 것과 같은 방식으로 활용됩니다. 인접한 복셀들 사이에는 연결이 있으며, 빈 복셀에서 다른 복셀로 이동함으로써 두 복셀 간의 패스를 탐색합니다. 하지만 그 수가 방대하기 때문에 경로를 찾는 데 시간이 오래 걸리거나, 탐색 중에 이미 탐색한 복셀을 기억해 두어야 해서 메모리가 부족해질 수 있습니다.

보시다시피 복셀의 가장 큰 문제는 바로 그 수가 너무 많다는 점입니다! 2D 내비메쉬 생성 시에 삼각형을 만들어 복셀을 '단순화'했던 것처럼 여기서도 복셀 수를 줄이기 위한 해결책이 필요합니다. 그럼, 그 방법을 알아보겠습니다!

3. 희소 복셀 8분 트리
스파스 복셀 옥트리(Sparse voxel octree)

앞서 봤던 평평한 지형의 예시를 다시 떠올려보세요. 지면 위 공간은 전부 '빈' 복셀로 가득 차 있습니다. 이건 비효율적이라고 생각되지 않나요? 2D 내비메쉬를 생성할 때, 넓고 '걷기 쉬운' 청크를 삼각형으로 대체했던 것을 기억해 보세요. 같은 종류의 복셀이라면 단순히 묶어버리는 쪽이 훨씬 합리적입니다. 예를 들어 빈 복셀이 많이 있다면 그것들을 묶어서 하나로 표현합니다. '차단된' 복셀의 경우에도 마찬가지로 묶을 수 있습니다. 우리는 두 가지 타입의 복셀이 섞여 있는 청크(이 경우에는 지면)의 주변에 있는 작은 복셀을 사용합니다. 즉, 작은 복셀을 이용해 큰 복셀을 구성하는 것입니다.

구체적인 예로, 복셀을 골판지 상자에 비유해 봅시다. [그림 43]에는 3가지 크기의 상자가 있습니다.

사이즈 2 상자에 사이즈 1 상자를 8개 넣을 수도 있고, 사이즈 4 상자에 사이즈 2 상자를 8개 넣을 수도 있습니다. 더 나아가 사이즈 8 상자처럼 원하는 크기까지 확장할 수도 있습니다. 결국, 각각의 상자에 최대 8개의 상자가 들어가는 계층 구조가 형성됩니다.

게임 메모리에서도 같은 방식이 사용되며, **【팔분 트리】**(옥트리, Octree)'라고 불리는 데이터 구조로 복셀을 저장합니다([그림 44]). '옥트(Oct)'는 이 트리의 각 노드가 최대 '8'개의 자식을 가질 수 있다는 뜻이고, '트리(tree)'는 이 구조가 계층적인 나무 형태로 표현된다는 의미입니다!

> **【팔분 트리 = 옥트리】**
> 3차원 좌표를 가진 오브젝트를 효율적으로 관리할 수 있는 데이터 구조로, 3D 내비게이션 외에도 로딩 속도 향상 등 다양한 분야에서 사용된다. 처음 보면 다소 놀라운 형태를 하고 있지만, 게임 개발을 하다 보면 자주 마주치는 구조로, 정식 메뉴처럼 익숙한 존재다.

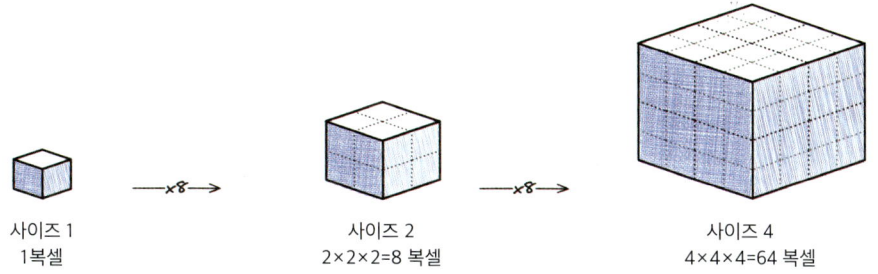

사이즈 1
1복셀

사이즈 2
2×2×2=8 복셀

사이즈 4
4×4×4=64 복셀

[그림 43] 다양한 사이즈의 복셀

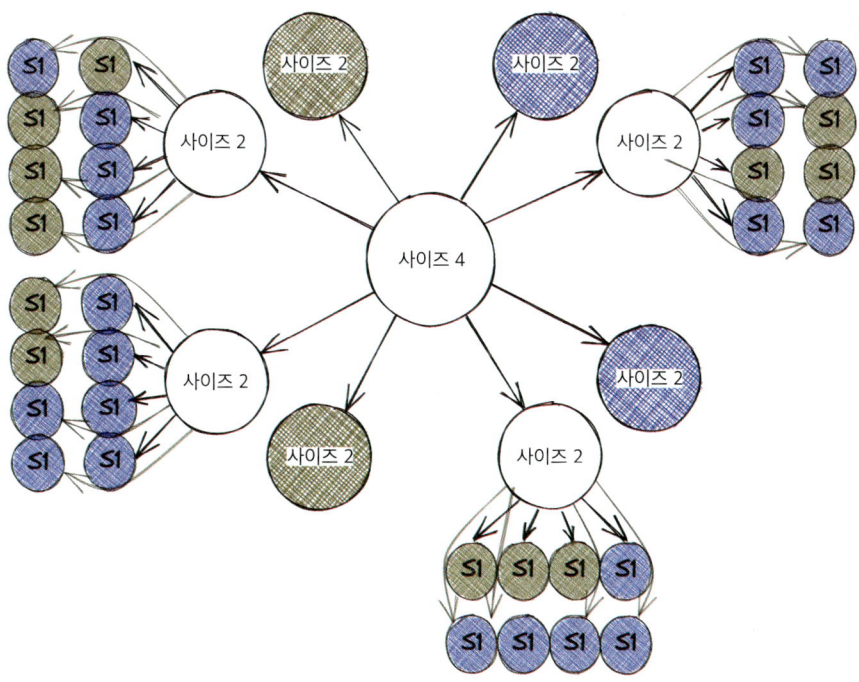

[그림 44] 복셀 계층구조의 예시

이 테크닉을 사용하면 같은 종류의 사이즈 1 복셀이 2 × 2 × 2개 인접해 있는 위치에서 그것들을 사이즈 2 복셀 하나로 대체해 8개의 복셀을 하나로 묶을 수 있습니다! 이 과정을 반복하면 복셀의 수를 크게 줄일 수 있습니다. 특히 오픈월드 게임의 필드처럼 지면 위로는 별다른 것이 없는 넓은 공간에서 매우 유용합니다. 자, 이 아이디어는 굉장히 훌륭해 보이지만, 실제로는 이 '옥트리'를 어떻게 구성할까요? 예를 들기 전에 '이분법'에 대해 먼저 이야기해보겠습니다.

이분법

0부터 100까지의 숫자 중 정답을 맞히는 게임([그림 45])을 해본 적 있나요? 틀릴 경우 그 숫자가 정답보다 '작다' 혹은 '크다'는 힌트를 주고, 최소 시도로 정답을 찾아야 하는 게임입니다. 그렇다면 가장 좋은 방법은 무엇일까요?

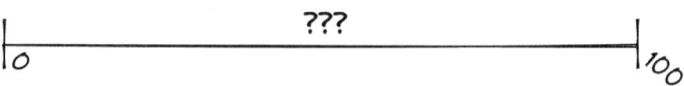

[그림 45] 0부터 100까지 중에서 정답 숫자를 찾는 게임

해결 방법은 여러 가지가 있겠지만, 가장 적은 시도로 효율적으로 정답을 찾고 싶을 것입니다. 먼저 범위의 가운데 값을 택해 어느 쪽이 정답인지 확인합니다. 그리고 정답이 나올 때까지 이 과정을 반복합니다.

예를 들어 68이라는 숫자를 찾고 있다고 가정해봅시다([그림 46]). 먼저 가운데 값인 50을 선택합니다. 그보다 큽니까? → 네, 그렇습니다! 오른쪽에서도 마찬가지로 50과 100 사이의 가운데 값인 75를 선택합니다. 그보다 큽니까? → 아니요. 이어서 50과 75의 가운데 값을 선택합니다. 정답이 나올 때까지 이 과정을 반복합니다!

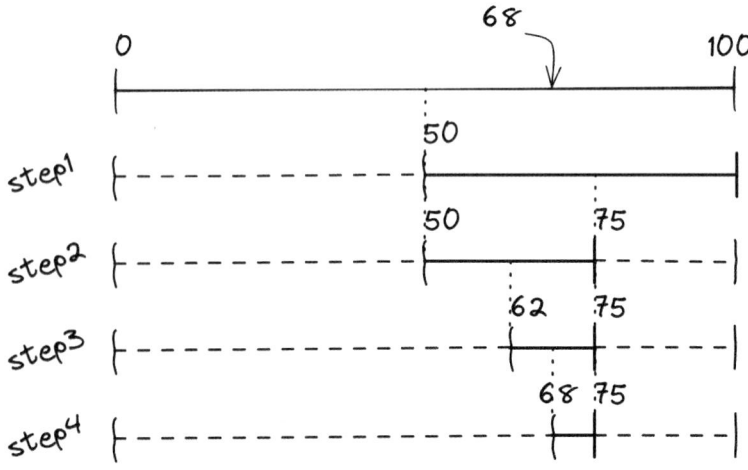

[그림 46] 정답인 68을 짜내는 과정

이처럼 반복해서 두 부분으로 나누는 과정을 '이분법'이라고 하며, 찾고 있는 숫자가 어느 범위에 있든 일정한 횟수 내에 정답을 찾을 수 있는 효율적인 방법입니다. 이것이 복셀과 무슨 관계가 있나 싶겠지만, 우리는 이 '이분법'의 메커니즘을 활용해 복셀을 찾고 옥트리 내에 저장합니다.

구축

다시 옥트리로 돌아가서 실제로 이 옥트리를 어떻게 구축하는지를 설명하겠습니다. 앞서 목표는 유사한 복셀을 '묶는 것'이라고 설명했지만 실제로는 그 반대입니다! 씬 전체가 비어 있고 하나의 큰 복셀이 씬 덮고 있다고 가정합니다. 차단된 복셀을 추가해야 할 경우 이분법을 사용해 해당 복셀을 분할합니다. 큰 복셀은 그것을 넣어둘만한 장소를 찾을 수 있을 때까지 몇 번이고 반복해서 두 부분으로 분할됩니다.

실제로 어떻게 동작하는지 보기 위해 앞서 봤던 지면 씬을 위에서 내려다본 모습으로, 시각적으로 설명해보겠습니다. 이 추론은 3D가 아니라 2D를 기반으로 하지만 로직은 같습니다. 단, 2D에서 이러한 표현 방식은 '옥트리'가 아니라 '**사분 트리(쿼드트리)**'(quadtree)'라고 불린다는 점에 주의해주세요.

【사분 트리 = 쿼드 트리】
옥트리의 친척 격 데이터 구조. 이쪽은 2차원 좌표 데이터를 관리하는 구조이면 정식 메뉴 2호.

[그림 47]은 지상 씬의 탑다운 뷰입니다. 언제나처럼 씬의 복셀화를 시작한 뒤, 각 복셀을 옥트리 구조에 추가합니다. 먼저 지면의 모서리에 첫 번째 복셀을 추가합니다.

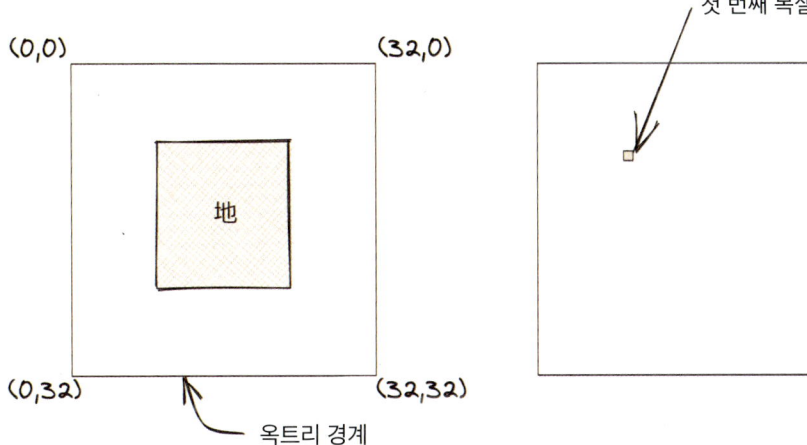

[그림 47] 지상 씬의 탑다운 뷰에 첫 번째 복셀을 추가한 상태

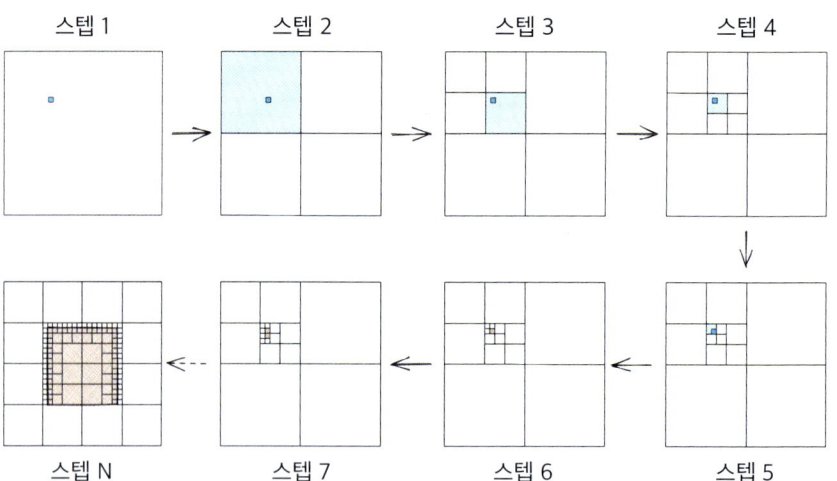

[그림 48] 이분법으로 복셀을 박스에 추가하기까지의 과정

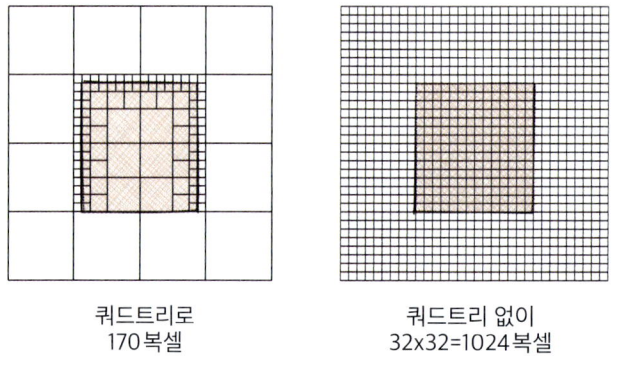

[그림 49] 쿼드트리 사용 여부에 따른 복셀 수의 차이

처음에는 쿼드트리가 비어 있으므로, 복셀을 어디에 배치할지를 결정해야 합니다. 복셀이 배치되기 전까지는 이 복셀을 파란색으로 표시합니다. 먼저, 큰 박스를 네 부분으로 분할한 뒤, 복셀이 새로 생긴 네 개의 박스 중 어디에 들어가야 할지를 이분법으로 찾아냅니다. 찾아낸 뒤에는 가능한 한 작은 박스 크기(사이즈 2)가 될 때까지 이 과정을 반복합니다. 이 작업은 씬 내의 모든 복셀에 대해 수행됩니다. 박스 안의 복셀들이 모두 동일한 타입이라면, 그 복셀들을 삭제하고 같은 크기의 하나의 복셀로 박스를 대체합니다. 스텝 N은 모든 복셀이 추가된 이후의 최종 결과를 나타낸 것입니다([그림 48]).

이 개선 효과의 이미지를 이해하기 쉽게 하기 위해, [그림 49]에 쿼드트리 사용 여부에 따른 복셀을 나타냈습니다. 왼쪽은 메모리에 저장되는 복셀 수를 추산해 만든 것으로, 오른쪽은 실제 사용된 원래 구조입니다. 복셀 수가 6분의 1로 줄어든 것을 볼 수 있습니다! 이는 2D의 경우에만 해당하며, 3D에서는 훨씬 더 큰 차이가 납니다! 옥트리와 쿼드트리는 공간 정보를 저장하는 데 매우 효율적인 방식입니다. 이처럼 복셀 수를 크게 줄이면 메모리를 거의 소비하지 않고도 실시간으로 사용할 수 있습니다. 또한, 이분법 덕분에 어떤 위치에서든 복셀을 빠르게 찾아낼 수 있습니다!

4. 그 외의 풀어야 할 문제

지금까지 살펴본 것처럼 2D 내비게이션과 3D 내비게이션의 가장 큰 차이점은 다뤄야 할 정보량입니다. 옥트리는 이 문제의 대부분을 해결해주지만, 아직 설명하지 않은 과제들도 존재합니다. 여기서는 그에 대해 간단히 설명하겠습니다.

연결

월드 내 서로 다른 두 복셀 사이를 통과할 수 있는지 확인하려면 어떻게 해야 할까요? 예를 들어, 창문이 닫혀 있어 내부로 들어갈 수 없는 오래된 빈 집이 있다고 가정합시다. 3D 내비메쉬를 생성할 때 이 집 내부는 빈 복셀로 채워지고 외부와 단절된 별도의 내비게이션 가능한 청크가 만들어집니다. 집 바깥을 비행하는 NPC가 내부로 들어가려고 시도하면 해결책이 없기 때문에 쓸데없이 많은 복셀을 탐색하게 됩니다.

이 문제는 각 복셀에 추가 '정보' 하나를 더해 해결할 수 있습니다. 구체적으로는 해당 복셀이 어느 '클러스터'에 속해 있는지에 대한 정보입니다. 서로 연결된 빈 복셀들은 모두 '그룹화'되고, 고유 번호가 부여됩니다. 이 예시에서는 집 안과 밖의 복셀에 서로 다른 번호가 할당되며, 그 번호만 비교하면 통과 가능한지를 즉시 판단할 수 있습니다!

가지치기

연결성을 계산해 내비메쉬의 고립된 부분을 찾아냈을 때, NPC가 거기에 도달할 수 없다는 것이 확실하다면 '삭제'하는 것도 가능합니다. 닫힌 집의 예로 설명하자면, 내부에 NPC가 배치되지 않고 외부에서 온 NPC도 도달할 수 없다면, 탐색 후보에서 제외합니다. 실제로 하는 일은 그 부분을 그저 '차단된' 복셀로 바꾸는 것뿐입니다.

최적화

빈 복셀을 차단된 복셀로 전환한 뒤에는 옥트리 섹션에서 설명한 것처럼 복셀 블록을 더 큰 복셀로 대체할 수 있는지를 확인합니다. 대체 가능하다면 복셀 수를 줄일 수 있습니다!

스트리밍

옥트리를 사용해 3D 내비메쉬의 메모리 사용량을 크게 줄였다 하더라도, 월드 전체를 메모리에 로드하는 것은 불가능합니다. 이 문제를 해결하려면, 3D 내비메쉬를 '청크'로 나누고 필요한 것만 '로드'해야 합니다. 플레이어가 이동하면 새로운 청크를 로드하고, 너무 멀어진 청크는 언로드합니다. 이 방식은 내비메쉬에 국한되지 않고 게임에서 자주 사용되는 일반적인 방법이지만, 내비메쉬의 조각들 사이의 연결성을 계산할 때 몇 가지 어려운 점이 발생합니다. 이를 해결하기 위해 각 청크 안에 연결 그룹을 만들고, 내비메쉬를 구축할 때 이 그룹들을 연결해줍니다.

경로 탐색

다시 한 번 강조하지만, 옥트리를 사용해 복셀 수를 크게 줄였다고 해도 긴 경로를 탐색할 경우 여전히 많은 복셀을 살펴봐야 합니다. 탐색 대상 복셀 수가 너무 많아지면 답을 찾는 데 시간이 오래 걸리거나 탐색에 실패할 수 있습니다.

이를 해결하기 위해 '**[계층]** 패스 파인딩(hierarchical pathfinding)'이라는 방법을 사용합니다. 연결 정보와 내비메쉬를 '청크' 단위로 나누는 방식을 결합해 연결의 '서브 그룹'을 만듭니다. 이를 통해 내비메쉬가 있는 청크에서 다른 청크로의 연결을 표현하는 새로운 그래프를 생성할 수 있습니다. 경로 탐색 시스템은 이를 '힌트' 삼아 경로를 찾아내고 특정 복셀 집합으로 탐색 범위를 제한할 수 있습니다. 또한, 처음 일부만 자세히 계산하고 NPC의 움직임에 따라 점차 상세한 경로로 갱신하는 '부분 경로'를 반환할 수도 있습니다.

지금까지 본 것처럼 3D 내비게이션은 (특히 대규모 월드에서는) 상당히 기술적이고 복잡한 처리가 필요합니다. 게다가 메모리 소모도 크기 때문에 게임에 잘 사용되지 않는 이유를 이해할 수 있겠죠? 하지만 앞으로 게임이 더 복잡해지고 AI가 세부적인 공간 정보를 더 필요로 하게 된다면 아마 이 상황도 달라질 것입니다.

[계층]
게임 프로그래머가 난관에 부딪혔을 때 자주 사용하는 테크닉 중 하나로, 계층으로 분할해 계산 일부를 뒤로 미루거나 문제를 나누어 해결함으로써 계산량을 줄일 수 있다. 예를 들어 인생 계획을 세울 때 노후에 대한 계획을 막연하게만 생각해두는 것도 일종의 계층화라고 할 수 있다.

5. 앞으로의 활용

3D 내비메쉬의 훌륭한 점은 게임 디자이너에게 새로운 가능성을 열어준다는 데 있습니다. 게임을 만들 때 디자이너는 게임 엔진의 기술적 제약에 얽매입니다. 3D 내비메쉬가 없다면 밀집해 있는 환경에서 하늘을 나는 게임은 만들 수 없습니다. 이것이 이런 종류의 게임이 별로 없는 이유 중 하나입니다. 3D 내비메쉬는 AI 외의 영역에서도 다양한 가능성을 넓혀줍니다. 그럼 몇 가지 예를 살펴보겠습니다!

파괴와 장애물

파괴에 관해서는 2D 내비게이션 절에서 설명한 바 있습니다. 내비메쉬의 수정은 3D에서도 가능하며, 오히려 2D보다 약간 더 간단합니다! 3D에서 엘리먼트(요소)를 파괴한다는 것은 기존의 '차단된' 복셀을 '빈' 복셀로 바꾸는 것뿐입니다! 장애물의 형상에 맞춰 처리하면 됩니다. 이렇게 하면 드래곤이 빌딩 내부를 자유롭게 날아다닐 수 있게 됩니다!

새로운 환경

지금까지 비행에 대해 설명해 왔지만, 수중 환경을 만드는 것도 가능합니다! 다른 타입의 내비게이션 볼륨을 사용하면 특정 청크 전체가 물이라는 정보를 내비메쉬 제너레이터에 전달할 수 있습니다! 이러한 '태그 지정'을 통해 각 복셀에 볼륨 정보를 추가하고, 특정 타입의 NPC에게 내비게이션을 제한할 수 있습니다. 이렇게 하면 하늘을 나는 적은 수중에 들어가려고 하지 않게 됩니다!

더 정교한 AI 동작

서두에서 언급했듯이, AI를 만드는 데는 공간 정보가 필요하며 정보가 자세할수록 더 정교한 AI 동작을 만들 수 있습니다. 3D 내비메쉬는 특히 적절한 공격 위치를 찾아낼 수 있도록 2D NPC에게 새로운 쿼리를 제공합니다. 또한 플레이어가 작은 볼륨(집) 안에 있는지, 탁 트인 공간(외부)에 있는지 등, 새로운 타입의 정보를 판단하는 데도 도움이 됩니다. 플레이어가 닫힌 집 안에 있다고 판단되면 AI는 집의 여러 입구를 차단해 플레이어를 포위할 수 있습니다. 이런 '수준 높은' 정보야말로 더 정교한 AI 동작을 만들어내는 데 도움이 됩니다!

소리 전달

또 하나의 좋은 예는 소리의 전달입니다. 밖에 비가 내리고 있다고 가정해 봅시다. 집 안에 있으면 빗소리가 지붕에 부딪히며 작아지고, 문이나 창문을 닫으면 소리가 더 작아집니다. 보통은 소리의 발원지와 리스너(플레이어) 사이의 경로를 찾아 이런 소리의 변화를 재현합니다. 하지만 게임에서는 이러한 '사운드 볼륨'을 수동으로 배치하여 구현하는 경우가 많고, 이는 번거롭고 실수가 발생하기 쉬운 작업입니다. 그런데 3D 내비메쉬를 사용하면 경로를 찾기 위한 정보가 이미 갖추어져 있기 때문에 그것으로 처리할 수 있습니다! 또한 소재에 따라 벽 내부에도 태그를 지정할 수 있어, 소리의 변화는 더욱 다양해집니다. 이것들은 몇 가지 예일뿐이며, 3D 내비메쉬는 아직 더 많은 가능성을 품고 있습니다!

결론

긴 챕터였지만, 공간 정보가 어떻게 수집되고, 그것을 사용해 NPC를 어떻게 이동시키는지에 대해 깊이 있게 다뤄볼 수 있었던 것 같습니다! 내비게이션 시스템의 다양한 측면을 설명하기 위해 현실 세계의 예시도 다수 소개했습니다. 단순해 보일 수도 있지만, 실제로는 매우 논리적인 영역입니다. AI 엔지니어로서의 목표는 플레이어가 '믿을 수 있는' NPC를 만드는 것입니다. 현실적이라는 표현이 아닌 '믿을 수 있는'이라는 표현을 쓴 이유는 우리가 반드시 생명체처럼 보이도록 시뮬레이션하는 것을 목표로 하는 것은 아니기 때문입니다. 캐릭터에 생명을 불어넣기 위해서는 AI 엔지니어가 현실 세계의 구조에 의문을 갖고, 단순하면서도 유연하게 적용할 수 있는 방식으로 그것을 재현할 수 있어야 합니다. 어렵지만 매력적인 세계입니다!

나미키 코스케 Kousuke Namiki

2008년 게임 업계에서 게임 프로그래머로 커리어를 시작했으며 여러 콘솔 게임 개발에서 게임 AI를 담당했다.
2012년에 스퀘어 에닉스에 입사. <FINAL FANTASY XV>와 <KINGDOM HEARTS III>에서 적 AI 개발에 참여했다.
현재 스퀘어 에닉스 AI 부서에서 차세대 게임 AI의 연구 개발에 임하고 있다.
최근 취미는 드라이브와 성을 둘러보는 것이다. 싫어하는 것은 엑셀로 작성된 AI.

플래닝을 활용한 의사결정 시스템

1. 계획적인 AI

이 장에서는 계획을 세우는 AI에 대해 설명하겠습니다. 학교에서 소풍이나 수학여행을 갈 때 스케줄을 짜 본 적이 있을 겁니다. 예를 들어 교토로 가는 소풍이라면 다음과 같은 일정이 있을 수 있겠죠.

- 10:00 교토역 도착
- 10:40 기요미즈데라 도착
- 12:00 기요미즈데라 출발
- 12:15 시내에서 점심
- 13:00 점심 종료

계획대로 진행될 때도 있고, 일부가 늦어질 수도 있습니다. 아니면 예정되어 있던 장소가 휴관이라 들어갈 수 없는 경우도 있을 수 있죠. 우리는 계획을 세워 행동하고, 그 계획이 틀어진 경우 일부를 수정해서 행동하는 일을 아주 자연스럽게 하고 있습니다. AI도 이러한 계획적인 행동을 할 수 있습니다. 가장 익숙한 예로는 여러분도 【구글 맵】(Google Map)이나 차량 내비게이션을 사용해본 적이 있을 겁니다. 전철을 이용할 경우라면 몇 시에 어디에서 환승하면 되는지와 같은 계획을 손쉽게 알려주죠. 이처럼 계획을 세우는 AI를 【플래닝 AI】(Planning AI)라고 부릅니다.

일반적인 액션 게임에서 동작하는 AI는 '반응형 AI(reactive AI)'라고 불리는 것으로, 세세한 규칙에 따라 캐릭터를 제어합니다. 예를 들어 정면에 교차로가 있으면 왼쪽으로 돌고, 막다른 길이면 되돌아오는 식입니다. 반응형 AI와 플래닝 AI의 차이는 '목표를 향해 행동하고 있는가'에 있습니다. 반응형 AI는 상황에 따라 행동을 전환하지만, 궁극적으로 무엇을 해야 하는지 모릅니다. 플래닝 AI는 최종적으로 달성해야 할 목표를 이해하고 있으며, 그 목표를 향해 필요한 행동을 하나하나 실행해 나갑니다.

겉보기에는 반응형 AI에 별다른 메리트가 없어 보일 수도 있지만, 이 AI는 단순한 규칙으로 동작하기 때문에 동작 체크나 디버깅 하기 쉽다는 개발상의 이점이 있습니다. 같은 상황에서 항상 동일한 행동을 하기 때문에 개발자 입장에서는 다루기 쉽습니다. 액션 게임처럼 그 순간에 적절한 반응만 해주면 충분한 상황에서는 반응형 AI를 선택합니다([그림 1]).

【Google Map】
주말에 '편리하네' 생각하며 한 손에 스마트폰을 쥐고 완전히 믿고 차를 몰다 보면 어느새 엉뚱한 길을 달리고 있는 경우도.

【플래닝 AI】
특정 상황에서 목표 상황에 이르기까지 최적의 행동 계획을 생성하는 기술. 단, 이상적인 데이트 코스처럼 수치화하기 어려운 계획은 다룰 수 없다.

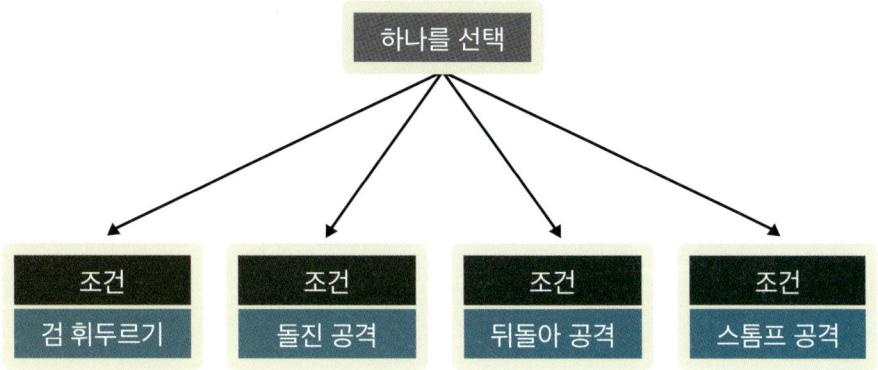

[그림 1] 반응형 AI의 구조
현재 게임의 상태에 대해 조건 판정을 수행하고, 그에 일치하는 행동을 취하는 적 AI의 예. 비헤이비어 트리나 스테이트 머신의 분기 처리로 작성할 수 있다.

한편 플래닝 AI는 PC 시뮬레이션 게임 등에서 주로 채용되고 있습니다. '목표를 내다보고 필요한 행동을 취해준다'는 특징은 장기적인 사고가 필요한 시뮬레이션 게임과 궁합이 잘 맞기 때문입니다.

플래닝 AI를 좀 더 엄밀히 정의하자면 '액션을 실행한 결과, 환경이 어떻게 변화할지를 예측하고 목적 상태에 도달하도록 태스크를 계획하는 AI 기술'이라고 할 수 있습니다. Google Map에서 도쿄에서 오사카까지 가는 방법을 조사했을 때, 애플리케이션 측에서는 각 노선의 연결이 미리 파악되어 있으므로 어디서 신칸센으로 갈아탈지를 계산할 수 있습니다. 어떤 노선을 통해 어디로 갈 수 있는지를 계산하는 기능이 결과를 예측할 수 있는 것입니다.

플래닝 AI의 기존 기술로는 목표 지향 액션 플래닝([GOAP])이나 계층형 태스크 네트워크([HTN])라는 기술이 알려져 있습니다. 오늘날 게임 개발에서는 의사결정 시스템에 '비헤이비어 트리'나 '스테이트 머신'과 같은 반응형 AI 시스템이 자주 사용되고 있지만, 이것들은 앞서 말한 바와 같이 목적을 가지고 의사결정을 하는 것이 아니라 상황마다 대응적으로 행동할 뿐입니다.

한편 플래닝 AI는 목표를 실현하기 위해 필요한 행동을 예측하고 실행할 수 있습니다. 이를 통해 장기적인 목표를 내다본 행동이 가능해지고 [AI의 영리함] 수준이 올라갑니다.

2. 플래닝 AI의 약점

겉보기에 플래닝 AI가 분명히 우위에 있어 보이지만, 기존 플래닝 AI에는 세 가지 약점이 있습니다. 이러한 약점 때문에 최근 가정용 게임기에서 주류인 액션 게임과는 궁합이 좋지 않으며, 그렇게 때문에 현재 플래닝 AI는 가정용 게임에서의 활용이 줄어든 상태입니다.

【GOAP】
2005년에 발매된 F.E.A.R(Monolith Production)에서 실용화된 플래닝 AI. 당시 학계에서 주류였던 STRIPS라는 플래닝 기술을 간략화해 게임에 구현한 것이다. '오리엔티드(지향)'라는 말이 엔지니어 사이에서 유행하던 시기로, 작명 센스는 한 세대 이전 스타일.

【HTN】
플래닝 AI의 일종으로, 태스크를 계층적으로 분할해 서브태스크를 생성하는 수법. 대규모 플래닝에서 유효하다. 게임 업계에서는 곤란할 때 일단 계층화해서 어떻게든 해보려는 습관이 있다.

【AI의 영리함】
단순히 실제 생물의 지적 성능을 그대로 부여해버리면 게임 플레이가 파탄나게 된다. 그래서 게임에 맞는 지적 능력으로 어떻게 디자인하느냐가 게임 AI 엔지니어의 실력을 보여주는 관건이다. 높은 지적 능력으로 플레이어를 계속 쓰러뜨리는 게 좋은 적 AI라고 착각했던 시절이 나에게도 있었다. 반성.

첫 번째 약점은 플래닝 AI의 알고리즘이 주로 '정적 환경(static environment)'을 전제로 설계되었다는 점입니다. 정적 환경이란 자기 자신만이 환경을 변화시킬 수 있으며 외부에서의 간섭이 없는 조건을 말합니다. 예를 들어, 물류 계획이나 공장 조립 라인 최적화와 같은 분야에서는 이 '정적 환경'을 전제로 한 계산이 잘 작동하지만, 실시간 게임에서는 다양한 캐릭터가 실시간으로 【외란】을 일으켜 환경을 변화시키므로 정적 환경이라는 전제가 성립하지 않습니다.

두 번째 약점은 플래닝 AI가 적대자를 전제로 하고 있지 않다는 점입니다. 자신이 명령할 수 있는 에이전트나 협력적인 다른 에이전트와는 협력하여 플래닝을 수행할 수 있습니다. 그러나 자신과 이해관계가 충돌하는 적대적인 에이전트가 적극적으로 자신의 계획을 방해하려는 경우, 이를 계획에 포함해야 합니다. 이러한 대립적인 환경에서의 플래닝은 계산이 매우 복잡해지며 어려운 주제 중 하나로 꼽힙니다.

마지막 약점은, 플래닝 AI가 실시간으로 변화하는 상황에 약하다는 점입니다. 플래닝 AI는 어떤 시점에서 계획을 수립하고 필요한 액션을 조합하지만, 예측하지 못한 상황이 계속 누적되면 원래 계획과 실제 상황 사이에 점점 더 큰 괴리가 생기게 됩니다.

예를 들어 【FPS】 게임의 적 AI가 시설을 방위하고 있고, 문에 트랩을 설치해 놨다고 가정합시다. 플레이어가 예상대로 문을 열면 트랩에 걸릴 터였지만, 실제로는 플레이어가 로켓 런처를 갖고 있었기 때문에 문을 열지 않고 로켓으로 날려버렸습니다.

이처럼 계획과 실제 상황 사이에 큰 차이가 생기면, 계획을 처음부터 다시 세우는 '【리플래닝】'을 통해 그 차이를 해소할 수 있습니다.

앞선 FPS 게임 예시에서는 문이 날아가 버린 시점에서 리플래닝을 수행하고, 방어 계획을 다시 세울 수 있습니다. 문에 트랩을 설치했던 계획은 폐기하고 경보를 울려 병력을 집중시키는 등의 새로운 계획을 세우게 되는 것입니다.

하지만 리플래닝을 너무 자주 수행하면 반응형 AI와 다를 바 없는 행동을 하게 되는 함정이 있습니다. 처음부터 다시 계획을 세우기 때문에 리플래닝이 잦아질수록 행동의 일관성이 사라집니다. 그렇게 되면 아무리 플래닝을 기반으로 움직이는 AI라 해도 플레이어 입장에서는 엉성하고 충동적으로 보일 수 있습니다. 이러한 어긋남이 큰 경우에는 리플래닝이 필요하긴 하지만 애초에 계획을 수립할 때 환경 변화의 가능성과 변화 폭을 예측할 수 있는 시스템이 훨씬 중요합니다.

예를 들어, 자동차를 타고 스키장에 간다고 했을 때, 여름용 타이어로 출발한 뒤 현지에서 눈이 오는 걸 확인하고 나서야 겨울용 타이어로 바꾸는 건 계획적인 행동이라고 할 수 없습니다. 눈이 올 가능성을 미리 예측해 출발 전에 타이어를 교체하고, 타이어 체인도 준비해두며, 도로가 얼어붙었을 때를 대비해 여유 있는 스케줄을 세워두는 것이 진정한 계획적인 접근입니다.

【외란】(역자주)
일반적으로는 주로 제어공학, 시스템공학, 게임 AI 등에서만 제한적으로 사용되는 용어로, 외부에서 발생하여 어떤 시스템이나 환경에 영향을 미치는 예상치 못한 변화나 간섭을 뜻한다. '예기치 못한 변수' 또는 '외부 요인' 등으로 생각하면 된다.

【FPS】
First Person Shooter의 약칭이며 게임의 한 장르. 주로 1인칭 시점에서 총격전을 벌이는 게임을 가리킨다. Frame Per Second로 착각하거나 총격전(Shooting)이 없는 1인칭 시점 게임도 FPS라고 부르기도 해서 민감한 개발자에게는 이래저래 거슬리는 용어.

【리플래닝】
플래닝 AI가 기존 계획을 폐기하고 계획을 다시 세우는 처리. 플랜 실행 중에 그 전제 조건이 충족되지 않게 됐을 때 실행한다. 후추 경마장에 갔다 왔더니 왠지 은행 예금이 0원이 되어 있어서 수중에 있는 3천 엔으로 다음 주 급여일까지의 생활을 다시 계획하는 것 등이 좋은 예.

3. 플래닝 AI의 실용 예

여기서는 스퀘어 에닉스 AI부에서 다루고 있는 리얼타임 플래닝 사례를 소개합니다. 이 기술은 앞서 언급한 기존 플래닝 AI의 약점을 극복한 새로운 플랜닝 AI입니다. 실시간으로 작동할 수 있으며, 대립하는 상대의 움직임을 계산함으로써 미래 상황을 예측하면서 의사결정을 할 수 있게 되어 있습니다.

실험 환경은 3대3 로봇 RTS 게임입니다. 플레이어와 적 AI는 각각 3대의 로봇을 조작할 수 있습니다([그림 2]). 각 로봇은 총기나 미사일을 가지고 있으며 거리에 맞는 적절한 무기를 사용할 수 있습니다. 무기마다 특성이 있어, 예를 들어 미사일은 장거리까지 닿는 강력한 무기이지만 탄환 수에 제한이 있습니다. 머신건은 범용 무기이지만 유효 사거리는 미사일보다 짧습니다.

이 게임은 원거리 무기를 중심으로 구성되어 있기 때문에, 지형을 고려한 전투가 중요합니다. 언덕 등 자연 지형을 엄폐물로 이용하면 적의 공격에 맞을 확률을 줄이면서 최대 화력을 발휘할 수 있습니다. 그러나 단순히 눈에 보이는 시야만으로는 어디가 위험하고 어디가 안전한지 알기 어렵습니다([그림 3]).

【RTS】
리얼타임 스트래티지 게임(Real-Time Strategy)의 약자. 1990년대 후반 <Age of Empires>(Microsoft, 1997)나 <StarCraft>(Blizzard Entertainment, 1998)와 같은 유명 타이틀의 등장으로 장르화되었으며 현재까지도 발전 중이다. 실시간으로 여러 유닛을 조작해야 하기 때문에 전략 게임이라는 이름과는 달리 뛰어난 반사 신경을 요구하는 경우가 많다.

[그림 2] 3대3 로봇 RTS 게임

[그림 3] 위험한 장소와 안전한 장소를 알 수 없다.

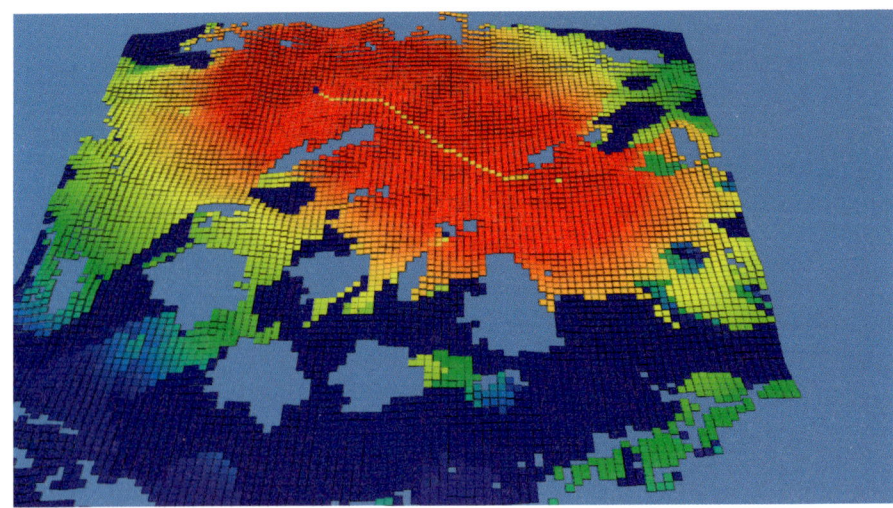

[그림 4] 플레이어의 이동 경로 예측과 사격선 맵에 따른 예측 예시
빨간 색 셀이 상대의 사격선에 들어가는 위험한 영역

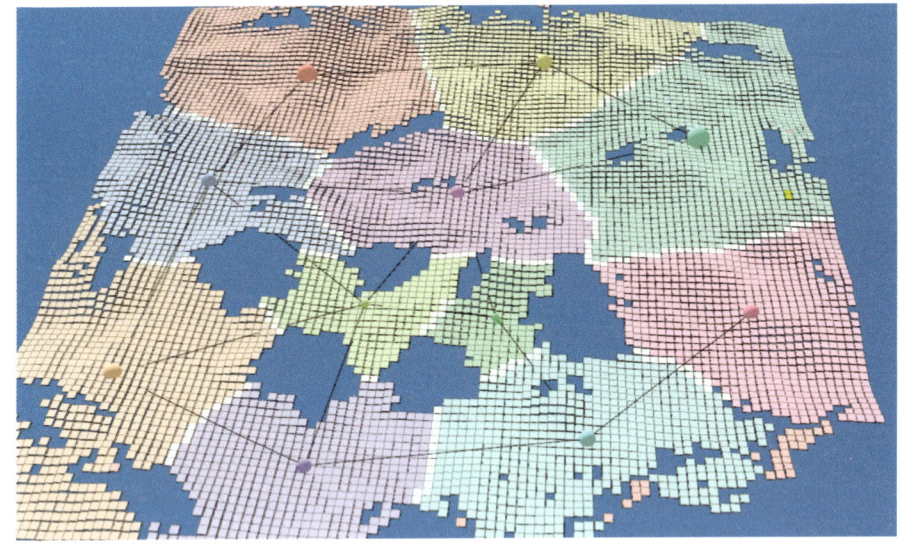

[그림 5] 지형 정보를 그래프 구조로 가공한 상태
여러 지형 정보 셀을 하나의 영역으로 묶고, 영역간 이동 거리 정보를 가지(branch) 정보로 보유하도록 하여 그래프 검색 알고리즘으로 효율적으로 분석할 수 있도록 되어 있다.

[사격선/Line of Fire]
총과 목표 사이를 잇는 선분. 탄환이 지나가는 가상의 선. 이 선 위에 장애물이 있는지 여부를 기준으로 목표에 명중하는지를 근사적으로 판정할 수 있다. 단, 탄환의 낙하를 고려한 탄도 계산은 생략되어 있으므로 사선대로 쏜다고 해도 반드시 맞지는 않는다.

[그래프 구조]
그래프 이론이라 불리는 수학 분야에 등장하는 수학적 구조. 노드나 그것들을 연결하는 간선 등을 사용하여 데이터 구조를 정의한다. "후훗, 쾨니히스베르크의 다리 얘기네." 같은 말로 아는 척할 수 있게 되면 제 몫을 하는.

사전에 **[사격선]**을 고려한 지형 정보를 AI가 알고 있으면 위험한 장소와 안전한 장소를 판단할 수 있게 됩니다([그림 4]). 지형과 사격선 맵을 파악할 수 있으면 플레이어가 이동해 온 경로에 따라 어디에서 요격하는 것이 좋은지를 계산할 수 있게 됩니다. 반면, 사격선 맵으로는 전체적인 유불리를 판단할 수 없습니다. 분지처럼 생긴 지형에 숨어 일시적으로 상대 팀의 사격선을 피할 수 있다 하더라도, 그 사이에 상대에게 포위당하면 결국 당하게 됩니다.

그래서 [그림 5]와 같이 지형 정보를 **[그래프 구조]**로 가공하여 전체적으로 중요한 포인트를 판단할 수 있게 합니다.

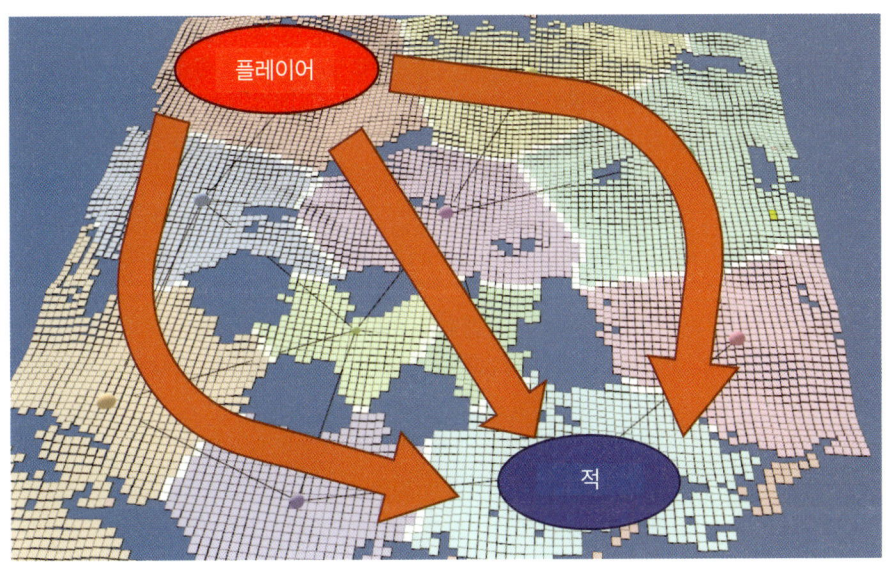

[그림 6] 플레이어가 고를 가능성이 있는 침공 경로

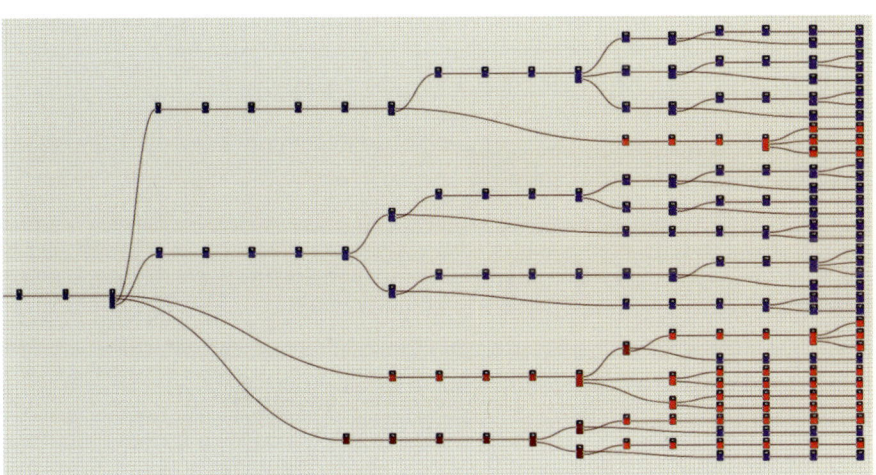

[그림 7] 멀티 시나리오 플랜의 예시

[그림 6]의 왼쪽 위가 플레이어 팀의 초기 위치, 오른쪽 아래가 적 AI 팀의 초기 위치입니다. 플레이어가 적을 쓰러뜨리려 할 때의 이동 경로로는 '맵 중앙을 통과', '시계 방향으로 우회', '반시계 방향으로 우회'의 세 가지 선택지가 있는 것을 알 수 있습니다.

적 AI는 각 선택지에 따라 플레이어의 침공 경로를 예측하고, 요격 위치의 후보를 구합니다. 요격 위치는 플레이어의 침공 경로를 정확히 예측했을 때뿐 아니라, 예측이 빗나갔을 경우에도 어느 정도 대응할 수 있는지를 계산하여 평가합니다. 이를 통해 플레이어가 어떤 행동을 하더라도 유연하게 대응 가능한 요격 플랜을 만들 수 있습니다. 이 요격 플랜을 만드는 구조는 '멀티 시나리오 플랜'이라 불리며, 적과 플레이어의 액션에 따라 게임 상태가 분기해 나가는 미래 예측을 트리 구조의 데이터로 나타냅니다([그림 7]).

그래프의 가로축이 미래 방향의 시간축을 나타내며, 노드 하나하나가 환경 상태를 나타냅니다. 하나의 상태가 다음 상태와 연결되고, 미래로 갈수록 분기되면서 트리 구조가 형성됩니다. 연속적인 시간은 일정한 시간 간격으로 【이산화】(discretization)되어 【게임 트리】로써 탐색됩니다. 게임의 기본 구조는 '【동시 진행 게임】'이라는 분류에 해당하지만, 반드시 매 턴마다 행동 변화가 일어나는 것은 아니라는 점이 특징입니다.

각 유닛은 이동이나 공격 등의 태스크를 사전에 정해진 최소 시간 기준에 따라 실행하기 때문에 행동 분기가 일어나는 타이밍은 턴마다 행동이 분기하는 일반적인 턴 기반 게임 트리와 달리 드물게 발생합니다. 트리의 파란색 노드는 적이 승리할 확률이 높은 상태를, 빨간색 노드는 패배할 확률이 높은 상태를 나타냅니다. 플레이어의 행동에 대해 어떤 대응을 하면 어떤 결말이 나올 수 있는지를 미리 시뮬레이션하여 각 요격 플랜의 승률을 계산합니다.

실시간 변화에 대한 대응

사전에 여러 상황을 시뮬레이션해두면 리플래닝에 의존하지 않고 상황 변화를 따라갈 수 있습니다. 상황 변화가 어느 정도 예측 범위 내인지, 미래에 어떤 변화가 일어날 수 있는지도 미리 예상할 수 있습니다. 게임 특성상, 불리한 분기 가지에 깊이 들어가 버리면 회복하기 어렵다는 것이 밝혀졌습니다. 그러나 탐색을 통해 상태 전이의 폭과 깊이를 충분히 확인함으로써 손쓸 수 없는 상태에서 리플래닝하지 않고 좀 더 이른 시점에 승률이 높은 가지로 옮길 수 있습니다.

상태 공간의 방대함에 대응

탐색 기반 방식은 맵이 넓어질 경우 탐색해야 할 상태 공간이 지나치게 커지는 문제가 있습니다. 이번 맵에서는 그리드 기반의 세밀한 지형 데이터와 이를 클러스터링해 전반적인 지형 연결을 나타내는 지형 그래프로 나누고 있습니다. 먼저 큰 단위의 시뮬레이션을 그래프 상에서 수행하여 유력한 후보를 걸러 낸 다음, 그리드 기반 시뮬레이션을 실시합니다. 서로 다른 세밀도(granularity)의 두 데이터를 다룸으로써, 상태 공간이 너무 커지는 문제를 해결하고 있습니다.

【이산화】
연속된 양을 불연속적인 값으로 나누는 것. 컴퓨터는 연속된 시간을 직접 다룰 수 없기 때문에 사용자가 눈치채지 못할 정도로 세밀한 시간 단위로 나누어 이산적인 시뮬레이션을 수행하고, 마치 연속적으로 변화하는 것처럼 착각하게 만든다. 현실의 시간조차도 '플랑크 시간'이라는 최소 시간 단위의 이산 스텝으로 이루어져 있다는 가설이 있으며, 어쩌면 우리가 살고 있는 세계도 누군가의 이산 시뮬레이션일지도 모른다.

【게임 트리】
2인 대전 게임이나 퍼즐 등의 상태를 표현하기 위해 사용되는 트리 구조의 데이터. 하나의 상태에서 다른 상태로의 전이를 나무의 줄기나 가지에 빗대어 표현한다. '게임'이라는 이름이 붙어 있지만, 실제로는 단순한 데이터 구조를 가리키는 용어라 초심자가 실망하기도.

【동시 진행 게임】
가위바위보처럼 모든 플레이어가 동시에 수를 두는 타입의 게임 모델을 '동시 진행 게임'이라고 부른다. 반대로, 바둑이나 장기처럼 플레이어가 번갈아 가며 수를 두는 것을 '교대 진행 게임'이라 한다.

개발일기 : 출퇴근 시간과 재택 근무 #1　　　　　　　　　　　　　　AI 연구원 N

20XX년 모월 모일　스퀘어 에닉스로의 이직이 결정된 후, 가장 먼저 생각한 것은 출퇴근 시간을 얼마나 줄일 수 있을까였다. 본사가 있는 빌딩 근처의 집을 알아봤고, 출근을 10분 만에 끝낼 수 있는 계획을 세웠다. 뿌듯했다.

20XX년 모월 모일　출근 첫날에 들은 말은, 곧 사무실을 이전한다는 것이었다… 다시 이직할까 고민했다.

4. 플래닝과 머신러닝

가까운 시일 내 게임 업계에서 일어날 변화로는 앞으로 보편화될 딥러닝 AI의 실용화라는 과제가 있습니다. 한편, 모든 NPC의 행동을 딥러닝으로 제어하면 처리 부하가 커지므로 기존 방식의 비헤이비어 트리나 스테이트 머신, 플래닝 AI와의 용도 구분도 중요해집니다([그림 8]).

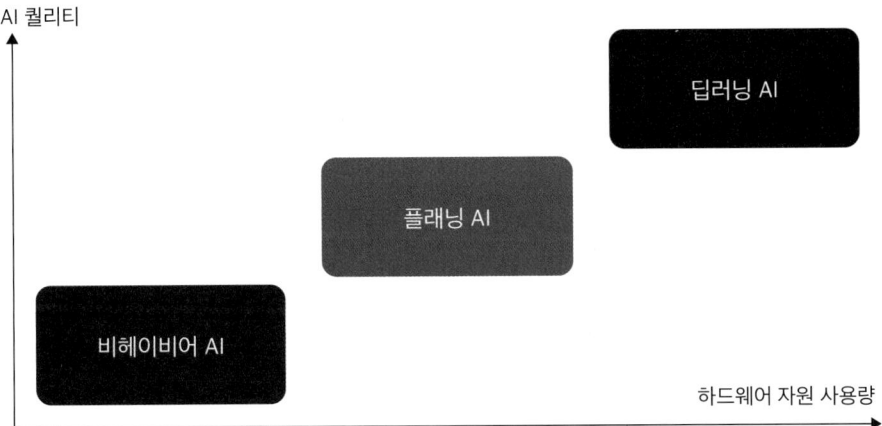

[그림 8] 비헤이비어 트리나 스테이트 머신, 플래닝 AI, 딥러닝의 용도 구분

고려할 수 있는 패턴으로는 중요한 NPC를 딥러닝 AI로 제어하고, 중요도가 낮은 NPC는 기존 비헤이비어 트리로 제어하는 방법이 있습니다. 하지만 딥러닝 AI와 비헤이비어 트리는 특성이 너무 달라서 행동의 차이가 플레이어에게 명확히 드러날 것입니다. 그래서 딥러닝 AI와 비헤이비어 트리 제어 사이의 중간점으로 플래닝 AI의 활용이 거론되고 있습니다. 플래닝 AI는 비헤이비어 트리보다 CPU 시간을 더 많이 사용하는 무거운 처리지만, GPU는 사용하지 않습니다. 한편, 딥러닝 AI는 고속 【추론】에 GPU를 필요로 하기 때문에 그래픽 처리와 AI 사이에서 하드웨어 자원의 관리가 중요해집니다. CPU만으로 처리되는 플래닝 AI는 딥러닝에 비해 하드웨어 자원 이용 계획을 세우기 쉬운 저렴한 기술입니다.

5. 새로운 기술 개발의 어려움

스퀘어 에닉스에서는 과거에도 플래닝 AI를 도입한 실적이 있었지만, 내부 개발팀에 사정을 들어본 결과 다음과 같은 경위를 알 수 있었습니다.

- 개발한 기술적 성과 중에는 훌륭한 것이 여러 개 있다.
- 하지만 게임 방향성과 기술이 잘 맞지 않았다.
- 기획 내용이 도중에 바뀌어 버려 기술이 따로 놀게 되었다.

【추론】
딥러닝에서의 추론은 학습 완료한 모델에 입력 값을 넣고 출력 값을 얻는 과정. 기호 처리 기반의 고전적인 AI에서도 추론이라는 용어를 사용하기 때문에 딥러닝의 추론과 혼동되어 문맥에 따라 어느 의미인지 분간하기 어려울 때가 있다.

【새로운 기술 개발】
2000년대에 들어 게임 개발이 대형화되면서 개발 비용의 급등, 개발 인원의 대규모화로 인해 게임 개발과 병행하여 기술 연구를 수행하기 어려워졌다. 이로 인해 최근에는 개발 부문과 연구 부문을 분리하려는 움직임이 나타나고 있다. 2016년에는 유럽의 게임 개발사 Ubisoft가 글로벌 게임 기술 연구 기관인 Ubisoft La Forge를 설립하고, 학계와 연계하여 다양한 최첨단 기술을 개발하고 있다.

매출 측면에서는 목표를 충분히 달성하지 못했지만, 이 기술을 영업 성과만 보고 폐기하는 것은 큰 기회 손실이라고 생각했고, 앞으로 활용할 수 있을지 고민하게 되었습니다. AI부에서 플래닝 AI를 착수하게 된 것은 자사 내부에서 과거에 개발된 기술 자원을 효과적으로 활용하고자 하는 이유도 있습니다.

스퀘어 에닉스의 개발 부서는 주로 2~3년의 개발 기간으로 게임을 제작하고 있습니다. 짧은 기간 안에 신기술을 개발해 게임에 도입하고, 동시에 매출 면에서도 성공시키는 것은 베테랑 개발자에게조차 상당히 어려운 도전입니다. 그런 어려운 상황에서 탄생한 신기술은 매우 귀중한 것으로, 해당 프로젝트 뿐만 아니라 회사 전체에도 큰 자산이 됩니다.

기술적인 시각으로 사내 프로젝트를 관찰하고, 유익한 것을 일반화하는 활동은 언뜻 보기엔 묵묵한 작업처럼 보일 수 있지만, 새로운 기술을 개발하는 데 가장 빠른 길이기도 합니다. 게임 개발을 업으로 삼고 있다 보면 출시한 게임이 사용자로부터 다양한 시선으로 평가받는 것을 보게 됩니다. 그 평가를 분석해 다음에 활용할 수 있는 것과 개선해야 할 것을 정리하고, 다음 기회를 위해 정비해두는 것. 이것은 게임 개발을 지속해나가는 데 있어 중요한 활동 중 하나입니다.

6. 개발 지원 부서의 업무

스퀘어 에닉스에서는 대형 타이틀과 중형 타이틀의 개발 여러 개가 동시에 진행되고 있으며, 각각 요구되는 기술 내용이 다릅니다. 이 때문에 개발 지원을 하다보면 여러가지 요청을 받게 됩니다. 그러나 AI부와 같은 개발 지원 부서는 언제 어떤 요청이 들어올지 알 수 없습니다. 예를 들어, 어떤 엔진의 AI 기능에 대해 상담하다 보니 그 외에도 다양한 개발상의 고민이 있음이 밝혀져 프로젝트에 더 깊이 관여하게 된 사례도 있습니다. 이러한 상황에서 기술 제공을 원활하게 진행하려면 기술 포트폴리오의 폭이 중요합니다. AI부에서는 각 스태프가 전문 분야를 정하고 폭넓은 기술 개발을 진행함으로써 사내의 다양한 요청에 대응하고 있습니다.

개발일기 : 출퇴근 시간과 재택 근무 #2　　　　　　　　　　　　　　　　AI 개발자 N

20XX년 모월 모일　　국제적으로 감염병이 확산되는 가운데, 스퀘어 에닉스에서도 전사적으로 재택근무화가 급속하게 진행되었다. 그 결과, '출퇴근 시간'이라는 개념도 이제는 그렇게 중요한 요소가 아니게 된 듯하다.

한 때 오피스라고 하면 눈에 들어오는 곳마다 책상이 늘어서 있고, 수 백명의 개발자가 모여 그 열기에 압도되었던 것이 떠오르지만, 오늘날의 오피스는 출근하는 사람도 드물고, 예전의 개발 풍경과는 완전히 다른 분위기로 변했다.

시대와 함께 개발 현장이 바뀌어 가는 것은 당연한 일이지만, 가끔은 쓸쓸함을 느끼기도 한다. 안녕, 떠들썩함과 멋대로던 나날이여.

모리 토모히로 Tomohiro Mori

1994년생. 기후현 출신으로 홋카이도에 있는 대학에 진학했으며, 2019년에 스퀘어 에닉스에 입사. 현재는 AI 엔지니어로, AI와 애니메이션 기술 연구를 전문으로 하고 있다. 학창 시절에는 AI가 애니메이션을 어떻게 활용할 수 있는지를 중심으로, AI 분야에서 연구 활동을 진행했다. 스퀘어 에닉스 입사 후에는 Full-Procedural Animation 시스템의 메인 프로그래머로 활약했으며, GDC에도 발표자로 나섰다. 취미는 게임이며, 주로 슈팅 게임을 즐긴다. 몸을 많이 움직이는 편은 아니지만, 사실 가라테 검은띠 소지자이기도 하다.

캐릭터 AI와 애니메이션

이 장에서는 제가 연구하고 있는 애니메이션과 캐릭터 AI의 동작 방식 그리고 그 연구의 일환으로 개발한 'Multi-Unit-Link-System'(이하 MULS)에 대해 이야기하겠습니다.

1. 우리는 어떻게 몸을 움직이고 있을까?

우리는 평소 어떻게 몸을 움직이고 있을까 깊이 생각해 본 적이 있습니까? 중학교 과학 시간에 '뇌에서 신경을 통해 근육에 신호를 보내고, 이후 피부 등의 감각 기관에서 피드백을 받는다'라고 배웠을지도 모르겠습니다. 여기서는 조금 더 철학적인 이야기를 해봅시다.

만원 전철 안에 있다고 상상해봅시다. 전철이 목적지에 도착했지만, 다른 승객들은 내릴 기미가 없습니다. 그래서 "내릴게요~!"라고 말하며 몸을 비틀어 다른 승객들을 피해 출구 쪽으로 나아가려 할 것입니다. 그런데 그때, 당신은 어떻게 생각해서 몸을 비틀고 옆으로 걸었을까요? 분명히 무의식적으로 자신의 몸 크기나 위치를 인식하고, 좁은 사람들 틈을 지나갈 때는 어떤 자세가 좋을지를 생각해서 실행하고 있었을 것이라 생각합니다.

다음은 또 다른 상황을 상상해봅시다. 당신은 강가에 있고, 큰 돌들을 밟으며 강을 건너는 중입니다. 그러다 다음 돌까지 약 1m 떨어진 지점에 왔습니다. 이때 어떻게 점프할건가요? 가볍게 점프하는 사람도 있을 것이고, 이전 돌로 다시 돌아가 속도를 붙인 뒤 점프하는 사람도 있을 것입니다. 공통적인 점은 누구나 '한 번 점프하는 자신을 머릿속에 떠올린다'는 것입니다. 가볍게 점프를 하든, 속도를 붙이든, 반드시 점프하는 자신을 상상해보고 충분할지 부족할지를 판단하고 있다는 것입니다.

【**모리스 메를로퐁티**】
프랑스 철학자. 심신이원론 문제에 신체의 양의성(두 가지 측면을 지닌 성질)'이라는 주제로 접근했다. 제2차 세계대전 당시 레지스탕스 활동을 통해 실존주의 철학자 장 폴 사르트르와 만났다.

만원 전철의 예와 점프의 예를 비교해보면 전자는 무의식적으로 몸을 움직이는 반면, 후자는 의식적으로 먼저 상상을 하고 몸을 움직인다고 할 수 있습니다. 이러한 현상을 바탕으로 【**모리스 메를로퐁티**】(Maurice Merleau-Ponty)는 몸의 대략적인 크기나 위치 등을 의식하지 않아도 알고 있는 정보를 '신체 도식' 의식하에 자신의 신체 이미지를 구성하는 것을 '신체 이미지'라고 했습니다([그림 1]). 이 두 개념은 우리가 현실 세계에서 살아가는 데 깊이 관여하고 있습니다. 신체 도식이 없다면 항상 자신의 신체 이미지를 떠올려가며 움직여야 하고, 신체 이미지가 없다면 환경에 따라 몸을 적응시키는 것이 불가능해지기 때문입니다.

[그림 1] 신체 도식과 신체 이미지
신체 도식은 의식하지 않고 사용하지만, 신체 이미지는 명확하게 의식하며 사용한다.

2. 캐릭터 AI의 문제점

그러면 현재의 【캐릭터 AI】는 어떤 상태일까요? 물론 '신체도식' 또는 '신체 이미지'를 가지고 애니메이션을 결정! 할 리가 없습니다.

일반적인 게임에서는 어떤 방식으로든 캐릭터 AI가 애니메이션을 결정하고 등록되어 있는 애니메이션을 실행하는 흐름으로 동작하고 있습니다. 그리고 더 나은 품질과 체험을 제공하기 위해 애니메이션 도중에 플레이어를 추적하거나 딱 좋은 위치에 착지할 수 있도록 제어하는 것이 일반적입니다. 이 결정을 내릴 때, 캐릭터 AI는 조건에 들어맞는 좌표나 오브젝트, 현재 좌표 정도밖에 고려하지 않는 것이 현실입니다.

하지만 이 상태로는 천장이 낮은 장소에서 점프 베기를 하거나 좁은 공간에서 검을 크게 휘두르는 어리석은 캐릭터가 만들어질 수 있습니다. 그러한 경우에는 '게임이니까'라는 이유로 검이 벽에 파묻히는 것을 허용하거나 벽 근처에서는 특정 행동을 하지 않도록 제한을 거는 방식이 일반적입니다.

그렇다면 캐릭터 AI에 신체 도식과 신체 이미지를 구현하면 되지 않느냐고 생각하실 수 있겠지만, 그에도 여러 가지 문제가 존재합니다. 첫 번째는 애니메이션의 【지식 표현】입니다. 애니메이션 데이터에는 다양한 종류가 있지만, 그것들을 모두 AI가 읽어들이게 하려면 시간이 많이 걸립니다. 또한 모든 애니메이션 데이터를 읽어들인다고 하더라도, 그 데이터를 현재의 지형에 적용해 신체 이미지를 형성하려고 할 경우에는 처리 시간이라는 문제에 직면하게 됩니다. 캐릭터 AI가 애니메이션을 결정하는 순간은 플레이어나 캐릭터의 액션과 밀접한 타이밍이기 때문에 그 시점에서 처리 속도가 느려져 프레임 드롭이 발생한다면 쾌적한 플레이 경험을 해칠 수 있습니다. 그렇기 때문에 지식 표현은 좀 더 간소화하여 사용할 필요가 있지만, 현재로서는 좋은 애니메이션 표현 방식이 정해져 있지 않은 상태입니다.

【캐릭터 AI】
게임 안에 있는 NPC를 제어하기 위한 AI. 주로 비헤이비어 트리나 스테이트 머신으로 만들어지는 경우가 많다. 퀄리티가 높은 AI는 물량과 힘으로 만드는 경우가 많은데, 딥러닝으로 스마트하게 캐릭터를 움직일 수 있는 시대는 아직 조금 먼 것 같다.

【지식 표현】
지식을 컴퓨터가 다룰 수 있는 형태로 가공한 데이터를 말한다. 게임 AI의 경우 지형에 따라 캐릭터가 이동하기 위한 내비메쉬가 대표적인 예다. AI 엔지니어는 뭐든지 지식 표현이라고 부르고 싶어 해서 다른 직종 사람들은 그게 뭘 나타내는 데이터인지 몰라서 혼란을 일으키는 원흉이 되는 경우가 많다.

2번째는 애니메이션에서의 자세 변화가 애니메이션 시스템 쪽에서 완성되어 버리는 점이다. 몸이 벽에 파묻히는 현상은 AI 쪽뿐만 아니라 애니메이션 쪽에서도 문제로 다뤄져 왔으며, 그 해결책으로 애니메이션 에셋을 변형시키는 **'프로시저럴 애니메이션'**이 개발되었습니다. 이는 여러 곳에서 사용되고 있습니다. 예를 들어 캐릭터가 경사면에 설 때 IK 기술을 이용해 다리를 굽히고, 자연스럽게 똑바로 서 있도록 무릎의 굽힘을 조정하거나, 손을 내려치는 몬스터가 울퉁불퉁한 지형에서도 지면과 같은 높이로 손을 내려칠 수 있도록 애니메이션을 조정하는 식입니다.

언뜻 보기엔 이것으로 해결된 듯하지만, 문제는 이 과정에 캐릭터 AI가 개입하지 못한다는 점입니다. 프로시저럴 애니메이션은 어디까지나 '그 애니메이션을 환경에 맞추려는' 기술이지, '그 상황에 맞는 애니메이션을 선택하는' 기술은 아닙니다. 따라서 좁은 곳에서는 애초에 검을 휘두르지 않도록 하는 기능은 애니메이션 쪽에서는 구현할 수 없습니다.

[프로시저럴 애니메이션]
알고리즘이나 규칙을 이용해 애니메이션을 자동으로 생성하는 기법이다. '더 라스트 가디언'(SIE)에서 통을 공중에서 잡는 연출 같은 것이 대표적인 예다.
도입을 잘하면 표현의 퀄리티는 올라가지만, 알고리즘이나 규칙의 엄청난 조정이 필요해서 프로그래머랑 테크니컬 아티스트는 말도 안 되게 힘든 스케줄을 겪기 쉽다.

3. 캐릭터 AI의 도입 사례

이러한 문제들은 게임 업계에서도 인식되기 시작했고, 다양한 접근이 시도되고 있습니다. 예를 들어 '더 라스트 가디언'(2016년, SIE)에서는 캐릭터가 나무통을 먹으려고 할 때 미리 통 주변에 물건이 있는지를 캐릭터 AI가 판단하여 없으면 그대로 먹고, 있으면 손으로 앞으로 가져옵니다. 또한 손으로 가져올 때도 통 주변에 손이 들어갈 공간이 있는지, 플레이어가 있는지를 확인하고 괜찮으면 실행하고 무리일 것 같으면 플레이어에게 부탁하는 판단을 합니다[1]. <FINAL FANTASY XV>(2016년)에서는 미리 캐릭터에게 자신의 공격 범위를 기억하게 하고, 목표가 그 범위 안에 있는지를 기준으로 공격을 판단하게 했습니다[2].

이들은 앞서 말한 '자세가 고정된 애니메이션' 문제는 그대로 두되, 애니메이션의 지식 표현 문제를 해결해 캐릭터에게 신체 이미지를 부여한 사례라고 할 수 있습니다. '더 라스트 가디언'에서는 캐릭터 자신의 애니메이션에 필요한 공간을 지식 표현으로, <FINAL FANTASY XV>에서는 캐릭터 자신의 애니메이션이 영향을 미치는 범위를 지식 표현으로 사용하고 있습니다. 이들과는 별도로, 최근 발전하고 있는 머신러닝을 활용한 사례도 있습니다.

에든버러 대학의 Sebastian Starke 등이 발표한 'Neural State Machine for Character-Scene Interactions'(2019년)은 기존의 머신러닝 구조에 스테이트 머신 요소를 추가함으로써, 더 복잡한 환경 정보에 대응하는 데 성공하고 있습니다[3]. 그 성과로, '팔걸이가 있는/없는 의자에 앉는 애니메이션'이나 '천장이 낮은 곳을 지나는 애니메이션' 등을 자연스럽게 출력할 수 있게 되었습니다. 의사결정까지는 하지 않지만, 애니메이션 출력에 가까운 프로세스에서 그 상황에 맞는 자세를 결정하고, 의사결정에 따라 애니메이션을 실행한다는 점에서 이 연구는 인간이 가진 신체 도식 기능에 가까운 것이라고 할 수 있습니다. 다만, 기계학습으로 생성하는 애니메이션은 아직 발전 단계에 있으며, 방대한 학습 데이터가 필요하거나 출력되는 자세가 안정적이지 않다는 등의 문제를 안고 있습니다.

이처럼 캐릭터의 애니메이션 결정, 애니메이션 출력을 더 자연스럽게 하기 위한 연구 개발은 꾸준히 이뤄지고 있지만, 모든 문제를 해결한 사례는 아직 없습니다. 그 원인 중 하나는 신체 도식과 신체 이미지를 고려하기 위해서는 애니메이션 기술, AI 기술, 그리고 이 둘을 연결하는 기술이라는 세 가지 분야에 접근해야 하며 이들 기술을 동시에 연구해야 하기 때문입니다.

앞서 말씀드린 것처럼, 인간에 가까운 캐릭터가 자연스럽게 몸을 움직이기 위해서는 '신체 도식'과 '신체 이미지'가 필요합니다. 하지만 신체 도식을 재현하려면 더 고도화된 애니메이션 시스템이 필요하고, 신체 이미지를 재현하려면 더 범용적인 애니메이션의 지식 표현과 이를 제대로 활용할 수 있는 캐릭터 AI가 필요합니다. 또한, 이를 실제 게임에 도입하기 위해서는 두 기술을 연결하는 기술이 필요합니다.

이처럼 연구 주제가 많고 난이도도 매우 높은 연구 분야이지만, 이러한 과제에 도전하고 있는 곳이 제가 소속된 AI부입니다. 그 일환으로 지금까지 HTN(계층형 태스크 네트워크) 등의 캐릭터 AI 사고 프로세스에 관련된 업무와, 이어서 소개할 애니메이션 생성 기술 연구를 수행해 왔습니다.

개발일기 : AI 엔지니어의 애니메이션 사건 파일: 오른팔 소실 사건
　　　　　#1 '사라진 왼팔'　　　　　　　　　　　　　　　　　　　　AI 엔지니어 **M**

20XX년 어느 날　도쿄에서 일하는 AI 엔지니어 M은 자신이 고안한 새로운 알고리즘을 소스 코드에 구현하고 시험용 프로그램의 실행 테스트를 하려 하고 있었다. 밤늦게 코딩을 마친 M이 프로그램을 빌드하고 애니메이션을 실행하려 한 순간, 그 사건이 일어났다. 세상에, 캐릭터 모델의 팔이 사라져버린 것이다! 며칠 뒤, M은 당시에 무슨 일이 일어났는지 알 수 없어 당황했다고 회고했다.

20XX년 어느 날　사건 발생 직후, M이 현장 검증을 시작했다. 처음 의심을 한 건 알고리즘 소스 코드였다. 주요 변경 부분이었던 알고리즘 소스 코드는 직접적인 사건 원인일 가능성이 높았던 것이다. 하지만 M이 시간을 들여 꼼꼼히 확인해봐도 소스 코드에서 실수는 발견되지 않았다. 이런 XX.

4. MULS 애니메이션 생성 시스템

"그래서 구체적으로 뭘 한 거야?", "거창한 얘기를 하는 것 같은데 뭔 소린지?"라는 목소리가 들리는 것 같아서 여기서 제가 만든 'MULS(Multi Unit Lins System)'이라는 애니메이션 생성 시스템을 소개하겠습니다. 이 시스템은 다른 이름으로는 Full-Procedural Animation이라고도 하며, 다양한 관절 구조를 가진 로봇의 애니메이션을 애니메이션 에셋 없이 구현하는 시스템입니다.

이 시스템의 개발 목적은 '애니메이션 시스템이 대응하지 못해서 발생하던 디자인 제약을 최대한 줄이는 것'입니다. 이야기가 조금 샐 수 있지만, 지금까지 수많은 로봇 게임이 세계 곳곳에서 만들어져 왔습니다. 하지만 그중에서 '로봇을 자유롭게 커스터마이즈할 수 있는 게임'은 드물다고 생각합니다. 게다가 커스터마이즈 가능한 게임이 있더라도, 구조는 획일적이며 비슷비슷한 파츠로 구성돼 있습니다. 이에는 기술적인 문제가 얽혀 있으며, 파츠의 구조를 지나치게 자유롭게 하면 애니메이션 시스템이 감당할 수 없기 때문입니다.

그래서 저희는 관절 구조를 읽어 들여 그 구조로부터 목적에 맞는 애니메이션을 생성하는 시스템을 만들어 이 문제를 해결하고자 했습니다. 여기까지만 들으면 "어라? 당신의 연구 목적에서 벗어난 거 아니야?"라고 생각하실 수도 있겠지만, 전혀 그렇지 않습니다. 저는 이 시스템의 개발을 통해 '캐릭터 AI에게 애니메이션을 생각하게 하는 방법'을 찾고 있었습니다. 팀의 목적과 저 개인의 목적은 약간 다르지만, 추구하는 기술은 같습니다. 이 성과에 대해서는 영상을 보시는 것이 가장 빠르니 아래 URL을 스마트폰 등으로 확인해 주세요.

GDCVault : https://bh.gdcvault.com/play/1027234/Animation-Summit-From-Design-Full

[그림 2] GDC 2021 데모
탐색부터 사격, 교전까지 애니메이션 에셋 없이 재현

이 데모에서는 로봇이 '탐색', '보행', '총 겨누기', '발포' 등의 애니메이션을 수행하며, 도중에 적 로봇과 교전합니다. 이 데모 안의 모든 애니메이션은 MULS로 출력한 것입니다([그림 2]). 여기서부터 실제로 애니메이션을 어떻게 생성하고 있는지 말씀드리겠습니다. 이번에 제가 구현한 애니메이션은 다음과 같습니다.

- 보행, 조준(총으로 겨냥), 탐색, 주시, 대기

이 중에서 '보행'과 '에임(조준)'에는 복잡한 전용 구현을 진행하였습니다. 그 외의 애니메이션은 지정한 포즈를 기준으로 한 '각도 가산'과 '자세 계산'을 통해 구현하였습니다. [그림 2]에 대해 조금 더 구체적으로 말씀드리자면 (FKIdle)과 같은 포즈를 기준으로 몸통 관절의 각도에 30도를 더하면 (FKYawRotate)처럼 목을 옆으로 돌리는 동작을 할 수 있게 됩니다. 이것이 각도 가산이며, 애니메이션 기술에서는 포워드 키네마틱스(【FK】)라고 불립니다. 자세 계산에서는 인버스 키네마틱스(【IK】)라는 기술을 사용합니다. IK는 흔히 FK의 역이라고 불리지만, 그렇게 말해도 잘 이해되지 않으시죠… 다만 그 내부 원리를 알면 왜 '역'인지 이해하실 수 있습니다.

IK의 기본적인 원칙은 '목적을 충족시키는 자세를 계산하는 것'입니다. 여기서의 목적은 '손을 문손잡이 위치에 맞춘다'거나 '얼굴을 적 쪽으로 돌린다'와 같은 것을 말합니다. 그 자세를 어떻게 계산하느냐에 대해서는 대략 두 가지 방법이 있습니다. 하나는 행렬 방정식을 풀어서 자세를 구하는 방법, 또 하나는 각 관절을 조금씩 움직여서 목적에 부합하는 자세를 찾아내는 방법입니다.

이 두 가지 중에서 MULS에서는 후자의 방법을 채택했습니다. 3D 공간에서 전자의 방법을 사용할 경우, 기본적으로 각 관절이 볼 조인트(여러 축을 기준으로 회전할 수 있는 조인트)라는 전제가 필요합니다. 하지만 이번에 개발하는 시스템에서는 각 관절이 단일 축으로만 회전하는 조인트 구조이므로 사용할 수 없다고 판단했습니다. 각 관절을 조금씩 움직여서 목표 관절을 목적 위치에 도달하게 만드는 기술은 이미 확립되어 있으며, 【CCDIK】(Cyclic-Coordinate-Descent IK)라고 불립니다.

이번 구현에서 필요했던 또 하나의 기술이 '포즈 블렌드'입니다. 이것은 하나의 자세에서 다른 자세까지의 중간 자세를 계산으로 도출하는 기술로, '이 포즈로 만들고 싶다!'는 희망을 실현할 수 있게 해주는 기술입니다. 구현 방식은 간단합니다. 현재 포즈의 각 관절 각도와 목표 포즈의 각 관절 각도를 가져온 후, 지정한 시간 동안 목표 포즈의 관절 각도로 변화할 수 있도록 각도를 더해가는 처리를 모든 관절에 대해 수행하는 것뿐입니다([그림 3]). 이 기술은 주로 Idle 포즈로 복귀할 때나 이후에 설명할 조준 자세로 전환할 때 사용됩니다.

【FK와 IK】
원래는 로봇 공학 용어로, 로봇 팔의 관절과 끝단 핸드를 계산하는 방식에서 유래한 개념이다.

FK 계산에서는 각 관절의 회전량으로부터 끝단 핸드의 위치를 구 한다. 반면 IK 계산은 끝단 핸드의 목표 위치를 미리 정해두고, 그 목표에 도달하기 위해 필요한 관절의 회전량을 도출한다.

【CCDIK】
유명한 IK 기법 중 하나로, 반복적으로 관절 각도를 조정하여 목표 자세를 구한다. PS2 시절에는 IK가 구현되어 있다는 것만으로도 호평을 받았지만, 지금은 게임 엔진의 기본 기능으로 탑재된 경우가 많아, IK 기술의 세부 내용을 아는 사람도 점점 줄어들고 있다.

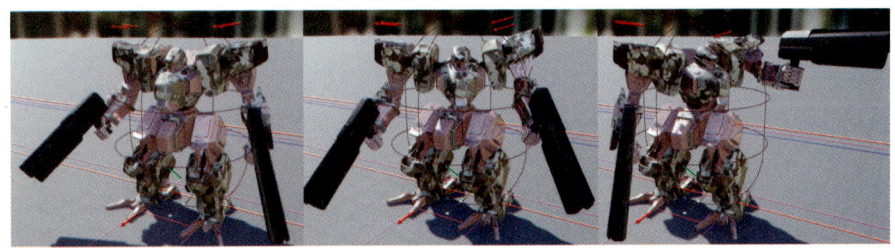

[그림 3] 포즈 블렌드의 예
왼쪽 포즈에서 오른쪽 포즈로 전환하기 위해 중간 자세를 생성하고 있다.

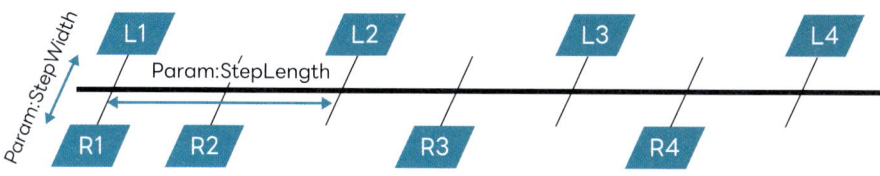

[그림 4] FootStep

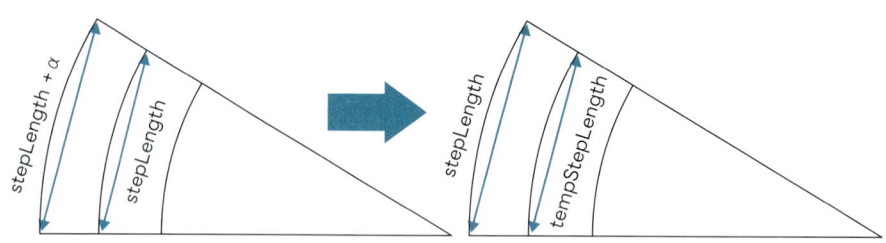

[그림 5] 커브에서의 조정

'걷기' 구현에 있어서도 기본적인 기술은 다르지 않지만, 이번에는 발에서 동체까지 동시에 움직여야 하기 때문에 제어 계통을 전용 구현으로 개발하였습니다. 우선 걷기를 시작하는 프로세스로서 캐릭터가 어떤 루트를 어떤 보폭으로 향할지를 결정합니다. 구체적으로는 AI 측에서 걷기 루트를 받은 뒤, 그 루트에 따라 발을 디딜 위치인 'FootStep'을 결정해 나갑니다([그림 4]). FootStep의 위치를 조정함으로써 캐릭터의 보폭이나 다리 벌림 정도를 조정할 수 있습니다. 다만, 보폭대로의 간격으로 FootStep을 배치해 나가면 커브에서 문제가 발생하게 됩니다.

커브에서도 그대로 FootStep을 배치해 나가면 안쪽과 바깥쪽의 차이가 커지게 됩니다. 보폭이 작아지는 것은 문제 없지만, 너무 커지게 되면 관절이 허용할 수 있는 범위를 초과하게 되어 애니메이션이 무너지게 됩니다. 현실에서도 무리하게 보폭을 넓히면 다리에 쥐가 나는 것처럼, 그런 것이라 생각하시면 됩니다. 그렇게 되지 않도록 FootStep을 배치할 때에는 이전 FootStep과의 거리가 보폭을 초과하지 않도록 계산하고([그림 5]), [그림 6]과 같은 형태가 되도록 조정합니다.

FootStep의 배치가 끝나면 비로소 걷기가 시작됩니다. 걷는 동안에는 발목의 위치를 FootStep으로부터 계산하고, 그 위치와 발목이 일치하도록 IK 기술을 이용해 다리 자세를 취합니다. 발목의 위치는 걷기 단계에 따라 변화하며, 발을 지면에 붙이고 있는 동안에는 FootStep의 위치에 고정시키고, 발을 들어올리고 있는 동안에는 FootStep에서 다음 FootStep까지를 타원 같은 궤로로 이동하도록 설정하고 있습니다.

'좋았어, 이것으로 걷기 완성!'이라고 생각했을 수도 있지만 아직 멀었습니다. 실제로 걷게 해보면 걷는 방식이 옛날 로봇처럼 되어 있습니다. 그 원인은 【허리의 움직임】에 있습니다. 평소에는 별로 의식하지 않을지도 모르지만, 사람은 걸을 때 허리를 움직이고 있습니다. 어떤 식으로 움직이는지 살펴보면, 우선 허리 위치는 상하로 움직입니다. 걷고 있을 때 머리나 어깨의 위치를 보면 알기 쉬운데, 상반신은 위아래로 움직이고 있습니다. 이러한 움직임은 허리를 기점으로 하고 있기 때문에 우선 허리의 상하 움직임부터 구현합니다.

【허리의 움직임】
사실, 인체는 무릎 관절이 움직이지 않아도 허리를 비트는 움직임만으로도 걸을 수 있다.

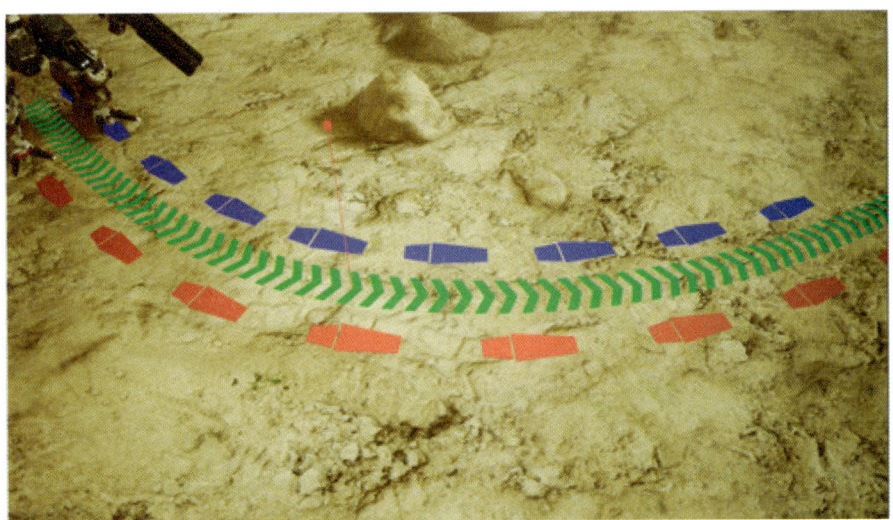

[그림 6] 조정 후의 FootStep

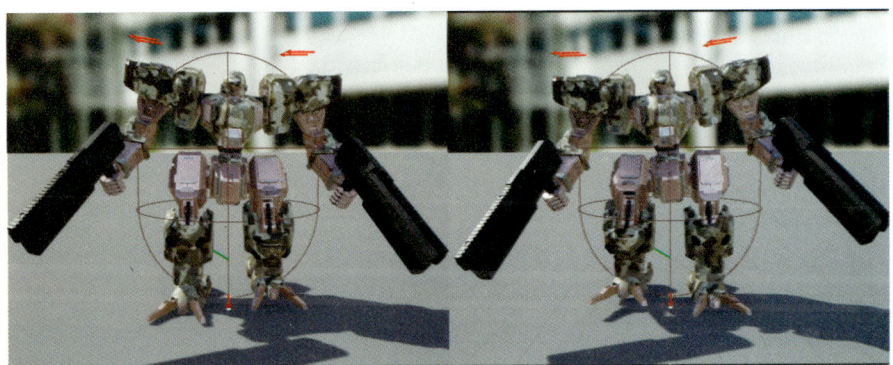

[그림 7] 이 단계에서의 걷기
상반신이 허리와 함께 움직이고 만다.

하지만 발목의 상하 움직임에 맞춰 허리를 상하로 움직이면 과장해서 걷는 사람처럼 보이므로 상하 폭은 별도의 파라미터로 설정합니다. 또한 허리의 움직임은 단순한 상하뿐 아니라 비트는 동작도 포함됩니다. 한 번 일어나서 '허리를 비틀지 않도록 의식하면서' 걸어보세요. 뭔가 어색하지 않나요? 사람은 앞발이 착지할 때 앞발 쪽이 앞으로 나가도록, 발을 가장 높이 들었을 때에는 들어 올린 쪽이 아래로 내려가도록 허리를 움직이고 있는 겁니다. 이렇게 해서 허리의 움직임을 구현했습니다! 그럼 실제로 확인해보죠!

허리의 움직임을 추가한 결과, 상반신을 아주 유쾌하게 흔들며 걷는 로봇이 되어버렸습니다…([그림 7]). 이 상태로는 부자연스럽기 때문에 허리부터 가슴까지의 조인트로 상체를 안정시켜야 합니다. 안정시키는 제어는 간단합니다. 허리의 움직임이 결정되면 그 움직임을 상쇄하는 동작을 넣어 상반신을 수평으로 유지하는 방식입니다. 별거 아닌 것처럼 느껴질 수도 있겠지만, 그 사소한 부분이 어색함으로 이어지기 때문에 수정과 다듬기를 거듭하게 됩니다. 이런 꾸준한 작업을 계속해 나가는 것이 바로 애니메이션이라는 분야라고 생각합니다.

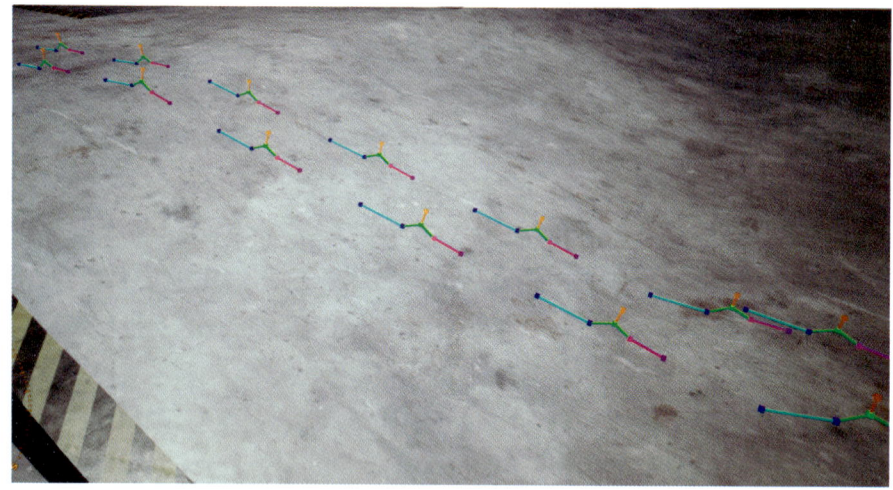

[그림 8] 등록되어 있는 발의 형태(디버그 표시)
이 형태로 착지하도록 되어 있다.

지금까지 허리의 움직임에 주목했는데, 걷기 동작은 그것만으로 끝나지 않습니다. 발목부터 발끝까지의 제어가 아직 남아 있습니다. 발끝의 제어는 주로 '뒤꿈치'와 '발가락'이 관여합니다. 발가락에 대해서는 상상하기 쉬울 거예요. 발을 들고 있을 때나 땅에 발을 디딜 때처럼 뒤꿈치도 함께 닿는 경우에는 발가락이 똑바로 펴지고, 뒤꿈치만 띄워져 있는 경우에는 발가락을 구부려서 땅에 닿도록 합니다.

또한 지금까지는 사람의 걷는 동작을 주로 다뤘지만, 실제로 움직일 로봇 중에는 '뒤꿈치 관절'이 있는 것도 존재합니다. 그런 타입의 로봇에서는 뒤꿈치를 땅에 디딜 타이밍에 지면에 맞닿도록 뒤꿈치 관절을 제어해야 합니다. 이 두 가지에 더해 발목 관절도 구부려서 땅에 닿게 해야 하므로 이 모든 걸 따로 제어하는 것은 굉장히 힘든 작업입니다.

그래서 보행 전 FootStep을 배치하는 타이밍에 맞춰 그 FootStep에 '뒤꿈치를 디딜 때의 자세', '뒤꿈치와 발가락을 모두 디딜 때의 자세', '발가락을 땅에서 떼는 시점의 자세'를 각각 등록하는 방식으로 구현했습니다. 이때 지면의 기울기도 함께 조사해서 지면에 맞게 발을 착지할 수 있도록 설정해 두었습니다([그림 8]).

마침내 MULS의 '걷기' 애니메이션이 완성됐습니다. 사람의 보행을 완벽하게 재현한 것이 아니므로 자세히 들여다보면 허점이 얼마든지 있을 것이라고 생각합니다. 그래도 위화감은 많지 않은 걸음걸이지 않나 싶습니다. MULS 개발에서 걷기만으로 이 정도 양을 한꺼번에 구현해낸 것은 아닙니다. 조금씩 걸음걸이를 살펴보면서 이것저것 시도해보며 팀원들과 함께 머리를 맞대고 필요한 제어를 점점 더해 나갔습니다. 그래서 보행 제어 프로그램은 MULS 개발 중에서도 가장 애착이 가는 프로그램입니다.

다음은 '【에임】(Aim)' 애니메이션입니다. 이것 역시 난이도가 높은 구현이었습니다. 왜냐하면 관절의 가동 범위에 제한이 있는 상황에서 특정한 위치로 손을 향하게 한다는 문제를 해결하는 방법이 명확히 존재하지 않기 때문입니다. 자동차 공장에서 페인트를 뿌리는 로봇 암이 정확히 목표를 겨냥하고 스프레이를 분사하는 모습을 떠올릴 수도 있겠지만, 그것은 관절 구조 자체가 자동차 도장

【에임(Aim)】
무기로 조준하기 위한 처리. IK로 구현되기도 하고, 여러 방향의 포즈 데이터를 미리 저장해두고 포즈를 블렌딩해서 목표를 향하도록 만드는 처리 방식도 있다.

다만 FPS 등에서는 총구에서 조준점 방향으로 탄환이 발사되는 경우가 많기 때문에 총구에서 완전히 옆으로 탄이 날아가는 경우도 발생할 수 있다. 이 때문에 에임 자세만으로는 탄도의 방향을 예측할 수 없는 경우도 간간히 있다.

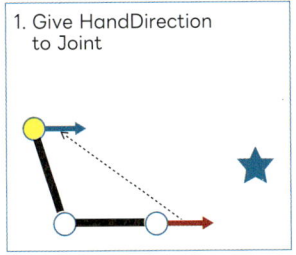 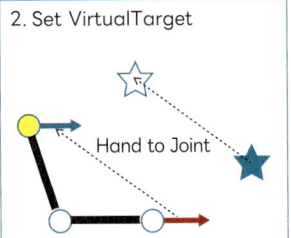 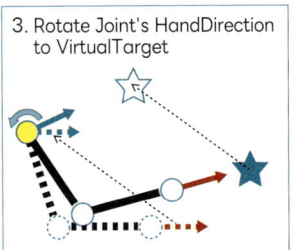

[그림 9] 에임 IK 프로세스의 도해

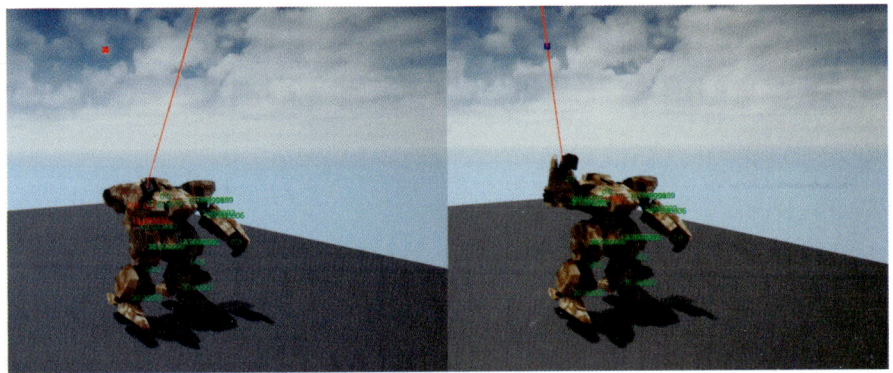

[그림 10] 같은 위치를 조준하고 있지만 왼쪽 그림처럼 자세를 찾지 못하는 경우도 있다.

에 필요한 가동 범위를 확보한 상태에서 작동하기 때문에 정확한 동작이 가능한 것입니다.

그럼, 이 문제를 해결한 프로세스를 설명하겠습니다. 처음 시도한 것은 CCDIK를 그대로 사용하는 방식이었습니다. 이 방식은 팔을 점차 뻗으면서 손이 타깃 방향을 향하게 하는 동작으로, 에임할 때 항상 팔이 쭉 뻗는 자세가 되어 팔을 구부린 상태로 조준할 수 없다는 문제가 있어 채택되지 않았습니다. 그 다음으로는 CCDIK의 계산 순서를 변경하는 방법으로, 팔을 뻗지 않는 버전을 만드는 방법도 시도해 보았습니다. 그러나 이것도 근본적으로 에임이라고 하는 문제를 해결할 수 없었기 때문에 제외되었습니다. 최종적으로 완성된 것이 [그림 9]에 보이는 에임 IK입니다. 다음 4단계를 각 관절에 반복 적용하여 손을 원하는 방향으로 향하게 합니다.

- 손에서부터 계산하는 관절(팔꿈치나 어깨 등 1곳)의 위치 오차를 구한다.
- 구한 오차만큼 이동시킨 가상 타깃을 설정한다.
- 현재 손의 방향을 구한다.
- 손을 관절에서 가상 타깃 방향으로 향하도록 회전을 계산하고 적용한다.

이 프로세스로 손을 임의의 방향으로 향하게 할 수 있습니다(이 에임 IK를 완성하기까지 우산을 총으로 가정하고 휘두르는 일이 많았는데, 근처에 앉아 있던 분들은 대체 뭘 하고 있는지 건가 했을지도 모르겠습니다…).

완성한 에임 IK에도 여전히 문제가 있습니다. 관절이 제한 각도에 걸리면 자세가 고정되어 버리고, 목표한 자세를 찾을 수 없게 되는 것입니다. [그림 10]에서는 팔을 바깥쪽으로 벌린 다음 계산했을 경우 목표를 조준할 수 있었지만, 초기 자세에서 계산을 시작하면 제한에 걸려 왼쪽과 같은 포즈에서 멈추고 맙니다.

	Theta	Phi	X	Z	Pose
15079	2.026964	0.926826	-291.611219	433.837067	(0.000000,44.999996,20.000002,0.000000,-35.000000,0.000000,0.0000
15080	2.139628	1.079970	-298.499146	446.955170	(0.000000,44.999996,20.000002,0.000000,-24.999979,0.000000,0.0000
15081	2.240073	1.255487	-313.750427	431.703949	(0.000000,44.999996,20.000002,0.000000,-14.999996,0.000000,0.0000
15082	2.323121	1.458384	-387.703217	357.751160	(0.000000,44.999996,20.000002,0.000000,-4.999999,0.000000,0.00000
15083	2.356195	1.570796	-236648208.000000	-236647552.000000	(0.000000,44.999996,20.000002,0.000000,0.000000,0.000000,0.000000
15084	1.209429	0.387596	-271.610046	477.696930	(0.000000,44.999996,30.000000,-44.999996,-44.999996,0.000000,0.000
15085	1.343448	0.504545	-269.951569	479.355347	(0.000000,44.999996,30.000000,-44.999996,-35.000000,0.000000,0.000
15086	1.480286	0.614360	-268.186707	481.120239	(0.000000,44.999996,30.000000,-44.999996,-24.999979,0.000000,0.000
15087	1.618181	0.721460	-266.179718	483.127197	(0.000000,44.999996,30.000000,-44.999996,-14.999996,0.000000,0.000
15088	1.755527	0.829971	-263.717834	485.589081	(0.000000,44.999996,30.000000,-44.999996,-4.999999,0.000000,0.000
15089	1.823476	0.886077	-262.204468	487.102448	(0.000000,44.999996,30.000000,-44.999996,0.000000,0.000000,0.0000
15090	1.343449	0.504545	-273.753967	475.552979	(0.000000,44.999996,30.000000,-35.000000,-44.999996,0.000000,0.000
15091	1.480286	0.614360	-272.691711	476.615204	(0.000000,44.999996,30.000000,-35.000000,-35.000000,0.000000,0.000
15092	1.618181	0.721459	-271.483826	477.823120	(0.000000,44.999996,30.000000,-35.000000,-24.999979,0.000000,0.000
15093	1.755527	0.829971	-270.002075	479.304871	(0.000000,44.999996,30.000000,-35.000000,-14.999996,0.000000,0.000
15094	1.890637	0.944177	-268.005707	481.301239	(0.000000,44.999996,30.000000,-35.000000,-4.999999,0.000000,0.000
15095	1.956745	1.004901	-266.667542	482.639435	(0.000000,44.999996,30.000000,-35.000000,0.000000,0.000000,0.0000
15096	1.480286	0.614360	-276.676636	472.630280	(0.000000,44.999996,30.000000,-24.999979,-44.999996,0.000000,0.000

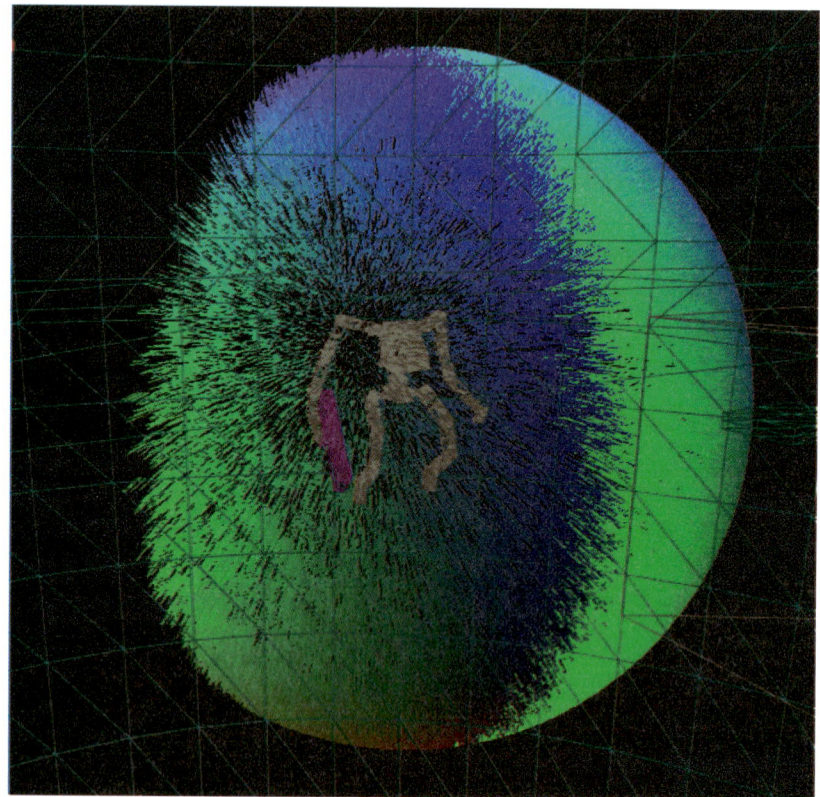

[그림 11] 저장되어 있는 자세와 에임 데이터의 일부

[그림 12] 실제로 에임 데이터를 시각화한 모습(디버그 화면)

'특정 자세에서만 조준할 수 없다면 문제 없지 않나?'라고 생각할 수도 있지만, 조준이 가능한 적을 조준하지 못하는 상황은 플레이어에게 스트레스입니다. 이를 해결하기 위해 계산을 시작 자세를 무작위로 하거나, 에임에 실패했을 때 시작 자세를 바꾸는 방법도 고려했지만, 우발적인 요소를 완전히 없앨 수 없기 때문에 채택하지 않았습니다. 최종적으로는 팔의 각 관절을 10도씩 움직였을 때의 자세와 그때의 손 위치 및 방향을 기록한 데이터를 준비했습니다. 이 데이터의 일부가 [그림 11]의 **【데이터베이스】**이며, 이 데이터를 실제로 시각화하면 [그림 12]와 같습니다.

【데이터베이스와 메모리】
최근 게임기는 총 16GB에 달하는 막대한 메인 메모리를 탑재하고 있다. 과거의 게임기는 메모리 32MB 상한선도 드물지 않았기 때문에 쓸데없는 데이터를 넣으면 금세 리드 프로그래머에게 혼나고 어떻게든 메모리를 절약할 방법을 고민하는 경우가 많았다. 그로부터 500배 이상 증가한 오늘날에는 다양한 용도로 메모리를 사용할 수 있게 되었다.

[그림 13] 적을 조준하고 있는 로봇

이제 남은 것은 이 데이터를 어떻게 활용할 것인가입니다. 먼저, 타깃 방향과 '비슷한 방향'의 데이터만을 불러와서 후보를 좁힙니다. 다음으로, 실제 손의 위치와 방향에 가장 근접한 데이터를 찾아냅니다. 이 방법의 장점은 사전에 목표 자세가 정해져 있기 때문에 에임의 초기 자세에 영향을 받지 않는다는 점입니다. 단, 10도 간격으로만 관절을 움직여 얻은 데이터이기 때문에 그대로 사용하면 어쩔 수 없이 오차가 발생합니다. 그래서 구현에서는 이 데이터베이스에서 불러온 자세를 계산 시작 자세로 삼고, 앞서 설명한 에임 IK를 적용함으로써 정확히 조준할 수 있도록 하고 있습니다. [그림 13]은 적을 조준하고 있는 로봇의 예시입니다.

개발일기 : AI 엔지니어의 애니메이션 사건 파일: 왼팔 소실 사건
#2 '땅 속의 왼팔'
AI 엔지니어 **M**

| 20XX년 어느 날 | M은 사건이 발생했던 애니메이션을 다시 확인해보기로 했다. 다른 환경에서 캐릭터 모델을 출력해 확인한 결과 놀랍게도 팔이 존재했던 것이다! 하지만 그것은 어깨 위치가 아닌 캐릭터 모델의 발 밑인 지면 속이라 할 수 있는 위치였다. |

| 20XX년 어느 날 | M은 소스 코드의 알고리즘 부분이 아니라 그 뒤에 실행되는 관절 위치 계산 과정을 조사했다. 조사 결과, 팔의 위치는 어깨를 기준으로 좌표계를 잡아 계산해야 할 부분에서 캐릭터 모델의 원점(발밑)을 기준으로 좌표계가 잡혀 계산되고 있었던 것이다. |

| 20XX년 어느 날 | 조사 종료 후, M은 프로그램을 적절하게 수정하여 팔이 사라지지 않고 제대로 움직이는 것을 확인했다. 안도의 한숨을 내쉰 두, 무사히 팀 멤버들에게 진행 상황을 보고할 수 있었다고 한다. |

5. 정리

이번 장에서는 AI와 애니메이션의 관계를 시작으로 실제로 자유롭게 애니메이션을 생성하기 위해 정성껏 만든 애니메이션 생성 시스템에 대해 설명했습니다. 캐릭터가 자유롭게 움직이도록 만들기 위해서는 AI를 더 깊이 연구해야 합니다. 이번에는 로봇을 대상으로 했기 때문에 사람이나 몬스터에 적용하기 위해서는 또 다른 시스템이나 MULS를 한층 더 발전시킨 시스템이 필요하겠죠.

그런 시스템은 과연 언제 등장할까요? 언제쯤이면 게임 속 캐릭터가 실제 사람처럼 몸의 움직임을 스스로 생각해내고, 아크로바틱한 동작을 하며 전투를 벌일 수 있을까요? 그건 아직 알 수 없습니다. 저는 그것을 실현하기 위해 매일같이 연구하고 있습니다.

마지막으로, 이 분야에 조금이라도 흥미를 느꼈거나, 재미있다고 생각하거나, 한번 알아볼까 하고 생각하는 계기가 되었다면 한 사람의 집필자로서 정말 기쁩니다.

● 참고 문헌
[1] 上田文人, 亀井敏弘, 杉山一 '트리코의 動かし方 ～『人喰いの大鷲トリコ』におけるプロシージャルアニメーション技術～' CEDEC2017
[2] 株式会社スクウェア・エニックス『FFXV』AIチーム 'FINAL FANTASY XV の人工知能- ゲームAIから見える未来 -' 株式会社ボーンデジタル刊, 2019年
[3] Sebastian Starke, He Zhang, Taku Komura, Jun Saito 'Neural State Machine for Character-Scene Interactions' SIGGRAPH Asia 2019

개발일기 : AI 엔지니어의 애니메이션 사건 파일: 왼팔 소실 사건
#3 '포스트모템(사후 검증)'　　　　　　　　　　　　　　　　　　　　AI 엔지니어 **M**

20XX년 어느 날　　애니메이션에서는 '좌표계'라는 개념이 자주 등장한다. 이번 사건에서도 대략적으로 나누면 '캐릭터가 존재하는 세계를 기준으로 한 위치', '캐릭터의 발밑을 기준으로 한 위치', '특정 부위를 기준점으로 한 위치(팔이라면 어깨 등)'라는 세 가지 좌표계가 존재했다. 이번 사건은 좌표계를 실수로 잘 못 선택해서 발생한 것이었지만, 애니메이션 실험 중 팔이 갑자기 사라져버리는 충격적인 현상에 M은 당시 망연자실해졌다고 한다.

애니메이션 실험은 결과가 바로 눈에 보이기 때문에 버그나 실수를 파악하기 쉬운 편이다. 하지만 바로 보이는 게 오히려 문제일 수도 있겠다는 생각도 든다.

PART 2

캐릭터 인터랙션

PART 2에서는 게임 캐릭터와의 다양한 상호작용을 다룹니다. 여러분께서는 게임 캐릭터에게 무엇을 바라십니까?

> 좀 더 똑똑했으면 좋겠다
> 좀 더 감정이 풍부했으면 좋겠다
> 좀 더 직접적으로 말로 대화하고 싶다

이러한 바람을 가지셨던 적이 많으셨을 것입니다. 그러나 게임에 익숙해지다 보면, 게임 캐릭터란 이런 것이지, 말도 감정도 없다고 단념하게 되는 경우가 많습니다. 하지만 AI 기술은 거기서 단념하지 않습니다. 이 파트에서는 캐릭터에게 '감정'과 '말'을 부여하는 것이 목표입니다. 이를 향해 개발과 연구를 진행해 온 두 분의 해설입니다.

고티에 씨는 스퀘어 에닉스에서 인턴으로 참여하던 때부터 지금까지 캐릭터의 '감정'을 주제로 개발과 연구를 이어오고 있습니다. 대학원에서 '언어 AI'를 주제로 연구하신 모리 토모아키 님은 그 지식을 바탕으로 스퀘어 에닉스에서도 이 주제를 이끌어 가고 계십니다. 새로운 '디지털 게임의 AI', 그리고 '새로운 디지털 게임의 가능성'을 느껴보시기 바랍니다.

미야케 요이치로

캐릭터 인터랙션이란

게임을 플레이하고 있을 때를 떠올려 보시기 바랍니다. 보스 캐릭터와 싸우고 있는 장면, 마을에서 상인에게 아이템을 사고 있는 기억, 몬스터와 조우하여 전투를 벌인 경험 등이 떠오르지 않으십니까? 그렇습니다. 이 모든 것이 캐릭터들과의 '상호작용'입니다. 이러한 상호작용을 '캐릭터 인터랙션'이라고 부릅니다.

캐릭터 인터랙션이 단조롭다면 사용자는 금세 게임에 싫증을 느끼게 됩니다. 그렇기 때문에 게임에서는 이런 수, 저런 수를 써서 여러 종류의 캐릭터 인터랙션을 만들어냅니다. 동료가 적의 공격으로부터 플레이어를 보호해주거나 회복시켜주는 경우, 적 몬스터가 갑자기 덮쳐오거나 말을 걸어오는 경우 등 이러한 다채로운 캐릭터 인터랙션이 축적되어 있는 것입니다.

'새로운 캐릭터 인터랙션'을 만들어내는 일은 곧 새로운 게임 디자인을 만들어내는 일로 이어집니다. 그리고 AI 기술을 이용한 새로운 캐릭터 인터랙션의 탐구는 '게임 AI'에 있어서 가장 중요한 과제 중 하나입니다. 이번 파트의 집필자인 고티에 씨와 모리 토모아키 씨는 캐릭터 인터랙션의 개발 및 연구에 종사해 왔습니다.

고티에 씨가 주력하고 있는 것은 캐릭터에게 감정이나 의지를 부여하는 일입니다. 내면에 복잡함을 지닌 캐릭터와 사용자가 상호작용함으로써 새로운 체험을 만들어내려 하고 있습니다. 사실 전투 중심의 게임 디자인에서는 전투를 이성적으로 수행하는 데에 중점을 두기 때문에 캐릭터의 내면에 복잡성이 반드시 요구되는 것은 아닙니다. 그러나 캐릭터와 일상을 함께하는 게임 디자인의 경우 캐릭터는 그 세계에서의 삶에 뿌리를 둔, 생명체다운 복잡한 내면을 갖추어야만 합니다.

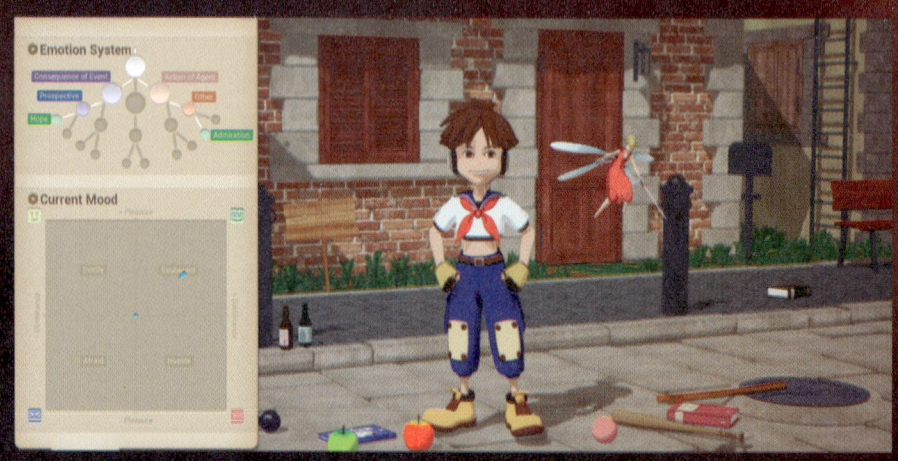

감정을 부여하기 위해서는 '감정 모델'을 활용합니다. 인간 자신의 감정 시스템은 아직 명확히 밝혀지지 않았지만, 현재로서는 감정을 이와 같이 파악할 수 있지 않을까 하는 몇 가지 '감정 모델'이 존재합니다. 그 중에서 게임 캐릭터에 적합한 감정 모델을 선택하고 구현하여 캐릭터와 유저 사이에 어떤 새로운 인터랙션이 가능할지를 탐구하고 있는 것입니다.

한편, 모리 토모아키 씨가 주력하고 있는 분야는 '언어'입니다. '언어'라고 하면 다양한 프로그램까지 포함되기 때문에 우리가 일상적으로 사용하는 말이라는 의미에서 '자연어'라는 용어를 사용합니다. '자연어'로 게임 캐릭터와 대화할 수 있다면 어떤 느낌일까요? 분명히 새로운 체험이 될 것입니다. 사실 게임 산업에서 이러한 탐구는 이제 막 본격적으로 시작되었을 뿐입니다. 물론 과거에도 몇몇 타이틀이 있었으나, 당시의 자연어 처리 기술로는 제작 측이 미리 상정한 상호작용을 구현하기에도 벅찼습니다. 하지만 지금은 다릅니다. 딥러닝 기술의 발전에 따라 비약적으로 향상된 자연어 처리 기술을 이용해, 유저와 캐릭터 사이에 다양한 대화를 실현할 수 있게 되었습니다.

이처럼 캐릭터 인터랙션 기술은 게임 디자인을 완전히 달라지게 할 가능성을 지니고 있습니다. 약간의 가능성 확장만으로도 게임 디자인에서 새로운 시도를 할 수 있게 됩니다. 예를 들어, 롤플레잉 게임의 동료 캐릭터가 감정을 지니고 자연어를 구사하게 된다면 게임 체험은 완전히 새로운 형태로 바뀌게 될 것입니다.

'게임 캐릭터는 이 정도밖에 못 해'라고 단정지어버리면 게임 디자인도 거기서 성장을 멈추고 맙니다. 게임 캐릭터에게 이런 것도, 저런 것도 해줬으면 하고 바라는 마음이 게임을 진화시키는 원동력이 됩니다. 그러한 꿈이 가득 담긴 앞으로의 게임 발전을 이끌어갈 기술을 부디 만끽해 보시기 바랍니다.

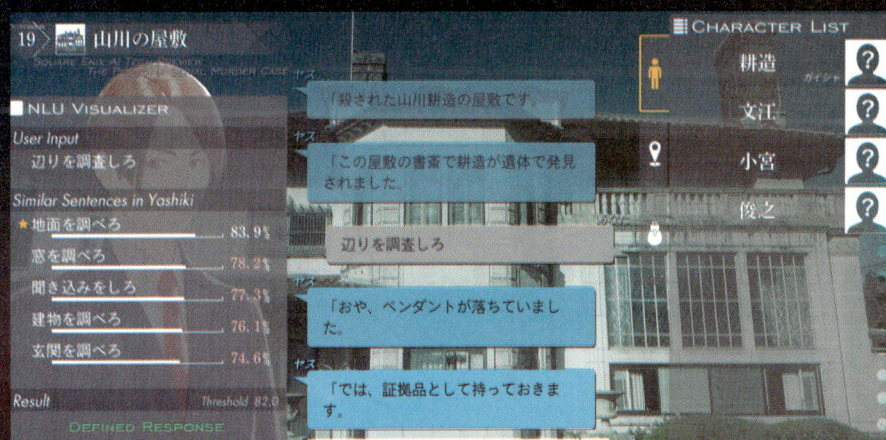

SQUARE ENIX Tech Preview: THE PORTOPIA SERIAL MURDER CASE© SQUARE ENIX

고티에 보에다 Gautier Boeda

'Vulcanus In Japan' 프로그램(일본과 유럽 간의 인턴십 프로그램) 참가자로 선발되어 스퀘어 에닉스의 AI 엔지니어로서 일본에 왔다. 이후 정식으로 입사하였으며, 현재는 캐릭터 인터랙션에 관한 연구 및 개발에 힘쓰고 있다. CEDEC, GDC, SIGGRAPH, IEEE-CoG, AIIDE 등 국내외에서 개최되는 수많은 컨퍼런스 및 학술 회의에서 연구 성과를 발표한다. 캐릭터의 감정 시스템(감정, 기분, 성과)이나 의사결정(플래닝 기술 및 목표 지향 시스템 등)을 개발하고 있으며, 최근에는 다수의 캐릭터가 자연스럽게 협력할 수 있는 시스템의 연구 및 개발을 진행하고 있습니다.

감정 AI를 둘러보는 여정 : AI는 실제로 감정을 느끼는가?

이 장에서는 AI로 움직이는 캐릭터의 진화와 그들이 감정을 표현하거나 느끼는 능력에 대해 함께 탐구하는 여정을 떠나보겠습니다. 하지만 그에 앞서, 이 여정에서 자주 등장하는 용어에 대한 지식을 미리 갖추고 있으면 내용을 이해하는 데 도움이 될 것입니다. 우선 '기분'을 정의하는 것이 이 여정을 성공적으로 이끌어가는 열쇠가 된다고 생각합니다.

1. 지금까지의 AI에 감정은 존재했는가? 감정 AI의 역사

기분, 감정, 분위기

'기분'이란 마치 내면에 있는 작은 친구 같은 존재로, 자신이 어떤 상태에 있는지를 알려줍니다. 그리고 어떤 행동을 하면 어떤 기분이 드는지를 이해하는 데 도움을 줍니다. 예를 들어, 뜨거운 물건을 만졌을 때 '아야!'하고 느끼거나 좋아하는 인형을 봤을 때 '신난다!'하고 느끼는 것과 같습니다. 선물을 받았을 때나 친구와 함께 시간을 보냈을 때 기분이 좋아질 수도 있고, 일이 원하는 대로 되지 않거나 무언가를 잃어버려서 슬퍼지는 경우도 있을 것입니다. 크레용 상자에 여러 색깔이 담겨 있는 것처럼 기분에도 여러 가지 종류가 존재합니다.

이처럼 '기분'에는 여러 가지 종류가 있지만, 이 장에서는 그중 두 가지인 '감정'과 【기분】에 대해 이야기해 보겠습니다.

【기분】
영어로는 mood. 일본식 영어 표현인 '무드'와는 약간 뉘앙스가 다른 것 같다.

이 둘은 모두 마음속의 색채와도 같은 것입니다. '감정'은 좋아하는 음식을 먹고 행복해지는 느낌이나, 거미를 보고 무서움을 느끼는 것처럼 어떤 일이 일어났을 때 드러나는 개별적인 색입니다. 마치 회화의 색채처럼 선명하며 강한 인상을 남깁니다. '기분'은 마음 전체를 덮는 색이기 때문에 일정 시간 지속됩니다. 마치 자신의 마음에 필터를 건 듯한 상태라고 볼 수 있습니다. 행복한 기분일 때는 경험하는 모든 일이 밝고 유쾌한 색이 됩니다. 슬픈 기분일 때는 주변 모든 것이 조금 파란색이나 회색처럼 느껴질지도 모릅니다.

'감정'이 특정한 상황에서 나타나는 개별적인 색이라면 '기분'은 감정 전체를 물들이는 일반적인 색으로, 보다 오랫동안 지속됩니다. 이 두 가지 모두 사람이 마음속에서 무엇을 느끼고 있는지를 표현하는 고유한 그림과도 같은 것입니다. 이러한 마음을 서로 공유함으로써 인간은 특별하고도 유일한 방식으로 연결될 수 있으며, 서로를 더 깊이 이해하고 강한 유대감이나 우정을 쌓을 수 있게 됩니다. 그렇다면 AI로 작동하는 캐릭터는 어떨까요?

AI로 작동하는 캐릭터는 스스로 생각하고 말하는 만들어진 친구입니다. 때로는 똑똑하게 보일 수도 있지만, 실제 인간은 아닙니다. 게임용으로 설계된 경우라면 일정한 지시에 따라 유저와 함께 행동하는 방법을 알고 있습니다. 유저가 말한 내용을 기억하거나 질문에 대답할 수도 있지만, 그것은 살아 있는 것이 아니라 살아 있는 것처럼 행동하는 매우 똑똑한 로봇일 뿐입니다.

그렇다면 이러한 AI로 작동하는 캐릭터는 '감정을 느낄' 수 있을까요? 현재의 AI 캐릭터는 함께 플레이할 때 즐거울 수는 있지만, 인간과 같은 방식으로 감정이나 자신의 경험을 진정으로 공유할 수는 없습니다. 그렇기 때문에 플레이어는 캐릭터에게 어딘가 어색함을 느끼거나 어울리지 않는 존재처럼 여길 수 있습니다. 아무리 지시에 따라 감정을 가진 척을 하더라도 진짜 감정을 갖는 것과는 다릅니다.

지금 시점에서는 불가능하더라도, 도전 자체가 불가능한 것은 아닙니다. 이 장의 목적은 'AI로 작동하는 캐릭터가 감정을 느끼고, 무언가가 일어났을 때 적절한 감정 반응을 보이며, 다채로운 기분 상태를 표현할 수 있도록 감정 시스템을 설계하는 것'입니다. 하지만 그것은 실제로 살아 있는 존재를 만드는 것이 아니라 어디까지나 능력의 확장에 불과하다는 것이 우리의 공통된 인식입니다. 궁극적인 목표는 플레이어가 그들과 관계를 맺고 강한 유대감을 형성할 수 있도록 가능한 한 살아 있는 척을 하게 만드는 것입니다.

AI로 작동하는 캐릭터

지금까지의 'AI로 작동하는 캐릭터'에 대해 설명하겠습니다. 전형적인 예로는 특정한 작업을 수행하는 단순한 로봇이 있습니다. 주로 【공장】이나 사무실에서 파이프라인 일부를 자동화하기 위해 사용됩니다. 업무 환경에 따라 물리적인 형태로 존재하기도 하고, 완전히 가상의 존재이기도 합니다. 이러한 AI로 작동하는 캐릭터는 감정을 고려하여 설계된 것이 아닙니다. 따라서 지금까지는 감정을 갖는 것도, 감정을 표현하는 것도 할 수 없었습니다.

[그림 1] Kobun - Emotional Character

【공장】
기본적인 기술은 산업으로부터 태어난다. AI도 원래는 공장에서의 생산 효율을 높이기 위한 수단으로 발전해 왔다. 오늘날 게임에서 다루고 있는 AI 역시 산업 분야에서 전용된 기술이 많이 있다.

【Kobun】
감정을 지니고 있으나 말을 하지 못하는 캐릭터와의 커뮤니케이션을 연구한 스퀘어 에닉스의 AI 기술 데모(2019). 플레이어는 VR로 구성된 가상 공간 안에서 Kobun에게 음성으로 명령을 전한다. Kobun은 '자식'이나 '부하'를 뜻하는 '子分'에서 따온 이름이다. Kobun이 꼭 "오야비~인!"하고 말해줬으면 좋겠다.

97

개중에는 AI로 작동하는 캐릭터의 지각 범위 내에서 무언가가 발생했을 때 설계한 작업을 수행하는 반응 시스템도 이미 존재하고 있습니다. 예를 들어, 공장 라인에 도착한 화물을 AI가 주소를 기준으로 올바른 컨테이너에 분류하는 시스템이 있습니다. 이 프로세스는 이 장에서 설명한 감정의 정의와 유사한 면이 있습니다. 그러나 이 반응은 AI로 작동하는 캐릭터의 내면 상태에 영향을 주지 않습니다. 또한 캐릭터가 물리적인 존재일 경우, 다소 녹이 슬거나 마모가 생기더라도 작업은 문제없이 수행됩니다. 이러한 시스템은 내면의 상태를 변화시키지도 않고, 그로부터 영향을 받지도 않는 것입니다.

하지만 최근에는 다른 로봇이나 인간과 【커뮤니케이션】을 시도하거나 주변에서 일어나는 일에 따라 감정을 표현하려는 로봇도 등장하고 있습니다. 이러한 로봇은 웨이터, 접수 담당, 관광 안내, 인포메이션 센터, 박물관 등 다양한 장소에서 반복적인 업무를 가능한 한 자동으로 그리고 인간처럼 수행하기 위해 만들어졌습니다.

이러한 로봇에게 요구되는 것은 가장 환영받는 방식으로 소비자에게 주문을 받거나 답변을 제공하고, 다양한 장소에서 체크인/체크아웃 등의 절차를 수행하는 일입니다. 소비자의 의도나 감정을 이해하고 최적의 방식으로 커뮤니케이션을 시도해야 하며, 그 요구가 로봇의 능력을 넘어설 경우에는 인간의 도움이 필요합니다. 기쁨, 자부심, 칭찬, 배려 등 단순한 긍정적 감정을 표현하는 반응 시스템은 탑재되어 있는 반면, 부정적인 감정은 소비자에게 부정적인 영향을 줄 수 있기 때문에 표현할 수 없는 경우가 많습니다.

개중에는 맞거나 심한 대우를 받았을 때, 혹은 플레이어가 용납할 수 없는 행동을 했을 때 화를 낼 수 있도록, 감정이 시스템에 탑재된 장난감 로봇 사례도 있습니다. 이와 같은 로봇은 표현력이 뛰어나고 흥미롭게 보일 수 있지만, 대부분의 경우 감정 시스템은 매우 얕습니다. 특정 【이벤트】와 특정 감정을 연결하는 단순한 if-then-else 조건으로 구성되어 있기 때문에 감정이 AI로 작동하는 캐릭터의 내면 상태에 정교하게 영향을 미치는 것은 아니며 감정 자체를 단순히 표현하는 데 그칩니다.

【커뮤니케이션】
커뮤니케이션을 목적으로 로봇을 제품화한 사례로는 역시 AIBO를 들 수 있다. AIBO는 1999년 소니에서 발매되어 호평을 받았으며 엔터테인먼트용 로봇 시장을 개척했다.

【이벤트】
'행사'라는 뜻이 아니라 '사상(事象)'이라는 의미. 예로부터 일본에서는 그다지 의식하지 않았던 개념이어서 그런지, event에 해당하는 적절한 번역어를 찾기 어렵다.

[그림 2] 케이크를 보여주면 기뻐하고 케이크를 주면 흥분하는 Kobun

[그림 3] 개발용 데모 <WONDER>

만들고자 하는 것

이 장의 목표는 실제로 감정을 이벤트에 정확하게 연결하지 않더라도 모든 이벤트에 대응하여 적절한 감정을 자동 생성할 수 있는 감정 시스템을 설계하는 것입니다. 또한 목적은 생성된 감정을 AI 캐릭터의 다양한 부위에 작용시켜 캐릭터의 물리적 일관성에 얽매이지 않고 표현력을 높이는 것입니다.

게임 분야에서는 이미 많은 게임에서 AI에게 어느 정도의 감정을 부여하려는 시도가 이루어지고 있습니다. 일본에서는 【원더 프로젝트 J ~기계소년 피노~】가 그 중 하나입니다. 이 게임은 인간과 같은 로봇에게 '공 사용법'이나 '음식 다루는 법' 등 세계에 관한 다양한 사물을 학습시키고 그 반응을 지켜보는 형식입니다. 캐릭터는 자신의 심리 상태를 가능한 한 표현하려 하지만, 아직 개발 중인 로봇이기 때문에 인간과 비교하면 다소 어긋나 있는 것처럼 느껴집니다.

【심즈】(The Sims)에서는 감정 표현이 중요한 역할을 하며, 전체적인 표현을 생생하게 하고 있습니다. 이 게임의 목적은 인간과 같은 캐릭터(심)를 관리하여 인생의 다양한 단계를 체험하게 하는 것입니다(집을 짓고, 일하고, 친구를 사귀고, 결혼하고, 아이를 낳는 등). 플레이어는 캐릭터가 부정적이고 절망적인 상태에 빠지지 않도록 기본적인 욕구를 충족시켜 주어야 합니다(새로운 것을 배우거나, 새로운 친구를 사귀거나, 승진하는 등의 활동을 통해 더욱 행복해집니다). 행복한 캐릭터는 더 많은 일을 해내고 더 많은 사회적 만남을 성공적으로 이끌며 인생을 더욱 쉽게 빛나게 만들 수 있습니다.

그러나 이러한 행복감은 단기적인 감정보다는 오히려 기분에 가까울지도 모릅니다. 일반적으로 단기적인 감정은 심의 모든 활동을 통해 표현되며 장기적인 기분에 직접적인 영향을 미칩니다. 부정적인 감정의 상당수는 캐릭터에게 강한 영향을 미쳐 수 시간에서 하루 동안 극도로 불행한 상태로 만들어 버립니다. 이 경우, 그리 쉽게 기분이 바뀌지 않으며 나쁜 기분을 극복하려면 긍정적인 피드백을 많이 주어야 합니다.

【원더 프로젝트 J】
1994년에 에닉스에서 발매된 SFC 소프트웨어. 플레이어가 게임 내 캐릭터에게 행동을 가르쳐가며 이야기가 전개되는 방식이다. 캐릭터 AI에 주력한 게임 타이틀 중 하나.

【심즈】
2000년에 EA에서 발매된 PC 소프트웨어. 아바타를 통해 일상생활이나 커뮤니케이션을 즐길 수 있다. 시리즈화도 된 대히트 타이틀.

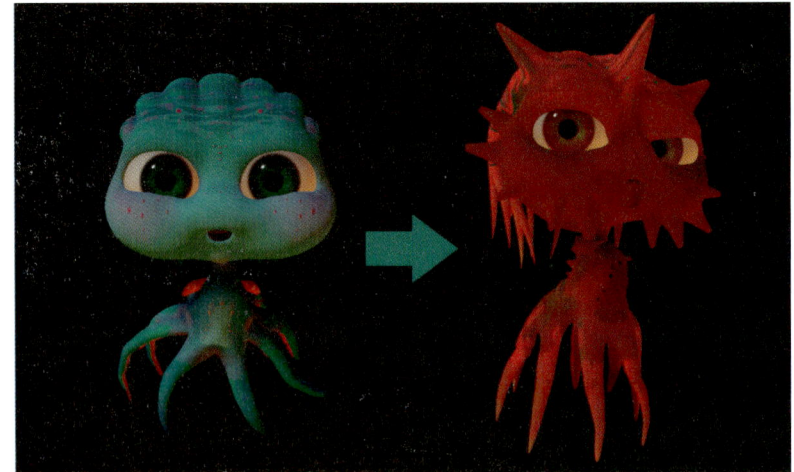

[그림 4] Kobun - 경험에 따라 캐릭터의 '심리 상태'가 변한다.

【심리 상태】
Kobun은 말을 할 수 없는 대신, 심리 상태에 따라 외형이 변화하도록 설계했다.너…많이 변했구나.

감정과 기분의 상호작용은 '감정이 캐릭터의 심리 상태에 얼마나 깊이 영향을 주는가'라는 새로운 관점을 제공하지만, 이 시스템은 아직 단순합니다. 기분은 단일한 2차원 축 '행복'으로 표현되고, 캐릭터가 얻을 수 있는 기분 버퍼의 온/오프에 따라 급격하게 변화시키는 것도 가능합니다. 예를 들어, 좋은 운동을 하면 몇 시간 동안 행복도가 +4 올라가고, 심은 불행한 상태에서 초행복 상태로 즉시 전환됩니다.

이 장에서는 기분을 장기적인 감정으로 보고, 어떤 형태로든 부드럽게 변화해 나가도록 합니다. 예를 들어, '적대적', '활력적', '의존적', '낙담한' 같은 기분이 있습니다. 즉, 단순한 2차원 행복 축이라기보다는 각각의 기분이 공간의 한 영역을 나타내는 매끈한 차원 공간이라고 할 수 있겠죠. 감정에 따라 AI 캐릭터는 적절한 기분 영역을 향해 자연스럽게 움직이게 됩니다.

2. 관련 연구

AI로 작동하는 캐릭터의 감정 시스템을 디자인할 때는 먼저 이 분야에서 다른 사람들이 어떤 것들을 만들어 왔는지를 확인합니다. 예를 들어, 다른 게임을 해본다거나, 강연을 들어보거나, 다양한 분야의 기존 문헌을 조사하는 것입니다. 조사 대상을 게임 AI에만 한정하고 싶어질 수도 있겠지만, 그렇게 되면 감정 시스템의 품질이 크게 떨어질 수밖에 없습니다.

게임에는 다양한 제약이 있고 시간이 흐름에 따라 그 제약들도 끊임없이 바뀌어. 20~30년 전의 게임에서는 메모리 용량이 제한 요소였습니다. 2023년의 게임에서는 게임 AI 처리를 위해 한 프레임당 【몇 밀리초를 쓸 수 있는지】, 시스템이 얼마나 복잡해져도 견딜 수 있는지가 주요한 제약입니다. 그런데 로봇공학이나 심리학 같은 분야에서는, 그런 제약이 전혀 다르게 나타납니다. 예를 들어 로봇공학의 경우, 로봇에 얼마나 높은 계산 능력을 탑재할 수 있느냐에 따라 달라지고, 심리학에서는 인간의 인지 수준을 가능한 한 모방하는 게 목표라서 연구에 투자할 수 있는 금액만 제외하면 제약이 거의 없습니다.

【몇 밀리초를 쓸 수 있는지】
프로그램 실행 속도에 대한 엄격한 수치가 필요한 업계는 의외로 적다. 게임 프로그래밍은 그 대표적인 예라고 할 수 있다. 그 이유는 '게임은 오락이 목적이기 때문'일지도 모르겠다.

우선, 가장 넓은 영역(제약이 없는 영역)에서는 어떤 감정 시스템이 존재하는지를 고려해 보겠습니다. 그리고 그 연구 결과에 따라 어떤 시스템이 게임과 가장 궁합이 잘 맞으며, 제약이 있는 환경에서도 어떤 설정이 가장 효과적으로 작동하는지를 검토합니다. 게임에 따라 제약 조건은 크게 달라지기 때문에 연구 프로젝트에서는 가능한 한 제약이 낮은 조건을 상정하고, 게임이나 체험의 필요성에 따라 케이스 바이 케이스로 시스템을 조정합니다. 최종 목표는 게임 플레이와 AI 캐릭터를 활용한 아름다운 데모로, 프레임 레이트를 떨어뜨리지 않고(기본 설정으로는【60FPS】가 필요함) 감정 시스템을 작동시키는 것입니다.

다만, 여기서 각 논문을 개별적으로 검토하고, 각각의 장점과 잠재적인 문제점을 모두 다루게 되면 매우 길어지며, 글에 등장하는 용어들에 대해 불필요한 설명까지 추가되어야 할 수 있습니다. 그렇게 되면 내용을 이해하기 어려워질 수 있으므로 본문에서는 이모셔널 컴포넌트(emotional component) 설계에 참조된 주요 논문에 초점을 맞추겠습니다(호기심이 많은 분들을 위해 대부분의 논문 분석 결과는 부록에 수록해 두었습니다).

【60FPS】
1초에 60번의 갱신이 요구되는 시스템. 1프레임당 시간은 0.016초.

감정 모델

가장 적합한 모델은【OCC 모델】을 약간 강화한【Revisited OCC 모델】입니다(그림 5). OCC 모델은 연구자들 사이에서 매우 인기가 있으며 감정 생성과 관련된 연구에서도 활용되고 있습니다.

【OCC 모델】
심리학적 관점에서 인간의 감정 유형을 모델화한 이론. 감정을 수치로 치환함으로써 컴퓨터에서도 감정을 다룰 수 있게 되었다. OCC는 저자들의 머리글자를 딴 명칭이다.

【Revisited OCC】
OCC는 감정 계산기에서 정의한 모델인데, Revisited OCC는 OCC로 정의된 감정이 어떤 식으로 행동이나 이벤트에 의해 유발되는지를 더 자세하게 모델화한 것이다.

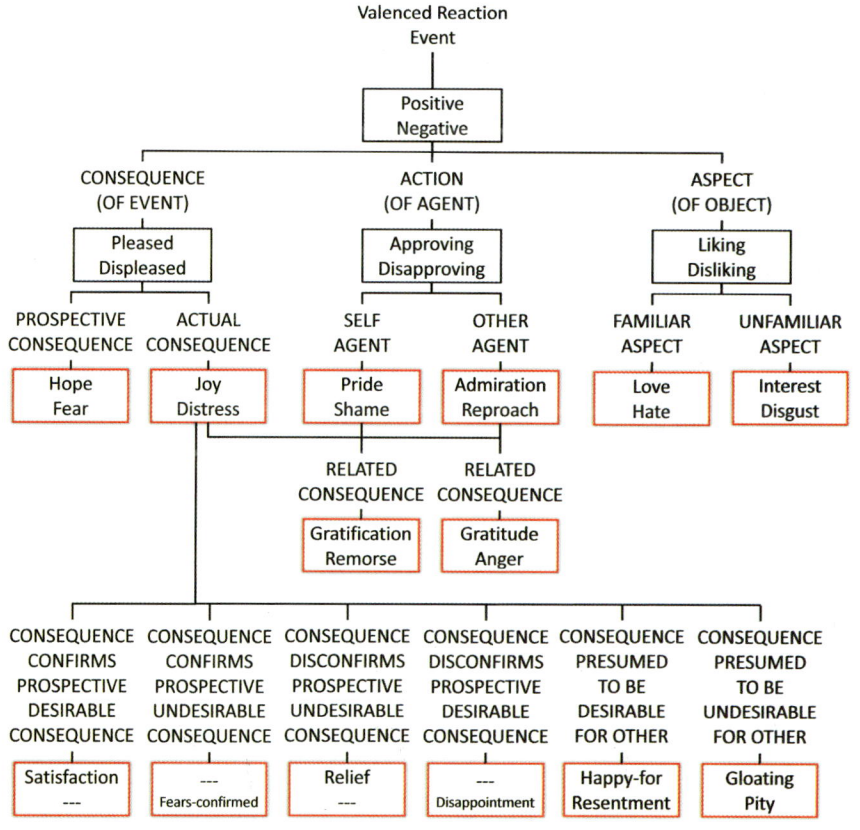

[그림 5] Revisited OCC 모델 '(에이전트의) 행동' → '다른 에이전트'가 캐릭터에게 긍정적인 이벤트로 간주되므로 그 결과로 '감탄(admiration)'이라는 감정이 생성됩니다.

OCC 모델의 플로우는 단순하여 게임에 쉽게 적용할 수 있습니다. 캐릭터의 감정을 생성하기 위해서는 세계 안에서 어떤 일이 발생하고, 그것이 캐릭터에게 영향을 미쳐야 합니다. 예를 들어, 날씨 변화와 같은 이벤트이거나, 주변 인물이나 캐릭터 자신에 의한 행동, 혹은 캐릭터를 둘러싼 어떤 물체일 수도 있습니다.

다음으로 캐릭터는 이 이벤트를 분석하여 그것이 자신에게 얼마나 좋은 일인지를 평가합니다. 예를 들어, 누군가가 캐릭터에게 멋진 케이크를 가져다주었다면 긍정적인 이벤트로 평가합니다. 이 모셔널 컴포넌트는 이러한 정보를 사용하여 적절한 감정을 생성하기 위해 OCC 모델 그래프를 참조합니다. 케이크의 예시에서는 누군가가 케이크를 가져왔다는 것은 '(【에이전트】의) 액션' → '다른 에이전트'라는 카테고리에 해당합니다. 이는 캐릭터에게 긍정적인 이벤트이므로 그 결과로 '감탄'이라는 감정이 생성됩니다. 이후 관련된 이벤트의 결과에 따라 다른 감정이 생겨날 수도 있지만, 이 시점에서는 여기까지입니다.

이외에도 '(오브젝트의) 애스펙트(속성)'나 '(이벤트의) 결과'(예: 날씨 변화)와 같은 이벤트 카테고리도 존재합니다. 그리고 그래프가 깊어질수록 감정은 더욱 세분화됩니다. 하지만 OCC 모델이 정의한 24가지 감정을 모두 다룰 필요는 없어 적당히 가지 일부를 잘라내는 것도 가능합니다. 예를 들어, 그래프의 상단만으로 충분하다고 판단되는 경우 'Joy'와 'Distress' 아래에 있는 부분을 전부 잘라낼 수 있습니다.

요컨대, 이 모델은 단순하면서도 캐릭터 주변에서 발생하는 모든 이벤트에 따라 최대 24가지 감정을 적절히 생성할 수 있는 구조를 갖추고 있습니다. 그리고 이러한 감정을 캐릭터가 자유롭게 표현함으로써 캐릭터를 둘러싼 세계의 변화에 대한 감정적 반응을 만들어낼 수 있습니다. 더불어 이 모델은 다음에 자세히 설명할 '기분 모델'과도 잘 결합될 수 있습니다.

기분 모델

기분 모델은 종류가 다양하기 때문에 OCC 모델과 결합하기에 적합한 후보도 여럿 있습니다. 저희가 최종적으로 선택한 것은 8개의 서로 다른 기분을 포함하는 【3차원 PAD 모델】입니다. 이 모델은 심리학 분야에서 매우 유명하며 약 30년 가까이 사용되어 왔습니다. 지금까지 수많은 연구자들이 세부 조정을 거친 모델들을 발표해 왔지만, 기본 구조는 동일합니다.

PAD는 Pleasure(쾌[快]), Arousal(흥분), Dominance(지배)를 의미하며 이 모델을 구성하는 세 가지 축에 해당합니다. 이 모델에서는 삼차원 공간을 여덟 개로 구분하여 기분을 분류합니다. 시간 경과에 따라 생성되는 다양한 감정을 이 삼차원 공간 내에서 자유롭게 이동하는 포인트로 나타냄으로써 현재의 기분을 시각적으로 표현할 수 있습니다.

또한 OCC 모델의 각 감정은 이 PAD 공간상의 포인트에 대응하고 있어 기분을 나타내는 포인트가 생성된 감정의 포인트를 향해 이동할 수 있습니다. 그래서 기분의 위치가 연속적으로 변하고 여러 개의 기분을 혼합하는 것도 가능합니다. 이 기분 위치의 이동 속도는 현재 감정의 강도에 따라 달라집니다.

【에이전트】
AI에서는 독립적인 사고 단위를 에이전트라고 부르는 경우가 있다. 다시 말해 캐릭터를 의미한다.

그런 것이면 그냥 에이전트 말고 캐릭터라고 해주지, 싶은 생각도 들지만… 회의 같은 자리에서 논의할 때는 의사결정이나 사고 레벨의 이야기를 하고 있는 건지, 표면적인 표현 레벨의 이야기를 하고 있는 건지 쉽게 구분할 수 있어서, 역시 구분해야 한다는 생각도 든다. 전문 용어란 원래 그런 것이니까. 정말 그런 걸까?

【3차원 PAD 모델】
"넌 마음이 납작하구나."라는 말을 들어 깜짝 놀라기도 하는데, 마음이라는 것이 정말 입체 구조일까?

Emotion	P	A	D	Mood Octant
Admiration	0.4	0.3	-0.24	+P+A-D Dependent
Anger	-0.51	0.59	0.25	-P+A+D Hostile
Disliking	-0.4	-0.2	0.1	-P-A+D Disdainful
Disappointment	-0.3	-0.4	-0.4	-P-A-D Bored
Distress	-0.4	0.2	0.5	-P+A+D Hostile
Fear	-0.64	0.6	0.43	-P+A+D Hostile
FearsConfirmed	-0.5	0.3	-0.7	-P+A-D Anxious
Gloating	0.3	-0.3	-0.1	+P-A-D Docile
Gratification	0.6	-0.3	0.4	+P-A+D Relaxed
Gratitude	0.2	0.5	-0.3	+P+A-D Dependent
HappyFor	0.4	-0.2	-0.2	+P-A-D Docile
Hate	-0.4	-0.2	0.4	-P-A+D Disdainful
Hope	0.2	0.2	-0.1	+P+A-D Dependent
Joy	0.4	0.2	0.1	+P+A+D Exuberant
Liking	0.41	-0.16	-0.24	+P-A-D Docile
Love	0.3	0.1	0.2	+P+A+D Exuberant
Pity	-0.4	-0.2	-0.5	-P-A-D Bored
Pride	0.4	0.3	0.3	+P+A+D Exuberant
Relief	0.2	-0.3	-0.4	+P-A-D Docile
Remorse	-0.3	0.1	-0.6	-P+A-D Anxious
Reproach	-0.3	-0.1	0.4	-P-A+D Disdainful
Resentment	-0.2	-0.3	-0.2	-P-A-D Bored
Satisfaction	0.3	-0.2	0.4	+P-A+D Relaxed
Shame	-0.3	0.1	-0.6	-P+A-D Anxious

[그림 6]
OCC 감정을 PAD 공간에 맵핑

【감정을 나타내는 말】
'웃다'하나만 해도 영어에는 열 가지 가까운 표현이 있다고 들었다. 영어에는 감정을 표현하는 단어가 정말 많아서 일본어로 옮기려면 번역어가 부족해질 정도다. 본문에도 어쩔 수 없이 알파벳이 많이 나오겠지만… smirk하면서 너그러이 봐주시길.
smirk = 히죽히죽 (비)웃다

예를 들어 어떤 이벤트가 캐릭터에게 강한 영향을 미치면 강한 강도를 지닌 감정이 생성됩니다. 이는 기분의 위치에도 강한 영향을 미치게 됩니다. 단순한 모델이지만, 특정 시점에서 캐릭터의 기분을 평가하기 위한 가장 현실적이고 효율적인 모델이라 할 수 있습니다. PAD 모델의 목표는 현재 상황에서 인간이 어떤 감정을 느낄지를 가능한 한 충실하게 표현하는 데 있습니다. '그림 6'은 다양한 조사에서 사용하는 매핑 사례 중 하나입니다.

모델에 대한 최종 결정

기분 모델과 감정 모델의 좋은 조합이 완성되었으니 이제 제약이 있는 게임 환경에서 실제로 사용할 수 있을지를 검토해 보겠습니다. OCC 모델은 감정을 생성하는 방법에 대한 가이드라인에 불과하므로 구현은 비교적 간단합니다. 계산 부하 측면에서도 큰 문제가 되지 않을 것입니다. 가장 어려운 부분은 이벤트를 평가하여 해당 감정 카테고리와 강도를 얻는 과정입니다. 그 이후에는 Revisited OCC 모델의 트리를 따라 다양한 감정을 자동으로 생성할 수 있습니다.

한 프레임 내에 수천 개의 이벤트가 발생하지 않는 한, 이 모델은 게임에서 매우 효과적으로 작동할 것입니다. PAD 모델에서는 방향 벡터와 속도를 바탕으로 삼차원 공간 내 점의 위치를 갱신해야 합니다. 현재 기분은 이 공간 내에 있는 하나의 점으로 표현되며 감정의 강도에 따라 속도가 달라지고 생성된 감정을 향해 이동하게 됩니다(그림 7).

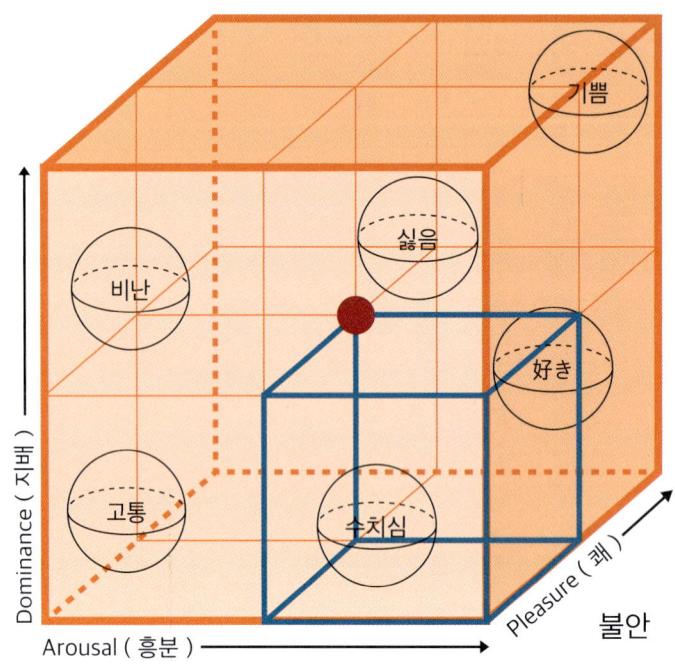

[그림 7] PAD 모델(3차원)

복잡한 부분은 표현의 지속 시간을 어떻게 결정할 것인가 하는 점이지만, 이는 감정이 생성될 때 계산할 수 있습니다. 실제로 감정은 단기적인 것으로, 일정 시간이 지나면 사라집니다. 이처럼 시간 기반 정보를 더욱 정교하게 다듬을 필요는 있지만, 두 가지 모델은 게임에 응용하기에 적합합니다.

마지막으로 검증해야 할 것은 AI로 작동하는 캐릭터가 실제로 감정을 느끼고, 그것을 표현하며, 영향을 받을 수 있는지 여부입니다. 감정을 느끼는 부분에 대해서는 OCC 모델이 '캐릭터가 느낀 이벤트를 바탕으로' 감정을 생성하기 때문에 캐릭터가 해당 이벤트에 감정을 갖는 것이 가능합니다. 그러나 그 감정을 표현하기 위해서는 게임 내에 표현 방식을 별도로 설계해야 합니다. 이 두 가지 모델은 감정에 대한 정보를 제공해 줄 뿐, 표현을 위한 파이프라인 자체를 제공하는 것은 아닙니다. 애니메이션이나 캐릭터의 의사결정에 따른 감정 표현 등, 다양한 측면을 고려해야 하지만, 실현 가능성은 높다고 생각합니다.

감정과 기분의 연결만으로는 진정한 의미에서 자연스러운 캐릭터가 되지는 않을지도 모릅니다. 기분이 감정에 영향을 주고, 감정이 캐릭터의 현재 기분에 영향을 미치는 구조로 한정해 버리면 캐릭터의 감정 표현이 충분하지 못할 가능성이 있습니다. 예를 들어, 캐릭터의 의사결정이나 타인과의 대화 방식 등, 감정이나 기분이 캐릭터에게 영향을 미치는 방식 전반을 탐구할 필요가 있을 것입니다.

3. 게임을 위한 감정 요소

저희의 연구를 바탕으로 게임에 구축할 '이모셔널 컴포넌트'는 '감정 모듈'과 '기분 모듈'이라는 두 가지 주요 모듈로 구성됩니다. 감정 모듈은 OCC 모델을 게임용으로 개량한 시스템을 구현하고, 기분 모듈은 삼차원 기분 공간을 기반으로 한 PAD 모델을 구현합니다. 추가 요소로는 캐릭터의 다양성을 풍부하게 하기 위해 감정 모듈에 캐릭터의 성격을 사후에 추가합니다. 이 경우 성격은 캐릭터의 감정과 기분 양쪽에 영향을 미치며, 이에 대해서는 뒤에서 다시 설명하겠습니다.

게임의 '이모셔널 컴포넌트'는 두 가지 모듈이 캐릭터에 대해 어떤 작용을 하는지를 명확히 보여줍니다(그림 8). 왼쪽의 감정 모듈에는 '기쁨', '고통', '공포' 등과 같이 갑작스럽게 발생하는 단기적인 감정이 포함되어 있습니다. 오른쪽의 기분 모듈은 장기적인 감정으로, 시간의 흐름에 따라 부드럽고 느리게 변화해 갑니다. 예를 들어, '활력 있는 상태', '우울한 상태', '불안한 기분' 등이 해당됩니다.

이러한 모듈 위에 게임 내에서 발생하는 이벤트로부터 감정을 생성할 수 있도록 이벤트를 평가하는 시스템을 갖춘 【이벤트 시스템】을 설계합니다. 씬에서 무언가가 발생하면 해당 데이터를 포함하는 이벤트가 그 이벤트를 지각할 수 있는 모든 리스너에게 브로드캐스트됩니다. 이벤트는 듣기, 보기, 감각(촉각)뿐 아니라 기술적으로는 냄새나 맛까지도 인지할 수 있습니다(지각 시스템이 해당 데이터를 처리할 수 있는 경우).

이벤트의 브로드캐스트는 씬의 글로벌 이벤트 매니저가 수행하며 리스너들과 연결되어 있습니다. 캐릭터의 경우 캐릭터 내부에 존재하는 로컬 이벤트 매니저가 글로벌 이벤트 매니저에 연결되어 있습니다. 로컬 이벤트 매니저는 해당 캐릭터가 생성하고, 그 캐릭터와 직접적으로 관련된 로컬 이벤트에 대해서는 이를 글로벌로 브로드캐스트하지 않고, 오직 해당 캐릭터 자신에게만 브로드캐스트할 수 있습니다. 이는 '통증을 느낀다', '지루함을 느낀다' 등과 같은 이벤트가 해당됩니다. 반면, 글로벌 이벤트의 경우에는 '캐릭터가 액션을 실행한 데이터'부터 '날씨가 변한 데이터'에 이르기까지 어떤 것이든 포함될 수 있습니다.

【이벤트 시스템】
어떤 사건이 발생했을 때 다른 프로그램에 이를 알리기 위한 시스템. 이 알림은 모든 프로그램이 임의로 받을 수 있는 것이 아니라 사전에 그 범위를 지정해 둬야 한다. 그리고 그 알림을 받을 있도록 등록된 대상이 리스너다.

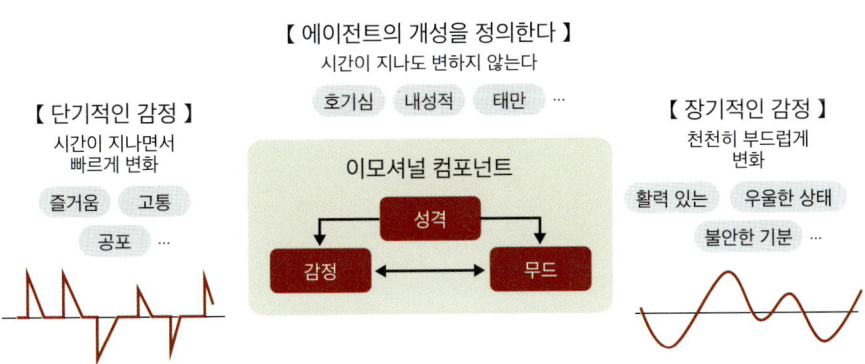

[그림 8] 게임을 위한 이모셔널 컴포넌트

이벤트 시스템이 완성되었으므로 이모셔널 컴포넌트를 가진 캐릭터는 그 시스템을 통해 감정을 생성할 수 있게 되었습니다. 이모셔널 컴포넌트는 Event Evaluation Strategy 모듈이라는 '이벤트 평가 시스템'을 보유하게 됩니다. 하지만 그에 앞서, 모든 감정 데이터를 보관하고 적절하게 갱신해 줄 기반이 되는 이모셔널 컴포넌트를 먼저 작성해야 합니다.

이모셔널 컴포넌트

많은 사람이 가장 먼저 품는 의문은 "왜 컴포넌트라고 부르는가?"일 것입니다. 사용하는 게임 엔진에 따라서는 컴포넌트라는 개념이 이미 존재할 수도 있습니다. 컴포넌트 기반 설계는 서로 다른 시스템의 로직을 적절한 블록 단위로 분리할 수 있도록 도와줍니다. 이 컴포넌트를 씬 내의 다양한 캐릭터에 자유롭게 삽입하면 해당 캐릭터는 컴포넌트의 로직을 처리할 수 있게 됩니다.

이 예제에서는 캐릭터에게 감정을 느끼게 하고 싶기 때문에 이모셔널 컴포넌트를 캐릭터에 설정합니다. 그러나 캐릭터에 직접 이모셔널 컴포넌트를 넣을 경우 한 가지 작은 단점이 존재합니다. 게임 개발에서는 AI로 작동하는 캐릭터가 캐릭터 자체의 애셋과 【컨트롤러】 애셋을 함께 보유합니다. 이 경우 컨트롤러는 AI의 두뇌 역할을 합니다. 그런데 이 캐릭터를 플레이어가 조작할 수 있도록 만들고자 할 경우, 대신 플레이어 컨트롤러를 따로 준비해야 합니다.
이번에는 AI로 작동하는 캐릭터에게 감정을 느끼게 하고 싶기 때문에 이모셔널 컴포넌트를 캐릭터의 AI 컨트롤러에 삽입합니다. 플레이어 컨트롤러는 이 컴포넌트가 필요하지 않으며, 캐릭터 자체도 필요하지 않습니다.

그럼 이제 저희가 개발하고 있는 컴포넌트인 이모셔널 컴포넌트에 대해 자세히 설명하겠습니다. 이 컴포넌트의 주요 목적은 감정과 기분이라는 두 가지 모듈을 보관하는 것입니다. 이 두 모듈을 보유하고 각각을 갱신하기 위한 업데이트 함수를 제공합니다.

업데이트 함수의 목적은 각 모듈의 업데이트 함수를 호출하는 것입니다. 감정 갱신에서는 현재 감정의 표현 시간을 갱신하며, 기분의 갱신에서는 현재 표현되고 있는 감정을 바탕으로 현재 기분의 위치를 갱신합니다.

【컨트롤러】
게임 내 캐릭터는 무엇에 의해 행동을 선택하는가, 라는 문제에 해당한다. 캐릭터에게 자율적인 의사가 없고 오직 플레이어의 입력에만 반응하는 것인지, 아니면 캐릭터가 스스로의 의사에 따라 행동을 선택하는 것인지에 따라 달라진다. 플레이어 컨트롤러와 AI 컨트롤러는 그 차이.

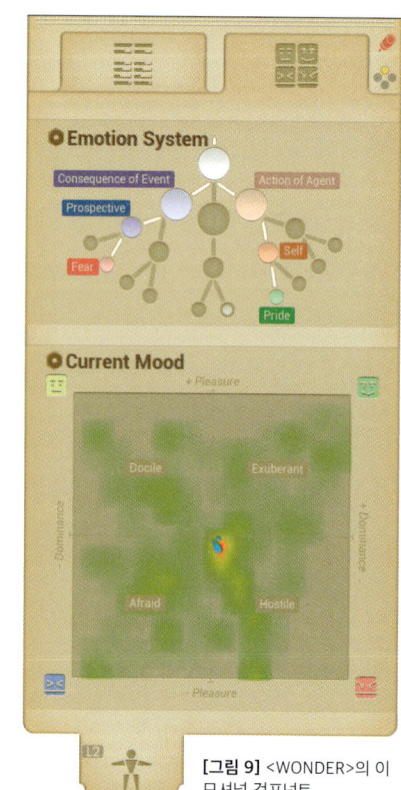

[그림 9] <WONDER>의 이모셔널 컴포넌트

감정 모듈

감정 모듈은 이모셔널 컴포넌트의 핵심이 되는 구성요소입니다. 그러나 그 구현을 설명하기에 앞서, 감정 데이터에 대해 먼저 설명해야 하겠죠. 감정 데이터는 감정의 종류, 강도, 타임스탬프, 표현 지속 시간, 발생 이벤트 등, 감정과 관련된 정보를 저장합니다. 이 데이터는 액티브한 구조체가 아니므로 업데이트 메서드나 구조체 내부 데이터를 직접 변경하는 메서드는 존재하지 않습니다. 다만, 타임스탬프를 남은 액티브 시간이나 남은 액티브 비율로 변환하는 【QOL】 메서드는 몇 가지 존재합니다. 감정은 '감정 생성' 함수가 생성합니다.

'감정 생성' 함수는 OCC 모델이 필요로 하는 중요한 정보를 이벤트로부터 추출하고, 적절한 감정을 생성할 수 있습니다(이때 이벤트가 어떻게 분석되는지는 다음 절인 '이벤트 평가 시스템'에서 자세히 설명하겠습니다). 즉, 감정 생성은 이벤트의 카테고리에 따라 '이벤트 결과 기반 감정 생성', '캐릭터 행동 기반 감정 생성', '오브젝트 속성 기반 감정 생성' 중 하나의 함수를 호출할 수 있습니다. 각각의 함수는 받은 이벤트가 OCC 모델의 어떤 브랜치(분기)에 해당하는지도 결정합니다.

예를 들어, 이벤트 결과 기반 감정 생성에서는, 해당 이벤트가 기대치로서의 결과인지, 실제 결과로 해석되는지를 판단해야 합니다. 그리고 이 이벤트의 강도에 따라 함수는 적절한 부정적 혹은 긍정적인 감정을 생성합니다.

자, 이제 이번 절의 중심 주제인 감정 모듈로 다시 돌아갑시다. 이 모듈이 기록하는 주요 데이터는 표현 가능한 감정, 현재 표현 중인 감정 그리고 마지막으로 이벤트 평가 시스템입니다. 주요 메서드는 현재 표현되고 있는 감정을 갱신하는 Update 메서드와 표현 가능한 감정을 표현하기 시작하는 【Express】 메서드입니다. 또한 이벤트 평가 시스템을 등록 및 해제하는 메서드와 이벤트로부터 감정을 생성하는 가장 중요한 메서드도 포함됩니다.

이벤트 평가 시스템의 등록에서는 게임 내 이벤트 유형별로 특정한 【평가식을 설정】할 수 있습니다. 이벤트로부터 감정을 생성하는 메서드는 주어진 이벤트에 맞는 올바른 평가식을 선택하여 적절한 감정을 생성합니다. 그 밖에도 현재 감정을 조회하는 메서드, 에이전트가 현재 감정을 느끼고 있는지 여부를 확인하는 메서드, 현재 가장 강도가 높은 감정을 가져오는 메서드, 적절한 애니메이션 표현을 선택하는 메서드 등이 있습니다.

이러한 주요 메서드 외에도, 몇 가지 QOL 메서드가 준비되어 있습니다. 더 나아가, 감정이 생성되었거나 완전히 표현되었을 때 다른 시스템이 반응할 수 있도록 콜백도 마련되어 있습니다. '2. 관련 연구'에서 언급한 바와 같이, OCC 모델은 감정을 생성하기 위한 모델입니다. 단, 감정 모듈은 감정을 직접 생성하지 않으며 이벤트 평가 시스템이 그 역할을 담당합니다. 감정 모듈은 생성된 감정을 획득하기 위해 다양한 전략을 등록하고 호출하며 감정을 관리하는 역할만을 수행합니다.

【QOL】
Quality of Life 의 약자. 종종 '삶의 질'로 번역되며 생활 잡지의 표지를 장식하기도 하지만, 여기에서는 '있으면 디자이너가 조금 행복해질지도 모를' 메서드를 의미한다.

【Express】
동사로서 '전하다', '표현하다'라는 의미가 있다. 일본에서는 '익스프레스'라고 하면 명사 의미인 '급행', '속달' 같은 뜻으로 받아들여지는 경우가 많다. 해외 출장 시에는 나도 자주 나리타 익스프레스를 이용한다.

【평가식을 설정】
게임에서는 이론적으로 올바른가보다는 재미있는가를 더욱 중요하게 여긴다. 따라서 게임 디자이너가 의도한 조정이 반영될 수 있어야 합니다. 평가식을 설정할 수 있다는 점은 매우 중요한 요소다.

이벤트 평가 시스템

드디어 감정 시스템의 핵심 부분인 'OCC 모델에 기반한 감정 생성'에 대해 설명할 때가 왔습니다. 이벤트 평가 시스템은 이벤트를 파라미터로 받는 '감정 정보 계산'이라는 주요 가상 메서드를 갖춘 단순한 클래스입니다. 유저는 이벤트 유형마다 이 기본 클래스를 상속하여 게임 내 각 이벤트에 대해 독자적인 수식을 작성할 수 있습니다.

'감정 정보 계산'은 적절한 감정을 생성하는 데 OCC 모델이 필요로 하는 모든 데이터를 반환합니다. OCC 모델의 세 가지 주요 카테고리인 '이벤트의 결과', '캐릭터의 액션', '오브젝트의 애스펙트(aspect)' 중 하나를 선택하고, 카테고리 내에 서브카테고리가 존재할 경우에는 그 중에서 다시 선택합니다.

예를 들어, '캐릭터의 액션'에서는 해당 이벤트가 캐릭터 본인의 행동인지 혹은 다른 캐릭터의 행동인지를 OCC 모델이 알 수 있어야 합니다. 이때 기본적으로는 해당 이벤트의 강도를 부정적 또는 긍정적으로 측정할 수 있는 수치가 필요합니다. 그래서 감정의 강도는 0에서 1 사이의 값인 것과 달리, 이벤트 평가는 -1에서 1까지의 값을 사용합니다.

마지막 파라미터는 '감정의 지속 시간'입니다. 모든 감정에 대해 디폴트 값을 설정할 수도 있고, 이벤트 데이터에 기반하여 유저가 특정 값을 지정할 수도 있습니다. 이러한 데이터들을 바탕으로 감정 모듈은 감정 클래스의 '이벤트 기반 감정 생성' 함수를 통해 적절한 감정을 생성할 수 있게 됩니다.

결론적으로 이 시스템은 매우 단순하며, 【디자이너】가 감정을 생성할 때 제공해야 하는 데이터의 양을 줄일 수 있습니다. 이벤트의 카테고리와 이벤트의 가치만 결정하면 되므로 디자이너는 해당 이벤트에 대해 어떤 감정을 생성해야 할지 따로 고민할 필요가 없습니다. 감정 모듈은 이러한 데이터에 기반하여 적절한 감정을 생성하고 업데이트 합니다. 각 이벤트가 어떤 카테고리에 속하는지를 추론해야 하므로 초반에는 다소 복잡하게 느껴질 수도 있습니다. 그러나 OCC 모델은 각 이벤트에 대해 매우 명확한 구분을 제공하므로 디자이너는 비교적 쉽게 판단할 수 있게 됩니다.

캐릭터가 수행하는 행동이라면 이는 '캐릭터 액션' 카테고리에 해당합니다. 어떤 것을 보았을 때의 반응, 어떤 것을 맛보았을 때, 소리를 들었을 때의 반응 등은 '오브젝트 애스팩트'가 카테고리가 됩니다. 그 외의 이벤트는 '이벤트의 결과' 브랜치에서 처리됩니다. 특정 이벤트를 통해 캐릭터가 무언가를 예상하거나, 기대하거나, 예측할 수 있는 경우라면 OCC 모델의 '전망' 서브카테고리가 평가합니다. 또한 캐릭터에게 직접적인 영향을 줄 수 있는 경우에는 OCC 모델의 '실정·실제' 서브카테고리에 따라 처리됩니다.

【디자이너】
본문에서 사용하는 '디자이너'라는 단어는 그래픽을 다루는 직종을 의미하는 것이 아니라 일본의 개발 현장에서 '플래너'라고 불리는 직종을 가리킨다. 일본에서의 플래너는 해외에서는 '디자이너'라고 불리는 경우가 많다. 외국인이 다수 소속되어 있는 AI 부서에서는 '플래너'와 '디자이너'가 아니라 '디자이너'와 '아티스트'로 구분해서 부르는 일이 많다. 꽤 혼란스럽다.

[그림 10] 소년의 심리 상태에 따라 그림 그리는 방식이 달라진다.

예를 들어 날씨가 바뀌어 비가 내리기 시작한 경우, 이 이벤트에서 '젖는다'는 사실에 대해 캐릭터는 부정적인 감정을 가질 것으로 예상할 수 있습니다. 또한 이벤트의 '전망' 부분에서는 그것과는 약간 다른 종류의 부정적인 감정이 생길 가능성도 있습니다. 왜냐하면 캐릭터가 막 세탁한 옷을 밖에 널어두었다는 사실을 떠올리고 빨리 집에 돌아가지 않으면 옷이 마르지 않을 것이라고 예상하기 때문입니다. 이 이벤트로부터 발생하는 두 가지 감정은 OCC 모델에서 실제 결과에 해당하는 감정으로는 '고통', 전망에 따른 감정으로는 '공포'가 됩니다.

개발일기 : 게임 산업 R&D #1   AI 엔지니어 **C**

20XX년 어느 날   R&D란 'Research and Development', 즉 연구개발을 의미한다. 다시 말해 R&D 직군이란 게임 개발 자체 뿐만 아니라 게임 그 자체에 관한 연구도 함께 수행하는 직종을 말한다. 결코 'Research and Destroy'가 아니다.

20XX년 어느 날   옆자리 동료는 요즘 들어 종종 디스트로이하는 모습도 보이는 듯하지만… 분명 기분 탓일 것이다.

기분 모듈

PAD 모델을 기분 모듈로 구현하기 위해서는 OCC 모델의 모든 감정을 삼차원 PAD 공간에 매핑해야 합니다. 이 감정들은 그 시점의 게임 상황에 따라 정의됩니다. 이 삼차원 공간은 '쾌', '흥분', '지배'라는 세 가지 축으로 구성되어 있습니다. 그리고 모든 매핑 정보는 연구 섹션에서 소개한 논문들에서 제공받은 것입니다.

이 방식은 출발점으로는 적절하다고 생각되지만, 진정으로 균형 잡힌 기분 공간이라고 보기에는 아직 충분하지 않습니다. 이 문제에 대해서는 마지막 서브 섹션에서 다룰 예정입니다. 이와는 별도로, 모듈은 현재의 기분 위치와 디폴트 기분 위치를 추적해야 합니다. 또한 업데이트 시 필요한 기분의 기본 속도도 알고 있어야 합니다.

게다가 감정적 활동이 없을 때 디폴트 기분 위치로 되돌아가는 속도도 필요합니다. 모듈의 주요 역할은 기분 위치를 갱신하는 것입니다. 감정이 표현되고 있는 경우에는 그 감정에 따라 기분 위치를 이동시키고, 표현되고 있는 감정이 없는 경우에는 디폴트 기분 위치를 향해 현재 기분 위치를 이동시킵니다. 표현된 감정으로 기분 위치를 이동시킬 때 '단순히 강도를 기분 속도에 곱하는 방식'이나 '표현 지속 시간을 바탕으로 【이징 인·아웃】(easing in/out)을 적용하는 방식' 등을 추가하면 현재 표현되고 있는 감정이 PAD 공간상의 기분 위치가 갑자기 방향을 튀는 일 없이 부드럽고 연속적으로 감정에 영향을 미치도록 만들 수 있습니다. 물론 이것은 어디까지나 디자인상의 선택 사항이기 때문에 이러한 처리를 추가할 지 여부는 게임의 설계에 따라 달라질 수 있습니다.

이로써 기분 모듈은 거의 완성된 셈입니다. 다만 현재 기분 위치를 조회하는 방법 등, QOL 향상을 위한 몇 가지 보조 함수들이 추가로 필요합니다.

【이징 인·아웃】
부드러운 가속과 부드러운 감속을 표현하는 방식. 현실 세계의 사물은 마찰이나 저항의 영향을 받아 자연스럽게 이징 인·아웃 곡선의 움직임으로 수렴하지만, CG 세계에서는 불연속적인 가속과 감속이 손쉽게 구현되기 때문에 소위 'CG스러운' 움직임이 되기 쉽다.

[그림 11] 캐릭터가 느끼는 것: 감정 시스템 UI

성격이란?

[그림 8]에서 볼 수 있듯이, 우리 이모셔널 컴포넌트에는 성격 모듈이 있습니다. 하지만 성격 모델에 대한 연구 내용은 거의 다루지 않았습니다. 이는 성격 모델에 관한 논문이 존재하지 않기 때문이 아니라, 오히려 그 반대입니다. 성격이라는 주제를 다룬 논문은 매우 많으며, 많은 연구자가 설문조사나 행동 분석을 통해 인간의 성격을 추론하고 각자의 방식으로 성격 모델을 분류하려고 시도해 왔습니다. 이들 성격 모델의 공통된 특징은 성격들은 서로 링크되어 있지 않고 대부분 독립적으로 구성되어 있다는 점입니다.

또한 약간 다른 관점의 논문들 중에는 외향적/내향적처럼 【두 가지 성격을 짝지어】, 성격을 구성하려는 방식도 있습니다. 이 두 가지 성격을 '외향성'이라는 하나의 이름으로 묶고, '외향성' 점수가 높으면 외향적인 성격, 낮으면 내향적인 성격으로 정의할 수 있습니다. 이러한 논문들을 바탕으로 캐릭터가 해당 특성의 점수가 높은지 낮은지를 기준으로 상반된 성격 중 어떤 쪽에 가까운지를 판단할 수 있지 않을까 생각됩니다. 즉, 다양한 성격 특성을 리스트로 구성할 수 있다는 개념입니다.

예를 들어, 내향적이고 호기심이 많으며 감정 조절이 서툰 성격을 가진 캐릭터를 만들 수 있습니다. 이 경우, 기존의 성격 모델 중 하나를 구현하는 것이 아니라, 개발자가 게임의 요구에 따라 조정할 수 있도록 성격 특성 리스트를 구현합니다. 각 성격 특성은 -1에서 1까지의 값으로 표현되며, 게임에서 정의한 방식에 따라 캐릭터의 액션에 영향을 미치게 됩니다. 그 결과, 성격 모듈은 감정 및 기분 모듈에 비해 구조는 더 단순하지만, 캐릭터의 액션을 정의하는 데 매우 큰 영향력을 가집니다. 성격은 게임 중 거의 고정된 상태로 유지되지만, 이를 통해 확고한 캐릭터성을 정의할 수 있습니다.

감정, 기분, 성격을 표현한다

이모셔널 컴포넌트가 완성되었으므로 이제 이 컴포넌트에서 제공하는 데이터를 활용해 감정, 기분, 성격을 표현하고 캐릭터를 생동감 있게 만드는 단계로 나아가 보겠습니다.

① 감정 표현

감정을 표현하는 방법은 다양합니다. 가장 전통적인 방식은 다른 애니메이션 위에 블렌딩 형태로 【페이셜 애니메이션】을 사용하는 것입니다. 하나의 감정에 대해 1포즈(1프레임)의 페이셜 애니메이션을 제작하고 그것을 감정 표현 시간에 맞춰 블렌딩합니다. 이 방식만으로도 충분히 표현이 가능했지만, 게임의 퀄리티나 감정 표현 시간이 더 길 경우 적절히 조정하면서 각 감정을 루프시키는 편이 더 자연스럽게 느껴질 수 있습니다. 여기에 한 가지 더, 감정의 강도에 따라 블렌딩 강도를 조절하는 기능도 추가하였습니다. 강도가 높을수록 더 강하게 표현됩니다. 예를 들어, 기쁨의 감정 강도에 따라 캐릭터가 살짝 미소를 짓거나 크게 웃는 등의 차이를 만들어낼 수 있습니다. 이 경우에도 표현의 퀄리티를 더 높이고 싶다면 작은 미소에서 큰 웃음까지 여러 웃는 표정을 루프 애니메이션 형태로 만들어 블렌딩 공간을 구성하는 것이 바람직합니다.

【두 가지 성격을 짝지어】
"그럼 내향적이면서 동시에 외향적인 성격은 표현할 수 없는 거 아냐? 나 역시 내향적일 때도 있지만 외향적인 때도 있단 말이지. 인간이 그리 단순한 게 아니지 않아?"라고 생각할지 모르겠지만 그런 방구석 여포 같은 얘기는 잠시 접어 두시길. 이것 역시 하나의 모델링 방식입니다.

【페이셜 애니메이션】
주로 표정을 중심으로 하는 얼굴 전용 애니메이션을 의미한다. 달리면서 걷는 것은 불가능하지만, 달리면서 웃거나 우는 것은 가능하다. 이러한 바디 애니메이션에는 없는 특징을 갖고 있기 때문에 같은 애니메이션이라는 카테고리 안에서도 '페이셜' 애니메이션은 별도로 다뤄지고 있다.

[그림 12] 목소리로 감정을 표현한다.

【표현하는 방법】
한 번 만들어 두면 다양한 응용이 가능하다. 예를 들어 PART 4에서 핸디 에드거 씨가 이모셔널 컴포넌트에서 발생한 감정이나 기분을 바탕으로 그림 스타일을 변화시키는 연구를 소개하고 있다. 그 외에도 음악을 연주하거나 사진을 촬영하는 등, 캐릭터 AI의 내면 변화를 표현으로 연결하려는 시도가 이뤄지고 있다.

【아이들 상태】
플레이어가 아무 입력도 하지 않고 캐릭터가 대기하고 있는 상태를 말한다. 승용차의 아이들링(ideling) 상태를 떠올리면 이해하기 쉬울 것이다. 절대로 이성에게 인기가 많은 상태가 아니다.

【슬라이딩】
애니메이션을 블렌딩한 결과, 원래는 정지한 상태로 지면에 닿아 있어야 할 발끝 등이 옆으로 미끄러지는 것처럼 보이는 현상. 정말이지 기분 나쁘다.

또한 감정을 【표현하는 방법】으로 캐릭터의 목소리를 활용하는 방식이 있습니다. 예를 들어, 기본적인 "지금 엄청 행복해요"라는 말이나 밝은 톤의 "응" 같은 표현이 이에 해당합니다. 이와 같은 표현을 통해 캐릭터의 표현력을 더욱 풍부하게 만들 수 있습니다. 더 나아가, 기분이 좋을 때 액션에 성공하면 "됐다, 됐다, 됐―다아아아아아!"와 같은 대사를, 기분이 가라앉아 있을 때 액션에 성공하면 "됐네…"와 같은 특별한 대사를 만들 수도 있습니다(그림 12).

이 외에도 감정을 표현하는 방식으로 '얼굴 표정을 블렌딩하는 방식'이나 '감정별로 적절한 보디 애니메이션을 준비하는 방식'도 효과적입니다. 단, 표현 시간이 존재하므로 전신 애니메이션을 표현 시간에 맞게 조절해야 할 뿐만 아니라, 감정의 강약에 따라 애니메이션에 변화를 주고 싶을 경우 더 많은 수작업이 필요합니다. 또한 표현 시간에 맞춰 애니메이션을 유연하게 조절하는 것도 어려우며, 【아이들 상태】에서 루프 시작', '루프', '루프 종료 후 다시 아이들'이라는 애니메이션 세트를 따로 만들어야 할 것입니다.

② 기분 표현

기분 표현은 3차원 공간상에서 부드럽게 전환되어야 하기 때문에 여러 개의 아이들 포즈를 제작하여 이를 블렌딩함으로써 기분 변화에 따라 캐릭터의 아이들 애니메이션을 조정하는 방식을 사용합니다(그림 13).

이때는 3D 블렌딩 공간을 준비하고, 8가지 아이들 애니메이션을 설정하여 일반적인 아이들 애니메이션을 블렌딩 공간의 중심에 위치시킵니다. 이러한 애니메이션 바리에이션은 아이들 애니메이션을 강하게 바꾸는 것이 아니라, 이미 존재하는 아이들 애니메이션에 각 기분의 분위기를 덧입히는 형태입니다. 점프를 추가할 수도 있지만, 애니메이션을 블렌딩하기 위해서는 모든 애니메이션 사이클의 길이가 동일해야 합니다. 또한 【슬라이딩】 현상을 방지하려면 각 애니메이션에 맞춰 발 움직임 역시 정밀하게 맞춰야 합니다.

기분 변화를 표현하는 방법으로 목소리 톤도 흥미로운 분야입니다. 음성 변조 기술을 활용하면 목소리에 기분의 분위기를 담아 캐릭터의 감정 표현을 더 풍부하게 만들 수 있습니다.

[그림 13] 기분에 따라 소년의 자세가 변한다.

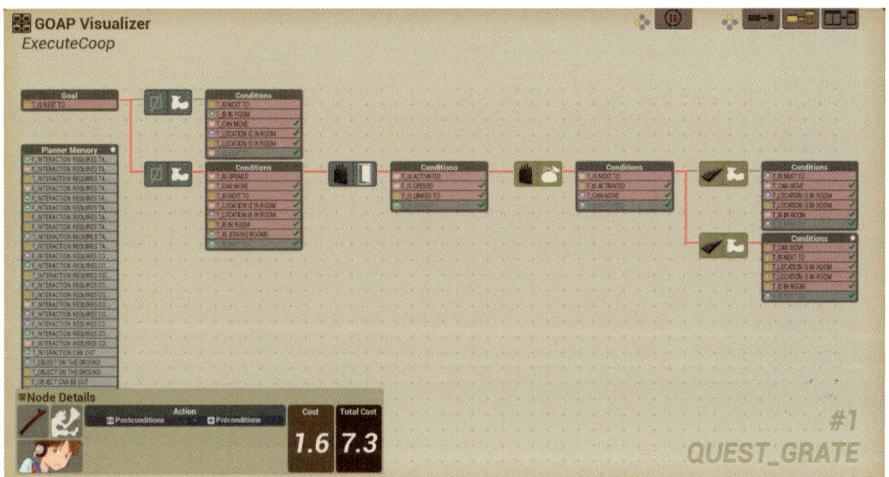

[그림 14] GOAP

마지막으로, 기분은 캐릭터의 의사결정에도 영향을 줄 수 있습니다. 감정은 지속 시간이 짧기 때문에 의사결정을 표현하는 데에는 적합하지 않지만, 기분은 이에 적합한 유스 케이스(use case)가 됩니다. 캐릭터가 다음에 어떤 행동을 하려고 하는지는 그때의 기분에 따라 달라질 수도 있습니다. 이를 실현하는 한 가지 방법으로, 캐릭터가 무엇을 하고 싶은지를 점수로 계산하는 골 매니저(Goal Manager)' 준비하는 방식이 있습니다. 이 골의 점수는 캐릭터의 니즈뿐만 아니라 기분이나 성격 등 캐릭터의 심리 상태를 반영하여 조정됩니다.

캐릭터가 특정 목표를 달성하는 방식 또한 기분에 따라 달라질 수 있습니다. 【GOAP】(Goal Oriented Action Planning)과 같은 플래닝 기술을 활용하면 캐릭터의 행동 의욕 뿐만 아니라 기분이나 성격 등 심리 상태에 기반하여 행동의 코스트를 조정할 수 있습니다(그림 14). 특정한 기분일 때는 동일한 골을 향하더라도 전혀 다른 액션 경로를 선택하는 것도 가능합니다. 또한 게임에 따라서는 기분이 캐릭터의 기억이나 지각, 커뮤니케이션 방식 등 거의 모든 요소에 영향을 줄 수 있는 가능성도 존재합니다.

【GOAP】
스탠퍼드 연구소에서 개발한 문제 해결 방식인 STRIPS를 기반으로 만들어진 계획 수립 시스템. 스타트에서 골을 향해 나아가는 방식이 아니라 골에서 스타트를 역추적하는 방식이 특징이다.

③ 성격 표현

기분 표현의 마지막 부분에서 언급한 것처럼, 성격 역시 캐릭터의 의사결정에 영향을 줄 수 있습니다. 이것 역시 각 캐릭터에게 다양한 행동을 취하게 만들기 위한 가장 강력한 영향력 중 하나입니다.

성격 특성은 애니메이션을 통해 캐릭터의 자세에 큰 영향을 줄 수 있습니다. 에너지가 넘치는 캐릭터는 모든 애니메이션에서 더 생동감 있게 행동하겠죠. 성격은 기분처럼 서로 간을 부드럽게 전환할 수 있는 연속적인 공간이 아닙니다. 따라서 우리의 경우 각 성격에 알맞은 '성격 아이들 애니메이션'을 별도로 제작하였습니다.

각 성격별 아이들 애니메이션에 기분 효과를 더하기 위해 **[8가지 기분]** 각각에 대한 애니메이션 베리에이션을 제작했습니다. 그러나 이 모든 조합을 실제로 구현하려면 엄청난 작업이 됩니다. 예를 들어 8개의 기분과 8개의 성격이 있는 경우, 아이들 애니메이션만 해도 (8개의 기분 + 1개의 디폴트)× 8 = 72개의 애니메이션을 만들어야 합니다. 게다가 모션이나 다양한 액션도 동일하게 만들려고 하면 금세 감당하기 어려워집니다. 그래서 성격을 크게 4가지 성격 카테고리로 묶어 애니메이션에만 적용함으로써 애니메이션 제작에 필요한 코스트를 조금이라도 절감하고자 했습니다.

마지막으로, 성격은 말투로도 표현할 수 있습니다. 활발한 캐릭터와 내성적인 캐릭터는 말하는 방식 자체가 전혀 다릅니다. 이 경우는 텍스트와 음성 데이터를 다량으로 준비해야 합니다. 이처럼 캐릭터를 통해 감정, 기분, 성격을 표현하는 방법은 매우 다양합니다. 애니메이션과 같은 시각적 표현뿐만 아니라 말하는 방식이나 목소리, 의사결정 등 모든 측면에 적용할 수 있습니다.

[8가지 기분]
기분은 공간상의 사분면 영역에 할당되기 때문에 2축의 2차원 공간에서는 4개의 사분면으로 나뉘며 4가지 기분, 3축의 3차원 공간에서는 8개의 사분면으로 나뉘며 8가지 기분이 된다. 2×2 루빅 큐브를 떠올리면 이해하기 쉬울 것이다.

디자이너가 캐릭터를 자신만의 방식으로 조정하기 위한 방안

이 컴포넌트를 이용해 여러 개의 데모와 프로토타입을 제작한 결과, 프로그래머 입장에서는 충분히 다루기 쉬운 시스템이라고 느꼈습니다. 중간중간 여러 가지 개선이 이루어졌던 것 같기 하지만 큰 문제는 발생하지 않았습니다. 하지만 이 기술을 디자이너에게 전달하는 순간, 이야기는 완전히 달라집니다.

사용하기 편리하다고 생각했던 기능이 실제로는 잘 활용되지 않거나 구조를 이해하기가 어려운 경우가 많았기 때문입니다. 디자이너와의 협업을 통해 몇몇 요소는 접근성을 더 높여야 하며, 디자이너가 코드의 깊은 부분까지 들어가지 않아도 손쉽게 조정할 수 있도록 만들어야 한다는 점을 확인하게 되었습니다.

다음 서브 섹션에서는 이 컴포넌트를 디자이너에게 보다 친숙하게 만들기 위해 개선한 다양한 부분을 설명하겠습니다(그림 15).

[그림 15] 적용된 PAD 모델 : 2차원과 감정의 매핑 조정

① 감정과 기분의 매핑

연구 논문에는 OCC 모델의 감정과 PAD 모델 간의 매핑이 제시되어 있습니다. 그러나 이러한 매핑은 현실 세계의 인물을 시뮬레이션하기 위해 설계된 것이다. 반면 우리는 현실적인 시뮬레이션만을 추구하는 것이 아닙니다. 사실적인 행동보다는 재미를 중시한 게임을 만들고자 할 수도 있고, 더 균형 잡힌 체험을 만들고 싶을 수도 있습니다. 다양한 방향성이 존재합니다.

그렇기 때문에 PAD 모델에 감정을 매핑하는 작업은 디자이너가 어느 정도 조정할 수 있도록 하는 것이 매우 중요했습니다. 이때 설정된 규칙은 기분 공간에 속한 각 감정을 다른 기분으로 이동시켜서는 안 된다는 것이었습니다. PAD 모델은 삼차원 공간이기 때문에 8개의 기분(8진 트리)이 있습니다. 특정 감정이 어떤 기분에 속해 있다면 그 감정은 동일한 기분 내부에서만 디자이너가 위치를 세밀하게 조정할 수 있도록 했습니다.

이러한 방식은 각 감정이 반드시 적절한 기분 공간 안에 속하게 하기 위함입니다. 우리가 제작한 여러 프로토타입에서는 기분 위치가 공간 경계까지 도달하고 강한 기분 표현이 가능해지도록 감정이 3차원 공간의 중심에서 가장자리 방향으로 내밀려 있었습니다. 실제로 감정이 PAD 공간의 가장자리에 위치할 경우, 기분 위치도 PAD 모델의 끝에 도달할 수 있게 되며, 중앙의 디폴트 애니메이션과 블렌딩되지 않고 기분 애니메이션을 그대로 온전히 표현할 수 있게 됩니다.

② 이벤트 평가 시스템

이벤트 평가 시스템은 게임에서 【핫 리로드】(hot reload)를 지원하는 스크립트 언어로 코딩되어 있을 경우 반복적으로 사용하기 쉬워집니다. 이를 통해 변경 사항을 테스트하기 전에 별도로 컴파일할 필요가 없어집니다. 예를 들어 【비주얼 스크립트】 언어를 사용할 경우 조정이 더 쉬울 수도 있습니다.

③ 감정 파라미터

두 번째로 중요한 포인트는 '감정의 지속 시간'과 같은 파라미터를 에디터에서 쉽게 조정할 수 있도록 한 것입니다. 예를 들어 감정의 강도에 대해 핫 리로드를 지원하는 비주얼 스크립팅 에디터를 사용하여 이벤트 평가 시스템 내에서 값을 조정할 수 있도록 구현했습니다.

④ 기분의 변화 속도

기분 파라미터도 모두 외부에 노출되어야 합니다. 감정이 랜덤하게 생성되는 테스트용 씬을 통해 감정의 강도에 따른 기분 이동 속도 뿐만 아니라 감정 활동이 멈췄을 때 기분이 변하는 속도 등 다양한 기분 속도 파라미터를 직접 확인할 수 있도록 했습니다.

⑤ 디폴트 기분 위치

디폴트 기분 위치는 PAD 큐브 중심에 설정되어 있습니다. 그러나 성격이 기분에 영향을 미치거나, 비활동적인 캐릭터가 아닌 항상 행복한 기분을 유지하는 캐릭터를 디자이너가 원하는 경우에는 이 값을 조정할 수 있도록 하는 것이 중요했습니다. 성격에 대해서는 성격 파라미터를 기반으로 위치를 조정하기 위한 적절한 테이블을 만들어야 했습니다.

⑥ 디폴트 기분 위치에 돌아갈 것인가

디자이너에 따라서는 기분 위치를 천천히 디폴트 위치로 되돌려 이전 감정을 천천히 잊게 하는 방식보다 감정 활동이 없을 때 기분 위치를 그대로 유지하는 것을 선호하는 경우도 있습니다. 이 경우 감정은 기분에 더욱 강하게 영향을 미치게 되며 캐릭터 주변에서 아무 일도 일어나지 않거나 플레이어가 이를 변화시키지 않는 한, 캐릭터는 계속해서 화를 내거나 기뻐하는 상태로 머물고 맙니다.

⑦ 부드럽고 연속적인 기분 이동

마지막 미세 조정은 기분의 방향성을 갑자기 바꾸는 것이 아니라 부드럽고 연속적인 방식으로 이동시키는 것이었습니다. 기분 관련 섹션에 언급했듯이, 감정 방향으로 이동할 때 기분 속도에 이징(easing)을 적용하는 방식입니다. 이렇게 하면 기분이 감정을 향해 천천히 움직이기 시작하여 감정 표현이 끝날 때까지 점점 속도가 느려지며 자연스럽게 표현을 종료할 수 있습니다. 이 접근 방식의 부작용으로 감정 표현 중간에 기분 변화가 강하게 나타날 수 있지만 급격한 변화가 아니라 자연스럽고 연속적인 움직임이 됩니다.

【핫 리로드】
일반적으로 OS에서 실행 중인 파일은 덮어쓰기나 삭제가 불가능하다. 프로그래머가 작성한 프로그램 갱신도 마찬가지로, 해당 프로그램을 실행 중일 때는 갱신할 수 없다. 핫 리로드는 이런 저런 우회 기술을 통해 이러한 제약을 해결한 기술이다. 덕분에 마음이 한결 놓인다.

【비주얼 스크립트】
소스 코드를 작성하지 않고 프로그램을 구성할 수 있는 시스템이다. '편리하네' 싶은 마음이 반쯤, '이런 건 그냥 코드 짜면 30초 만에 끝날 일을… 귀찮잖아' 싶은 마음이 반쯤 든다.

4. 이모셔널 컴포넌트 개발에서 배운 것

前이전 섹션에서는 디자이너의 니즈에 맞춰 컴포넌트를 개선하는 주제에 대해 간단히 언급하였는데, 그 핵심은 모든 컴포넌트를 디자이너가 손쉽게 조작할 수 있도록 만드는 것이었습니다. 【GDC2021】 'Driving Emotionally Expressive NPC Animations and Behaviors with a Designer-friendly Pipeline'이나 【CEDEC2021】 'NPC도 플래너도 개발자도 마음이 있다! 감정 시스템을 게임 제작에!'에서 소개한 WONDER 기술 데모를 제작할 때에도 AI로 작동하는 캐릭터에 이모셔널 컴포넌트를 넣었습니다. 다만, 이것이 게임의 요구사항에 반드시 부합해야 했습니다.

우선 감정 표현에 있어서 어떤 것이 가능한지, 어떤 것은 불가능한지 그리고 무엇이 필요한지를 최대한 파악하는 것부터 시작하였습니다. 이후 수차례에 걸쳐 디자인을 반복적으로 수정한 결과, 애니메이션에 대해서는 감정을 얼굴로 표현하고, 기분과 성격은 전신 애니메이션을 통해 표현하기로 결정하였습니다.

가장 먼저 제기된 문제 중 하나는 '기분 공간'이었습니다. PAD 모델의 특성상 3차원 공간이기 때문에 이미 근본적인 어려움이 존재했습니다. 기분 상태를 실시간으로 시각화하려면 디버그 UI에 3D 큐브를 표시해야 하기 때문입니다. 그러나 이는 2D 화면에서는 알아보기 어려운데다, 문제 발생 시 디버깅이나 조정 또한 매우 어렵습니다. 더욱이 기분을 전신 애니메이션으로 표현하기 위해서는 캐릭터의 액션, 모션마다 1개의 기본 애니메이션 + 8개의 베리에이션을 제작해야 합니다. 이는 매우 많은 수작업을 가져왔으며 기술 데모 수준에서는 과도한 개발 비용이 발생하는 결과를 초래했습니다.

이러한 문제를 해결하기 위해 PAD 모델의 3차원 공간에서 2차원 PD 모델 공간으로 전환하고 모델에서 '흥분' 축을 제거했습니다(그림 15). 왜 다른 축이 아니라 흥분 축을 없앴는지 의문을 가질 수도 있습니다. 이 결정은 해당 게임에서 어떤 감정을 표현할 것인가라는 기준에 따라 이뤄졌습니다. 그 결과 24가지 감정 모두를 구현하는 것이 아니라 10가지 주요 감정으로 범위를 좁혔습니다.

구체적으로는 '이벤트 결과' 브랜치의 서브 브랜치별로 2가지(전망과 실제 서브 브랜치), '에이전트 액션' 브랜치의 서브 브랜치별로 2가지(자신과 타인의 캐릭터 액션), 마지막으로 '오브젝트 애스팩트' 브랜치 2가지입니다. 이 10가지 감정을 PAD 공간에 매핑한 결과, 흥분 축은 다른 축에 비해 표현력이 떨어진다는 것이 판명되었습니다. 10개의 감정 중 대부분은 긍정적인 흥분 축에 위치하고 부정적인 흥분 축에 도달하는 경우는 거의 없었습니다. 이에 따라 흥분 축을 제거하고 지배와 쾌를 축으로 하는 2차원 PAD 공간을 구성했습니다.

두 번째로 중요한 논점은 '성격 모듈'입니다. 앞서 언급한 바와 같이 이 모듈은 우리 이모셔널 컴포넌트에 성격의 특성을 리스트 형태로 단순히 정리해둔 구조이며, 매우 간단한 설계입니다. PAD와 OCC가 연동되어 감정 매핑을 처리하는 반면, 성격 특성에 대해서는 이와 같은 강한 연동성이 없습니다. 따라서 이 모듈은 게임의 용도나 목적에 따라 디자이너가 자유롭게 재설계할 수 있으며, 필요하지 않다고 판단하면 완전히 제거하는 것도 가능합니다.

【GDC 2021】
이 해의 DGC는 완전 온라인 형식으로 개최되었으며, 우리는 샌프란시스코에 가지 않고 일본에 머문 채 강연을 진행했다. 심야에 사무실에서 송출용 카메라를 설치하고 GDC 측 담당장과 패팅으로 커뮤니케이션 하는 등, 평소와는 다른 준비를 하느라 꽤나 고생했던 기억이 있다.

【CEDEC 2021】
이 해의 CEDEC도 완전 온라인 형식으로 개최되었다. 그래서 우리는 '요코하마에 갈 일은 없겠구나' 하고 생각했는데… 강연자는 결국 요코하마까지 직접 가야만 했다.

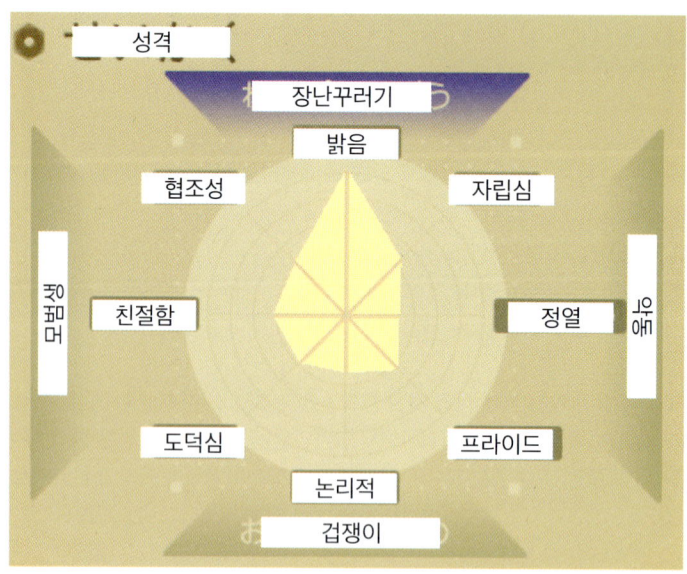

[그림 16] 성격 모델의 예

[성격 주의]
열혈 주인공, 안경 캐릭터 또는 자이언 같은 전형적인 성격 유형을 설계하고 있었는데, 막상 데이터를 정의하려고 보니 딱 맞는 영어 표현이 없어 난처했다. 그래서 어찌어찌 '~주의(~ism)'라는 형식으로 명명했더니 이런 기묘한 일본어가 되어버리고 말았다.

이번 사례에서 디자이너는 성격 특성 리스트와 4가지 **[성격 주의]**를 작성하였습니다. 성격 주의는 하나의 핵심 성격 특성과 그 주변에 위치한 두 개의 성격 특성의 영향을 받는 구조로 설계되었습니다. 성격 특성들은 팔각형의 각 꼭짓점에 배치되어 있으며(그림 16), 이러한 구성은 이번 게임에서는 효과적으로 작동했습니다. 그러나 성격 시스템은 게임에 따라 자유롭게 구현할 수 있도록 열려 있습니다. 전체적으로 보았을 때 새로운 성격 모듈은 여전히 성격 특성을 리스트 형태로 구성했던 초기 버전과 유사한 구조를 유지하고 있습니다.

세 번째로 중요한 논점은 '감정' 그 자체입니다. OCC 모델을 검토해 보면 감정 명칭 중에는 그 표현이 복잡하여, 특히 타 언어로 번역하려 할 때 의미 전달이 어렵거나 애매한 경우가 있었습니다. 특정 언어의 단어가 다른 언어와 항상 1:1로 대응하지는 않기 때문에 오해가 발생할 가능성도 있습니다.

예를 들면 자존심(自尊心)과 칭찬(稱贊) 이 있습니다. 이 감정의 포즈를 애니메이터가 페이셜 포즈로 구현한다고 했을 때 복잡한 제작품이 되어버릴지도 모릅니다. 따라서 감정의 이름을 제시하는 것보다는 어떤 상황에서 그 감정이 발생하는지를 제시하는 편이 우리가 원하는 '자존심'과 '칭찬'을 훨씬 더 효과적으로 전달할 수 있다고 생각했습니다. 자존심은 캐릭터가 자신이 최근 해낸 일에 대해 기뻐할 때 발생하고, 칭찬은 다른 캐릭터가 해낸 일에 대해 기뻐할 때 발생합니다. 기분 명칭도 마찬가지로, 감정이나 기분을 표현하고 애니메이션화하기 쉬운 문맥을 제공하면서 경우에 따라 더 이해하기 쉬운 이름으로 조정하는 방식이 바람직하다고 판단했습니다.

전체적으로 보아 이 3가지 주요 변경 사항은 이모셔널 컴포넌트를 근본적으로 변화시키는 것은 아닙니다. 오히려 컴포넌트를 더 쉽게 활용할 수 있고, 더 완성도 있게 그리고 이 특정 게임에 더 적합하도록 개선하는 방향으로 이뤄진 조정입니다. 다른 게임에서는 3차원 기분 공간을 그대로 유지하고 24가지 감정을 모두 사용하는 방식으로 구현할 수도 있으며, 6가지 감정만 사용하는 1차원 기분 공간으로 변경할 수도 있을 것입니다.

하지만 컴포넌트의 핵심 부분은 변하지 않았습니다. 업데이트나 모듈 간의 연결 구조도 같습니다. 즉, 이 컴포넌트는 게임의 필요성에 따라 완전히 조정 가능하다는 의미입니다. 캐릭터를 얼마나 복잡하게 만들고 싶은지, 자유롭게 사용할 수 있는 리소스가 어느 정도인지, 얼마나 세밀한 표현을 원하는지 등 다양한 조건에 따라 유연하게 대응할 수 있습니다. 그리고 우리가 제작한 프로토타입은 이러한 거동을 분명하게 보여주고 있습니다.

결론적으로, 우리가 게임용으로 개발한 이모셔널 컴포넌트는 모든 조건을 충족하였습니다. 캐릭터는 자신을 둘러싼 상황에 대해 이상적으로 반응할 수 있게 되었습니다. 이러한 반응은 각종 하프닝(이벤트)의 종류에 따라 적절한 감정 표현을 수반하기 때문에 캐릭터에 생동감을 부여합니다. 또한 캐릭터의 기분은 발생한 감정에 따라 좌우되며, 캐릭터의 과거에 어떤 일이 있었는지, 그것이 캐릭터에게 어떤 영향을 주었는지 그리고 그 변화에 어떻게 반응해야 하는지를 기억할 수 있게 됩니다 (그림 17).

[그림 17] ①플레이어가 Kobun에게 "오렌지색 클립을 가져와"라고 명령을 내린다. ② Kobun이 감전된다. ③기분이 나빠진 Kobun이 클립에서 물러난다. ④플레이어에게 불만을 토로한다(감정 표현). ⑤직전에 겪은 경험 때문에 Kobun이 화를 낸다(기분 표현).

예를 들어, 많은 부정적인 감정은 대개 캐릭터를 기분 나쁘게 만들어 한동안 다른 사람과 함께 있을 때 활기를 잃거나 적극적이지 못하게 만듭니다. 이모셔널 컴포넌트를 통해 캐릭터는 세계의 어떤 일에 대해서도 가능한 한 자연스럽게 반응할 수 있게 되며, 플레이어는 그 세계를 더욱 생동감 있게 느낄 수 있습니다. 게다가 이 시스템은 구조가 단순하기 때문에 메모리나 실행에 필요한 【풋프린트】가 적고 게임에 무리 없이 구현할 수 있습니다.

이모셔널 컴포넌트는 앞으로 더 큰 프로젝트에 활용됨으로써 진화할 가능성이 있습니다. 핵심 구조는 그대로 유지되겠지만, 새로운 지식을 더해갈 수도 있을 것입니다. 하지만 지금 단계에서도, 이 장에서 소개한 지식만으로도 AI 캐릭터의 감정을 탐구하고, 캐릭터가 여러분의 세계와 상호작용하거나, 플레이어나 다른 AI 캐릭터와 교류할 때 느끼는 감정을 표현하게 만들 수 있을 것입니다.

【풋프린트】
프로그램 실행에 필요한 메모리 점유량을 뜻한다. 프로그래밍 용어다.

개발일기 : 게임 산업의 R&D #2　　　　　　　　　　　　　　　　　　AI 연구원 **D**

20XX년 어느 날	대학원이나 연구소 같은 아카데믹한 환경과는 달리, 회사에서의 연구는 수요와 성과를 고려한 뒤에 진행해야 한다(※여러 설이 분분함). 그만큼 책임감을 느끼기도 하지만, 동시에 자신이 이룬 연구 성과가 실제 게임 타이틀에 채택되면 정말 기쁘다. 오늘은 축배를!
20XX년 어느 날	R&D 직무는 GDC나 CEDEC 같은 국내외 산업 컨퍼런스에 발표할 기회가 많은데, 업계의 새로운 정보나 기술을 접할 수 있는 점도 마음에 든다. 올해는 연구에서 어느 정도 성과를 냈으니 꼭 응모해야지.
20XX년 어느 날	떨어졌다.

5. 부록 : 페이퍼 • 연구

감정 모델

연구 중 처음 접한 논문 중 하나가 'Integrating the OCC Model of Emotions in Embodied Characters'입니다. 이 연구자가 선택한 것은 OCC 감정 모델입니다. 이 모델을 선택하는 데 있어 중시한 점으로, 연구자는 '감정 모델은 캐릭터가 인간과 마찬가지로 감정에 대해 논의할 수 있도록 해야 한다'고 말하고 있습니다. 예를 들어 '돈을 잃는다'와 같은 인간이 동요하는 이벤트에서는 캐릭터 또한 마찬가지로 동요해야 합니다. 감정 모델은 캐릭터가 마주치는 모든 상황을 평가할 수 있어야 하며, 감정의 강도에 영향을 주는 변수 또한 제공해야 합니다.

OCC 모델은 실제로 연구자들 사이에서 매우 인기가 높아, 감정을 생성하기 위한 다른 연구에서도 사용되고 있기 때문에 이번 사례에서도 검토해볼 만한 흥미로운 모델입니다. 캐릭터는 적절한 감정을 생성하기 위해 다음과 같은 과정을 거쳐야 합니다.

1. **분류**: 캐릭터가 어떤 이벤트나 액션, 오브젝트를 평가하여 그 결과 그 이벤트로 인해 어떤 감정 카테고리가 영향을 받는지, 그 정보를 얻는다.
2. **정량화**: 캐릭터가 영향을 받은 감정 카테고리의 강도를 계산한다.
3. **상호작용**: '분류'와 '정량화'에서 얻은 정보를 바탕으로 해당 이벤트나 액션, 오브젝트의 감정적 가치를 정의한다.
4. **매핑**: 24가지 감정을 더 적은 수의 서로 다른 감정 표현으로 매핑한다.
5. **표현**: 캐릭터가 감정을 어떻게 표현할지, 표정이나 캐릭터의 액션에 어떤 영향을 줄지를 정의한다.

이 모델은 매우 세밀하고 복잡해 보입니다. 24종류의 감정 패널을 표현할 수 있지만, 그 수많은 종류는 다소 부담스럽게 느껴지기도 합니다. 논문에서는 이러한 문제를 명확히 지적하며, 자연스러운 캐릭터를 개발하기에는 너무 복잡할 수 있다고 보고, 24가지 감정을 5개의 긍정 감정과 5개의 부정 감정으로 단순화할 것을 제안합니다. OCC 모델에서는 특정 이벤트의 바람직함을 계산하기 위해 해당 이벤트의 가능성(확률)을 고려하는 것도 권장하고 있습니다.

이 논문에서는 과거의 이벤트를 기록하고 반복되는 이벤트에 적절하게 대응할 수 있도록 하기 위한 이력 기능도 도입하고 있습니다. 예를 들어 짧은 간격으로 여러 번 **[바나나]**를 선물하는 경우, 처음 받았을 때와 같은 수준의 요구는 더 이상 발생하지 않고, 동일한 강도의 감정도 발생할 리가 없습니다. 또한 이 논문에서는 OCC 모델을 확장하여 '감정 상호작용 함수'와 '개성 디자이너'를 추가할 것도 제안하고 있습니다. 감정 상호작용 함수는 이벤트, 액션, 오브젝트의 감정 값을 캐릭터의 현재 감정 상태와 각각을 조합하는 것이며, 개성 디자이너는 개성 파라미터를 바탕으로 서로 다른 타입의 캐릭터를 생성할 수 있도록 하는 기능입니다.

이 모델은 매우 인기가 높기 때문에 유사한 활용 방식에 대해 언급한 논문도 다수 존재합니다. 최근에는 당시에는 복잡하다고 여겨졌던 OCC 모델의 설계를 개선하려는 논문도 발표되고 있습니다. 'The OCC Model Revisited'라는 제목의 이 논문은 모델을 단순화함으로써 이해하기 훨씬 쉽게 구성되어 있습니다(그림 5).

【페이퍼】
논문을 말한다. 페이퍼라고 말은 하지만, 요즘은 종이에 쓰는 일 따위는 없어진 지 오래다.

【바나나】
'왜 하필 바나나?'하고 논문을 읽어봤더니 뜻밖에 '캐릭터는 바나나를 좋아합니다'라는 전제 하에 이야기가 전개되고 있었다. 저자는 분명 바나나를 엄청 좋아하나보다. 괜히 정이 간다.

이 논문에서는 각 감정에 대한 명확한 가이드라인을 제시하고 있으며, 일부 감정을 더 적절한 이벤트 유형으로 분기시킴으로써 OCC 그래프를 재구성하여 24가지 감정을 모두 생성할 수 있도록 하였습니다. 주목할 만한 점은 그래프 하단의 분기인데, 여기에서는 기대나 공포의 지속성까지 고려하도록 되어 있습니다. 이는 예상이 아니라 실제 결과에 반응하는 감정을 의미합니다. 이 모델은 전반적으로 오리지널 OCC 모델보다 더 우수하며, 우리의 유스케이스에 있어서도 더욱 매력적인 모델입니다. 다만, OCC 모델만을 중점적으로 다루기 전에 【고려해야 할 다른 모델】도 존재합니다.

> 【고려해야 할 다른 모델】
> 이 부록에서 알 수 있듯이, 연구자에게 있어 선행 논문 조사는 중요한 업무 중 하나다. 유사한 주제를 다룬 논문이라 하더라도 그것이 게임 AI에 적절한지, 확장이나 응용이 가능한지 등을 검토하기 위해 여러 논문 간의 비교 분석이 요구됩니다.

기분 모델

예를 들어 'Robbins, 2010'이 제안한 모델은 각 감정을 기분과 연결함으로써 감정과 기분을 효과적으로 연계하고 있습니다. 이 모델에서는 높은/낮은 긍정적/부정적 영향을 나타내는 다양한 감정 카테고리에 따라 분류된 12가지 기분 리스트가 존재합니다.

감정과 기분의 관계에 대해 이 연구자들은 "감정과는 달리, 기분은 사람이나 이벤트와 직접적으로 연관된 것이 아니다."라고 설명하고 있습니다. 감정은 그것을 유발한 이벤트나 대상에 집중된 시간이 지나면 기분으로 전환되기도 합니다. 예를 들어, 동료에게 고객 응대 방식에 대해 비판을 받았을 때, 처음에는 그 동료에게 분노라는 감정을 느끼게 됩니다. 즉, 특정한 대상(동료)에 대해 감정(분노)을 보이는 것입니다. 하지만 해당 감정이 사라지고 나면 전반적인 기분이 가라앉아 이후의 다른 이벤트에도 과도하게 반응하게 될 수 있습니다. 이처럼 감정의 상태가 지속되어 남아 있는 것을 '기분'이라고 설명하고 있습니다.

이 모델 자체는 흥미롭지만, '감정이 어떻게 발생하는가', '감정의 강도를 어떻게 측정할 것인가', '서로 다른 기분의 매핑이나 그 표현 방법을 구체적으로 어떻게 할 것인가'에 대해서는 명확하게 제시하고 있지 않습니다. 그렇기 때문에 이 이론을 일반에 적용하기에는 어려움이 있습니다.

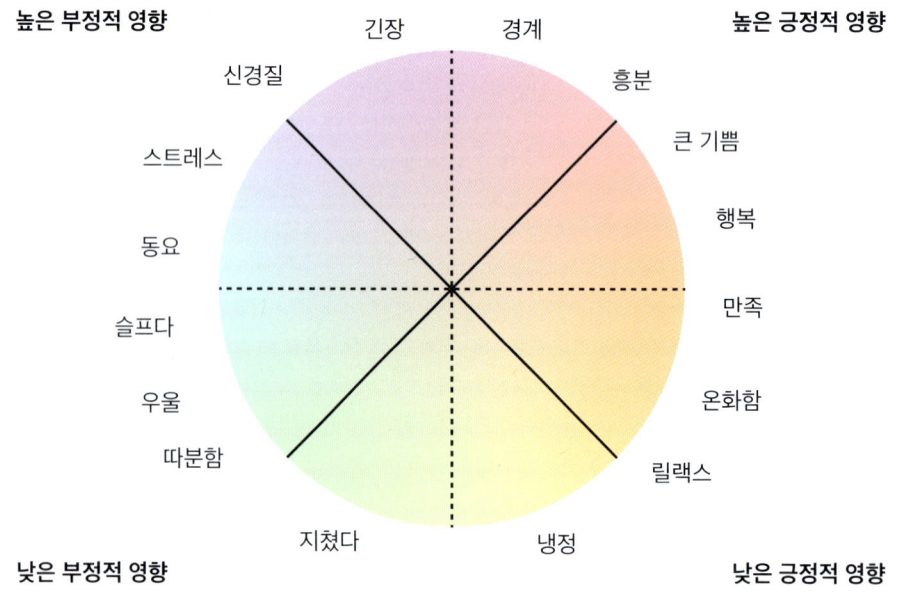

[그림 19] 조직행동학에 기반한 감정과 기분 모델

예를 들어 'OLLOCK, CHO, REKER, & VOLAVKA, 1979'가 개발한 Profile of Mood States(POMS)은 6가지 서로 다른 기분 상태에 기반하여 자기 자신의 기분을 평가하기 위한 설문지이고 Positive and Negative Affect Schedule(PANAS(Crawford,2004))모델은 기분을 2차원(긍정적/부정적 감정)으로 분류합니다. 이 2차원은 [그림 19]의 '조직행동학에 기반한 감정과 기분 모델'에 나타난 것처럼 직선상에서 양극으로 대립하는 것으로 이론화되어 있습니다.

물론 더 많은 논문을 인용해서 연구자들이 수십 년간 얼마나 다양한 모델을 제안해왔는지 보여줄 수도 있겠지만, 이쯤에서 멈추는 것이 좋을 듯합니다(그렇지 않으면 끝없는 여정이 될 테니까요). 지금까지 우리는 매우 흥미로운 감정 모델을 발견했고, 기분과 감정을 연결하기 위한 잠정적인 몇 가지 방법을 살펴보았습니다. 다음에 소개할 두 편의 논문에서는 서로 다른 두 모델을 통해 기분이 어떻게 작동하는지, 감정과 기분이 어떻게 연계되어 기능하는지를 좀 더 자세히 설명하겠습니다.

우선 기분과 관련하여 가장 널리 사용되는 유명한 모델이 1995년에 완성된 Pleasure Arousal Dominance(Mehrabian, 1996) 모델로, **[거의 30년 전]** 이론입니다. PAD 모델은 모든 감정을 표현하기 위해 3차원, 즉 Pleasure(쾌), Arousal(흥분), Dominance(지배)를 사용합니다.

'쾌(Pleasure)'는 어떤 감정이 얼마나 쾌적하고 기분 좋은지를 나타냅니다. 예를 들어 분노나 공포는 불쾌한 감정이지만, 기쁨은 쾌적한 감정입니다. '흥분(Arousal)'은 감정의 강도를 의미합니다. 분노와 격노는 모두 불쾌한 감정이지만, 격노는 분노보다 강도가 더 큽니다. 또한, 지루함은 흥분도가 매우 낮은 감정으로 분류됩니다. 마지막으로 '지배(Dominance)'는 감정의 컨트롤·지배적 성격을 나타냅니다. 분노와 공포는 모두 불쾌한 감정이지만, 분노는 지배적인 감정인 반면, 공포는 복종적인 감정입니다. Mehrabian이 제안한 PAD 공간으로의 감정 매핑에 기반하여 많은 논문에서는 OCC 모델의 감정 리스트를 자신들만의 방식으로 매핑하였습니다. 그러한 논문 중 하나로 'Are Computer-Generated Emotions and Moods Plausible to Humans?'가 있습니다.

Gebhard(2006)의 논문에서는 OCC 감정을 PAD 공간으로 매핑한 '그림 6' 표가 제시되어 있습니다. 이 논문에서는 감정과 기분을 링크해서 적절한 감정 흐름을 만들고 있습니다. 감정은 이벤트에서 유발되며, 이는 캐릭터의 기분(장기적인 감정)에 영향을 줍니다. 기분은 PAD 공간 상의 현재 기분 위치와 가까운 감정을 촉진시켜 감정에도 어떤 영향을 줄 수 있습니다. 이와 같이 OCC 모델의 24개 감정을 리얼하게 생성하고, 이를 8개의 특징적인 기분으로 변환함으로써, 캐릭터가 처한 현재 상황에서 인간이 느끼는 감정을 가능한 한 충실하게 표현할 수 있는 완성도 높은 감정 모델이 완성되었습니다.

> **[거의 30년 전]**
> 앞선 설문조사는 1979년 논문이고 OCC 모델은 1988년 것이다. 실제로 40년이 넘은 정보를 조사하면서 본 연구를 수행했다. 선구자들의 연구가 차곡차곡 쌓여서 오늘날의 세계 기술이 만들어지는 것이다.

모리 유스케 Yusuke Mori

AI 연구자로서 자연어처리를 디지털 게임에 활용하기 위한 연구 개발에 종사하고 있으며 정보이공학 박사. 박사 과정의 후기에서는 머신러닝을 활용한 자연어처리, 특히 소설을 대상으로 하는 텍스트 이해 및 생성, 창작 지원에 관한 연구에 매진했다. 2021년, 스퀘어 에닉스 AI&Art Alchemy에 입사. 인공지능학회 편집위원. 2021년도 전기통신보급재단상 '텔레콤 학제 연구 학생상 장려상' 수상.

자연어 처리

처음 뵙겠습니다. 스퀘어 에닉스 AI부의 모리 유스케라고 합니다. AI부에서는 **[또 한 명의 '모리']** 가 있어서 저는 '모리유'라고 불리고 있습니다.

이 장에서 다룰 주제는 '자연어 처리'입니다. 2022년 11월에 발표된 ChatGPT를 계기로 큰 화제가 된 분야이므로 들어보신 분도 적지 않으시리라 생각합니다.

우리가 일상적인 커뮤니케이션에 사용하는 '말'을 '자연어'라고 부릅니다. 이는 프로그래밍 언어 등 '인공 언어'와 대비되는 용어이며, 예를 들어 지금 이 문장은 일본어라는 자연어로 작성되어 있습니다. 저희가 수행하고 있는 연구는 이러한 '말'을 AI가 처리하도록 하는 기술을 활용하여 디지털 게임을 더 재미있고 제작하기 쉬운 방향으로 발전시키는 것을 목표로 합니다.

그림 1에 나타난 것처럼 자연어 처리가 게임에 도입되면 언어와 관련된 다양한 요소들을 구현하거나 더 재미있는 체험으로 확장할 수 있을 것으로 기대하고 있습니다. 자연어 처리가 게임에 가져올 가능성을 검증하기 위한 첫걸음으로, 저희는 2022년 11월에 'NLP 어드벤처'를 **[발표]** 하였습니다. 이 프로젝트는 자연어 처리(NLP) 기술을 활용하여 어드벤처 게임의 한 형식인 '커맨드 입력 방식'을 부활시키고 발전시키고자 하는 시도입니다.

[또 한 명의 모리]
학창 시절과는 달리 회사에서는 이름이 겹치면 어떻게 불러야 할지 조금 곤란해지는 경우가 있다. 가장 간단한 방법은 겹치는 이름은 먼저 입사한 사람의 것이 되고, 이후에 입사한 사람 순으로 이름에 옵션이 추가된다. 지위나 나이와 상관없이 '입사 순'이 기준이 된다는 점이 곤란한 포인트다.

[발표]
CEDEC + KYUSHU 2022에서의 강연을 말한다. 규슈산업대학 캠퍼스 내의 한 강의실에서 진행되었다.

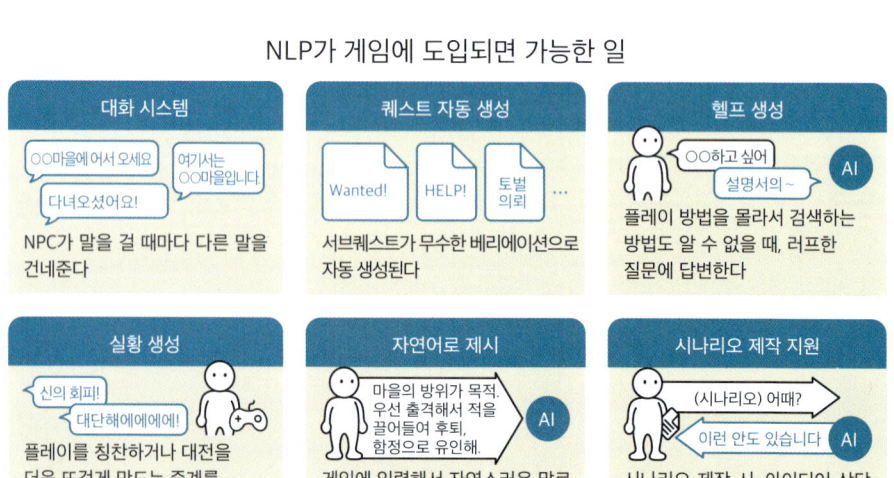

[그림 1] 자연어 처리(NLP)이 게임에 도입되면 지금까지의 체험이 더 자연스러워지거나 새로운 체험이 생겨날 것으로 기대된다.

[그림 2] '항구에 가자구'같은 캐주얼한 말투를 써도 '항구에 가라'는 의도로 인식해 시나리오가 진행된다.
SQUARE ENIX Tech Preview: THE PORTOPIA SERIAL MURDER CASE© SQUARE ENIX

그리고 2023년 4월에는 'SQUARE ENIX AI Tech Preview : THE PORTOPIA SERIAL MURDER CASE'라는 이름으로, 실제 플레이가 가능한 '테크 프리뷰'를 출시하였습니다(그림 2).
이러한 활동을 통해 자연어 처리를 게임에 도입함으로써 열릴 수 있는 가능성과 그 가능성을 실현하기 위해 해결해야 할 다양한 과제들이 드러났습니다(테크 프리뷰의 자세한 내용은 뒤에서 설명합니다).

그런데 이런 일을 하고 있다 보면 "어릴 때부터 말을 잘해서 커뮤니케이션을 잘했을 것 같다", "옛날부터 게임을 좋아했겠지" 같은 말을 듣기 쉽습니다. 후자는 사실이지만, 전자는 전혀 아니었습니다. 초등학생 시절의 저는 커뮤니케이션이 정말 【서툴러】같은 반 친구들에게 놀림을 받거나 짜증을 유발하는 일이 많았습니다.

그런 커뮤니케이션이 서툰 제게 있어 게임에 몰두하여 캐릭터들과 함께하는 시간은 마음이 놓이는 소중한 순간이었습니다. 게임 세계와 그 안에 살아가는 캐릭터들은 현실 세계보다 훨씬 더 가깝게 느껴졌습니다. 그것은 '캐릭터의 심정이 독백으로 표현되어 있었기 때문'이라는 단순한 이유일지도 모르겠습니다. 하지만 게임 안에서 그들과 그녀들이 주고받았던 수많은 말은 지금도 선명하게 떠오릅니다.

> **이 장의 내용에 대하여**
>
> 이 장의 내용은 2023년 여름 무렵 쓴 것입니다. 기본적으로 2022년까지의 기술과 식견을 바탕으로 하고 있습니다. 서두에서 언급한 바와 같이 2022년 11월에 등장하여 순식간에 전 세계를 뒤흔든 ChatGPT로 인해 자연어 처리(NLP)를 둘러싼 상황은 크게 변화하였습니다. 그리고 지금도 여전히 변화하고 있죠. 이 장의 마지막에는 'ChatGPT 이후의 세계'라는 제목으로, 이른바 '대규모 언어 모델'이 실현해 가고 있는 미래에 대해 이야기하고자 합니다.

【서투름】
라이트 형제도 하늘을 나는 데 능숙해서 비행기를 만든 것은 아닐 것이다. 동경은 연구의 원동력 중 하나라고도 할 수 있다.

그렇다면 나에게 그러한 시간을 선물해준 게임 개발자들은 도대체 어떻게 그런 체험을 만들어낸 것일까요? 이 장에서는 게임 세계의 캐릭터들과 '말'을 매개로 한 커뮤니케이션에 주목해봅니다.

1. 게임 캐릭터들과 자유롭게 대화하자

우리는 일상에서 '말'을 사용하며 살아가고 있습니다. 카페에서 점원에게 커피를 주문하거나, 읽은 만화에 대한 감상을 친구에게 이야기하거나, 학교 리포트 숙제를 작성하거나, 지금 이 글을 읽는 것도 마찬가지입니다. 물론 게임을 할 때도 여러 장면에서 '말'과 접하고 있을 것입니다.

[자연어 처리](Natural Language Processing、NLP)는 '말'을 컴퓨터로 다루기 위한 기술이자 연구 분야입니다. 우리가 다루고 있는 '게임 NLP'는 자연어 처리 기술을 게임에 응용하여 플레이어 여러분에게 새로운 체험을 제공하려는 연구 주제 혹은 연구 분야입니다. 예를 들어 다음과 같은 상황을 생각해봅시다.

> **[자연어 처리]**
> 자연어 처리라고 할 때는 언어라고 할지라도 주로 문자열 정보를 가리킨다. 음성은 일반적으로 '음성 신호 처리' 등, 별도의 분야로 다룬다.

당신(플레이어)와 동료들은 긴 여정을 거쳐 목적지인 성 아래 마을에 도착했습니다. 벌써 해질 무렵입니다. 왕을 알현하기 위해 성을 찾아가 보았지만, 성문은 굳게 닫혀 있었고 병사에게 쫓겨나고 말았습니다(그림 3).

[그림 3] 성 아래 마을에 도착한 플레이어와 동료들

동료 1: "쳇, 좀 융통성 있게 대해줘도 될 텐데 말이야."

당신: "…【문지기를 쓰러뜨리고】 억지로 들어갈까?"

당신의 그런 말에 동료들은 어이없어하거나 웃음을 터뜨리는 등 다양한 반응을 보입니다.

동료 2: "말도 안 되는 소리 좀 하지 마. 그 때문에 못 들어가게 된 마을이 있었던 거 잊었어?"

동료 1: "뭐, 그리 서두를 필요도 없잖아. 전투가 많아서 지치기도 했고. 여관부터 찾아서 오늘은 쉬자구."

평화로운 제안에 동의한 당신은 여관을 찾아보기로 합니다. 곧 큰 여관을 발견했지만, 아쉽게도 만실이라 묵을 수 없었습니다. 난감해진 당신은 길을 지나가던 마을 사람에게 물어봅니다.

당신: "이 마을에 여기 말고 다른 여관은 없나요? 여긴 꽉 찼다네요."

마을 사람: "축제가 다가오고 있으니 당연한 거 【아니겠나】?"

동료 2: "축제?"

마을 사람: "당신들, 그것도 모르고 이 마을에 온 거요? 이 시기엔 어느 여관이든 꽉 찼을 걸?"

당신: "… 그 말은, 오늘도 노숙인가?"

동료 1: "노숙 싫은데. 여관 말고 어디 묵을 만한 데는 없나요?"

마을 사람: "글쎄다…"

도착 시간이 늦어져 성 안에 들어갈 수 없게 되었기 때문에 여관을 찾으러 가게 되는 전개이지만, 그 제안에 이르기까지의 동료들의 대사는 플레이어의 언행(문지기를 쓰러뜨린다는 발언)을 반영한 것입니다. 동료 2는 그 제안을 비판하며, 이전에 플레이어가 했던 행동을 예로 들고 있습니다. 동료 1은 성에 들어가는 것이 급한 일은 아니라며, 우선 여관에서 회복할 것을 제안합니다. 결국 플레이어는 동료 1의 제안을 받아들여 여관을 찾기로 합니다. 그리고 플레이어가 여관에 대해 물었을 때, 마을 사람은 왜 그런 말을 하느냐며 놀란 듯한 반응을 보입니다.

이러한 시나리오를 구현하는 것은 언뜻 보기에 간단해 보일 수도 있습니다. 하지만 게임에서 이러한 시추에이션이 성립하기 위해서는 다양한 기술과 아이디어가 필요합니다.

【문지기를 쓰러뜨리고】
선택지가 플레이어의 상상력 개수만큼 존재하는 TRPG에서 익숙한 문제 해결 방식. 그런 플레이어의 무리한 발상에 어떻게 대응하느냐가, 게임마스터의 실력을 보여주는 순간이었다.

【아니겠나】
역할어(役割語)를 능숙하게 활용하면 대사만으로도 캐릭터성이나 관계성을 전달할 수 있는 일본어의 표현력은 놀랍다.
반면, 이러한 자유도가 일본어에서의 자연어 처리의 발전을 방해하는 요소가 되고 있다고도 할 수 있다. 참 어려운 문제다.

【플레이어를 오른쪽에】
그림에서 플레이어를 오른쪽에 배치했는데, 스퀘어 에닉스에서는 플레이어를 오른쪽에 두는 것이 관례다. 오른쪽에 서는 것과 왼쪽에 서는 것의 의미 차이는 무대 연출의 기초를 찾아보면 알 수 있다.

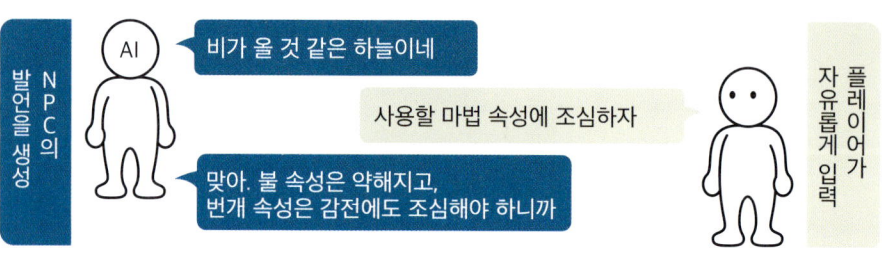

[그림 4] 플레이어의 입력에 따라 NPC의 발언이 그 자리에서 생성된다(이러한 실시간 생성 특성을 '동적'이라고 한다). 여기서는 날씨 정보를 바탕으로 NPC가 "비가 올 것 같은 하늘이네"라고 말하고, 플레이어가 이에 "사용할 마법 속성에 조심하자"고 입력한다. 이 말에 덧붙여 "맞아. 불 속성은 약해지고, 번개 속성은 감전에도 조심해야 하니까"처럼, 게임 세계의 지식이나 캐릭터의 말투에 기반한 대사가 생성된다. 이러한 NPC의 대사는 '플레이어가 이렇게 말할 것이다'를 미리 가정하고 만들어 둘 수도 있지만, 모든 패턴을 포괄하기는 어렵다.

물론 '문지기를 쓰러뜨리고 억지로 성에 들어간다'는 선택지가 게임 시나리오에 미리 포함되어 있었다면 해당 대사를 준비하는 것은 어렵지 않습니다. 그러나 이 선택지가 시나리오에 없고 플레이어가 그 자리에서 떠올린 것이라면 어떨까요? 또, 플레이어가 입력한 내용이 달랐다면 어떻게 될까요?

동료 1의 반응은 '파티 멤버가 반복된 전투로 지쳐 있는 상황'을 고려한 것으로, 플레이어의 '문지기에게 전투를 건다'는 제안에 기반한 것입니다. 동료 2의 반응 또한 역시 플레이어의 제안을 바탕으로 하고 있으며, 과거에 유사한 일이 있었다는 기억(또는 게임 내 로그)에 근거하고 있습니다. 플레이어가 "축제라도 열리나요?"라고 물었다면 마을 사람의 대답은 달라졌을 것입니다(그림 4).

디지털 게임에서는 플레이어의 행동에 따라 얻을 수 있는 체험이 크게 달라집니다. 왜냐하면 플레이어와의 '인터랙션'을 통해 이야기를 만들어 가는 측면이 있기 때문입니다.

하지만 【기존 게임】에서는 '말'을 통한 인터랙션에 있어 제약이 많았습니다. 게임 속 캐릭터들은 미리 정해진 대사만을 말할 수 있었고, 시나리오나 캐릭터의 대사를 구상하는 사람들은 '플레이어가 어떤 행동을 하고 싶어질지'를 예측하고, 그 행동의 결과로 플레이어가 보게 될 텍스트에 다양한 아이디어를 담아왔습니다.

【기존 게임】
노벨 게임인지, 탑다운 2D 게임인지, 1인칭 3D 게임인지. '기존 게임'이라고 들었을 때 사람마다 떠올리는 그림은 다를지도 모르지만, 어떤 게임이든 메시지 창에 텍스트가 표시된다는 점은 변함없으니 안심하시길.

예를 들어, 우여곡절 끝에 새롭게 다다른 맵에서는 입구 근처에 그 장소의 이름이나 특징을 알려주는 NPC가 배치되어 있는 경우가 많습니다. 새로운 장소에서 우선 정보를 얻고자 할 때 이런 캐릭터 배치는 큰 도움이 됩니다. 또 다른 예로는 중요한 선택을 해야만 하는 씬에서 일부러 다른 행동을 시도하면 그 행동을 나무라거나, 피식 웃게 만드는 유머러스한 표현을 보여주기도 합니다. 이런 노력이 베어 나는 연출을 보기 위해 일부러 '그 상황에 어울리지 않는 행동'을 해본 플레이어도 있지 않을까요?

게임에서 쓸 수 있는 【데이터 용량】은 증가하여 많은 텍스트를 담을 수 있게 되었습니다. 그러나 게임 속 세계가 넓고 복잡해질수록 '플레이어가 취할지도 모르는 행동'도 방대한 수로 늘어나게 됩니다. 이러한 모든 경우를 예측하여 텍스트를 준비하는 것은 불가능합니다. 게다가 캐릭터의 대사에는 음성이 붙는 것이 당연해졌기 때문에 음성 녹음 등의 코스트나 녹음 후 대사를 수정하지 않아도 되도록 하는 개발 체제도 고려해야 합니다.

이러한 제약을 해소하기 위해, NLP 기술을 게임에 활용하려는 시도가 이루어지고 있습니다. 첨단 자연어 처리 기술이 게임에 도입됨으로써 캐릭터와 더 자유롭게 대화하거나, 복잡한 작전 지시를 공유하거나, 플레이어의 행동이 없었다면 탄생하지 않았을 새로운 퀘스트가 생성되는 등의 가능성을 기대하고 있습니다.

2. AI에서 '언어' 를 다루는 기술

앞서 말했듯, NLP란 인간이 일상적으로 사용하는 '말(언어)'를 컴퓨터로 처리하는 기술을 의미합니다. 예를 들어, 이 문장은 일본어로 작성되어 있지만, 입력한 언어를 히라가나와 한자가 섞인 문장으로 변환하는 처리 역시 NLP라고 할 수 있습니다.

NLP는 매우 넓은 분야지만, 최근에는 별다른 주석 없이 NLP라고 할 때에는 딥러닝을 활용한 기술이나, 그 기반이 되는 기술을 지칭하는 경우가 많다. 2013년의 word2vec, 2014년의 Sequence-to-Sequence, 2017년에 발표된 Transformer가 큰 돌파구가 되었습니다. 그 뒤를 이어 2018년의 BERT, 2020년의 GPT-3 그리고 2022년에는 ChatGPT가 발표되어 연일 화제가 되었습니다(그림 5). 이처럼 언어를 다루는 AI가 인간이 쓴 것과 구별할 수 없는 문장을 생성할 수 있다는 사실이 널리 알려지게 되었습니다.

【데이터 용량】
순수하게 텍스트 데이터 양이 데이터 용량에 영향을 미쳤던 시기는 아마도 80년대까지였을 것이다. 그 이후에는 폰트의 선택과 저작권, 번역 언어로의 표시 문제, 데이터 관리 등의 부수적인 문제가 많아졌다는 느낌이 든다.

[그림 5] ChatGPT 등장에 이르기까지의 대략적인 역사 경위

【발표 연도】
'기술의 발표 연도'와 '논문의 발표 연도'가 다른 경우가 있다. 예를 들어 BERT 기술은 2018년에 공개됐지만 논문은 2019년 학회에서 발표됐다.

【창발성】(역자주)
개별 요소들이 상호작용하면서 예상치 못한 새로운 특성이나 기능이 전체 시스템 수준에서 자발적으로 나타나는 현상을 말한다. 창의성과 비교하자면 창의성이 새로운 것을 의도적으로 만드는 인간의 능력이라면, 창발성은 전체가 부분의 합 이상이 되는 현상이라 할 수 있다."

그런데 '자연어 처리'라고 해도 매우 넓은 분야입니다. 특히 어떤 일에 종사하고 있는가에 따라 사물을 바라보는 관점이 달라질 수도 있겠지요. 이 장에서 NLP를 어떤 시점에서 설명하는지 보여주기 위해 잠시 제 개인적인 이야기를 하겠습니다.

저는 2010년 무렵, '로봇 두뇌를 만들고 싶다'는 생각으로 대학에서 정보공학을 공부하기로 결심했습니다. 그 계기가 된 것은 어릴 때부터 정말 좋아했던 【도라에몽】입니다. '도라에몽 같은 로봇을 내 손으로 만들고 싶다'는 것이 제 꿈이었습니다. 하지만, 친한 동기의 영향을 받아 어느 출판사의 신인상을 목표로 소설을 쓰던 중 한 가지 깨달음을 얻었습니다. '나는 도라에몽 같은 로봇을 만들고 싶은 게 아니라, '도라에몽 같은 로봇이 나오는 이야기'를 만들고 싶은 게 아닐까?'라고요.

그 깨달음을 얻은 후, '도라에몽 같은 로봇을 만들기 위한 정보공학'에서 '도라에몽 같은 로봇이 나오는 이야기를 만들기 위한 정보공학'으로 제 관심의 중심이 옮겨졌습니다. 그렇게 하여 '이야기 창작을 지원하기 위해 자연어 처리 기술을 활용한다'는 연구 주제에 발을 들이게 되었습니다.

이처럼 제가 자연어 처리의 세계에 들어선 시기는 뉴럴 네트워크(neural network)(인공신경망)을 활용한 자연어 처리가 본격적으로 꽃피우기 시작하던 시기였습니다. 예를 들어, 2013년에 등장한 word2vec은 그 이름 그대로 (word + 2 (= to) + vec(tor)), 단어를 벡터로 변환하는 기법입니다. Tokyo라는 단어(의 벡터)에서 Japan이라는 단어를 빼고, 거기에 France라는 단어를 더하면 Paris라는 단어가 되는 것입니다.

'그 정도 일이 뭐 그리 대단한가'라고 생각할지도 모르겠습니다. 하지만 당시에는 '단어를 덧셈이나 뺄셈할 수 있도록 벡터로 변환한다'라는 발상이 획기적인 일로 받아들여졌습니다. 빛이나 소리처럼 자연 현상으로 존재하는 것은 물리 수업에서 배우듯 '파동' 형태를 가지므로 숫자로 자연스럽게 표현할 수 있습니다. 하지만 언어는 '기호'이기 때문에 자연스럽게 수치로 변환하는 것이 어렵습니다.

예를 들어 '사과'라는 단어가 있을 때 그것을 어떤 수치로 표현할 수 있을까요? 사과의 빨간색은 RGB(빛의 삼원색) 값으로 표현할 수 있지만, '사과'라는 의미를 수치로 표현하는 것은 어렵습니다. 수치로 표현할 수 없다면 당연히 컴퓨터로 다룰 수 없습니다. 언어를 수치로 표현하는 것은 언어를 컴퓨터로 다루기 위해 매우 중요한 일입니다.

물론 'word2vec'이 등장한 2013년까지 【컴퓨터로 언어를】 전혀 다룰 수 없었던 것은 아닙니다. 그랬다면 애초에 word2vec을 프로그래밍 언어로 구현하거나 word2vec에 학습시킬 단어를 준비하는 것조차 불가능했을 것입니다. 현재도 일반적으로 사용되는 방법으로, 문자나 단어를 번호(인덱스)로 치환하는 방식이 있습니다. '고양이'는 1, '개'는 2, '강아지'는 3, '아기 고양이'는 4, '고타쓰'는 5, … 이런 식입니다. 더 나아가 이것을 뉴럴 네트워크에서 다루기 쉽게 벡터로 표현할 수도 있습니다. '고양이'는 [0 1 0 0 0 … 0], '개'는 [0 0 1 0 0 … 0]처럼, 인덱스에 해당하는 자리만 1로 하고 나머지는 전부 0으로 하는 벡터를 만듭니다. 이러한 벡터를 '원-핫 벡터(one-hot vector)'라고 부릅니다(그림 6).

【도라에몽】
도라야키를 매우 좋아하는 국민적인 파란 고양이형 로봇. 일본내에서 남녀노소를 불문하고 모르는 사람이 없을 정도로 인기 있는 캐릭터라 할 수 있을 것이다. 22세기 출신이라 실제로 만날 수 없는 것이 아쉽다.

【언어 계산】
Tokyo에는 '일본 수도'라는 속성이 포함되어 있다. 여기서 Japan을 빼면 '○○의 수도'라는 속성이 남는다. 여기에 France를 더하면 '프랑스 수도'가 되어 Paris라는 결과가 도출된다. 이것은 사전이나 문자열 검색 또는 치환이 아니라 수치화(벡터화)된 언어 속성으로 이루어지는 것으로, 말하자면 단어 간 계산이 가능해졌다는 점이 놀라운 포인트다.

【컴퓨터로 언어를】
문자를 컴퓨터로 다룬다고 하면 '문자 코드'를 떠올리는 사람도 있을 것이다. 또한 단어의 의미를 다루는 데 있어 'Word Net'와 같은 방대한 데이터베이스도 유용하다. NLP는 선배 연구자들의 노력의 결정체 위에 성립된 분야다.

```
                단어 수가 N일 때 벡터는 N차원을 갖는다.
                ┌─────────────────────────┐                    벡터의 n번째 수치를 1로 하고,
    고양이   [  1 ,  0 ,  0 ,  0 ,  0 ,  0 , ... ,  0 ]  ◀──   나머지 부분의 수치를 0으로 설정하면
                                                              하나의 단어를 표현할 수 있다.
    개       [  0 ,  1 ,  0 ,  0 ,  0 ,  0 , ... ,  0 ]  ◀──
                                                              예를 들어 2번째 단어인 「개」는
    강아지   [  0 ,  0 ,  1 ,  0 ,  0 ,  0 , ... ,  0 ]        벡터의 2번째 요소가 1이고
                                                              나머지는 모두 0이다.
    아기 고양이 [ 0 , 0 , 0 , 1 , 0 , 0 , ... , 0 ]

    고타쓰   [  0 ,  0 ,  0 ,  0 ,  1 ,  0 , ... ,  0 ]
```

[그림 6] One-hot 벡터에서는 N개의 단어를 N차원 벡터로 나타낸다.

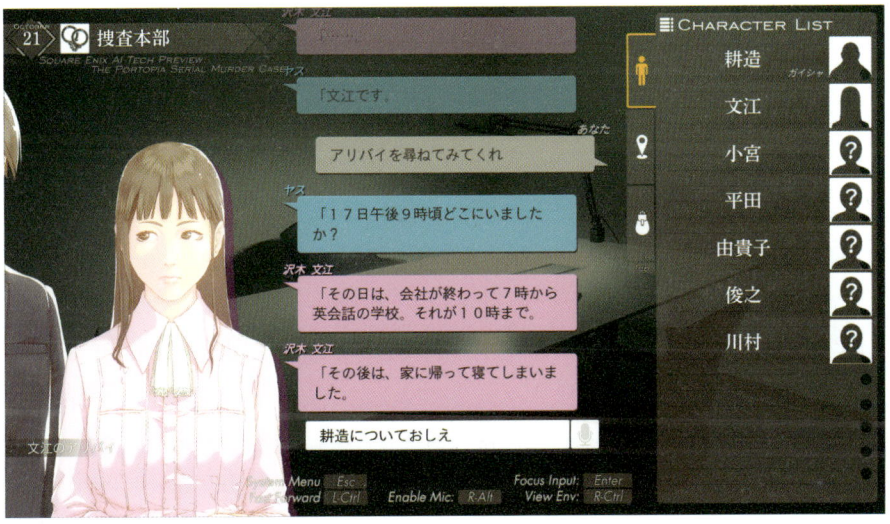

[그림 7] 문장 레벨의 의미 벡터를 활용한 사례
SQUARE ENIX Tech Preview: THE PORTOPIA SERIAL MURDER CASE© SQUARE ENIX

하지만 이 방법으로는 단어 벡터의 덧셈이나 뺄셈은 불가능합니다. 벡터 간의 거리도 의미를 가지지 않습니다. '고양이'와 '개'도, '고양이'와 '아기 고양이'도, 그리고 '고양이'와 '고타쓰'도 거리는 √2입니다. '고양이'와 '아기 고양이'를 더 가깝게 둬야 하고, '고타쓰'와 가까운 것은 '개'보다 '고양이'이기를 바라지만 그것을 표현할 수 없는 것입니다.

단어의 의미를 잘 유지한 채 단어를 수치열(벡터)로 표현한다는 것은 NLP에서 매우 중요한 의미를 가졌습니다. 그리고 덧셈이나 뺄셈이 가능한 수준으로 그것을 실현하고 주목을 끈 것이 바로 word2vec이었습니다. 이를 통해 단어의 의미를 고려하면서 컴퓨터로 자연어를 다루는 일이 훨씬 유연해졌습니다. 이후, 단어가 아니라 '문'이나 '문장' 수준에서도 word2vec의 접근 방식을 응용하여 의미를 벡터로 표현하는 기법이 잇따라 등장하게 되었습니다.

뒤에서 소개할 'NLP 어드벤처'에서는 문 수준의 의미 벡터가 활용되고 있습니다(그림 7).

[토큰]
토큰은 여러 의미로 사용되고 있다. NFT에서는 일본어로 '비대체성 토큰'이라고 불린다. 하지만 '토큰'이라는 단어 자체에는 특별히 깊은 의미가 있는 것은 아니므로 '토큰이란 뭘까?' 하고 너무 고민할 필요는 없다.
토큰은 단어 외에도 문자, 서브워드 등을 사용하는 경우가 있다. 서브워드는 단어(워드)보다 더 작은 단위로 나누되, 문자보다는 큰 덩어리로 다루는 것이다. 언어 모델에서는 다룰 수 있는 토큰의 종류 수를 줄여야 하기 때문에, 모든 단어를 등록하는 대신 '서브워드의 조합'을 잘 활용하여 토큰의 전체 종류 수를 줄이고 있다.
외국어를 주요 언어로 학습한 모델이 일본어를 제대로 다루지 못하는 경우가 많은 것도 애초에 일본어를 적절히 서브워드로 분할하는 것이 어렵기 때문이라는 점이 원인 중 하나로 꼽힌다.

[언어 모델]
<개정판 자연어 처리>(구로하시 사다오, 방송대학 교육진흥회, 2019)(改訂版 自然言語処理)(黒橋禎夫, 放送大学教育振興会, 2019)에 따르면 언어 모델이란 '문장이나 표현의 등장 확률, 즉 문장이나 표현이 사용될 가능성을 제공하는 것'이라고 한다.

[자연스러운 텍스트]
'안녕'으로 시작했기 때문에 '이네요'보다는 '네'처럼 캐주얼한 어미가 자연스럽다. 또한 비를 좋아하는 캐릭터라면 '좋은' 뒤에 '비'가 올 확률이 높아지고, 배틀을 좋아하는 캐릭터라면 '배틀'이 올지도 모른다.

[웹 서비스]
언어 관련 기술은 SaaS 모델 같은 서버 이용 기반의 종량제 비즈니스 모델이 주류다. 말 한마디에 얼마씩 과금되는 세계. 많이 말하면 말할수록 지갑이 가벼워진다….

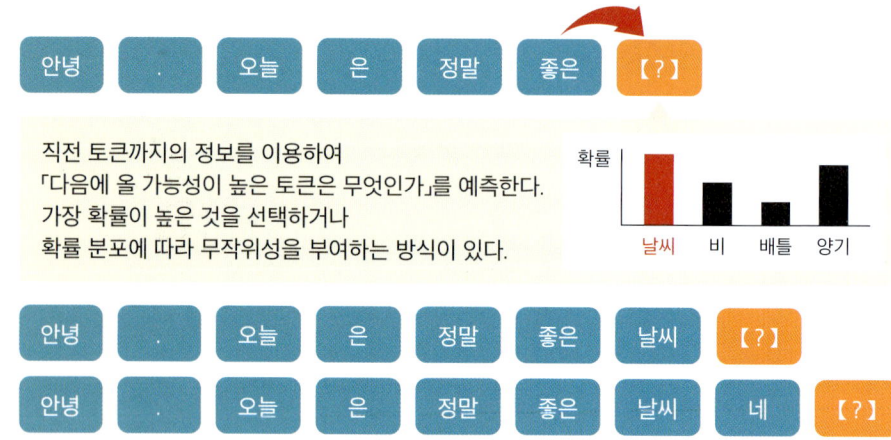

[그림 8] 언어 모델은 '다음에 올 가능성이 높은 토큰은 무엇인가'를 계산한다. 가장 확률이 높은 토큰을 출력하거나 계산한 확률을 바탕으로 무작위성을 부여하여 출력하기도 한다.

딥러닝 활용한 자연어 처리(NLP)에서 기본적으로 수행되는 것은 '다음 **[토큰]**을 예측하는 것'입니다(토큰은 NLP에서 텍스트를 구성하는 단위를 뜻하며, 여기서는 단어로 이해해 주세요). 예를 들어, '야아. 오늘은 정말 좋은…'이라는 문장이 입력되었을 때, 그다음에 올 단어는 무엇일까요? 아마도 '날씨'라는 단어가 올 가능성이 높다고 느낄 것입니다. 이처럼 언어를 모델화한 것을 **[언어 모델]**이라고 부릅니다(그림 8). 최근 크게 주목받고 있는 '대규모 언어 모델'이란 이 '언어 모델'을 대규모로 확장한 것이라고 할 수 있습니다.

[그림 8]에서 보이듯, 어떤 텍스트가 입력되면 그 다음 토큰을 예측합니다. '날씨'라는 단어가 예측되면 그다음은 '네', 그리고 '.'가 와서, 연결하면 '안녕. 오늘은 정말 좋은 날씨네.'라는 문장이 완성될 수 있습니다. '겨우 그 정도야?'라고 생각할지도 모르지만, 방대한 고품질 코퍼스(데이터베이스), 이를 효율적으로 다루기 위한 모델 구조, 학습에 필요한 풍부한 연산 자원이 갖춰지면 '다음 토큰을 예측하는' 모델이 점점 더 똑똑해져서 **[자연스러운 텍스트]**를 출력하게 됩니다.

성능이 뛰어난 NLP 모델일수록 이를 다루는 데 필요한 컴퓨터의 성능도 높아집니다. 하지만 대부분의 경우, **[웹 서비스]**로 제공되는 대규모 언어 모델에 인터넷을 통해 접속해 그 모델과 통신하고 결과를 받아오는 방식이 일반적입니다. 이로 인해 사용자는 자신이 사용하는 장치의 사양에 크게 구애받지 않고도 대규모 언어 모델의 혜택을 누릴 수 있습니다.

하지만 게임에 도입하는 것을 생각할 경우, 이 방식을 사용할 때 몇 가지 우려 사항이 존재합니다. 가장 큰 문제는 인터넷에 연결되어 있지 않으면 플레이할 수 없는 게임이 된다는 점입니다. 인터넷 접속 요금 외에도 웹 서비스 이용료가 들기 때문에 사용자가 지속적인 사용료를 부담하지 않으면 게임을 플레이할 수 없게 됩니다. 물론 웹 서비스가 점검 등으로 중단되는 경우에는 접속할 수 없고, 이용 약관 변경이 있을 경우 전혀 플레이할 수 없게 될 가능성도 있습니다.

NLP 기술은 오늘날 무서울 정도의 속도로 진화하고 있습니다. 하지만 이러한 진화는 기본적으로 '현실 세계를 위한 NLP'의 진화입니다. 【디지털 게임을 위한 NLP】를 생각해볼 때 그 안에는 게임 특유의 과제가 존재합니다(표 참조).

여기부터는 '디지털 게임을 위한 NLP'란 어떤 것인지 우리의 개발 사례를 소개하면서 여러분과 함께 생각해보고자 합니다.

> [디지털 게임을 위한 NLP]
> '디지털 게임을 위한 NLP'를 생각할 필요가 있다는 말은 '현실 세계를 위한 NLP'는 전혀 고려하지 않아도 된다는 말이 아니다. 헐루시네이션 문제 등 현실 세계의 NLP에서 큰 과제로 여겨지는 것들은 디지털 게임에 응용할 때에도 반드시 고려해야 한다.

내용	과제	현재 상황(2023년 8월 현재)
동작시키는 환경에 관한 과제	서버에서 작동시키면 • 인터넷에 연결하지 않으면 플레이 할 수 없다. • 서버가 중단되면 플레이할 수 없다. 앱에 포함시켜 유저의 기기에서 작동시키면 • 고성능 모델을 전제로 할 경우, 높은 사양의 작동 환경이 필요하게 되어 제한된 유저만 플레이할 수 있다. • 모델 업데이트가 어렵다. • 구현이 번거로워진다. (딥러닝을 활용한 기술 대부분은 게임 엔진에서 사용하는 프로그래밍 언어와 다른 언어로 작성되어 있다)	비교적 소규모인 LLM이나, LLM을 적은 리소스로 작동시키기 위한 기술이 잇따라 제안되고 있다. 디바이스의 사양도 향상되고 있으므로 언젠가는 고성능 모델의 요구 사양을 일반적인 디바이스로도 충족할 수 있게 되기를 기대할 수 있다. 그렇다 하더라도, 그때까지는 '동작 환경을 지나치게 제한하지 않으면서도 게임 디자인에서 요구되는 성능을 충족'시키기 위한 다양한 고안이 필요하다.
디지털 게임 세계와 현실 세계의 차이	현실 세계의 NLP와 게임에 필요한 NLP에는 차이가 있다. • 회복 마법으로 상처를 치유할 수 있는 세계의 상식은 현실의 상식과 다르다고 여겨진다. • 현실에서는 윤리적으로 문제가 되는 언행이라도, 그 게임 세계에서는 허용될 수 있는 경우가 있을지도 모른다. • 악역의 대사 등, 일부러 민감한 표현을 사용할 필요가 있는 경우도 있다.	대규모 언어 모델에 입력할 프롬프트를 조정하여 캐릭터성을 부여하려는 시도는 다수 이루어지고 있다. 딥러닝을 활용한 자연어 처리의 성능은 학습 데이터에 의존한다. 디지털 게임 세계의 상식을 다룰 수 있도록 하려면 그 세계에 관한 텍스트 데이터가 충분히 필요하다.
동적인 생성을 제어하는 일의 어려움	대규모 언어 모델에서 발생하는 헐루시네이션(hallucination)(환각) 현상의 영향을 디지털 게임의 경우에서도 고려해야 한다. 예를 들어 잘못된 힌트를 생성하여 유저가 클리어할 수 없는 방향으로 이끌어버릴지도 모른다. 생성 결과의 자유도가 높아질수록 게임 디자이너가 의도했던 게임 디자인에서 벗어나게 될 위험성도 커진다.	'대규모 언어 모델을 전제로 어떤 게임을 디자인할 수 있을까'라는 논의와 더불어 '지금까지의 디지털 게임 디자인, 제작 파이프라인에 새로운 기술을 어떻게 융합할 수 있을까'라는 논의도 이루어지기 시작하고 있다.

[표] 자연어 처리를 활용함에 있어 디지털 게임 특유의 과제

3. 개발 사례 : NLP 어드벤처

스퀘어 에닉스 AI부에서는 'NLP 어드벤처'라는 프로젝트를 진행하고 있습니다. 이는 자연어 처리 기술을 활용하여 어드벤처 게임의 가능성을 확장하고, 새로운 체험을 제공하려는 시도입니다. 여기부터는 왜 저희가 어드벤처 게임에 주목했는지를 포함한 'NLP 어드벤처'에 대해 설명하겠습니다.

어드벤처 게임 방식 : '커맨드 입력식' 과 '커맨드 선택식'

【ELIZA】
'일라이자'라고 읽는다. 지금으로부터 약 반세기 이상 전에 미국에서 개발된 초기의 대화형 NLP 프로그램이다. 모든 AI 엔지니어들의 할머니 같은 존재.

NLP 중에서도 ChatGPT의 등장을 계기로 특히 주목받고 있는 '대화' 기술은 텍스트 기반 롤플레잉 게임과 깊은 관련이 있습니다. 대화형 AI의 역사에서 특히 대표적인 기술로 알려진 【ELIZA】(1966년)는 어드벤처 게임이라는 장르 이름의 유래가 된 'Adventure'(1976, 1977년)에 큰 영향을 주었습니다(그림 9). 미국 켄터키주 맘모스 케이브 국립공원에 있는 '콜로설 케이브'를 무대로 한 이 게임은 실제 동굴 탐험을 모티프로 하여 일상적인 언어를 이용한 커맨드로 진행됩니다.

【여명기】
디지털 게임의 여명기에 있었던 개발자들의 열정은 <던전즈 & 드리머즈(제2판): 컴퓨터 게임과 커뮤니티의 이야기>(2019년)『ダンジョンズ＆ドリーマーズ(第2版) : コンピュータゲームとコミュニティの物語』(2019年)에서 상세히 서술되어 있다.

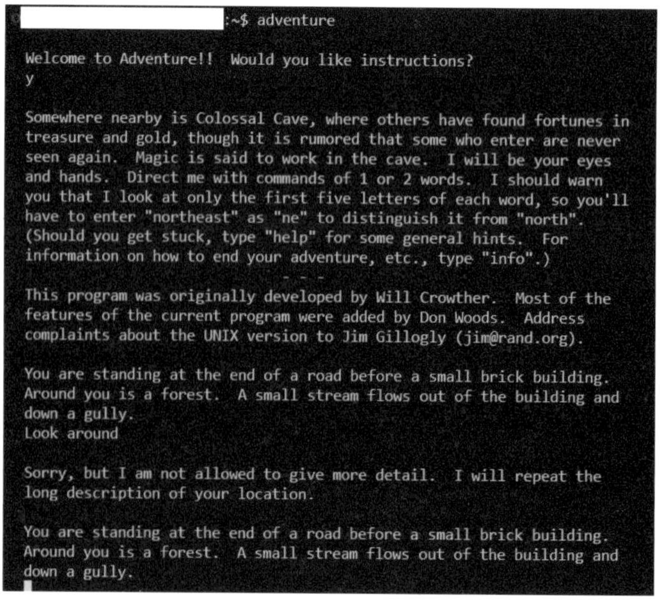

오늘날의 게임에서는 아름다운 그래픽으로 정보가 제시되는 것이 당연하게 여겨지고 있지만, 앞서 언급한 것처럼, 어드벤처 게임의 역사는 텍스트만으로 세계를 표현했던 '텍스트 어드벤처 게임'으로 거슬러 올라갈 수 있습니다. 그리고 컴퓨터에서 이미지를 표시하는 기술의 발전과 컴퓨터 성능 향상에 따라 어드벤처 게임은 점점 더 플레이하기 쉬운 형태로 진화해왔습니다(그림 10).

【Ubuntu】
Linux의 파생 OS 중 하나. 연구자들은 Windows나 macOS보다 Linux를 선호한다는 인상이 있지만, 꼭 그렇지는 않다. 사용은 하지만.

[그림 9] Adventure를 Ubuntu 상에서 실행하고 있는 모습(계정명·머신명은 숨긴 상태). Windows 11의 WSL2를 이용한 가상 환경에서 실행하고 있다. "y"와 "Look around"는 입력한 것이고, 그 외는 게임 측의 응답이다.

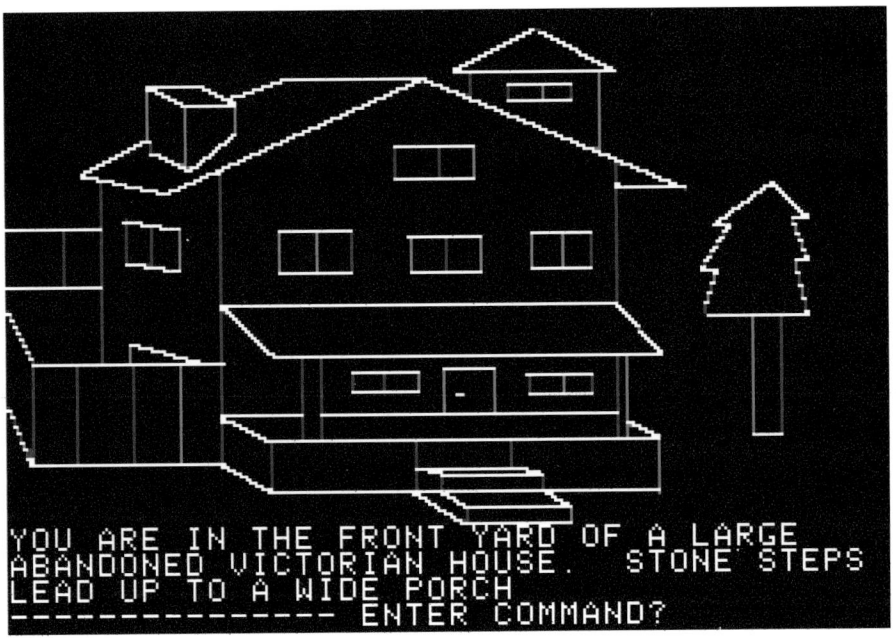

[그림 10] Mystery House (1980)
출처: https://upload.wikimedia.org/wikipedia/commons/a/a0/Mystery_House_-_Apple_II_render_emulation_-_2.png

세계를 텍스트로 표현하기 【시작했던】 어드벤처 게임에서는 플레이어의 행동 역시 일반적으로 텍스트 입력을 통해 이루어졌습니다. 이 방식을 '커맨드 입력식'이라고 부릅니다. 현대에도 플레이어 캐릭터의 이름을 입력하거나, 온라인 게임에서 다른 플레이어와 채팅하는 경우는 있지만, 당시에는 '오른쪽으로 간다', '방에 들어간다', '아이템을 집는다'와 같은 행동조차 키보드로 커맨드를 입력하여 수행했던 것입니다.

이러한 전통적인 '커맨드 입력식'의 큰 문제점은 입력 자체는 높은 자유도를 가지고 있음에도 불구하고, 게임을 진행시키기 위해서는 정해진 특정한 입력을 반드시 해야만 했다는 점입니다. 캐릭터에게 어떤 행동을 시켜야 할지 알고 있어도, 그 행동을 시키기 위한 '정답 단어'를 알지 못하면 진행할 수 없었습니다. 방대한 수의 단어 중에서 정답을 찾아내는 것은 어렵고, 플레이어는 '하고 싶은 것을 하지 못하는' 스트레스를 겪게 됩니다.

이러한 배경에서 오늘날 잘 알려져 있는 '선택지 중에서 고르는' 타입의 어드벤처 게임이 탄생하여 주류가 되었습니다. 이 방식을 '커맨드 선택식'이라고 부릅니다. 커맨드 선택식은 '지금 무엇을 할 수 있는지 알기 쉽다'는 장점이 있습니다. 한편으로는 선택지를 전부 시도해보기만 해도 특별히 이해하지 않아도 게임을 진행할 수 있거나, 선택지가 【이후 전개의 힌트】를 주는 등 단점도 존재합니다.

주류는 커맨드 선택식으로 옮겨갔지만, '입력의 자유도'라는 면에서는 커맨드 입력식도 여전히 매력적입니다. 비약적으로 발전한 자연어 처리(NLP) 기술을 통해 '커맨드 입력식'의 문제점을 해결할 수 있을 것이라고 판단하고, 새로운 '커맨드 입력식'의 체험을 플레이어에게 제시하고자 한 것이 'NLP 어드벤처'입니다.

【시작했다】
'처음에 말씀이 있었다'는 요한복음 서두의 유명한 구절이다. 랍비여, 우리는 2000년이 지난 지금도 여전히 최초의 한 걸음에서 허둥대고 있습니다.

【이후 전개의 힌트】
예를 들어 미스터리 계열의 텍스트 어드벤처 게임에서 범인을 지목해야 할 때, 선택지에서 이름을 고르는 방식이라면 범인은 그 선택지에 포함된 인물 중 하나라는 사실이 미리 드러나 버린다.

'신세대 커맨드 입력식'의 실현을 위해

우리가 '신세대 커맨드 입력식'의 실현을 위해 시도한 것은 【문(文)】 레벨의 의미 벡터에 의한 입력 이해와 행동 결정' 및 '사용자 입력에 대한 자동 응답'이다.

기존 '커맨드 입력식'에서는 입력과 '정답'이 일치해야만 했습니다. 예를 들어, 항구로 이동하고 싶은 경우에는 '항구 가라'와 같은 장소와 행동을 【정해진 대로】 입력해야 합니다. 하지만 유저가 '항구로 이동하고 싶다'라고 생각하더라도 그 행동을 위해 정해진 워드(word)를 모르고 있다면 해당 행동을 취할 수 없게 되어 스트레스를 느끼게 됩니다. 그래서 우리는 사용자의 입력 문장의 '의미'를 추정하고, 이를 참조문과 비교함으로써 다양한 입력에 유연하게 대응할 수 있는 행동 결정 시스템을 구현하였습니다.

예를 들어 항구에 가고 싶은 경우 '항구로 향하자', '바다에 가자' 등, 시스템 측에서 준비한 입력인 '항구에 가라'와 완전히 일치하지 않더라도 같은 의미를 가진 입력을 하면 원하는 대로 행동을 결정할 수 있습니다(그림 11).

'신세대 커맨드 입력식'에서는 유저의 입력 '의미'를 추정하기 위해 이 장의 2절에서 소개한 '말의 벡터화' 기술이 사용되고 있습니다. 문 단위의 의미를 수치로 표현하는 '센텐스 벡터'를 사용하여 사용자의 입력과 시나리오에서 준비된 참조 문장을 비교하고 있습니다. 말이 수치로 표현되어 있으므로 수학적으로 유사도를 계산할 수 있게 되는 것입니다. 여기서는 벡터 간 유사도를 표현할 때 자주 사용되는 【코사인 유사도】라는 방법을 사용하고 있습니다. -1부터 1까지의 값을 가지며, 1에 가까울수록 벡터로서 유사하다는 것을 의미합니다(그림 12).

이 방법을 사용하면 참조문에 플래그 관리 개념을 그대로 도입할 수 있습니다. 즉, '입력한 문이 참조문에 가까운지 여부'에 더하여, 특정 플래그가 설정되어 있는지를 기준으로 시나리오를 진행할지를 판단할 수 있다는 것입니다.

또한, 참조문장의 인코딩을 매번 수행하면 처리 속도가 느려지므로, 실제로는 게임 내에서 장면 전환이 이루어질 때 해당 장소에서 사용될 가능성이 있는 모든 참조문을 미리 벡터화해두는 등의 방식으로 최적화를 진행하고 있습니다.

그렇다면 '플레이어가 입력한 문이 준비된 참조문 어느 것과도 가깝지 않은 경우'에는 어떻게 해야 할까요? 예를 들어, 가장 유사한 참조 문장조차도 유사도 수치가 0.7 정도밖에 되지 않는 경우입니다. 이런 경우에도 '그 참조문과 가깝다'고 판단하여 시나리오를 진행시키는 것이 좋을까요?

이에 대해 우리는 '임계값'을 도입함으로써 게임 디자이너가 이 수치를 조정하여 '플레이어에게 경험하게 하고 싶은 체험'을 제어할 수 있도록 했습니다. 예를 들어, 임계값을 0.95처럼 크게 설정하면 '충분히 유사한가'라는 판단이 엄격해집니다. 반대로 임계값을 0.5처럼 작게 설정하면 판단이 느슨해져 플레이어의 입력이 참조 문장 중 하나와 '충분히 유사하다'고 판단되기 쉬워집니다.

【문(文)】 (역자주)
여기서부터는 정확한 이해를 위해 구분이 필요할 것 같다. 이하 '문(文)'이라 함은 주어, 서술어가 갖춰진 하나의 문장을 의미하며, '문장'은 하나 이상의 문으로 구성된 것을 말한다. '말'은 생각, 의견, 개념 등을 전달하는 상징 체계인 '언어'를 표현하는 수단으로, 우리 보통 커뮤니케이션을 할 때 발성하는 것으로 제한해 번역했다. 또한 '단어'는 영어의 'word'에 해당하는 것으로 저자가 '워드'라고 지정해 쓸 때는 '워드'로 번역했다.

【정해진 대로】
말 그대로 '한 글자도 틀리지 않고' 정답과 동일한 문자열을 입력하지 않으면 안 됐다. 평소에 웹 검색 서비스에 어렴풋이 기억나는 단어를 넣으면 '혹시 이걸 말하셨나요?'라고 브라우저가 부드럽게 오타를 지적해 주는 사람이라면 이 세계에서는 금세 반격당하게 된다. 그 시절을 아는 사람이라면 'ATTACH'라는 말만 들어도 인상을 찌푸릴 것이다. 분명 뭔가 껄끄러운 기억이 있을 게다.

【코사인 유사도】
벡터를 비교해 -1~1 사이 값을 받는 것이니 결국 내적이 의미한다는 얘기다. 내적이 1이면 평행, 0이면 수직, -1이면 반대 방향을 의미한다는 것은 고등학교 수학에서 배운 내용이다. 다만 여기서 다루고 있는 건 100차원 이상의 벡터. 으음, 그냥 닫자.

【플레이어빌리티】
플레이하기 쉽게 만들기 위해서는 단순히 '판정을 느슨하게 하면 된다'…는 것이 아니다. 원래 의도하지 않았던, 어떤 참조문과 꽤나 동떨어진 입력조차 '그 참조문과 충분히 유사하다'고 판정해 시나리오가 진행되어 버리면 게임 디자인에서 벗어나게 된다. 우리는 이것을 '오폭'이라 부른다. 판정의 자유도를 높이면서도 '오폭'을 방지하는 것 역시 중요한 과제이다.

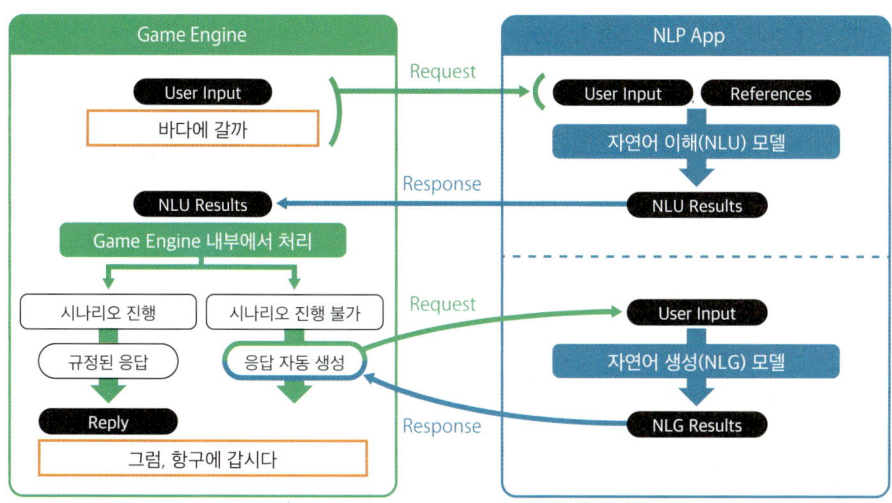

[그림 11] 2022년 11월 발표 시점에서의 'NLP 어드벤처' 시스템의 개요도. 구조를 명확히 파악하기 위해 NLP 처리는 게임 처리와는 독립적으로 구현하였다. 이후에는 'NLP App' 부분을 게임 엔진 내에서 동작하도록 구현이 변경되었으나, 딥러닝 기반 NLP 기술을 게임 엔진에서 사용되는 프로그래밍 언어로 실행하기 위한 다양한 고안이 필요하게 되었다.

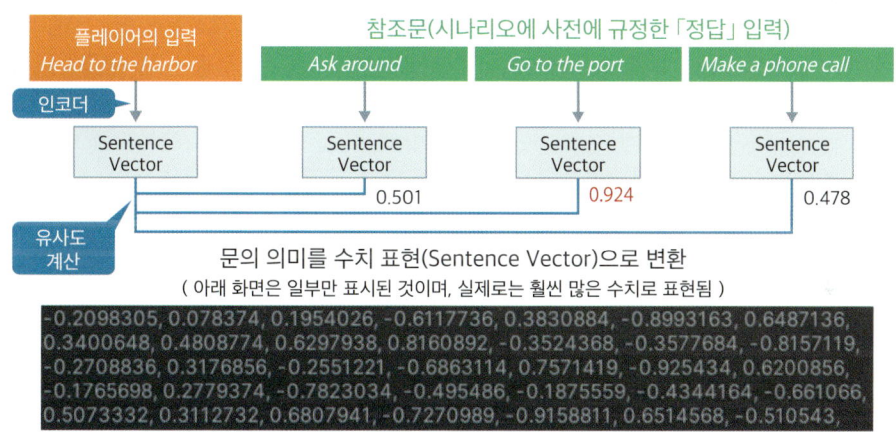

[그림 12] 자연어 이해(NLU)로서, 유저의 입력과 참조문을 수치 표현으로 변환하여 유사도를 비교한다.

유저 입력에 대응하는 시나리오가 게임 안에 준비되어 있지 않은 경우, 커맨드 입력식에서는 일반적으로 '되묻기'를 통해 유저의 재입력을 유도하는 방식을 취합니다. 저희는 사용자의 자유로운 입력에 대해 캐릭터의 대사를 자동 생성함으로써 시나리오에 명시되지 않은 응답을 반환하도록 구현했습니다.

앞서 언급한 '임계값'을 기반으로, '충분히 가까운 참조문이 없다'고 판단된 경우에는 응답의 자동 생성을 통해 '잡담'을 수행합니다(그림 13). 이 '잡담'에 어떤 모델을 사용할 것인가 하는 점은 어려운 선택이었습니다. 오늘날의 NLP, 특히 딥러닝을 활용한 모델에서는 학습 시에도 실행 시에도 GPU를 사용하는 것이 일반적입니다. 하지만 게임에서는 '그래픽을 렌더링하는' 본래의 용도로 GPU가 사용되기 때문에 'NLP를 위해 GPU의 처리 능력을 할당하는 것'은 현실적이지 않습니다.

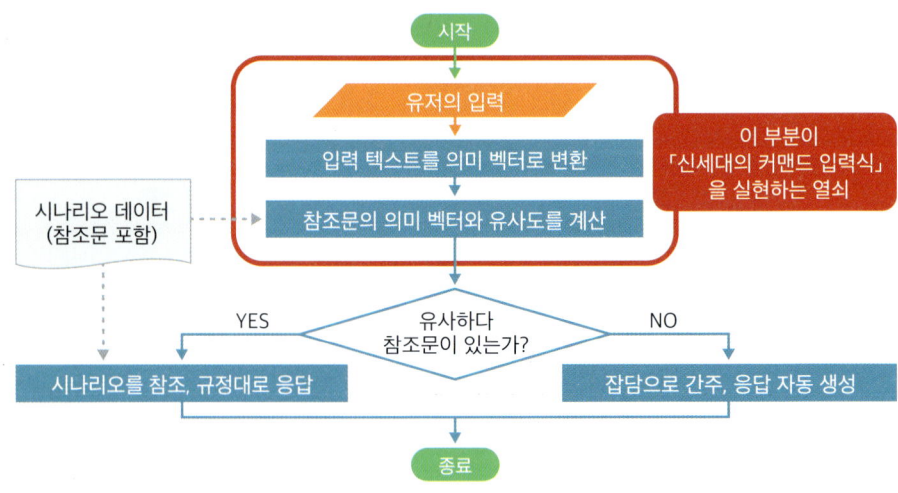

[그림 13] 'NLP 어드벤처'의 시스템 플로우차트

그래서 응답 생성 모델을 GPU로 작동시키는 대신 '일반적인 처리를 하는 프로세서인 CPU로 충분히 작동하는' 모델을 사용하시로 했습니다. 여기서 '충분히'라는 것은 '응답의 품질이 높다'는 의미라기보다는 '응답 속도가 빠르다'는 점을 중시했기 때문입니다. 입력 후 응답까지 오랜 시간을 기다리게 되면 플레이어에게 스트레스로 작용할 우려가 있습니다.

우리는 2019~2020년경에 발표된 영어 대화 모델인 'DialoGPT'를 참고하여 응답 생성용 모델을 준비하였습니다. 이는 현재의 GPT-4(2023년 발표)와 비교하면 두 세대 전의 'GPT-2' 시리즈에서 파생된 기술입니다. 이 모델을 선택한 2022년 당시에도 이미 구세대 기술로 여겨졌지만, 우리는 그 중에서도 일부러 자그마한 【모델 사이즈】(medium)를 채택하였습니다.

【모델 사이즈】
참고로 여기서 말하는 '큰 것'이란 당신의 상상을 가볍게 뛰어넘는 크기입니다.

자연어 이해(NLU)도 자연어 생성(NLG)도, 서버에서 작동하는 규모가 큰 모델을 사용하면 더 높은 성능을 얻을 수 있고 구현도 간단해지겠죠. 하지만 앞서 말했듯이 서버의 경우는 '인터넷에 연결되지 않으면 플레이할 수 없다', '서버가 중지되면 플레이할 수 없다' 등, 제약이 있는 게임이 됩니다.

또한, 자사 외부에서 제공하는 서비스를 사용하는 경우, 모델의 성능을 스스로 제어할 수 없다는 점도 게임 디자인의 관점에서는 문제가 될 수 있습니다. 예를 들어, 전날까지는 게임 디자인대로 움직이던 시스템이 '서비스가 업데이트되어 모델 성능이 향상되었다'는 이유로 의도한 대로 동작하지 않게 되는 가능성도 있습니다.

이러한 우려를 고려하여 '게임 디자이너가 의도한 그대로의 체험을 유저에게 전달'하기 위해 '유저 단말에서 모든 처리가 완료되는' 시스템으로서 NLP 어드벤처는 구현되었습니다.

테크 프리뷰 'SQUARE ENIX AI Tech Preview: THE PORTOPIA SERIAL MURDER CASE' 릴리즈

이와 같이 개발해 온 NLP 어드벤처에 대해 우리는 2022년 11월에 일본 내에서, 2023년 3월에는 국제적으로 발표했습니다. 그리고 2023년 4에는 'SQUARE ENIX AI Tech Preview: THE PORTOPIA SERIAL MURDER CASE'라는 이름으로, 플레이 가능한 '테크 프리뷰(기술 데모)'를 무료로 릴리즈했습니다(그림 14).

이 릴리즈에서는 자연어 생성(NLG) 기능은 제외되었습니다. 동적으로 생성할 경우, 제작 측이 파악하지 못한 내용이 생성될 수 있습니다. 플레이어 본인이나 그 플레이를 본 제3자가 상처받을 수 있는 【윤리적】으로 문제가 될 수 있는 발언을 완전히 방지하는 것은 불가능합니다.

학습 데이터에서 문제가 될 만한 텍스트를 전부 제거하더라도, 그것만으로는 이 문제를 해결할 수 없습니다. 예를 들어, 【응답】이 '예', '아니오'뿐이라고 해도 플레이어의 입력에 따라서는 누군가를 상처 입히는 내용이 될 수 있습니다. '당신은 ○○○○를 좋아합니까?'의 ○○○○에 당신에게 소중한 말이 들어 있다고 상상해 보십시오. 만약에 '아니오'라는 응답이 돌아온다면 평온하게 받아들이기 어려울지도 모릅니다. 그렇다고 해서 '아니오'라는 모든 응답을 제거하는 것은 현실적이지 않습니다.

'SQUARE ENIX AI Tech Preview: THE PORTOPIA SERIAL MURDER CASE'에 대한 솔직한 의견을 많이 받았습니다. 이러한 플레이어 여러분의 목소리를, '테크 프리뷰'라는 자리를 빌려 릴리즈하여 들을 수 있다는 것은 결코 흔하지 않은 기회였다고 생각합니다. 받은 의견을 바탕으로 NLP 어드벤처 개발을 통해 얻은 지견을 살려 자연어 처리가 게임에서 어떤 체험을 만들어낼 수 있을지, 한 명의 연구자로서도 큰 도전이라 생각하고 있습니다.

【윤리적】
보통 게임 개발에서 대화는 정적인 데이터로 변화가 없고, 모두 사전에 작성한 것을 사용하고 있다. 그래서 개별 전에 부적절한 단어를 사용하지 않았는지를 체크할 수 있다. 하지만 동적인 언어 생성에서는 그 확인이 불가능하다. 문제가 되는 대화가 나올 확률이 아무리 낮더라도 가능성이 있는 한, 쉽게 허용할 수는 없는 것이다.

【응답】
'말하는 내용은 맞지만, 말을 가려서 해'
사회인이 된 이후에도 이런 꾸지람을 1년에 한두 번은 듣는다. 사람인 나조차 못 하는데, AI가 못하는 것도 당연하지! 말이라는 건 정말 어려운 것.

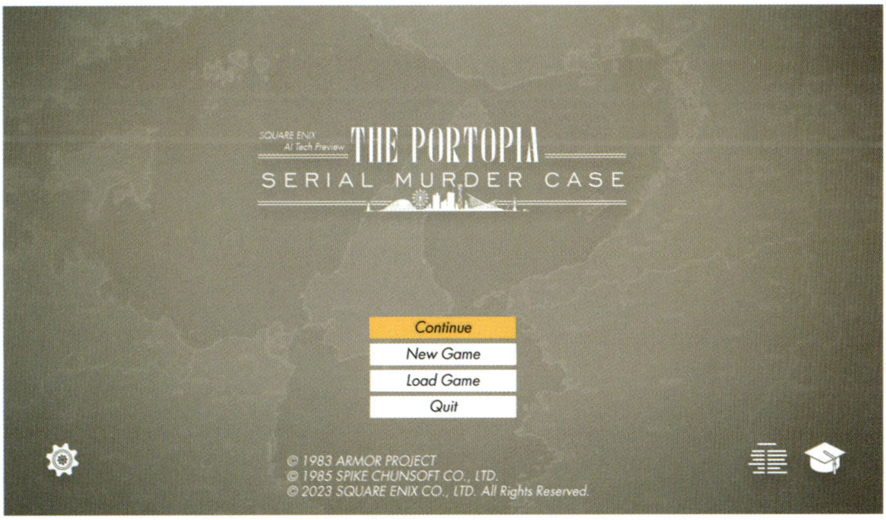

[그림 14] 'SQUARE ENIX AI Tech Preview: THE PORTOPIA SERIAL MURDER CASE'
SQUARE ENIX Tech Preview: THE PORTOPIA SERIAL MURDER CASE© SQUARE ENIX

'디지털 게임을 위한 NLP'에 필요한 것

'모두가 선한 사람'이라고 가정해도 괜찮은가? - 악역을 위한 대사 생성

모험의 클라이맥스, 주인공 일행이 【최종 보스】와 맞서는 순간을 상상해봅시다. 최종 보스에게도 나름의 사정이 있을 수 있지만, 주인공 측 입장에서 보면 해당 행위는 결코 눈감아 줄 수 없습니다. 최종 결전을 앞두고 BGM도 분위기를 고조시키는 곡으로 바뀌고 감정이 고양됩니다.

당신은 최종 보스에게 검과 함께 말을 던집니다.

당신: "마지막으로 한 번만 더 묻겠다. 이런 짓은 이제 그만둬!"
최종 보스: "당신 말씀이 옳습니다. 폭력을 휘두르는 건 나쁜 일이죠."

최종 보스가 개과천선하여 싸움은 벌어지지 않고 그대로 엔딩으로….

이런 일이 벌어진다면 플레이어는 대실망(적어도 허탈함을 느끼거나)할 것이다. 하지만 '현실 세계를 위한 자연어 처리'를 게임 세계에 그대로 응용하려고 하면 이런 일은 매우 어려운 과제가 됩니다.

애초에 현실 세계에서 사용되는 것을 전제로 한 대화 시스템에서는 윤리적으로 문제가 될 만한 발언을 하지 않도록 조정되어 있습니다. 게임 내 대화 생성에 있어서도 기본적으로는 이것이 답되지만, 문제는 '악역의 대사'를 생성하고자 할 때입니다. 게임 속 이야기에서는 플레이어가 물리쳐야 할 적이 자주 등장합니다. 이러한 적은 우리가 당연하게 여기는 도덕성을 대부분 가지고 있지 않습니다. 오히려 극악무도한 짓을 해온 캐릭터이기 때문에 플레이어는 이 악역을 응징하기 위해 노력하는 것입니다.

즉, 악역이 '도덕에 반하는' 대사를 생성할 수 있도록 해야 합니다. 그리고 다른 캐릭터일 때는 이 '도덕에 반하는' 대사가 생성되지 않도록 조정해야 합니다. 이것은 플레이어의 행동 자유도와도 관련이 있습니다. 앞에서 들었던 예시에서도, 플레이어의 폭거를 말리려는 동료도 있었고, 동의하는 동료도 있었다. 현실 세계에서의 NLP 응용에서는 누군가가 폭력 행위를 제안했을 경우, 그것을 말리는 것이 당연한 일이겠죠. 그에 동의하거나 부추기는 발언을 생성하는 것은 바람직하지 않습니다. 하지만 게임에서는 그런 발언이 오히려 바람직할 수 있습니다.

게임 디자이너가 의도하는 것을 실현하기 위해서는 현실 세계의 NLP와는 다른, 게임 특유의 NLP가 필요합니다.

【최종 보스】
권선징악 이야기에 나오는 악역이라면 마지막까지 멋지게 비열하고 거만한 모습으로 퇴장해 주었으면 한다.

"후하하, 세계의 절반을 네게 주지…… 우봐(ウボァー)"

우리의 상식은 저 세계의 상식일까?

애초에 게임 세계에서의 상식이나 도덕이 우리가 현실 세계를 살아가는 데 필요한 것과 같을까요? 예를 들어 거리에 한 발짝만 나가도 몬스터가 습격해온다든가, 마법으로 금세 상처를 치유하는 세계관 속에서, 도덕은 우리의 것과는 다르지 않을까요?

게임 세계가 현실을 모티브로 하고 있다 해도 1990년대라면 어떨까요? 대충 생각해도 스마트폰이 보급되기 전 시대입니다. 플레이어가 캐릭터에게 "스마트폰 기종은 어떤 걸 좋아해?"라고 물었을 때, 바람직한 대답은 구체적인 기종명이 아니라 "스마트폰이 뭐야?"입니다.

현실 세계를 위한 자연어 처리는 앞으로도 더욱 진화해 나갈 것입니다. 더 도덕적이고 최신 이슈에도 대응할 수 있는 대화가 실현되는 미래가 바로 눈앞에 있습니다. 그러나 게임을 위한 자연어 처리에서는 '일부러【도덕적이지 않은】발언을 하게 하는'것이 가능해야 하고, 현실 세계의 최신 정보보다도 '그 게임 세계의 정보'를 기반으로 한 생성이 실현되어야 합니다.

4. ChatGPT 이후의 세계

서두에서 "마지막에는 'ChatGPT 이후의 세계'라는 제목으로, 이른바 '대규모 언어 모델'이 실현해 가고 있는 미래에 대해 이야기하고자 합니다."라는 문장을 읽고, 그 외 부분은 건너뛰고 이곳에 온 분도 많을 것이라 예상합니다. 그만큼 ChatGPT의 등장은 큰 임팩트를 가져왔습니다.

이 원고를 집필하고 있는 현재, 대규모 언어 모델에 대한 이야기를 보지 않는 날이 없을 정도입니다. 일주일 전에 등장한 것이 오늘은 이미 구식이 되어버리는 일이 다반사이며,【마음을 놓을 수 없는 나날】이 계속되고 있습니다. 연일 새로운 정보가 쏟아져 나오고 있으며 자신의 연구가 순식간에 시대에 뒤처질지도 모른다는 두려움과 늘 맞닿아 있습니다.【자연어 처리 연구자】입니다'라고 말하는 것이 송구스럽게 느껴지기도 하여 '구세대의 자연어 처리 연구자입니다'라고 덧붙이는 경우도 많아졌습니다.

ChatGPT가 급속히 받아들여지고 많은 유저를 확보한 것은 잘 알려진 바입니다. 수요일에 출시되었고, 그 다음 주 월요일에는 이미 100만 명의 유저를 돌파했다고 해당 회사의 CEO가 X(구 Twitter)에서 말했습니다(출처 : https://twitter.com/sama/status/15 99668808285028353?s=20).

ChatGPT 등 '대규모 언어 모델(LLM)'과 이를 포함한 '생성형 AI'는 사회에 큰 임팩트를 주었고, AI 관련 뉴스가 연일 보도되고 있습니다. 당연히 '생성형 AI로, 또는 LLM으로, 게임 체험이 크게 변할지도 모른다'는 말도 점점 더 자주 들리게 되었습니다.

【도덕적이지 않다】
분야를 막론하고 엔터테인먼트 제작자는 때로는 도덕적이지 않은 '것'을 자세히 조사해야 할 때가 있다. 방대한 양의 도덕적이지 않은 '것'을 장기간에 걸쳐 조사하거나 검증하다 보면 답답하고 병들 것 같은 기분이 들기도 해서 가끔은 거리를 두려고 한다.

【마음을 놓을 수 없는 나날】
2023년은 NLP 연구자에게 정말로 마음을 놓을 수 없는 해였다고 나중에 되돌아보게 될까? 그런 생각이 들 정도로, 긴장의 연속인 나날이다.

【자연어 처리 연구자】
원고를 다듬는 동안, 나 자신이 지금 '자연어 처리'에 대해 이야기하고 있는 것인지, '대규모 언어 모델(LLM)'에 대해 이야기하고 있는 것인지, 그 구분조차 되지 않게 되어버린 건 아닌가 싶어 소름이 끼쳤다

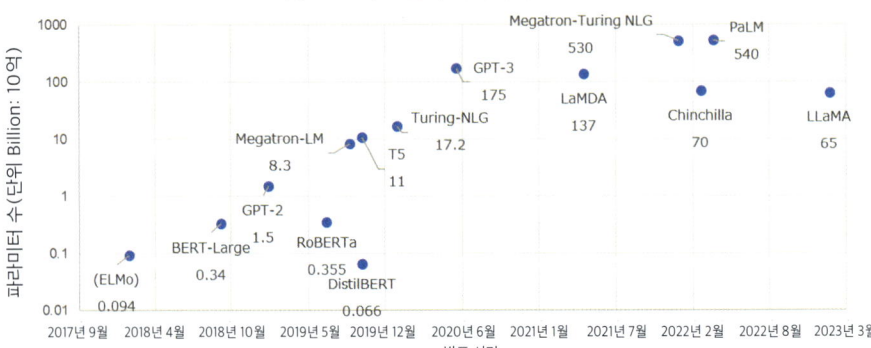

[그림 15] "Using DeepSpeed and Megatron to Train Megatron-Turing NLG 530B, the World's Largest and Most Powerful Generative Language Model(Microsoft Research Blog, October 11, 2021)"의 Figure 1을 토대로 작성. ELMo는 '대규모 언어 모델'의 범주에 포함되지 않았지만, 참고값으로 기재하였다. 덧붙여 이 도표에 나온 '발표 시기'는 논문이 채택·공개된 시기가 아닌 공개한 조직의 블로그 기사나 논문의 '견본 인쇄'가 공개된 시기를 기준으로 하고 있다. 여러 개의 사이즈가 있는 모델은 대표적인 것을 기재했다.

【대규모 언어 모델】

2018년경 등장한 BERT나 GPT-2는 이전에는 '대규모 사전 학습된 언어 모델'이라고 불렸지만 이제는 '소형'으로 간주된다. '대규모 언어 모델'의 기준을 10B나 100B로 설정하는 경우도 많으며, 이러한 경우 BERT나 GPT-2는 '대규모 언어 모델'에 포함되지 않는다. '대규모'라는 표현은 상대적인 개념이기 때문에 시대에 따라 그 의미가 달라져 역사적 경위를 파악하기 어려워질 수 있다는 우려가 있다.

【BERT】

Bidirectional Encoder Representations from Transformers 의 약자. 일본어로는 트랜스포머를 사용한 양방향 인코더 표현이라고 번역할 수 있지만, 알아들을 수 있을 듯 말 듯 한 느낌. 약어에 포함되어 있듯, 트랜스포머 기술을 통해 자연어 처리의 다양한 과제에 범용적으로 활용 가능한 모델의 효시로 이해하면 충분하다.

【LLaMA】

Large Language Model Meta AI 의 약자. 읽을 때는 '라마'. 약어에 Meta AI 가 포함되어 있지만, 이 책의 다른 장에서 다루는 '메타 AI'와는 아무 관련이 없다. Facebook으로 유명한 Meta사가 만든 것이다. 그런 의미에서 보면 아무 정보도 없는 약어네, 이거.

【멀티 모달】

언어뿐만 아니라 이미지나 기타 여러 가지도 다룰 수 있는 모델. 편리한 만능 도구.

이 장 2절에서 언급한 바와 같이 【대규모 언어 모델】은 언어 모델을 대규모화한 것이다. Transformer라 불리는 뉴럴 네트워크를 일반적으로 채용하고 있지만, 이 뉴럴 네트워크의 층 수를 더 늘리거나 학습 데이터를 증가시킴으로써 '대규모화'를 진행하게 됩니다.

그림 15에는 【BERT】를 기점으로 봤을 때, 대규모 언어 모델의 모델 크기 변화를 정리하였습니다. 대규모 언어 모델은 매우 다양한 종류가 발표되어 있기 때문에 도표에 올린 것은 그중 극히 일부에 지나지 않습니다. 그렇다 하더라도 대략적인 경향은 확인하실 수 있을 것입니다.

주목해 주셨으면 하는 것은 세로축인 '파라미터 수'가 로그 축으로 표시되어 있다는 점입니다. 언뜻 보면 시간이 지남에 따라 모델 크기가 비례해서 커지고 있는 것처럼 보일지도 모르겠지만, 실제로는 '1년당 10배' 정도의 규모로 커지고 있습니다. 한편으로는, 【LLaMA】를 비롯해 성능을 유지하면서도 소형 모델을 만들기 위한 움직임도 활발히 이루어지고 있습니다(GPT-4는 이 원고 집필 시점에서 모델 크기 정보가 공개되지 않았기 때문에 기재하지 않았습니다).

이러한 모델들은 '대규모 언어 모델'이라 불리는 것 외에도 '기반 모델'이라는 용어로 표현되기도 합니다. 이는 2021년에 스탠퍼드 대학의 연구팀이 '언어 모델', '사전 학습된 모델'을 대신할 새로운 표현으로 제안한 것입니다.

또한, 2023년 9월에는 GPT-4V라는 언어뿐 아니라 이미지를 다룰 수 있는 모델도 등장하였습니다. 이러한 흐름에 맞추어 'MLLM'과 같은 약어도 사용되기 시작했습니다. 첫 번째 'M'은 【멀티 모달】을 뜻합니다.

이처럼 사용되는 용어들이 빠르게 변화하는 상황이지만, 기본적인 사고방식은 그림 16에 나타낸 것과 같습니다.

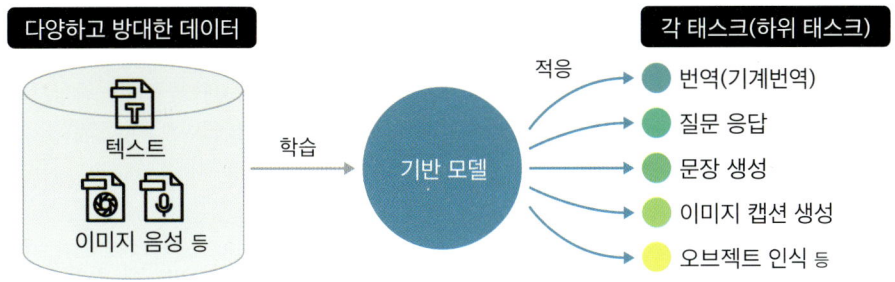

[그림 16] 기반 모델의 개념도. Bommasani 등이 2021년에 발표한 논문의 Fig.2를 참고하여 작성함

Transformer 구조를 기반으로 한 모델을 다양한 종류(텍스트, 이미지, 음성 등)의 방대한 데이터를 학습시킵니다. 이를 '사전 학습(Pre-training)'이라고 부릅니다. 그 위에 사전 학습된 모델을 각 태스크에 적응시킵니다. 모델이 더 소규모였던 시기부터 사용되어 온 【파인튜닝】(Fine-tuning)이나 GPT-3 정도의 규모가 되어 처음으로 가능해진 '컨텍스트 내 학습(In-context learning)' 등 다양한 적응 기법이 알려져 있습니다.

Transformer가 무엇인지에 대해 이야기하기 시작하면 이 장에는 도저히 다 담을 수 없을 것입니다. 아마도 쓰는 동안에도 여러 큰 변화가 일어날 것이기 때문입니다. LLM의 개요에 대해서는 이 정도로 마무리하겠습니다.

게임과 대규모 언어 모델

제가 게임 업계를 발을 들인 2021년 10월만 해도 게임에서의 '자연어 처리' 응용은 그다지 진전되지 않은 상태였습니다. 물론 자연어 처리는 '컴퓨터로 자연어를 다루는 기술' 전반을 가리키는 말이므로 자연어가 사용되는 게임에서는 모두 자연어 처리가 이루어지고 있다고 할 수 있겠죠. 다시 엄밀히 말하자면 【딥러닝을 활용한 자연어 처리】의 응용은 그다지 진전되지 않았다'라고 표현하는 편이 정확할 것입니다.

나에게 주어진 첫 번째 큰 임무는 '딥러닝을 활용한 자연어 처리가 게임에 활용될 수 있는 가능성이 있음을 널리 알리는 것'이었다. 그러나 몇 년은 걸릴 것으로 예상되었던 이 임무는 내가 뭐 하나 관여할 틈도 없이 끝나버렸습니다. 오늘날에는 '자연어 처리를 디지털 게임에 활용할 수 있다'는 【가능성을 의심하는 사람】은 별로 없을 것이다.

게임 분야에는 LLM을 계기로 자연어 처리가 도입되었습니다. LLM은 매우 매력적이며 강력한 기술입니다. 게임 제작 과정이나 사용자 경험을 크게 바꿀 가능성을 가지고 있으며, 아직도 밝혀지지 않은 잠재력을 지니고 있다고 생각합니다. 한편, 앞서 본 표에서 나타난 바와 같이 LLM에만 의존하는 것은 어려운 측면도 있습니다. 장래에는 일반적인 디바이스 성능이 향상되어 이 원고를 집필하고 있는 시점에서 '대규모'라고 불리는 모델들이 개인의 디바이스에서도 당연하게 작동하는 시대가 올 것입니다. 그러나 당분간은 성능과 동작 환경 사이의 트레이드오프를 고려하면서 대응해 나갈 필요가 있습니다. 그런 상황에서는 LLM이 아닌 '구세대의' 자연어 처리가 (일부러) 채택될 기회도 여전히 많을 것이라고 생각합니다.

【파인튜닝】
실현하고 싶은 목적을 위해 새로운 모델을 0에서부터 학습시키는 것이 아니라, 이미 학습된 모델에 이것저것 조정을 해나가 자신의 목적에 맞는 동작을 하도록 만드는 방법. 기계 학습은 간단히 시험해 보는 것만으로도 막대한 시간과 하드웨어가 필요하기 때문에 파인튜닝을 통해 구현할 수 있다는 것은 매우 고마운 일이다.

【딥러닝을 활용한 자연어 처리】
BERT 등은 이미 등장하고 있었으며, 이러한 기술을 게임 제작에 활용하려는 시도들도 시작되고 있었기 때문에 '전혀 없었다'고 말할 수는 없다. 현재 NLP를 활용한 다양한 시도가 발표되고 있는데, 이는 ChatGPT 등장 이전부터의 노력들이 결실을 맺고 있는 결과이기도 하다고 볼 수 있다.

【가능성을 의심하는 사람】
예를 들어 지나치게 잘 찍힌 사진이 있으면 얼마 전까지만 해도 많은 사람들이 'CG 아니야?'라고 했지만, 지금은 대부분 'AI지?'라고 말하는 듯. AI가 '못 할 것'에 대한 세상의 의심은 이제 거의 사라졌다고 해도 과언이 아니다.

【파이프라인】
공정이나 제작 흐름을 뜻함. 다른 업종은 잘 모르겠지만, 디지털계 엔터테인먼트 업계에서는 자주 사용되는 용어.

또한 지금까지의 제작 **【파이프라인】**을 완전히 바꾸는 일은 그다지 바람직하지 않다고 생각합니다. 게임 제작에서 축적되어 온 다양한 노하우를 'LLM을 사용하기 위해' 버리는 것은 반드시 좋은 결과를 가져다주지는 않을 것입니다. 게임 AI 특유의 요소와 딥러닝을 활용한 AI의 활용을 잘 조화시킴으로써 게임 AI 분야에서 쌓아 온 기술을 살리면서 새로운 길을 열 수 있을 것이라고 생각합니다.

개발일기 : 감방장　　　　　　　　　　　　　　　　　　　　　AI 연구자 **X**

20XX년 어느 날	복리후생의 일환으로, 사내에 구내식당 공간이 마련되어 있다. 점심시간이 되면 사람들로 북적이는 그곳은 점심시간 외에도 간식이나 음료를 제공하고 있어 머리가 복잡할 때나 기분 전환이 필요할 때 참으로 고마운 공간이다. 나도 정기적이진 않지만 자주 이용하고 있다.
20XX년 어느 날	여러 번 찾게 되면서 알게 된 것이 있는데, 구내식당 구석 자리에 항상 같은 사람이 앉아 있는 것 같다. 다소 까다로워 보이는 표정으로 노트북을 열고 타닥타닥 키보드를 두드리는 모습이 눈에 띈다. 옆자리에는 다 먹은 점심 식사 트레이가 아무렇게나 밀쳐져 있다.
20XX년 어느 날	또 있었다. 점심시간도 아닌데 점심시간 때와 다를 바 없는 실루엣으로 그는 그 자리에 있었다. 여전히 타닥타닥거리고 있다.
20XX년 어느 날	어느 날 오늘도 봤다.
20XX년 어느 날	저 사람은 대체 언제 자기 자리에서 일을 하는 걸까?

PART 3

메타 AI

PART 3에서 다루는 것은 '메타 AI'입니다. 다소 생소한 용어일 수도 있겠습니다만, 이것은 '게임 그 자체가 인공지능이 된 것'이라고 하면 이해하기 쉬울지도 모르겠습니다. 게임이 유저의 플레이로부터 감정이나 스킬을 추측하고 게임을 변화시키고 조정하는 것입니다. 게임은 메타 AI에 의해 '누가 하더라도, 몇 번을 하더라도 똑같은' 것에서 '유저의 특성과 심리 상태에 따라 스스로 모습을 바꾸는' 것으로 발전해 가고 있는 것입니다.

메타 AI는 오래되었으면서도 새로운 분야로, 메타AI에 대해 생각하다 보면 이것도 할 수 있겠다, 저것도 할 수 있겠다 싶어 아이디어만으로도 금세 가슴이 벅차오릅니다. 이 PART의 담당 멤버들도 같은 마음일 것입니다. 하지만 반대로 말하면 이런 저런 것들을 실제 형태로 구현하는 일은 본질을 잡기 어려워 무척 힘든 작업이기도 합니다. 스퀘어 에닉스에서는 이 혁신적인 기술로 게임을 발전시키기 위해 다양한 개발과 연구를 거듭해 왔습니다.

> 유저의 심리를 추측하여 적 캐릭터의 행동을 변화시키는 일 (사토이 님)
> 메타AI를 통합된 시스템으로 구축하는 일 (송 님)
> 메타AI를 로봇에 탑재하여 실제 공간에서 탁구 선수의 심리를 변화시키는 일 (미즈노 님)

메타 AI는 게임 그 자체가 인공지능이 되는 꿈 같은 기술입니다. 그러나 그만큼, 확실히 뿌리를 내려야 실현될 수 있습니다. 이 PART는 그런 꿈과 현실 사이에서 고군분투하고 있는 개발 및 연구의 기록입니다. 바로 그 당사자들의 갈등을 확인해 보시기 바랍니다.

미야케 요이치로

메타 AI란

게임 안에 게임 디자이너가 있다면…?

풋살 동아리에 입부한 풋살 초보자 A씨는 바로 연습 경기를 하게 되었습니다. A씨의 팀 동료는 모두 초보자뿐입니다. 한편, 상대 팀은 3년 이상 풋살 경험이 있는 선배 S씨를 비롯해 실력자들로 구성되어 있습니다. 여기서 정상적으로 경기를 한다면 'S씨가 A씨의 드리블도, 슛도 매번 막아내고, 10점 이상의 차이로 S씨 팀이 압승'이라는 결과가 나올 가능성이 큽니다.

풋살을 처음 접하는 경험이 그렇게 되어 버리면 A씨는 아마 다시는 동아리에 나오지 않게 될지도 모릅니다. 그렇게 생각한 팀 코치는 A씨가 즐겁게 풋살을 시작할 수 있도록 다음과 같이 생각했습니다. 'A씨는 아직 초보자니까 A씨가 기분 좋게 득점을 하거나 활약할 수 있는 장면을 적당히 만들어주자'

코치는 경기 상황을 지켜보며 A씨가 너무 고전하고 있다고 느끼면 도중에 S씨를 불러 조금만 봐주며 플레이해 달라고 요청하거나, 반대로 A씨가 너무 활약하고 있다고 느끼면 S씨를 불러 좀 더 엄격하게 대응해 달라고 했습니다. 그 결과, A씨는 첫 연습 경기를 끝까지 즐겁게 마칠 수 있었고, 앞으로 풋살을 더 해보고 싶다는 마음을 가지게 되었습니다.

이처럼 A씨(플레이어)나 경기(게임)의 상황을 보면서 A씨가 더 즐겁게 플레이할 수 있도록 A씨의 움

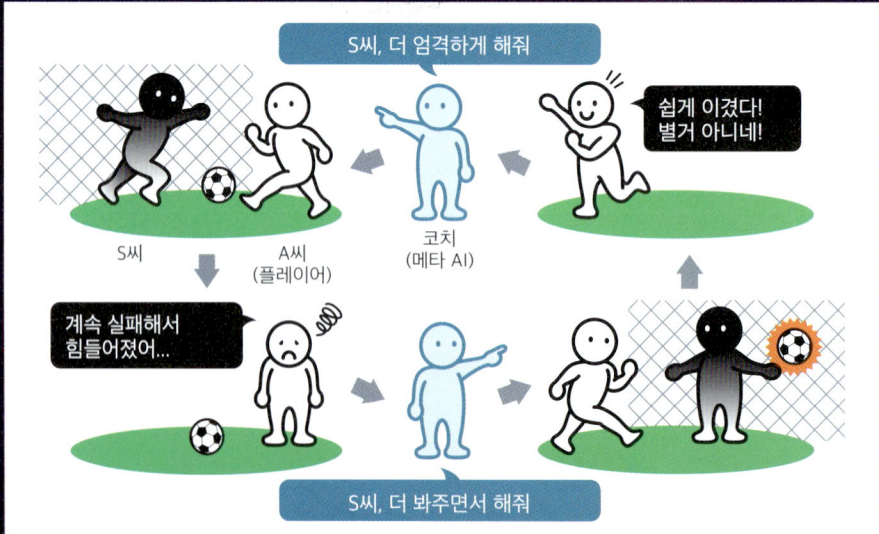

[그림 A] 코치(메타 AI)가 하는 일의 간단한 예. 여기에서는 A씨(플레이어)의 감정이나 게임 상황을 분석하여 A씨가 힘들어 보일 경우 S씨에게 더 봐주면서 플레이해 달라고 지시하고(게임 난이도를 낮춤), A씨가 여유로워 보일 경우에는 S씨에게 더 엄격하게 대응해 달라고 지시한다(게임 난이도를 높임).

직임(게임 내용)을 조절하는 코치와 같은 존재가 메타 AI입니다(그림 A).

메타 AI는 게임 속의 게임 디자이너처럼, 현재 플레이어가 어떤 감정 상태인지, 어느 정도 실력인지, 어떤 이벤트를 얼마나 자주 겪고 있는지 등을 확인하고, 다음에 어떤 체험을 제공할지를 결정하여 게임을 변화시켜 나갑니다. 이를 통해 플레이어가 무엇을 해야 할지 몰라 헤매거나, 매번 똑같은 일의 반복으로 지루해지는 상황을 피하고, A씨처럼 자연스럽게 게임에 몰입할 수 있도록 돕습니다.

코치는 무슨 생각을 하고 있었을까

코치가 어떤 행동을 했는지를 좀 더 세분화해서 살펴보면 다음 세 가지 단계로 나눌 수 있습니다.

1. A씨나 S씨 등 각 선수의 상황을 파악한다
2. 어떻게 하면 A씨가 즐겁게 플레이할 수 있을지 생각한다
3. 그런 상황을 실현하기 위해 A씨에게 어떤 지시를 내릴지 구체적으로 결정한다

스텝 1: 게임 상황을 파악한다

코치는 먼저, A씨가 현재 어떤 상황에 있는지를 파악했습니다.

'즐기고 있는지 아닌지', '어떤 것을 잘하고 어떤 것을 어려워하는지', '슛을 몇 번 성공시켰는지, 드리블은 몇 번 성공했는지', '패스는 몇 번 성공했는지',
'지치지는 않았는지'
이런 사항들을 체크하고 있었을 것입니다.

또한 동시에, 지금 A씨에게 어떤 체험을 시켜줄 수 있을지도 생각하고 있었습니다. 예를 들어 슛을 성공시켜주고 싶다면 골대와 가까운 상황일 때일 것이고, 패스를 잘 성공시키게 하고 싶다면 주변에 아군이 있을 때일 것입니다. 또, 계속해서 A씨가 성공만 하고 압승하게 된다면 오히려 재미가 없어질 수 있으므로 점수 상황도 신경 쓰고 있었을 것입니다. 즉, A씨의 감정이나 피로 상태, 능력, 경험 등을 분석하고 있었던 것입니다.

이처럼 플레이어를 효과적으로 즐겁게 해주려면, 플레이어나 게임의 상황을 분석하고 파악하는 것이 필수적입니다.

스텝 2: 어떻게 즐겁게 해줄지를 생각한다

다음으로 코치는 A씨를 어떻게 하면 즐겁게 만들 수 있을지를 고민했습니다. 예를 들어 'A씨가 조금 재미없어하는 것 같으니, 기분 좋게 슛을 성공하게 해주자', '슛만 아니라 패스도 경험하게 해보자', '의외로 발이 빨라서 드리블 실력이 늘 것 같지만, 세상은 그렇게 만만하지 않다는 것도 알게 해주자' 와 같은 생각이 있을 수 있습니다. 이 단계에서는 어떤 경험을 A씨에게 주는 것이 A씨의 모티베이션(동기)을 높이고, 성장으로 이어질 수 있을지를 계획하고 있었던 것입니다.

스텝 3: 어떤 지시를 내릴지를 결정한다

마지막으로 코치는 A씨를 즐겁게 하기 위해 구체적으로 어떤 행동을 취해야 할지를 생각했습니다. 예를 들어 S씨를 불러 'A씨 드리블이 점점 좋아지고 있으니 좀 더 적극적으로 드리블을 방해해봐' 라든가 'A씨는 슛이 약하니까 슛할 기회를 좀 더 만들어줘' 와 같은 지시가 있을 수 있습니다. 여기서는 설명의 편의를 위해 S씨만 언급하고 있지만, A씨의 팀 동료들이나 S씨 외의 상대 팀 멤버들에게도 다양한 지시를 내릴 수 있습니다. 또한 플레이 상황에 따라 A씨에게 직접 어떤 힌트나 조언을 주는 것도 가능합니다.

메타 AI의 아키텍처

여기까지는 메타 AI의 구조를 풋살 코치에 비유하여 설명했습니다. 이 구조를 실제 게임 내에서 동작하는 시스템으로 표현한 메타 AI의 아키텍처 개요를 그림 B에 제시합니다.

코치가 세 가지 단계로 생각했던 것과 마찬가지로, 메타 AI 역시 크게 나누어 세 가지 요소로 구성됩니다. 월드 애널라이저는 게임 월드(비디오 게임 내의 환경)에서 정보를 취득하고 게임 상황을 분석합니다. 게임 메이커는 분석 결과를 바탕으로 어떻게 게임 체험을 조작해 재미있게 만들지를 계획합니다. 오퍼레이션 제너레이터는 그 계획을 받아 게임 월드에 어떤 영향을 줄지를 결정합니다. 덧붙이자면, 게임 월드의 정보를 취득하는 기능을 센서, 게임 월드에 영향을 주는 기능을 이펙터라고 부릅니다.

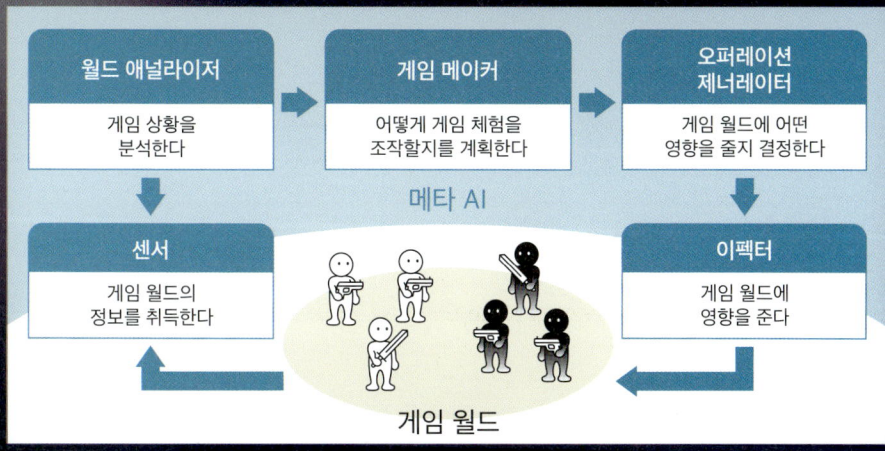

[그림 B] 메타 AI의 아키텍처 개요

각 섹션의 구성

PART 3 에서는 메타 AI에 관한 사례나 주제를 다양한 관점에서 설명합니다.

- **'감정을 자극하는' 메타 AI** : 특정 액션 RPG에서 실제로 도입된 '전투 중 플레이어의 감정을 분석하여 다양한 방향으로 감정을 자극하려는 메타 AI'의 사례를 소개합니다.
- **슈팅 게임의 메타 AI** : 2D 슈팅 게임에서 메타 AI와 캐릭터 AI, 공간을 분석하는 스페이셜 AI를 연동한 사례를 소개합니다.
- **탁구 로봇의 메타 AI** : 비디오 게임의 세계를 벗어나 현실 세계에서 탁구를 더 즐겁고 효과적으로 연습할 수 있도록 하는 탁구 로봇에 메타 AI를 응용한 사례를 소개합니다.
- **메타 AI의 효과 검증** : 메타 AI가 실제로 게임을 재미있게 만들었는지는 주관적인 감각을 다루게 되기 때문에 간단히 확인할 수 없습니다. 이에 따라 메타 AI의 효과를 검증할 때의 사고 방식에 대해 설명합니다.

사토이 다이키 Daiki Satoi

쓰쿠바대학 대학원 박사 후기 과정을 수료한 후, 2017년에 스퀘어 에닉스에 입사. 메타 AI를 비롯한 각종 게임 AI의 연구연구·개발 및 <KINGDOM HEARTS III> 등 게임 소프트웨어에의 도입에 종사. 게임 UX와 관련된 자발적 사내 서클을 공동 설립하여 지식 공유와 축적에도 힘쓰고 있음. 주요 발표로는 '감정을 흔드는 메타 AI ~게임 구현 방법과 밸런스 조정 응용 사례~ (CEDEC 2019)'가 있음. 공학 박사.

송 아성 Asei Sou

1996년 중국 베이징 출신. 대학 졸업후 일본으로 건너가 일본 대학원 졸업 후 2022년 스퀘어 에닉스에 입사. 인공지능 전공 석사. 메타 AI를 활용한 게임 디자인 및 개발 지원 연구에 AI 엔지니어로 종사하고 있음. 대학원에서는 메타 AI를 활용한 FPS 게임의 동적 난이도 조정에 관한 연구를 수행함. 최근에는 고전 게임 소프트웨어와 콘솔 수집, 온천 여행에 푹 빠져 있음. 좋아하는 <파이널 판타지> 넘버링 타이틀은 VII과 XV.

유타 미즈노 Yuta Mizuno

2007년 대형 게임 회사에 신입으로 입사. AAA 타이틀의 적 병사 AI 프로그래머로서 개발에 종사함. 이후 모바일 타이틀 개발 부서에서 타이틀 운영과 기획을 담당. 여러 타이틀의 디렉션을 경험한 뒤 이직. 스퀘어 에닉스에서는 AI 테크니컬 게임 디자이너로서 메타 AI의 기초 설계, 각종 AI를 <KINGDOM HEARTS III>에 도입, 탁구 로봇에의 메타 AI 적용 등을 담당하였으며, 현재는 <SaGa Emerald Beyond>의 밸런스 확인용 AI 도입 등 여러 AI 프로젝트의 프로젝트 매니저를 맡고 있음.

'감정을 자극하는' 메타 AI

필자가 과거에 관여했던 【액션 RPG】에서 한 후반부 보스전을 담당했던 게임 디자이너는 다음과 같은 생각을 가지고 있었습니다. '모든 플레이어가 약간 고전하면서도 결국에는 극복할 수 있는 전투를 체험하게 하고 싶다'고 말이죠. 수백만 명의 유저가 플레이하는 대형 게임 타이틀에서 이러한 체험을 제공하는 일은 결코 쉽지 않습니다. 그 이유는 각 플레이어가 가진 능력의 폭이 매우 넓을 수 있기 때문입니다.

플레이어의 능력은 게임의 규칙이나 시스템에 대한 '지식', 캐릭터의 레벨이나 HP, 무기 및 방어구 같은 '파라미터' 그리고 캐릭터 조작 기술이나 전투에서의 움직임, 전술적 판단력 등 【플레이어 스킬】 등 다양한 요소를 포함합니다. 액션 RPG는 액션을 통해 게임을 클리어해 나가야 하므로 플레이어 스킬의 수준이 전투의 승패에 큰 영향을 줍니다. 게임에 따라서는 레벨 1에 가장 약한 장비만으로도 최종 보스를 클리어할 수 있기도 합니다.

반면 액션이 서툴러 플레이어 스킬을 좀처럼 끌어올리기 힘든 플레이어라도 레벨을 올리고 장비를 강화하면 클리어가 쉬워집니다. 따라서 후반부 보스전에 도달한 플레이어의 능력은 플레이어 스킬과 파라미터만 고려하더라도 다음과 같이 다양한 조합이 존재할 수 있습니다.

- 플레이어 스킬은 높지만 파라미터는 낮은 경우
- 플레이어 스킬은 낮지만 파라미터는 높은 경우
- 플레이어 스킬과 파라미터 모두 높은 경우

【액션 RPG】
왜 구체적인 게임명을 밝힐 수 없는지, 억측하진 말길. 당신도 저도 어른이니까요!

【액션 게임에서의 플레이어 스킬】
적 NPC가 어디에 있고 무엇을 하려는지를 파악한다, 적 NPC의 공격을 타이밍 좋게 회피한다, 적이 빈틈을 보이는 순간에 공격을 명중시킨다, 약점을 정확히 맞출 수 있도록 이동한다… 많은 액션 게임에서는 이러한 행동들을 실시간으로 병행해 수행하는 플레이 스킬이 요구되며, 플레이어는 게임 플레이를 통해 자신의 플레이 스킬을 향상시켜 나간다.

전투의 난이도를 이러한 모든 플레이어가 만족할 수 있도록 조정하는 것은 매우 어렵습니다. 어떤 방식으로 조정하더라도, 너무 쉽다고 느끼는 사람이나 너무 어렵다고 느끼는 사람이 무시할 수 없는 비율로 나타나게 됩니다. 특히 대형 게임 타이틀은 플레이어 수가 많기 때문에, 예를 들어 100만 명 중 1%가 재미없다고 느낀다면 그것은 무려 1만 명이 재미없다고 느끼는 셈이 됩니다. 필자들을 비롯한 개발자들에게는 가능한 한 그런 사태를 피하고자 하는 바람이 있었습니다.

또한 플레이어의 시점에서 생각해 보면 플레이어는 게임을 할 때 단순히 '어렵다'거나 '쉽다'는 것뿐 아니라, '기쁘다', '경계하고 있다', '지루하다' 같은 다양한 감정을 느끼게 됩니다. 단순히 난이도가 너무 쉽지도, 너무 어렵지도 않다는 것만으로는 부족하고, 이러한 감정들이 차례차례 일어나야 한다는 것, 즉 '감정이 흔들리는 것'이 게임 체험에 있어 중요하다는 것입니다. 그래서 【메타 AI】를 통해 전투의 난이도 조정을 개선함과 동시에, 플레이어의 감정을 [자극하는] 것이 가능하지 않을까 고민하게 되었습니다.

> **Column: 메타 AI의 역사**
>
> '메타 AI'라는 용어는 <심시티> 등으로 유명한 게임 디자이너 윌 라이트(Will Wright) 씨가 2005년 강연에서 처음으로 제창한 것입니다. 해당 강연에 따르면 플레이어를 모델화하고 게임에서의 (흥미의 고조 같은) 페이스를 비롯한 게임 전반의 체험을 제어하는 것이 메타 AI라고 정의되었습니다.
>
> 메타 AI라는 개념이 제창된 이후 <Left 4 Dead>, <FINAL FANTASY XV> 등 여러 게임에서 메타 AI가 활용되어 왔습니다. 또한 그 이전에도 메타 AI와 유사한 구조는 이미 존재하고 있었는데, 예를 들어 <제비우스(ZEVIUS)>는 플레이 실력에 따라 게임 난이도가 동적으로 변화하도록 설계되었습니다.
>
> 이러한 메타 AI의 역사는 필자들의 논문 [Miyake et al. 2020]에 정리되어 있으니 관심이 있다면 참고해 보시기 바랍니다.

【메타 AI】
게임에서의 AI에는 캐릭터 AI나 전략 AI 등 매우 다양한 종류가 있지만, 그것들은 모두 게임 시스템 안에서 각기 활약하는 AI다. 이에 반해 게임보다 한 걸음 물러나 전체를 조망하는, 메타적인 AI가 바로 메타 AI이다. 본문에서 벗어나 여백에 제멋대로 써 있는 이런 주석도 '메타적인' 존재라고 할 수 있다. 후훗.

【자극하다】
처음 봤을 때 감동했던 화려한 액션도 수백 번 보면 아무 감흥도 느끼지 못하게 된다. 생물은 순응과 습관화라는 특성을 가지고 있어 같은 자극을 오랫동안 받게 되면 익숙해지고 그 자극에 둔감해진다. 따라서 플레이어가 계속 재미있다고 느끼게 하려면 게임 디자이너는 플레이어의 감정을 지금과는 다른 감정으로 계속해서 전이시키지 않으면 안 된다.

개발일기 : AI 토대 만들기 #1　　　　　　　　　　　　　　　　AI 연구자 **S**

| 20XX년 어느 날 | 그 프로젝트에서 처음 맡았던 일은 보스 적 캐릭터의 AI를 만드는 일이었다. 우선은 사양서에 적힌 대로 만들어보았지만, 그것은 어디까지나 출발선에 불과했다. 그 후의 나날은 토대로서 만든 캐릭터 AI를 바탕으로 사양서를 작성한 게임 디자이너와 함께 시제품 제작, 플레이 테스트, 개선을 반복하는 매일이 될 것이었다. |
| 20XX년 어느 날 | 바쁘긴 했지만, 만들면 만들수록 게임의 퀄리티가 높아지는 것을 체감할 수 있었고 매우 보람 있는 일이었다. 충실한 시간이었다. |

1. 메타 AI로 이루고자 했던 것

【NPC】
Non-Player Character. 말 그대로 플레이어 이외의 캐릭터를 말한다. 적이나 아군 뿐만 아니라 마을 주민과 같은 몹 캐릭터도 NPC. 게임에 따라 CPU나 COM이라고도 한다.

넓이와 다각적인 검증도 중요하다.든 플레이어가 약간 고전하지만 결국에는 극복할 수 있는 전투'를 실현하기 위해 메타 AI는 게임의 어떤 요소를 어떻게 변화시켜야 할까요? 필드에는 플레이어 캐릭터 외에도 아군 **【NPC】**나 적 NPC가 여럿 존재합니다. 메타 AI가 변경할 수 있는 요소가 NPC의 행동(캐릭터 AI)에 국한된다 하더라도, 선택할 수 있는 변화의 방향은 다음과 같이 다양합니다.

- 아군 NPC가 플레이어 캐릭터를 회복시킨다
- 적 NPC를 더 능숙하게 회피하도록 한다
- 적 NPC의 행동에 빈틈이 더 많아지도록 한다
- 적 NPC가 더 강력한 공격을 쓰도록 한다

【감정】
이 파트에서 다루는 감정은 이전 파트에서 고티에 님이 연구한 내용과는 다른 접근, 다른 연구이다. 이론의 연구에는 깊이도 중요하지만, 넓이와 다각적인 검증도 중요하다.

한편, 플레이어의 **【감정】**에 주목해보면 우리가 달성하고자 한 게임 체험이란 '플레이어의 현재 감정을 파악하고, 그 감정을 계속해서 뒤흔들고자 하는 것'이었습니다. 그러나 감정을 흔들기 위해서는 어떤 게임 요소를 어떻게 조정해야 할까요? ([그림 1] 참조)

【플레이어 왼쪽에】
이전 파트에서 플레이어를 오른쪽에 배치하는 것이 어떻다고 말하지 않았던가요?

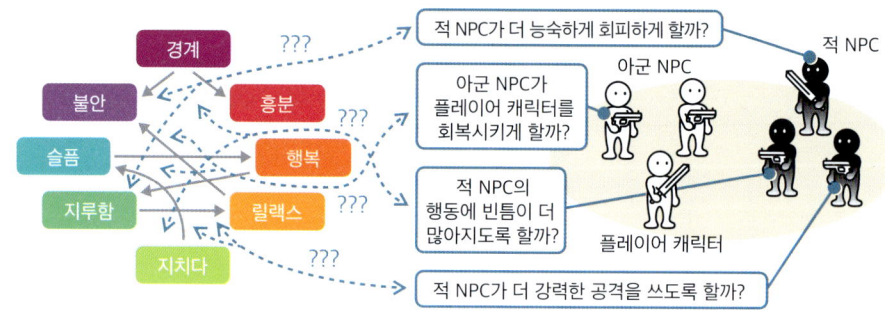

[그림 1] 게임 요소의 제어와 감정의 변화 방식 간의 대응 관계를 정리하는 일은 어렵다.

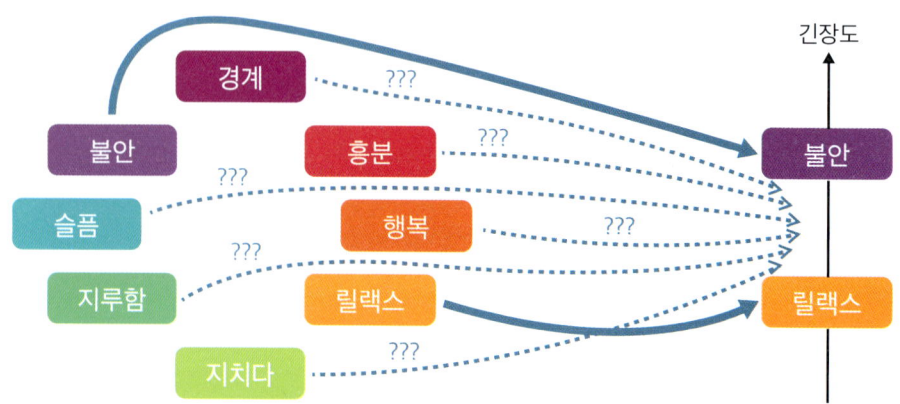

[그림 2] 다양한 감정을 긴장도만으로 표현하는 것은 어렵다.

AI의 사례로 널리 알려진 【Left 4 Dead】의 AI Director(AI 디렉터) [Booth 2009]는 플레이어의 감정을 1차원인 '긴장도'로 표현합니다. 이로 인해 다룰 수 있는 감정의 종류가 적고 게임 요소 제어와의 대응 관계를 정의하기 어려운 문제가 있습니다. 예를 들어, 긴장도가 높은 상태는 불안한 감정, 긴장도가 낮은 상태는 이완된 감정으로 해석될 수 있겠지만, 그 외의 '슬픔', '흥분', '지루함' 같은 감정은 어느 정도의 긴장도에 해당하는지 직관적으로 판단하기 어렵습니다([그림 2]).

【Left 4 Dead】
2008년에 Valve에서 발매된 협력형 온라인 FPS. 플레이어의 상황에 따라 적과 아이템의 배치가 변화하는 구조를 갖고 있었다.

2. 2차원 감정 맵

그래서 필자들은 플레이어의 감정을 2차원 벡터로 표현하는 【2차원 감정맵】을 제안하였습니다. [그림 3]과 같이 2차원 감정 맵에서는 가로축을 '승리에 대한 기대감(Hope of Winning)', 세로축을 '패배에 대한 불안감(Fear of Losing)'으로 설정하고, 각각 -1.0부터 1.0까지의 값을 취합니다. 이 값의 대략적인 범위에 따라 다양한 종류의 감정을 표현할 수 있습니다. 예를 들어 【Hope와 Fear】가 모두 높으면 '흥분됨·기쁨', 반대로 Hope와 Fear가 모두 낮으면 '우울함·지루함'으로 나타납니다. 2차원 감정 맵은 【인지심리학의 감정 모델】[Watson and Tellegen 1985]을 바탕으로 하고 있지만, 게임 내에서 수집되는 데이터로 계산하기 쉽도록 일부 조정이 가해져 있습니다.

【2차원 감정맵】
매핑 예시를 보고 "뭐야, 내 『기쁜』 감정은 『행복』한 감정보다 1.414배나 코스트가 드는 거야?"라고 투덜거리는 삐딱한 당신. 게임 프로그래머에 소질이 있을지도 모릅니다.

2차원 감정 맵을 사용하는 데에는 크게 두 가지 이점이 있습니다. 첫 번째 이점은 '다양한 플레이어의 감정과 게임 상황을 연결해 표현할 수 있다는 것'입니다. 예를 들어 격투 게임처럼 플레이어 캐릭터와 적 NPC가 1대1로 싸우는 상황을 생각해봅시다. 이때의 게임 상황은 크게 다음 네 가지로 나눌 수 있습니다.

- **우세** : 플레이어 캐릭터가 일방적으로 공격하고 있다
- **열세** : 적 NPC가 일방적으로 공격하고 있다
- **호각** : 플레이어 캐릭터와 적 NPC가 서로 공격하고 있다
- **대치** : 플레이어 캐릭터와 적 NPC가 서로 공격하지 않고 교착 상태에 있다

【Hope와 Fear】
인지심리학 같은 전문 분야, 게다가 해외 문헌을 참고하고 있다 보면 배정된 용어의 사용 방식이 어딘가 어색하게 느껴지는 경우가 많다. 감정이나 기분을 표현하는 단어에 일본 특유의 습도가 깃들어 있어서일까?

【인지심리학의 감정 모델】
감정을 분류하고 모델화한 연구로는 에크만의 기본 감정(보편적인 6가지 감정을 정의), 러셀의 원환 모델(2차원 원형 모델), 플러치크의 감정 모델(3차원 원뿔형 모델) 등이 널리 알려져 있다.

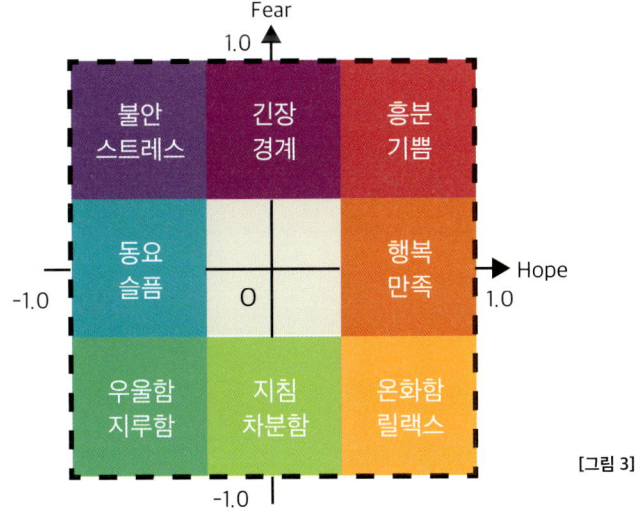

[그림 3] 2차원 감정 맵

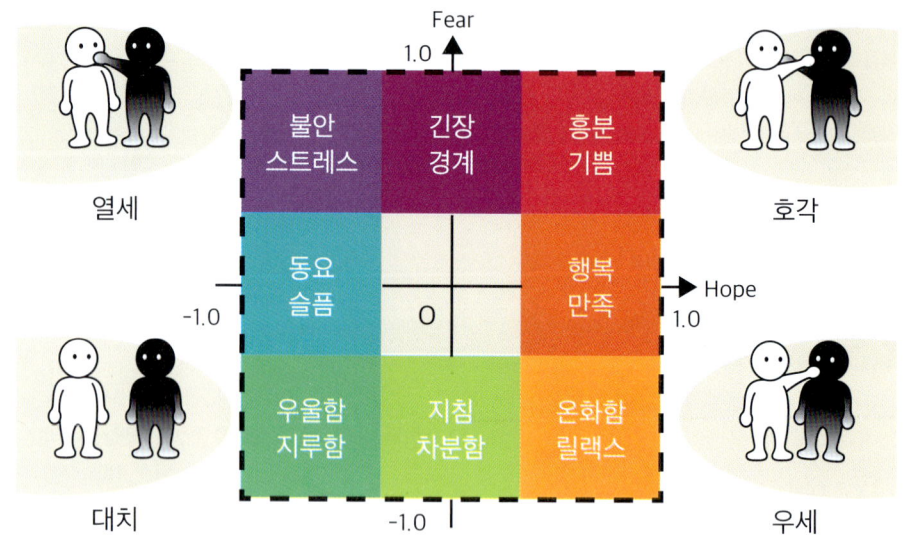

[그림 4] 2차원 감정 맵을 사용하면 다양한 게임 상황과 감정에 대응할 수 있다.

[O]
그래프 가운데 중심의 글자는 0(제로)이 아니라 O이다. 이는 '원점'의 영어인 "Origin"의 앞글자에서 유래한다. O과 0의 LINE Seed JP 폰트를 구분하는 선배의 엄격한 체크가 또 한 번 빛을 발한다. 그러고 보니 정말 숫자를 쓴다면 0.0이 맞을까.

2차원 감정 맵에서 Hope는 '플레이어가 이길 수 있을 것 같다고 느끼는가', Fear는 '플레이어가 질 것 같다고 느끼는가'를 나타냅니다. 즉, 플레이어가 적 NPC를 공격하고 있다면 승리에 가까워지므로 Hope가 높아지고(감정은 오른쪽으로 이동), 플레이어가 적 NPC에게 공격받고 있다면 패배에 가까워지므로 Fear가 높아집니다(감정은 위쪽으로 이동). 따라서 다음과 같이 네 가지 상황에 따른 플레이어의 감정은 다음과 같이 정리할 수 있습니다 ([그림 4]).

- **우세** : 플레이어는 이길 것 같고, 질 것 같지 않다
  → Hope 높음, Fear 낮음 → '온화함·릴랙스'
- **열세** : 플레이어는 이길 것 같지 않고, 질 것 같다
  → Hope 낮음, Fear 높음 → '불안·스트레스'
- **호각** : 플레이어는 이길 수도 있고, 질 수도 있다
  → Hope 높음, Fear 높음 → '흥분·기쁨'
- **대치** : 플레이어는 이길 것 같지도 않고, 질 것 같지도 않다
  → Hope 낮음, Fear 낮음 → '우울·지루함'

두 번째 이점은 '게임 요소 제어와 감정 변화의 대응 관계를 설계하기 쉬워진다'는 점입니다. 메타 AI가 플레이어의 감정을 흔들려면 게임 요소의 제어를 통해 Hope 또는 Fear를 증감시켜야 합니다. 따라서 특정 게임 요소를 조작함으로써 Hope나 Fear를 늘릴지 줄일지를 고려함으로써 게임 요소 제어와 감정 변화의 대응 관계를 설계할 수 있습니다. 그 대응 관계의 예시는 다음 [그림 5]에 제시됩니다.

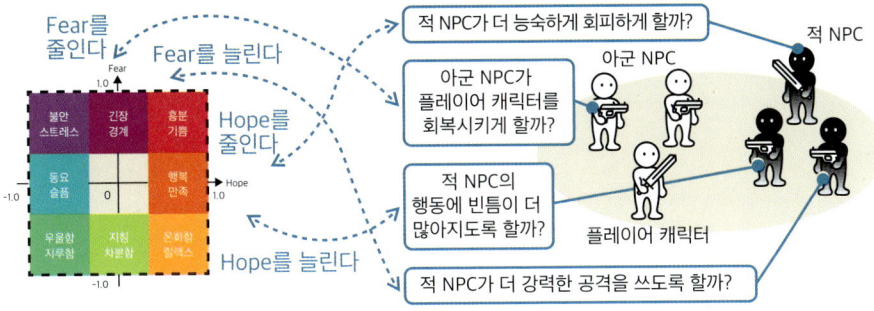

[그림 5] 2차원 감정 맵을 사용하면 게임 요소의 제어와 감정 변화 간의 【대응 관계를 설정】할 수 있다

- Hope를 늘리고 싶다 → 플레이어가 적 NPC에게 공격을 명중시키기 쉽게 한다
  → 적 NPC의 행동에 빈틈이 더 많아지도록 한다
- Hope를 줄이고 싶다 → 플레이어가 적 NPC에게 공격을 명중시키기 어렵게 한다
  → 적 NPC를 더 능숙하게 회피하도록 한다
- Fear를 늘리고 싶다 → 플레이어가 적 NPC의 공격에 맞기 쉽게 한다
  → 적 NPC가 더 강력한 공격을 쓰도록 한다
- Fear를 줄이고 싶다 → 게임 오버에서 멀어지게 한다 →
  아군 NPC가 플레이어 캐릭터를 더 적극적으로 회복하게 한다

【대응 관계를 설정】
몇 페이지 앞의 [그림 1]과 이 [그림 5]를 비교해 보면 연구자들이 무엇을 하려고 했는지 잘 알 수 있을 것이다.

개발일기 : AI 토대 만들기 #2　　　　　　　　　　　　　　　　　AI 연구자 **S**

20XX년 어느 날	'무리함'이나 '부자연스러움'을 없애는 데 특히 애를 먹었다.
	예를 들어, 시야 밖에서 갑자기 공격을 당하거나 여러 적 NPC가 동시에 공격해 회피할 방법이 없을 경우 플레이어는 무리하다고 느낄 것이다. 이러한 무리함은 단순한 게임의 난이도와는 다르며, 플레이어가 대처하기 어려운 스트레스로 작용하므로 큰 불쾌감을 초래하기 쉽다.
	그래서 적 NPC는 반드시 플레이어의 시야 안으로 이동한 뒤 공격하게 하거나, 여러 NPC가 동시에 공격하지 않도록 제한을 두는 등의 방식으로, 적 NPC의 무리한 행동을 방지하려고 시도했다. 잘된 시도였다고 생각한다.
20XX년 어느 날	'플레이어가 카메라를 마구 돌리면 적 NPC가 계속해서 공격하지 않는' 등의 부자연스러운 행동이 발생하는 사례가 발견되었다. 최악의 경우에는 적 NPC가 전혀 공격하지 않게 되어 공격 한 번 없이 쓰러뜨릴 수 있는 게임 플레이 자체가 무너지는 치명적인 버그가 된다. 머리가 아프다….

3. 2차원 감정 맵에 기반한 메타 AI

[그림 6]은 2차원 감정 맵에 기반한 메타 AI의 개요를 나타냅니다. 메타 AI는 게임 환경으로부터 액션 로그, 캐릭터 상태, 게임 월드 상태 등의 플레이 데이터를 수집하고, 이를 바탕으로 플레이어의 현재 감정(Current EP)을 추정합니다. 그다음, 플레이어가 조금 미래의 시점에서 어떤 감정 상태에 있기를 바라는지, 즉 목표 감정(Goal EP)을 계획합니다. 또한 그 직전에 도달하고자 하는 다음 감정 상태(Next EP)를 산출합니다.

마지막으로, 이 Next EP를 기준으로 게임 월드에 조작을 가합니다. 구체적인 조작 방식은 게임에 따라 다르지만, 예를 들어 NPC의 행동이나 파라미터 변경, 【레벨】의 자동 생성, 오브젝트의 자동 배치 등이 해당할 수 있습니다. 이번에 메타 AI를 적용한 액션 RPG에서는 적 NPC의 캐릭터 AI에서 사용되는 파라미터를 조정하여 플레이어에게 위험한 공격을 사용하는 빈도나 빈틈을 보이는 시간의 길이 등이 변화하도록 만들었습니다.

【EP】
Emotion Point, 줄여서 EP. 알파벳이 너무 많아서 헷갈리기 시작했나요? 그런 당신을 위해 가끔은 주석다운 주석을 하나.

EP: 감정
Current EP: 현재의 감정
Next EP: 조금 뒤의 목표 감정
Goal EP: 미래의 목표 감정

【레벨】
여기서 말하는 레벨은 '캐릭터의 성장도'라는 의미가 아니라 '플레이어 캐릭터를 둘러싼 환경'을 뜻한다. 지형, 날씨, NPC 및 이벤트의 배치 등 다양한 요소가 포함되며, 많은 게임에서는 이를 맵이나 스테이지라고 부르기도 한다. 이러한 레벨을 설계하는 개발자를 레벨 디자이너라고 부른다.

【단어의 변화】
게임 분야에서 '레벨'이라는 단어가 사용되어 온 역사를 살펴보는 것만으로도 흥미롭고 재미있는 이야기들이 수두룩하다

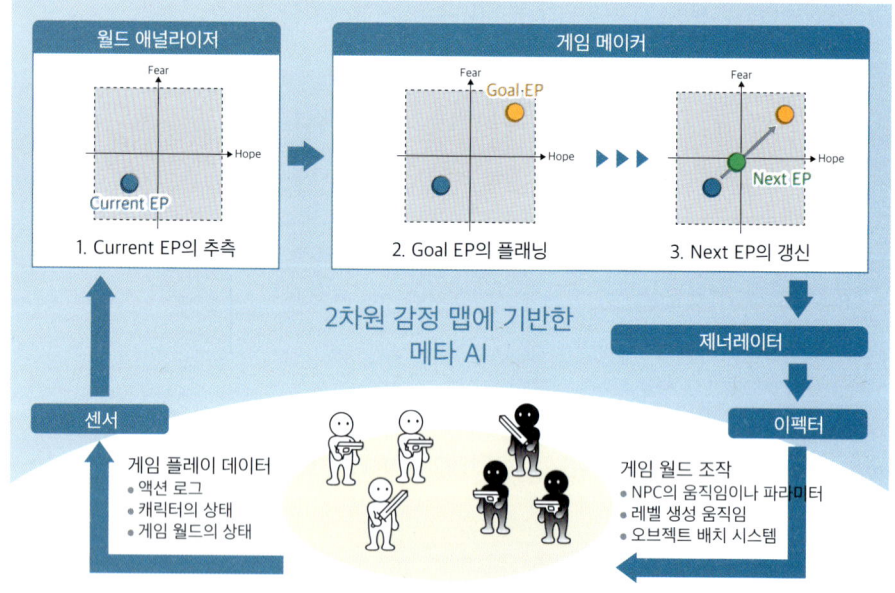

[그림 6] 2차원 감정 맵에 기반한 메타 AI의 개요

4. Current EP의 추정

플레이어의 현재 감정을 추정하려면 Hope와 Fear의 값을 각각 산출해야 합니다. Hope는 플레이어가 이길 수 있을 것 같은 정도, Fear는 플레이어가 질 것 같은 정도를 의미하므로 이와 관련된 게임 플레이 데이터를 바탕으로 계산식을 구성하게 됩니다.

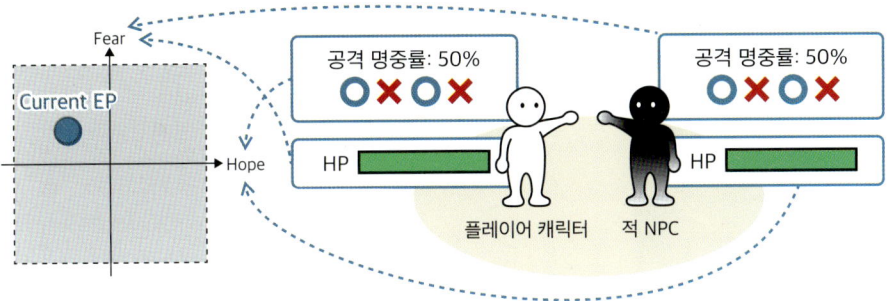

[그림 7] 각 캐릭터의 공격 명중률과 HP를 이용해 Hope와 Fear를 산출한다.

Hope와 Fear에 어떤 데이터가 관련될까요? 다시 한 번 플레이어 캐릭터와 적 NPC가 1대1로 싸우는 격투 게임을 예로 들어보겠습니다([그림 7]). 간단하게 하기 위해, 활용 가능한 데이터는 '각 캐릭터의 HP(0~100%)'와 '각 캐릭터의 공격 명중률(0~100%)'로 한정하겠습니다.

이 경우, 플레이어가【이길 것 같다】판단된다면 플레이어 캐릭터의 공격이 적 NPC에게 명중하고 적 NPC의 HP는 감소해 있을 것입니다. 또한 플레이어 캐릭터의 공격 명중률은 높아졌을 가능성이 있습니다. 따라서 Hope는 적 NPC의 HP와 플레이어 캐릭터의 공격 명중률을 기반으로 계산합니다. 반대로, 플레이어가【질 것 같다】고 판단된다면 플레이어 캐릭터의 HP는 감소해 있을 것이며, 적 NPC의 공격 명중률은 높아졌을 가능성이 있습니다. 따라서 Fear는 플레이어 캐릭터의 HP와 적 NPC의 공격 명중률을 기반으로 계산합니다.

이로 인해, 게임 플레이 중에 플레이어 캐릭터가 공격을 빗맞히면 공격 명중률이 감소하면서 Hope가 줄어들고, 플레이어 캐릭터의 HP가 줄어든 경우 적 NPC의 공격 명중률이 낮더라도 Fear가 높은 상태가 되는 등의 처리가 가능해집니다.

그렇다면 HP와 공격 명중률은 Hope와 Fear에 '어느 정도' 영향을 줄까요? 예를 들어 플레이어 캐릭터의 HP가 100%에서 50%로 줄었을 때, Hope가 0.1 줄어드는 걸까요, 아니면 0.5일까요? 이처럼 영향의 정도를 연역적으로 결정하는 것은 어렵기 때문에 처음에는 어림짐작으로 임시 수치를 설정하고, 실제 게임을 플레이했을 때 플레이어가 느끼는 주관적인 감각과 일치하도록 반복적으로 조정해 나가야 합니다. 따라서 게임 밸런스 조정을 담당하는【게임 디자이너】가 플레이 테스트를 진행하면서 조정하기 쉬운 형태로 만드는 것이 중요합니다.

필자가 관여한 타이틀에서는 Hope와 Fear에 영향을 주는 파라미터(HP나 공격 명중률)를 가로축으로, Hope와 Fear에 더해지는 평가값을 세로축으로 하는 커브 데이터를 개발 툴 상에서 간단히 설정할 수 있도록 했습니다. [그림 8]의 예시에서는 플레이어 캐릭터의 공격 명중률이 50%이므로, 메타 AI는 왼쪽의 커브 데이터를 참조해 Hope에 -0.3을 더합니다. 또한 적 NPC의 HP가 100%이므로, 오른쪽 커브 데이터에서 Hope에 -0.8을 더합니다. 이 평가값들을 모두 합산해 Hope를 산출합니다. 이 예에서는 -0.3과 -0.8을 더해 -1.1이 되지만, Hope와 Fear는 -1.0에서 1.0 사이의 범위를 넘을 수 없기 때문에 최종적인 Hope 값은 -1.0이 됩니다.

【이길 것 같다, 질 것 같다】
직관적인 감각을 글로 구체적으로 설명하려 하면, 본문처럼 복잡한 서술이 되어버린다. 으으…

【게임 디자이너】
게임의 규칙을 비롯해, 게임을 재미있게 만드는 구조를 설계하는 직종. 일본에서는 '플래너'라는 직종이 게임 디자이너의 역할을 포함하는 경우가 많다. 프로젝트에 따라 레벨 디자이너, 배틀 디자이너 등으로 세분화되기도 한다.

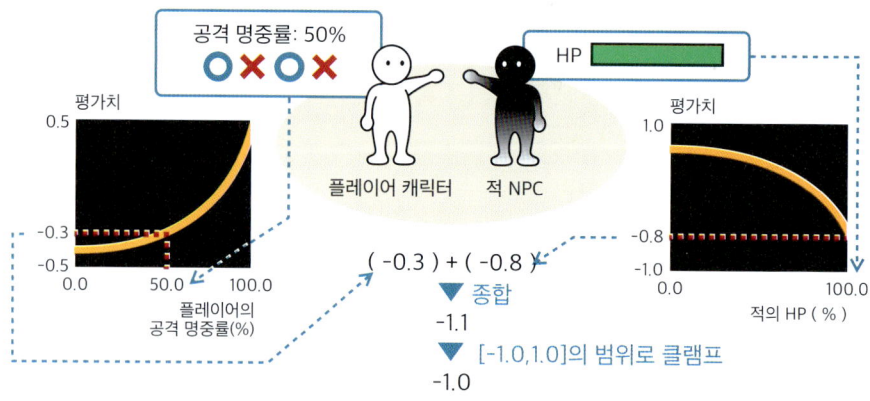

[그림 8] 각 캐릭터의 공격 명중률과 HP에 대응하는 평가치를 커브 네이터로 정의하고 이를 Current EP 산출에 활용한다.

5. Goal EP의 플래닝

Goal EP, 즉 메타 AI가 생각하는 '조금 뒤에 플레이어의 감정이 【어떻게 되어 있기를 바라는가】'는 어떻게 산출할 수 있을까요?

이 산출 방식은 게임의 디자인이나 주제성 등 표현의 방향성에 크게 좌우됩니다. 예를 들어, 개 발자는 보스전이 시작될 때 플레이어가 불안을 느끼길 바랄 수도 있고, 일반 몬스터 전투(잡몹전)에서는 차분하게 플레이하길 바랄 수도 있습니다. 같은 잡몹전이라고 해도, 게임의 진행 상황이나 장소에 따라 플레이어에게 전달하고 싶은 체험이 달라질 수 있습니다. 따라서 게임 타이틀의 콘셉트에 맞게 Goal EP의 산출 방식을 신중히 설계해야 합니다.

여기서부터는 필자가 참여했던 타이틀의 사례를 소개합니다. 서두에서 언급했듯이, 이 타이틀 에서는 특정 보스전에서 '모든 플레이어가 약간 고전하지만 결국에는 극복할 수 있는 체험을 제공하는 것'을 목표로 삼고 있었습니다. 이를 위해 Goal EP는 2차원 감정 맵 상에서 Current EP의 정반대 방향(Hope와 Fear에 각각 -1을 곱한 값)으로 설정하여, 플레이어의 감정을 항상 다 양한 방향으로 흔들어주려는 시도를 하게 했습니다([그림 9]). 이 방식에 따르면, 예를 들어 Hope 가 높고 Fear가 낮은 우세 상태에 있을 경우, 메타 AI는 Hope가 낮고 Fear가 높은 열세 상태 쪽으로 플레이어의 감정을 이끌도록 게임을 조정하게 됩니다. 이로 인해 모든 플레이어가 조금은 고전하는 경험을 실현할 수 있게 됩니다.

그렇다면 '궁극적으로는 극복할 수 있는 체험'은 어떻게 표현할 수 있을까요? 2차원 감정 맵 을 활용해 표현하면 플레이어가 전투의 후반부에서 2차원 감정 맵의 오른쪽 위 영역인 '흥분·기쁨·행복·만족'의 감정을 느낀 상태에서 적을 쓰러뜨릴 수 있다면 결과적으로 바람 직한 형태로 전투를 극복했다고 볼 수 있을 것입니다. 그래서 적의 HP 등을 사용해 산출한 전투의 진행도에 따라 Goal EP의 설정 가능 범위가 점차 '흥분·기쁨·행복·만족' 영역으로 좁혀지도록 설계했습니다([그림 10]). 이로써 메타 AI는 '플레이어가 다양한 방향으로 감정이 흔들리다가도 궁극적으로는 흥분이나 만족감을 느끼게 되는 체험'이 되도록 게임을 조정하게 됩니다.

[어떻게 되어 있기를 바라는가]
인지심리학이니 정보공학이니 이것저것 어렵게 말해도, 결국 가장 중요한 건 '게임을 어떻게 만들고 싶은가', '플레이어가 어떻게 되기를 바라는가'라는 의지다. 그것이 바로 게임 디자인이다.

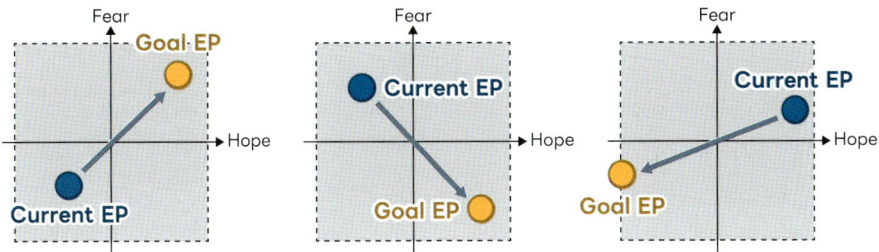

[그림 9] Current EP의 반대편에 Goal EP를 설정한 예

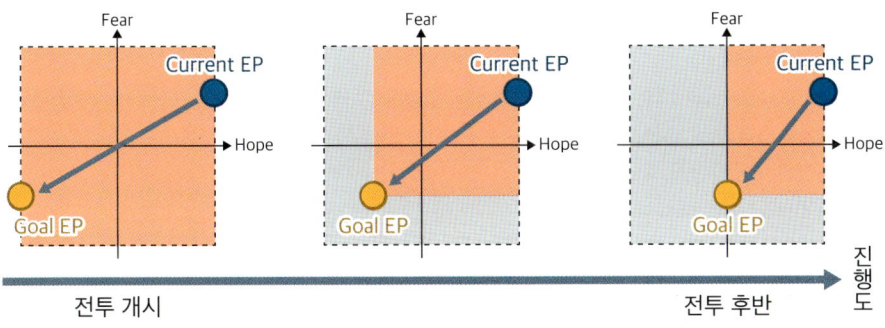

[그림 10] 전투의 진행도에 따라 Goal EP의 설정 가능 범위가 점차 좁아지는 모습

6. Next EP의 갱신과 게임 조정

Goal EP를 산출하면 Next EP도 산출할 수 있게 됩니다. Next EP는 단순히 Goal EP를 2차원 감정 맵 상에서 따라가도록 계산됩니다. 메타 AI가 Goal EP 쪽으로 감정을 조절하려고 할 때 감정의 변화가 너무 급격해지는 경우가 있기 때문에 이를 회피하기 위해 마련된 일종의 완충 장치라고 볼 수 있습니다. Next EP가 어느 정도 속도로 이동해야 할지는 게임마다 다르므로 이 이동 【속도】는 조정 가능하도록 설계하는 것이 좋습니다.

Next EP가 결정되면 메타 AI가 해야 할 일은 이제 본격적인 게임 내용의 조정 뿐입니다. Next EP가 이동하면 어떤 조정이 이루어지는지를 설명하기 위해 다시 한 번 격투 게임의 예를 사용해 보겠습니다.

[그림 11]과 같이 Next EP가 왼쪽 방향, 즉 Hope를 줄이는 방향으로 움직였다고 가정해 봅시다. 이것은 메타 AI가 '플레이어가 승리에 대한 기대감을 느끼지 않도록 만들고 싶다'고 판단하고 있다는 뜻입니다. 이에 따라 플레이어 캐릭터의 공격이 적 NPC에게 명중하기 어렵도록 만듭니다. 구체적으로는 다음과 같은 조정이 고려될 수 있습니다.

- 빈틈을 보이는 행동의 사용 빈도를 낮춘다
- 빈틈이 큰 공격의 사용 빈도를 줄인다
- 플레이어 캐릭터의 공격에 대한 반응 속도를 높인다

【속도】
사람의 감정 변화 속도는 대체 얼마나 될까? 초속 5cm 정도? 분명 개인차가 있을 것이다. 명확한 수치를 정의하기는 어렵고, 그렇기에 더욱 탐구할 가치가 있는 주제인 것 같다.

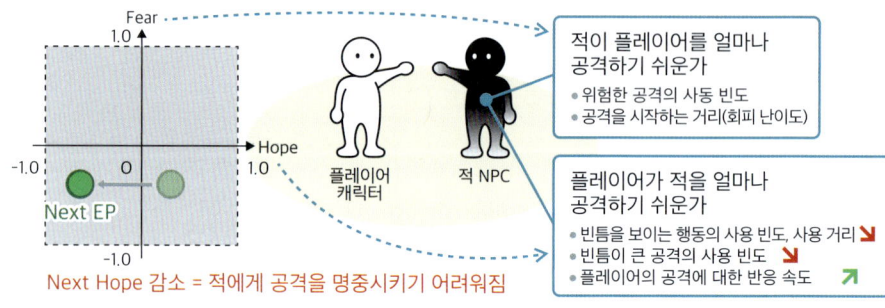

[그림 11] Next Hope가 감소함으로써 적 NPC의 캐릭터 AI가 조정되어 적 NPC에게 공격을 명중시키기 어려워짐

【조정】
파라미터 조정은 반드시 일정한 범위 내에서만 변동되도록 제한을 걸고 있다. 이는 극단적인 게임 플레이 때문에 과도한 파라미터 변화가 발생하거나 개발자가 의도하지 않은 파라미터가 설정되어 버리는 버그를 방지하기위한 조치다.

마찬가지로 Next EP의 Fear가 변화한 경우에는 적 NPC가 플레이어 캐릭터를 공격하기 쉬운 지 여부를 조정하기 위해 위험한 공격의 사용 빈도나 공격을 시작하는 거리(회피 난이도) 등의 파라미터를 조정합니다.

7. 메타 AI와 접점을 이루는 게임 요소

【인터페이스】
일본어(외래어)로서 '인터페이스'라고 들으면 물리적인 레버나 다이얼, 혹은 화면상의 버튼 같은 것을 떠올릴지도 모르지만, 그것들은 UI(유저 인터페이스)라고 불리는 것이다. 프로그램상의 인터페이스는 A와 B 사이의 창구, 즉 접점을 의미한다. 이 창구가 없으면 정보를 주고받을 수 없습니다. '저 프로그래머, 인터페이스가 없네' 같은 말은 하지 말고, 먼저 말을 걸어봐 주세요.

지금까지는 단순한 격투 게임을 예로 들어 메타 AI의 동작을 설명해왔습니다. 메타 AI는 특정 게임 요소에서 데이터를 수집해 Current EP를 계산하고, Next EP를 계산한 뒤에는 특정 게임 요소를 변화시켜 게임 전체를 조정하려고 시도합니다. 이처럼 특정 게임 요소가 메타 AI와의 접점(**인터페이스**)이 되는 것입니다. 메타 AI와의 인터페이스는 게임마다 다르지만, 격투 게임의 사례와 마찬가지로 슈팅 게임이나 카드 게임 등 다른 장르의 게임에서도 인터페이스를 정의할 수 있습니다([그림 12]).

게임 장르	게임 요소의 예			
	Current EP에 영향을 주는 요소		Next EP에 영향을 주는 요소	
	Hope	Fear	Hope	Fear
격투 게임	• 플레이어의 공격 명중률 • 적의 HP	• 적의 공격 명중률 • 플레이어의 HP	• 빈틈을 보이는 행동의 사용 빈도 • 빈틈이 큰 공격의 사용 빈도 • 플레이어의 공격에 대한 반응 속도	• 위험한 공격의 사용 빈도 • 공격 시작 거리 (회피 난이도)
슈터	• 격투 게임과 마찬가지 • 플레이어가 적을 공격하는 수단의 다양성(공격 액션, 소지 아이템, 이동 경로 등)	• 격투 게임과 마찬가지 • 플레이어가 적을 공격하는 수단의 다양성(공격 액션, 소지 아이템, 이동 경로 등)	• 격투 게임과 마찬가지 • 보조 아이템(회복 아이템, 무기, 탄약 등)의 스폰 빈도	• 격투 게임과 마찬가지 • 함정이나 잡몹의 스폰 빈도
카드 게임	• 플레이어의 획득 스코어 • 플레이어의 대응이 빠르고 정확함	• 적의 획득 스코어 • 적의 대응이 느리고 부정확함	• 플레이어에게 찬스를 부여할 가능성이 있는 카드를 뽑을 확률	• 적에게 찬스를 부여할 가능성이 있는 카드를 뽑을 확률 • 적 AI의 게임 트리 검색의 깊이 (의사결정 정도)

[그림 12] 다양한 게임에서 게임과 메타 AI의 접점(인터페이스)이 될 수 있는 게임 요소의 예

겉보기에는 매우 많은 인터페이스를 정의해야 할 것처럼 보일 수 있지만, Hope와 관련된 인터페이스와 Fear와 관련된 인터페이스는 짝을 이루는 경우가 많기 때문에 실제로는 그렇게 많지 않습니다. 다만 게임 자체가 복잡해질수록 인터페이스의 종류나 수가 증가할 가능성은 높아집니다.

8. 감정을 시각화하는 게임 플레이 분석 도구

메타 AI가 효과적으로 기능했는지를 어떻게 검증하면 좋을까요? 대부분의 게임은 플레이할 때마다 게임 내에서 일어나는 일이 달라지고, 그에 따라 플레이어의 감정 변화도 달라집니다. 그렇기 때문에 여러 차례 플레이 테스트를 진행하면서 각 플레이에 있어 게임 내에서 실제로 일어난 일과 메타 AI가 계산한 감정을 비교해보고, 난이도가 지나치게 높아 고통스러운 감정이 오랫동안 지속되거나, 특정 기술이 너무 강력하다든가 하는 문제가 발생했는지를 확인하는 작업이 필요합니다.

이러한 작업은 개인 PC에서만 진행하기에는 매우 번거롭기 때문에 텔레메트리(원격 데이터 수집)나 데이터 시각화가 매우 유효합니다. 필자가 참여했던 타이틀에서는 개발 중에 한해 텔레메트리를 통해 플레이 데이터를 수집하고, 브라우저 기반의 '게임플레이 분석 【툴】'로 데이터를 시각화함으로써 게임 디자이너가 전투나 메타 AI를 더 효율적으로 조정할 수 있도록 지원하는 시도를 하고 있었습니다([그림 13]).

이처럼 시간 순서에 따른 감정(Current EP, Goal EP, Next EP)의 변화, 각 캐릭터의 HP 등 상태 변화, 공격 명중과 같은 감정에 영향을 준 이벤트 정보를 한눈에 정리해서 확인할 수 있습니다.

【툴】
있으면 좋고, 있으면 편리한 것. 원하는 기능은 잔뜩 있지만, 충실한 개발 환경을 갖추는 건 좀처럼 쉽지 않다.

【꺾은선 그래프】
뭔가 대단해 보이긴 하는데, 비전문가는 뭘 의미하는지 알기 어렵다. 아무리 편리한 툴이라도 그것을 사용하는 사람의 숙련도에 따라 제대로 활용할 수 있을지 여부가 달라지는 법이다. 잘 훈련된 담당 개발자는 그래프만 봐도 게임 안에서 무슨 일이 일어나고 있는지 파악할 수 있게 된다고 한다.

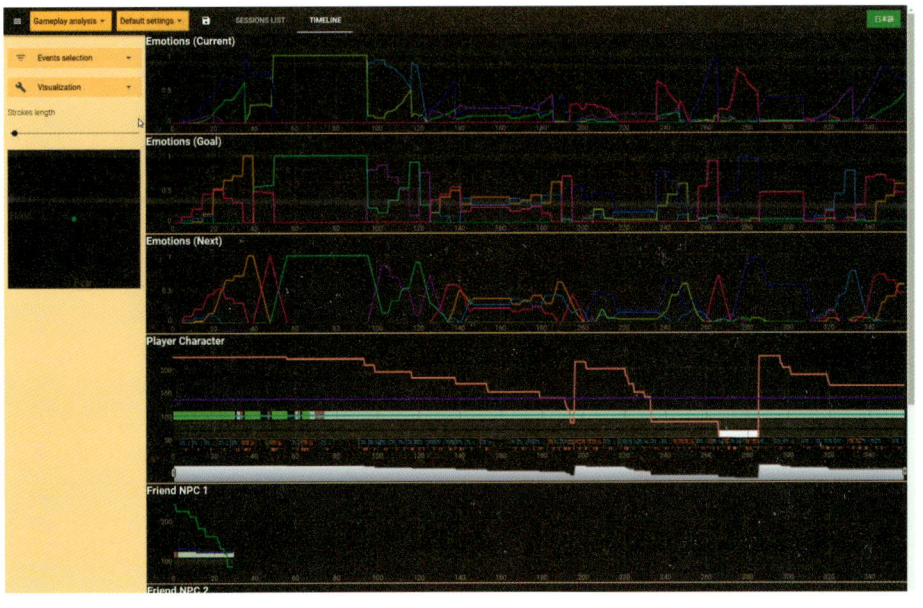

[그림 13] 게임 플레이 분석 툴

9. 감정 강도의 타임라인 표시

EP는 2차원 벡터이기 때문에 시간에 따른 변화를 꺾은선 그래프 형식으로 직관적으로 시각화하기 어렵습니다. Hope와 Fear로 나누어 그래프화할 수는 있지만, Hope와 Fear의 고저만으로 플레이어의 감정을 상상해야 한다는 점은 【직관적】이지 않습니다. 그래서 EP가 2차원 감정 맵에서 묘사된 8가지 감정 중 어떤 감정에 가까운지를 유사도로 수치화하여 그것을 그래프로 표현하는 방식을 취했습니다.

【직관적】
Hope 와 Fear는 -1. 0에서 1.0 사이의 범위를 지닌 2차원 좌표값이기 때문에 내부적으로는 (0.264,- 0.157)로 처리됩니다. 이 값을 보고 즉시 현재 어떤 감정인지 판단할 수 있는 사람이 과연 있을까요? 직관적으로 이해할 수 있도록 시각화하는 것이 중요합니다.

[그림 14]의 왼쪽에서는 EP가 '긴장·경계' 영역에 위치하고 있지만, 이 감정이 100%라는 뜻은 아니며, '흥분·기쁨'이나 '행복·만족'에도 가까운 느낌을 줍니다. 그래서 오른쪽처럼 2차원 감정맵의 네 구석에 위치한 8개의 좌표를 각 감정의 대표점으로 정하고, 각 대표점과 EP 사이의 거리가 가까울수록 유사도가 높다고 간주하는 방식입니다.

[그림 15]에는 어떤 전투에서 실제로 얻어진 EP의 변화를 나타냅니다. 전투 시간은 약 15분이며, 처음에는 '긴장·경계', 그다음에는 '흥분·기쁨'처럼, 전투 전반을 통틀어 플레이어의 주요 감정이 차례로 변화해가는 것을 확인할 수 있습니다.

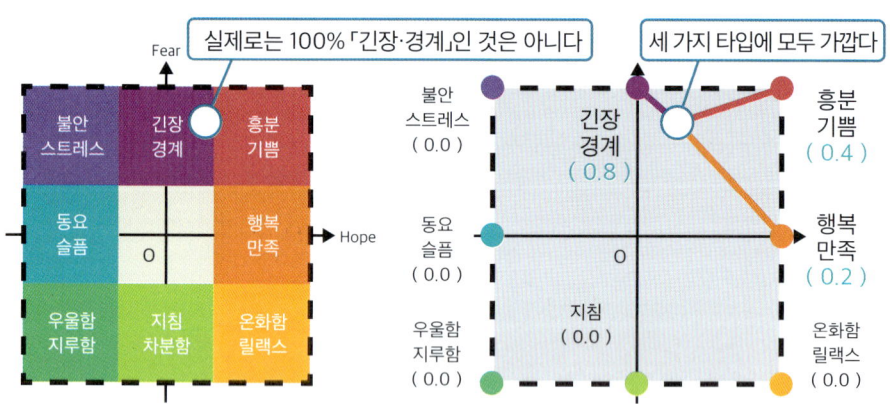

[그림 14] 그래프화를 위해 8가지 감정과 EP의 유사도를 계산한다

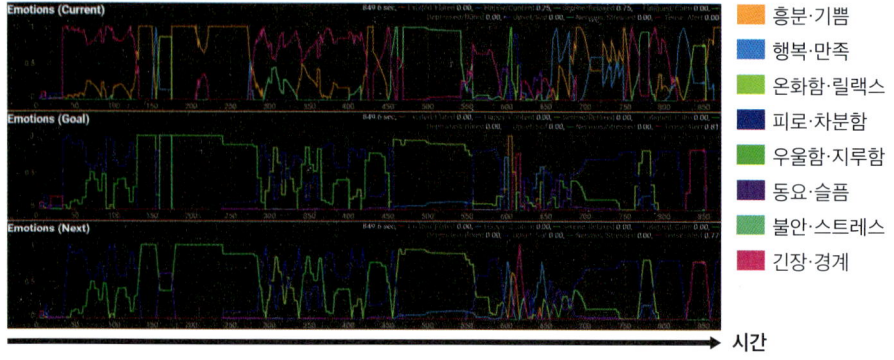

[그림 15] 어느 전투에서의 EP 추이 예시

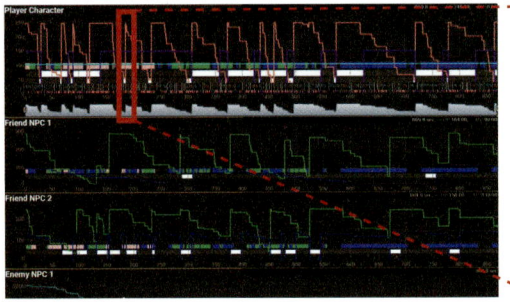
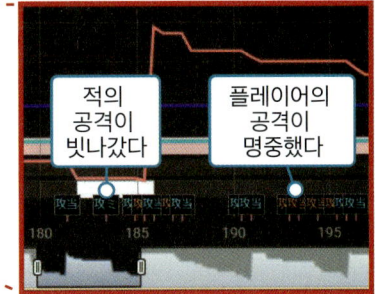

[그림 16] EP에 영향을 준 이벤트의 아이콘 표시

또한, 공격 명중, 공격 실패 등 EP에 영향을 준 이벤트는 타임라인 상에 【아이콘】으로 표시됩니다 ([그림 16]). 이는 감정이 급격하게 변화한 원인을 분석하는 데 유용합니다.

10. 메타 AI의 평가

지금까지 메타 AI의 구조와 기능에 대해 설명해 왔습니다. 그렇다면 메타 AI가 기대한 대로 동작하고 있는지를 어떻게 평가하면 좋을까요? 이번 타이틀의 경우, 평가 포인트는 네 가지가 있었습니다.

1. Current EP의 추정 결과와 플레이어의 감정은 일치했는가?
2. 메타 AI를 통해 플레이어의 감정을 흔드는 데 성공했는가?
3. 난이도는 허용 가능한 범위였는가?
4. 게임 디자이너가 밸런스 조정이 쉽다고 느꼈는가?

Current EP의 추정 결과와 플레이어의 감정은 일치했는가?

우선 Current EP의 【추정 결과가 타당한지】, 즉 플레이어가 주관적으로 느끼는 감정과 일치하는지를 확인해야 합니다. 이 부분이 크게 어긋나 있으면 Goal EP나 Next EP의 계산 그리고 그에 따른 게임 조정 전반이 엉뚱한 방향으로 흐르게 됩니다.

메타 AI 개발 초기에는 Current EP의 추정 결과와 실제 플레이어의 감정 사이에 명백한 큰 차이가 있었습니다. 예를 들어, 단 한 번 공격을 명중시켰을 뿐인데 Hope가 오른쪽 끝(+1.0)까지 증가해버리는 일이 자주 발생했습니다.

이러한 오차를 수정하기 위해 사용한 방법이 바로 '【사고 발화법】(思考発話法)'입니다. 먼저, 플레이어가 플레이 중에 느낀 감정을 "힘드네…", "기쁘다!"처럼 그때그때 말로 표현하게 합니다. 그 다음, 그 플레이 모습을 후방에서 영상으로 촬영하고, 화면에 디버그 표시로 나타나는 Current EP 추정 결과와 비교하여 불일치하는 부분을 찾아내고, 그에 따라 수치를 적절히 수정해 나갑니다.

【아이콘】
디버그 기능이나 디버그 표시의 개발은 프로그래머의 업무이며, 기본적으로 프로그래머만으로 완료되는 경우가 대부분이다. 여기에 디자이너가 관여하는 일은 거의 없고, 시인성이 좋은 아이콘 따위는 기대하기 어렵다. …그렇다고 해도, 좀 더 어떻게 안 됐을까 싶은 경우가 많은 것도 사실이다.

【추정 결과가 타당한가】
새로운 제안을 하기 위해서는 검증이 중요하다. "그런 것 같다", "그런 느낌이 든다"로는 연구로서 인정받기 어렵다. 그렇다고 해도, 개발자의 직감이 게임의 재미를 만들어내는 경우도 있기 때문에 참으로 어렵고 미묘한 영역이다.

【사고 발화법】
이른바 스트리머가 하는 것과 비슷한 게임 플레이 방식. 자신의 감정이나 생각을 말로 표현하면서 플레이를 진행하는 방식이다. 어? 그런 거 어릴 때부터 쭉 해왔다고? …으, 응.

이번에는 시간이 제한되어 있었기 때문에 게임 디자이너 자신이 플레이어 역할을 맡아 실험을 진행했습니다. 실제 플레이어와 게임 디자이너는 게임에 대한 지식이나 숙련도 면에서 큰 차이가 있으며, 실험 참가자도 1명 뿐이었기 때문에 실험의 객관성은 꽤 낮다고 할 수 있습니다. 그럼에도 불구하고, Current EP 추정에 사용된 다양한 파라미터를 조정하는 작업에는 큰 도움이 되었습니다. 이후 다른 【개발자 10명】에게 플레이를 요청했을 때, Current EP의 추정에서 뚜렷한 오차가 발견되지 않았을 만큼 높은 완성도로 조정되어 있었습니다.

【개발자 10명】
피검 대상군으로는 적어 보일 수도 있지만, 이런 종류의 검증 실험은 같은 사내라 하더라도 의외로 사람을 모으는 데 애를 먹는 경우가 많다.

메타 AI를 통해 플레이어의 감정을 흔들 수 있었는가?

앞서 언급한 것처럼, 개발자 10명의 협조를 받아 1인당 수차례의 플레이 테스트를 진행하고 데이터를 수집했습니다. 금세 죽지 않고 오랜 시간 플레이가 가능했던 세션 중 상당수에서는 Current EP가 다양한 방향으로 흔들리는 궤적을 보였습니다. 그 중에는 [그림 17]과 같이, Current EP가 Goal EP를 따라가는 듯한 궤도를 그린 경우도 있었고, 이는 메타 AI가 의도한 대로 플레이어의 감정을 움직이는 데 성공한 사례라고 할 수 있습니다.

하지만 이와 같은 사례는 매우 드물었습니다. 플레이어의 감정(전투 결과)에 영향을 주는 요소는 매우 많고, 메타 AI가 조정할 수 있는 범위에는 한계가 있기 때문에 플레이어의 감정을 의도한 방향으로 움직이게 하는 것은 여전히 어렵다는 사실도 함께 확인되었습니다.

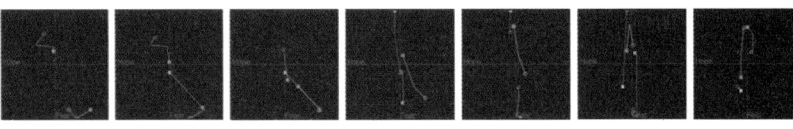

[그림 17] 실제 플레이에서 얻어진 각 EP의 궤적 데이터 예시 (파랑: Current EP, 노랑: Goal EP, 초록: Next EP) Goal EP와 Next EP가 아래 → 위 → 아래로 이동하는 것을 따라가듯, Current EP는 위 → 아래 → 위로 이동하고 있음

난이도가 허용 가능한 범위였는가?

이 역시 개발자 10명의 플레이 테스트를 통해 검증하였습니다. 10명 중에는 액션 게임에 능숙한 사람도, 익숙하지 않은 사람도 있었지만, 전원 리트라이 없이 또는 1~2회만의 리트라이로 클리어 할 수 있었습니다. 또한 주관적인 감상에서도 전체적으로 "약간 고전했지만 재미있었다"는 인상이 많았습니다. 이러한 결과로부터 적어도 실험에 참여한 10명의 범위 내에서는 이번에 의도했던 '모든 플레이어가 약간 고전하면서도 결국에는 극복할 수 있는 전투'를 대체로 실현할 수 있었다고 판단할 수 있습니다.

다만, 실제 일반 플레이어를 대상으로 했을 때 난이도 밸런스나 감정 흐름이 의도대로 작동했는지는 아직 검증되지 않았습니다.

게임디자이너가 밸런스 조정이 쉽다고 느꼈는가?

프로젝트 종료 후 게임 디자이너에게 받은 피드백에 따르면 감정의 큰 변화가 발생한 이유를 분석하여 게임 측 파라미터를 조정할 수 있던 점이 매우 유용했으며, 기존 (데이터를 수집하지 않던) 워크플로우에 비해 【100배는 나았다】는 평가를 받았습니다. 또한 플레이 중에 발생한 일들과 그로 인한 영향이 데이터로 시각화되기 때문에 게임 디자이너들과의 논의도 원활하게 진행될 수 있었고 매우 호평이었습니다.

한편, 게임플레이 분석 툴에 대해서는 장기적인 변화나 미세한 변화가 왜 발생했는지를 분석하는 데에는 여전히 어려움이 있어 개선의 여지가 있다는 의견도 있었습니다.

11. 정리

이상과 같이, 필자가 참여한 타이틀의 일부 전투 그리고 개발자 측에서 간이적으로 검증한 범위에 한정되기는 하지만, 2차원 감정맵에 기반한 메타 AI를 통해 플레이어의 감정을 자극하고 '모든 플레이어가 약간 고전하지만 【결국에는 극복할 수 있는】 전투'를 실현할 수 있었습니다.

가능하다면 이 게임에 대해 잘 모르는 실험 참가자들을 모아 보다 객관적인 효과 검증을 수행하는 것이 바람직할 것입니다. 효과 검증에 대해서는 이후에 자세히 설명하겠습니다.

【100배는 나았다】
"그래서? 100배 팔렸어? 수익이 100배 늘었냐고?" 예산을 관리하는 매니저의 시선은 오늘도 무섭다.

【결국에는 극복할 수 있다】
보스! 제 일도 메타 AI로 관리해 주세요!

개발일기 : AI 토대 만들기 #3　　　　　　　　　　　　　　　　　AI 연구자 S

20XX년 어느 날	플레이어가 무엇을 하든, 어떤 일이 일어나든 전투가 최소한으로라도 성립되도록 적 NPC가 사용하는 '최후의 수단'을 미리 심어두었다. 제발 이제 아무 일도 일어나지 않기를 바란다.
20XX년 어느 날	"아무리 뛰어난 AI가 있다 하더라도, 플레이 중에 무리함이나 부자연스러움을 느끼게 된다면 그걸로 끝이야. AI를 이용해 게임을 더 재미있게 만들기 위해선 놀이의 설계(게임 디자인)뿐 아니라, 세세한 디테일을 차곡차곡 쌓아 올려서 게임의 기반을 단단히 다지는 게 중요하다고." …후배 앞에서는 이 정도쯤은 멋 좀 부려도 괜찮겠지?

슈팅 게임의 메타 AI

어둠에 휩싸인 밀림, 고대 유적, 미지의 지하 미궁 — 이러한 장소에서 플레이어는 사방에서 몰려드는 수많은 적들과 맞서며, 찰나의 판단과 순식간의 반사 신경으로 살아남기 위한 전투를 벌이게 됩니다. 이 장대한 전장의 무대가 바로 【슈팅 게임】의 스테이지입니다. 슈팅 게임이 지닌 단순함과 동시에 깊은 전략성, 밀려드는 적 무리를 격파할 때의 짜릿함, 그리고 고득점이나 완벽한 클리어를 목표로 한 도전은 지금까지도 수많은 게이머들을 매료시키고 있습니다. 이 절에서는 그러한 슈팅 게임의 매력적인 구조에 대해 깊이 있게 살펴보겠습니다.

슈팅 게임은 단순히 '쏘고 쓰러뜨리는' 게임이 아닙니다. 플레이어에게 요구되는 [스킬]은 매우 다양하며, 이러한 능력을 익히는 것이 고득점 획득과 게임 클리어의 열쇠가 됩니다.

- **반사 신경**: 적의 움직임이나 탄의 궤적은 예측하기 어려운 경우가 많습니다. 플레이어는 순간적인 판단으로 적절한 행동을 취해야 합니다.
- **예측 능력**: 적의 움직임이나 발사 패턴을 파악하고, 한 발 앞을 읽어 위험을 회피하는 기술입니다.
- **전략적 사고**: 어떤 적을 먼저 쓰러뜨릴지, 특정 무기를 언제 사용할지 등, 게임 흐름을 고려한 전략적인 판단이 요구됩니다.
- **지속적인 집중력**: 적이 끊임없이 플레이어를 공격해 오기 때문에 한순간의 방심도 용납되지 않습니다.
- **조작 기술**: 게임 기기의 조작에 익숙해지고, 고도의 테크닉을 활용해 게임을 진행하는 기술이 중요합니다.
- **적응력**: 게임이 진행됨에 따라 상황이 변하는 경우도 많습니다. 새로운 적이나 스테이지의 특성에 빠르게 적응하는 능력도 필요합니다.
- **침착한 판단력**: 압도적인 적의 수나 몰아치는 탄막에도 동요하지 않고, 침착하게 최적의 행동을 선택하는 능력은 게임 클리어에 반드시 필요합니다.

이러한 스킬을 갈고 닦음으로써 슈팅 게임에서의 성과는 크게 향상됩니다. 각각의 게임이 지닌 고유한 특징이나 적의 움직임에 따라 이러한 스킬을 어떻게 활용하느냐가 플레이어의 실력을 가늠하는 기준이 됩니다. 그렇다면 게임이 플레이어에게 요구하는 스킬의 수준, 즉 난이도는 어떻게 설계하면 좋을까요?

1. 슈팅 게임의 난이도 설계 방법

슈팅 게임은 기본적으로 높은 난이도로 설정되어 있는 경우가 많습니다. 하지만 플레이어 중에는 플레이 스킬이 높은 사람도, 낮은 사람도 존재합니다. 이에 따라 게임 개발자는 스킬이 낮은 플레이어도 재미를 느끼며 실력을 향상시킬 수 있도록 게임의 밸런스를 조정하거나 튜토리얼을 개선하는 등 다양한 대응책을 마련하고 있습니다.

【슈팅 게임】
플레이어의 실제 능력치를 올리지 않으면 공략이 불가능한, 까다로운 게임 장르. 자신의 성장도를 강하게 체감할 수 있는 반면, 최근에는 초심자에겐 어렵고 진입 장벽이 높은 장르라는 오해를 받기도 한다. 예전에는 '슈팅 게임'이라고 하면 '2D 슈팅 게임'을 가리키는 것이 일반적이었지만, 지금은 먼저 FPS를 떠올리는 단어가 되어 버렸다고 한다. 한때 2D 슈팅에 열광했던 마니아들은 오늘도 네 평 반 자취방 구석에서 슬픔에 잠겨 있다고 한다.

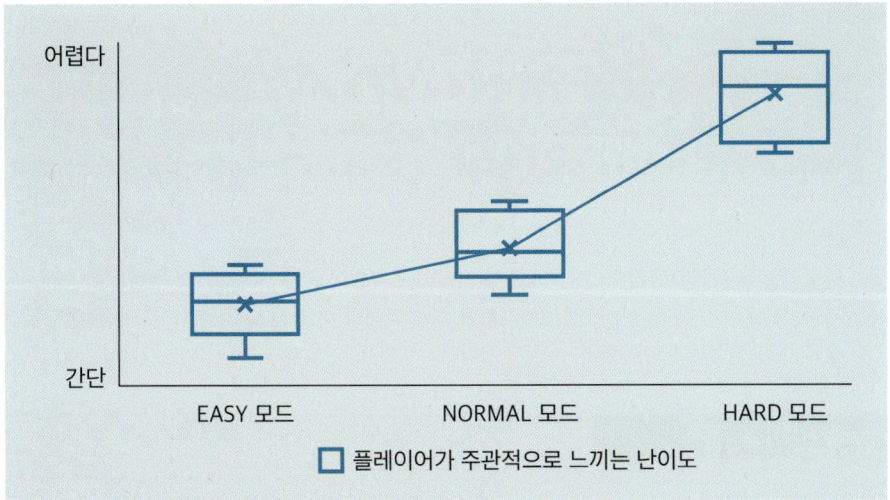

[박스 수염 그림]
데이터의 흩어짐 정도 (분산)를 집단별로 비교할 수 있는 차트 시각화 기법. 통계학자 투키(Tukey) 박사가 1977년에 고안했다. 주가나 시세에서 익숙한 '캔들 차트'와 마찬가지로, 통계학자들의 명명 센스에는 독특한 맛이 있다. 곱씹을수록 재미있는 이름이다.

[그림 18] 난이도 스케일링. 동일한 스테이지라도 모드를 변경하면 플레이어가 주관적으로 느끼는 난이도는 달라지지만, 모드 간의 차이가 너무 커지는 것은 바람직하지 않다.

일반적인 방법

【EASY / NORMAL / HARD】와 같이 난이도를 여러 단계(모드)로 나누는 방식이 일반적입니다 ([그림 18]). 그러나 다음과 같은 문제가 발생할 수 있습니다.

1. **부적절한 난이도 스케일링**: 게임 개발자가 난이도의 차이에 대해 적절한 스케일링을 설정하지 못한 경우 각 모드 간의 난이도 차이가 부자연스럽게 느껴집니다. 그림의 예에서는 EASY 모드에서 NORMAL 모드로의 변화에 비해 NORMAL에서 HARD로의 변화폭이 지나치게 커서 처음으로 HARD 모드를 선택한 플레이어는 너무 어렵다고 느낄 수 있습니다.
2. **게임 밸런스 문제**: 게임 내 적이 얼마나 강한지, 플레이어 캐릭터의 능력 정도 등의 밸런스가 제대로 조정되지 않은 경우 난이도 설정과 관계없이 게임이 지나치게 쉽거나 어려워질 수 있습니다.
3. **게임 메커니즘에 대한 이해 부족**: 조작 방법이나 전술에 관한 튜토리얼 및 설명이 부족한 경우 플레이어가 게임 메커니즘을 충분히 이해하지 못해 난이도를 제대로 체감하지 못할 수 있습니다.
4. **개별 플레이어의 실력 차이**: 플레이어마다 게임 실력이나 경험에는 차이가 있습니다. 따라서 EASY / NORMAL / HARD 같은 고정된 난이도 설정이 일부 플레이어에게는 적절하지 않을 수 있습니다.
5. **난이도 설정에 대한 플레이어의 기대**: 플레이어가 특정 난이도에 대해 나름의 기대를 갖고 있는 경우, 그 기대에 부합하지 않는 난이도 설정은 불만족스러울 수 있습니다. 예를 들어, EASY 모드라고 하더라도 어느 정도의 어려움을 원하는 플레이어가 있는 반면, 또 다른 플레이어는 EASY 모드에서 매우 쉬운 게임 플레이를 기대할 수도 있습니다.

[EASY / NORMAL / HARD]
난이도 명칭은 해당 게임의 분위기나 세계관에 따라 HELL이나 SURVIVAL 같은 독특한 이름이 붙는 경우가 많다. 그중에는 너무 비틀어서 무슨 의미인지 잘 알 수 없는 경우도 있다.

이러한 문제들에 대해서는 다음과 같은 대응책을 고려할 수 있습니다.

1. **플레이어 피드백 수집 및 분석**: 게임 출시 후 플레이어로부터 피드백을 수집하고, 난이도 조정에 관한 의견을 분석함으로써 적절한 난이도 설정을 위한 개선점을 찾을 수 있습니다.
2. **플레이 테스트의 실시**: 게임 개발 중에 다양한 스킬 레벨을 가진 플레이어들을 대상으로 반복적인 플레이 테스트를 진행하고 의견을 반영함으로써 더 적절한 난이도 조정을 실현할 수 있습니다.
3. **튜토리얼 및 [가이드] 강화**: 게임의 조작 방법이나 전술에 관한 튜토리얼과 가이드를 충실히 제공함으로써 플레이어가 게임 메커니즘을 쉽게 이해할 수 있게 되고, 결과적으로 난이도 설정을 보다 적절하게 받아들일 수 있게 됩니다.

[가이드에 충실]
예전에는 게임 패키지 안에 종이 설명서라는 것이 들어 있었다고… 그런 소문인지 민간전승인지 모를 얘기를 어디선가 들은 기억이 있는 것 같기도 하지만, 아마 기분 탓일 거다.

[동적 난이도 조정]
DDA라고도 불리는, '게임 시스템이 플레이 중에 난이도를 동적으로 조절하는 구조'의 역사는 의외로 오래되었다. 본문에서처럼 반드시 플레이어에게 적합한 난이도로 조정하는 방식만 있는 것은 아니며, 아케이드 게임처럼 난이도를 일부러 올려 플레이어의 실수를 유도해 투입 금액(인컴)을 늘리기 위한 구조도 존재한다.

동적 난이도 조정

[동적 난이도 조정](DDA: Dynamic Difficulty Adjustment)이라 불리는 메타 AI의 한 종류를 사용하는 방법도 있습니다. 이는 플레이어의 실력에 따라 난이도가 자동으로 조정되는 기능입니다. 동적 난이도 조정을 구현하면 적의 강한 정도나 능력, 플레이어 캐릭터의 능력 등 게임 내 요소들의 밸런스를 적절하게 조정할 수 있게 됩니다. 이를 통해 개별 플레이어는 자신에게 맞는 난이도에서 게임을 즐길 수 있게 됩니다.

<제비우스>(남코, 1983)는 당시로서는 동적 난이도 조정을 탑재한 선구적인 게임이었습니다. 이 게임에는 공중에 떠있는 적과 지상에 배치된 적이 등장하는데, 공중 적은 미리 정해진 순서대로 출현하며 게임이 진행될수록 그 강도도 점차 증가합니다. 그러나 비행체가 격추되면 출현하는 적이 초기의 약한 적으로 리셋됩니다. 반면, 지상 적의 배치는 고정되어 있으며, 게임 진행은 별다른 방해 없이 계속됩니다. 이 독특한 시스템 덕분에 게임은 매끄럽게 진행되면서도 난이도는 플레이어의 상태에 맞춰 자연스럽게 조정되는 구조가 되어 있습니다.

<Left 4 Dead>(Valve Software, 2008년)에서도 'AI 디렉터'라 불리는 동적 난이도 조정 시스템이 도입되었습니다. 이 게임은 4명이 한 팀이 되어 몰려드는 좀비 무리와 싸우는 멀티 온라인 액션 게임입니다. AI 디렉터는 게임의 긴장과 이완의 리듬을 인위적으로 만들어내기 위해 플레이 상황으로부터 계산된 플레이어의 긴장도가 오르내리도록 적 캐릭터의 출현 위치와 타이밍을 조절합니다.

2. 슈팅 게임에 메타 AI를 도입해보았다

여기서는 2D 슈팅 게임 <STG>에 새로운 메타 AI(동적 난이도 조정 기법)를 도입한 사례를 소개합니다([그림 19]). STG의 기본 규칙은 세로 스크롤 슈팅 방식이며, 화면이 자동으로 위에서 아래로 스크롤되기 때문에 플레이어 캐릭터는 반드시 앞으로 나아가야 합니다.

슈팅 게임의 메타 AI

[그림 19] <STG>의 기술 데모 화면

STG의 특징 중 하나는 스테이지 내에 길이나 벽 같은 파괴 가능한 오브젝트가 존재한다는 점입니다. 겉보기엔 2D처럼 보이지만 실제로는 높이 개념이 존재하며, 플레이어 캐릭터는 점프를 통해 높은 지형에 오를 수 있습니다. 동시에 적 캐릭터도 길이나 벽을 인식하며 행동합니다.

이러한 특징 덕분에 STG는 일반적인 슈팅 게임보다 플레이어의 움직임과 위치 선정이 더욱 중요한 게임이 되었습니다. 계단, 점프, 아이템 등 다양한 요소가 게임 난이도에 영향을 주기 때문에 적절한 난이도 조정이 매우 까다로운 구조입니다. 그래서 이 절에서는 【고전적인 장르】인 STG를 메타 AI로 혁신하여 '도전적이면서도 모든 플레이어가 즐길 수 있는' 게임을 만드는 것을 목표로 합니다.

이 절에서 제안하는 메타 AI에서 사용하는 두 가지 접근법, '2-Layer 위험도 컨트롤'과 '3가지 AI'에 대해 설명하겠습니다.

【고전적인 장르】
화석처럼 굳어버린 게임 장르라도 아이디어 하나만 잘 살리면 연말 상업 전선의 최전방으로 뛰어오를 수 있다는 게 게임 개발의 매력이다. 자, 붙잡자, 게이머즈 드림!

2-Layer 위험도 컨트롤

[실제 위험도와 겉보기 위험도]
두 개의 레이어로 게임 난이도를 동적으로 조정하는, 이른바 동적 난이도 조정(DDA) 시스템의 한 형태. 플레이어의 플레이 퍼포먼스에 따라 게임의 난이도를 자동으로 변경한다.

STG의 메타 AI에서 사용하는 난이도 조정 시스템은 **【실제 위험도와 겉보기 위험도】**인 2-레이어 구조로 플레이어의 위험 상태를 관리합니다. '실제 위험도'는 게임 클리어에 직접적으로 영향을 미치는 게임 콘텐츠의 위험도를 의미합니다. 반면, 게임 클리어에 영향을 주지 않거나 직접적인 영향을 주지 않는 게임 콘텐츠의 위험도는 '겉보기 위험도'라고 부릅니다. 겉보기 위험도를 활용함으로써 실제로는 안전한 상황에서도 플레이어의 긴장감을 의도적으로 높이거나 낮추는 것이 가능해지며, 메타 AI는 이를 통해 플레이어의 체감 난이도를 조정할 수 있습니다. 실제로는 안전한 상황이기 때문에 숙련도가 낮은 플레이어라도 게임의 완급 조절에서 오는 재미를 체험할 수 있게 됩니다. 궁극적으로 메타 AI는 이상적인 위험도 곡선(메타 AI가 지정한 목표 위험도)에 맞춰 게임 세계 내의 위험도를 추종·조정해 나가는 시스템을 구현하게 됩니다.

[그림 20]에서는 화면 좌측 상단에 플레이어 캐릭터가 위치해 있으며, 그 주변에 적 캐릭터 4마리가 배치되어 있습니다. 이와 같은 적은 플레이 도중 확실히 플레이어에게 직접적인 위협이 됩니다. 반면, 플레이어 캐릭터로부터 멀리 떨어진 화면 우측 하단의 적은 겉보기에는 위협적으로 보이지만, 실제로는 방치해도 무방한 적입니다.

[그림 20] 2-Layer 위험도 컨트롤

메타 AI는 플레이어의 플레이 스킬을 추측하여 현재 게임 상태에서 게임 난이도를 조정해야 하는지를 판단합니다. 메타 AI가 판단한 결과에 따라 플레이어에게 주어야 할 도전의 강도는 '이상적인 위험도'로 설정됩니다. 이상적인 위험도와 비교했을 때 현재의 게임 난이도를 높여야 하지만, 그 이상으로 어렵게 만들 경우 게임 오버가 발생할 우려가 있다면 메타 AI는 '실제 위험도'가 아니라 '겉보기 위험도'를 상승시키는 방향을 선택합니다. 예를 들어, 플레이어가 도달할 수 없는 먼 곳에 적을 늘려 지나가게 하는 식으로, 게임 오버로 이어지지 않는 연출을 통해 긴장감을 높이는 것입니다.

[그림 21]은 메타 AI의 제어 하에 게임의 위험도를 측정한 사례를 나타냅니다.

- 파란색 꺾은선: 실제 위험도
- 황색 꺾은선: 이상적인 위험도
- 초록색 꺾은선: 평균 위험도

이 게임은 실시간으로 진행되는 게임이기 때문에 다양한 요소에 영향을 받아 실제 위험도가 순간적으로 크게 변하는 경우가 많습니다. 이러한 위험도를 그대로 사용하면 결과가 불안정해질 우려가 있습니다. 그래서 최근 몇 초간의 평균 위험도를 산출하여 더 안정적인 측정 결과를 사용하는 방식으로 결정했습니다.

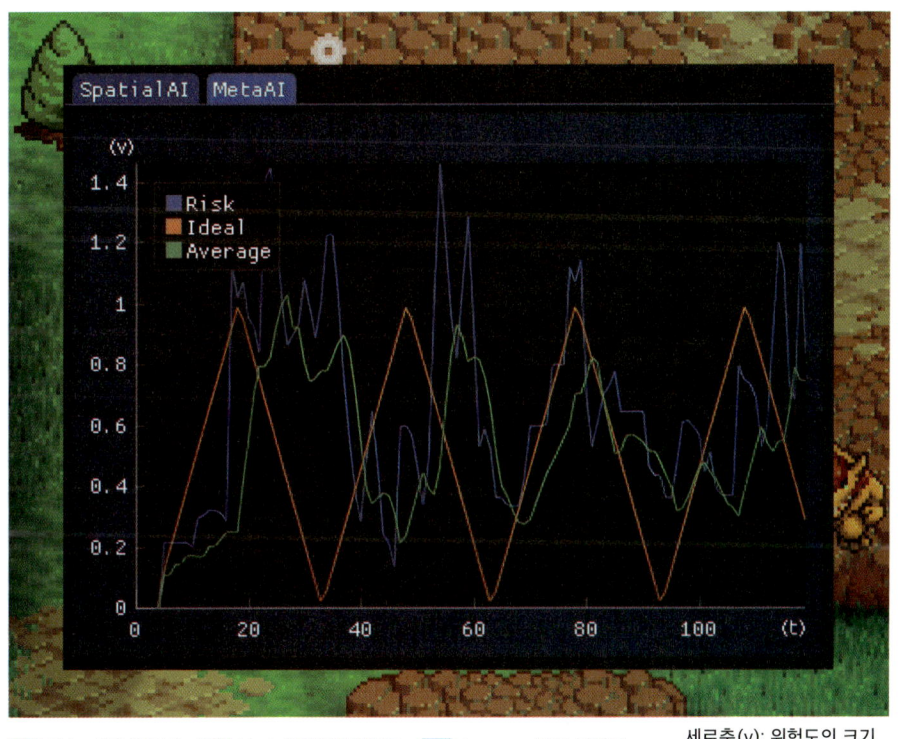

■ Risk: 실제 위험도   ■ Ideal: 이상적인 위험도   ■ Average: 평균 위험도

세로축(v): 위험도의 크기
가로축(t): 경과 시간

[그림 21] 메타AI : 위험도의 시각화

【ImGui】
[그림 21]과 같이, 게임 내 AI의 상태나 내부 스테이터스를 시각화하기 위해 ImGui를 활용했다. ImGui는 오픈소스(MIT 라이선스)의 GUI 라이브러리로, 보기에도 깔끔하고 연구 및 개발 중에 매우 유용하게 사용되었다.

3가지 AI

게임 내에서 사용되는 AI는 크게 세 가지로 분류됩니다([그림 22]). 첫째는 게임을 자율적으로 움직이기 위한 수단으로 캐릭터 전반을 제어하는 '캐릭터 AI'입니다. 둘째는 지형이나 공간을 인식하고 그것에 맞춰 사고를 수행하는 '스페이셜(Spatial) AI'입니다. 셋째는 게임에 간섭하기 위한 다양한 인터페이스를 보유하고, 게임 내 모든 요소를 제어할 수 있는 능력을 지닌 '메타 AI'입니다. 이 세 가지 게임 AI 기술이 발전함에 따라 게임 디자인과 개발 효율 등도 함께 향상되어 왔습니다.

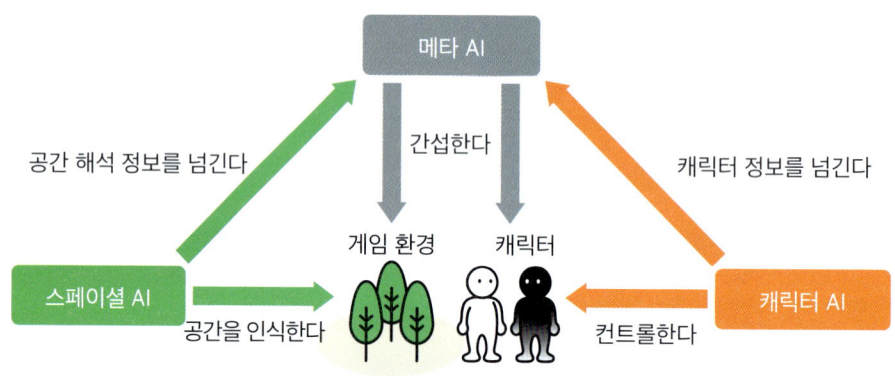

[그림 22] 3가지 AI와 게임의 관계성

STG의 캐릭터 AI

STG에서는 기본적으로 캐릭터 AI를 통해 적을 제어합니다. 기본 행동에는 공격, 이동, 대기가 포함됩니다.

우리는 메타 AI의 효과를 최대한으로 끌어낼 수 있는 캐릭터 AI를 구현하기 위해 메타 AI 제어 기능을 실시간으로 ON/OFF 전환할 수 있는 자율형 캐릭터 AI를 구현했습니다. STG에서는 【Unreal Engine의 비헤이비어 트리(Behavior Tree)】 아키텍처를 이용해 적 캐릭터를 제어하고 있습니다([그림 23]). 여기에서는 자세한 설명은 생략하지만, 【궁금한 사람은 직접 찾아보시길】 바랍니다(https://docs.unrealengine.com/4.27/ja/InteractiveExperiences/rtificialIntelligence/BehaviorTrees/BehaviorTreesOverview/).

적 캐릭터는 메타 AI의 제어가 없는 경우, 사양에 따라 정의된 로직에 따라 이동하거나 공격합니다. 하지만 메타 AI의 제어가 개입되면 공격이나 이동이 금지되거나, 강제 공격, 강제 이동 등의 조작이 가능해집니다.

또한, 적 캐릭터의 행동이 위험도에 어떤 영향을 미칠지를 예측하기 위해 이동 시뮬레이션 기능도 마련했습니다([그림 24]). 이 기능은 적이나 탄환이 현재 위치에서 수 초 뒤까지 통과하게 될 위치를 예측 계산하여 기록하는 기능입니다.

【Unreal Engine의 비헤이비어 트리】
언제나 이곳에서 시작. 역시 공식 문서가 최고! …라고 기술 해설서에서 말해버리면 끝장 아니냐고.

【궁금한 사람은 직접 찾아보시길】
기술 해설서에서 그런 말을 하면 안 되는 거 아냐? …라고 하면서도, 예전에는 수십 페이지를 들여야 겨우 설명할 수 있었던 전문 기술들이 이제는 게임 개발의 일반적인 표준 기능으로 인식되고 제공되어 누구나 손쉽게 사용할 수 있는 세상이 된 걸 생각하면 정말 격세지감이 다.

슈팅 게임의 메타 AI

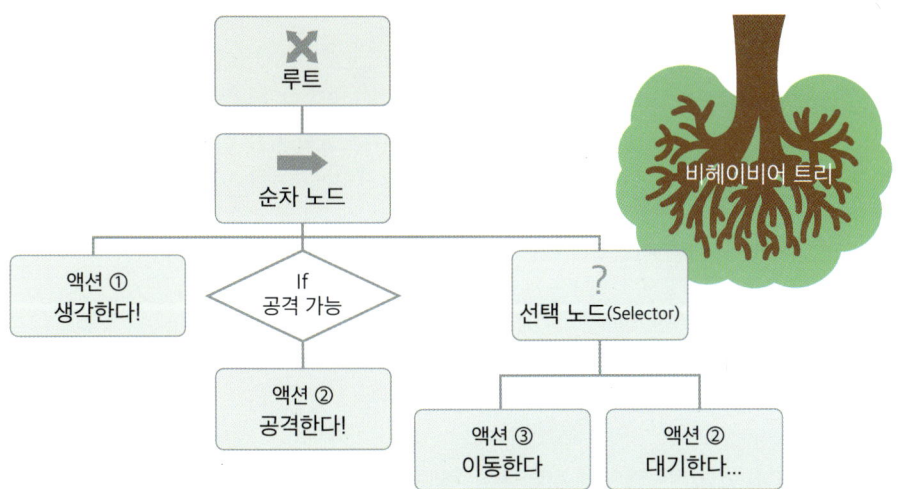

[그림 23] STG에 사용된 캐릭터 AI의 비헤이비어 트리 루트는 처리가 시작되는 지점을 의미하며, 순차 노드는 그 아래에 연결된 처리를 순서대로 실행함을 뜻하고, 선택 노드는 그 아래에 연결된 처리 중 하나를 선택해 실행함을 의미합니다.

【트리 구조】
프로그래밍이나 정보공학에서 트리구조는 매우 자주 등장하는 대표적인 자료조지만, 자연의 나무와는 달리 위가 뿌리, 아래로 줄기, 가지, 잎 순으로 이어진다. 그들의 머릿속에 있는 나무는 분명 바오밥나무일 것이다.

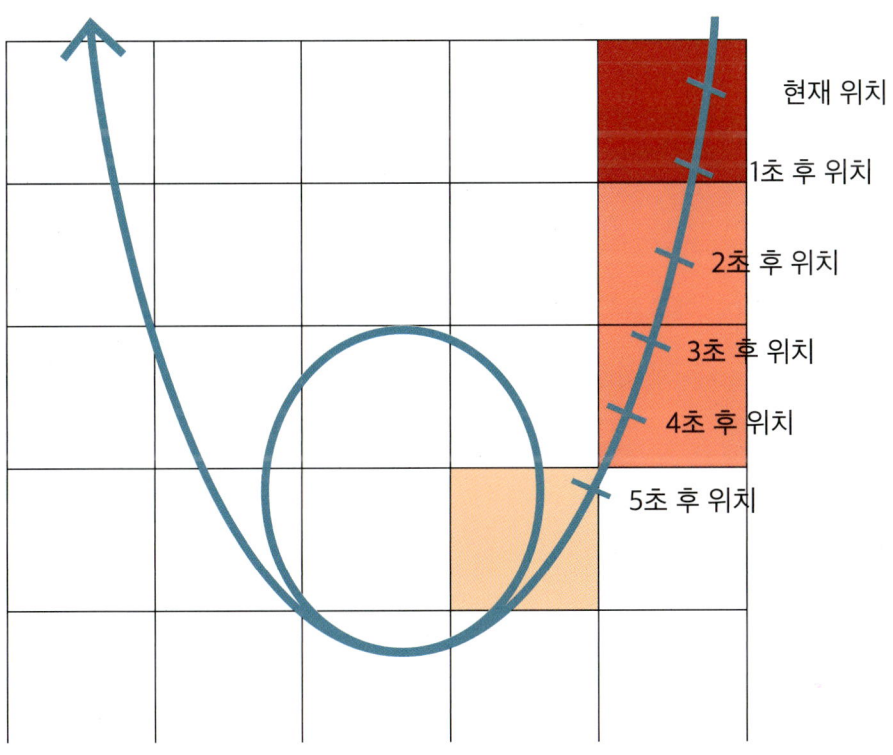

[그림 24] STG의 캐릭터 AI 기능: 【이동 시뮬레이션】

【이동 시뮬레이션】
그래프 그림만으로는 다소 이해하기 어려울 수 있지만, 왼쪽 그림은 오른쪽 위에서 등장한 적이 화면 중앙에서 한 바퀴 빙 돌고 왼쪽 위로 빠져나가는 이동 궤적의 시뮬레이션 도식이다.

STG의 스페이셜 AI

스페이셜 AI는 레빌(스테이지)의 공간 정보를 분석하여 실제 위험도와 겉보기 위험도를 산 출합니다. 메타 AI보다 더 세밀하게 게임 내 상황을 파악하기 위해 단순한 위치나 경로 정보만 이 아니라 플레이어의 예상 이동 경로까지 예측하고, 위치 데이터를 해석하여 메타 AI를 지원합니다. 스페이셜 AI는 게임 공간을 항상 분석하고, 그로부터 얻은 정보를 메타 AI와 캐릭터 AI에 푸시하여 각 AI가 더 정확한 판단을 내릴 수 있도록 보조합니다.

세 가지 AI가 도입됨으로써 어떤 레벨에서든 스페이셜 AI가 레벨을 효과적으로 분석하고 유용한 정보를 메타 AI에 전달하며, 메타 AI는 그 정보를 바탕으로 적 캐릭터에게 적절한 명령을 내림으로써 게임을 매끄럽고 리듬감 있게 컨트롤하는 구조를 실현할 수 있습니다.

STG에서는 지형 변화, 아이템 출현, 적의 공격, 적의 위치, 장애물, 길, 기믹 등의 출현 여부를 인 식하고, 플레이어에게 최적인 공격 위치, 회피 위치, 유도 위치 및 해당 위치에 도달하기 위한 경 로를 분석하여 메타 AI에 공유합니다. 또한 게임 내 디메리트 정보(적·탄환)와 메리트 정보(아 이템)를 지형 정보에 맞춰 반영하며, 플레이어 기준에서의 【메리트와 디메리트】를 반영한 영향 맵을 지속적으로 업데이트합니다([그림 25]).

더 나아가, 이【영향맵】정보를 기반으로 플레이어의 목적을 추정하고, 일정 시간 내에 발생할 미래 게임 정보의 변화까지 고려한 경로를 예측합니다. 이 예측 경로 정보를 토대로 적이나 아이템 등을 출현시킬 위치를 결정합니다.

> 【메리트와 디메리트】
> 일본식 영어…라고까지는 할 수 없지만, 영어에서는 본문처럼 자주 쓰이는 문맥은 아니다. 학술 컨퍼런스 같은 자리에서는 일본 국내에서도 보통 프로콘(Pros/Cons)이라고 부르는 경우가 많은 것 같다.

> 【영향맵】
> 예를 들어 지방자치단체의 홍수 시 침수 지역 지도나, 외무성이 발표하는 국가별 여행 경보 단계에 따라 색으로 구분된 세계 지도처럼, 위치에 따라 달라지는 정보를 시각화한 것이다. 오른쪽 그림의 예에서는 레벨(스테이지)을 그리드 형태로 분할하고, 평가값에 대응하는 색을 입힘으로써 디메리트 값(불리한 정보)을 시각화하고 있다.

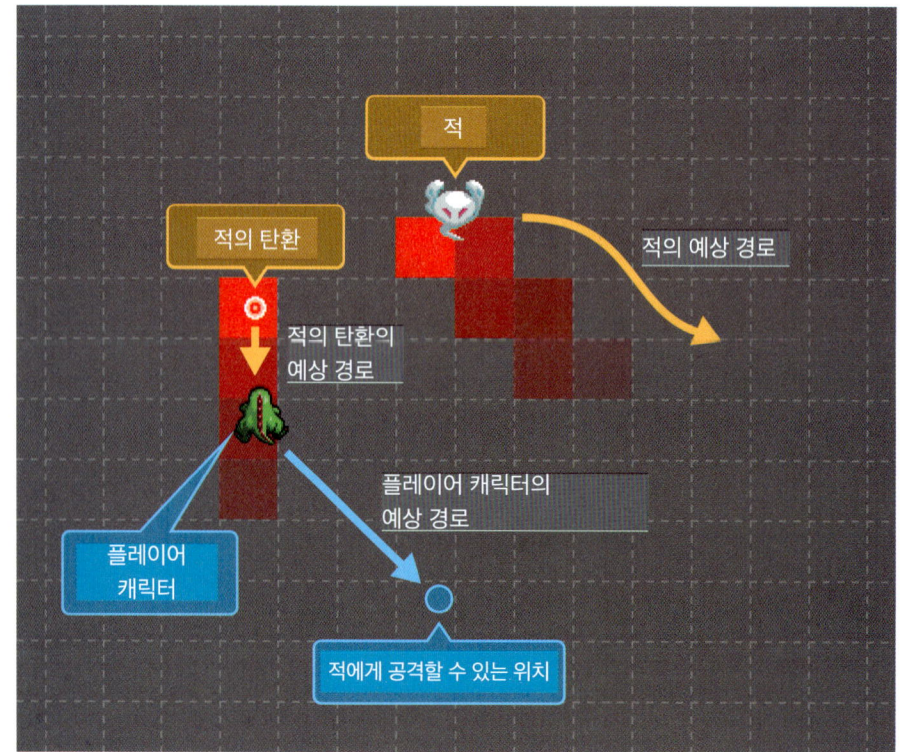

[그림 25] 스페이셜 AI의 기능 : 디메리트 영향 맵 & 플레이어 경로 예측
탄환이나 적 캐릭터가 있는 위치가 가장 높은 디메리트 값(짙은 빨간색)을 가지며, 그 경로 예측 지점으로 갈수록 디메리트 값이 낮아지고 있다(연한 빨간색).

3. 동적 난이도 조정 시 주의할 점

지금까지 동적 난이도 조정을 수행하는 메타 AI에 대해 소개해 왔지만, 이를 도입할 때에는 몇 가지 주의해야 할 사항이 있습니다.

1. **플레이어의 의도에 반하는 조정** : 동적 난이도 조정이 플레이어의 의도나 기대와는 다른 방식으로 난이도를 변경하는 경우가 있습니다. 이는 플레이어가 원하는 난이도를 스스로 선택하지 못하게 되어 적절한 도전을 즐기기 어렵게 만듭니다.
2. **조정 방식의 불투명성**: 동적 난이도 조정이 어떻게 작동하는지를 플레이어에게 명확히 설명하지 않는 경우, 혼란이나 불만을 유발할 수 있습니다. 게임 내에서 어떤 행동이 난이도 변화에 영향을 미치는지 알 수 없다면 플레이어는 스트레스를 받을 수 있습니다.
3. **적절한 조정 범위의 설정**: 동적 난이도 조정이 적절한 범위에서 난이도를 조절하지 못하면 게임이 지나치게 쉽거나 어렵게 되어 플레이어가 재미를 느끼지 못할 수 있습니다.
4. **플레이어의 실력 향상에 미치는 영향**: 동적 난이도 조정이 항상 플레이어의 실력에 맞추어 난이도를 낮춘다면 플레이어는 게임 내에서 실력을 향상시키려는 동기를 잃을 수 있습니다. 게임 디자이너가 의도한 '막힘 구간(스테이지)'도 손쉽게 통과하게 되어 본래 얻을 수 있었던 도전과 성취감을 느끼지 못할 수 있습니다. 이는 장기적으로 【플레이어 인게이지먼트】에 부정적인 영향을 줄 수 있습니다.
5. **효과적인 알고리즘 개발의 어려움:** 동적 난이도 조정 기능을 구현하기 위해서는 플레이어의 실력과 게임 진행 상황을 기반으로 적절한 조정을 수행하는 효과적인 알고리즘이 필요합니다. 이를 개발하는 것은 기술적으로 어렵고, 많은 리소스가 소요될 수 있습니다. 메타 AI의 목표는 게임 세계를 더 넓게, 더 정밀하게 제어하는 것이며, 그를 위해서는 방대한 양의 정보를 수집해야만 합니다. 또한, 리얼타임 게임의 경우 게임 세계가 항상 변화하고 있기 때문에 데이터의 시효성(시간이 지나면 데이터가 쓸모없어지는 문제)이 문제가 됩니다. 데이터 시효성에 대응하기 위해 데이터 수집 빈도를 높이면 CPU 처리 부하와 메모리 사용량도 증가하게 됩니다. 메타 AI에게 무엇을 실현해주길 바라는지를 바탕으로 '캐릭터 AI', '스페이셜 AI', '메타 AI', 이 세 가지의 처리 흐름을 사전에 정의해 두지 않으면 제어의 정밀도나 처리 속도에 문제가 발생할 가능성이 높습니다. 또한 게임의 수요에 따라 메타 AI에 기대하는 역할도 달라집니다. 난이도 제어뿐만 아니라 게임의 드라마성을 고조시키는 등 응용되는 상황이 있다면 메타 AI에 요구되는 성능 역시 변화하게 될 것입니다.

【플레이어 인게이지먼트】
Player engagement. 플레이어가 게임에 몰입하여 즐기고 있는지를 나타내는 개념으로, 한마디로 말하면 체험의 질을 가리키는 말이다. 그렇다면 '플레이어의 체험의 질'이라고 해도 되지 않을까...

4. 미래 과제

슈팅 게임의 매력 중 하나는 플레이어의 실력에 맞춘 도전의 균형입니다. 이 균형을 유지하기 위한 접근 방식으로, 동적 난이도 조절(DDA)을 도입하였습니다. 그러나 동적 난이도 조절을 도입함에 있어 주의 깊게 접근해야 할 문제가 하나 있습니다.

그 문제는 플레이어가 동적 난이도 조정의 존재를 인지했을 때 자신의 실력이나 성과가 정당하게 평가받지 못한다고 느끼는 경우가 있기 때문입니다. 이러한 '흥이 깨지는' 감각은 게임 체험 전체의 질을 떨어뜨릴 위험이 있으므로 동적 난이도 조정 기능의 구현 및 조정은 매우 신중하게 이루어져야 합니다.

게임 디자인의 핵심인 플레이어의 성취감과 재미를 최우선으로 고려하는 것은 매우 중요합니다. 동적 난이도 조정과 같은 기술을 도입할 때에도 이러한 원칙을 잊지 않고, 플레이어의 체험을 극대화하는 방법을 끊임없이 모색하는 자세가 요구됩니다. STG에서는 메타 AI를 도입함으로써 플레이어의 게임 체험을 향상시키는 것을 목표로 하고 있습니다. 궁극적으로는 메타 AI이기 때문에 가능한 흥미로운 체험을 일반 플레이어도 실감할 수 있도록 앞으로도 지속적으로 노력하고자 합니다.

5. 정리

슈팅 게임의 난이도 설계는 플레이어에게 적절한 도전과 보상 감각을 제공하기 위한 중요한 요소입니다. 그러나 현재 널리 사용되는 고정적인 난이도 설계 방식으로는 모든 플레이어에게 최적의 난이도를 제공하기 어렵다는 문제가 존재합니다. 이 문제를 해결하기 위한 방법으로는 예전부터 있었던 동적 난이도 조절(DDA)이라는 접근이 있습니다. 이는 게임의 진행 상황이나 플레이어의 숙련도에 따라 난이도를 조정하는 접근법이 활용되고 있습니다. 이번에 소개한 시도에서는 새로운 동적 난이도 조절 기법을 도입하여 더 자연스러운 게임 체험을 실현하고자 하였습니다. 하지만 모든 문제가 완전히 해결된 것은 아닙니다. 어러한 문제들은 **【미해결 문제】**라기보다는 앞으로 해결해 나가야 할 '과제'로 인식하고 지속적인 개선과 연구를 이어가는 것이 중요합니다.

> **[미해결 문제]**
> 이렇게 적어두면 뭔가 인류 전체에 걸친 어마어마한 난제로 보이고, 해결하면 어딘가에서 위업을 칭송받으며 상금이라도 받을 수 있을 것 같은 느낌이 들지만, 실제로는 그냥 개발 현장의 일상적인 업무일 뿐입니다.

개발일기: AI 엔지니어의 애니메이션 사건부: 캐릭터 압축 사건

#1 '덩어리'의 출현 — AI 엔지니어 E

20XX년 어느 날 — 시내에서 근무하고 있는 AI 엔지니어 E씨는 자신의 눈을 의심했다. 사용하고 있는 머신러닝 모델이 생성한 애니메이션에 의해 실험 중이던 캐릭터가 황당한 모습으로 발견된 것이었다. 사지는 짓눌린 듯이 변형되어 있었고, 무언가 덩어리였던 것이 움직이고 있는 것으로 간신히 알아볼 수 있을 정도의 상태였다.

20XX년 어느 날 — E 씨는 사건 발생 직후, 이 상황을 공동 연구자인 H씨에게 보고했다. H 씨는 "자주 있는 일이야~"라고 말했다. 마치 아무 일도 아닌 듯한 반응이었다. E 씨는 다소 당황하면서도 조사를 시작했다. 상황으로 봤을 때 이번 사건의 용의자는 다음 세 명으로 좁혀졌다.

1. '전처리' 씨
2. '머신러닝 모델' 씨
3. '후처리' 씨

셋 다 하나같이 만만치 않은 인물들로 보인다.

탁구 로봇의 메타 AI

1. 메타 AI, 게임 세계를 뛰쳐나오다

늘 똑같은 전개에 질리거나, 어려운 적을 도무지 쓰러뜨릴 수 없거나, 원래 재미있어야 할 게임이 전혀 재미없게 느껴지는 상황이 있습니다. 이런 상황을 당신의 실력이나 노력에 맞춰 매번 색다르고 재미있는 전개로 바꾸거나, 아슬아슬 재미있게 클리어할 수 있도록 게임 내부에서 조정해주는 존재가 바로 메타 AI였습니다.

그렇다면 메타 AI는 게임 세계에서만 존재할 수 있을까요?

매일 같은 시간에 같은 풍경을 보며 학교나 회사에 가는 일상. 같은 일의 반복만으로는 전혀 설레지 않죠. 단골 미용실에 가는 길도 늘 똑같고, 새로운 가게가 생기는 일은 몇 년에 한 번일지도 모릅니다. 이런 생활, 지루하지 않나요?

학교나 회사에 가는 길에 추천 경로가 표시되고, 그 길을 따라가면 좋아하는 【금목서】 향기가 피로를 풀어주거나, 새로운 도넛 가게를 발견하게 된다면 어떨까요?

메타 AI가 현실 세계에 구현된다면 지루한 현실이 지금보다 더 즐거워질지도 모릅니다. 메타 AI야말로 게임의 세계를 넘어 현실을 더 즐겁게 만들 수 있는 열쇠일 수 있습니다. 그런 가능성을 떠올리며, 우리는 오늘도 메타 AI를 연구하고 있습니다.

【뛰쳐나오다】
<The 3-D Battles of World Runner>는 1987년 유통에 참여한 3D(입체시) 게임이다. 적녹 안경이 그리운 시절이다. 너희들, 항상 뛰쳐나오고 있네.

【금목서】
기억을 가장 쉽게 불러일으키는 것이 향기라고도 하지만, 방향제 제조업체들의 끊임없는 노력 덕분에 금목서는 이제 화장실의 전도서처럼 되어버린 느낌이다.

【OMRON 주식회사】
무접점 스위치라 하면 OMRON이다. 마우스 버튼이나 키보드 키는 물론, 게임 업계도 큰 도움을 받고 있는 글로벌 대기업. 감히 발을 뻗고 잘 수 없다.

【FORPHEUS】
OMRON사가 2013년부터 개발해 오며 화제를 모았던 탁구 로봇. "Future OMRON Robotics technology for Exploring possibility of Harmonized Automation with Sinic theoristics"의 머리글자를 따서 'FORPHEUS(포르페우스)'라는 이름이 붙여졌다. FORPHEUS는 계속 진화 중이며, 본문에 나오는 FORPHEUS는 모두 제6세대 FORPHEUS를 가리킨다.

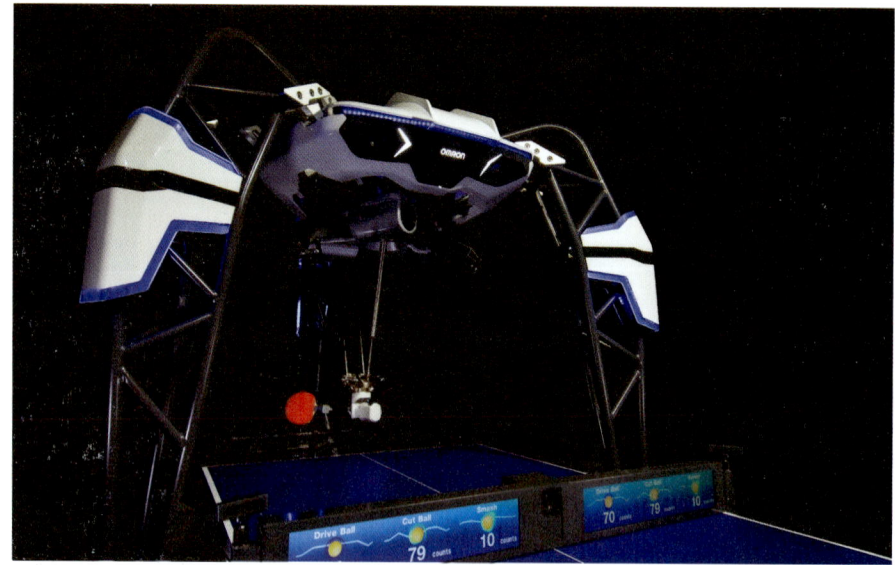

[그림 26] 탁구 로봇 '[FORPHEUS]' ©2020 OMRON Corp.
기계가 인간의 가능성과 창조성을 끌어올려 활약할 수 있도록 능력을 이끌어내는 '융화'의 세계를 구현한 OMRON의 핵심 기술 (Sensing & Control + Think)을 상징하는 로봇이다. OMRON이 지향하는 인간과 기계의 미래를 탁구 랠리를 통해 체감할 수 있다.

2. 즐겁게 실력이 늘고 싶다!

현실 세계에 메타 AI를 구현하고 싶다고 생각하던 우리에게 탁구 로봇이라는 현실의 디바이스에 메타 AI를 탑재한다는 것은 더할 나위 없는 기회였습니다. 게임의 세계를 뛰쳐나가고 싶어도, 게임 회사인 【스퀘어 에닉스】는 메타 AI를 탑재할 하드웨어를 직접 개발하지 않습니다. 그룹사인 【타이토】는 하드웨어도 제작하지만, 기본적으로는 게임용 기계에 한정되어 있습니다. 그런 상황에서 고도의 제어 기술과 센서가 요구되는 탁구 로봇을 개발해온 OMRON사에서 그 로봇에 메타 AI를 구현할 수 없겠냐는 제안을 받은 것입니다. 우리는 즉시 어떤 것이 가능할지 검토를 시작했고, OMRON 사측과 논의를 개시했습니다.

【스퀘어 에닉스】
2023년 04월 01일에 합병 20주년을 맞이했다. 드디어 어른이 되었습니다 (성인 연령 이하 이전 기준으로).

【타이토】
2023년 08월 24일에 창립 70주년을 맞이한 게임 업계의 노포. 그 역사를 들여다보면 일본 최초, 세계 최초인 일이 너무 많아서 놀라게 된다. 비디오 게임과 관련된 이야기에서는 종종 인베이더 게임이 언급되지만, 그것은 타이토사가 자랑하는 역사의 절반 정도를 넘는 것에 불과하다.

첫 미팅에서는 FORPHEUS에게 메타 AI로 어떤 역할까지 맡길 수 있을지 감을 잡지 못했고, 메타 AI란 어떤 기술이며 향후 사회에서는 어떤 분야에 활용될 수 있을지를 설명하는 다소 추상적인 자료를 중심으로 프레젠테이션을 진행했던 기억이 있습니다. 평소 업무는 게임과 무관한 로봇 개발을 하고 있는 분들인 만큼, 게임 디자이너의 AI인 메타 AI를 이해하는데 어려움이 있지 않을까 하는 불안도 있었습니다. 그래서 다양한 게임의 메타 AI 사례를 함께 소개했습니다.

그러나 뚜껑을 열어보니, OMRON 사측에는 게임을 즐기는 분들도 많았고, 당사의 RPG나 메타 AI가 탑재된 액션 게임을 플레이해 본 적 있는 분도 계셨습니다. 실제 게임을 예로 들어 메타 AI의 동작을 소개할 수 있었기 때문에 처음의 불안이 무색할 정도로 매우 순조롭게 설명을 마칠 수 있었습니다. 예상치 못하게 업계를 넘어 공유할 수 있는 콘텐츠로서의 게임의 위대함을 실감하게 된 순간이었습니다.

그 후 OMRON사로부터 '인간과 기계의 융화', **【자기 효능감】**의 향상'과 같은 키워드를 제 시받으며 논의를 심화해 가던 중, 플레이어의 실력 향상에 초점을 맞출 수 있지 않을까 하 는 방향으로 대화가 무르익게 되었습니다. 결국 탁구 로봇 'FORPHEUS'에서는 실력 향상을 포기하지 않도록 '메타 AI로 감정을 자극해 동기를 유지하는 것'을 목표로 삼게 되었습니다.

스포츠를 해본 사람이라면 무언가를 잘하게 되고 싶어서 노력했던 기억이 있을 겁니다. 축구라면 리프팅을 20회 하고 싶다든지, 테니스라면 강한 서브를 성공시키고 싶다든지, 수영이라면 50m를 완주하고 싶다든지. 그리고 다른 사람에게 이기고 싶고, 더 잘하고 싶어진다는 마음.

그 목표를 이루기 위한 방법은 모두 하나의 공통 분모가 있습니다. 수없이 반복해서 연습 하고, 머리와 몸으로 어떻게 하면 더 잘할 수 있는지를 익혀야 합니다. 수없이 실패하면서 할 수 있게 될 때까지 반복, 그것 밖에 없습니다. 하지만 너무 계속 실패하거나 노력해도 결과가 나오지 않아 포기한 경험이 있는 분도 적지 않을 것입니다. 그렇게 되지 않도록 '감 정을 자극해 주면서, 노력과 연습을 즐겁게 계속할 수 있는 탁구 로봇'을 메타 AI로 실현 하기로 한 것입니다.

> 【자기 효능감】
> 해야 할 일에 대한 자신감과 확신 같은 것. 반세기 전 한 심리학자가 제창한 용어입니다.

개발일기 : AI 엔지니어의 애미메이션 사건부 : 캐릭터의 압축 사건
#2 3인의 용의자

AI 엔지니어 **E**

20XX년 어느 날	먼저 E씨는 '전처리' 씨의 신변 조사를 시작했다. 전처리에 사용된 라이브러리가 주어진 데이터군에서 애니메이션 데이터를 제대로 추출하고 있는지를 확인한 것이다. 그런데 여기에서는 이상이 발견되지 않았다. 꽤 만만치 않은 상대다.
20XX년 어느 날	다음으로 E씨는 '머신러닝' 씨의 행적을 조사하기 시작했다. 디버깅 작업을 위해 단순한 애니메이션 하나를 완벽하게 처리할 수 있는지를 검증해본 것이다. 그 결과는 최초 실험 때와 마찬가지였다. 덩어리가 거기에 굴러다니고 있었다. 캐릭터 가 너무나도 불쌍했다. 이건 '머신러닝 모델' 씨의 짓일지도 모른다. 능력 있는 AI 엔지니어의 눈을 그렇게 쉽게 속일 순 없지.
20XX년 어느 날	마지막으로 E씨는 '후처리' 씨를 조사했다. 먼저 출력된 데이터가 제대로 변환되어 있는지를 확인했지만 이상한 점은 보이지 않았다. 다음으로 '후처리' 씨가 사용하고 있는 라이브러리에 버그가 없는지를 조사했다. 머신러닝 모델에도 버그가 있을 가능성도 완전히 배제할 수 없었기에 머신러닝 모델의 출력이 아닌 학습 데이터를 사용하여 변환을 시도했다. 그 결과, 이럴 수가, 캐릭터의 몸이 뒤틀려버 렸다. 허깨비인 줄 알았는데 실제 유령을 만난 듯한 순간이었다.
20XX년 어느 날	조사 결과, 범인은 '후처리' 씨였고, 사용 중인 라이브러리가 범행 도구임이 밝혀 졌다. 사건 해결을 위해 E씨는 새로 라이브러리를 제작하여 데이터를 변환한 결 과, 애니메이션이 정상적으로 출력되었다. 진실이 백일하에 드러난 순간이었다.

> 【3인의 용의자】
> 추리극 같은 도입과 '3인의 용의자'라는 제목을 보고, '3인의 용의자(가리데브)' 이야기겠구나, 용의자는 가리, 데브 그리고 여자 한 명이겠지 하고 생각하며 읽어 내려갔는데, 사람은 한 명도 등장하지 않았다. 그건 도저히 간파할 수 없었다.

[대단해]
왠지 이 칼럼에서는 <괴수 해부 도감(아사히 소노라마 간행)> 같은 느낌이 난다. FORPHEUS의 단면도와 함께 '수수께끼의 주머니'라든가 '수수께끼의 기관' 같은 게 있었으면 좋겠는걸.

Column: [대단해], FORPHEUS! 네 가지 비밀

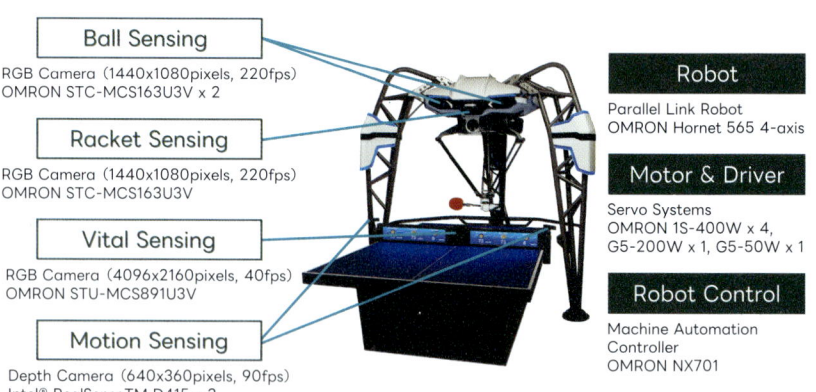

탁구 로봇 'FORPHEUS(포르페우스)'의 구성 **[中山 et al. 2021]**. © 2020 OMRON Corp.

① 볼 센싱

탁구공의 3차원 위치를 계산하기 위해 220fps 촬영이 가능한 카메라가 2대나 탑재되어 있다. 조명에 강한 색으로 변환하거나, 흑백 처리, 노이즈 제거 등 다양한 처리를 거쳐 공의 위치를 추정한다. 2개의 눈으로 3차원 위치를 추정한다는 점은 인간과 똑같다.

② 라켓 센싱

라켓의 위치와 방향을 추정하기 위해 볼 센싱용 카메라 2대 중 1대를 사용하고 있다. 라켓에 부착된 9장의 스티커를 이용해 추정한다. 라켓은 다양한 방향을 향하기 때문에 9장의 스티커 중 일부는 카메라에서 가려지는 경우가 많다. 어떤 스티커가 보이는지를 처리함으로써 라켓의 방향을 추정하고 있는 듯하다.

③ 모션 센싱

사람의 동작을 측정하기 위해 카메라로부터의 거리 정보를 획득할 수 있는 '뎁스 카메라(depth camera)' 라고 불리는 카메라를 탁구대 네트의 양 끝에 2대 설치하고 있다. 탁구 선수는 몸을 다양한 방향으로 향하기 때문에 한 대의 카메라만으로는 신체 일부가 다른 부분을 가리는 상황에 대응할 수 없다. 그래서 두 대의 카메라를 사용하고 있다고 한다. 라켓의 움직임 뿐만 아니라, 선수의 자세와 모션까지 고려하여 초보자인지 상급자인지를 판단하는 것이다.

④ 바이탈 센싱

놀랍게도 FORPHEUS의 카메라는 위치나 자세와 같은 정보 뿐만 아니라 표정, 눈 깜박임 횟수, 더 나아가 맥박 추정에까지 활용되고 있다. 탁구대 네트 중앙에 설치된 카메라는 선수의 얼굴을 정면에서 촬영하며, 이러한 정보들을 통해 플레이어가 기분 좋게 플레이하고 있는지를 추정하고 있다고 한다.

※CES2020에서 발표된 제 6세대 FORFHEUS의 구성과 기능을 바탕으로 작성

3. 탁구를 모릅니다…

필자는 【탁구】를 좋아합니다. 초등학교 클럽 활동은 탁구부였고, 사촌 집에 탁구대가 있었기 때문에 자주 찾아가 열심히 연습했던 시기도 있었습니다. '스매시'는 어느 정도 이해하고 있고, '치키타'라는 말도 들어본 적 있습니다. 하지만 '블록'과 '카운터'의 차이나, '드라이브'에도 '포어 드라이브'와 '백 드라이브'가 있다는 점, 그리고 포물선 형태의 드라이브까지 존재한다는 것 등은 정확히 알지 못했습니다. 또한 '쇼트 커트', '드롭 샷' 등 다양한 기술들의 특징을 파악하지 않으면, 그런 기술을 자유자재로 구사할 수 있는 메타 AI를 설계할 수 없습니다([표 1]). 어느 정도는 탁구에 대해 안다고 생각했지만, 탁구 로봇용 메타 AI를 만들려 하니 더 전문적으로 탁구를 이해해야 한다는 것을 깨달았습니다.

그래서 전문 탁구 지도자인 【요시다 카즈토(吉田和人) 선생님】께 어떤 점을 염두에 두고 연습을 시키거나 지도를 하고 계신지를 여쭤보았습니다. 그 과정에서 우리는 여러 가지 금과옥조 같은 말씀을 들을 수 있었죠. 예를 들어, '플레이어의 성향을 간파하는 것이 중요하다', '같은 찬스볼이라도 【깊은 공과 얕은 공】에 따라 쾌감이 달라진다', '라켓의 어느 부분으로 공을 치는지를 보면 얼마나 연습했는지 알 수 있다', "'하이, 하이' 하고 타이밍을 소리로 알려주면 더 빨리 늘 수 있다', '스매시를 치고 싶어 하는 사람과 랠리를 이어가고 싶어 하는 사람이 있다', '아이에게는 조언을 너무 많이 하지 않는 것이 좋지만, 나이를 먹은 사람에게는 명확한 조언이 있는 편이 좋다'와 같은 조언들이었다.

메타 AI에 이러한 탁구 지도 노하우를 전부 구현하는 것은 시간상의 제약 때문에 어려웠기에 '플레이어의 성향을 고려한다', '공의 리턴 위치를 조절한다'와 같은 메타 AI로 처리 가능한 부분을 최대한 활용할 수 있도록 설계하였습니다.

분류	명칭	설명
공격적	스매시	주로 높이 뜬 공에 회전을 거의 걸지 않고 플랫하게 타구하여 상대 코트에 가장 빠른 공을 날려 보내는 타법
공격적	드라이브	탁구에서 탑 스핀 기술을 가치키는 말. 대부분의 선수가 주요 무기로 삼고 있는 기술로, 특징에 따라 스피드 드라이브, 파워 드라이브, 루프 드라이브, 커브 드라이브, 숏 드라이브, 카운터 드라이브 등으로 불린다. 영어의 drive는 속칭으로 말하는 포핸드 타법과 같은 방식이며, 테니스에서도 회전을 걸지 않고 치는 것을 drive라고 한다.
공격적	치키타	주로 상대의 서브나 스톱에 대해 탁구대 위에서 백핸드로 옆 회전을 걸어 공격적으로 구사하는 탁구 기술의 명칭. 체코의 코르벨 선수 등이 구사한 볼 궤도가 바나나처럼 휘는 곡선을 그린 데서, 바나나 브랜드 이름인 '치키타(Chiquita)'에 착안해 명명되었다. 1980년 전후, 포어 쪽 앞에서의 처리에 약했던 헝가리나 러시아 선수들이 미들 전방, 포어 전방의 서브에 대해 백핸드로 대응했던 기술을 공격적으로 발전시킨 기술이라고 알려져 있다.
수비적	카운터	상대의 공격적인 타구의 속도를 그대로 활용하여 반격하는 기술. 대표적인 예로는 카운터 드라이브, 카운터 블록 등이 있다.
수비적	드롭 샷	상대 코트에서 두 번 바운드될 정도로 짧게 네트 근처에 보내는 타구를 가리키는 용어. 일본어로는 '스톱'이라고 부르지만, 영어에서는 '드롭 샷(drop shot)'이라고 한다.
수비적	블록	탁구대 가까이에서 자세를 잡고 공이 바운드된 직후 상승하는 타이밍을 포착, 상대의 강한 타구를 낮고 안전하게 되받아치는 기술. 응용 기술로는 컷 블록, 카운터 블록 등이 있다.
수비적	쇼트 커트	백스핀(후진 회전, 하회전)이 걸린 공에 대해, 탁구대 위에서 다시 백스핀으로 되받아 치는 타법을 말합니다.

[표 1] 탁구에서의 각 쇼트 명칭과 해설
(출처: '일본탁구협회' 탁구 용어집 https://jtta.or.jp/glossary-category, 분류는 필자가 추가)

【탁구를 모릅니다】
필자: "좋아, 슬슬 경비로 온천여관 다녀올게요!"
상사: "안 됩니다."

【탁구】
탁상 위의 테니스. 테이블에 설치된 네트를 사이에 두고 마주 앉아, 2~4명이 흰 공을 주고받는 영국에서 탄생한 스포츠.

【요시다 카즈토 선생님】
시즈오카 대학교수(당시). 일본 탁구협회 스포츠 의학·과학 위원회 위원장(당시). 전문 분야는 스포츠 생체역학, 퍼포먼스 분석, 코칭학. 많은 도움을 주셨습니다.

【깊은 공과 얕은 공】
탁구대의 엔드라인 부근으로 보내는 공을 '깊은 공', 반대로 네트 근처, 탁구대 앞쪽으로 보내는 공을 '얕은 공'이라 한다. 심오하네.

【탁구 샷 설명】
과거에 탁구샷을 이렇게까지 해설한 게임 AI 책이 있었던가. 아니, 없다(반어). 메타 AI를 만들기 위해서는 그 게임을 완전히 이해해야 한다. 메타 AI를 탐구하는 것은, 곧 그 대상의 진리를 탐구하는 것과 같다. 두둥.

4. 탁구와 액션 게임은 무엇이 다른가

탁구 로봇 'FORPHEUS'에 어떤 메타 AI를 탑재하면 좋을까. 우리가 이전에 연구했던 '2차원 감정 맵에 기반한 메타 AI'가 타깃으로 삼았던 것은 액션 게임이었습니다. 보스전에서 플레이어는 보스의 공격을 피하면서 데미지를 주고, 궁극적으로는 보스의 HP를 0으로 만드는 것을 목표로 합니다. 보스의 강력한 공격을 받거나, 반대로 플레이어의 강력한 공격이 보스에게 명중하는 상황이 반복되는 게임이다. 그런 게임을 대상으로 연구된 기술을 과연 탁구에 응용할 수 있을까를 생각하려면 먼저 탁구라는 스포츠(게임)와 액션 게임의 차이를 명확히 해야만 할 것입니다.

비디오 게임(특히 액션 게임)에서 플레이어의 감정을 추정하는 데에는 2축 조합으로 감정을 평가하는 방식이 유용하다는 것을 '2차원 감정맵에 기반한 메타 AI' 연구를 통해 밝혀냈습니다. 그러나 탁구는 한 플레이마다 진행이 중단되고, 다시 서브에서 시작되는 등 액션 게임과는 차이점이 있습니다. 그래서 이번에는 러셀의 【원형감정모델】([그림 27])을 기반으로 감정 추정에 사용하는 매개변수인 '쾌-불쾌', '활성-비활성'이라는 축이 탁구에서도 성립하는지를 확인해 보기로 했습니다.

【원형감정모델】
매핑된 도표 예시를 보고 "뭐야, 내 '들뜸, 의기양양' 감정은 1.414로 나눠야 하는 거야?" 라며 막말을 내뱉는 무뢰한인 당신. 게임 프로그래머에 어울리는...걸까나?

액션 게임에는 0이 되면 패배하게 되는 자신의 HP가 있으며, 그 수치가 줄어들수록 패배에 가까워지고 있다는 실감을 하게 됩니다. 그리고 자신의 공격이 명중하면 점차 적의 HP가 줄고, 점점 승리에 가까워지고 있다는 것을 실감하게 됩니다.

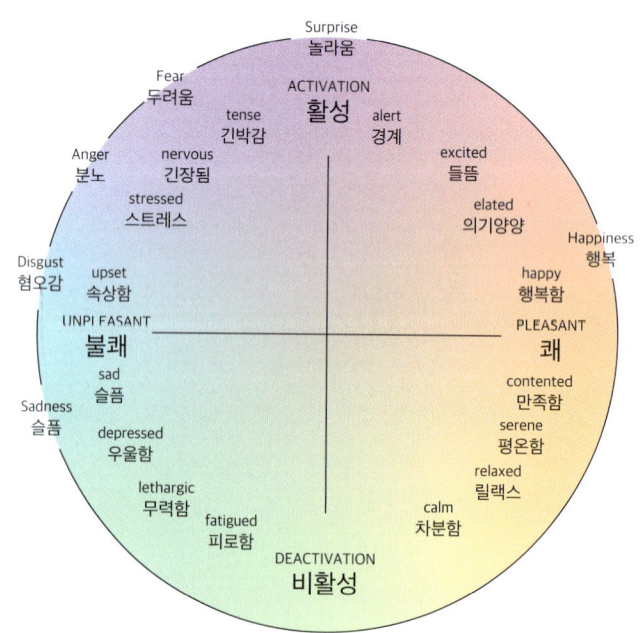

[그림 27] 출처: 러셀의 원환 모델(Russell et al. 1999). 필자가 번역함. © 1998 The American Psychological Association. 세로축은 정신적으로 활발한 '활성' 상태인지, 차분한 '불활성' 상태인지를 나타낸다. 이 세로축과 가로축의 조합으로, 특정 시점에서 인간의 감정 유형을 표현할 수 있다. 예를 들어, 기분이 좋고 활발한 상태라면 '들뜸'이고, 기분이 좋고 차분한 상태라면 '평온함'이 된다. 바깥쪽 원은 전형적인 감정 에피소드가 어떤 위치에 존재하는지를 나타낸다.

이에 반해 탁구는 서브로 시작해 실수하지 않은 쪽이 1점을 얻고, 11점을 먼저 따낸 쪽이 1게 임을 가져가며, 7게임 중 4게임을 선취한 쪽이 승리하는 게임입니다([표 2]). 점수가 점차 목표 치에 가까워지면서 승패가 결정된다는 규칙은 액션 게임의 HP 시스템과 닮은 점이 있지만, 탁구는 점수가 결정될 때마다 플레이가 일시적으로 중단된다는 차이가 있습니다. 중간에 일 시정지를 하지 않는 한 계속해서 연속적인 체험이 이어지는 액션 게임과 달리, 탁구는 매번 감정이 리셋되는 차이가 있 는 것입니다([표 3]).

따라서 먼저 탁구 플레이 중 감정 조절의 범위를 '경기 전체를 통한 감정 조절로 할 것인가', '11점을 먼저 따는 1게임 단위로 할 것인가', '서브부터 득점까지의 1랠리 단위로 할 것인가' 중에서 결정해 야만 합니다.

명칭	설명
게임	경기를 구성하는 단위. 11점을 먼저 획득하면 1게임을 획득하게 된다(단, 10대 10이 된 경우에는 이후 2점 차가 나는 순간 게임이 종료된다). 한 경기는 일본 탁구 규칙에서는 3게임, 5게임, 7게 임으로 구성되도록 되어 있지만, 국제 탁구 규칙에서는 게임 수는 임의의 홀수 로 되어 있다. 또한 일본에서는 경기 자체를 '게임'이라 부르거나, 경기 형식의 연습을 '게임 연습'이라고 부르는 관습이 있다.
서비스	랠리에서 첫 번째 타구. '서브'라고도 한다. 공에 회전을 주지 않고 16cm 이상 거의 수직으로 공을 던져 올린 뒤, 공이 떨어지는 도중에 쳐서 자기 코트에 한 번 맞고 나서 상대 코트에 직접 닿도록 타구해야 한다.
리시브와 리시버	서브를 받는 것을 '리시브(Receive)'라고 하며, 리시브를 하는 선수를 '리시버(Receiver)'라고 한 다.
랠리	쌍방의 선수들이 공을 계속 주고받는 것을 말한다. 규칙상, 공이 인플레이 상태에 있는 동안을 '랠리'라고 한다.
인플레이	공이 서브를 시작하기 직전, 손바닥 위에서 정지한 마지막 순간부터, 랠리가 렛(let)이나 포 인트 로 끝날 때까지의 구간을 가리키는 용어이다.

[표 2] 탁구의 득점 및 승패 관계 용어(출처: 일본탁구협회 공식홈페이지탁구 용어집 https://jtta.or.jp/glossary-category)

종류	승리 조건	플레이 중	확인 가능한가	중단 유무
액션 게임	상대의 HP가 먼저 0	상대(또는 자신)의 HP가 얼마나 0에 가까워졌는가	게임 타이틀에 따라 다름	없음 (일시 정지는 가능)
탁구 (전체 경기)	자신이 먼저 4게임 선취	자신(또는 상대)이 얼마나 4게임에 가까워졌는가	가능	1플레이마다, 1게임마다
탁구 (1게임)	자신이 먼저 11점 선취	자신(또는 상대)이 얼마나 11점에 가까워졌는가	가능	1플레이마다
탁구 (1랠리)	상대가 실수함	자신(또는 상대)이 얼마나 실수할 것 같은가, 우세 여부	불가능	없음

[표3] 액션 게임과 탁구의 차이

【일본 탁구협회】
공익재단법인. 전신 조직의 설립부터 약 90년 이상의 역사를 자랑하는, 전통 깊은 탁구 업계의 핵심 기관. 탁구와 관련된 각종 용어들을 우리가 설명하는 건 좀 건방진 일일지도 모르겠다는 생각에 협회 공식 사이트에서 인용 및 참조하였습니다.

2차원 감정 맵에 기반한 메타 AI는 연속된 시간 속에서 플레이되는 액션 게임을 대상으로 설계된 것이었기 때문에 플레이가 중단되는 일이 발생하는 탁구 경기 전체의 감정 조절에 동일 한 방식이 적용될 수 있을지는 미지수였습니다. 반면, 한 경기 중 1개의 랠리는 서브에서 득점까지 플레이어가 번갈아가며 타구를 주고받는 일련의 액션이기 때문에 일반적인 액션 게임보다 더 규칙적으로 교대로 공격을 주고받는 특징은 있지만, 그것을 연속적인 흐름으로 해석한다면 액션 게임과 유사하게 접근할 가능성이 있어 보였습니다.

그래서 우리는 '서브에서 득점까지의 1랠리에 대한 감정 조절'을 목표로 삼아 연구에 착수하기로 했습니다.

5. 다 함께 땀 흘리며 가설을 검증하자!

'탁구는 분명 액션 게임과 동일하게 파악할 수 있을 것이다" 서브에서 득점까지의 감정은 제어할 수 있을 것이다', 이러한 말들은 현시점에서는 모두 '가설'에 불과하며, 실제로 탁구를 통해 그것이 사실인지 확인해야 합니다. 이 가설 자체가 잘못되었다면 아무리 훌륭한 메타 AI를 구현하더라도 전제 조건이 무너지고, 플레이어가 즐겁게 실력을 향상시킬 수 있도록 하는 메타 AI는 실현되지 못합니다.

[FORPHEUS]는 전 세계에 몇 대 뿐이며, 그 제어 프로그램을 작성하는 비용도 적지 않기 때문에 가설을 검증하기 위해 실제 FORPHEUS를 이용하는 것은 현실적이지 않았습니다. 그래서 "메타 AI와 협력하여 사람을 즐겁게 하는 FORPHEUS"가 실현되었다고 가정하고, 가설대로 사람의 동기나 감정이 움직이는지를 사전에 검증하기 위해 상급자 플레이어를 가상의 FORPHEUS로 삼아 가설 검증 실험을 실시하기로 하였습니다. 이렇게 하여 인간이 완벽한 탁구 로봇을 연기하는 실험이 시작되었습니다.

실험에서 피험자는 가상의 FORPHEUS 역할을 하는 상급 탁구 선수와 함께 탁구를 플레이합니다. 서브부터 득점까지의 1랠리를 플레이하고, 득점이 들어간 직후 자신의 심정을 '쾌-불쾌', '활성-비활성'의 감정맵 중 어느 지점인지 종이에 손가락으로 가리켜 표시하도록 합니다([그림 28]). 보고에 따른 플레이 중단이 감정에 영향을 미치는 것을 최소화하기 위해 손가락으로 가리킨 뒤 즉시 플레이에 복귀하도록 하였습니다. 또, 나중에 당시 플레이어의 감정을 기록할 단서를 확보하기 위해 플레이 중 느낀 감정이나 생각한 것을 가능한 한 목소리로 표현하도록 했습니다.

플레이는 영상 촬영해 "지점을 가리켰을 때 어떤 플레이였는가"를 확인할 수 있도록 기록하며 일정 시간 플레이를 진행하였습니다. 영상에서는 랠리의 지속 횟수, 서브가 어느 쪽에서 시작되었는지, 마지막에 공을 친 사람이 누구인지, 득점을 했는지/실점했는지, 그 원인이 본인이었는지 상대였는지, 플레이어의 특징적인 표정이나 행동, 플레이 중/후의 발화 등을 기록했습니다. 또한 영상 속에서 플레이어가 즐거워 보였는지, 자신 없어 보였는지, 아쉬워 보였는지 등의 주관적인 인상도 기록했습니다. 피험자의 플레이가 중단되었을 때에는 가상의 FORPHEUS 역할을 맡은 상급자에게 지금 어떤 생각으로 강한 공이나 약한 공을 쳤는지를 들어보고 기록해 두었습니다.

【땀 흘려】
'이 안에 한 명, 땀 흘리지 않는 녀석이 있어!'. 시대가 더 발전하면 로봇도 땀을 흘리게 될까? 전기 양을 기르는 꿈을 꾸는 것보다 먼저 실현될지도 모른다.

【음유시인 공략】
OMRON에 따르면 FORPHEUS라는 이름에는 인간의 창조성을 상징하는 그리스 신화 속 음유시인 'ORPHEUS'의 의미도 담겨있다고 한다. 그날 우리는 '음유시인'이라 불리는 흰 공의 사수와 싸웠던 것이다… 음...판타지구먼.

【영상 속으로】
"지금 방금 거 좀 되감아 줘!" 하고 젊은 스태프에게 부탁했더니 "되감기요? ㅋㅋ" 라며 웃더라. 기분이 상했는데, 알고 보니 요즘은 '빨리 돌리기(早戻し)'라고 부른다고 하네, 여보.

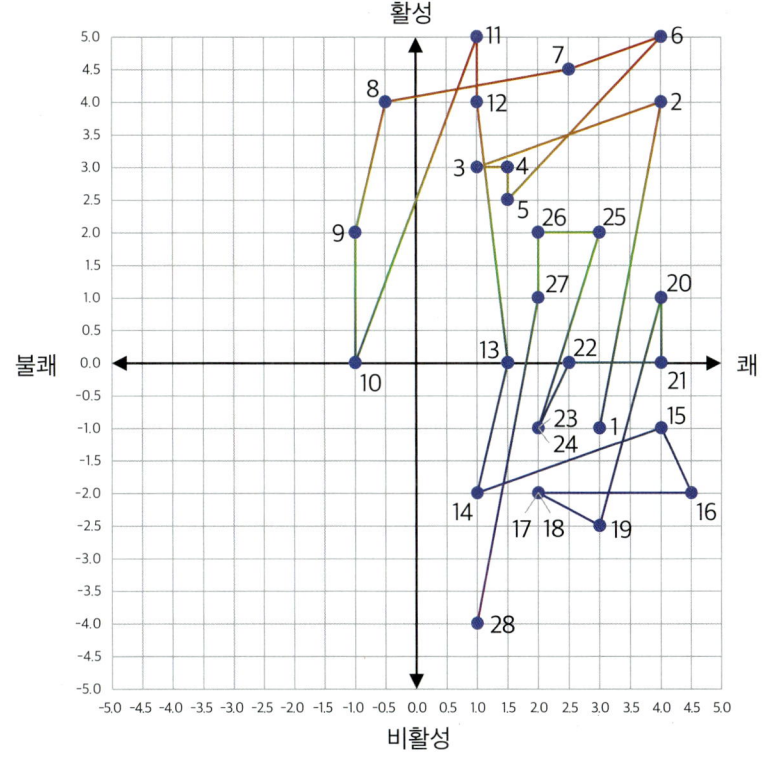

[그림 28] 러셀의 원형 감정 모델에 대한 감정 위치 지시 결과
러셀의 원형 모델과 마찬가지로, 세로축은 정신적으로 활발한 '활성' 상태인지 / 차분한 '비활성' 상태인지를, 가로축은 기분이 좋은 상태인 '쾌'인지 / 기분이 좋지 않은 '불쾌'인지를 나타냅니다. 숫자는 랠리 번호이며, 연속된 번호는 선으로 연결되어 있다. 선분의 길이가 클수록 감정이 크게 움직였음을 나타낸다. 세로 방향의 움직임이 클수록 더 활성화되거나 비활성화되는 변화가 컸던 사건이고, 가로 방향의 움직임이 클수록 더 쾌적하거나 불쾌해지는 변화가 컸던 사건으로 생각할 수 있다.

이 실험 결과를 보면 '랠리 연속 횟수'가 클수록 '활성'에 가까워지고, 예상 이상으로 '쾌-불쾌'의 값에도 큰 영향을 미친다는 사실이 밝혀졌습니다. 또한 동일한 점수 변화 상황이라 하더라도, 자신이 원인이 된 경우, 즉 '상대의 실수로 얻은 득점'보다는 '자신의 성공으로 얻은 득점', '상대의 성공으로 인한 실점'보다는 '자신의 실수로 인한 실점'일 때 쾌-불쾌의 변화가 더 크게 나타나는 경향도 확인되었습니다. 단순히 '점수를 땄는가 잃었는가'뿐만 아니라, 그 원인을 어떻게 통제할 것인가가 메타 AI의 핵심이 될 수 있음을 보여주는 결과입니다.

더 나아가 중요한 포인트는, 아무리 FORPHEUS(역할을 맡은 탁구 상급자)가 '상대적으로 부드러운' 볼을 반환하더라도, 플레이어의 실수로 인해 실점이 발생하는 것은 막을 수 없다는, 탁구의 특성이 명확해졌다는 점입니다.

예를 들어, 액션 게임의 메타 AI 등에서는 '적 캐릭터가 공격을 하지 않으면 플레이어가 쓰러질 일이 없다'는 식으로, 메타 AI의 제어에 따라 종료 시점을 늦추고 그 사이에 '플레이어의 효과적인 행동이 일어나는 것'을 기다릴 수 있습니다. 하지만 탁구는 공을 번갈아 치는 스포츠이기 때문에, 메타 AI는 자신 쪽 코트로 들어온 공을 한 번 반환할 때까지의 부분에만 개입할 수 있습니다. 게다가 메타 AI가 아무리 친절한 공을 보내더라도, 플레이어가 실패하면 1점을 잃게 됩니다. 그리고 11점을 먼저 따야 하므로, 즉 최대 **[10번밖에 실수가 허용되지 않는]** 제한이 존재하는 것입니다.

【10번 밖에 실수가 허용되지 않다】
언뜻 보면 엄격하게 느껴질 수도 있지만, 7게임 매치 규칙(4게임 선취)에서는 최대 73번까지 실수가 허용된다고도 말할 수 있다. 그렇게 생각하면, 나도 내일은 조금 더 힘낼 수 있을 것 같은 기분이 든다.

게임에서는 너무 짧은 시간 안에 승부가 나버려 충분한 만족감을 얻지 못하는 경우가 자주 있습니다. 이럴 때 비디오게임에서는 적이 과도하게 공격하지 않는 시간을 만들거나, 본질적으로 승패에 영향을 주지 않는 시간을 만들어 전체 플레이 시간을 조정하는 것이 가능합니다. 이러한 점은 현실 세계의 게임이나 스포츠에서도 마찬가지입니다. 예를 들어 축구에서는 팀 동료들끼리 공을 돌리는 시간을 만들면 플레이 시간을 늘리는 것이 가능하겠지요.

하지만 득점 한도와 행동 가능 횟수 한도가 정해져 있고, 시작되면 누군가가 실수할 때까지 플레이가 계속되는 유형의 게임에서는 플레이 시간을 늘릴 수 없으며, 상대의 성공을 유도하기 위해 쉬운 플레이를 하더라도 상대의 실수로 인해 조정이 무너지는 것을 피할 수 없다는 특징이 있습니다. 탁구 외에 이러한 특징을 가진 스포츠로는 배구나 테니스가 있을 것입니다.

'왠지 액션 게임과는 다르겠지', '번갈아 행동한다는 점에서 액션 게임과 비슷하지도 몰라'라고 생각했던 탁구는 실제 플레이를 분석해보니 전혀 다르다는 사실을 알게 되었습니다. '메타 AI가 개입할 수 있는 범위는 자신 쪽에 공이 있을 때에만 가능하다', '아무리 성공을 유도하더라도 상대의 실수를 완전히 막을 수 없다', '플레이 시간을 늘리고 싶어도 상대가 실수해버리면 그것조차 불가능하다'.

6. 플레이어의 모티베이션을 콘트롤하는 작전

그럼 FORPHEUS에서 플레이어의 모티베이션을 컨트롤하기 위해서는 무엇이 필요할까요? 먼저 잘하고 싶다, 실력을 늘려서 시합에서 이기고 싶다는 장기적인 동기가 필요하겠죠.

그렇다면 1랠리 안에서의 단기적인 동기는 어떻게 만들 수 있을까요? 이 질문에 대해 우리가 떠올린 것은 재미있으면 연습하고 싶어진다는 사실입니다.

'재미있다는 것은 어떤 상태인가'에 대해서는 여러 가지 설이 존재합니다. 저희는 언제나 재미있는 게임을 개발하는 것을 목표로 삼고 있으며, 각각의 게임에 맞는 재미를 실현하고 있습니다. 많은 게임에서 구현되고 있으며 FORPHEUS에서도 구현할 수 있을 것 같은 재미 로서, 저희는 '감정이 자극받는 것' = '재미있는 것'이라고 정의하고 FORPHEUS를 조작하기로 했습니다.

앞서 설명한 가설 검증 실험에서 상대가 아닌 자신이 원인인 성공과 실패에 대해 '쾌 - 불쾌'가 대응하고 있다는 것이 밝혀졌습니다. 또한, 랠리가 오래 지속될수록 활성쪽에 가까운 위치를 가리키는 경향이 있는 것도 확인되었습니다.

즉, '(자신에 기인한) 성공과 실패'와 '랠리의 지속 횟수'를 메타 AI가 제어할 수 있다면 감정을 제어하고, 감정을 흔드는, 즉 재미있는 체험을 제공할 가능성이 생긴다는 것입니다.

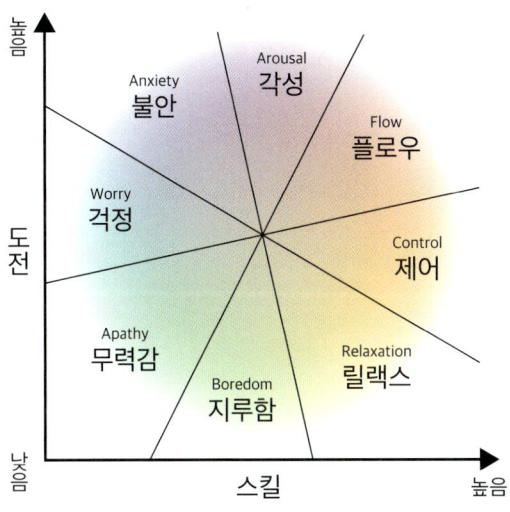

[그림 29] 플로우 이론 (Csikszentmihályi, M. 1997)에서 발췌하고 번역은 필자가 했다. 가로축은 본인의 숙련도(스킬)의 높고 낮음, 세로축은 도전 과제의 난이도의 높고 낮음을 나타낸다. 자신의 스킬이 높고, 어려운 과제에 도전하고 있을 때는 플로우 상태에 들어간다.

스포츠 세계에서 널리 알려져 있는 '플로우 이론([그림 29])에 따르면 도전 난이도가 높고 자신의 스킬도 높은 경우(그림 오른쪽 위), 【플로우】라고 불리는, 좋은 퍼포먼스를 낼 수 있는 상태가 된다고 합니다.

메타 AI가 현재 제공하고 있는 도전 난이도를 조절함으로써 플레이어의 실력 수준에 맞추어 높은 난이도의 도전을 제시하고, 그것을 계속해서 클리어하도록 유도할 수 있다면 플로우 상태에서 좋은 훈련을 지속할 수 있고 실력 향상에 도움이 될 수 있을 것으로 보입니다. 탁구에서의 도전 난이도에는 자신이 익숙한 방향(백핸드 / 포핸드)이나 타구 속도 등이 영향을 미칠 것으로 쉽게 상상할 수 있습니다.

그러나 실제로 탁구를 플레이하고 데이터를 수집해본 결과, 그 외에도 '포어'와 '크로스'의 구분이나 '타구 속도'로 인해 생기는 '타구까지의 여유 시간'이 큰 영향을 미친다는 것을 알 수 있었습니다. 또한, 동일한 회전이 걸린 공이라도 '수평 방향'과 '수직 방향'에 따라 차이가 있고, 선수의 몸쪽으로 휘어지는 공이 더 어렵다는 점도, 탁구 상급자의 조언을 통해 확인할 수 있었습니다.

이에 따라 플레이어에 기인한 성공·실패나 랠리의 지속 횟수를 조절하기 위해 플레이 중의 '시간', '공간', '회전'에 주목하여 [표 4]의 요소들을 이용해 도전 난이도를 조절하기로 하였습니다.

【플로우 상태】
소위 말하는 '존(zone)' 같은 것. 깊이 들어가면 차이는 있긴 하지만, 여기서는 비슷한 개념으로 이해해도 문제없다.

분야	항목	쉽게 만들기 위해서는	어렵게 만들기 위해서는
시간	타구까지의 여유 시간	길게 한다	짧게 한다
공간	공의 낙하 방향	익숙한 방향으로 보낸다	어려운 방향으로 보낸다
공간	공의 깊이	익숙한 깊이로 보낸다	어려운 깊이로 보낸다
회전	회전 속도	느리게 한다	빠르게 한다
회전	회전 방향 <수평>	아래 회전으로 한다	위 회전으로 한다
회전	회전 방향 <수직>	바깥쪽으로 휘게 한다	안쪽으로 휘게 한다

[표 4] 탁구 난이도 조절을 위한 시간·공간·회전 요소

PART 3 : 메타 AI

[그림 30] 전시회(CES2020)에 풀전한 FORHEUS ©2020 OMRON Corp.
상단이나 왼쪽의 모니터에는 현재 플레이어의 감정이 매핑되어 있어 그 순간 추정된 플레이어의 감정을 한 눈에 알 수 있 도록 되어 있다.

7. 현실 세계에서 메타 AI가 작동했다! 탁구 로봇의 메타 AI

FORPHEUS 본체의 수가 적은 관계로, 우리가 담당한 것은 메타 AI의 기획과 설계 그리고 메타 AI에 관한 기초 실험 뿐이었습니다. 실제 구현과 조정은 모두 OMRON측에서 맡아 주었습니다. 최종적으로는 현재 플레이어의 [추정감정]을 표시하는 UI까지 제작해 주었으며, 플레이 중의 감정을 실시간으로 표시하는 것도 가능하게 되었습니다(그림 30).

실제로 완성된 FORPHEUS를 사용하여 메타 AI의 유효성을 평가하는 실험을 실시하였다. 탁구 초심자 27명을 대상으로, 메타 AI(데모 기기에서는 [Moti-Ctrl] 기능이라고 부름)가 있는 경우 와 없는 경우 각각 5분씩 랠리를 진행하게 하고, 아래의 세 가지 항목에 대해 설문 조사를 실시하였다.

1. 어느 쪽이 더 기분 좋게 랠리를 할 수 있었는가?
2. 어느 쪽이 더 집중해서 랠리를 할 수 있었는가?
3. 어느 쪽과 다시 한 번 랠리를 해보고 싶은가?

(1)은 쾌 / 불쾌의 지표, (2)는 각성(활성) / 진정(비활성)의 지표, (3)은 랠리에 대한 동기부여에 관한 질문입니다.[中山 et al. 2021]

[그림 31]에 결과를 제시합니다. 메타 AI가 있는 쪽이 더 집중해서 랠리를 할 수 있었으며(96%), 랠리 지속에 대한 동기부여도 높은 경향(81%)을 보였습니다. 이 결과는 메타 AI가 제대로 기능하고 있다는 인상을 줍니다.

【추정감정】
"아내의 감정도 읽지 못하면서 플레이어 감정은 읽을 수 있군요."
야, 그만해.

【Moti - Ctrl】
모티베이션(동기) 컨트롤 기능, 줄여서 모치콘! 소리내서 말하고 싶은 모치콘! 당신도 나도 모치콘! 집집마다 한 대씩 모치콘! 어두운 회의실에서 나이 지긋한 연구자들이 핏대를 세우고 '모치콘, 모치콘' 하고 있는 모습은 꽤나 감동적이다.

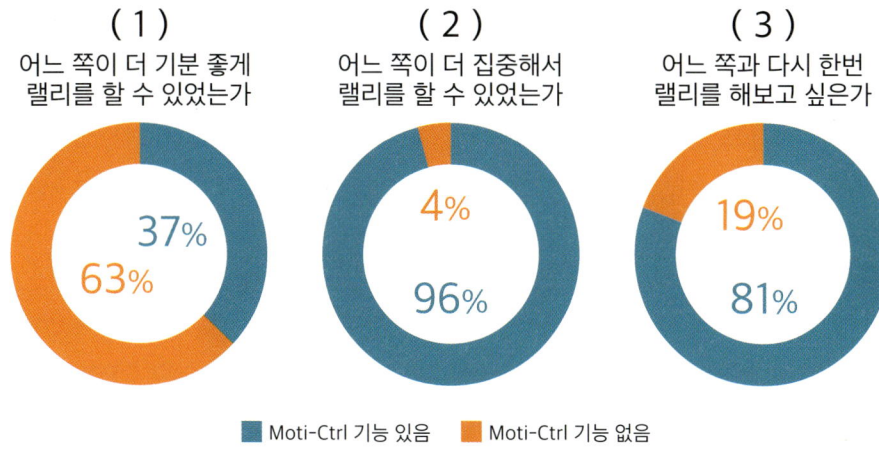

[그림 31] 메타 AI(Moti-Ctrl 기능) 유무에 따른 플레이어의 인상 비교(中山 et al. 2021)

한편, 메타 AI가 없는 쪽이 기분 좋게 랠리를 할 수 있었다는 경향(63%)도 확인되었습니다. 메타 AI가 있는 쪽이 기분 좋게 랠리를 할 수 없었던 이유로는 감정을 흔들기 위해 랠리 중 난이도를 의도적으로 상하로 조절한 결과, 랠리 리듬이 일정하지 않게 되어 랠리를 이어가기 어려워졌을(그 결과, 기분 좋게 랠리할 수 있었다고 느낀 사람의 수가 줄어들었을) 가능성이 있습니다.

더 나아가, 탁구 로봇과 랠리를 할 때 피험자의 의도가 1종류가 아니라는 매우 흥미로운 발견도 있었습니다. '탁구를 하는 로봇'이라는 드문 존재에 대해 '이기고 싶다', '랠리를 계속하고 싶다'라는 우리가 예상했던 동기 이외에도 '로봇의 반응을 【살펴보고 싶다】'는, 인간 상대일 때는 잘 발생하지 않는 목적을 갖고 플레이하는 사람이 많이 보였습니다. 그 결과, 쾌 / 불쾌 지표와 랠리를 지속하려는 동기 간의 관계가 약해졌을 가능성도 생각해볼 수 있습니다.

8. 게임 AI여, 게임 세계를 뛰쳐나가자

이번 OMRON사의 제안에 따라 지금까지 게임 세계에만 머물러 있던 메타 AI를 FORFHEUS라는 탁구 로봇을 통하여 현실 세계에 구현할 수 있었습니다. 그 결과, 현실 세계에서 무언가를 습득하는 분야에서도 메타 AI가 유용하다는 것을 증명할 수 있었던 것 같습니다.

또한, 게임 속에서 오랫동안 축적되어 온 '감정을 흔드는 것'='재미있는 것'이라는 접근 방식이, 동기 부여의 유지와 향상에도 유효하다는 점을 어느 정도 입증할 수 있었습니다.

【살펴보고 싶다】
효율적인 기계일 뿐인 로봇을 인간처럼 대하는 일본의 문화는 서구 사회에서는 기이하게 느껴진다는 이야기를 자주 듣게 된다. 그 문화의 뿌리는 <우주소년 아톰>이나 <도라에몽>과 같은 엔터테인먼트 작품에서 찾을 수 있다는 의견도 있다.

앞으로 다양한 센서가 세상에 구현되어 AI가 각양각색의 정보를 다룰 수 있게 될 것입니다. 자기 자신도 무언가가 데이터화되고 있다는 사실은 썩 유쾌하지 않을 수도 있습니다. 하지만 그 데이터를 활용하여 지루한 일상을 흥미롭게 변화시켜주는 AI가 현실 세계에 구현될 가능성도 있는 것입니다. 그리고 그런 AI에 가장 가까운 것은 비디오 게임이 세상에 등장한 이래로 줄곧 플레이어의 놀이 상대가 되어온 '게임 AI'가 아닐까요?

탁구 로봇을 통해 게임 세계를 뛰쳐나온 메타 AI는, 그 첫걸음이었다고 말할 수 있는 날이 오기를 우리 연구자들은 기대하고 있습니다.

개발일기 : AI 엔지니어 애니메이션 사건 수첩 : 캐릭터 압축 사건
　　　　　　　#3 '드러난 정체'

　　　　　　　　　　　　　　　　　　　　　　　　　　　　　　　　　　　　AI 엔지니어 **E**

| 20XX년 어느 날 | 하지만 사건은 아직 해결되지 않았다. 출력 데이터를 생성하던 라이브러리를 사용한 결과, 캐릭터의 손발이 있을 수 없는 방향으로 꺾이고 만 것이다! |

이 사건은 아직 표면만 드러난 상태였던 것이다...

| 20XX년 어느 날 | 20XX년 어느 날 머신러닝을 활용한 애플리케이션 개발에서 문제가 발생했을 때 특히 골치 아픈 점은 단순히 프로그램의 버그만 조사하면 끝나는 일이 아니라는 것이다. 학습 방식, 사용 중인 머신러닝 모델, 입력 데이터, 하이퍼 파라미터 등..., 문제 해결을 위해 고려해야 할 요소가 매우 많다. 이러한 요소들을 하나하나 착실히 조사해나가는 것이 해결의 열쇠로 이어지며, 닫혀 있던 내일의 문을 열게 되는 것이다.

그렇다 하더라도, AI 엔지니어의 고독한 싸움은 오늘도 계속되고 있다...

메타 AI의 효과 검증

요리를 만들 때 【향신료】를 넣으면 더 맛있어지는 경우가 자주 있습니다. 예를 들어 "맛있는 치킨 요리를 만들어 주세요"라는 의뢰를 받고, 치킨 카레를 맛있다고 생각한 사람이 치킨 카레를 만들었다고 해봅시다. 그런데 치킨을 카레로 요리한 덕분에 치킨은 어느 정 도 더 맛있어진 걸까요? 애초에 치킨과 밥만으로도 충분히 맛있지 않았을까요? 이 의문에 답하려면 치킨과 밥만 있을 때보다 치킨 카레가 더 맛있다는 점을 입증해야 합니다.

개발 프로젝트에 메타 AI를 도입하기 전에도, 개발자는 당연히 메타 AI의 효과가 궁금할 수밖에 없습니다. 동적 난이도 조정(DDA)의 경우라면 조정 가능한 범위가 얼마나 되는지, 조정 전후에 어느 정도 효과가 있는지 그리고 그 효과가 확실히 입증되었는지를 보여주지 못하면 납득하지 못하고 채택되지 않게 됩니다.

【효과 검증】
이런 건 역시 치킨과 함께 효과를 검증해봐야겠네요! …죄송합니다.

【향신료】
일미 토가라시(고춧가루)보다 시치미 토가라시(일곱가지 향신료)가 덜 맵다. 여러 가지 향신료를 조합하면 각각의 향신료 특유의 맛이 완화되기 때문. 좀 더 부드러워진다고도 표현할 수 있다.

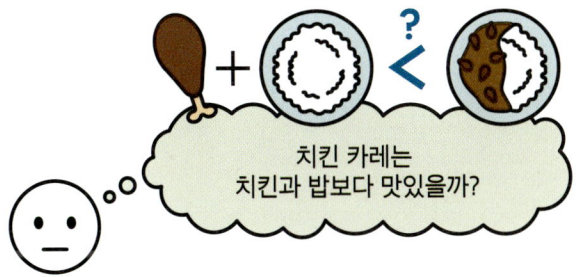

[그림 32] 효과 검증 : 치킨 & 라이스 vs 치킨 카레, 어느 쪽이 맛있을까?

1. 상관관계와 인과관계

상관관계

【상관관계】는 2가지 변수가 어느 정도 함께 변화하는가를 나타내는 통계적인 지표입니다. 즉, 한 변수가 증가할 때 다른 변수도 증가하는 경향이 있다면 이 두 변수는 '정(+)의 상관관계'가 있다고 합니다. 반대로, 한 변수가 증가할 때 다른 변수가 감소하는 경향이 있다면 '부(-)의 상관관계'가 있다고 합니다. 그리고 변화가 서로 관련없이 이루어진다면, 즉 서로 영향을 주지 않는다면 이 두 변수는 '독립적이다'라고 말합니다.

예를 들어, 두 변수인 '도쿄의 기온'과 '교토의 기온'을 생각해봅시다. 일반적으로 도쿄의 기온이 높은 날에는 교토의 기온도 높고, 도쿄의 기온이 낮은 날에는 교토의 기온도 낮은 경향이 있습니다. 따라서 도쿄와 교토의 기온 사이에는 '정의 상관관계'가 있다고 할 수 있습니다.

【상관관계】
게임 회사 직원은 게임 실력과 직위의 높이 사이에 상관관계가 있...을 것 같지 않다.

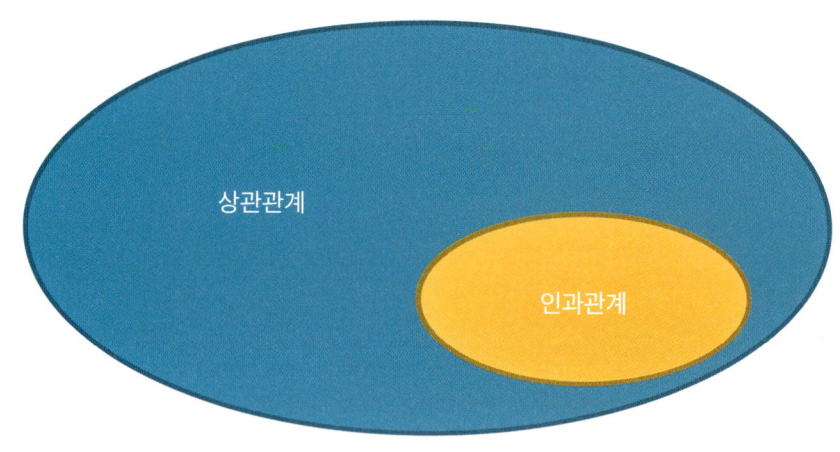

[그림 33] 효과 검증: 상관관계와 인과관계

【벤다이어그램】
집합 간의 관계를 시각적으로 표현한 도표. 해설과 함께 색이 입혀진 원들이 겹쳐 그려져 있다면 그건 대체로 벤다이어그램이다. 밤샘 끝에 작성한 사양서에 아무 생각 없이 그려둔 원을 나중에 다시 보면 자신이 의도했던 내용과는 전혀 다른 의미의 도표가 되어있음을 깨닫는 경우도 있다.

【인과관계】
'바람이 불면 통쟁이가 돈을 번다'는 속담은 인과관계를 설명하는 예로 자주 사용된다. 같은 의미를 가진 표현으로 '나비 효과'도 있는데, 어떤 표현이 더 효과적인지는 세대댁 거울을 들여다본 뒤 결정하면 좋을지도 모릅니다. 그 결과 역시 인과관계일까?

인과관계

상관관계와 **【인과관계】**는 자주 혼동되지만, 서로 다른 개념입니다. 상관관계는 두 변수 간의 관계를 나타내며, 인과관계는 '하나의 변수가 다른 변수에 영향을 미친다'는 인과적인 관계를 의미합니다.

상관관계가 있는 경우 두 변수는 함께 변화하는 경향이 있다는 것일 뿐, 두 변수 중 하나가 반드시 다른 하나에 영향을 미친다고는 말할 수 없습니다. 반면, 인과관계가 있을 경우 한 변수가 다른 변수에 영향을 미친다고 할 수 있습니다.

예를 들어, 도쿄의 기온과 교토의 기온 사이에는 양의 상관관계가 있지만, 이것이 인과관계를 의미하진 않습니다. 계절이나 지리적 위치 같은 제3의 요인이 도쿄와 교토의 기온 모두에 영향을 주기 때문에, '도쿄의 기온이 높을 때 교토의 기온도 높다'는 현상은 있지만, '도쿄의 기온이 높기 때문에 교토의 기온도 높다'고 말할 수는 없습니다. 따라서 도쿄와 교토의 기온 사이에는 인과관계는 없다고 볼 수 있습니다. 한편, 흡연은 폐암의 원인으로 알려져 있으며, 흡연을 하지 않으면 폐암에 걸릴 확률이 낮아집니다. 이것은 인과관계의 예입니다.

즉, 상관관계가 있다고 해서 반드시 인과관계가 있는 것은 아니며([그림 33] 참조), 인과관계를 입증하려면 더 엄격하고 실험적인 증거가 필요합니다.

2. 인과관계를 검증하기 : 대조 실험과 맹검화

게임이라는 엔터테인먼트 분야에서 가장 직관적인 검증 방법은, 물론 플레이어에게 실제로 게임을 해보게 하는 것입니다. 메타 AI를 게임에 적용하면 게임이 더 재미있어질 것으로 기대됩니다. 하지만 단순히 메타 AI가 적용된 게임을 플레이한다고 해서 그 게임이 원래부터 재미있었던 것인지, 아니면 메타 AI의 작동 덕분에 재미있어진 것인지를 분별하기는 어렵습니다.

메타 AI의 효과 검증

[그림 34] 효과 검증: 개인차로 인한 편향

[그림 35] 효과 검증: 결과에 영향을 주는 요인

또한 메타 AI가 조정한 부분이 게임을 얼마나 재미있게 하는지도 알 수 없습니다. 이를 해결하기 위해서는 메타 AI가 작동하는 스테이지와 작동하지 않는 스테이지를 모두 플레이 해보면 그 차이를 체감할 수 있을 것입니다.

다만, 동일한 게임 콘텐츠라도 플레이어에 따라 느끼는 바가 다릅니다. 치킨&라이스가 맛있다고 느끼는 사람이 있는가 하면, 치킨 카레를 싫어하는 사람도 있는 것처럼, 플레이어의 개인차에 따라 효과에도 차이가 생깁니다([그림 34] 참조). 메타 AI에 보편적인 효과가 있음을 입증하기 위해서는 사회 실험이나 의학 분야에서 자주 사용되는 '비교 대조 실험'을 통해 어떤 플레이어에게도 효과가 있다는 점을 증명해야 합니다.

우선, 평가 항목을 설정해야 합니다. 메타 AI의 효과를 검증하려면 명확한 평가 기준이 없으면 결론을 내릴 수 없습니다. 예를 들어, 게임의 하이스코어, 플레이 시간, 게임에 대한 평가 등이 평가 항목이 될 수 있습니다.

다음으로, 피험자 선정 및 그룹 분류입니다. 이 때 주의해야 할 점은 '순서 효과'입니다. 동일한 게임을 같은 피험자가 2번 플레이(메타 AI On/Off)하여 효과를 검증하려고 하면 피험자는 **[게임에 익숙해지게]** 됩니다. 그렇게 되면 결과에 영향을 주는 요인이 너무 많아져서 검증 결과의 신뢰도가 떨어지게 됩니다([그림 35] 참조).

따라서 사전에 가능한 한 편향(바이어스) 없이 무작위로 피험자를 선정하고, 메타 AI를 사용하는 '개입군'과 사용하지 않는 '대조군'으로 그룹을 나눠야만 합니다.

【익숙함】
상품 개발 현장에서는 해당 상품에 '익숙하지 않은' 사람의 의견이 필요한 경우도 있고, '익숙한' 사람의 의견이 필요한 경우도 있다. 전자든 후자든 정규 분포 양쪽 끝 범위에 속하기 때문에 해당되는 사람들을 어느 정도 의미 있는 수가 되도록 모으는 일에 매번 고생한다.

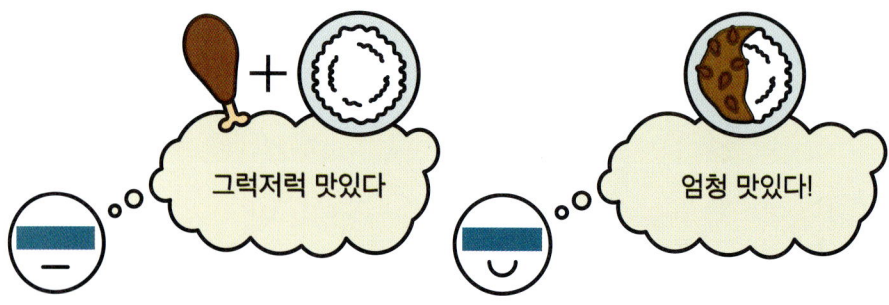

[그림 36] 효과 검증: 실험의 맹검화

이처럼 어떤 인자(예: 메타 AI)의 작용을 조사하는 실험에서는 그 인자 이외의 조건은 모두 동일하게 맞춘 실험을 병행해서 진행하고, 그 결과를 비교해야 합니다. 이러한 실험 방법을 대조 실험(対照実験)이라고 합니다. 이것을 실시하지 않으면 실험으로 얻어진 결과가 정말로 그 인자의 작용에 의한 것인지 확신할 수 없습니다.

마지막으로, 실험을 수행할 때는 **【맹검화】**(盲検化)를 수행하는 것이 바람직합니다([그림 36]). 이것은 문자 그대로 '보이지 않게 한다', '알 수 없게 한다'는 의미입니다. 예를 들어, 개발된 신약을 피험자에게 투여할 때 복용 중인 약이 신약인지, 외형은 같지만 실제로는 아무 효과도 없는 가짜 약(플라시보)인지를 알 수 없게 합니다. 이것은 [플라시보 효과]라고 불리며, 본래 약으로서의 효과가 없는 플라시보(가짜 약)를 복용함으로써 나타나는 효과를 의미합니다. 가짜 약을 복용하고 병의 증상이 개선되는 경우도 있으며, 반대로 부작용이 나타나는 경우도 있습니다. 이와 같이 맹검화까지 수행된 대조 실험을 '무작위화 비교 실험'이라고 합니다.

게임의 평가나 플레이 퍼포먼스는 플레이어의 심리 상태와도 관련되어 있다고 여겨집니다. 이를 가능한 한 제거하기 위해 메타 AI의 검증에도 무작위화 비교 실험을 도입하는 것이 바람직합니다. 그러기 위해서는 메타 AI의 ON/OFF를 전환 가능하게 한 상태에서 피험자(플레이어)에게는 메타 AI가 켜져 있는지 꺼져 있는지를 알 수 없게 해야 합니다. 이러한 실험을 통해 게임의 재미와 메타 AI 사이에 인과관계가 존재하는지를 검증할 수 있을 것입니다.

3. 정리

무작위화 비교 실험을 적절히 시행함으로써 과학적으로 설득력 있는 형태로 메타 AI의 효과를 입증할 수 있게 됩니다.

메타 AI의 효과 검증이 어려운 이유는 플레이어의 스킬이나 감정의 변화처럼 게임 내에서 직접 관측하기 어려운 지표를 기준으로 제어되는 경우가 많기 때문입니다. 플레이어의 행동이나 검증용 게임 이벤트 등을 대신 활용하여 검증하는 것은 가능하지만, 간접적인 검증에 그치기 때문에 객관적으로 효과를 입증하기는 쉽지 않습니다. 실제 게임 개발 과정에서는 객관적인 검증을 수행할 시간을 확보하기 어려운 점도 과제로 남아 있습니다. 그럼에도 불구하고, 효과적인 검증을 수행할 수 있는 방법론을 구축하는 것은 큰 연구적 가치가 있다고 생각합니다.

【맹검화】
플라시보 효과를 제외하려면 피험자 뿐만 아니라 관찰자 측의 사람도 맹검화(블라인드 처리)하지 않으면 안 된다고 한다. 이 방법을 이중 맹검(double-blind)이라고 한다.

【플라시보 효과】
원래 효과가 없는 처방을 효과가 있는 것처럼 착각하는 현상. "환자가 좋다고 느낀다면 그걸로 된 것 아니냐"는 의견도 있지만, 실제로는 얻을 수 있었던 치료 기회를 놓치게 된다는 점에서 플라시보는 바람직하지 않은 것으로 여겨진다.
'아야 아야, 아픈 거 날아가라' 같은 말도 플라시보 효과의 일종…이라고 할 수 있을지도 모른다. 엄마, 얼버무리지 말고 제대로 치료 해주세요!

메타 AI와 게임 사용자 경험(UX)

1. 메타 AI를 쓸 수 있는 게임과 쓸 수 없는 게임

2차원 감정맵을 기반으로 한 메타 AI처럼 게임 난이도를 상황에 맞춰 적절하게 조정하는 시스템을 '동적 난이도 조정 시스템'이라고 부릅니다. 하지만 메타 AI에는 그 외에도 매우 폭넓은 활용 가능성이 존재합니다. 예를 들어 적을 물리치면 마을 사람들이 감사해 한다거나, 고전하고 있으면 아군이 전투 방법을 알려준다거나, 슬플 때는 비가 내리거나 배경 음악의 분위기가 바뀌는 것처럼, 다양한 연출이 가능합니다.

다만, 아무 것이나 동적으로 변화시키면 된다는 것은 아니며, 무엇을 어떻게 변화시킬지에 대한 결정은 게임【UX】(User Experience)와 잘 맞아야 합니다. 앞서 언급한 동적 난이도 조정도, 잘 맞는 게임 UX와 맞지 않는 UX가 존재합니다. 예를 들어, 액션 RPG라는 장르 안에서도 적당한 난이도의 전투를 즐기는 UX를 지닌 게임은 동적 난이도 조정과 궁합이 좋습니다. 반면에, 플레이어가 극한까지 실력을 끌어올려 가능한 한 보스를 빨리 쓰러뜨리는 UX(타임어택)를 추구하는 게임은 동적 난이도 조정과 궁합이 좋지 않습니다. 타임어택에 억지로 동적 난이도 조정을 도입하면 플레이어가 강해졌는데도 적이 더 강해져서 시간이 늘어난다거나, 오히려 일부러 초반에는 약하게 행동하지 않으면 기록을 단축할 수 없는 일이 발생할 수 있습니다.

이처럼 게임 UX와의 연관성을 무시한 채 메타 AI의 연구개발을 진행하는 것은 거의 불가능하다고 해도 과언이 아닙니다. 필자는 게임 AI, 특히 메타 AI에 대한 리서치는 곧 게임 UX에 대한 리서치라고 생각합니다.

【UI/UX】
웹 업계에서는 UI와 함께 UX가 자주 언급되며, 주로 비즈니스나 마케팅적인 문맥에서 다뤄진다. 여기서 말하는 게임 UX는 그런 문맥과는 다소 입장이 다르며, 사용자(유저)의 게임 체험 자체에 중심을 두고 있다.

2. 게임 UX란

애초에 게임 UX란 무엇일까요? 게임의 사용자 경험이라고 하면 '게임 디자인(놀이의 설계)'을 떠올릴지도 모르지만, 게임 UX는 게임 디자인에만 국한되지 않고 '게임에 대해 처음 알게되는 단계'부터 '게임을 구매하거나 다운로드할지 고민하는 단계', '플레이를 멈춘 뒤 오랜 시간이 지나 게임을 다시 떠올리는 단계'까지를 모두 포함하는 매우 포괄적인 개념입니다. 예를 들어, 게임을 플레이하기 전에 가졌던 기대와 실제 플레이를 시작한 뒤 얻은 체험이 다르면, 의도치 않게 플레이어를 실망시켜버릴지도 모릅니다. 이것은 매우 아쉬운 일입니다.

매일같이 새로운 게임이 등장하고, 게임과 관련된 사용자(플레이하지 않는 사람까지 포함해서)도 점점 다양해지는 오늘날에는 '훌륭한 UX를 의도대로 설계하고 제공하는 것'을 일부 개발자의 감각이나 경험만으로 성공시키는 것이 매우 어려워지고 있습니다. 이러한 배경 속에서 사용자 심리를 더 깊이 이해하고, 보다 객관적인 방식으로 게임을 검증하며, 각 직종을 넘나들며 UX에 대한 통찰을 축적·공유하는 필요성이 커지고 있습니다.

【UX란】
단어 하나하나에 주석을 달아야 하는 상황 자체가 UX라는 분야가 지닌 거대한 자기모순이 아닐까, 그런 생각이 들지 않을 수 없다.
오늘도 어김없이 "UX란~"이라는 말머리로 신규 스탭에게 설명을 시작한다.

197

사용성(Usability)	몰입 가능성(Engageablility)

• 사인과 피드백
• 명료함
• 형태는 기능을 따른다
• 일관성
• 부하 최소화
• 에러 회피 및 복구
• 유연성
	• 동기 부여
	  • 내적 동기 부여: 유능감, 자율성, 관계성
	  • 외적 동기 부여: 대가, 의미
	  • 잠재적 동기 부여
	• 감정
	  • 게임 필 • 현장감 • 새로움과 서프라이즈
	• 게임 플로우
	  • 난이도 곡선 • 페이싱 • 학습 곡선

[그림 37] <게이머즈 브레인>에서 제안된 게임 UX의 대표적인 구성 요소

【게이머즈 브레인】
원서 타이틀은 <The Gamer's Brain>. 번역 타이틀을 '게임 뇌'라고 했으면 전혀 다른 내용의 책으로 취급받았을지도 모르겠다.

최근에는 게임 업계 외부에서 축적된 UX 관련 지식을 게임 업계에 도입하고, 게임 업계 내부에서 UX를 연구하는 움직임이 주로 영어권을 중심으로 활발해지고 있다. 예를 들어, 인지과학 연구자이자 <포트나이트>의 UX 디렉터였던 셀리아 호덴트(Celia Hodent)는 2017년에 **【게이머즈 브레인】**이라는 게임 UX 입문서를 출판했다(일본어판은 2019년, 본디지털 출판).

이 책에서는 게임 UX를 구성하는 관점을 게임을 개발자가 의도한대로 플레이할 수 있는지를 나타내는 '사용성(Usability)' 관점과, 게임에 몰입하여 즐길 수 있는지를 나타내는 '몰입 가능성(Engageability)' 관점으로 나누어 각각의 구성 요소를 자세히 설명하고 있습니다([그림 37]). 게임 개발자들 사이에서 널리 알려진 경험 법칙은 물론이고, HCI(휴먼 컴퓨터 인터랙션)나 인지과학 등 게임 개발자에게는 비교적 익숙하지 않은 분야도 참조하여 지식이 정리되어 있습니다.

그렇다고는 해도, 게임 UX에 대한 지식은 아직까지 현장에서 충분히 활용될 수 있는 상태는 아닙니다. 알려지지 않았을 뿐만 아니라, 단지 알고 있다는 것만으로는 실무에서 발생할 수 있는 문제와의 연계를 쉽게 상상하기 어렵기 때문입니다.

3. 감정의 '흐름'을 분석한다

【워크숍】
청강자 참여형 강의, 즉 청강자가 단순히 듣는 데에 그치지 않고 직접 참여하는 방식의 강의나 강좌를 가리킨다. GDC나 CEDEC에서도 몇몇 세션은 워크숍 형식으로 진행된다.

그래서 저희들은 게임 UX를 실질적으로 활용하는 방법을 짜내기 위해 사내의 유사한 관심을 가진 사람들을 모아 **【워크숍】**을 개최했습니다.

어느 회차에서 다룬 주제는 감정의 '흐름'이었습니다. 게임 개발에서는 시간의 흐름에 따라 변화하는 플레이어의 감정 흐름을 디자인하는 것이 중요합니다. 하지만 그 흐름에 영향을 주는 요소는 매우 많고, 흐름을 표현하거나 분석하는 방법 또한 사람마다 다르기 때문에 팀 내에서 논의의 초점을 맞추는 일은 쉽지 않습니다.

【커스터머 저니 맵】
고객(사용자)이 상품이나 서비스를 접하고 사용하는 과정에서 발생하는 사건들을, 각 시점의 고객의 생각과 감정과 함께 도식화하는 방법. UX를 설계하거나 이해할 때 유용한 도구 중 하나이다.

게임이나 스토리를 디자인할 때 쓰이는 기법 중 하나로, 사용자가 느끼는 감정의 강도를 시간의 흐름에 따라 곡선 형태로 도식화한 '감정 곡선(서사 곡선)'이 널리 알려져 있습니다. 또한 UX 디자인이나 UX 리서치 분야에서는 사용자 경험을 도식화하는 방법으로 **【커스터머 저니 맵】**(Customer Journey Map)이나 **【경험 맵】**(Experience Map)이 알려져 있으며 이들에서도 감정 곡선이 자주 사용됩니다.

이처럼 감정의 변화를 중시하는 것은 게임을 포함한 다양한 제품의 사용자 경험을 디자인할 때 매우 중요한 관점으로 여겨지며, 게임 플레이의 흐름은 플레이어의 감정 변화라는 축을 중심으로 사고할 수 있습니다.

일반적인 감정 곡선은 '흥분의 정도'나 '긴장도의 정도'와 같이 하나의 감정 또는 정서를 다루지만, 그것만으로는 복수의 감정 간의 관계나 계층 구조를 다룰 수 없기 때문에 게임 상황 과 연결된 플레이어의 감정 변화를 충분히 표현하지 못할 경우가 있습니다.

예를 들어 호러 게임에서 플레이어에게 【무서움】이라는 감정을 느끼게 하고자 할 때를 생각해봅시다. '무서움'이라는 감정은 단일한 면을 가진 것이 아니라, 명확한 대상과 마주한 위험에 대한 감정인 '공포'일 수도 있고, 정체불명의 대상에 대한 막연한 '불안'일 수도 있습니다. 예를 들어 '(1) 약한 적과 싸운 후 강한 적이 등장하는' 상황은 약한 공포와 강한 공포를, '(2) 멀리서 강한 적을 보았는데 갑자기 그 적이 눈앞에 나타나는' 상황은 강한 불안과 강한 공포를 유발한다고 볼 수 있습니다.

하지만 이 두 상황을 '무서움'이라는 하나의 감정 곡선으로만 표현한다면 (1)과 (2) 보누 우상향 곡선으로 나타나고, 서로 다른 방식으로 무서움을 유도하고 있음에도 같은 체험으로 평가될 가능성이 있습니다. 그 결과, (1)과 같은 상황이 여러 번 반복될 가능성이 있어도 '무서움'이 증가하고 있으므로 문제가 없다고 판단될 수 있고, 전체적인 체험의 단조로움이 간과되는 리스크가 생깁니다. 그래서 우리는 게임의 흐름에 대해 팀내에서 효과적으로 논의하기 위해 복수 감정 변화 분석 방법을 두 가지 제안했습니다.

첫 번째는 여러 개의 감정 곡선을 나란히 배치하여 【분석】하는 방법입니다([그림 38]). 예를 들어 게임의 어느 타이밍에서 어떤 식으로 무서운 감정을 느끼는지를 분석하기 위해 【공포】, 【불안】, 【흥분】 등의 감정 곡선과 게임 내 발생한 이벤트를 겹쳐서 그립니다. 시간의 흐름에 따라 감정의 강약이 어떻게 바뀌었는지를 파악하기 쉬운 특징이 있습니다.

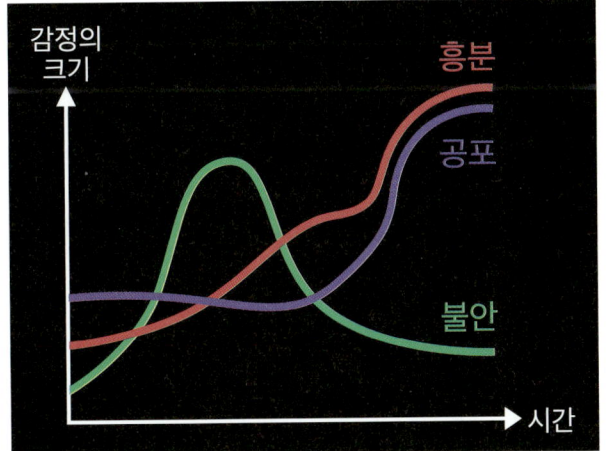

[그림 38] 여러 개의 감정 곡선으로 감정의 흐름을 분석하는 기법의 이미지.
시간의 흐름에 따른 감정의 강약 변화에 주목하기 쉽다.

【경험맵】
커스터머 저니 맵과 기본적으로 같지만, 커스터머 저니 맵에 비해 보다 폭넓고, 일반화된 유저의 행동을 가시화하는 것이라 불리고 있다. UX를 생각하기 위한 수단 중 하나이다.

【무서움】
결국 '무섭다'는 감정의 분석은 가능했는가? 라고 담당 개발자에게 물었더니 "다음은 뜨겁고 진한 녹차가 무섭다"라는 말로 마무리 되었다.

【분석】
"아빠, 놀고만 있지 말고 일 좀 하세요", "아빠는 지금 일하는 중이야", "거짓말! 아까부터 게임 실황 영상만 보고 있잖아!", "하하하, 그렇구나" 엔터테인먼트 관련 직업종사자인 개발자는 가정 내에서 입장이 약한 경우가 많다.

【공포·불안·흥분】
왜 하필 그 셋인가? 감정에는 더 많은 종류가 있는 거 아닌가? 많으면 많은대로, 적으면 적은대로 좋은 거 아닐까? 그렇게 생각할 수도 있다.
무한히 존재하는 요소 중에서 무엇을 추출하고, 어떤 방식으로 모델화할지는 연구자의 독단이자, 역량이자, 감각이다. 모든 현상의 '모든 것'을 다루는 것이 반드시 좋은 결과로 이어지는 것은 아니다.

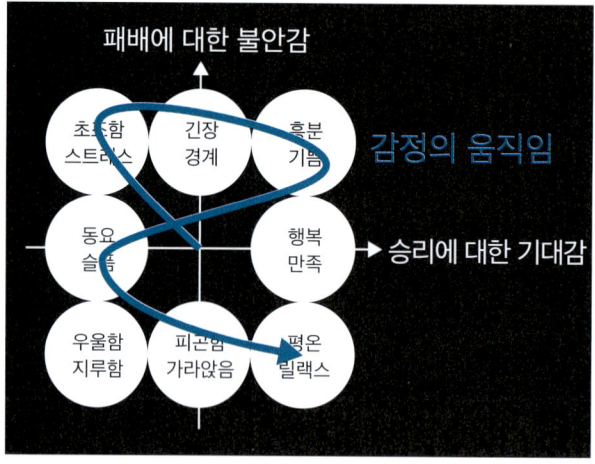

[그림 39] 2차원 감정맵을 사용해 감정의 흐름을 분석하는 방법의 이미지.
게임 플레이 전체를 통해 감정의 변화 경향에 주목하기 쉽다

두 번째는 필자들이 제안한 '2차원 감정맵' 위에 감정 변화를 그리는 방법입니다([그림 39]). 2차원 감정맵은 승패가 존재하는 게임에 있어 감정의 종류를 승리에 대한 기대감과 패배에 대한 불안감인 2축을 기반으로 분류합니다. 다양한 감정명이 적힌 맵 위에 감정의 변화를 플롯할 수 있기 때문에, 게임 플레이 전체를 통한 감정 변화의 경향에 주목하기 쉬운 특징이 있습니다.

워크숍에서는 먼저 【YouTube】에 올라온 실황 해설이 포함된 플레이 영상을 시청하며, 감정이 움직인 게임 내 이벤트나 플레이어의 발언을 나열했습니다. 그다음에는 나열된 이벤트나 발언과 연결시키는 형태로, 앞서 소개한 두 가지 방법 중 하나를 사용해 감정 변화를 도식화 해나갔습니다.

'여러 감정 곡선을 나란히 분석하는 방법'에서는, 시중에 출시된 액션 게임에서 가장 처음 등장하는 적이 왜 무섭게 느껴지는지를 분석했습니다. [그림 40]처럼 플레이어의 감정을 움직였을 것으로 보이는 사건들을 시간 순서대로 나열하고, 그로 인해 플레이어에게 발생한 감정을 '공포', '불안', '흥분'의 세 가지 감정 곡선으로 나누어 그려 보았습니다.

그 결과, '전체적으로는 공포와 흥분을 점차 고조시키면서도, 도중에 불안이 중심이 되는 타이밍을 끼워 넣어 불안을 강조하고 있다'는 점이 무서움을 만들어내고 있는 것일지도 모른다는가 설이 도출되었습니다.

'2차원 감정맵을 이용한 분석 방법'에서는 또 다른 시판 액션 게임의 중반에 등장하는 보스를 대상으로, 액션 게임 초보자 / 상급자 실황자 각각의 전체 플레이를 통해 감정의 흐름을 분석했습니다. [그림 41, 42]와 같이, 플레이어의 감정을 움직였을 법한 사건을 시간 순서대로 나열하고 그로 인해 플레이어에게 생긴 감정 변화를 2차원 감정맵 상의 감정곡선으로 나타냈습니다.

그 결과, 초보자는 상급자보다 감정의 진폭이 전반적으로 크고 '신경 과민·스트레스'나 '긴장·경계' 쪽으로 치우쳐 있으며, 패배에 대한 불안감에서 급격한 증감이 나타난다는 가설이 도출되었습니다 ([그림 43]).

【YouTube】
동영상 공유 사이트. 회사에서 모두 함께 영상을 감상할 때는, 영상 전에 표시되는 광고 내용이나 사이드바에 추천되는 동영상 내용에 주의할 것을 권장함. 형과의 약속이다! …약속이야!

메타 AI와 게임 사용자 경험(UX)

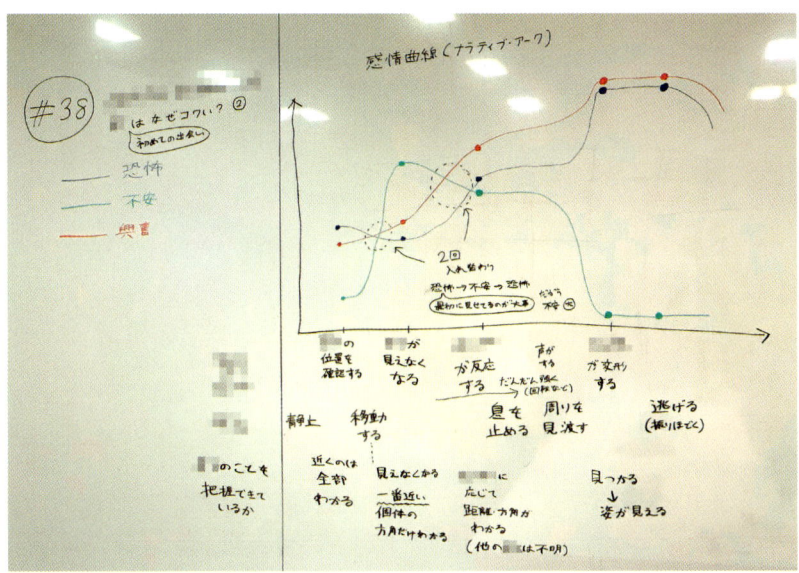

[그림 40] 여러 개의 감정 곡선을 활용하여 어느 시판 액션 게임의 감정 흐름을 분석한 예

[화이트 보드]
고도 정보화 사회의 일원이라 하더라도, 이런저런 말을 하면서도 아날로그 도구인 화이트보드는 회의실에서의 토론이나 브레인스토밍에 있어 매우 유용하고 대체가 어려운 도구이다.

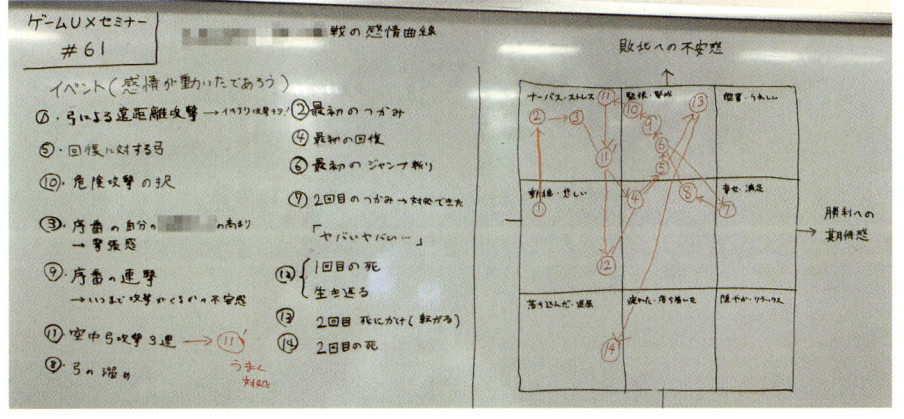

[그림 41] 2차원 감정맵을 활용하여 어느 시판 액션 게임의 감정 흐름을 분석한 예(플레이어가 초보자인 경우)

[화이트 보드 2]
디자이너팀 부스 앞을 지나가면, 벽의 화이트보드에 이상하게 잘 그려진 낙서를 종종 보게 된다. 반면 기획자팀 앞의 화이트보드에는 지능이 심히 낮아 보이는 낙서가 그려져 있고, 프로그래머팀 앞에서는 미개한 종교를 연상시키는 알 수 없는 기호들이 나열되어 있는 등, 팀마다의 특색이 잘 드러나있어 재미있다.

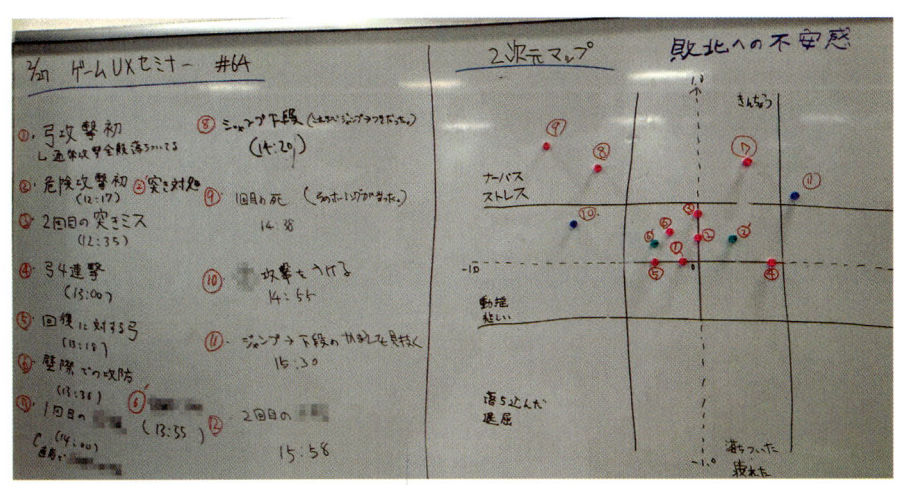

[그림 42] 2차원 감정맵을 활용하여, 어느 시판 액션 게임의 감정 흐름을 분석한 예(플레이어가 숙련자인 경우)

[화이트 보드 3]
"중요한 내용이니까!"라는 말과 함께 지우지 않고 남겨두었던 판서는 화이트보드의 특성상 시간이 지날수록 물리적, 화학적으로 점점 지우기 어려워진다. 연말 대청소 시즌에 분무기와 걸레를 들고 화이트 보드와 사투를 벌이는 그 말을 꺼냈던 선배의 뒷모습을 보게 될지도 모르지만, 그 장면을 못 본 척 해주는 것도 하나의 배려라고 생각한다.

201

PART 3 : 메타 AI

[초심자 / 상급자]

순서대로 나열하자면, 초심자, 초급자, 중급자, 상급자가 될까. 게임 플레이에서 '상급'이란 뭘까? 라고 물으면 대답하기 곤란하지만, 1/60초 판정을 정확히 성공시키는 "이건 사람 아닌 거 아냐" 수준의 사람이 실제로 존재하는 건 확실하다.

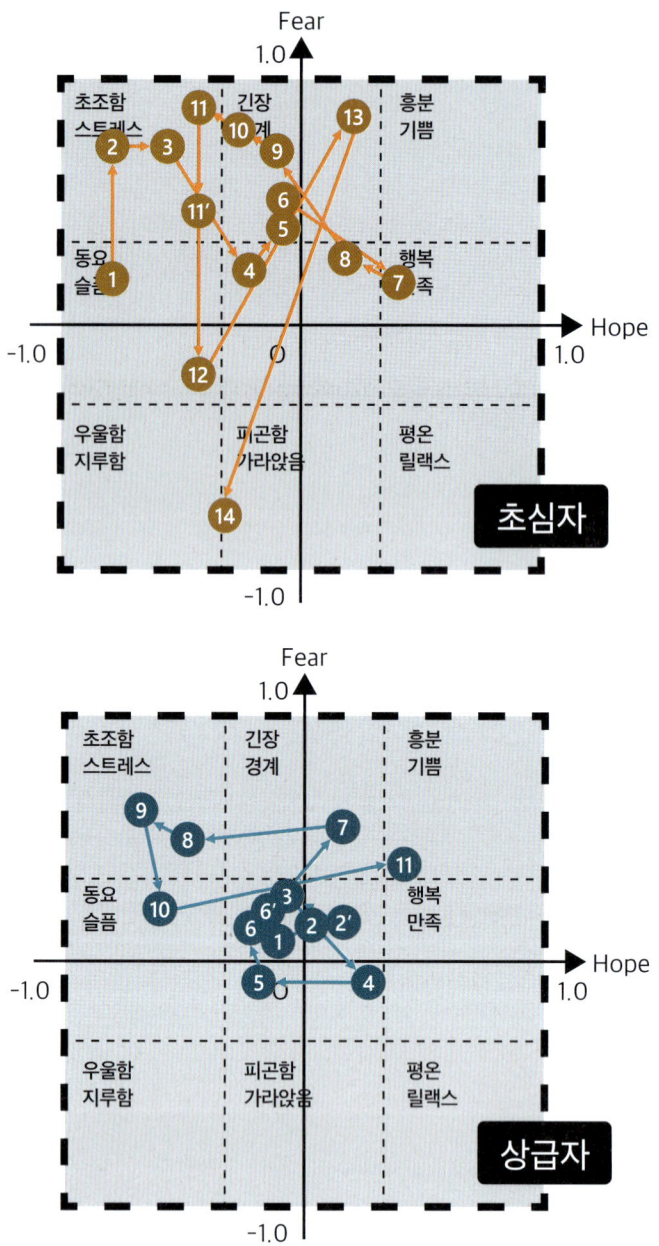

[그림 43] 초심자와 상급자의 비교. 초심자는 상급자보다 전반적으로 감정의 변동폭이 크며, '불안·스트레스'나 '긴장·경계'에 치우쳐 있고, 패배에 대한 불안감이 낮음 → 높음 → 낮음으로 급격히 변화하고 있음(초심자의 ⑪~⑭ 구간).

이처럼 플레이어의 감정 분석에 '실황 동영상'을 활용하면 편리합니다. 왜냐하면 2차원 감정맵 기반 메타 AI 조정에 사용된 '사고 발화법'과 마찬가지로, 플레이어가 느낀 것을 적극적으로 말이나 리액션으로 표현하면서 플레이하는 경우가 많기 때문입니다. 또한 게임기나 소프트웨어 등을 따로 준비하지 않아도 영상을 찾기만 하면 간편하게 분석을 수행할 수 있다는 장점도 있습니다. 앞서 언급한 워크숍은 참가자 약 10명, 소요 시간 약 45분 정도로 결코 대규모는 아니었지만, 참가자들 사이에서 충분히 납득할 수 있는 분석이 이루어졌습니다.

한편, 플레이어가 그 자리에 없는 경우에는 어떤 장면에서 어떻게 느꼈는지를 직접 물어볼 수 없습니다. 시간이나 장비 등의 제약을 해결할 수 있다면, 그 자리에서 누군가가 실황 플레이를 하는 형태로 진행하여, 플레이어가 느낀 점을 인터뷰하는 등의 방식으로 보다 세밀하고 깊이 있는 탐색이 가능할 것입니다.

4.게임 UX의 공통 언어화 - 패턴 랭귀지

지금까지 설명해 온 감정 분석의 시도는 어떤 현상이 일어나는 이유(왜 무섭게 느껴지는가)에 대한 가설을 얻기 위한 것이었습니다. 한편, 이미 모두가 '좋다'고 느끼는 게임 UX 요소도 있고 그 이유도 어렴풋이 이해되고 있지만, 아직 명확하게 언어화되어 있지 않은 게임 UX 요소들도 많이 존재합니다.

이에 우리는 기존 게임들에서 볼 수 있는 '좋은 디자인' 요소들을 【패턴 랭귀지】(패턴 언어)라는 일정한 형식으로 문서화하려는 시도도 하고 있습니다. 이 개념은 원래 건축 분야에서 탄생한 것이며, 소프트웨어 개발에서의 【디자인 패턴】 개념의 기반이 되기도 했습니다. 패턴 랭귀지는 문제와 그에 대한 해결 방법 그리고 실제 사례들이 정리된 '패턴'의 집합입니다. 아래의 [그림 44]는 그 중 하나의 예시를 보여줍니다. 참고로 '포스(Force)'에는 문제 해결을 어렵게 만드는 요인들을, '액션(Action)'에는 '해결(Solution)'에 기재된 해결책을 실행할 때 구체적으로 취해야 할 행동을 각각 기술합니다.

패턴 랭귀지를 정리함으로써 "그 작품의 그 요소를 도입하고 싶다!"고 생각했을 때, 설령 자신 이외에는 아무도 그 게임을 플레이한 적이 없더라도 그 요소의 장점을 쉽게 전달할 수 있습니다. 또한, 메타 AI를 개발하거나 활용하는 사람에게는 어떤 관점에서 메타 AI를 사용할 수 있을 지를 고민하는 데에 실마리를 제공해 줍니다.

【패턴 랭귀지】
공통 언어를 미리 정의해 두면, 그 이후의 의사소통이 쉬워진다는 사고방식. 하지만 초심을 잊은 베테랑은, 정해진 공통 언어를 아직 이해하지 못한 초심자를 내버려 두고 논의를 진행해버리는, 양날의 검.

【디자인 패턴】
의미는 몰라도 "그건 싱글턴이지"라고 잘난 척하며 프로그래머에게 말하면, 왠지 한 번쯤은 인정받을 수 있을 것 같은 그것. 사용처를 잘못 잡으면 이후 쓰레기 보는듯한 눈빛을 받게 되니 주의.

	자유로운 서브 목표(Open Sub-goals)
상황	RPG 등 많은 게임에서는 메인 목표 외에 별도의 서브 목표로서 많은 '퀘스트'가 준비되어 있다.
포스	●콘텐츠 볼륨을 늘릴 필요가 있다. ●다양한 플레이어의 동기를 충족시킬 필요가 있다. ●퀘스트에 따라 플레이어가 어떤 행동을 할지는 크게 바뀌기 어려움.
문제	비슷한 퀘스트를 반복해서 플레이하다 보면 지루하게 느껴지고 이탈하게 되는 경우가 많다.
해결	'퀘스트'라는 형태로 목표를 먼저 제시하지 않고, 플레이어가 스스로 목표를 설정하도록 한다.
액션	언제든지 중단하거나 진행할 수 있는 서브 목표를 준비한다.
결과	●서브 목표는 게임 전체에 걸친 큰 규모로 만들 수 있어 콘텐츠 볼륨을 확보할 수 있다. ●수집, 발견, 경쟁, 커뮤니티 등 다양한 동기를 충족시킬 수 있다. ●서브 목표의 수는 적더라도 충분하므로 비슷한 서브 목표를 대량으로 준비할 필요는 없다.
사건	●<젤다의 전설 브레스 오브 더 와일드>(닌텐도, 2017년): 코로그, 우츠시에의 기억 ●<킹덤 하츠 III>: 행복의 마크

[그림 44] "자유로운 하위 목표"에서의 패턴

5. 정리

여기에서는 메타 AI를 효과적으로 활용하기 위해 게임 UX를 더 깊이 이해하고 언어화하는 다음과 같은 시도를 소개했습니다.

- 상황 플레이 동영상을 통해 플레이어의 감정을 분석하고 초심자와 상급자 간의 감정 변화 차이를 파악한다.
- '무섭다'는 감정이 일어나는 메커니즘에 대해 가설을 세운 사례
- 패턴 랭귀지를 활용하여 [기존] 게임의 우수한 UX 요소를 공통 언어로 정리한 사례

이러한 노력에서 얻어진 게임 UX에 대한 통찰은 게임 디자이너를 비롯한 게임 개발자들이 제공하려는 게임 UX의 장단점에 대해 **【논리적으로 논의】**할 때 큰 도움이 됩니다. 또한 메타 AI 개발자는 게임 내에서 획득할 수 있는 제한된 정보를 바탕으로 플레이어의 특성이나 감정 상태를 추정하는 방법을 보다 쉽게 설계할 수 있게 됩니다.

예를 들어, 플레이어가 어느 정도 '무섭다'고 느끼는지를 게임 로그 데이터를 통해 정량적으로 계산할 수 있게 되면, '무섭다고 느껴야 하는 장면'에서 플레이어가 그렇게 느끼지 못했을 경우, 메타 AI가 개입하여 더 많은 플레이어에게 '무서움'을 느끼게 하는 방향으로 조정할 수 있습니다.

필자는 메타 AI, 게임 UX, 패턴 랭귀지가 서로 상호작용하며 영향을 주고받는 관계라고 보고 있으며, 게임 UX에 대한 지식과 패턴 랭귀지의 축적이 진행됨에 따라 메타 AI의 더 큰 발전을 기대할 수 있다고 생각합니다([그림 45]). 그리고 메타 AI가 그 효과를 발휘하게 되면 게임 UX의 개선 및 확장 또한 가속화될 것입니다.

> **[논리적으로 논의]**
> 특히 엔터테인먼트 분야에서는 주관적인 논리로 이야기를 하는 경향이 있으며, 일정 인원이 모이는 회의실에서는 그런 태도는 정말로 부적절해 보일 수 있습니다. 데이터를 수집하고 정리하여 체계화함으로써 논리적으로 논의가 진행될 수 있는 기반을 마련하는 것이 학문의 시작이며, 학자들의 의무입니다. 책도 쓸 수 있죠.

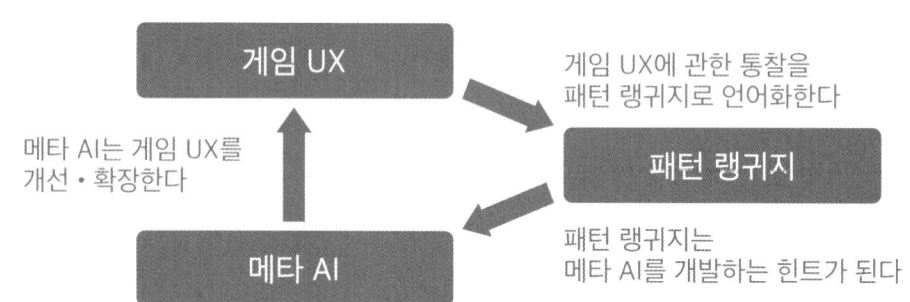

[그림 45] 메타 AI, 게임 UX, 패턴 랭귀지의 관계성

메타 AI의 전망

지금까지 메타 AI의 다양한 활용 사례를 소개해 왔습니다. 메타 AI는 수많은 게임 개발 기술 중에서도 특히 게임 디자인과 깊은 관련이 있으며, 게임 UX의 개선과 진화에 큰 영향을 줄 수 있는 잠재력을 가지고 있습니다. 마지막을 장식하는 이 절에서는, 메타 AI의 향후 발전 가능성에 대해 정리합니다([그림 46]).

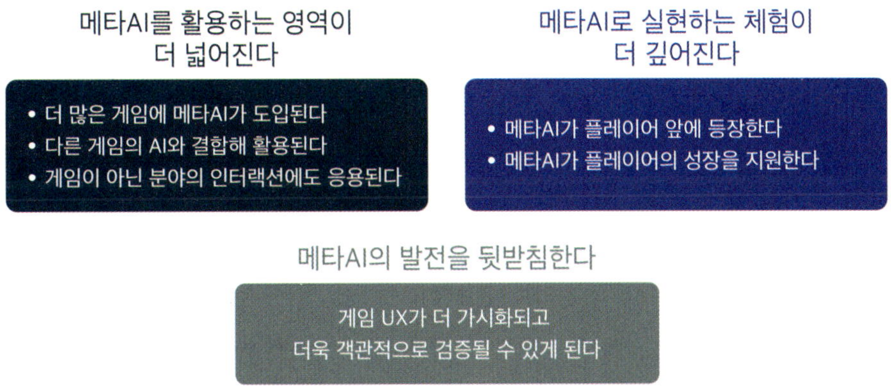

메타AI를 활용하는 영역이 더 넓어진다
- 더 많은 게임에 메타AI가 도입된다
- 다른 게임의 AI와 결합해 활용된다
- 게임이 아닌 분야의 인터랙션에도 응용된다

메타AI로 실현하는 체험이 더 깊어진다
- 메타AI가 플레이어 앞에 등장한다
- 메타AI가 플레이어의 성장을 지원한다

메타AI의 발전을 뒷받침한다
게임 UX가 더 가시화되고 더욱 객관적으로 검증될 수 있게 된다

[그림 46] 메타 AI의 장래 발전 가능성

1. 메타 AI의 활용 영역이 더 넓어진다

더 많은 게임에 메타 AI가 도입된다

게임 AI의 역사를 되돌아보면 과거에는 캐릭터 AI나 【내비게이션 AI】도 마이너한 개념에 지나지 않았습니다. 하지만 지금은 많은 게임 엔진에 기본 기능으로 탑재되어 다양한 장르의 게임에서 손쉽게 활용할 수 있는 기술이 되었습니다. 필자는 메타 AI도 앞으로 같은 길을 걷게 될 것이라 생각합니다.

다만 메타 AI는 게임 타이틀마다 실현하고자 하는 내용이 크게 다르기 때문에 캐릭터 AI나 내비게이션 AI에 비해 다양한 장르의 게임에서 범용적으로 사용할 수 있는 툴을 제공하는 것이 쉽지 않습니다. 또한 과거 사례가 적고, 동적 난이도 조정에 치우쳐 있는 경우가 많기 때문에 '메타 AI= 동적 난이도 조정'이라는 단편적인 이미지로 인해 불필요하다고 판단되거나, 도입 시에도 타이틀마다 메타 AI 엔지니어와 게임 개발측 멤버가 협력해 하나하나 사양과 구현을 만들어가는데 비용이 드는 등의 과제가 존재합니다.

이러한 과제에 대한 해결책으로는 (1)일부 기능부터 범용툴로 만드는 것 (2)다양한 사람들이 메타 AI 도입 이미지를 쉽게 상상할 수 있도록 하는 것, 이 두 가지가 제시될 수 있습니다.

【내비게이션 AI】
A 지점에서 B 지점까지의 경로를 탐색하는데 특화된 AI 처리. '내비'라고 하면 떠오르는 이미지와 대체로 일치한다. 게임 세계의 내비게이션은 사다리를 타고 오르거나 10m를 점프해서 갈 수 있는 장소가 존재하는 등, 현실 세계의 내비게이션보다 다소 높은 복잡성이 요구된다.

메타 AI 전체를 범용툴로 만드는 것은 어렵더라도, 일부 기능에 한정하면 범용툴화는 어렵지 않습니다. 예를 들어, '게임 내에서 발생하는 이벤트 데이터를 수집하는 기능', '수집한 데이터로부터 평가값을 산출하는 기능', '수집한 데이터를 시각화하는 기능'과 같은 기능은 어떤 종류의 게임이든 메타 AI에 반드시 필요한 기능입니다. 이러한 기능을 정비하는 것부터 시작해서 장차 특정 게임 장르나 특정 시리즈에서 메타 AI에 필요한 공통 기능을 툴화해나가는 방식으로 단계적으로 발전시켜 나가는 것이 이상적일 것입니다.

도입 이미지를 쉽게 상상할 수 있게 하려면 도입 사례(특히, 동적 난이도 조정 이외의 활용 사례)를 꾸준히 만들어가는 것이 장기적으로는 가장 효과적이라고 생각합니다. 그리고 도입 사례를 늘리기 위해서는 소수의 메타 AI 개발자만이 메타 AI에 대해 고민하는 것이 아니라, 게임 디자이너 외의 다양한 개발자들도 메타 AI를 활용한 게임 디자인 아이디어를 구상하거나 논의할 수 있는 환경을 조성하는 것이 중요합니다. 게임 UX에 관한 지식 정리나 패턴 랭귀지를 통한 공통 언어화가 진전된다면 누구나 자신들의 게임 UX를 어떻게 구성해야 할지를 논리적으로 검토하기 쉬워지고 메타 AI뿐 아니라 새로운 시도들을 선택지에 넣기 쉬워질 것으로 기대됩니다.

또한 '메타 AI를 써서 정말 좋았다고 느껴지는 체험'을 개발자에게 제공할 수 있는지도 중요합니다. 필자가 참여했던 타이틀에서는 메타 AI 도입 덕분에 게임 디자이너가 적은 수고로 고정 밀도의 밸런스 조정을 할 수 있었다는 높은 평가를 받았습니다. 이러한 [시도를 차근차근 쌓아] 간다면 메타 AI를 좋아하는 개발자도 분명히 늘어날 것입니다.

[시도를 차근차근 쌓아]
새로운 개념이나 기능을 상품에 도입하는 일은 결국 사람과 사람 사이의 신뢰 관계에서 비롯되는 경우가 많다.
"선배는 좀 사기꾼 같은 데가 있으니 프로젝트 협의할 때는 안 나와 주시면 안될까요?"
오늘도 베개는 축축하다.

다른 게임 AI와 결합해 활용된다

게임을 만드는 이상, 게임 디자인은 반드시 필요합니다. 따라서 '게임 디자이너의 AI'라고 할 수 있는 메타 AI는 다른 장에서 설명한 '캐릭터 AI'나 '자연어 처리' 등의 기술과 조합함으로써 더 큰 효과를 만들어내는 '지렛대'와 같은 역할을 할 수 있을 것으로 기대됩니다.

예를 들어 플레이어가 동료 NPC와 함께 모험을 떠나는 RPG의 경우, 자연어 처리에 의해 플레이어가 입력한 문장에서 감정을 추정한 다음, 메타 AI가 게임 상황과 문맥, 플레이어의 감정을 고려해 다른 동료 NPC가 어떤 감정으로 플레이어에게 무엇을 말할지를 결정하고, 자연어 처리 시스템에 지시를 내리는 식의 조합도 가능합니다.

게임이 아닌 분야의 인터렉션에도 응용된다

탁구 로봇의 사례처럼 메타 AI는 게임 이외의 콘텐츠나 현실 세계에도 폭넓게 응용될 가능성이 있습니다.

메타 AI가 수행하고 있는 일을 '게임'이라는 단어 없이 설명한다면 '사람과 환경 간의 상호작용이 발생하는 장면에서 데이터를 수집하고 분석하여 상호작용이 보다 의도한대로 이루어지도록 실시간으로 개입한다'라고 말할 수 있습니다. 즉, 상호작용의 설계(디자인) 전반에 걸쳐 메타 AI는 응용 가능성을 지니고 있습니다.

극단적인 이야기이지만, 플레이어라는 형태의 살아있는 인간이 인터렉션에 직접 관여하는 것조차 반드시 필요한 것은 아닙니다. 예를 들어, 자율적으로 행동하는 NPC가 다수 존재하는 도시 시뮬레이터에 메타 AI를 도입하여 각 NPC가 더 쾌적하다고 느낄 수 있도록 시뮬레이터의 환경을 조정함으로써 현실 세계의 도시를 어떻게 제어하면 좋을지를 검증하는 방식도 생각해 볼 수 있습니다.

2. 메타 AI로 실현되는 체험이 더 깊어진다

메타 AI가 플레이어 앞에 등장한다

지금까지의 메타 AI는 대부분 플레이어에게는 숨겨진 존재, 즉 '무대 뒤'에 있는 존재였습니다. 하지만 메타 AI 자체를 콘텐츠화하여 적극적으로 플레이어에게 보여주는 접근도 있습니다. 예를 들어, 메타 AI를 【게임 마스터】와 같은 입장의 특수한 NPC로 '의인화'하고, 게임 상황에 따라 플레이어에게 다양한 과제를 제시하는 형태를 생각해볼 수 있습니다.

이러한 접근을 전면에 내세운 게임으로는 <Will You Snail?>(Jonas Tyroller, 2022년)이 있습니다. 이 게임은 <슈퍼 마리오 브라더스>(닌텐도, 1985년)와 같은 2D 【플랫포머】지만, 게임 전체를 감시하는 메타 AI 캐릭터의 얼굴이 항상 크게 표시되며, 도발적인 멘트와 함께 플레이어가 이동할 것 같은 위치에 함정을 설치하는 등 방해를 가해옵니다. <Will You Snail?>은 메타 AI를 게임 디자인의 부가적인 요소가 아니라, 중심 축으로 삼은 흥미로운 사례라고 할 수 있습니다.

최근에는 일상생활 속에서도 【AI가 점점 더 친숙】해지고 있기 때문에 메타 AI와의 커뮤니케이션을 포함한 게임 플레이 경험도 더 이상 특별한 것이 아닐 수 있습니다.

메타 AI가 플레이어의 성장을 지원한다

동적 난이도 조정의 문제점으로는 '플레이어에게 알리지 않고 난이도를 낮췄다는 사실이 전달되면 불쾌감을 초래할 수 있다'는 점에 더해 '도전적인 게임 플레이에는 동적 난이도 조정 자체를 적용할 수 없다'는 점이 있습니다.

여기서 말하는 도전적인 게임 플레이란, 일정한 과제에 대해 플레이어의 숙련도, 다시 말해 적응도를 끌어올리는 것을 즐기는 유형의 게임플레이를 뜻합니다. 도전적인 게임 플레이에서는 특정 과제에 대한 플레이어의 수행 능력을 수치화하고, 이를 피드백하는 것이 기본이 됩니다. 예를 들어, 슈팅 게임을 반복해서 연습하여 점수 100,000점을 목표로 하는 것이 그 이미지입니다. 이 상황에서 동적 난이도 조정을 도입하여 과제의 내용을 동적으로 변화시키게 되면 설령 플레이어가 100,000점을 달성했다 하더라도 그것이 플레이어의 스킬 향상에 의한 것인지, 단순히 난이도가 조정된 결과인지가 불분명해지며 100,000점이라는 【목표 자체의 의미가 사라져】 버릴 수 있습니다.

【게임 마스터】
시드니 셸던도 놀라 자빠질 정도의 달인급 실력을 가진 게임 플레이어를 가리키는 말이다(농담이다). 원래는 컴퓨터가 도입되기 이전의 아날로그 게임에서 게임을 진행하던 사람을 가리키는 호칭이다. 대표적인 예로 TRPG 장르가 있다. 현대에는 온라인 게임에서 운영측 스태프를 가리키는 경우도 있다.

【플랫포머(Platformer)】
발판에서 발판으로 이동하며 게임을 진행하는 타입의 액션 게임 장르 명칭.

【AI가 점점 더 친숙】
언제나 인사해 주시는 저분, 실은 AI랍니다.

【목표의 의미가 사라진다】
조정되면 짜증난다고 말하는 사람도, 몇 번째인지 모를 운전면허 실기시험 때쯤엔 "조금쯤 봐줘도 되잖아"라고 혼잣말을 할 정도로, 인간이란 존재는 제법 제멋대로다.

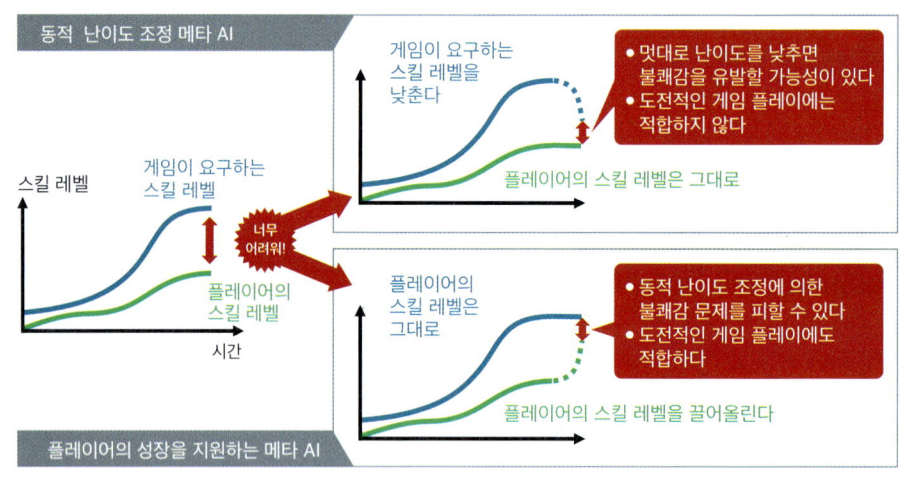

[그림 47] 플레이어의 성장을 지원하는 메타 AI의 이미지

[다크 소울]
프롬 소프트웨어가 2011년에 발매한 액션 RPG. 다크판타지 세계관에서 고난이도 액션을 즐길 수 있는 작품이다. 이후 작품들에 끼친 영향이 매우 커 '소울라이크(Souls-like)'라고 불리는 장르가 생겨날 정도였다.

[파이어 엠블렘 풍화설월]
닌텐도가 2019년에 발매한 시뮬레이션 RPG. 주인공은 사관학교의 교사로서 매일(매 턴), 학생에 대한 지도나 교외에서의 전투 등의 행동을 선택한다.

[무난한 선택]
단지 다수라는 이유로 정당하다고 여겨지는 사고방식은 정말 정당한 것일까? 아니, 정당하다고 생각하는 사람이 많기 때문에 역시 정당한 게 아닐까? 아니아니, 플라톤 선생님은 그 저술에서 2,500년 전부터 다수파 지배의 위험성을 설파했었잖아? 으음… 오늘도 이렇게 스트레스가 쌓여간다.

이 문제에 대한 해결책으로, 과제를 쉽게 만드는 것이 아니라 플레이어의 성장을 지원하는 접근 방식을 고려할 수 있습니다. 예를 들어, 플레이어에게 슬쩍 힌트를 주는 시스템은 이미 널리 알려져 있습니다. **[다크 소울]** 시리즈에서는 게임 내에서 다른 플레이어를 위한 메시지를 남길 수 있습니다. 이는 강력한 보스가 등장하는 지점이나 낙사 사고가 일어나기 쉬운 장소를 파악하는 데 도움이 되며, 거짓 메시지에 속을 수도 있기 때문에 단순한 힌트를 넘어선 재미를 만들어냅니다. 또한 **[파이어 엠블렘 풍화설월]** 에서는 각 턴에서 다른 플레이어가 어떤 선택지를 선택했는지 비율로 표시해주는 기능이 있어 **[무난한 선택]** 을 하고 싶은 플레이어에게는 선택지가 많아 고민되는 스트레스를 줄여주는 강력한 힌트가 됩니다.

앞으로는 이러한 접근을 더 발전시켜 특정 과제에서 어려움을 겪고 있는 플레이어에게 메타 AI가 단순히 난이도를 낮추는 것이 아니라 어떻게 하면 과제를 극복할 수 있을지를 지원해주는 방향이 바람직하다고 생각합니다([그림 47]). 플레이어의 스킬 수준과 게임이 요구하는 스킬 수준 사이에 큰 차이가 있어 "너무 어렵다"는 느낌이 들 때 게임이 요구하는 난이도를 낮추는 것이 아니라, 메타 AI의 지원을 통해 플레이어의 스킬을 높이는 방식으로 문제를 해결할 수 있다면 앞서 언급한 동적 난이도 조정의 단점을 극복할 수 있을 것이라 생각됩니다.

3. 메타 AI의 발전을 뒷받침한다

게임 UX가 더욱 가시화되고, 더욱 객관적으로 검증될 수 있게 된다

최근에는 개발자가 의도한 게임 UX를 보다 확실하게 플레이어에게 전달하기 위해 게임 UX의 가시화 및 검증을 수행하는 방법에 대한 연구개발이 진행되기 시작했습니다. 메타 AI에 대해서도, 게임 UX에 미치는 영향이 더욱 정밀하게 가시화되고, 보다 객관적으로 검증될 수 있게 될 것이라고 생각됩니다.

따라서 효과 검증과 개선 사이클을 신속하게 반복할 수 있도록 구현해야 합니다. 예를 들어, 메타 AI의 온/오프를 간단히 전환할 수 있도록 구현하는 것이 중요합니다. 간편하게 전환할 수 있으면 출시 후 실제 플레이어를 대상으로 한 【A/B 테스트】도 실시할 수 있게 됩니다.

일렉트로닉 아츠(Electronic Arts)의 Xue 등은 출시된 3매치 퍼즐 게임에서 동적 난이도 조정 시스템의 효과를 검증하기 위해 동적 난이도 조정이 적용된 플레이어 그룹과 적용되지 않은 그룹에 실제 플레이어를 무작위로 배정하는 무작위화 비교 실험(Randomized Controlled Trial)을 실시하였고, 두 그룹 간에 게임 이탈까지 플레이한 스테이지 수나 플레이 시간에서 정량적인 차이가 있음을 보여주었습니다 [Xue et al. 2017]. 이처럼 논문으로 쓸 수 있을 만큼 엄밀한 테스트를 통해 메타 AI의 효과를 정량적으로 입증할 수 있다면 이상적이지만, 보다 간단한 테스트라도 개발에 활용하는데 있어 매우 유익한 결과를 얻을 수 있습니다.

【A/B 테스트】
기존 시책과 새로운 시책, 두 가지 사이의 우열을 비교 및 판단하는 테스트. 주로 웹 마케팅 분야에서 사용되기 시작한 용어다. 결과는 두 가지 시책 간의 상대적인 수치일 뿐, 절대적인 지표가 아니라는 점에 주의해야 한다.

4. 정리

메타 AI에는 다양한 전망과 과제가 존재함을 설명하였습니다. 연구자로서 이러한 과제가 많다는 사실은 오히려 매력적인 요소이며, 향후 매우 기대되고 도전할 가치가 있는 분야라고 느끼고 있습니다. 앞으로도 저희는 메타 AI의 연구 개발을 통해 보다 '재미있는' 체험을 사람들에게 전달하는데 기여하고자 합니다.

● 참고 문헌

[미야케 et al. 2020] 미야케 요이치로(三宅陽一郎), 미즈노 유타(水野勇太), 사토이 다이키(里井大輝):'메타 AI'와'AI Director'의 역사적 발전,디지털 게임학 연구, Vol.13, No.2 (2020)
[Booth 2009] Booth, M.: Replayable Cooperative Game Design: Left 4 Dead. Game Developers Conference 2009 (GDC 2009) (2009)
[Watson and Tellegen 1985] Watson, D. and Tellegen, A.: Toward a consensual structure of mood, Psychological Bulletin, Vol.98, pp.219-235 (1985)
OMRON 주식회사: 포르페우스(FORPHEUS)
https://www.omron.com/jp/ja/technology/information/brand/forpheus/
[나카야마 et al. 2021] 나카야마 마사무네(中山雅宗), 구리스 다카노리(栗栖崇紀), 미즈노 유타(水野勇太), 미야케 요 이치로(三宅陽一郎), 야세 사토시(八瀬哲志): 플레이어의 모티베이션 컨트롤을 실현하는 탁구 로봇 시스템, OMRON TECHNICS, Vol.53, No.1, pp.34-41 (2021)
[Russell et al. 1999] Russell JA, Barrett LF: Core affect, prototypical emotional episodes, and other things called emotion: dissecting the elephant. J. Pers. Soc. Psychol. 76(5):805–19 (1999) [Csikszentmihályi 1997] Csikszentmihályi, M.: Finding Flow: The Psychology Of Engagement With Everyday Life, Basic Books (1997)
[Xue et al. 2017] Xue, S., Wu, Meng, Kolen, J., Aghdaie, N., Zaman, K.A.: Dynamic Difficulty Adjustment for Maximized Engagement in Digital Games. Proceedings of the 26th International Conference on World Wide Web (WWW 2017) Companion, pp.465-471 (2017)

PART 4

딥러닝

딥러닝(심층학습)은 게임 산업에 있어 새로운 거대한 흐름입니다. 1994년부터 2023년까지 30년 동안 축적되어 온 게임 AI 기술은 '기호주의'라 불리는 심볼 기반 AI입니다. 그러나 이 PART 4에서는 인간의 뇌 신경 회로를 모방한 기술인 '딥 뉴럴 네트워크'를 기반으로 한 AI를 해설합니다(PART 2의 자연어 처리(NLP) 장에서도 언급하였습니다).

'딥 뉴럴 네트워크'에 의해 '디지털 게임의 AI' 분야는 일신될 것으로 예상되지만 실제로는 그리 간단하지 않습니다. 디지털 게임에서 가장 중요한 것은 게임 디자인이며 게임의 재미입니다. '딥 뉴럴 네트워크'는 날뛰는 망아지처럼 강력하지만, 자유롭게 다루기에는 다루기 힘든 기술입니다. 지금은 이 망아지를 잘 길들여 제어하는 방법을 탐구하고 있는 중입니다. 그렇지 않으면 게임 디자인의 섬세함을 망가뜨릴 수 있기 때문입니다.

이 새로운 기술의 문을 힘차게 열기 위해 노력하고 있는 이들이 에드가 님, 레안드로 님, 엔도 님입니다. 이들은 각각 '영상', '음성', '애니메이션' 분야에서 딥 뉴럴 네트워크 기술을 개척하며 디지털 게임에 새로운 가능성을 가져오려 하고 있습니다. 솔직히 말해 처음부터 진입 장벽이 높은 기술이기에 다소 도입부가 길어집니다. 그럼에도 이 앞에 있는 가능성을 생각하면 이는 반드시 필요한 도약이라 할 수 있을 것입니다. 부디 이 PART에서 미래 게임의 가능성을 느껴보시기 바랍니다.

미야케 요이치로

머신러닝 개요

AI에는 다양한 하위 분야가 있으며, 그 중 하나가 '머신러닝'입니다. 머신러닝은 1950년대부터 발전과 쇠퇴를 거듭해왔고, 2011년 이후 하드웨어의 발전에 힘입어 여러 분야에서 성과를 보이기 시작했습니다. 예를 들어, '이미지 인식', '이미지 생성', '예측 분석', '애니메이션 생성', '최적 제어', '음성 합성' 등 폭넓은 분야에서 활약하고 있으며 게임 업계에도 보급되기 시작하고 있습니다.

게임 업계에서의 응용은 크게 두 가지로 나눌 수 있으며, 그것은 '개발 비용 절감'과 '새로운 경험 제공'입니다. 본 PART에서는 이 두 가지 응용 분야를 가로지르며, 스퀘어 에닉스 AI 부서의 머신러닝에 대한 시도를 공유합니다.

머신러닝이란

머신러닝은 이름 그대로 '학습'이 특징입니다. 인간이나 동물은 태어난 이후, 다양한 경험을 통해 학습을 계속해 나갑니다. 머신러닝 AI도 마찬가지로, 학습을 통해 점점 더 똑똑해집니다. 구체적으로는 훈련 데이터를 학습함으로써 AI가 점차 지능을 갖추게 됩니다. 예를 들어, 고양이와 개의 이미지를 구별하기 위해 다양한 고양이와 개의 이미지를 훈련 데이터로 AI에 학습시키면 프로그래머가 따로 가르치지 않아도 스스로 구별하는 방법을 이해하게 됩니다.

이처럼 프로그램의 규칙으로 정의하기 어려운 문제나 해결 방법이 모호한 과제라도 충분한 훈련 데이터가 있다면 머신러닝으로 해결할 수 있습니다. 또, 앞서 언급한 이미지나 음성을 생성할 수 있는 머신러닝 기반 AI처럼 '학습'이라는 특성을 지니고 있기 때문에 '룰 베이스 AI'에 비해 표현력이 더 높다고 여겨지고 있습니다. 이러한 이유로, 이 책이 집필되고 있는 2023년 시점에 유행하고 있는 'Midjourney'와 같은 최신 생성형 AI에는 머신러닝이 사용되고 있습니다.。

머신러닝의 사례

머신러닝이 다양한 분야에 응용된 사례를 몇 가지 소개하겠습니다.

① 이미지 인식

머신러닝의 대표적인 응용 분야 중 하나로, 이미지 내의 특정 부분을 인식하는 기술입니다. 예를 들어, 개의 이미지를 이미지 인식 AI에 입력하면 입력된 이미지 중 개가 어디에 있는지를 인식시킬 수 있습니다. 이를 사람의 이미지에 응용하면 이미지 속에 누가 있는지를 구별할 수 있게 됩니다. 이러한 특성 덕분에 이미지 인식 기술은 다양한 장면에서 활용되며 '공항의 얼굴 인식 시스템', '의료 기관의 진단용 이미지 인식', '방범 카메라', '엔터테인먼트' 등 여러 분야에서 사용되고 있습니다.

[그림 A] 이미지 인식

② 이미지 생성

2023년에 유행한 텍스트 입력으로부터 이미지를 생성하는 AI는 머신러닝의 일종입니다. 예를 들어, Midjourney나 Stable Diffusion 등은 방대한 이미지와 텍스트의 쌍으로 구성된 훈련 데이터를 통해 학습된 최첨단 AI입니다.

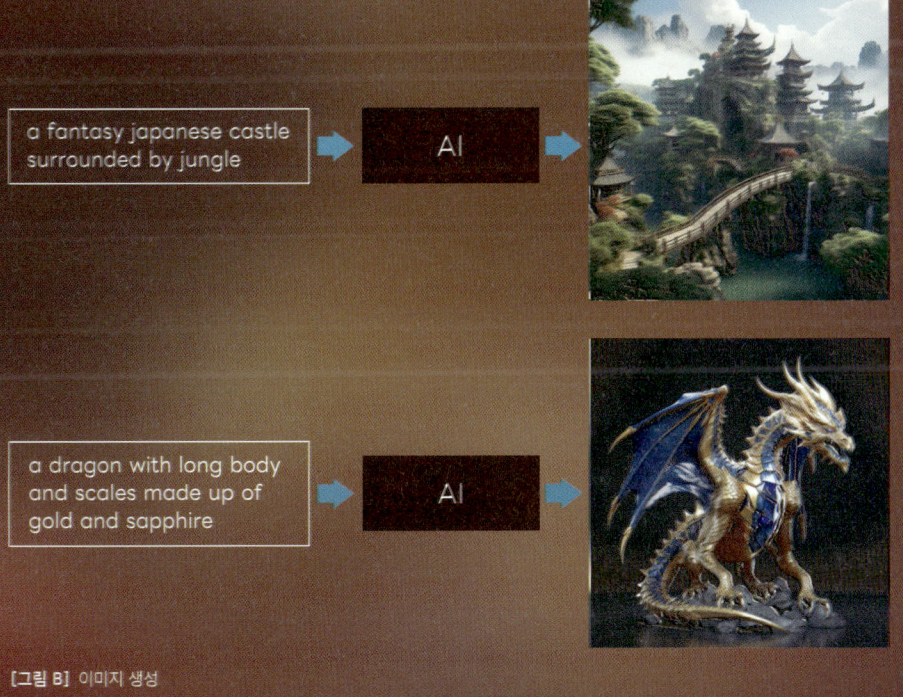

[그림 B] 이미지 생성

③ 음성 합성

AI는 이미지 뿐만 아니라 음성 데이터도 학습할 수 있습니다. 예를 들어, 음성 합성이라는 기술은 음성 데이터를 학습한 AI를 활용하고 있습니다. 음성 합성은 일반적으로 '텍스트 입력으로부터 음성을 출력하는 음성 합성'과 '음성 입력으로부터 다른 음성을 출력하는 음성 합성'의 두 종류로 나뉩니다. 후자는 '음성 변환'이라고 보아도 무방합니다.

④ 텍스트 생성

챗봇 계열의 AI는 텍스트를 생성하는 AI에 해당합니다. 최근 몇 년 사이 급속히 발전하고 있으며, 대표적인 예로는 ChatGPT(GPT-3.5, GPT-4)나 Llama 등이 있습니다. 이러한 최첨단 텍스트 생성 AI는 방대한 텍스트 데이터와 고가의 하드웨어로 학습되어 어떤 대화 주제에 대해서도 능숙하게 응답할 수 있습니다. 예를 들어, 텍스트 자료의 분석·해설, 일상 회화, 특정 인물의 모방·연기, 소스코드 생성에 이르기까지 폭넓게 활용되고 있습니다. GPT-3.5나 Llama는 '대규모 언어 모델'이라 불리는 경우가 많습니다.

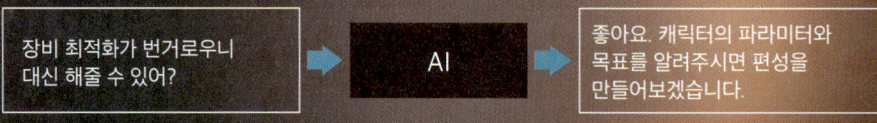

[그림 C] 텍스트 생성

뉴럴 네트워크

머신러닝은 AI의 한 가지 기법이며, 그 안에도 다양한 종류가 존재합니다. 그중에서도 특히 인기가 높은 것이 '뉴럴 네트워크(신경망)'라 불리는 방식입니다. 이것은 인간의 뇌 신경을 기반으로 만들어진 인공적인 신경 구조입니다. 다만, 엄밀히 말하면 실제 신경의 작동 방식과는 다릅니다.

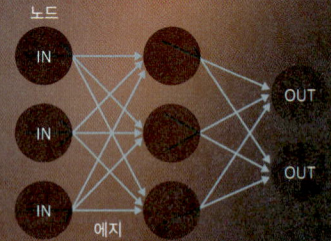

[그림 D] 뉴럴 네트워크

뉴럴 네트워크는 노드와 엣지로 구성되며, 노드에서 노드로 엣지를 통해 연결됩니다. 각 엣지에는 뉴럴 네트워크의 '가중치'가 포함되어 있습니다. 이 가중치는 '파라미터'라고도 불리며, 각각의 엣지에 존재하는 가중치는 하나의 실수값입니다. 다른 노드로부터 연결이 들어오지 않는 노드는 '입력 노드', 다른 노드로의 연결이 없는 노드는 '출력 노드'라고 부릅니다. 전자는 데이터의 입력을, 후자는 태스크에서 요구되는 출력을 의미합니다. 뉴럴 네트워크는 'AI 모델', '머신러닝 모델', 또는 간단히 '모델'이라고 불립니다.

머신러닝의 종류

머신러닝에는 다양한 기법이 있지만, 크게 나누면 세 가지로 분류됩니다. 과제의 세부 내용이나 수집 가능한 데이터에 따라 적합한 머신러닝 기법은 달라지며, 그 유형은 '지도 학습', '비지도 학습', '강화 학습'의 세 가지로 나뉩니다. 아래에서 각각을 자세히 설명합니다.

① 지도 학습

지도 학습은 세 가지 중에서 가장 널리 사용되는 기법입니다. 우선, 머신러닝 모델을 입력과 출력을 가진 블랙박스로 상상해봅시다. 지도 학습에서는 어떤 입력에 대해 정해진 출력을 내도록 모델을 학습시킵니다. 이를 실현하기 위해서는 입력과 출력의 쌍으로 구성된 '훈련 데이터' 또는 '데이터셋'이 필요합니다. 이때 훈련 데이터에 포함된 출력은 정답으로 간주되며 '레이블'이라고 부릅니다.

학습 이전의 머신러닝 모델은 올바른 출력을 생성할 수 없습니다. 지도 학습의 일반적인 흐름은 모델의 출력과 레이블 간의 '오차'를 줄여나가는 방향으로 학습하는 것입니다. 이 '오차'는 지도 신호라고도 하며 '손실 함수'를 통해 계산됩니다. 손실 함수의 예로는 이미지 생성 모델을 학습할 때, 모델이 출력한 이미지와 레이블 이미지 간의 픽셀 차이 제곱을 계산하는 방식이 있습니다. 애니메이션 생성의 경우에는 모델이 출력한 애니메이션과 레이블 애니메이션 간의 차이를 계산합니다. 이러한 계산 결과가 지도 신호가 되어 모델 학습에 활용됩니다.

손실 함수는 일반적인 수학 함수이며 미분을 통해 최소화됩니다. 따라서 모델의 연산에서 손실 함수의 계산에 이르기까지 모든 함수는 미분 가능해야 합니다. 지도 학습은 매우 유용한 기법이지만, 적절한 레이블이 존재하지 않거나 어떤 레이블을 붙여야 할지 알 수 없는 경우도 있습니다. 그럴 때에는 비지도 학습이 도움이 됩니다.

[그림 1] 지도 학습

② 비지도 학습

비지도 학습에서는 특정 입력에 대해 '레이블'과 같은 정해진 출력이 존재하지 않습니다. 일반적으로는 데이터 속에 숨겨진 패턴이나 구조를 찾는 데 유용합니다. 예를 들어, 사용자 간의 '유사도'를 분석하거나 어떤 작품을 좋아하는 사람에게 유사한 다른 작품을 찾아 추천하는 데 사용됩니다. 또한 '이상 탐지(이상 징후 감지)'에도 자주 활용됩니다. 이와 같은 과제는 레이블이 필요하지 않으며 데이터에 내재된 특징을 바탕으로 다양한 수학적 기법을 통해 흥미로운 패턴을 발견해냅니다.

비지도 학습과 유사한 방식으로는 '자기 지도 학습'과 '반지도 학습'이 있습니다. 본 PART에서는 자세히 다루지 않지만, 간단히 설명하자면 자기 지도 학습은 데이터 안에 있는 특징을 잘 활용하여 AI 모델에 유용한 데이터 표현을 학습시키는 방식입니다. 반면 반지도 학습은 학습에 유용한 레이블이 붙은 데이터는 적고, 레이블이 없는 데이터가 많은 경우에 자주 사용되는 기법입니다.

③ 강화 학습

강화 학습의 구조는 동물이 학습하는 방식과 비슷하며, 시행착오를 통해 점점 더 똑똑해지는 방식입니다. 시행착오란, 올바른 행동을 하면 '긍정적인 보상'을 받고, 잘못된 행동을 하면 '부정적인 보상'을 받는 것을 의미합니다. 예시로는 개를 훈련시키는 장면을 상상해볼 수 있습니다.

개가 어떤 타이밍에 바람직한 행동을 하면 먹이를 줍니다. 이 먹이는 긍정적인 보상으로 작용하며, 개는 그 바람직한 행동을 반복하려는 경향이 생깁니다. 여기서 '어떤 타이밍'이란 개가 '관측'한 순간을 의미합니다. 그 순간에 올바른 '행동'을 하면 주인으로부터 먹이를 받을 수 있으므로 다음에도 같은 타이밍에 같은 행동을 반복하게 됩니다. 강화 학습에서는 이것을 '올바른 행동'이라 부릅니다. 즉, 강화 학습의 AI는 주변 환경을 관측 정보로 받아들이고, 그에 대응하는 행동을 취합니다. 행동을 통해 환경의 상태가 바뀌고, 그 변화된 상태를 다시 새로운 관측 정보로 인식하여 또다시 행동을 취합니다. 이러한 반복이 강화 학습의 핵심적인 특징입니다. 그렇다면 게임에서는 어떻게 작동할까요?

게임에서도 위와 같은 구조가 그대로 적용됩니다. 플레이어 캐릭터와 NPC 캐릭터 간의 액션 게임을 예로 들어봅시다. AI가 플레이어 캐릭터를 조작하는 경우, NPC 캐릭터와 주변 상황(게임 상태)을 머신러닝 모델에 입력하면 최적의 행동이 출력됩니다. 이 행동을 플레이어 캐릭터의 컨트롤러에 입력하면 게임 상태가 변화하게 됩니다. 이 게임 상태의 변화는 '상태 전이'라고 합니다.

일반적으로 강화 학습의 구조는 비지도 학습이나 지도 학습보다 더 복잡합니다. 본 PART에서는 강화 학습에 대해 자세히 설명하지 않지만, 다른 학습 기법들과 조합할 수 있고 매우 강력한 기법이기 때문에 간략히 소개하였습니다.

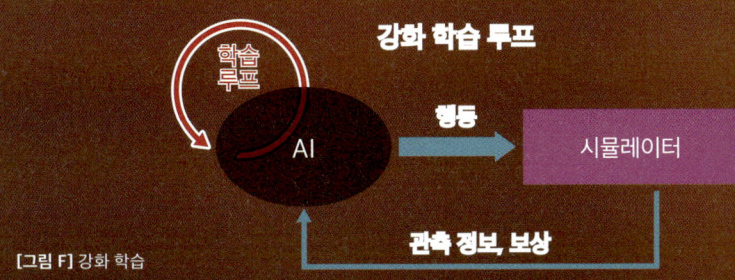

[그림 F] 강화 학습

머신러닝 모델의 학습 메커니즘

세 가지 머신러닝 기법을 설명해왔지만, 뉴럴 네트워크는 어떤 방식으로 학습을 진행할까요? 뉴럴 네트워크는 엣지와 노드로 구성되어 있으며, 엣지에는 '가중치(파라미터)'가 저장된다는 점을 기억해 둡시다. 가중치는 처음에는 무작위로 초기화되지만, 이를 갱신해나가며 모델의 출력을 제어할 수 있게 되고, 그 결과 올바른 값을 출력할 수 있게 됩니다. 이 가중치를 갱신하는 행위를 '학습'이라고 합니다.

예를 들어 '토지 가격을 예측하는 모델'을 지도 학습으로 구성하는 경우를 생각해봅시다. 토지 가격은 다양한 요인에 따라 변동하지만, 여기서는 위치, 면적, 수요라는 세 가지를 고려하겠습니다. 뉴럴 네트워크(모델)의 입력은 위치, 면적, 수요이며, 출력은 가격입니다. 모델은 입력값에 대해 가중치를 이용하여 계산을 수행하고 출력을 도출합니다. 이 계산 대부분은 행렬 연산으로 이루어지지만, 여기서는 자세한 설명은 생략합니다. 가중치는 무작위로 초기화되므로 초기 상태의 모델은 정확한 가격을 예측할 수 없습니다. 모델이 출력한 가격과 레이블로 주어진 실제 가격 간의 오차를 계산하고, 이 오차에 따라 모델의 각 가중치를 조정해나갑니다. 이러한 과정을 반복함으로써 모델의 출력은 점점 레이블에 가까워지고, 결국 정확한 예측이 가능해집니다.

오차 등 손실 함수를 통해 모델의 가중치를 조정하는 과정을 '역전파(backpropagation)'라고 합니다. 학습의 목적에 따라 손실 함수를 최소화하거나 최대화하게 되며, 일반적으로는 '최적화'라 불립니다. 함수의 값을 최적화하려면 해당 함수를 미분해야 하며, 이 미분 결과를 바탕으로 가중치를 어떻게 조정해야 할지를 계산할 수 있습니다. 따라서 손실 함수는 반드시 미분 가능한 함수여야 합니다. 또한, 한 번의 미분만으로는 최적화가 어렵기 때문에 미분 계산을 여러 번 반복하면서 파라미터를 점차 적절한 값에 가깝게 조정해나갑니다.

역전파 계산은 뉴럴 네트워크의 파라미터 수와 미분 횟수에 따라 계산량이 많아지며, 그만큼 시간이 더 소요됩니다. 이처럼 머신러닝 모델은 학습을 거듭하면서 점점 더 똑똑해집니다.

각 장에 대하여

지금까지 머신러닝에 대해 이론적으로 설명해왔습니다. 본 PART에서는 다음 세 개의 장을 통해, 스퀘어 에닉스 AI 부서의 실제 사례와 연구 내용을 소개합니다. 스퀘어 에닉스는 AI 기술을 활용하여 게임 개발을 지원하고, 새로운 경험을 제공하는 것을 목표로 하고 있습니다.

- 스타일 트랜스퍼
- 립싱크
- 캐릭터 애니메이션 생성

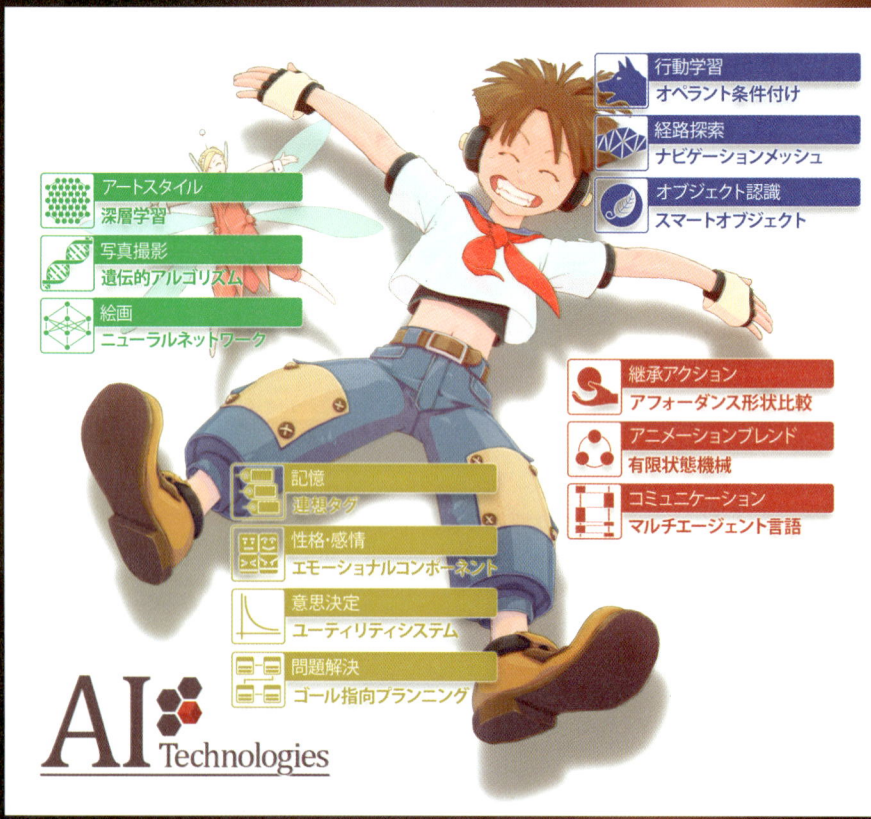

[그림 G] <WONDER> 기술 데모에서 사용된 다양한 AI 기술. 머신러닝을 비롯한 여러 기법이 결합되어 있다.

핸디 에드가　Edgar Handy

1994년생. 스퀘어 에닉스 AI부 소속 머신러닝 엔지니어. 2020년에 중도 입사하여 머신러닝 연구 개발 프로젝트를 담당. 이미지 생성, 강화 학습, 애니메이션 생성, 3D 모델 생성 등 다양한 연구에 관여했으며, 머신러닝 교육도 담당해왔다. 2022년부터 2023년에 걸쳐 GDC, CEDEC 등에서 생성형 AI와 강화 학습에 관한 연구 성과를 공유하는 활동을 진행. 특히 강화 학습 연구를 통해 <SaGa Emerald Beyond> 개발에 참여하였다.

스타일 트랜스퍼

기존의 캐릭터 AI 감정 표현은 일반적으로 표정, 발언, 발음, 몸짓 등에 한정되어 있었습니다. 하지만 플레이어와 상호작용이 많은 캐릭터가 감정 표현이 부족하면 부자연스럽게 느껴지고 위화감을 줄 수 있습니다. 스퀘어 에닉스 AI부서는 기존보다 더 자연스럽게 플레이어와 상호작용할 수 있는 캐릭터 AI를 추구하며, AI의 감정 표현을 더욱 풍부하게 만들기 위한 연구를 진행하고 있습니다. 인간의 감정 표현 방식으로는 표정, 발언, 발음, 몸짓 이외에도 그림을 그리거나 음악을 연주하는 방법도 있을 것입니다. 이번 장에서는 그림을 통해 자신의 감정을 전달하는 캐릭터 AI를 소개합니다.

1. 게임 AI와 그 감정

본론에 들어가기 전에 감정이 없는 인간을 상상해보십시오. 그 사람은 언제 어디서 말을 걸어도 무표정에 평탄한 억양으로만 대답합니다. 그런 모습이 흥미롭게 느껴질 수도 있지만, 대부분의 경우 대화가 잘 이어지지 않을 것입니다. 캐릭터 AI가 플레이어와 보다 자연스럽게 소통하기 위해서는 감정이 필수적입니다. 대화를 통해 직접적으로 감정을 전달하는 것은 가장 직설적인 수단이지만, 우리는 보다 다른 표현 방법이 있을 것이라고 생각했습니다. 그리고 다양한 가능성을 조사하는 과정에서 발견한 것이 바로 '스타일 트랜스퍼'라는 기법이었습니다.

스타일 트랜스퍼 기술은 【사진 필터】처럼 하나의 이미지를 반짝이는 이미지로 바꾸거나 모자이크를 씌우는 등 이미지의 스타일을 변경할 수 있습니다. 이미지의 스타일을 바꿀 수 있다면 이를 AI에 구현하여 '그림을 그린다'는 표현 방식도 실현할 수 있지 않을까 생각했고 이 기술에 도전하게 되었습니다.

【사진 필터】
스마트폰 세대는 '필터'라고 하면 소프트웨어를 통한 이미지 처리를 떠올릴 것이다. 하지만 원래는 카메라 렌즈 앞에 장착하는 장비를 '렌즈 필터'라고 불렀다.
그 효과 자체는 소프트웨어의 이미지 처리와 거의 동일하며 색조 보정, 크로스 이펙트, 소프트 포커스 등의 효과를 얻을 수 있다.

2. AI라도 그림 그릴 수 있어요!

어떻게 하면 캐릭터 AI가 그림을 그릴 수 있을까요? 그것을 실현하기 위한 기술이 머신러닝 분야 중 하나인 '딥러닝'입니다. 컴퓨터 하드웨어의 진화에 따라 지난 10년간 AI 분야 중 하나인 '머신러닝'은 급속하게 발전했습니다. 이미지 인식, 챗봇, 컨텐츠 생성, 금융 등 다양한 분야에서 활약하며 전 세계적으로 주목받고 있습니다.

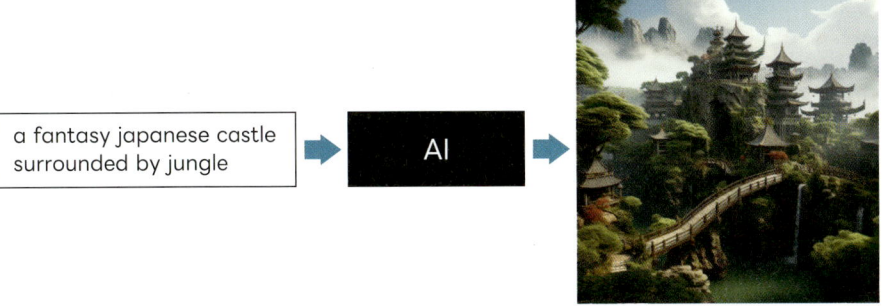

[그림 1] Midjourney에 의한 이미지 생성

【2017년부터 2022년】 사이, 머신러닝 기반의 챗봇과 콘텐츠 생성 기술은 비약적으로 발전하였고 세상은 변화의 흐름에 접어들고 있습니다. 그림을 그릴 수 있는 AI는 콘텐츠 생성 기술의 한 분류에 해당하며, 엄밀히는 '이미지 생성 AI' 또는 '이미지 생성 모델'이라 불립니다.

[그림 1]은 이미지 생성 AI인 【Midjourney】가 생성한 이미지입니다. 이처럼 AI도 그림을 그릴 수 있는 시대가 된 것입니다. 이러한 관련 기술을 활용하면 새로운 캐릭터 AI에 의한 감정 표현 방식으로서 '그림을 그리는' 것이 가능해집니다. 이미지 생성 AI라고 해도 여러 종류가 있으며 문장을 입력 받아 이미지를 생성하는 방식도 있고, 이미지를 입력 받아 또 다른 이미지를 생성하는 방식도 존재합니다. 본 장에서 설명하는 캐릭터 AI는 후자의 기술 중 하나인 '스타일 트랜스퍼'를 사용하고 있습니다.

스타일 트랜스퍼는 입력 이미지에 대해 선택한 스타일을 적용하여 새로운 이미지를 출력하는 기술입니다. 이때 선택되는 스타일은 '스타일 이미지'라는 별도의 이미지로 표현됩니다(임의의 이미지로, 예를 들어 특정 화가의 추상화 등도 지정 가능). 스타일 트랜스퍼를 설명할 때에는 몇 개의 단계로 나누는 것이 이해하기 쉬우므로 하나하나 순차적으로 설명해 나가겠습니다.

스타일 트랜스퍼와 감정 표현

앞서 설명했듯이, 스타일 트랜스퍼 기술을 활용하면 기존 사진이나 그림을 다른 화풍의 이미지로 변환할 수 있습니다. 캐릭터 AI가 감정을 표현하기 위해서는 이 기술을 이용하여 적절한 이미지에 캐릭터 AI의 현재 감정을 나타내는 스타일을 적용하면 됩니다. 즉, 스타일 트랜스퍼에 사용할 '스타일 이미지'를 캐릭터 AI가 표현하고자 하는 감정에 가까운 이미지로 설정하면 그것은 이론적으로 자신의 감정을 표현하는 것과 거의 동등하다고 볼 수 있습니다.

다만, 캐릭터 AI의 감정과 적절한 스타일 이미지 사이에 일대일 【대응 관계가 존재하지 않기】 때문에 개발자가 'AI의 감정에 적합한 스타일 이미지를 주관적으로 선택해야 하는' 문제가 발생합니다. 현 시점에서 스퀘어 에닉스 AI부서는 이 문제에 대한 해결책을 연구 중이며, 따라서 본 장에서 소개하는 내용은 어디까지나 실험적 성과에 해당합니다. 우선 스타일 트랜스퍼 기술을 단계별로 해설하고, 캐릭터 AI의 감정 시스템을 스타일 트랜스퍼 시스템과 통합하는 방식에 대해 설명하겠습니다.

【2017년부터 2022년】
머신러닝이라는 말이 일반 대중의 귀에 들리기 시작하고, 폭발적으로 퍼져나간 것은 2022년이라는 인상이 강하다. 머신러닝 전문가들 사이에서는 그 이전부터 서서히 불씨가 커지고 있다는 감각이 있었다.

【Midjourney】
생성형 AI를 이용한 이미지 생성 서비스를 가장 먼저 상용화한 선구자(?). 공식 사이트의 디자인이 너무 수상해서 사용자 등록을 망설이게 만든다는 것이 특징(2023년 현재).

【대응 관계는 존재하지 않는다】
감정과 그림 사이에 일대일 대응 관계(페어)를 정의한다면, 그것은 'Emotion to Picture' 혹은 'Picture to Emotion'이라는 연구가 될 것이다. 즉, "이 그림이 나타내는 감정은 무엇인가?"라는 내용을 다루는 것이다. 하지만 예술을 일반화하여 수치로 환산하는 것은 매우 어렵다.

3. 이미지 생성 AI 기술의 이면

AI는 어떻게 이미지를 그리는 걸까?

서두에서 머신러닝 기술 중 하나인 '뉴럴 네트워크'를 간단히 소개했습니다. AI가 출력한 이미지는 이 모델이 입력에 대해 출력한 결과물입니다. 뉴럴 네트워크에는 다양한 구조가 있지만, 이미지에 자주 사용되는 구조는 크게 두 가지, '합성곱 신경망(CNN: Convolutional Neural Network)'과 '**트랜스포머**'(Transformer)'입니다. 다만, CNN이나 트랜스포머만으로 스타일 트랜스퍼를 구현할 수는 없으며, 스타일을 혼합하는 '컴포넌트'도 필요합니다.

합성곱 신경망은 이후부터 'CNN'으로 표기하겠습니다. 본 챕터에서 설명하는 캐릭터 AI의 스타일 트랜스퍼 기술은 CNN을 핵심으로 하고 있으므로, 먼저 CNN의 작동 방식을 설명하고, 그다음에 스타일을 혼합하는 컴포넌트를 설명하겠습니다.

이미지 데이터의 구조

CNN을 설명하기에 앞서, 이미지 데이터가 어떤 구조를 가지고 있는지 이해해둡시다. 이미지는 가로(폭)와 세로(높이) 축에 따라 나열된 연속적인 픽셀로 구성되어 있으며, 각 픽셀의 값은 해당 픽셀의 색을 나타냅니다. 이미지에는 다양한 종류가 있지만, 이번 장에서 다루는 이미지는 모두 '그레이스케일 이미지'와 'RGB 이미지'이므로 이 둘에 한정하여 설명하겠습니다.

그레이스케일 이미지는 빛의 강약을 픽셀 값으로 표현하며, 색은 회색의 흑백(모노크롬)으로 나타납니다. 빛이 가장 강한 픽셀은 흰색, 가장 약한 픽셀은 검정색으로 보입니다. 한편, RGB 이미지는 가로(폭)와 세로(높이)에 더해 **【깊이】**라는 세 번째 축이 존재합니다. 이 깊이 축은 '**【채널】**(Channel)'이라 불리며, RGB 요소인 빨강(Red), 초록(Green), 파랑(Blue)의 값을 저장하며 각 색상의 강도를 나타냅니다. RGB 이미지의 각 픽셀은 이 세 가지 색의 강도 조합으로 표현됩니다([그림 2]).

> **【트랜스포머】**
> 저쪽 장에서도 트랜스포머, 이쪽 장에서도 트랜스포머. 머신러닝을 시작하면 반드시 등장한다고 해도 과언이 아닌 존재. 그만큼 혁명적인 발명이었다고 할 수 있을지도 모른다. Google의 연구원이 개발한 머신러닝 모델.

> **【깊이 정보】**
> 색을 깊이 데이터로 표현한다는 데에, 왠지 낯선 느낌이 들 수 있지만, 머신러닝 담당자에게 이야기를 들어보면 그들은 실제로 그렇게 이미지와 이미지 데이터를 인식하고 있는 듯. 와~.

> **【채널】**
> CG 용어. 디지털 이미지에서 색을 구성하는 값의 종류를 '채널'이라고 부른다. RGB 이미지는 R채널, G채널, B채널을 가진다고 표현된다.

그레이스케일 픽셀 채널 1개로 구성됩니다

RGB 픽셀 채널 빨강, 초록, 파랑으로 구성됩니다

[그림 2] 그레이스케일과 RGB

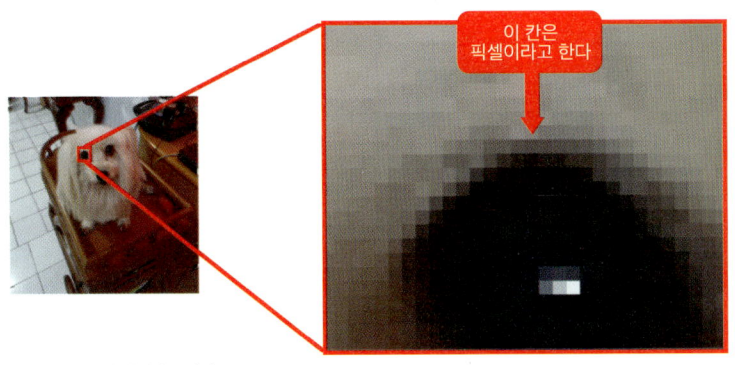

[그림 3] 이미지를 확대하면 픽셀이 보인다

이후로는 깊이를 '채널'이라고 부르겠습니다. RGB 이미지는 세 가지 색으로 이루어져 있어 세 개의 채널을 가지고 있습니다. 반면, 그레이스케일 이미지는 깊이를 가지지 않기 때문에 하나의 채널만을 가집니다. 요즘 컴퓨터에서 다루는 이미지는 픽셀 수가 매우 많기 때문에 자세히 확대하지 않으면 픽셀이 보이지 않습니다. 이미지를 확대하면 【마스】 형태의 행렬 같은 모습이 드러납니다. 이 격자의 하나하나를 '픽셀(화소)'라고 부릅니다([그림 3]).

이 픽셀들의 순서를 엉망으로 바꿔놓은 상황을 상상해보세요. 순서가 바뀌면 이미지가 망가지고, 무슨 이미지인지 알 수 없게 됩니다. 이처럼 이미지 표현은 【픽셀 값과 구조에 의존】하고 있기 때문에 뉴럴 네트워크로 이미지 데이터를 처리할 때에도 이러한 구조적 의존성에 특화된 처리 방식이 필요합니다. 그 중 하나가 바로 앞서 언급한 CNN이라는 모델입니다.

CNN의 기초

일반적으로 CNN은 '이미지 인식', '물체 인식', '이미지 생성'과 같은 이미지 처리에 널리 사용되고 있습니다. 내부 구조는 앞에서 소개한 뉴럴 네트워크의 구조와는 다르게 복수의 '필터'로 구성되어 있습니다. 이 필터를 이용해 이미지에 대해 '합성곱(convolution)'—즉, 【컨볼루션】을 수행합니다. 다소 복잡하게 들릴 수 있으니 간단하게 설명해 보겠습니다.

CNN을 이용한 뉴럴 네트워크가 이미지를 인식할 때, 이미지를 전체적으로 한꺼번에 인식하는 것이 아니라, 하나의 이미지를 여러 개의 격자(픽셀) 단위로 나눈 후 그것들을 부분적으로 인식합니다([그림 4]). 이 처리를 수행하는 것이 바로 '필터'입니다.

【마스】
마스는 부피를 재는 데 사용되던 일본의 전통적인 용기. 그 네모난 형태에서 파생되어 사각형 영역이나 격자, 행렬 등을 표현할 때 '마스', '마스메(격자)'라고 부르기도 합니다. 계량에 쓰이는 용기가 네모난 형태인 건 세계적으로도 드문 것 같지만, 이것에 대해 조사해봐도 잘 모르겠더라고요. 하하.

【픽셀 값과 구조에 의존】
1픽셀에 인접한 8방향 근접 픽셀과의 관계 패턴 수를 대략 계산하면 무려 65자리 수에 달한다.

【컨볼루션】
'합성곱 연산'의 일종. 하나의 픽셀에 대해 주변 픽셀들의 값을 '두드려 넣는' 듯한 느낌. 한자는 다르지만 그런 이미지. 참고로 합성곱은 '중첩'이라고 부르기도 한다. 실로 중첩스럽습니다, 하하하.

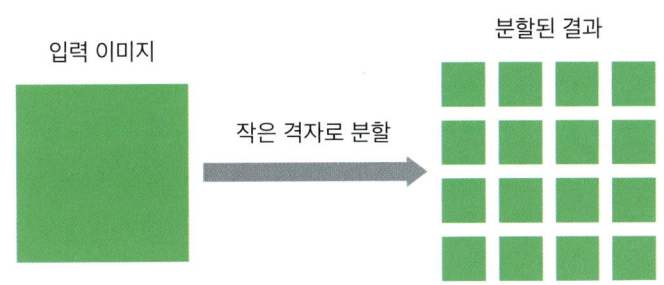

[그림 4] 이미지를 분할하여 부분적으로 인식

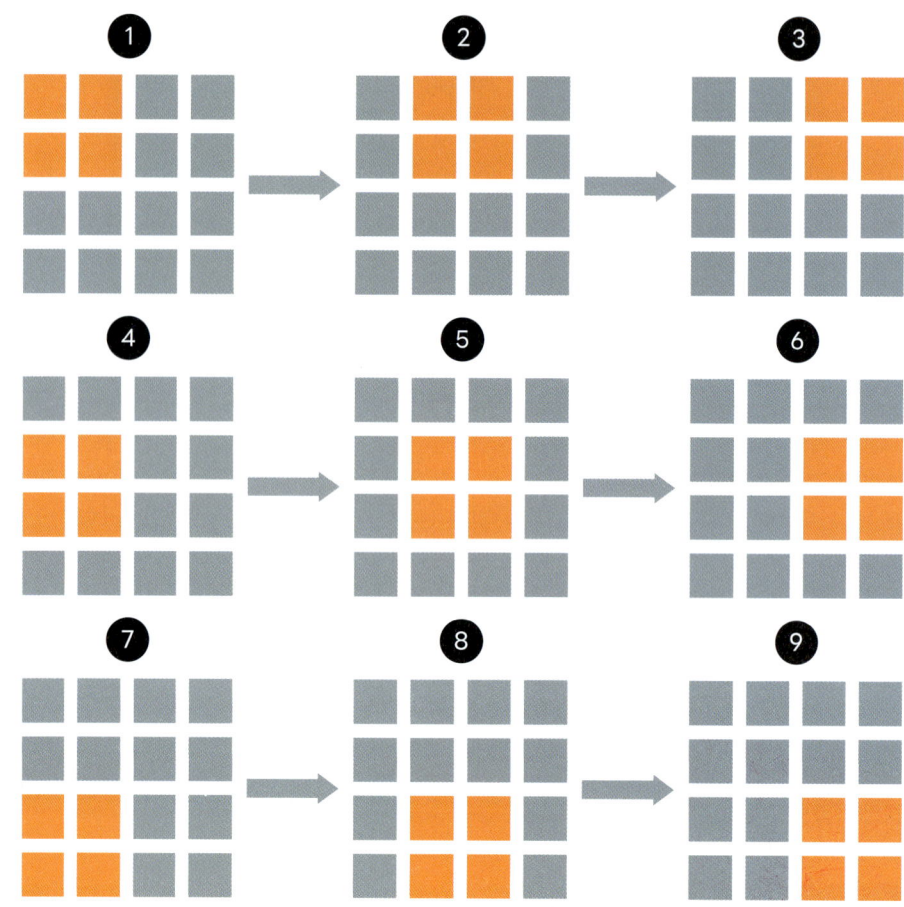

[그림 5] 필터는 각 부분을 순차적으로 인식한다.

간단히 시각화할 수 있도록 채널이 하나 뿐인 그레이스케일 이미지 예시를 살펴봅시다. 필터는 각 부분을 순차적으로 이동하면서 인식해 나갑니다. [그림 5]는 이러한 동작을 보여주는 예시입니다.

이러한 동작이 바로 '합성곱(컨볼루션)' 연산입니다. 그리고 연산 결과는 '특징량' 또는 '잠재 변수'라 합니다(이 챕터에서는 '특징량'이라는 용어로 통일하겠습니다). 이는 이미지의 각 부분에서 뉴럴 네트워크가 인식한 '개념' 같은 것으로, 네트워크 내부에 저장되어 이후 처리 단계에서 사용됩니다. 특징량의 데이터 구조에는 다양한 형태가 있지만, CNN에서 이미지를 처리할 때는 일반적으로 이미지와 유사한 형태를 가지며 가로, 세로, 깊이(채널)의 축을 따라 값들이 나열됩니다. 단, RGB 이미지가 채널 3개(RGB)를 가지는 것과는 달리, 특징량은 3개 이상의 채널을 가지는 경우가 많습니다.

CNN은 보통 여러 개의 【은닉층】으로 구성되며, 각 층에서 동일한 합성곱 연산을 반복 수행합니다. 다만, 인식하는 정보의 종류는 층마다 다릅니다. 예를 들어 얼굴 이미지를 인식하는 경우, 눈을 인식하는 필터가 있을 수도 있고, 입이나 코를 인식하는 필터도 있을 수 있습니다.

【은닉층】
뉴럴 네트워크의 중간층을 의미. 은닉층이 늘어날수록 전체 네트워크의 계산량이 폭발적으로 증가하기 때문에 과거에는 쉽게 층을 늘릴 수 없었다. AI라는 단어와 자주 함께 언급되는 '딥러닝'은 이러한 은닉층을 여러 개 갖춘 뉴럴 네트워크를 사용한 학습 기술을 가리킨다. 계층이 깊다 = Deep이라는 의미지요.

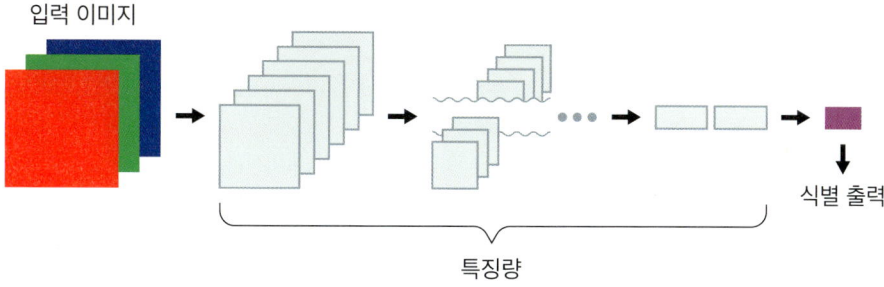

[그림 6] 이미지 인식에 사용되는 CNN 아키텍처의 예

일반적으로 뉴럴 네트워크의 앞부분에서는 눈, 입, 코 같은 세밀한 요소를 인식하며, 층이 깊어질수록 점점 더 큰 구조나 윤곽을 인식하게 됩니다. 하나의 층에서 계산된 특징량은 다음 층으로 전달되어 처리되며, 경우에 따라 특징량의 너비와 높이가 작아지는 다운샘플링이 일어나고, 대신 채널 수는 많아지는 방향으로 처리됩니다. 특징량의 너비와 높이가 작아지면 필터가 커버할 수 있는 영역이 넓어지기 때문에 이미지의 전체 구조를 인식할 수 있게 됩니다.

[그림 6]은 이미지 인식(또는 분류기)에 사용되는 CNN 아키텍처의 한 예시입니다. 이 예시에서는 층을 거칠수록 특징량의 너비와 높이가 **【점차 줄어들며】**, 최종적으로는 입력된 이미지를 분류하는 신호를 출력하게 됩니다.

【점차 줄어든다】
'걸리버 터널' 같다고 하면 잘 전달될지 아닐지 모르겠네요.

이미지 생성에서의 CNN

지금까지는 이미지 인식을 예로 들어 CNN의 기본 동작을 설명했지만, 이미지 생성을 위한 CNN도 기본적으로는 같은 구조로 동작합니다. 이미지를 여러 개의 작은 격자로 나누어 부분적으로 인식하는 점은 같지만, '동시에 각 부분에 변경을 가하고, 새로운 이미지로 출력한다'는 점이 이미지 인식과의 차이입니다. 이번 연구의 캐릭터 AI 내부 구조를 단순화한 모식도는 [그림 7]과 같습니다.

합성곱(컨볼루션)의 역 연산을 수행하는 모델로 '디컨볼루션(Deconvolution)'이 존재합니다. 이 모델은 다양한 용도로 사용되며 내부의 특징량으로부터 출력 이미지를 생성할 수 있습니다. 그림 속 뉴럴 네트워크 후반부에서 특징량의 크기가 다시 커지고 있는 부분이 바로 디컨볼루션의 역할에 해당합니다.

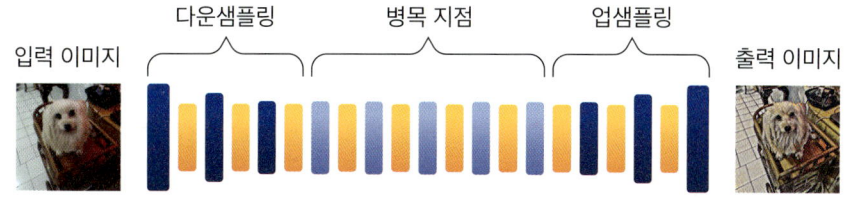

[그림 7] 이미지 생성에서의 CNN

【병목 지점】
그림의 '병목 지점(bottleneck)은 일반적으로 쓰이는 혼잡(congestion)을 의미하는 표현이 아니라, CNN 특유의 1×1 합성곱 층을 가리킨다. 뭔가 처리가 효율화된다고 한다네요.

스타일 트랜스퍼 모델의 개요

이제부터 스타일 트랜스퍼 모델에 대해 설명하겠습니다. 본 연구에서 사용한 모델을 [그림 8]에 나타내었습니다. 크게 나누어 '다운샘플링', '업샘플링', '스타일 개념'이라는 세 부분으로 구성되어 있습니다. 이미지를 입력하고 스타일을 지정하면, 스타일이 적용된 이미지가 출력됩니다.

입력된 이미지는 '입력 이미지', 출력된 이미지는 '출력 이미지'라고 부릅니다. 모델 전반부에서는 입력 이미지로부터 각 층에서 차례로 특징량이 계산되며, 특징량의 너비와 높이는 점점 작아지고, 채널 수는 많아집니다. 이처럼 특징량이 점점 작아지는 과정을 '다운샘플링'이라고 부릅니다. 반대로 모델 후반부에서는 특징량의 너비와 높이가 점점 커지고, 채널 수는 적어집니다. 이처럼 특징량이 점점 커지는 과정을 '업샘플링'이라고 부릅니다. 마지막에는 입력 이미지와 동일한 너비, 높이, 채널 수를 가진 출력 이미지가 생성됩니다.

그러나 업샘플링과 다운샘플링만으로는 스타일 트랜스퍼를 수행할 수 없습니다. 그것만으로는 입력 이미지의 특징량을 추출해 출력하는 것일 뿐, 스타일 정보를 주입한 것이 아니기 때문입니다. 따라서 뉴럴 네트워크 내부의 특징량에 스타일 정보를 주입하는 방식이 필요합니다. 이 역할을 하는 것이 바로 '조건부 인스턴스 정규화(Conditional Instance Normalization)'입니다(이후에는 CIN이라 표기합니다). CIN은 '【정규화】'와 '【어핀 변환】(Affine Transformation)'이라는 두 가지 방법을 결합해, 스타일 정보를 뉴럴 네트워크 각 층의 특징량에 주입합니다([그림 9]). 다음은 CIN에 대해 좀 더 자세히 살펴보겠습니다.

【정규화】
데이터 집합을 다루기 쉬운 값의 범위로 조정하는 것. 예를 들어 "TOEIC 600점은 100점 만점 기준으로 몇 점일까?" 같은 느낌.

【어핀 변환】
이동, 회전, 확대·축소, 전단(shear)을 수반하는 변형 처리. 역산하면 원래 형태로 되돌릴 수 있는 가역성이 있다.

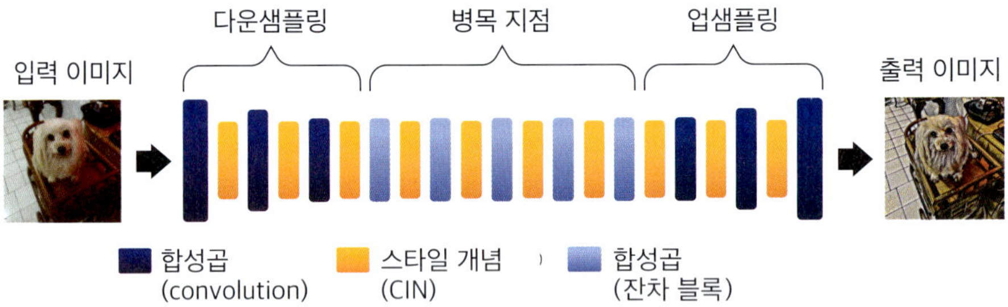

[그림 8] 스타일 트랜스퍼 모델

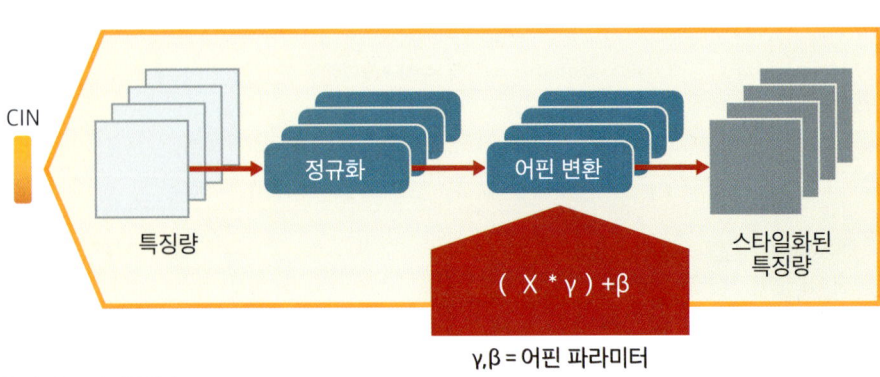

[그림 9] CIN의 작동 원리

스타일 정보의 주입

'정규화'와 '어핀 변환'의 세부 설명에 들어가기 전에 CIN의 작동 방식을 먼저 살펴보겠습니다. CIN 안에는 '스타일 벡터'가 포함되어 있습니다. 이는 뉴럴 네트워크가 학습한 '스타일 개념'을 수치적으로 표현한 것입니다. 여기서 말하는 **[벡터]**는 수학에서 자주 사용되는 1차원 수열 구조를 의미합니다. 이 벡터 안에 저장되는 숫자의 개수를 '차원 수'라고 합니다.

구체적으로 말하면 이 모델에서의 스타일 벡터의 차원 수는 각 층의 특징량의 채널 수와 같습니다. 예를 들어 어떤 층의 채널 수가 32라면 스타일 벡터의 차원 수도 32이며, 그 안에는 32개의 숫자가 저장됩니다. 하나의 스타일에는 하나의 스타일 벡터가 대응됩니다. "여기까지 오니까 좀 헷갈린다" 라고 느낄 사람도 있을 것 같아서 CIN의 작동 방식을 조금씩 풀어가며 스타일 벡터의 역할을 해설 하겠습니다.

앞서 설명했듯이, CIN은 '정규화'와 '어핀 변환'이라는 두 연속적인 계산으로 구성됩니다. 우선 '정 규화'의 계산 방식부터 설명하겠습니다. 뉴럴 네트워크 내부의 특징량은 복수의 채널로 구성되어 있으며, 각 채널의 평균값과 표준편차를 계산합니다. 그 다음, 각 채널의 특징량에서 평균을 빼고 **[표준편차]**로 나누는 것이 바로 정규화입니다([그림 10] 참조). 이렇게 각 채널을 정규화한 뒤 스타일 벡터를 사용하여 '어핀 변환'을 수행합니다.

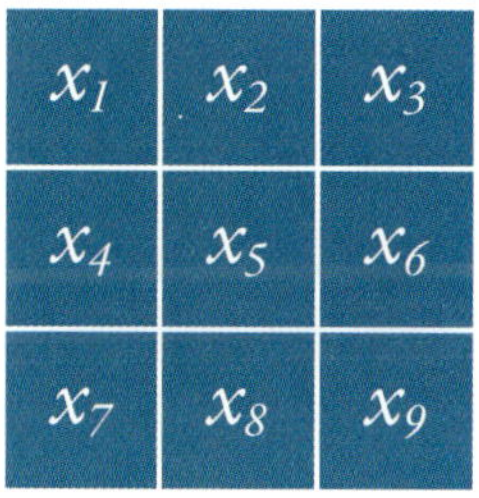

평균 : $\mu = \sum_i^N \frac{x_i}{N}$

표준편차 : $\sigma = \sqrt{\sum_i^N \frac{(x_i - \mu)^2}{N}}$

정규화 : $\frac{x - \mu}{\sigma}$

[그림 10] 하나의 채널에 대한 정규화

각 스타일의 스타일 벡터는 두 가지 부분으로 구성되어 있으며, 각각은 '스케일'과 '바이어스'라는 어핀 파라미터입니다. 스케일과 바이어스는 동일한 차원 수를 가지며 각 채널에 대응되어 있습니다. 어핀 변환에서는 특징량에 각 채널에 대응되는 스케일 값을 곱한 후 바이어스를 더하는 처리를 합니다. 특징량을 z, 스케일을 γ, 바이어스를 β라고 하면, 어핀 변환 후의 특징량은 다음 식으로 표 현됩니다:

$$\bar{z} = (z * \gamma) + \beta$$

이 어핀 변환 과정을 통해 각 채널에 지정된 스타일의 특징량이 섞이게 됩니다. 이 처리는 각 층에 서 반복적으로 수행되며 최종적으로 지정한 스타일이 반영된 이미지가 출력됩니다.

[벡터]
수학에서 배우는 벡터는 3차원 공간 내의 방향과 크기. 여기에서 말하는 벡터는 32차원 공간 내의 방향과 크기를 표시합니다. 상상이 안 되네요.

[표준편차]
데이터의 분포나 퍼짐 정도를 나타내는 수치. 기준은 평균값. 표준편차 값은 ±로 표현되며, "대체로 이 범위 안에 값이 분포하고 있어요"라는 느낌.

하나의 스타일에 대응하는 어핀 파라미터가 존재한다면 여러 개의 어핀 파라미터를 조합하여 복수의 스타일을 블렌딩할 수도 있을 것이라고 생각할 수 있습니다([그림 11]). 여러 스타일을 블렌딩하려면, 스케일과 바이어스의 선형 결합을 계산합니다. 예를 들어, 세 가지 스타일을 블렌드하는 경우, 블렌드된 스케일의 계산은 다음과 같이 표현됩니다.

$$\gamma = \alpha_1\gamma_1 + \alpha_2\gamma_2 + \alpha_3\gamma_3$$

α 파라미터는 사용자가 지정하는 **【블렌딩 가중치】**이며, 일반적으로 모든 α 파라미터의 합은 1.0이 되도록 하고, 각 α의 범위는 0.0에서 1.0 사이라는 제약 조건을 만족합니다. 블렌딩된 결과로 얻어지는 바이어스의 계산도 마찬가지 방식으로 다음과 같이 계산됩니다.

$$\beta = \alpha_1\beta_1 + \alpha_2\beta_2 + \alpha_3\beta_3$$

이때 β 파라미터 역시 스케일과 동일한 제약 조건을 따릅니다.

이를 일반식으로 나타내면 임의의 N개 스타일에 대해 블렌딩된 스케일과 바이어스의 계산은 다음과 같습니다.

$$\gamma = \sum_{i=1}^{N} \alpha_i \gamma_i$$

$$\beta = \sum_{i=1}^{N} \alpha_i \beta_i$$

$$\sum_{i=1}^{N} \alpha_i = 1.0$$

$$\forall \alpha_i, 0.0 \leq \alpha_i \leq 1.0$$

> **【블렌딩 가중치】**
> 비율에 관한 설명. 가중치가 0.3이라면 A 이미지가 30%, B 이미지가 70% 비율로 블렌딩된다는 의미다. 총합이 1.0을 넘지만 않으면 여러 이미지의 블렌딩도 가능하다.

[그림 11] 여러 개의 스타일을 블렌딩

각 스타일에 대응하는 스타일 벡터(스케일과 바이어스)가 어떻게 각 스타일의 특징을 표현할 수 있는 가에 대해 의문이 생길지도 모릅니다. 모델이 초기화되었을 때는 각 스타일 벡터는 아직 아무것도 표현하지 않습니다. 각 스타일의 특징을 획득하려면 모델을 게임에 탑재하기 전에 게임 개발자가 사용하고자 하는 스타일을 미리 학습시켜야 합니다. 모델은 뉴럴 네트워크로 구성되어 있으므로 뉴럴 네트워크에서 자주 사용되는 【역전파】라는 기법을 통해 스타일 트랜스퍼를 학습시켰습니다.

스타일 개념을 획득하라 : 스타일 트랜스퍼의 역전파

스타일 트랜스퍼를 학습시키기 위해서는 훈련 데이터가 필요합니다. 본 연구에서 사용한 훈련 데이터는 콘텐츠 이미지와 스타일 이미지로 구성되어 있으며, 콘텐츠 이미지에는 실제 촬영된 약 6,000장의 임의 이미지가 포함되어 있습니다. 스타일 이미지는 아티스트나 게임 기획자가 사전에 지정한 것으로, 주로 **추상화**입니다.

약 6,000장의 이미지를 동시에 학습시키려면 많은 하드웨어 메모리가 필요합니다. 학습의 수학적 특성상 부정적인 영향이 발생할 수 있기 때문에 학습할 각 이미지를 작은 그룹으로 나눈 미니**배치**(min-batch)로 분할합니다([그림 12]). 하나의 미니배치에는 8장에서 20장의 이미지가 포함되며 사용하는 하드웨어 환경에 따라 이미지 수를 조정합니다. 우리는 하나의 미니배치에 대해 사용하고자 하는 모든 스타일 이미지를 페어링하여 학습시켰습니다. 이 예시에서는 스타일 수를 2개로 설정했습니다.

하나의 미니배치에서 모든 스타일의 학습을 마치면, 다음 미니배치에서도 같은 학습 흐름을 반복합니다. 이러한 방식으로 수백~수천 회에 걸쳐 학습 루프를 반복하고, 학습이 완료되면 임의의 입력 이미지에 대해 지정된 스타일 벡터에 저장된 스타일을 적용할 수 있는 모델이 완성됩니다.

【역전파】
시작점에서 목표 지점을 향해 처리를 진행하는 것이 순전파, 목표 지점에서 시작점으로 거슬러 올라가는 처리가 역전파다. 순전파로 얻은 예측값과 실제 결과의 차이를 바탕으로 적절한 파라미터를 찾아가는 시도이다.

【추상화 스타일】
반드시 추상화일 필요는 없지만, 사실적인 회화보다 결과가 명확하고, 영향이 뚜렷하게 드러난다는 이유로 추상화를 채택했다. 이 그림 이미지는 스퀘어 에닉스 사내 디자이너가 새로 그린 것으로, 한동안 그의 별명이 '화백'이었다고 한다.

【배치】
일정한 절차의 여러 처리를 하나로 묶은 것. 정형 처리. PC 환경 설정 등에서 .bat 파일을 다뤄본 적이 있을 수도 있는데, 바로 그것. 머신러닝에서는 '미니배치 학습'이라는 기법이 자주 사용된다.

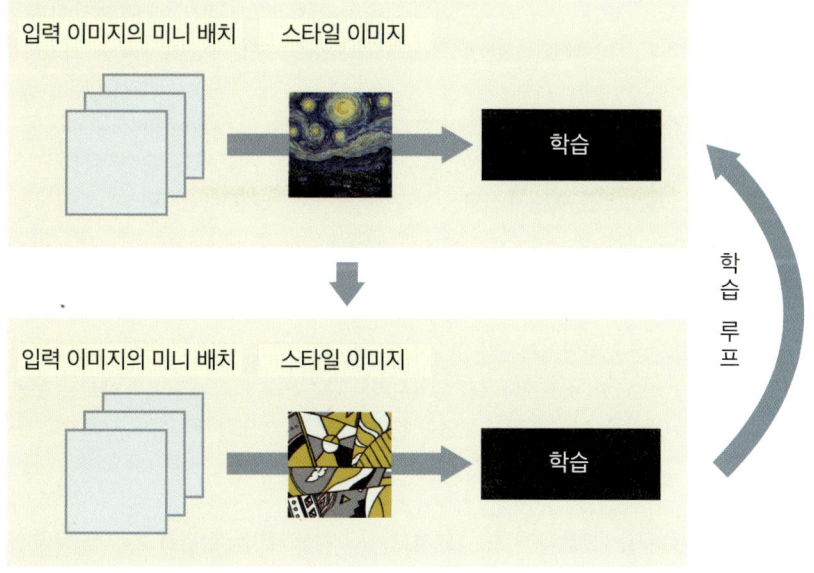

[그림 12] 스타일 이미지를 페어링하여 학습시킨다.

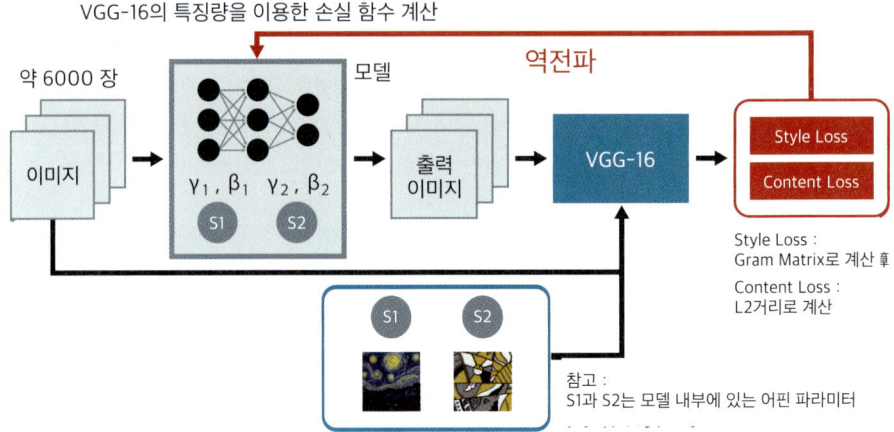

[그림 13] 역전파의 흐름

그렇다면 모델은 어떤 방식으로 학습하고 있을까요? 뉴럴 네트워크에서의 역전파는 최적화를 수행하는 과정입니다. 간단히 말하면 특정 목표를 달성할 수 있도록 모델이 학습해 나가는 것입니다. 스타일 트랜스퍼에는 두 가지 목표가 있으며, 하나는 '입력 이미지의 콘텐츠(내용)를 유지하는 것' 그리고 다른 하나는 '지정한 스타일을 출력 이미지에 반영하는 것'입니다.

이러한 목표를 정의하는 함수는 '손실 함수', '목적 함수', '최적화 함수' 등 여러 이름으로 불리지만, 본 장에서는 '손실 함수'라는 용어로 통일하겠습니다. 입력 이미지의 내용을 유지하기 위한 손실 함수를 '콘텐츠 손실(Content Loss)'이라 하며, 지정한 스타일을 반영하기 위한 손실 함수를 '스타일 손실(Style Loss)'이라고 합니다. '로스(loss)'라는 단어는 '손실'을 뜻하며, 머신러닝 분야의 영어 전문 용어로 자주 사용됩니다. [그림 13]은 한 번의 역전파 과정을 나타냅니다(미니배치는 생략되어 있습니다. 본 연구에서는 【VGG-16】이라는 사전 학습된 모델의 특징량을 활용해 학습을 수행했지만, 그 상세 내용은 본 챕터의 범위에서 제외하겠습니다).

【VGG-16】
16층으로 구성된 뉴럴 네트워크(CNN). 이미지 인식에 특화되어 있다고 한다. 자세한 얘기는 생략.

역전파에서는 대량의 연산이 이루어지기 때문에, 특수한 하드웨어를 사용하지 않으면 계산 시간이 매우 길어집니다. 이제 다음으로는 학습에 사용된 하드웨어에 대해 소개하겠습니다.

학습 하드웨어

일반적인 컴퓨터에서의 연산은 중앙처리장치(CPU)가 담당합니다. CPU는 프로그램에 내장된 기계 명령을 순차적으로 실행함으로써 소프트웨어를 동작시키는 구조입니다. 기계 명령의 예로는 덧셈, 뺄셈, 곱셈, 데이터 이동 등이 있습니다. 앞서 설명한 역전파 연산도 예외가 아니며 CPU에서도 실행할 수 있습니다.

【Tensor】
수학적 개념 중 하나. '텐서'인지 '테서'인지, 문맥이나 시대, 입장, 분야에 따라 불리는 방식이 바뀌는 단어.

뉴럴 네트워크에서 이루어지는 연산 대부분은 【텐서】(Tensor)'라는 데이터 단위로 처리되므로 이에 대해 간단히 설명하겠습니다. 텐서는 벡터나 행렬처럼 1차원 이상의 데이터 집합(또는 벡터와 행렬을 일반화한 개념)입니다.

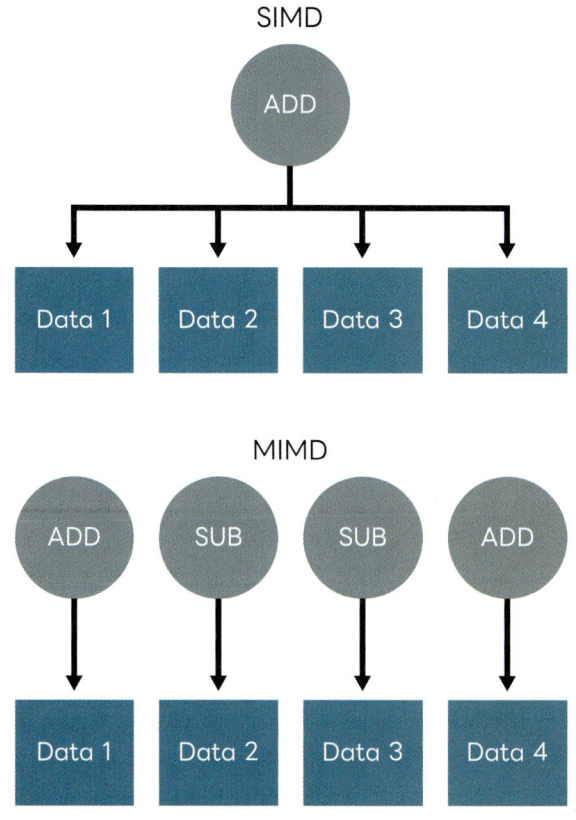

[그림 14] 하나의 기계 명령을 여러 개의 데이터에 적용하는 경우, 여러 개의 기계 명령을 여러 개의 데이터에 적용하는 경우

벡터는 1차원 텐서, 행렬은 2차원 텐서로 표현할 수 있습니다. 따라서 텐서는 N차원을 가질 수도 있습니다. 뉴럴 네트워크의 연산은 텐서 내부의 여러 데이터를 동시에 처리하는 경우가 많기 때문에 **[병렬 처리]**에 강한 하드웨어에서 실행하는 것이 바람직합니다. 병렬 처리는 일반적으로 두 가지가 있으며, 하나는 하나의 기계 명령을 여러 데이터에 적용하는 방식이고, 다른 하나는 여러 기계 명령을 여러 데이터에 적용하는 방식입니다. 전자는 Single Instruction Multiple Data(**SIMD**), 후자는 Multiple Instruction Multiple Data(**MIMD**)라고 불립니다. [그림 14]는 SIMD와 MIMD의 기계 명령이 데이터에 대해 어떻게 적용되는지를 보여줍니다. 이 예시에서는 SIMD가 하나의 기계 명령(예: 덧셈 등)을 네 개의 데이터에 동시에 적용하고, MIMD는 네 개의 명령을 네 개의 데이터에 각각 동시에 적용하고 있습니다.

CPU에도 MIMD 방식의 기계 명령이 존재하지만, 한 번에 처리할 수 있는 데이터 수가 적기 때문에 뉴럴 네트워크 연산에는 적합하지 않습니다. 이는 CPU의 메모리(레지스터) 용량이 매우 제한적이기 때문입니다. 이러한 문제를 해결하기 위해 GPU(Graphics Processing Unit)라는 하드웨어를 도입합니다(GPU는 일반적으로 그래픽 카드로 알려져 있습니다). GPU의 기본 동작은 CPU와 비슷하지만, 병렬 처리에 강합니다. 하나의 기계 명령에 대해 CPU보다 더 많은 데이터를 동시에 처리할 수 있기 때문에, 동시에 많은 데이터를 다루는 역전파 연산에 적합합니다. 따라서 본 연구에서의 학습은 GPU를 사용하여 수행되었습니다.

【병렬 처리】
비슷한 의미를 가진 단어로 '병행 처리'가 있지만, 의미상 약간 차이가 있다. 병렬 처리란 시간적으로 동시에 처리가 이루어지는 것을 말하고, 병행 처리는 어떤 일정 시간 안에 여러 처리가 함께 진행되는 것을 말한다. 후자의 예로는 멀티스레딩이 있다.

【SIMD/MIMD】
'심드' / '밈드'라고 읽는다. 읽지 않는 경우도 있다. 정보공학의 기초 지식에서 가장 먼저 외우게 되는 단어 중 하나이며, 'SIMD형 계산기' 같은 식으로 표현한다.

추론

학습이 끝난 후에는 완성된 모델을 활용하는 **[추론]** 단계에 들어갑니다. 이 단계에서는 역전파가 수행되지 않기 때문에 학습 단계에 비해 계산량이 적고 처리 속도도 빨라집니다. 추론에 사용하는 하드웨어도 학습 단계와 마찬가지로 CPU와 GPU가 있습니다.

일반적으로는 앞서 설명한 이유로 GPU를 사용하는 쪽이 빠르지만, 게임에서는 **[그래픽 처리]**에 GPU를 자주 사용한다는 사정이 있어서 AI 모델의 추론 연산에 자원을 할당하기 어려운 문제가 있습니다. 이런 이유로 CPU로 추론을 수행하는 경우도 있습니다. 특히 본 연구에서는 책을 집필한 시점 기준으로 모든 추론을 CPU에서 수행하고 있습니다. 본 연구의 AI 모델은 CPU에서 추론 시 약 2.3초가 걸렸지만, GPU에서는 **[50밀리초]**였습니다.

여담

여기까지 읽고 나면 2023년 시점에 전 세계적으로 유행하고 있는 Midjourney나 Stable Diffusion 같은 최첨단 이미지 생성 AI가 있는데, 왜 굳이 스타일 트랜스퍼처럼 비교적 단순한 이미지 생성 AI를 게임 안에 넣는가에 대해 의문을 가질지도 모릅니다. 그 이유는 두 가지입니다.

첫 번째는 하드웨어의 계산량 문제입니다. Midjourney나 Stable Diffusion처럼 폭넓고 다양한 이미지를 생성할 수 있는 AI 모델일수록 연산량이 많아지기 때문에 추론 시간이 기하급수적으로 증가합니다. 두 번째는 출력의 제어 가능성입니다. 스타일 트랜스퍼는 임의로 이미지를 생성하는 것이 아니라, 주어진 입력 이미지와 사전에 학습된 스타일을 기반으로 이미지를 출력합니다. 그렇기 때문에 개발자가 **[원하지 않는 이미지]**가 무작위로 출력되지 않으며 게임 디자인의 의도에서 벗어나는 일이 없습니다.

물론 Midjourney나 Stable Diffusion에도 스타일 트랜스퍼와 유사한 기능이 탑재되어 있지만, 첫 번째 이유인 연산량 문제 때문에 게임 안에 탑재하기는 어렵습니다.

[추론]
머신러닝 분야에서 사용되는 용어. '학습'과 '추론'이라는 형태로 서로 대비되어 사용된다. '추론'이라는 말만 들어서는 무엇을 하는 건지 다소 모호하게 느껴질 수 있으나, 단순히 학습 결과를 바탕으로 실제로 실행해보는 과정일 뿐이다.

[그래픽 처리]
"이 게임, 그래픽은 좀 허접하지만 머신러닝 AI가 대단해서 정말 좋아!" … 라고는, 아마 아무도 말하지 않을 것이다.

[50밀리초]
일반적으로 게임에서 허용되는 연산 시간은 1/60초 = 0.016초 = 16밀리초 정도라고 한다. 머신러닝이 얼마나 막대한 계산량을 요구하는지를 잘 보여준다.

[원하지 않는 이미지]
완전 생성형 방식의 처리에서는 결과를 완전히 제어할 수 없기 때문에, 드물게 윤리적으로 문제가 있는 이미지가 출력될 가능성도 존재한다. 100%의 안전성을 보장하기 위해서는 이미지를 완전히 생성하는 것이 아니라, 임 내 이미지 등을 활용해 스타일을 변환하는 방식이 바람직하다고 판단하였다.

개발일기 : 여권 #1　　　　　　　　　　　　　　　　　　AI 연구자 C

20XX년 어느 날	올여름, 영국 케임브리지에서 열리는 AI 학술 교류회에 참가하라는 지시가 내려졌다. 듣자 하니 전 세계에서 AI 연구자들이 모여 이렇다 저렇다 토론을 벌이는 자리라고 한다. 그 자리에 스퀘어 에닉스 AI부에서도 인원을 파견하기로 결정되었고, 그 중 한 명으로 내가 선발된 것이다. 정말 기대가 된다.
20XX년 어느 날	영국 출장을 한 달 앞둔 어느 날, 매니저에게서 "여권 준비는 괜찮은가?"라는 확인이 들어왔다. 하하하, 농담도 잘하셔. 미국에서 열리는 GDC에 참가한 적도 있는 나로서는, 해외 출장은 그리 드문 일이 아니다. 이제 와서 여권을 걱정하실 필요는 없을 텐데(웃음).

4. AI는 그림을 그린다

감정과 그림

지금까지 스타일 트랜스퍼의 세부 내용에 대해 설명해 왔습니다. 그렇다면 구체적으로 어떻게 감정과 그림을 연결하여 AI가 그림을 그리게 할 수 있을까요? 본 연구의 대상이 되는 AI 캐릭터에는 감정을 표현하는 메커니즘이 구현되어 있습니다. AI 캐릭터는 주변 사물이나 플레이어와의 다양한 상호작용을 통해 감정을 변화시켜 나갑니다. 이 감정 상태를 나타내는 구성 요소는 '【이모셔널 컴포넌트】(Emotional Component)'라고 불립니다.

또한 스타일 트랜스퍼를 제어하는 구성 요소는 '스타일 트랜스퍼 모듈(Style Transfer Module)'이라고 불립니다. 이 모듈은 이모셔널 컴포넌트의 상태를 참조하여, 현재 감정을 표현하기에 가장 적합한 스타일을 선택하고, 필요에 따라 복수의 스타일을 블렌딩할 수도 있습니다. 다음은 이 두 구성 요소에 대해 설명합니다.

> 【이모셔널 컴포넌트】
> 캐릭터에게 감정을 부여하는 연구에 대해서는 이 책 PART 2의 '캐릭터 인터랙션'에서 자세히 설명하고 있다.

이모셔널 컴포넌트

본 연구에서 구현된 AI 캐릭터는 감정을 제어하는 중심 구성 요소인 '이모셔널 컴포넌트'를 가지고 있습니다. [그림 15]와 같이, AI에는 성격이라는 요소가 존재하며, 그 상태에 따라 시간의 흐름과 행동에 맞춰 【감정과 기분】이 변화합니다. 감정과 기분은 항상 상호 관계를 맺고 있지만, AI가 그리는 스타일은 기분 상태를 기준으로 선택됩니다. 전체적인 흐름은 [그림 16]과 같습니다.

> 【감정과 기분】
> 감정은 순간적으로 발생하고, 짧은 시간 안에 사라진다. 기분은 장기적으로 지속되는 것이며, 성격은 장기적으로 유지되는 것으로 다룬다. 타고난 성격은 쉽게 바꾸기 어렵지만, 그날그날의 기분은 쉽게 변할 수 있다. 감정적인 말을 하기 전에는 깊게 숨을 들이쉬자.

[그림 15] 이모셔널 컴포넌트의 구성. 성격이 단기적인 감정과 장기적인 기분에 영향을 준다

[그림 16] 스타일 선택의 흐름. 이모셔널 컴포넌트가 계산한 기분값에 따라 스타일이 선택된다

스타일의 선택과 출력

AI의 기분은 평면상에 표현되며, 평면의 각 끝점은 하나의 스타일에 대응됩니다. 이 장을 집필하는 시점에서는 총 **4개의 스타일**까지 대응 가능합니다. 이 기분 평면은 PAD 모델을 기반으로 구현하였습니다([그림 17]). 현재 기분은 '기분값'으로 표현되며, 반드시 이 기분 평면의 범위 안에 위치합니다. 특정 시점의 스타일 블렌딩을 계산할 때는 현재 기분값과 평면상의 끝점(스타일)과의 거리를 기준으로 블렌딩 가중치를 산출합니다.

[그림 18]은 기분값에 따라 스타일을 혼합하고 스타일 트랜스퍼를 실행하는 과정을 나타낸 것입니다.

【4스타일】
내부적으로는 더 많은 수의 스타일에도 대응 가능하지만, 기분이 평면 공간 상에 정의되어 있기 때문에 평면의 대표적인 네 구석에 대응시키는 4스타일 형식을 채택하였다.

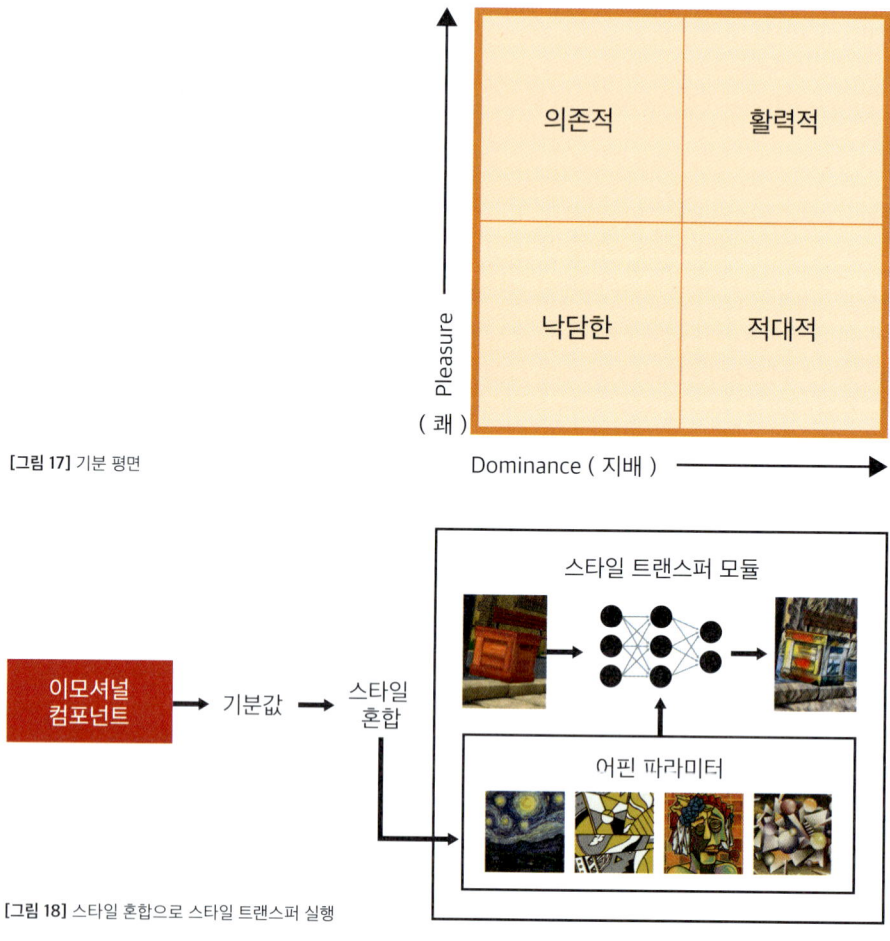

[그림 17] 기분 평면

[그림 18] 스타일 혼합으로 스타일 트랜스퍼 실행

입력 이미지는 AI 주변에 보이는 사물의 사진으로, AI의 【시점에서】 스냅샷을 촬영한 것입니다. 오른쪽의 스타일이 변경된 이미지는 어떤 기분의 혼합에 대응한 스타일 트랜스퍼의 결과이지만, 아직은 프로토타입 단계이기 때문에 각 감정에 알맞은 스타일은 정해지지 않았습니다. 각 감정에 적합한 스타일은 개발자의 주관에 따라 결정되지만, 이를 잘 표현해낼 수 있다면 인간에 가까운 감정 표현이 가능해지므로 앞으로 연구해볼 가치가 있어 보입니다. 현시점에서 기초 기술 개발은 성공하였습니다.

【시점에서】
2015년경부터 게임 내에서 화면 촬영(스냅샷)을 할 수 있는 기능이 탑재된 게임이 늘어났지만, '캐릭터가 직접 촬영한다'는 형식은 드문 편이다.

스타일 트랜스퍼에 의한 AI의 감정 표현

이모셔널 컴포넌트와 스타일 트랜스퍼 기술을 조합하면 지정된 AI의 감정을 그림 속에 표현할 수 있게 됩니다. 기존에는 표정, 발음, 대화 등을 통해 AI가 자신의 감정을 표현해왔지만, 본 장에서 소개한 기술은 AI에게 새로운 자기표현 수단을 제공하게 되었습니다.

[그림 19]의 캐릭터 AI는 길가에서 본 책을 계기로 스타일 트랜스퍼 기술을 활용해 감정에 대응하는 그림을 생성하였습니다.

[그림 19] 캐릭터 AI가 감정을 그림으로 표현합니다.

개발일기 : 여권 #2

AI 연구자 C

20XX년 어느 날 피가 싸악 가셨다. 여권의 유효 기간이 끝나 있었다. 정확히 말하면 영국 출장 기간 중에 여권 유효 기간이 만료되는 상황이었다. 황급히 외무성 홈페이지를 확인해보니, 영국의 경우 여정 중에 여권 유효 기간이 만료되는 경우에는 아예 입국 자체가 불가능하다는 설명이 있었다. 이건 좀… 위험하다.

20XX년 어느 날 출국 예정일 이틀 전, 미리 예약해둔 현지 호텔 등을 모두 취소하려고 하던 찰나, 여권 갱신이 완료되었다는 연락이 왔다. 간신히 목숨줄 하나 붙은 셈이었다.

귀국한 뒤로는, 매니저의 시선이 따끔하다. 기분 탓…이겠지?

5. 앞으로의 그림을 통한 감정 표현

현재 구현된 스타일 트랜스퍼 모델은, 그림 표현의 범위가 제한되어 있습니다(게임 내에서 빠르게 실행할 수 있도록 비교적 작은 모델로 구성되어 있습니다). 2023년 시점에서 전 세계적으로 유행하고 있는 이미지 생성형 AI(Midjourney, Stable Diffusion 등)는 이 장에서 설명한 스타일 트랜스퍼보다 훨씬 더 대규모 모델입니다. 대규모 모델은 연산량이 많은 대신 그림의 표현력도 훨씬 확장됩니다.

대규모 모델은 연산 자원이 제한된 【콘솔 게임기】에서는 실행하기 어렵지만, 앞으로 연산 효율화 및 모델 압축이 이루어진다면 게임 내에서도 구현할 수 있는 날이 올 것이라 생각합니다. 또한 본 연구에서 지정 가능한 스타일은 개발자가 사전에 설정한 것이기 때문에 사용자가 스타일 이미지를 지정하여 독자적인 스타일이나 블렌딩을 표현하는 것은 아직 불가능합니다. 자유롭게 스타일을 선택할 수 있게 되면 계산량이 커지기 때문에 현재의 하드웨어로는 연산 속도가 느려지게 됩니다. 그러나 앞으로 하드웨어의 발전과 AI 모델의 개선이 이루어지면 게임 내 구현도 충분히 가능할 것으로 보입니다.

마지막으로, 【텍스트(문장) 입력으로 이미지를 생성】하는 AI 기술이 발전하게 되면 AI의 감정 표현도 훨씬 자유로워질 것입니다. 이처럼 이미지나 텍스트 등 다양한 정보 형태를 다룰 수 있는 AI를 '멀티모달 AI'라고 합니다. '현재 AI 자신의 감정을 표현한 단어', '사용자가 입력한 이미지나 단어', '그 순간의 AI 감정'이라는 세 가지 요소가 얽혀 그림을 그리게 되면 새로운 형태의 자유로운 감정 표현이 가능해질 것입니다.

【콘솔 게임기】
Nintendo Switch™, PlayStation®5, XBox S eries XlS 등. '컨슈머'나 '클라이언트'라고 불리기도 한다. 부품을 자유롭게 교체할 수 있는 PC와 달리, 하드웨어 측면에서 제약이 심하다.

【텍스트 입력으로 이미지 생성】
본문에서 다룬 Midjourney나 Stable Diffusion 같은 서비스들이 이러한 기능을 제공하고 있다. 음악이나 영상이 디지털화되면서 스마트폰에서 다룰 수 있게 된 것처럼 NLP 기술(이 책의 다른 PART 참조)에 의해 언어가 수치화되면서 많은 머신러닝 분야에서 언어를 다룰 수 있게 되었다. 이 또한 그런 기술 발전의 부수적인 성과라 할 수 있다.

개발일기 : 나의 일 AI 엔지니어 **D**

20XX 년 어느 날 — 몇 년 만에 본가에 갔다. 가족을 만나면 어김없이 요즘 무슨 일을 하고 있는지를 묻는다. 하지만 자신의 전문 분야에 깊이 들어간 지금의 일을 일반적인 말로 설명하는 건 쉽지 않다. 그래픽 처리용으로 만들어진 병렬 연산기를 사용해서 머신러닝을 수행하고, 인간의 수십 년에 해당하는 학습을 시키고 어쩌고저쩌고……

20XX 년 어느 날 — 결국 매번 설명을 포기한 채 그냥, "열심히 하고 있어."라는 한마디로 끝내버리는 내가 있다. 그러고 나면 괜히 뭔가를 배신한 듯한 기분이 들고, 필요도 없는데 괜히 어깨가 처진다. 그럴 때면 뭔가를 꿰뚫어본 듯이 발밑으로 강아지가 다가와 몸을 부빈다. 본가의 반려견이 보여주는 그 다정함이 유독 마음 깊이 스며든다.

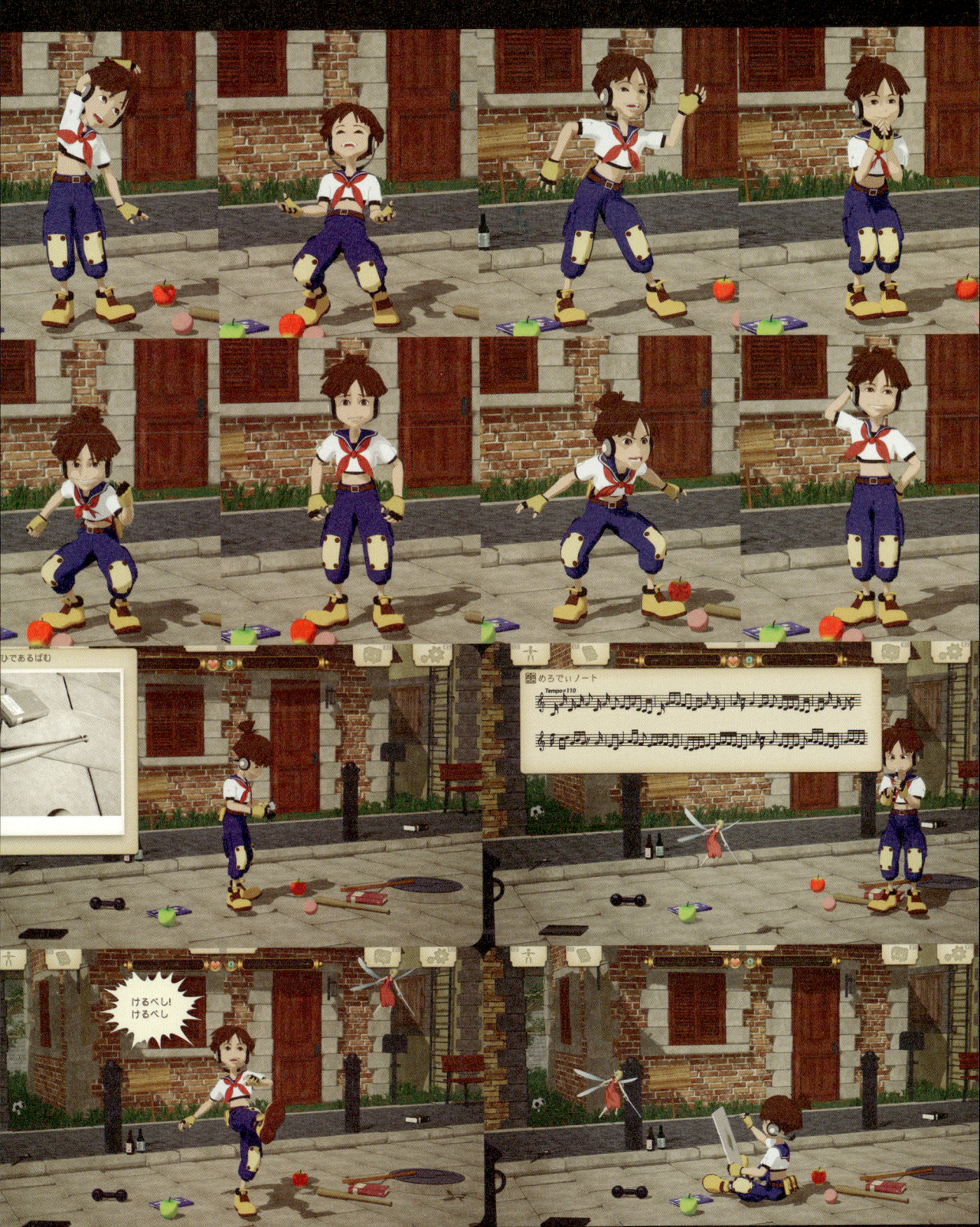

그라시아 힐 레안드로 Leandro, Gracia Gil

스페인 출신. 5세 때부터 비디오게임을 즐기기 시작했고, 11세에 프로그래밍을 배우기 시작했다. Google에서 6년 이상 근무한 뒤, 2017년에 스퀘어 에닉스에 입사. 이후 <FINAL FANTASY VII REMAKE>를 비롯한 타이틀에 참여하면서 머신러닝을 활용해 비디오게임 개발을 개선하고, 새로운 플레이 경험을 제공할 수 있는 방법을 찾는 데 힘쓰고 있다.

머신러닝을 활용한 자동 립싱크 애니메이션

머신러닝은 매우 강력한 도구이며 게임에서도 다양한 용도로 활용되고 있습니다. 그 중 하나가 이미지나 애니메이션과 같은 새로운 애셋 제작을 지원하는 것입니다.

【립싱크 애니메이션】은 그 대표적인 예라 할 수 있습니다. 대사가 있는 캐릭터의 입 모양 애니메이션은 보통 페이셜 캡처(Facial Capture)를 이용해 생성되며, 애니메이터가 수작업으로 싱크를 맞추거나 추가 조정을 진행하기도 합니다. 또한 전투 중이나 맵을 자유롭게 이동하는 상황에서는 음성 기반 시스템을 통해 자동으로 립싱크가 이루어집니다.

이러한 자동 시스템은 일반적으로 텍스트 입력과 각 언어에 특화된 설정을 필요로 하며 애니메이션 품질이 반드시 뛰어난 것은 아닙니다. 예를 들어 '기침소리'처럼 발화가 아닌 소리는 문제를 일으킬 수 있습니다. 일본어의 경우 <FINAL FANTASY VII>(스퀘어, 1997년)에 등장하는 '신라(神羅)'처럼 조어(造語)나 생소한 한자 독음 등이 문제로 작용할 수 있습니다. 반면, 수작업으로 애니메이션을 제작하고 조정하면 훨씬 고품질의 애니메이션을 만들 수 있지만, RPG처럼 대사가 많은 게임에서는 매우 많은 시간이 소요됩니다. 특히 게임이 글로벌화되고 더 많은 언어로 더빙이 이루어지는 요즘에는 이러한 작업을 수작업으로 대응하기가 점점 어려워지고 있습니다.

이러한 문제를 해결하기 위해, 우리는 <FINAL FANTASY VII【REMAKE】>의 컷신(Cutscene)용 수작업 립싱크 애니메이션 데이터를 활용하여 모든 언어의 음성 데이터를 기반으로(텍스트 입력 없이) 유사한 품질의 립싱크 애니메이션을 자동으로 생성할 수 있는 머신러닝 모델을 개발하였습니다. 머신러닝은 익숙하지 않은 사람에게는 어려운 주제일 수 있으므로 이 장에서는 복잡한 기술적 세부 설명 대신, 【음성】데이터를 입력으로 하여 게임 캐릭터에 적용되는 최종 애니메이션까지 데이터가 어떻게 변환되는지를 따라가며 설명하는 방식으로 접근하겠습니다.

1. 데이터로서의 소리 표현

우선, 본 시스템의 주요 입력인 음성 데이터에 대해 설명하겠습니다. 이미 음성이 어떻게 데이터로 저장되는지 알고 있다면 다음 절인 【음성을 이미지로】 변환하기로 넘어가셔도 됩니다.

【립싱크 애니메이션】
실사 영화에서는 더빙 언어마다 배우의 입 모양을 바꿀 수 없지만, CG 캐릭터라면 바꿀 수 있다는 최근의 사정과 수요로부터 생겨난 기술이라 할 수 있다. 다만, 추가 대응 비용이 발생하는 건 변함없기 때문에 일본산 게임의 경우 여러 언어로 번역은 지원하더라도 캐릭터의 입 모양은 일본어와 영어 두 종류만 존재하는 경우도 적지 않다.

【리메이크】
소비자 쪽에서 종종 '이식', '리마스터', '리메이크'의 차이는 무엇이냐고 묻곤 하지만, 개발자라고 해서 반드시 그에 대한 명확한 답을 가지고 있는 것은 아니다.

【음성】
본문에서는 '음성' 데이터를 기준으로 설명하고 있지만, '소리' 전반으로 이해해도 무방하다. 정의상으로는 음성은 소리의 한 부분이다.

【음성에서 애니메이션으로】
최초로 풀보이스화를 이룬 FF 시리즈는 2001년에 발매된 'FINAL FANTASY X'다. 그 이후, 음성과 애니메이션 간의 전쟁은 계속되고 있다.

대부분의 사람은 이미지가 데이터로서 어떻게 부호화되는지를 알고 있을 것입니다. 이미지는 픽셀로 구성되어 있으며, 픽셀은 【빨강, 초록, 파랑】 세 가지 값(색의 강도)으로 표현됩니다. 하지만 음성을 직접 다뤄본 적이 없는 사람이라면 음성이 데이터로서 어떻게 작동하는지 잘 모를 수도 있습니다.

잘 알려진 것처럼 【음성은 파동】입니다. 시간에 따라 변하는 기압의 변화이며, 우리의 고막은 이 변화를 감지해 뇌로 전달하고, 뇌는 그것을 소리로 해석합니다. 컴퓨터에서는 고막 대신 마이크를 사용하여 음성의 파형을 감지하고, 이를 데이터로 이산화하여 저장합니다.

[그림 1]과 같은 이미지를 본 적이 있을 겁니다. 이것은 '음성 파형'이라 불리며 음성의 파동(이 경우는 발화문)을 시각적으로 나타낸 것입니다. 하지만 이 이미지는 상당히 축소되어 있으며 【충분히 확대하면】 [그림 2]와 같은 모습으로 보이게 됩니다.

많은 빨간 점들이 보이죠? 이것은 【마이크】로 측정한 음성의 결과입니다. 마이크는 실제로 수신한 음성 파형을 아주 짧은 간격으로 반복 측정하며, 이러한 각 측정값을 '샘플'이라고 부릅니다. 얼마나 많이 측정할지는 '샘플링 레이트'(Sampling Rate)라고 하며, 이는 이미지에서 말하는 해상도에 해당합니다. 단, 이미지는 너비와 높이를 픽셀 수로 정의하는 반면, 음성에서는 1초당 샘플 횟수를 헤르츠(Hz) 단위로 정의합니다.

【빨강, 초록, 파랑】
흔히 '빛의 삼원색'이라 불리는 그것. 더하면 더할수록 색이 밝아지는 가법 혼합의 성질을 가지며, 이 색들을 겹치면 흰색에 가까워진다.

【음성은 파동】
"잘 알려진 것처럼"이라고 하면 분명 알고는 있지만 구체적으로 언제 알게 되었는지는 묘하게 기억나지 않는다. 보이지 않는 무언가를 '파동'이라고 자연스럽게 받아들이고, 의심조차 하지 않는 스스로가 왠지 신기하게 느껴진다.

【충분히 확대하면】
종이 위나 모니터를 돋보기로 들여다봐도 결과는 달라지지 않는다.

【마이크】
보이스 녹음용 마이크는 당연하게도 고급 사양의 업계용 장비. 이런 마이크에 익숙하지 않은 사람은 대개 가장 먼저 ON/OFF 버튼부터 찾으려 하며, 스태프로부터 "여긴 노래방 아니에요"라는 정석 같은 태클을 받는 것이 공식 코스.

[그림 1] 음성 파형

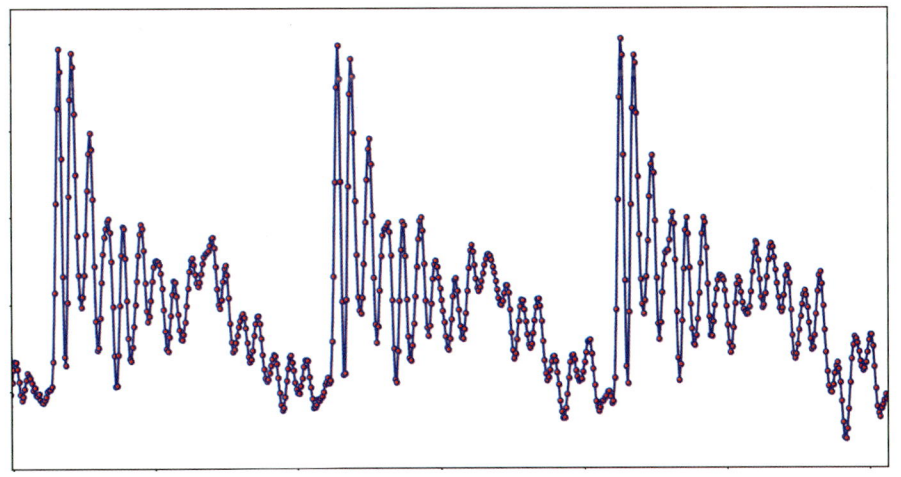

[그림 2] 음성 파형을 확대

[주파수가 높을수록 피치가 높아짐]
피치(pitch)란 음정을 의미한다. 참고로 88건반 피아노는 저음부터 고음까지 약 30~4,000Hz, 약 7 옥타브의 범위에 걸쳐 있다.

[샘플링 레이트 값의 절반]
파형의 1Hz는, 파동이 위로 올라갔다가 아래로 내려와 다시 돌아오는 한 주기를 뜻한다.
반면 샘플링 레이트는 1초에 몇 번 샘플링하는지를 나타내므로, 파형(파동의 형태)을 제대로 기록하려면 그 위쪽과 아래쪽 극점을 모두 기록해야 하며, 따라서 샘플링 레이트는 주파수의 2배가 필요하다는 것을 알 수 있다.

[개는 약 45,000Hz까지, 고양이는 약 79,000Hz]
애견에게 개피리를 불었더니 왠지 길고양이가 몰려오는 것 같다고 느꼈는데, 그런 이유였던 거구나.

[19,200Hz]
16000을 60으로 나누면 266.66…처럼 딱 떨어지지 않지만, 19200은 60으로 나누면 320으로 깔끔하게 나뉜다. 이처럼 수치를 어떻게 다루고 선택하느냐는 디지털 데이터를 다루는 게임 개발에서 중요한 포인트다.

[2^8 = 256]
색 정보는 음성 정보에 비해 적어 보일 수 있지만, 실제로는 세 가지 색이 곱해지기 때문에 8비트 깊이만으로도 1,677만 216 가지의 색 표현이 가능하다.

[5.1채널이나 7.1채널]
"인간은 귀가 두 개밖에 없잖아?"라고 말하면…안 된다.

실은 음성의 샘플링 레이트는 소리를 얼마나 '명확하게' 녹음할 수 있는지를 정의하는 것 이상으로 중요한 요소입니다. 우리가 사용하는 샘플링 레이트에 따라 녹음된 음성을 재생할 때 들을 수 있는 소리의 피치가 제한됩니다. 이것은 주파수 개념과 관련되어 있습니다. 우리가 귀로 듣는 소리는 주파수와 진폭이 서로 다른 단순한 음성파로 분해할 수 있으며, **[주파수가 높을수록 피치도 높아]**집니다.

즉, 샘플링 레이트는 녹음된 음성을 재생할 때 정확하게 재현 가능한 최대 주파수(피치)를 제한하게 됩니다. 이 제한 방식은 표본화 정리(나이퀴스트 정리)로 정의되며, 실제로는 저장하고 재생할 수 있는 최고 주파수는 **[샘플링 레이트 값의 절반]** 이하임을 의미합니다.

인간이 들을 수 있는 일반적인 주파수 대역은 20Hz부터 약 20,000Hz 사이로 알려져 있습니다. 예를 들어, 오디오 CD에서는 44,100Hz의 샘플링 레이트가 사용되며, 이를 통해 인간의 가청 주파수 전 범위를 커버하는 22,050Hz까지의 주파수를 정확하게 재현할 수 있습니다.

다른 동물은 인간보다 더 높은 가청 범위를 가지고 있습니다. 예를 들어, **[개는 약 45,000Hz까지, 고양이는 약 79,000Hz]**까지 들을 수 있습니다. 따라서 고양이의 가청 범위를 완전히 커버하려면 최소한 초당 158,000회 샘플링을 해야 합니다!

하지만 우리가 처리하고자 하는 것은 모든 소리가 아니라 '인간의 발화'이므로, 인간의 가청 영역 전체를 커버할 필요는 없습니다. 일반적으로 인간의 음성은 100Hz에서 8,000Hz 정도의 범위에 위치하므로, 16,000Hz 정도의 샘플링 레이트면 대부분의 목적에 충분히 대응할 수 있습니다. 다만, 우리의 경우에는 약간 다른 **[19,200Hz]**의 샘플링 레이트를 사용했습니다. 그 이유는 다소 복잡한데, "나중에 프레임레이트가 30 또는 60으로 동작하는 애니메이션과 음성을 동기화시키고 싶다"는 이유와 관련이 있습니다.

음성을 저장할 때 또 하나 중요한 파라미터는 각 샘플에 몇 가지의 서로 다른 값을 저장할 수 있는가입니다. 이것은 오디오의 비트 깊이(bit depth)라고 하며, 이는 픽셀의 각 색상 값에 몇 가지 수치를 저장할 수 있는가와 유사한 개념입니다. 가장 일반적인 비트 깊이는 16이며, 이 경우 각 샘플은 2^{16} = 65536가지의 값을 저장할 수 있습니다. 다시 이미지를 예로 들자면 대부분의 이미지는 각 색상 성분에 대해 8비트 깊이(즉, 빨강·초록·파랑 각각에 대해 **[2^8 = 256]** 값)를 사용하지만, HDR 이미지의 경우 보다 풍부한 색 표현을 가능하게 하는 더 높은 비트 깊이를 사용합니다.

마지막으로, 오디오는 스테레오처럼 여러 개의 채널을 가질 수 있습니다. 이는 간단히 말하면 동시에 재생되는 복수의 음성파를 서로 다른 소스로 저장하는 것과 같습니다. 예를 들어 헤드폰을 사용하는 경우, 스테레오 오디오는 양쪽 귀에 서로 다른 오디오파를 재생합니다. **[5.1채널이나 7.1채널]** 시스템은 각기 다른 스피커에 대응하는 더 많은 채널을 저장하게 됩니다.

요약하자면 프로그래밍 관점에서는 다음과 같은 값을 갖고 있어야 합니다.

- 샘플링 레이트 값
- 비트 깊이
- 채널 수
- 각 채널의 오디오 데이터는 사용되는 포맷과 비트 깊이에 따라 정수 또는 부동소수점 수의 배열로 부호화된다(전형적인 선택지는 【16비트 정수】)

2. 오디오를 이미지로 변환하기

앞서 제시한 오디오 파형은 재생에는 편리하지만, 【뉴럴 네트워크】 처리에는 적합하지 않습니다. 왜냐하면 데이터가 너무 많고 피치 정보가 매우 알아보기 어렵기 때문입니다. 대신에 오디오 파형을 더 편리한 표현인 '스펙트로그램(spectrogram)'으로 [변환]합니다. 앞 절에서 주파수에 대해 오디오 파형은 서로 다른 주파수의 【여러 개의 파형의 합】으로 분해될 수 있다는 것, 서로 다른 주파수를 서로 다른 피치로 지각한다는 것, 샘플링 레이트에 따라 재생할 수 있는 최고 주파수가 제한된다는 것을 설명했습니다.

【스펙트로그램】은 정확히는 오디오 파형을 각 시점의 서로 다른 주파수로 분해해 이미지로 표현한 것입니다([그림3]). 가로축은 시간, 세로축은 소리의 피치에 관련된 주파수를 나타내며 색은 음량에 관련된 진폭을 나타냅니다. 이를 조합하면 각 시점에서의 각 음의 크기를 대략적으로 알 수 있습니다(세로축이 높을수록 고음역대). 실제로 시험해보고 싶은 사람은 스펙트로그램 분석 앱이 있으니 스마트폰에 다운로드해 【휘파람을 불어】보세요. 휘파람 소리의 높낮이가 오르내릴 때 선이 움직이는 것이 분명하게 보일 것입니다.

스펙트로그램은 오디오 데이터의 단시간 【푸리에 변환】(STFT)을 계산해 복소수의 2차원 배열을 반환하고 그 크기를 계산함으로써 생성됩니다. 몇 가지 설정 값을 입력하면 계산을 대신해주는 라이브러리를 간단히 입수할 수 있습니다. 여기서는 윈도우 크기: 200 샘플, 스트라이드: 160 샘플, 샘플링 레이트: 19200Hz로 하고 있습니다. 이 설정의 경우, 1초에 120프레임의 스펙트로그램이 생성됩니다. 주파수 범위는 80Hz에서 8000Hz입니다.

【16비트 정수】
2^{16} = 65536 종류의 정수, 즉 0부터 65535까지의 값이나 -32768부터 32767까지의 값을 다룰 수 있다. 왜 음수 쪽이 더 큰 값을 다룰 수 있는지는 2진수의 보수 표현에 대해 조사해 보면 좋다.

【뉴럴 네트워크】
근래 일반적인 머신러닝 기법 중 하나. 자세한 내용은 PART 서두의 해설 참고.

【변환】
다루고 있는 데이터를 기존 기술로 다룰 수 있도록 하기 위해 데이터 형식을 변환하는 방법은 연구 분야에서 자주 사용된다. 단, 데이터 정밀도가 떨어지는 경우도 있으므로 충분히 유의해야 한다.

【여러 개의 파형의 합】
강이나 바다에서 멍하니 수면을 바라보고 있으면 큰 파도와 작은 파도가 서로 싸우지 않고 함께 공존하고 있다는 걸 깨닫게 된다. "...괜찮으세요?"라며 지나가던 사람이 말을 걸어올 수도 있지만, 아마 괜찮을 것이다.

【스펙트로그램】
왠지 필살기 이름 같다. 빔이 뷰웅 하고 나갈 것 같은 느낌.

【휘파람을 불다】
정확한 학술 자료를 찾을 수는 없었지만, 속설에 따르면 휘파람을 불 수 있는 사람은 전 세계 인구의 약 30% 정도라는 이야기도 있다.

【푸리에 변환】
조금이라도 공학적인 분석을 하려고 하면 거의 언제나 등장하는 이름. 복잡한 파동을 여러 개의 단순한 파동으로 분해해서 다루기 쉽게 만드는 계산 기법 같은 것이다.

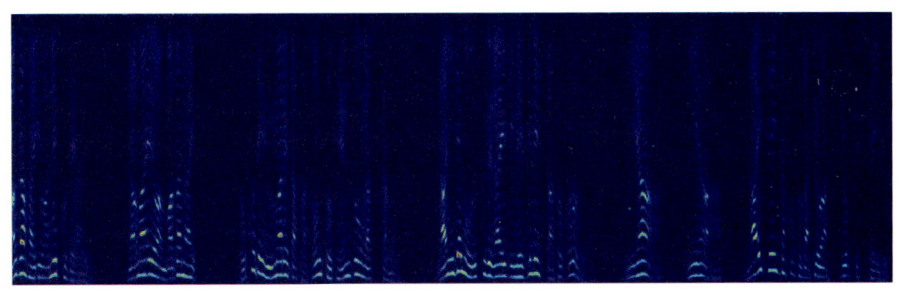

[그림 3] 스펙트로그램

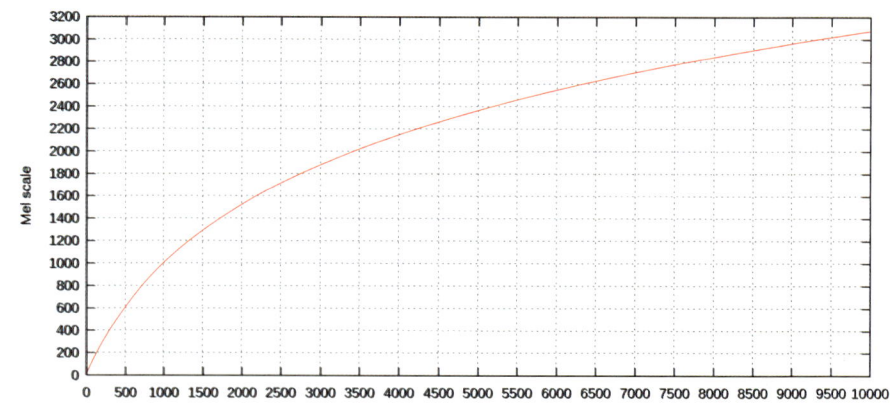

[그림 4] https://en.wikipedia.org/wiki/Mel_scale

【대수(로그)】
값이 10 올라가면 100배야! 라고 설명을 들어도 ???가 되지, 응.

【대수적으로 상승】
옥타브가 다른 '라(A)' 음을 주파수로 보면 A4 = 440, A5 = 880, A6 = 1760이 된다. A4와 A5의 차이는 440Hz이지만, A4와 A6의 차이는 880Hz가 아니라 1320Hz라는 걸 알 수 있다.

【멜 스케일】
대수적인 음의 지각을 더 다루기 쉽게 하자는 단위계. 멜 스케일의 멜은 멜로디를 의미한다고도 한다.

【거리가 동일하게 느껴지도록】
저음역에 있는 도와 레, 고음역에 있는 도와 레, 둘 다 같은 1음 차이로 인식하고 있다. 주파수 상으로는 두 음의 차이가 더 커졌을 텐데도 "고음역의 도와 레가 더 멀게 느껴져"라고 생각하진 않는다.

【음량의 지각】
음의 크기 양을 표현할 때 쓰이는 단위는 dB(데시벨). 오디오 기기 등에서 익숙한 단위다.

【로그 함수를 적용】
멜 스펙트로그램의 이미지는 세로축이 음정(피치), 가로축이 시간, 밝기가 음량이 된다. 음정의 대수 표현은 대응되었지만, 음량은 여전히 선형이다. 그래서 음량도 대수 표현을 적용하자고 한 흐름. 그랬더니 자, 이렇게 보기 쉽게 됐지.

【나는 고양이로소이다】
문장계 검증용 데이터에서는 자주 인용되거나 참조되는 문장. 하지만 그 뒤의 '이름은 아직 없다'까지 말할 수 있는 사람은 적다고도 한다.

하지만 스펙트로그램은 편리한 데이터이긴 해도 인간의 청각 메커니즘과는 전혀 다릅니다. 개선할 수 있는 점은 두 가지가 있으며, 그 하나가 '피치와 주파수의 관계'입니다. 인간은 주파수에 비례하여 피치가 높아지는 것을 인지하는 것이 아니라, **【대수적으로 상승】**하는 것을 인지합니다. 즉, 가청역의 낮은 주파수에서는 많은 차이를 느낄 수 있지만, 높은 주파수에서는 그다지 차이를 느끼지 못합니다([그림 4]).

이것을 해결하기 위해 **【멜 스케일】**(Mel Scale)'이라는 것을 사용합니다. 이것은 인간의 지각에 기반한 척도입니다. 실제 주파수와는 관계없이 피치 간의 **【거리가 동일하게 느껴지도록】** 설계되어 있습니다. 멜 스케일을 스펙트로그램에 적용하면 '멜 스펙트로그램(Mel Spectrogram)'이 만들어집니다. 이것은 세로축에서 저음역보다 고음역 쪽을 더 확장한 것입니다([그림 5]).

도표의 세로축은 주파수가 아니라 지각되는 피치를 나타냅니다. 여기서 또 하나 해결해야 할 인간의 지각 문제가 있습니다. 주파수와 마찬가지로 **【음량의 지각】**도 선형적이지 않고 로그적으로 이루어집니다. 우리는 아주 큰 소리보다 작은 소리의 차이를 더 섬세하게 인지할 수 있습니다.

멜 스펙트로그램에서는 각 음의 높이에 해당하는 진폭을 색상으로 표현합니다. 이번에는 이 진폭을 인간의 음량 감각에 가까운 값으로 변환하기 위해 스펙트로그램의 값에 **【로그 함수를 적용】**합니다. 이 변환 이후의 데이터는 '로그 멜 스펙트로그램(Log-Mel Spectrogram)'이라고 불립니다. 색조 보정을 한 이미지 같지만, 미세한 차이가 더욱 뚜렷해집니다([그림 6]).

이로써 이미지 속에서 뚜렷한 패턴을 볼 수 있게 되었습니다. 이 패턴은 대화 중의 음소와 밀접하게 관련되어 있습니다. 여기서는 나쓰메 소세키의 **【나는 고양이로소이다】**의 서두 부분을 일본어로 읽은 음성이 표시되어 있습니다. 이들 스펙트로그램은 보다 적절한 정보를 추출할 뿐만 아니라, 우리에게 또 하나 중요한 변화를 가져왔습니다. 그것은 '음성 처리 문제를 **이미지** 처리 문제로 전환시켰다'는 것입니다.

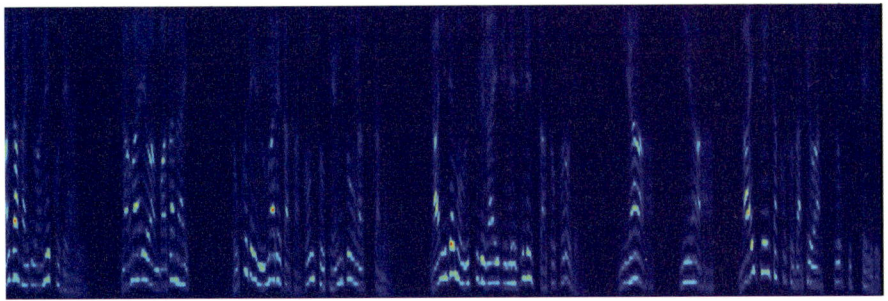

[그림 5] 멜 스펙트로그램

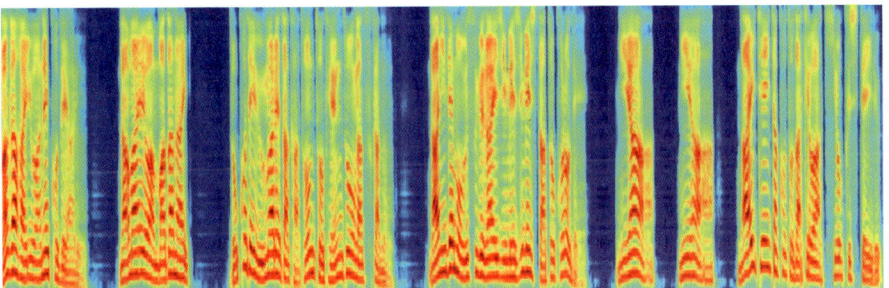

[그림 6] 로그 멜 스펙트로그램

3. 절대음감과 상대음감

어떤 형태로든 음악을 해본 사람이라면 【절대음감】과 【상대음감】에 대해 들어본 적이 있을지도 모르겠습니다. 대부분의 사람은 상대음감을 가지고 있습니다. 이것은 곡을 들었을 때 실제로 어떤 음인지까지는 알 수 없어도 음과 음 사이의 관계를 느낄 수 있는 능력이죠. 또한 곡의 도중에 피치가 바뀌더라도, 실제 음은 달라졌는데도 멜로디가 같다는 것을 알아차릴 수 있습니다. 그 이유는 상대음감이 실제 주파수 값 자체가 아니라, 들려오는 음의 주파수 비율을 기반으로 하기 때문입니다. 이것이 거의 모든 사람이 피치를 인식하는 방식입니다.

하지만 약 0.01%(1만 명 중 1명)의 사람은 절대음감을 가지고 있습니다. 절대음감을 가진 사람은 어떤 음이 어떤 음계인지 즉시 알아맞힐 수 있습니다. 음악이 아니더라도 알람, 구급차 사이렌, 자동차 클락션, 혹은 새소리 등 모든 종류의 소리에 대해 작동합니다. 이런 사람들은 다른 음을 참고하지 않아도 들려온 주요 주파수의 구체적인 값을 빠르고 정확하게 파악할 수 있습니다.

실제 절대음감과 상대음감은 어느 한쪽만 있는 것이 아닙니다. 아무 생각 없이도 어떤 음의 음계를 구분할 수 있는 사람이 있고, 이름은 말할 수 없어도 같은 음을 사용한 곡을 알아맞히는 사람도 있습니다. 또한 조금만 생각하면 소리만 듣고도 그 음의 이름을 정확히 말할 수 있는 사람이나, 무작위로 울린 코드(화음)를 듣고 그것을 구성하는 모든 음을 즉시 말할 수 있는 사람도 있습니다.

【이미지】
예를 들어 10초짜리 음성 데이터의 경우 너비 1200 픽셀, 높이 256픽셀의 이미지를 얻게 된다. 이미지의 너비는 샘플링 비율 120과 음성 데이터의 길이에서 이미지의 높이는 멜 스케일을 적용했을 때의 해상도 값에서 정해진다.

【절대음감】
있으면 뭔가 대단해 보이는 능력이지만, 절대음감을 가졌음에도 불구하고 노래방에서 처참한 모습을 보이는 친구를 보면 괜히 씁쓸한 기분이 든다.

【상대음감】
절대음감과는 달리, 경험이나 훈련을 통해 익힐 수 있는 기술. 이 기술이 성장하면 음 하나하나를 확인할 필요가 없어져서 귀로 따라 치기나 애드리브, 세션이 수월해진다고 한다. 절대음감은 반드시 음악가에게 요구되는 특성은 아니지만, 상대음감은 필수라고 할 수 있다.

[1만 명 중 1명]
이는 통계적으로 산출된 이해하기 쉬운 표현이지만, '1만 년에 1명'이라고 하면 갑자기 수상쩍게 들린다.

절대음감과 상대음감이 머신러닝이나 립싱크 애니메이션과 무슨 관련이 있는지 의아하게 생각할 수 있습니다. 그 이유는 스펙트로그램 처리 방식에 있으며, 절대음감과 상대음감 모두에 대응할 수 있도록 설계되어 있기 때문입니다. 이제부터는 음성 데이터를 어떻게 가공해 나가는지에 대해 설명하겠습니다. 그에 앞서 여기까지의 기본적인 개념을 이해해 두시기 바랍니다.

로그 멜 스펙트로그램을 입력으로 하여 절대음감을 가진 것처럼 데이터를 처리하는 것은 매우 간단합니다. 수직 방향의 단면을 피치 데이터의 열 벡터(각 값은 벡터 요소)로 받아들이기만 하면 됩니다([그림 7] 왼쪽). 이렇게 하면 각 시점에 대한 특정 피치 정보를 모두 얻을 수 있지만, 문맥적인 정보는 손실됩니다. 이들 피치 값에는 상대적인 순서가 존재하지만, 하나의 피치 벡터로 전달하면 각각이 독립된 값이며 순서와는 무관하게 취급됩니다(이하, **[절대음감으로 인식]**하는 피치의 관계를 '절대 피치', 상대음감으로 인식하는 피치의 관계를 '상대 피치'라고 하겠습니다).

이 방법에는 또 다른 문제가 존재합니다. 남성 화자(왼쪽)와 여성 화자(오른쪽)가 문장을 발화했을 때의 로그 멜 스펙트로그램을 살펴보겠습니다([그림 8]).

[절대음감으로 인식]
일반적인 절대음감은 음 이름(도레미파솔라시도)을 지칭하는 경우가 많지만, 실제로 악기의 튜닝은 장르나 시대에 따라 기준이 되는 주파수(A4 = 약 440Hz 등)가 다르기 때문에 익힌 절대음감과 실제로 요구되는 절대음감이 서로 다를 수도 있다. 음성 분석에서의 절대음감은 피치의 값 그 자체를 다루기 때문에 이러한 문제는 발생하지 않는다.

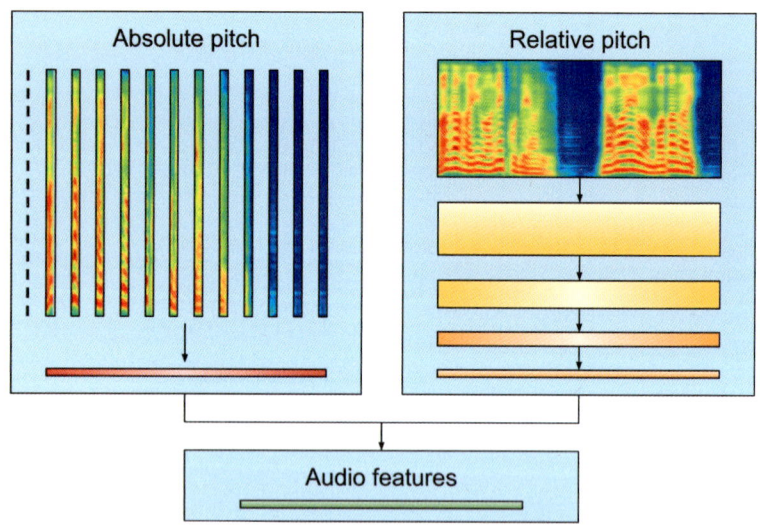

[그림 7] 절대 피치와 상대 피치

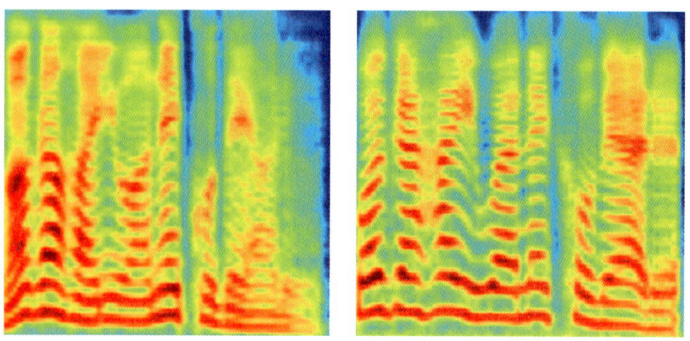

[그림 8] 남성 화자와 여성 화자의 로그 멜 스펙트로그램

많은 차이점이 있지만, 특히 오른쪽 스펙트로그램의 몇몇 수평선이 왼쪽 스펙트로그램보다 더 높고 간격이 넓다는 점에 주목해 주세요. 이는 여성의 목소리가 남성보다 더 높기 때문입니다. 우리는 화자의 피치에 관계없이 같은 음성을 인식할 수 있기 때문에 문제가 되지 않지만, '절대 피치' 정보만을 벡터로 사용할 경우 화자의 피치가 달라지면 일부 벡터 요소에서 다른 인접한 벡터 요소로 데이터가 이동하게 됩니다. 이런 관계를 학습하는 것이 불가능한 것은 아니지만, 불필요하게 어려운 문제로 만들고 있을 가능성이 있습니다.

이 문제는 '상대 피치'를 이용함으로써 회피할 수 있습니다. 그러기 위해서는 피치의 암묵적인 순서를 고려하고 그 상대적인 유사성과 차이에 주목한 로그 멜 스펙트로그램의 데이터 처리가 필합합니다. 실제로는 시간 축의 값도 상대적인 순서를 갖고 있기 때문에 피치뿐 아니라 시간에서도 같은 처리를 하고자 합니다.

이처럼 데이터를 처리하려면 무엇을 사용하면 좋을까요? 여기서 중요한 것은 수평축(시간축)과 수직축(피치축) 모두에 대해 같은 방식으로 데이터를 처리하는 것입니다. 이를 위해서는 앞 장에서 소개한 '2차원 합성곱 신경망(CNN)'을 사용합니다. 혹시 아직 잘 이해되지 않았거나(또는 상세 내용을 기억하지 못하는 경우), 앞 장의 '스타일 트랜스퍼'를 간단히 확인해 주세요. 여기서는 주요 개념을 간단히 복습해 보겠습니다.

2차원 【합성곱】 신경망은 각 픽셀과 그 주변에 적용 가능한 필터(모델의 가중치)를 학습함으로써 입력된 2차원 이미지 데이터를 변환합니다. 예를 들어 3×3 필터를 학습하는 경우 이미지의 각 픽셀 주변의 8개 픽셀을 취하여 3×3 블록을 만듭니다. 그 다음 학습 중인 【필터】의 가중치를 곱한 9개의 값을 모두 합산합니다. 이미지의 중앙에 있는 픽셀의 경우 [그림 9]와 같이 처리됩니다. 입력된 각 사각형의 색상은 필터의 어떤 가중치와 곱해졌는지를 나타냅니다.

이 연산은 각 【픽셀】에 적용되므로, 학습 중인 필터마다 서로 다른 이미지가 생성됩니다. 2차원 합성곱 신경망은 동시에 많은 필터를 학습하고, 각각 다른 방식으로 입력 이미지를 처리할 수 있습니다. 이것은 여러 장의 이미지를 겹겹이 쌓는 것과 같기 때문에 이를 '심도(depth)'라고 부릅니다.

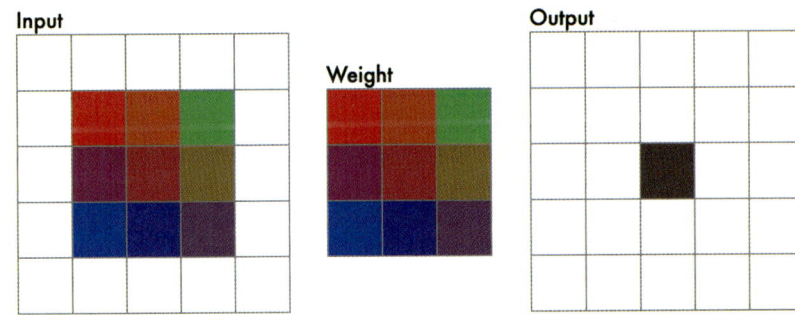

[그림 9] 2차원 합성곱 신경망

【소리를 시각화】
'에코로케이션'이라는 소리로 대상을 인식하는 능력을 가진 박쥐나 돌고래는 이런 식으로 세상을 보고 있는 걸까 하고 생각해 보지만, 아마 그건 정확하지 않다.

【합성곱】
영어로는 Convolution이라고 한다. 2D 대전 격투 게임에서 "콤보를 꽂아 넣는다!" 같은 대사를 외치며 열심히 조이스틱을 두드리는 일도 있지만, 격겜의 '콤보'는 Combination에서 유래한 말이니 2차원 합성곱 신경망과는 아무런 관련이 없다.

【필터】
여기서 말하는 필터는 이미지 처리 시의 효과와 같은 의미다. 대상 픽셀 주변의 8개 픽셀에 일정한 계산(가중치)을 적용하고, 그 결과를 합산해 대상 픽셀에 저장한다. 주변 픽셀의 정보를 압축해 저장하는 방식이라고도 할 수 있다.

【픽셀】
음성 데이터를 다루고 있다가 왜 갑자기 이미지 데이터를 다루는 이야기로 넘어갔는지 궁금하다면 그것이 바로 이 장의 핵심 포인트다. 첵잇아웃~.

[이미지 처리]
뉴럴 네트워크는 인간의 뇌세포(뉴런)를 모방한 구조라고 알려져 있다. 그중에서도 특히 시각 피질과의 유사성이 크기 때문에 뉴럴 네트워크는 이미지 계열의 처리를 잘한다고 여겨진다.

이【이미지 처리】에서 얻을 수 있는 중요한 통찰은 각 필터가 이미지의 모든 위치에 적용된다는 점입니다. 즉, 학습하는 정보는 이미지의 내용에 의존하지만, 위치에는 의존하지 않는다는 뜻입니다. 이 경우 스펙트로그램 데이터에서 정보를 추출할 때 그것이 언제, 어떤 피치에 존재하는지에 관계없이 학습할 수 있다는 의미가 됩니다. 모든 계산은 인접한 피치 및 시간의 상대적인 값에 기반하고 있으며 그 순서를 활용합니다.

중요한 점은 최종적으로 모든 피치에 관한 정보를 응축하여 각 시점의 음성 특징량을 묘사하는 것입니다. 이를 위해 로그 멜 스펙트로그램 이미지를 처리하는 것에 그치지 않고 평탄화하여 시간에 따라 변화하는 특징을 학습한 하나의 선형 구조로 변환합니다. 이를 위해 사용하는 것이 합성곱 네트워크의 파라미터인 '스트라이드'입니다. 이는 합성곱을 적용할 때 입력 값을 일부 건너뛰어 출력 크기를 줄이는 방식입니다. 세로 방향의 스트라이드를 2로 설정하면, 세로 방향으로는 하나씩 건너뛰며 입력을 처리하여 높이는 절반, 너비는 동일한 출력이 됩니다. 또한 정보를 손실하지 않도록 높이를 줄이는 동시에 학습한 필터 수(깊이)는 증가시키고 있습니다.

[그림 10]은 세로 방향에만 2의 스트라이드를 사용하여, 작은 입력 3×3 이미지의 다양한 값에 대해 하나의 3×3 학습된 필터(색이 칠해진 타일)를 적용하는 방법을 단순화한 예입니다. 옅은 회색 블록은 패딩으로, 크기를 유지하기 위해 이미지 주변에 삽입된 것입니다. 수평 방향으로는 한 칸씩, 수직 방향으로는 두 칸 중 하나의 비율로 이동하고 있음을 주목하십시오.

이 작업을 학습한 각 필터에 대해 수행하면, 너비(시간: 변하지 않음), 높이(피치: 절반으로 감소), 깊이(학습된 필터 수: 거의 2배로 계속 증가)라는 3차원의 특징량을 효율적으로 얻을 수 있습니다.

이 프로세스를 반복함으로써 입력의 높이는 절반으로 줄어들고, 깊이는 두 배 가까이 늘어나는 처리가 반복됩니다. 최종적으로는 시간의 흐름에 따라 모든 피치의 학습 표현을 깊이에 부호화한 평탄하고 넓은 결과를 얻을 수 있게 됩니다. 그러나 절대 피치 접근 방식과는 달리, 이번에는 세로축의 위치에 상관없이 상대 피치 값만을 사용했습니다.

[잔차]
예상값과 실제로 얻은 값 사이의 차이를 의미한다. 통계학에서는 오래전부터 사용된 용어지만, 최근에는 머신러닝 분야에서도 자주 사용되고 있다.

이는 스펙트로그램 데이터를 처리하는 방식을 이해하는 데 도움이 되지만, 실제 2차원 합성곱 층은 여기서 설명한 것보다 훨씬 복잡하며, 독자적인 커스텀【잔차】블록 아키텍처를 사용하고 있습니다. 이 잔차 블록 아키텍처에는 '팽창(dilation)', '정규화', 'Squeeze-and-Excitation'과 같은 기술이 포함되어 있습니다. 설명을 간단히 하기 위해 이 이상은 생략합니다. 자세한 내용은【CEDEC 2022】의 강연 슬라이드를 참조하시기 바랍니다.

[CEDEC]
일본의 GDC라고도 불리는 게임 업계 기술 컨퍼런스. 처음에는 업계 관계자들 사이에서 소규모로 개최되었지만, 해가 갈수록 규모가 커지고 있다. 지금은 매년 수많은 개발자들이 '내가 최고야'를 뽐내고 서로를 인정하며 치열하게 경쟁하는 자리이다. 참고로 GDC는 Game Developer Conference의 약자로, 미국에서 열리는 세계 최대의 게임 기술 컨퍼런스를 말한다.

● 참고 문헌
저희 시스템이 어떻게 작동하는지에 대해서는 CEDEC 2022 강연 슬라이드에 자세한 설명이 실려 있습니다.
나카타 마사토(中田 聖人), 그라시아 힐 레안드로(Gracia Gil Leandro), 하라 류(原 龍), 이와사와 아키라(岩澤 晃) '머신러닝에 의한 립싱크 애니메이션 자동 생성 기술과『FINAL FANTASY VII REMAKE』의 애셋을 학습 데이터로 활용한 구현 사례', CEDEC 2022(https://cedil.cesa.or.jp/cedil_sessions/view/2620)

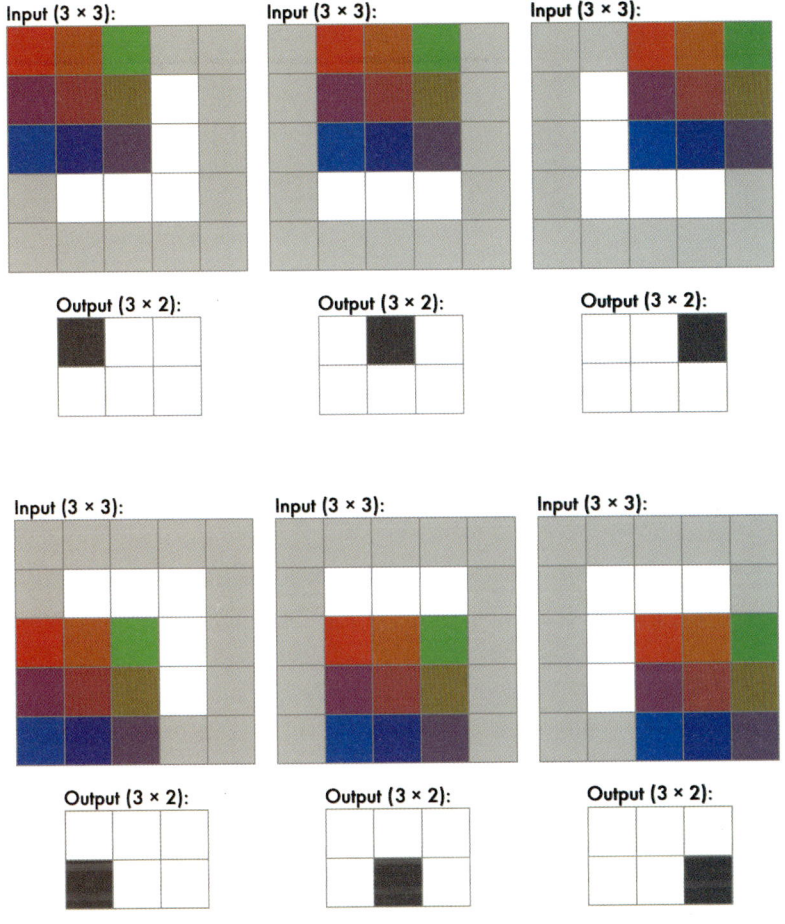

[그림 10] 세로축 스트라이드를 2로 설정해 높이를 절반으로 줄인 예

지금까지 절대 피치와 상대 피치라는 두 가지 접근 방식을 살펴보았는데 "상대 피치가 더 우수하다면 왜 굳이 절대 피치 결과를 고수하려는 걸까?"라는 의문이 들었을 수도 있을 것입니다. 그 이유는 절대 피치 정보가【음소】의 형태를 판별하는 데 도움이 되기 때문입니다. 예를 들어 음소를 구별하는 주요 수단 중 하나로 특정 주파수 대역에서는 무성음이고 다른 대역에서는 유성음인 음소가 있습니다.

이러한 점을 바탕으로 두 가지 음성 처리 방식을 결합해본 결과, 한쪽 방식만 사용하는 것보다 더 나은 성능을 얻을 수 있었습니다. 절대 피치와 상대 피치를 함께 사용하는 방식이 가장 좋은 성능을 보였고, 그 다음은 상대 피치만 사용하는 방식, 마지막은 절대 피치만 사용하는 방식 순이었습니다.

이렇게 두 가지 음성 처리 결과를 결합한 것을 우리는 '음성 특징량'이라고 부른다. 우리의 상대 피치 처리에서는 시간의 흐름에 따른 몇 가지 정보를 사용했지만, 음성 특징량에서는 시간 흐름에 따른 음성의 연속적인 변화에 대해서는 여전히 제한적인 정보만 제공합니다. 이 장의 목표는 현실감 있는 립싱크 애니메이션을 생성하는 것이므로 바로 직전에 어떤 말이 있었고, 다음에 어떤 말이 이어질지 그리고 그것들이 현재의 발화에 어떻게 영향을 미치는지를 고려한 음성 데이터 표현을 학습하는 것이 필요합니다.

【음소】
말을 음의 단위로 나누어 표기한 것. 세부적으로는 차이가 있지만, 대체로 영어의 발음 기호를 떠올리면 비슷한 개념이다.

4. 음성의 시간 흐름에 따른 변화를 학습한다

시간 흐름에 따른 음성 변화의 관계를 이해하려면 임의의 시점에서의 데이터와 그 앞뒤 시점의 음성 데이터 사이의 관계를 모델링해야 합니다. 앞뒤 시간의 음성 데이터는 그렇게 긴 범위를 사용할 필요는 없습니다. 립싱크 애니메이션이라면 【1초 전부터 1초 후까지】의 데이터만 사용해도 충분합니다.

그러나 1초에 120프레임의 스펙트로그램을 사용한다면 각 프레임은 240개의 다른 프레임과 비교하게 됩니다(120 × 240). 예를 들어 4초짜리 음성일 경우 총 【115,200회】의 비교가 이루어지는 셈입니다. 이는 반드시 너무 많다고 할 수는 없지만, 무작정 비교해 집계하려고 하면 좋은 결과를 얻기 어려울 수도 있습니다. 모든 데이터가 동일하게 관련되어 있는 것은 아니기 때문입니다. 그래서 우리는 각 시점 데이터의 주변 2초간의 데이터 중에서 관련성이 높은 데이터를 효과적으로 찾아내기 위한 특화된 방법이 필요합니다.

2017년, Google은 『Attention is All You Need』라는 유명한 논문을 발표하며 Transformer 모델을 제안했습니다. 이 모델은 이후 기계학습에서 널리 사용되며 다양한 용도로 확장되었습니다. 예를 들어 OpenAI의 GPT 모델 등, 최근 대부분의 언어 모델의 핵심이 되는 구조입니다. 본 시스템에서도 주변 시점의 데이터 중 관련된 데이터를 발견하는 학습에 이 모델이 사용되고 있습니다.

Transformer 모델은 머신러닝에 익숙하지 않은 사람에게는 조금 어렵게 느껴질 수 있으니 여기서는 직관적으로 이해할 수 있는 방식으로 설명하겠습니다. 먼저 【Transformer】는 소위 【sequence-to-sequence】(시퀀스-투-시퀀스) 모델입니다. 즉, 입력은 문장 내 단어나, 이번처럼 시간에 따라 변화하는 음성 특징량 같은 데이터의 시퀀스이고, 출력은 대개 길이가 다른 또 다른 시퀀스가 됩니다.

Transformer 모델은 두 부분으로 구성되어 있습니다. 하나는 입력 시퀀스 전체에 한 번에 Attention을 적용하는 【인코더】, 또 하나는 각 단계마다 새로운 출력을 반복적으로 생성하는 [디코더]입니다. 【디코더】는 회귀 방식(self-regressive)으로, 이전에 출력된 결과를 다음 입력으로 사용하여 반복적으로 출력 시퀀스를 생성합니다. 이 작업은 종료 조건을 만날 때까지 계속됩니다([그림 11]).

인코더는 빠른 속도로 처리할 수 있지만, 출력의 길이는 입력과 동일합니다. 반면 디코더는 임의의 길이의 출력을 생성할 수 있지만, 계산 비용이 커집니다. 우리 경우에는 입력과 출력의 시퀀스 길이가 같기 때문에 Transformer의 인코더 부분만을 사용합니다. 이로 인해 더 빠르고 간단한 구조가 됩니다.

그렇다면 Transformer 모델의 인코더는 어떻게 동작할까요? Google의 논문 제목이 암시하듯, 그 핵심은 바로 "【Attention】"이라는 기법의 구현에 있습니다. 이는 입력 시퀀스 내 어떤 요소가 서로 관련성이 높은지를 찾아내고, 이에 따라 정보를 집중적으로 집계하는 방식입니다. 다음으로는 Attention의 개념을 이해하기 위한 비유로, 학교 프로젝트에 참여해 도서관에서 정보를 수집하는 예시를 통해 설명해 보겠습니다.

【1초 전부터 1초 후까지】
1초 동안의 대화에서 사용되는 음절 수는 (언어에 따라 다르지만) 대략 5~10개 정도라고 한다. 이 점에서 보더라도 립싱크(입 모양의 변화) 정보를 분석하여 활용할 데이터 범위로 앞뒤 1초면 충분하다는 것이 충분히 이해된다. 참고로, 일본어는 세계에서 가장 빠른 말하기 속도를 가진 언어 중 하나로 꼽히기도 한다네.

【115,200회】
1초 동안 28,800회라고 하면 엄청난 처리량처럼 느껴진다. 그런데 CPU의 클럭 속도는 지난 십여 년 동안 대체로 4GHz 수준에서 머물고 있다고 한다. 물론 단순 비교는 어렵지만, 4GHz는 1초에 40억 번의 연산을 처리할 수 있다는 뜻이니, 그렇게 들으면 왠지 처리할 수 있을 것도 같다는 기분이 드는 게 신기하다.

【Transformer】
이 모델이 발표된 이후로는, "일단 머신러닝에선 Transformer 쓰고 보자"는 분위기가 곳곳에서 나타나고 있다. Transformer의 발명은 세계의 패러다임을 바꾼 혁신이라고 해도 과언이 아닐 것이다. 。

【Seq2Seq】
기계학습에서 사용되는 기술 중 하나로, 문장 번역 등에 특히 강하다. 당신도 나도 매일 같이 도움 받고 있죠.

【인코더와 디코더】
Encoder와 Decoder를 의미. 어떤 분야에서든 전문 용어를 일본어 또는 한국어로 어떻게 표현할지는 항상 고민거리. 특히 대학 연구실과 산업 현장에서는 같은 개념인데도 서로 다른 용어가 쓰이는 경우가 많다.

【Attention】
...전문 용어를 어떻게 번역해야 되는지는(이하 생략).

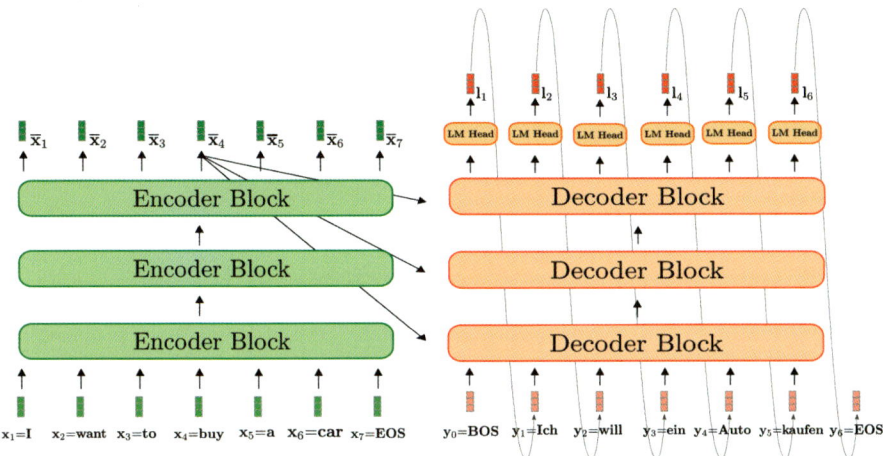

[그림 11] 트랜스포머의 인코더(부호화기)와 디코더(복호화기)가 번역에 사용되는 예. BOS와 EOS는 시퀀스의 시작과 끝을 나타내는 특별한 토큰 (출처: https://huggingface.co/blog/encoder-decoder)

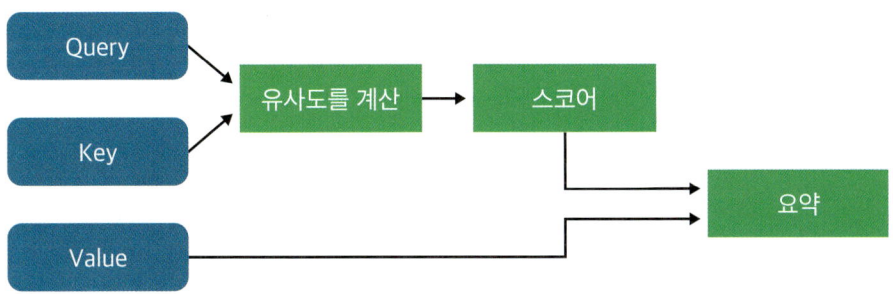

[그림 12] Attention의 구조

우선, 조사하고 싶은 주제가 있을 것입니다. 이 정보를 『query』(쿼리)'라고 합니다. 『도서관』에 가면 필요한 정보를 찾기 위해 책을 한 권씩 읽거나 아무 책이나 펼쳐보지는 않습니다. 대신 도서 목록이나 색인을 참고하여 어떤 책이 자신의 쿼리와 관련이 있는지를 찾습니다. 각각의 책의 주제가 적힌 이 목록을 여기서는 『key』(키)'라고 부릅니다. 마지막으로, 관련 있을 법한 책을 찾으면 그 책을 구해 정보를 찾아냅니다. 책의 내용을 여기서는 『value』(값)'라고 부릅니다. 이렇게 해서 책에서 정보를 모아, 프로젝트에 활용하는 것입니다.

이 예는 단순해 보일 수 있지만, 트랜스포머의 어텐션 메커니즘을 매우 잘 설명해줍니다. 우리는 이 예에서 세 가지 요소에 이름을 붙였습니다. 당신이 정보를 찾기 위해 사용하는 'query', query와 정보가 얼마나 관련 있는지를 판단하기 위해 사용하는 'key' 그리고 실제 정보를 담고 있는 'value' 입니다.

트랜스포머의 어텐션이 작동하는 흐름은 다음과 같습니다. 먼저 'query'와 'key'의 유사도를 계산합니다. 그 다음, 이 유사도를 사용해 스코어를 계산합니다. 마지막으로, 계산된 스코어를 기반으로 'value'의 가중 평균을 계산합니다. 그 결과는 입력 데이터에 대한 query의 관련성에 기반한 정보 요약이 됩니다([그림 12]).

【도서관】
정보공학이나 관련 애플리케이션 분야의 책은 '도그이어(dog year)'라고 불릴 만큼 진화 속도가 빠르기 때문에 금세 버전이 맞지 않게 되어 낡아버리기 쉽다. 도서관에서는 "화석인가?" 싶을 정도로 버전 넘버가 낮은 유명 애플리케이션의 교본을 종종 발견할 수 있다.

【query、key、value】
머신러닝 엔지니어가 쿼리니 키니 밸류니 하며 대화를 나누고 있으면 멀리서 데이터베이스 엔지니어가 다가온다. "그거 너희 얘기 아니거든!"이라고 말하고 싶은 심정이다!

여기까지의 설명은 단일 Attention 메커니즘에 관한 것입니다. 하지만 실제 Transformer 모델에는 '멀티 헤드 어텐션(Multi-head Attention)'이 도입되어 있어 서로 다른 주제에 대해 복수의 Attention이 동시에 실행됩니다. 또한 레이어 정규화, 잔차 연결, 완전 연결 계층 등 다른 연산들도 수행됩니다(이들도 중요하지만, Transformer의 핵심 개념인 인코더 기능을 이해하는 데 있어서는 부차적인 요소입니다. 세부 사항이 궁금하다면 【Google의 원 논문】을 참고하거나 온라인 튜토리얼을 찾아보는 것을 추천합니다(많이 있을 것입니다).

그럼 본론으로 돌아가자. Attention의 기능에 대해 어느 정도 이해했겠지만, 실제로 어떻게 사용하면 될까요? 세 개의 'query', 'key', 'value' 입력이 각각 어디서 오는지 궁금할지도 모릅니다. 답은 셋 다 동일하게 입력 시퀀스, 즉 우리가 생성한 '음성 특징량'입니다. 입력 시퀀스가 자기 자신과 다른 부분 간의 관련 정보를 찾아 수집합니다(자기 자신에 주의를 기울이고 있기 때문에 'Self-Attention'이라고 불립니다). 즉, 각 시점의 음성 데이터(query)가 해당 시점 주변의 데이터와 관련된 정보를 수집하고 종합하는 방식입니다.

【Transformer】 모델을 사용하려면 하나 더 필요한 정보가 있습니다. 입력이 시퀀스인데도 그 순서를 명시하지 않는 한 Transformer는 순서를 알 수 없습니다. 그래서 '위치 임베딩(positional embeddings)'을 이용합니다. 이는 모델이 입력 데이터의 순서를 이해할 수 있도록 입력과 결합되는 값이며, 절대적인 순서를 나타내는 방식과 상대적인 순서를 나타내는 방식 두 가지가 있습니다. 절대 위치 임베딩은 시퀀스 내 특정 요소를 위치로 식별하는 데 도움이 되며, 상대 위치 임베딩은 시퀀스 내 요소들 간의 거리만을 부호화합니다.

우리의 경우, 데이터는 상당히 긴 시퀀스를 가지고 있으며, 각 시점의 【과거 1초와 미래 1초】만을 고려하면 되기 때문에 상대 위치 임베딩을 사용하는 쪽이 더 타당합니다. 즉, 각 시점 데이터와 함께 그 시점의 정확한 시간 정보가 아닌, 다른 데이터가 그 시점으로부터 상대적으로 얼마나 과거 또는 미래에 위치하는지를 나타내는 정보를 사용합니다.

마지막으로, Transformer의 인코더를 음성 특징량에 적용한 결과, 동일한 길이의 새로운 시퀀스, 즉 우리가 '음성 특징량'이라 부르는 것이 얻어집니다. 이 특징량에는 특정 시점의 음성에 관한 제한적인 정보뿐 아니라 시간 흐름에 따른 음성의 변화나, 가까운 과거와 미래가 음성에 어떤 영향을 미치는지를 설명하는 보다 관련성 높은 정보도 포함되게 되었습니다. 이로써 애니메이션 데이터 생성으로 나아갈 수 있게 됩니다.

【Google의 원 논문】
이 논문은 Google 직원 8명이 함께 쓴 것이지만, 현재는 그들 모두 Google을 떠났다고 한다.

【트랜스포머】
'트랜스포머'라고 하면 지나치게 변형되는 로봇을 떠올리는 사람도 많을 것이다. 로봇을 조사하려는 사람이든, 머신러닝 모델을 조사하려는 사람이든, 검색할 때 단어 끝에 's'를 붙이느냐 마느냐에 따라 적절한 검색 결과를 얻을 수 있다는 점을 기억해두면 좋을지도 모른다.

【과거 1초와 미래 1초】
철학 분야에는 세상이 5분 전에 시작되었다는 '세계 5분 전 가설'이라는 것이 있지만, 머신러닝 엔지니어에게 있어 세계란 앞뒤 1초의 존재인 것일까.

● 参考文
Ashish Vaswani et al., "Attention Is All You Need", NeurIPS
https://proceedings.neurips.cc/paper_files/paper/2017/file/3f5ee243547dee91fbd053c1c4a845aa-Paper.pdf

5. 애니메이션 생성

애니메이션을 생성하려면 먼저 애니메이션이란 무엇이며 그것이 어떻게 표현되는지를 이해할 필요가 있습니다. 우리의 목표는 게임 내 캐릭터의 입 모양 움직임을 제어하는 것입니다. 이는 얼굴의 다양한 부위를 움직일 수 있는 계층적인 뼈 구조인 **【스켈레톤】**(skeleton)'의 움직임을 제어함으로써 실현됩니다.

조금 더 쉽게 상상할 수 있도록 설명하자면 3차원 점이 부모 점에 연결되고, 그 부모 점도 또 다른 부모 점에 연결된 구조라고 생각할 수 있습니다. 부모를 움직이면 연결된 모든 점이 영향을 받습니다. 예를 들어 손가락과 손 관절을 떠올려 보세요. 손가락 끝만 움직일 수도 있지만 손가락을 움직이면 손가락 끝도 같이 움직이고, 손목을 움직이면 손 전체가 움직이게 됩니다.

스켈레톤은 직접 제어할 수도 있고, 리그(rig)를 사용해 움직일 수도 있습니다. 리그에는 입을 여는 정도나 턱을 움직이는 정도처럼, 특수한 파라미터를 이용해 제어할 수 있는 것도 있습니다. 게임 캐릭터 생성 메뉴처럼 다양한 파라미터를 조정해 커스터마이즈할 수 있는 기능을 상상하면 됩니다.

우리의 경우 **【입 주변의 본】**을 직접 제어합니다([그림 13]). 그것들을 제어하는 방법은 **【트랜스폼】**이라 불리는 설정을 적용하는 것입니다. 트랜스폼은 '이동', '회전', '스케일'이라는 세 가지 파라미터로 구성되며, 각각은 3차원 정보를 가지므로, 본 하나당 총 9개의 서로 다른 파라미터가 존재합니다.

3차원 회전은 조금 까다롭습니다. 회전을 제대로 다루려면 복소수의 4차원 버전인 **【쿼터니언】**을 사용해야 합니다. 하지만 이번 경우에는 단순히 x, y, z 각 축을 중심으로 회전시키는 방식, 즉 '오일러 각'을 사용합니다. 이는 경우에 따라 문제가 발생할 수 있지만, 이번 목적에는 충분합니다.

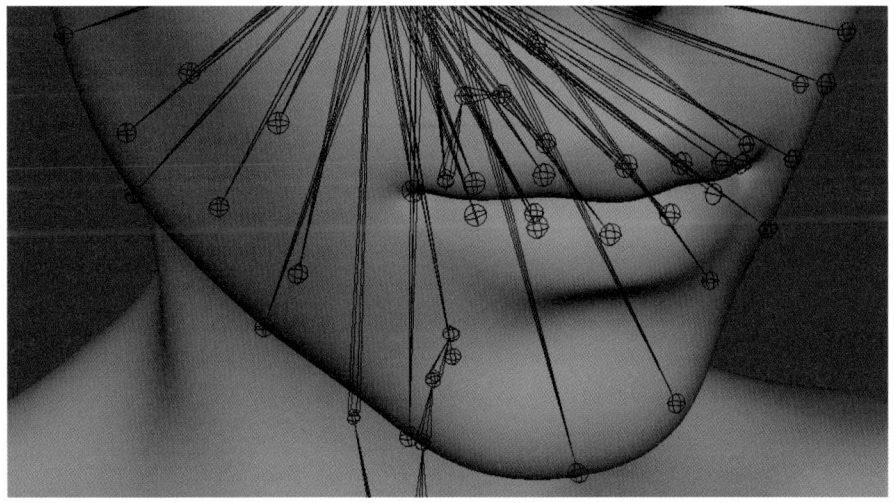

[그림 13] 얼굴 스켈레톤에서 입 주변 본 구조의 예시

【스켈레톤】
'스켈레톤', '본'(bone), '조인트'(joint), '리그(rig)' 등으로도 불리며, 다수의 폴리곤 꼭짓점을 직접 애니메이션하는 대신 이를 통합해 제어할 수 있도록 만든 구조다. CG 캐릭터 애니메이션에서는 이러한 스켈레톤에 애니메이션을 설정하는 방식이 일반적이다. 이는 데이터량이나 관리 측면에서 효율적이기 때문이다.

【입 주변의 본】
'본'은 실제 존재하는 뼈를 추상화한 데이터 타입이지만, 때로는 근육의 역할까지도 담당한다. 따라서 인간의 뼈 개수와 캐릭터의 본 개수가 반드시 일치하는 것은 아니다. 표정 근육처럼 섬세하고 복잡한 다양한 움직임을 표현하려면 많은 본이 필요하다.

【트랜스폼】
CG 용어로, 이동·회전·스케일과 같은 일련의 조작 또는 그 값을 의미. 내부적으로는 4×4 행렬을 사용한 계산 처리가 이뤄지며, 이는 어핀 변환과 거의 유사한 개념이다.

【쿼터니언】
일본어로는 '사원수'라고도 불리며, 3차원 공간에서의 자세 제어에 매우 유용한 수학적 기법이다. 수학자 해밀턴은 다리를 건너던 중 갑작스럽게 영감을 받아 사원수를 착안했다고 전해진다. 허걱. 해밀턴은 떠오른 아이디어를 잊지 않기 위해 메모하려 했지만, 마침 아무것도 가지고 있지 않았기 때문에 다리 난간에 그 공식을 새겼다고 한다. 허걱. 약 200년이 지난 지금도 아일랜드 더블린에 놓인 그 다리에는, 그 공식이 비문으로 새겨져 있다고 한다. 허걱.

[그림 14] 레드XIII의 머리 부분

본(뼈대)마다 9개의 값을 낸다고 설명드렸지만, 그 외에도 알아두어야 할 사항이 두 가지 더 있습니다. 첫 번째는 예상했겠지만, '본의 개수'입니다. 이 개수는 캐릭터마다 다릅니다. 하나는 메인 캐릭터(클라우드, 바렛, 티파, 에어리스 등)용, 다른 하나는 마을에서 볼 수 있는 일반 캐릭터(몹)용, 그리고 레드XIII 전용입니다([그림 14]에서 보듯 레드XIII는 얼굴 구조가 다른 캐릭터들과 크게 다르기 때문에 별도의 것을 사용합니다).

예를 들어, 메인 캐릭터 스켈레톤의 입 주변 본이 약 60개, 모브 캐릭터 스켈레톤은 약 30개, 레드XIII의 경우는 약 40개라고 가정해 봅시다(실제와는 다릅니다). 이 경우 각각 약 540개, 270개, 360개의 값을 생성해야 합니다.

두 번째는 '이 값들이 시간의 흐름에 따라 어떻게 변하는가'입니다. 결국 립싱크도 애니메이션의 일종입니다. 일반적으로 【애니메이터】는 '키프레임 보간'이라 불리는 기법을 사용해 리그를 조작합니다. 이 기법에서는 애니메이션의 모든 프레임에서 값을 지정하는 대신, '키프레임'이라 불리는 특정 프레임에서만 값을 설정합니다. 이후 이 키프레임들 사이의 값을 보간하여 애니메이션을 만듭니다. 이는 일반적으로 애니메이션 커브 형태로 표현됩니다. [그림 15]는 그 예시로, 가로축은 시간을, 각 선은 어떤 값(본마다 【9개의 값】 중 하나 등)의 애니메이션을, 주황색 점은 키프레임을 나타냅니다.

이러한 애니메이션 커브는 30fps나 60fps와 같은 고정된 프레임률로 샘플링되어, 리그 값에서 실제 스켈레톤 본의 트랜스폼으로 변환됩니다. 이 과정은 애니메이션의 '【베이크】(Bake)'라고 불립니다.

【애니메이터】
CG 제작 현장에서는 모션 디자이너나 모션 아티스트라고도 불린다.

【9개의 값】
보통 3차원 공간을 수치적으로 나타낸 XYZ 축에 대한 위치, 회전, 스케일 값을 가리킨다. 일반적인 캐릭터 애니메이션에서는 주로 회전 값만 사용하는 경우가 많다. 그림은 X축(빨강), Y축(초록), Z축(파랑)의 회전값을 나타내는 애니메이션 커브로 보인다.

【베이크】
매번 계산하는 건 번거로우니, 미리 계산한 결과를 저장해두고 나중에 그것을 다시 사용하는 기술 또는 처리 방식. CPU와 저장장치 중 어느 쪽에 부하를 걸 것인가, 라는 관점에서 설명할 수도 있다.

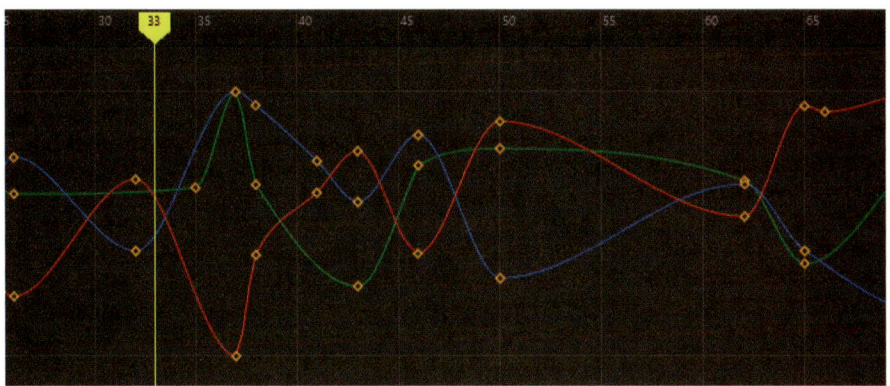

[그림 15] AutoDesk Maya 2022 문서에서 발췌(https://help.autodesk.com/view/MAYAUL/2022/ENU/ index.html?guid=GUID-6D38EAEA-6032-471E-BD0E-54A74D4443C0)

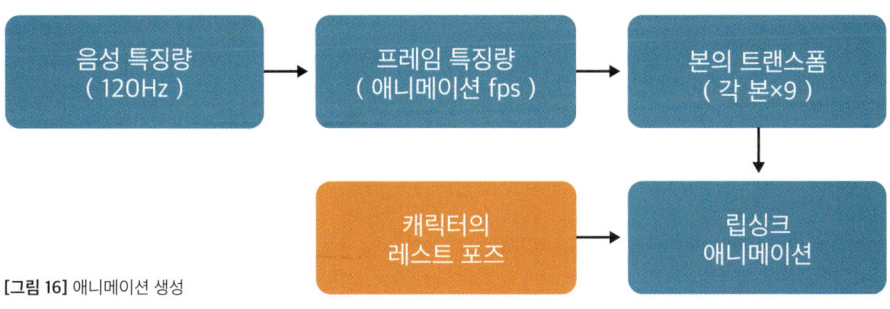

[그림 16] 애니메이션 생성

키 프레임으로 어떤 프레임을 선택할지는 기계학습에 있어 다루기 까다로운 작업이기 때문에 우리 시스템은 베이크된 애니메이션을 직접 생성합니다. 즉, 모든 본, 모든 프레임에 대해 트랜스폼을 생성하는 방식입니다.

우리가 계산한 음성 특징량은 실제로는 120Hz의 고정 레이트를 사용하지만, 애니메이션은 일반적으로 1초에 30 또는 60 프레임으로 동작합니다. 다행히도 두 값을 변환하는 건 간단하며, 단순히 4프레임 또는 2프레임마다 음성 특징량을 평균내면 일치하게 됩니다. 이것이 우리가 120Hz(스펙트로그램 생성 시 샘플링 레이트 19200Hz, 스트라이드 160 샘플을 사용한 데서 유래)를 사용한 이유 중 하나이며, 여기서 30fps나 60fps로 【변환하는 건 쉽습니다】.

변환된 음성 특징량을 바탕으로 우리는 몇 가지 추가 처리를 수행합니다. 각 캐릭터, 스켈레톤, 언어에 관련된 특징량을 학습할 수 있는 【스타일 시스템】이 존재합니다. 이 시스템을 활용해 음성 특징량을 변환하고, 앞 절과 마찬가지로 또 하나의 Transformer 부호화기를 적용합니다. 그 결과가 바로 '프레임 특징량'입니다([그림 16]).

지금까지의 설명으로부터 두 가지를 알 수 있습니다:

- 프레임마다 생성해야 하는 값의 수는 캐릭터 스켈레톤에 따라 달라진다.
- 프레임 특징량의 계산 방식은 애니메이션의 한 프레임마다 하나의 특징량이 필요하다는 점이다.

【변환하는 건 쉽다】
데이터를 수치로 다룰 때, 최종적으로 다룰 숫자의 자릿수나 해상도를 고려하여 약수가 많은 수치를 선택하는 일은 매우 중요하다. 반대로 약수가 거의 없는 수를 얻기 위해 소수를 선택하는 경우도 종종 있다. 중요한 점은, 그럴듯하게 정해지는 숫자는 존재하지 않는다는 것이다.

【스타일 시스템】
생성된 표준적이고 밋밋한 데이터를 기반으로, 개성이나 특성을 더해 표현력을 풍부하게 하려는 시스템. 물론 개성이나 특성은 사전에 준비되어 있어야 한다.

【얼굴은 상당히 다르다】
사람마다 체격이 다르듯이, 눈, 코, 입의 위치, 크기, 모양도 다릅니다. 따라서 캐릭터에 따라 뼈의 위치가 다를 수 있다는 것은 상상하기 어렵지 않습니다.

【감독 학습】
기계 학습 분야에서는 감독 학습파와 비감독 학습파라는 두 주요 파벌로 나뉘어져 있다고 한다. 그 뒤에서 제3의 강화 학습파가 악의적인 계획을 꾸미고 있다는 소문도 들려온다.

【가중치】
A의 얼굴과 B의 얼굴을 어느 정도의 비율로 블렌딩할 것인지의 가중치 설정입니다.

【컷씬】
기본적으로 플레이어의 입력을 받지 않고 대화의 내용이나 타이밍에 변화가 없는 컷씬과 플레이어의 입력에 따라 캐릭터의 대화 내용이 바뀌는 인터랙티브한 씬에서는 립싱크에 요구되는 내용과 품질이 크게 달랍니다.

이를 종합하면 애니메이션 생성은 프레임 특징량으로부터 필요한 수만큼의 출력값을 생성하면 된다는 결론이 나옵니다. 이 처리는 가장 기본적인 신경망 중 하나인 '전결합층'을 사용하여 수행할 수 있습니다. 실제로는 캐릭터마다 **【얼굴의 구조가 상당히 다르기】** 때문에, 애니메이션 값을 직접 생성하는 대신 캐릭터의 레스트 포즈에 대한 차분(difference)을 생성합니다. 이 레스트 포즈는 캐릭터의 3D 모델에서 얻을 수 있습니다.

다음으로는 **【감독 학습】**(지도 학습)을 통해 모델을 학습시킵니다. 이 경우 손실 함수는 생성된 본 트랜스폼과 학습 데이터로부터 얻은 애니메이션 간의 거리를 최소화하도록 설계됩니다. 저희는 본 트랜스폼을 직접 생성하는 대신, '립맵'이라고 불리는 사전 정의된 입 모양 포즈들을 혼합하기 위한 **【가중치】**도 함께 생성하고 있습니다. 립맵은 'aaaah'나 'uuuuu'와 같은 특정 음성을 위한 프리셋 입 모양 포즈라고 생각하면 됩니다.

립맵 방식에는 몇 가지 흥미로운 특성이 있습니다. 예를 들어, 사전에 정의된 포즈만 있으면 사용하는 스켈레톤에 의존하지 않게 됩니다. 또한 하나의 포즈에 대해 하나의 값만 필요하므로 데이터 양이 매우 적습니다. 그러나 이 접근 방식은 결과물에 대해 섬세한 제어가 어렵기 때문에 품질이 다소 저하됩니다. 따라서 고품질이 요구되는 **【컷씬】**에는 적합하지 않지만, 전투 중이나 기타 이벤트 중의 립싱크 애니메이션에는 효과적으로 사용할 수 있습니다.

이로써 입력된 음성 데이터를 립싱크 애니메이션으로 변환하는 일련의 프로세스가 마무리됩니다. 아직 일부 세부 사항이 명확하지 않을 수 있지만, 전체 동작 흐름은 직관적으로 이해할 수 있었을 것이라 생각합니다.

개발일기 : 양산   AI 매니저 **B**

| 20XX년 어느 날 | 경력직 채용으로 외국인 직원이 합류했다. 유럽에서 왔다고 한다. 우선 그의 담당 업무에 대해 한 바퀴 설명하고, 사내 설비를 안내한 뒤 첫날을 마쳤다. |

20XX년 어느 날   사무실에서 작업하고 있는데 며칠 전에 합류한 외국인 직원이 심각한 얼굴로 다가왔다. 뭔가 곤란한 일이 생긴 듯했다. 진지하게 이야기를 들어보니 사무실이 너무 밝아서 일을 못 하겠다는 것이었다. 무슨 말이지?

20XX년 어느 날   동료에게 상담해보니, 일본의 사무실은 형광등으로 구석구석까지 밝게 하는 경우가 많은데, 외국인, 특히 눈의 색소가 옅은 백인에게는 그 환경이 다소 눈부시다는 것이었다. 듣고 보니 출장으로 북미나 유럽의 해외 사무실을 방문했을 때는 대부분 자연광을 활용한 다소 어두운 느낌의 사무실이 많았다. 멋 부리려고 그런 게 아니었던 건가.

20XX년 어느 날   외국인 직원을 위해 책상에 설치할 수 있는 사무용 양산을 마련해 보았다. 예상 외로 반응이 좋았다.

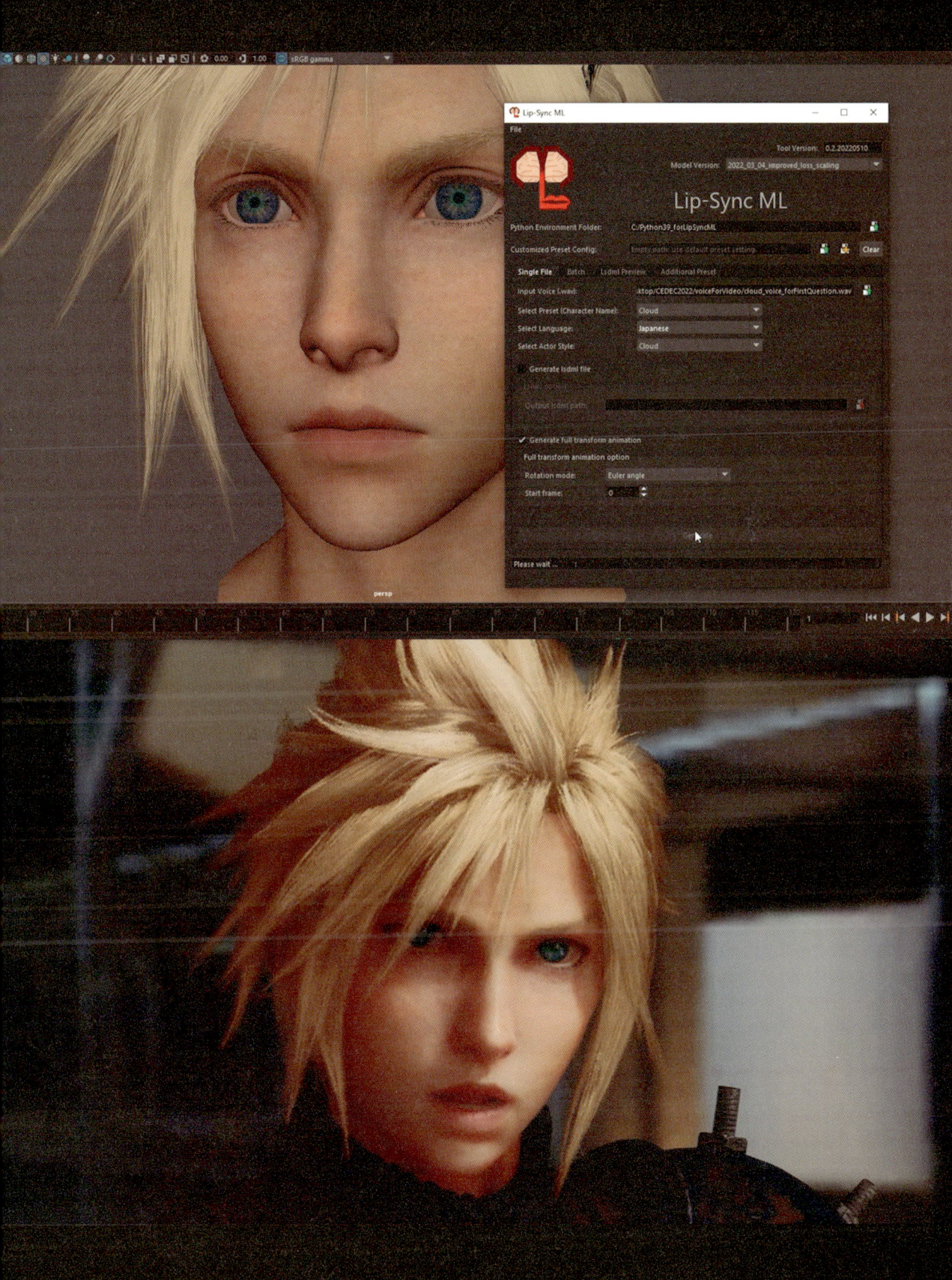

엔도 테루토　Teruto Endo

대학원 졸업 후, 2022년에 스퀘어 에닉스에 입사. 머신러닝을 활용한 캐릭터 애니메이션 제작 지원 연구에 종사하고 있다. 대학원에서는 진화적 알고리즘을 이용한 알고리즘 생성을 연구했다. 컴퓨터와 창의성에 관심이 있다. 기본적으로는 인도어(indoor)파지만, 영화관이나 좋아하는 아티스트의 라이브를 보러 갈 때는 힘내서 외출한다

딥러닝을 활용한 캐릭터 애니메이션 생성

여러분은 【애니메이션】이라고 들었을 때 무엇이 떠오르시나요? TV 애니메이션, 영화, 게임 등, 사람마다 떠오르는 애니메이션은 다양할 것입니다. 그렇다면 우리가 평소에 보는 애니메이션은 어떻게 만들어지는 걸까요? '이미지를 고속으로 전환시켜 움직이는 것처럼 보이게 한다'라는 식으로 대강 알고 있는 사람도 있을 것이고 애초에 그 원리를 잘 모르는 사람도 있을 겁니다. 사실 저도 연구를 시작하기 전까지는 애니메이션이 구체적으로 어떻게 만들어지는지, 특히 3DCG 애니메이션(예를 들어 픽사의 영화 같은)에 대해 거의 알지 못했습니다.

이 챕터에서는 '딥러닝을 활용한 캐릭터 애니메이션 생성'에 대해 설명하지만, 그에 앞서 애니메이션이 어떻게 만들어지는지를 알아두면 연구 이야기를 보다 쉽게 이해할 수 있을 것입니다. 그래서 먼저 게임 애니메이션이 어떻게 만들어지는지를, 특히 연구 대상으로 다루는 3DCG 캐릭터 애니메이션을 중심으로 설명하겠습니다.

1. 애니메이션 제작 과정

애니메이션의 구조에 대해 쉽게 이해하려면 여러분도 한 번쯤은 교과서나 노트에 【그려본 적 있는】 '플립북 애니메이션(파라파라 만화)'을 떠올려 보시기 바랍니다. 플립북 애니메이션에서는 [그림 1]과 같이 한 페이지마다 서로 다른 그림을 그리고, 일정한 속도로 페이지를 넘기면 캐릭터가 움직이기 시작합니다. 각 페이지는 개별적인 그림이지만, 이를 고속으로 전환하면 【움직이는 것처럼 보이게】되는 구조입니다.

【애니메이션】
19세기 말, '애니메이션(Animation)'이라는 단어가 일본에 들어왔을 당시에는 '동화(動畫)'로 번역되었다. 게임 개발 현장에서는 '움직임'이라고 번역하는 편이 감각적으로 원래 의미에 더 가까운 것 같다.

【그려본 적 있다】
"종이 교과서 같은 건 없었어요!(웃음)"이라고 신입사원에게 말 들을 날도 머지않았다.

【움직이는 것처럼 보인다】
인간이 왜 연속된 정지 이미지에서 움직임을 인식할 수 있는지에 대해 인지 과학이나 신경 과학 등 다양한 분야에서 활발히 논의되고 있다.

[그림 1] 파라파라 만화

[그림 2] 공이 움직이는 모습
검은 실선은 키프레임에 해당하는 공, 파란 점선은 베이크된 프레임의 공을 나타낸다 (키프레임과 베이크 등의 용어는 뒤에서 설명).

【포물선 운동】
왼쪽 그림에 위화감을 느낀 당신, 애니메이터로서의 소질이 있을지도 모른다. 드물게 작도에 능한 연구자도 있지만, 모두가 잘하는 것은 아니다.

3D CG 애니메이션도 원리적으로는 같은 방식입니다. 화면에 보이는 이미지가 고속으로 바뀜으로써 캐릭터가 움직이는 것처럼 보입니다. 그러나 3D CG 애니메이션을 제작할 때는 이미지를 한 장씩 만드는 것이 아니라, 이미 존재하는 3D CG 객체를 어떻게 변화시킬지를 정함으로써 애니메이션을 만듭니다. 구체적으로는 다음과 같은 절차를 따릅니다.

1. 키 프레임을 지정한다
2. 자동 보간을 수행한다
3. 베이크한다

그러면 [그림 2]와 같이 공이 움직이는 모습을 애니메이션으로 제작할 때의 각 단계에 대해 살펴봅시다.

키 프레임을 지정한다

먼저【프레임】에 대해 설명하겠습니다. 프레임은 3D CG 객체가 어떤 시점에 어떤 상태에 있는지를 표현하는 데이터입니다. 던진 공을 표현하는 경우, 몇 초 후에 공이 어디에 있는지, 공이 얼마나 회전했는지를 프레임으로 저장하면 될 것입니다. 예시로 '위치'와 '회전'을 들었지만, 데이터로 저장할 수 있는 항목은 기본적으로 물체에 변화를 주는 모든 정보가 대상이 됩니다. 위치나 회전 외에도 '크기', '색상' 등이 포함됩니다. 이 프레임들을 여러 개 준비해 고속으로 전환함으로써 물체의 위치가 변하거나 회전하는 모습을 표현할 수 있습니다.

실제로 애니메이션을 만들 때는 모든 프레임을 수동으로 만들지 않고, '**키 프레임**'이라 불리는 몇 개의 프레임을 준비합니다. 예를 들어, 공이 던져지는 순간의 프레임, 공이 최종적으로 도달하는 순간의 프레임처럼 애니메이션의 기준이 되는 프레임입니다. 그리고 각 키 프레임 사이를 다음에 설명할 '자동 보간'으로 채우는 작업을 합니다.

【프레임】
영상의 부드러움을 나타내는 단위로 fps라는 용어가 있다. 24fps나 30fps처럼 표현되며, 이는 Frames Per Second의 약자로 1초 동안 재생되는 프레임 수를 의미한다. 숫자가 클수록 영상이 더 부드럽다고 여겨진다. 게임 업계에서는 이 용어가 1인칭 슈팅 게임(FPS: First-Person Shooter)의 약어와 혼동되기도 하므로 주의가 필요하다.

【키 프레임】
CG 업계에서도 분야나 사용하는 애플리케이션에 따라 의미가 미묘하게 달라지는 단어다. 막상 설명하려고 하면 의외로 쉽지 않다. 키 퍼슨(핵심 인물)처럼 중요한 프레임이라는 뜻으로 받아들여질 수도 있지만, 3D CG에서는 '키를 찍은 프레임'이라는 의미가 가장 강한 듯하다. '키를 찍는다'는 말 자체가 '키 프레임을 만든다'는 뜻이기 때문에 마치 닭이 먼저냐 달걀이 먼저냐처럼, 설명은 점점 더 헷갈려진다.

자동 보간을 수행한다

키 프레임이 준비되면, **[자동 보간]**이라 불리는 기법을 사용해 키 프레임 사이에서 물체가 어떻게 변화할지를 결정합니다. 변화는 [그림 3]과 같은 그래프를 통해 지정되기 때문에 그래프 형태에 따라 변화의 특성이 결정된다고 볼 수 있습니다. 직선 그래프(a)의 경우, 일정한 간격으로 위치가 변화하는 애니메이션을 만들 수 있습니다. 또한 (a), (b)처럼 단순한 그래프뿐만 아니라 수동으로 조정한 복잡한 곡선(c)도 사용됩니다.

예를 들어 던진 공이 포물선을 그리는 경우 수평 방향의 변화는 직선으로, 수직 방향의 변화는 곡선으로 나타낼 수 있습니다. 이처럼 그래프를 사용함으로써 다양한 물체의 변화 양상을 표현할 수 있다. 실제로는 애니메이션에서 표현하고 싶은 동작에 맞게, 소프트웨어에 준비된 그래프를 수동으로 조정하는 경우가 많습니다.

[자동 보간]
그래프 상에 흩어진 점들의 집합을 곡선으로 보간하여 연속적인 데이터로 다룰 수 있게 해주는 처리 방식. 이를 위한 수많은 수학적 기법이 존재한다. 이 기술 덕분에 1초에 키 프레임이 10개밖에 없어도 60fps로 부드러운 애니메이션을 재생할 수 있는 것이다.

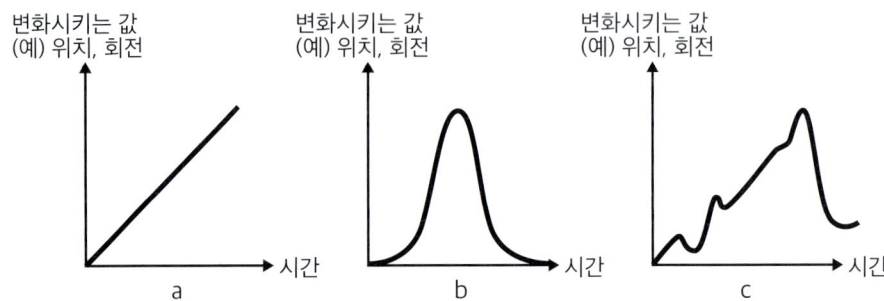

[그림 3] 자동 보간에 사용되는 그래프의 예

베이크한다

키 프레임을 찍고 자동 보간 그래프의 조정을 마쳤다면 드디어 마지막 단계인 '베이크' 작업이 남습니다. 이 작업은 자동 보간 단계에서 만든 그래프에 따라 모든 프레임을 자동으로 생성해주는 처리입니다. 부족한 페이지를 채워서 완성하는 플립북(파라파라 만화)을 떠올리면 이해하기 쉬울 것입니다(달리 말하면, 자동 보간만으로는 키 프레임 이외의 프레임은 아직 생성되지 않았다는 뜻이기도 합니다).

애니메이션을 제작하는 소프트웨어에서는 자동 보간 그래프와 키 프레임에 따라 화면에 애니메이션을 표시해줍니다. 하지만 게임 엔진처럼 다른 소프트웨어에서 애니메이션 데이터를 사용할 경우 키 프레임 외의 프레임들도 필요하게 됩니다. 그래서 베이크 처리를 통해 부족한 프레임을 모두 채워 다른 소프트웨어에서도 애니메이션 데이터를 문제없이 사용할 수 있도록 합니다.

2. 캐릭터 애니메이션

지금까지 애니메이션의 기본적인 제작 과정을 설명해 왔습니다. 그렇다면 이번 챕터에서 다룰 '캐릭터 애니메이션'은 어떤 방식으로 만들어질까요? 기본적인 제작 흐름은 앞에서 설명한 것과 동일하지만, 캐릭터 애니메이션 특유의 요소들이 있어서 함께 소개하겠습니다.

캐릭터 애니메이션 제작 전 과정

캐릭터 애니메이션의 제작은 캐릭터를 표현하는 마지막 단계에 해당하며, 그 전에 **【모델링】**(modeling)'과 '**【리깅】**(rigging)'이라 불리는 두 가지 과정을 거칩니다. 이 두 가지 과정이 완료되어야 비로소 캐릭터 애니메이션 제작에 들어갈 수 있습니다. 여기서는 모델링과 리깅에 대해 간단히 설명하겠습니다.

【모델링과 리깅】
모델링은 캐릭터의 형상을 만드는 작업이고, 리깅은 그 형상에 움직임을 부여하기 위한 사전 준비 작업을 말한다.

우선 모델링은 캐릭터 그 자체를 만드는 작업입니다. 우리가 게임이나 영화에서 보게 되는 캐릭터의 외형을 만드는 단계입니다. 사전에 준비된 캐릭터 설정이나 일러스트 등을 참고하여 Maya나 ZBrush 같은 3DCG 제작 소프트웨어를 이용해 모델을 만듭니다.

다음 단계인 리깅은 캐릭터를 움직이게 하기 위한 구조물을 넣는 작업입니다. 이 구조물은 '뼈'를 떠올리면 이해하기 쉽습니다. 자신의 몸을 생각해보면 신체를 움직이기 위해서는 근육 뿐 아니라 뼈도 필요하죠. 이와 마찬가지로 캐릭터를 움직이게 하려면 '본(bone)'이라는 구조물이 필요합니다. 모델링이 캐릭터의 살(육체)을 만드는 과정이라면, 리깅은 그 살(캐릭터) 안에 **【뼈를 넣는 과정】**이라고 할 수 있습니다([그림 4]).

【뼈를 넣는 과정】
이게 또 말이지, 진짜 뼈 빠지는 일이거든. 농담이지만.

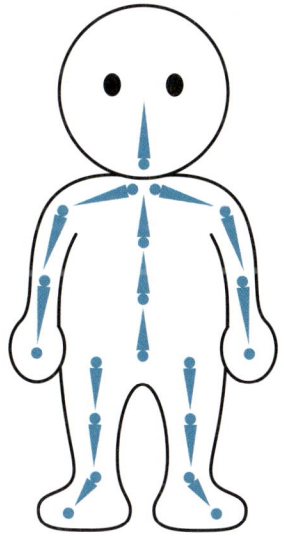

[그림 4] 본(bone)을 넣은 캐릭터

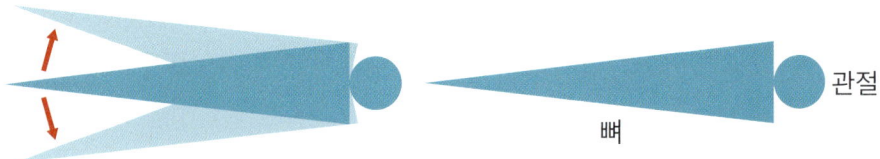

[그림 5] 조인트의 회전도

캐릭터 애니메이션 제작

자, 모델링과 리깅을 통해 애니메이션화할 캐릭터가 완성되었으면 이제 본격적으로 캐릭터 애니메이션 제작 단계에 들어갑니다. 이 단계에서는 리깅을 통해 넣은 뼈대를 사용해 캐릭터를 움직이게 합니다. 움직임을 이해하기 쉽게 하려면 실제 사람의 몸을 떠올리면 좋습니다. 우리는 근육을 수축시켜 관절을 움직임으로써 신체 각 부위를 조작합니다. 하지만 캐릭터에는 실제 사람처럼 **근육이 붙어 있지 않죠**. 컴퓨터 안의 캐릭터를 조작할 때는 [그림 5]와 같이 리깅으로 설정한 뼈와 뼈 사이를 연결하는 관절을 직접 조작해 몸을 움직입니다. 구체적으로는 각 관절을 어느 정도 회전시킬지를 수치로 지정해 몸을 움직이는 방식입니다.

처음 설명했던 애니메이션 제작 절차에 대입해 생각해 봅시다. 먼저, 각 관절마다 회전 정보를 담은 키 프레임을 설정하고, 제작할 애니메이션의 주요 포즈를 정합니다. 그다음, 자동 보간을 통해 키 프레임 사이의 관절 회전 변화를 결정합니다. 즉, 각 관절이 어떻게 회전할지를 설정함으로써 캐릭터의 움직임이 구체화되는 것입니다.

지금까지 캐릭터 애니메이션의 제작 방법을 간단히 설명했지만, 여기서 소개한 건 어디까지나 기본적인 부분에 지나지 않습니다. 실제로는 이 외에도 다양한 요소와 기술이 사용되며, 그렇게 단순하지만은 않습니다. 전부를 소개할 수는 없지만, 다음으로 캐릭터 애니메이션 제작에서 중요한 기술 중 하나인 모션 캡처에 대해 소개하겠습니다.

모션 캡처의 이용

현실 세계의 사람 움직임을 애니메이션 데이터로 기록하고 활용하는 일도 자주 이뤄집니다. 이를 '**모션** 캡처'라 하며, 실제 사람의 움직임을 카메라나 센서를 사용해 취득하고, 애니메이션 데이터로 구성하는 기술을 말합니다.

[그림 6]과 같은 장면을 TV나 영상 사이트에서 본 적이 있을지도 모르겠습니다. 이는 실제로 모션 캡처로 사람의 동작을 녹화하고 있는 모습입니다(저도 한 번쯤 해 보고 싶어요...). 게임뿐만 아니라 영화나 드라마 등 다양한 콘텐츠에서 활용되고 있습니다. 녹화 방식은, 배우가 전용 수트를 착용하고 ([그림 6] 왼쪽), 전용 수록 스튜디오에서 연기를 촬영하는 형태입니다([그림 6] 오른쪽). 벽이나 천장에 여러 대의 카메라가 설치되어 있는 게 보일 것입니다. 이 카메라로 배우가 입고 있는 수트에 부착된 **구형 마커**의 움직임을 포착하고 기록하는 구조입니다.

[근육이 붙어 있지 않아]
언제나 연구자에겐 깡마른 체형이라는 고정관념이 따라다니지만, 최근에는 쓸데없이 근육질인 연구자도 적지 않다. 근육은 정의다.

[모션]
"애니메이션과 모션의 차이는 무엇인가요?" 라고요? 하하핫, 그런 사소한 건 신경 안 써도 좋은 에셋을 만들 수 있게 됩니다!

[CAPTCHA]
웹 서비스에서 방문자가 사람인지 봇인지를 구별하기 위해 사용하는 판별 시스템. 일그러진 문자 이미지를 읽게 하거나, 특정 물체가 포함된 이미지를 고르게 하는 그거. 봇의 고성능화에 따라 판별 테스트의 난이도도 끝없이 상승 중. 요즘엔 사람도 통과 못 하는 경우가 종종 있다. 본문의 모션 캡처와는 아무 관련도 없다.

[구형 마커]
신입 시절엔 밤마다 수작업으로 구형 마커를 만들었어요. 할당량이 너무 빡세서…

딥러닝을 활용한 캐릭터 애니메이션 생성

[그림 6] 스퀘어 에닉스가 보유한 촬영 스튜디오. 모션 캡처는 이미지 스튜디오 부서에서 담당하고 있습니다. CG 영상 전반에 걸쳐 높은 기술력을 갖춘 부서로, 고품질의 CG 영상을 전 세계에 선보이고 있습니다. 궁금한 분은 URL을 통해 이미지 스튜디오 부서의 사이트에 접속해 확인해 보시기 바랍니다.(https://www.jp.square-enix.com/imagestudio/)

3. 딥러닝을 통한 애니메이션 생성의 동기

딥러닝의 발전으로 인해 자연어로부터 이미지를 생성하는 AI가 주목을 받고 있습니다. 이러한 서비스에 사용되는 AI는 '생성계'라고 불립니다. 생성계 AI란 말 그대로 무언가를 만들어내는 AI를 뜻합니다. 생성 대상은 이미지에 국한되지 않으며 음악, 음성, 3D CG, 문장 등 다양한 콘텐츠를 생성하는 AI가 연구·개발되고 있습니다. 지금까지 설명한 캐릭터 애니메이션도 생성계 AI의 활용 분야 중 하나입니다.

캐릭터 애니메이션은 애니메이터가 캐릭터마다 손수 제작합니다. 대부분의 경우, 게임에 등장하는 캐릭터가 한 명만 있는 것이 아니기 때문에 여러 캐릭터에 대해 애니메이션을 제작해야 합니다. 예를 들어, 스퀘어 에닉스의 대형 타이틀을 떠올려보면 주요 캐릭터 외에도 적이나 마을에서 살아가는 사람들 등 수많은 캐릭터가 등장합니다. 이러한 다수의 캐릭터에 애니메이션을 입히기 위해서는 캐릭터 수와 캐릭터별로 필요한 애니메이션 수만큼의 노동력이 요구됩니다. 또한, 해마다 게임 개발 규모가 커지고 있어 요구되는 캐릭터 애니메이션의 양과 품질 역시 계속 높아지고 있습니다. 이에 따라 캐릭터 애니메이션 제작 비용도 증가하고 있는 실정입니다.

그래서 저희는 【딥러닝】을 활용해 캐릭터 애니메이션 제작을 지원하는 연구에 매진하고 있습니다. 이제부터는, '딥러닝을 활용한 캐릭터 애니메이션 생성의 기본', '관련 연구' 등 저희가 진행 중인 연구를 중심으로 소개하겠습니다. 그리고 마지막으로, 앞으로 딥러닝 기반의 캐릭터 애니메이션 생성이 게임에서 어떤 가능성을 열어줄 수 있을지에 대해 이야기하겠습니다.

【딥러닝】
'딥러닝(심층학습)'이라는 글자 자체에는 어쩐지 짙은 물빛의 이미지가 떠오른다. 아마도 '심층(深層)'이라는 단어에서 연상되는 이미지 때문일까… 이런 식으로 이론적으로 설명하기 어려운 문제에도 어쩐지 그럴듯한 해답을 내놓는 기술이 바로 딥러닝이다.

4. 딥러닝을 활용한 캐릭터 애니메이션 생성의 기초

딥러닝으로 캐릭터 애니메이션을 생성한다고 해도 구체적으로 어떤 작업을 하는 걸까요? 이번 절에서는 그 기본 원리에 대해 설명합니다.

딥러닝을 활용한 캐릭터 애니메이션 생성이란, 바로 애니메이션 프레임을 예측하는 것을 의미합니다. 다시 한 번 플립북(파라파라 만화)을 떠올려 봅시다. [그림 7]처럼 플립북을 그릴 때는 앞 장면의 움직임과 자연스럽게 연결되도록 다음 장면의 동작을 상상하면서 그리게 되죠. 딥러닝에 의한 캐릭터 애니메이션 생성도 이와 비슷합니다. 딥러닝 모델이 예측하는 애니메이션 프레임이 곧 '다음 장면'에 해당합니다. 즉, 현재 캐릭터의 자세(현재 프레임)를 바탕으로 다음 프레임에서의 캐릭터 자세(다음 프레임)를 예측하는 것입니다.

실제로는, 프레임 데이터를 전처리하여 AI 모델에 입력 가능한 형태(관절 위치, 이동 속도, 회전 등)로 변환합니다. 이어서, 이 데이터를 모델에 입력하고 【다음 프레임】을 생성합니다([그림 8]). 그리고 이렇게 생성된 프레임을 다시 모델에 입력해 그 다음 프레임을 생성하는 과정을 반복함으로써, 전체 애니메이션을 생성하게 됩니다.

【다음 프레임】
인간의 몸에는 215개의 뼈와 68개의 관절이 있다. 이 모든 것을 조합한 상태 공간, 즉 차원 수를 고려해 다음 프레임을 예측해야 한다고 생각하면 꽤나 복잡한 계산이 필요하다는 것을 알 수 있다. "뼈 하나쯤이, 뭐!"라고 쉽게 말할 수 없는 이유다.

[그림 7] 플립북에서는 앞 컷의 동작과 이어지도록 다음 컷을 그린다

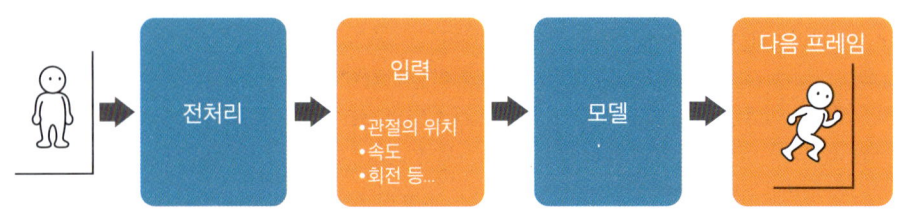

[그림 8] 딥러닝을 이용해 다음 프레임을 생성하는 과정

그러나 현재의 캐릭터 자세 정보만으로 다음 자세를 예측하는 것은 쉽지 않습니다. 왜냐하면, 다음에 일어날 수 있는 자세의 패턴이 무수히 많기 때문입니다. 예를 들어, 인간형 캐릭터가 【검을 쥔 자세를 취한】 상황을 생각해 봅시다. 이 캐릭터는 다음에 어떤 행동을 할 수 있을까요?

- 검을 휘두를까?
- 앞으로 걸어갈까?
- 백스텝?
- 꼬리를 말고 도망칠까? …

사람에 따라 더 많은 패턴을 상상할 수도 있을 것입니다. 하지만 패턴이 무한히 있다고 해도 예를 들어 '지금은 캐릭터가 전투 상태이며, 적이 가까이에 있으므로 검을 휘두를 것이다'와 같이, 캐릭터의 자세 이외의 정보를 활용하면 몇 가지 패턴으로 좁힐 수 있습니다.

딥러닝 모델을 학습시키고 예측에 활용할 때도 마찬가지로 생각할 수 있습니다. 수많은 다음 자세 패턴 중에서 그 수를 좁히기 위한 데이터를 모델에 제공하는 것이 중요합니다. 예를 들어 과거의 캐릭터 자세 정보가 있다면 다음에 어떤 움직임이 이어질지를 유추하는데 도움이 됩니다. 생성하려는 애니메이션의 종류 역시 자세 패턴을 좁히는 데 유용한 정보입니다.

이처럼 모델을 학습시키고 예측에 활용할 때는 '어떤 정보가 유용한가'를 고민하는 일도 매우 중요합니다. 애니메이션 생성에 국한되지 않고, 애초에 예측에 필요한 정보가 없다면 아무리 많은 데이터를 모으고 최신 모델을 준비해도 예측할 수 없는 법입니다. 그렇기 때문에 대상 분야의 지식을 어느 정도 갖추는 것만으로도 엉뚱한 방향으로 개발이 흘러가는 위험을 줄이고 문제 발생 시 대처 방안을 더 쉽게 고민할 수 있게 됩니다.

저 자신도 애니메이션을 【전문적으로 공부】해 온 것은 아니지만, 이번 프로젝트에 참여하면서 조금씩 공부해 왔습니다. 실제로 연구 중에 문제가 발생했을 때 공부한 지식이 아주 큰 도움이 되었습니다. 예를 들어, 애니메이션 데이터를 입출력하는 프로그램에서 오류를 발견하고 수정했던 경험이 있습니다. 애니메이션에 대한 지식이 없었다면 프로그램의 어디가 잘못되었는지조차 파악할 수 없었을 것이며 어떻게 수정할지도 알 수 없었을 것입니다.

지금까지 데이터의 중요성에 대해 설명해 왔습니다. 정작 중요한 학습용 데이터는 기본적으로 모션 캡처를 통해 수집한 애니메이션 데이터를 사용합니다. 그리고 고품질의 애니메이션 데이터를 수집하려면 【전용 설비나 장비가 필요】합니다. 이 말을 들으면 "그럼 딥러닝을 하려면 게임 회사나 영상 제작사 같은 곳이 아니면 안 되겠네"라고 생각할 수도 있겠지요. 그러나 세상에는 아주 친절한 분들이 있어서, 모션 캡처를 통해 수집한 데이터셋이 공개된 경우도 있습니다[1][2]. 이러한 데이터셋에는 애니메이션을 시각화하기 위한 프로그램이나, 데이터를 가공하기 위한 프로그램도 함께 포함되어 있어, 연구 개발을 시작하기에 좋은 환경이 갖추어져 있습니다.

【검을 쥔 자세를 취한】
무도에서는 상대에게 다음 행동을 간파당하지 않도록 하기 위해 수련을 거듭한다. 아마도 다음 자세를 예측 대상으로 삼을 경우, '자세 취하기'는 가장 높은 난이도의 하나일 것이다.

【전문적으로 공부】
애니메이션을 전공한 것은 아니지만, 애니메이션을 매우 좋아해서 자주 봅니다. 성우에 대해서도 해박합니다. 이야기할 수 있습니다. 후훗.

【전용 설비나 장비가 필요】
모션 캡처에는 대형 장비, 시스템 그리고 무엇보다 배우가 자유롭게 움직일 수 있는 바닥 공간이 필요하기 때문에 영상 제작사나 게임 회사가 자체 모션 캡처 스튜디오를 보유하고 있다는 것은 일종의 위상(스테이터스)이 되기도 한다. 회사 홈페이지를 방문해 보면 이를 자랑스럽게 홍보하고 있는 경우도 적지 않다.

자, 학습 데이터의 수집 방법과 딥러닝을 이용한 캐릭터 애니메이션 생성의 기본적인 흐름을 이해했으니 생성까지의 과정을 정리해 보겠습니다.

1. 모션 캡처 데이터를 수집
2. 모션 캡처 데이터를 학습에 사용할 수 있도록 가공
3. 모델 학습
4. 학습된 모델로 애니메이션 출력

이제 당신도 딥러닝에 의한 캐릭터 애니메이션 생성을 시작할 수 있게 되었을지도 모르겠습니다(그렇다면 기쁩니다). 기본적인 흐름은 여기까지입니다.

5. 연구 내용

이제부터는 구체적인 딥러닝 기반 캐릭터 애니메이션 생성 연구 이야기에 들어갑니다.

연구의 전제

먼저 말해 두어야 할 것이 하나 있습니다. 자동 생성이라고 해도 사람 손이 전혀 개입하지 않는다는 것은 아닙니다. 이것과 관련하여 우리가 진행 중인 연구의 전제를 두 가지 말씀드리겠습니다.

① 생성된 애니메이션은 애니메이터가 조정한다

학습된 모델이 생성한 애니메이션을, 애니메이터가 조정하는 것을 전제로 하고 있습니다. 생성물을 수작업으로 조정해야 한다는 점은 애니메이션 생성에만 국한되지 않고, 현재 시점(집필 시점인 2023년 3월)의 생성형 AI를 사용한 콘텐츠 생성 전반에 해당하는 이야기입니다. 생성형 AI에 의한 콘텐츠 생성은 인간에 뒤지지 않을 정도로 성능이 향상되었지만, 생성된 콘텐츠를 그대로 제품에 넣을 수 있는 것은 아닙니다. 반드시 사람의 손을 거쳐 조정할 필요가 있습니다.

② 자동 생성을 어느 정도 제어 가능하게 만든다

【제어할 수 있도록】
만능 도구, 뭐든 할 수 있을 것처럼 보이는 딥러닝이나 머신러닝을 이용한 AI. 실제로는 거의 제어할 수 없다는 특징이 있다. 결과는 나오지만 왜 그런 결과가 나오는지에 대해서는 AI를 만든 본인조차 설명할 수 없는 강력한 사양이다. 세계의 연구자들은 지금 이 순간에도 제어 가능한 머신러닝 AI를 꿈꾸며 연구를 계속하고 있다.

애니메이터가 자동 생성을 어느 정도 【제어할 수 있도록】 하는 것 역시 중요한 요소입니다. 가장 이해하기 쉬운 제어 항목으로는 애니메이션의 카테고리를 지정할 수 있도록 하는 것이 있습니다. 여기서 말하는 카테고리란 애니메이션의 종류를 나타내는 라벨 같은 것입니다. 예를 들어 달리기, 걷기, 점프 같은 카테고리가 있습니다. 제어 항목이 하나도 없다면 아무리 고품질의 애니메이션을 생성할 수 있어도 개발 현장에서 사용할 수 없습니다. 제어 항목이 없는 모델로 생성하는 것은, 일종의 '가챠(확률형 아이템)'와 같아서 필요한 애니메이션이 나올 때까지 가챠를 계속 돌려야 하기 때문입니다. 어쩌다 2~3번의 생성으로 원하는 애니메이션이 만들어지면 좋겠지만 그런 보장은 어디에도 없습니다. 하루, 일주일, 어쩌면 한 달 이상 걸릴 수도 있습니다. 이처럼 결과가 불안정한 방식은 실제 개발 현장에서 사용할 수 없습니다. 따라서 생성을 어느 정도 제어할 수 있도록 만드는 것이 필수적입니다.

지금까지 두 가지 전제 조건을 말씀드렸지만, 이들은 개발 지원용 AI를 만들 때 공통적으로 인식해야 할 중요한 포인트이기도 합니다. 이러한 점을 염두에 두고 이 후의 내용을 읽어주시면 감사하겠습니다.

연구 대상

현재 저희가 수행 중인 연구는 【In-betweening】이라 불리는 애니메이션 생성 과제입니다. In-betweening이란 키 프레임 사이의 중간 프레임을 생성하는 작업을 뜻합니다. 기존의 애니메이션 제작 방식에서는 키 프레임을 설정한 후, 자동 보간이나 수작업으로 그 사이의 프레임들을 채워넣었습니다. 이번 연구는 그 처리를 AI로 자동화하려는 시도입니다.

【in-betweening】
CG계의 전문용어로 영문법으로 해석하면 안된다. 의미는 여러가지이지만 여기에서는 '애니메이션의 중간 장면' 정도로 다루면 될 것이다.

방법 개요

In-betweening 과제를 수행하기 위한 방법을 소개하겠습니다. In-betweening은 저희만의 독자적인 과제가 아니라, 이미 관련 연구가 여러 건 존재합니다[2][3][4]. 현재 저희는 이러한 선행 연구의 방법을 참고하여 프로토타입을 제작하는 중입니다. 자세한 방법은 복잡하므로 여기서는 개요만 설명하겠습니다. 먼저 In-betweening의 문제 설정을 자세히 살펴보겠습니다.

[그림 9]와 같이 두 개의 키 프레임이 미리 주어져 있고, 그 사이의 프레임들이 비어 있는 상태라고 가정합니다. 이 경우 In-betweening은 이 두 키 프레임을 입력으로 받아 그 사이에 존재해야 할 **【프레임들을 생성】**하는 과제를 수행합니다. 이 과제를 딥러닝으로 해결하기 위해 생각해낸 방식은 두 개의 프레임을 입력으로 받아 다음 프레임을 출력하는 모델을 학습시키는 것입니다. 그럼 이 방식에 대해 좀 더 자세히 설명하겠습니다.

기본적인 아이디어는 다음과 같습니다: '목표 프레임'과 '현재 프레임'을 모델에 입력하여, '다음 프레임'을 생성합니다. 이 과정을 반복하여 비어 있는 프레임 구간을 채워가는 방식입니다. 여기서 목표 프레임은 최종적으로 캐릭터가 취할 자세를 나타내는 프레임이고, 현재 프레임은 예측하려는 프레임의 바로 직전 프레임입니다.

【프레임을 생성】
컴퓨터를 쓰면 당장이라도 A와 B의 중간 그림 정도는 쉽게 그리지 않나? 하고 생각할지도 모릅니다. 하지만 인간의 직관과 기계의 계산처리에서 출력되는 결과는 완전히 다릅니다. 삼각형과 사각형, 두 장의 그림의 중간 이미지는 '사각형으로 변하는 삼각형'이 아니라 '비뚤어진 칠각형'이 된다는 것을 상상해보십시오.

[그림 9] In-betweening의 문제 설정

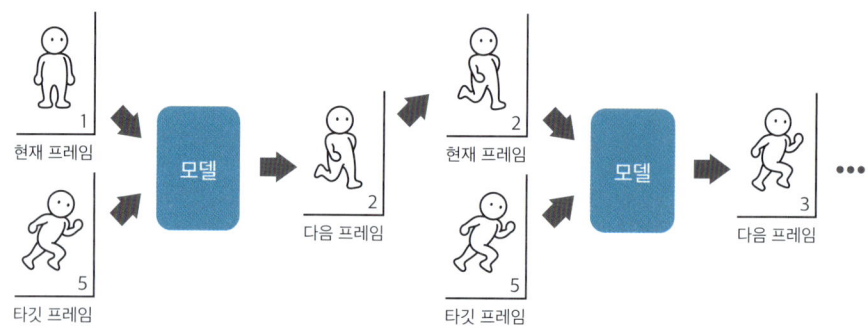

[그림 10] In-betweening 기법

【재귀 처리】
재귀 처리란 사전에 정한 조건에 도달할 때까지 동일한 처리를 반복하는 것을 말한다. 여기서는 현재 프레임이 타깃 프레임에 도달할 때까지 '현재의 다음 프레임'을 계속 생성하는 과정을 가리킨다. 조건 설정을 잘못하면 쉽게 무한 루프에 빠지기 때문에 프로그래머들이 골치를 앓게 되는 녀석이다.

【모델】
여기서 말하는 '모델'은 기존 연구를 통해 성능이 입증된 계산 기법 정도의 의미이다. 외형이나 형상 같은 의미는 전혀 포함되어 있지 않다.

[그림 10]을 보면 맨 처음에 기존의 1프레임과 5프레임을 모델에 입력합니다(1프레임은 현재 프레임, 5프레임은 최종 프레임입니다). 이 두 프레임을 입력 받은 모델은 2프레임의 데이터를 출력합니다. 그 다음 모델이 예측하는 것은 3프레임입니다. 이때 타깃 프레임은 처음에 입력한 것과 동일하지만, 현재 프레임은 방금 생성된 2프레임의 데이터가 됩니다. 이 작업을 반복하여 2~4프레임의 데이터를 생성하면 완료됩니다. 학습 단계에서는 실제 프레임과 생성된 프레임 사이의 오차를 계산하고, 이 오차가 작아지도록 AI의 파라미터를 조정합니다.

모델

이제 구체적으로 사용한 **【모델】**에 대해 설명하겠습니다. 본 연구에서는 선행연구[2]의 모델을 기반으로 프로토타입을 제작하고 있습니다. [그림 11]은 해당 모델의 개요도이며, 주황색은 입출력 데이터, 파란색은 뉴럴 네트워크의 레이어를 나타냅니다. 상단부터 '모델 입력 및 인코더', 'LSTM', '디코더 및 모델 출력'의 세 부분으로 나누어 설명하겠습니다.

먼저 모델 입력 및 인코더에 대해 설명합니다. 입력은 캐릭터의 현재 상태, 타깃 프레임과의 오프셋, 타깃 프레임 정보의 세 가지로 나뉩니다. 우선 '현재 상태'는 캐릭터가 현재 어떤 자세인지 나타내며, 각 관절의 회전, 위치, 발의 접지 여부 등의 데이터를 사용합니다.

'오프셋'은 타깃 프레임과 현재 프레임 사이의 차이입니다. 현재 프레임에서의 캐릭터 자세와 타깃 프레임에서의 자세가 얼마나 떨어져 있는지를 나타냅니다. 오프셋 계산 방법은 단순하며, 다음 식으로 계산됩니다.

[현재 캐릭터의 자세] - [타깃 프레임의 캐릭터 자세]

【루트 관절】
다른 관절들과는 약간 다른 역할을 지닌 관절. 여기서는 캐릭터의 월드 좌표를 지정할 수 있는 관절 정도로 이해하면 충분하다.

여기서 자세 정보로 사용하는 것은 각 관절의 회전과 **【루트 관절】**의 위치입니다. 마지막으로 '타깃 프레임 정보'는 타깃 프레임에서의 캐릭터 자세 정보입니다. 자세 정보로는 각 관절의 회전을 사용합니다. 이 세 가지 데이터를 각각 StateEncoder, OffsetEncoder, TargetEncoder에 입력하여, 추론에 유용한 특징을 추출합니다.

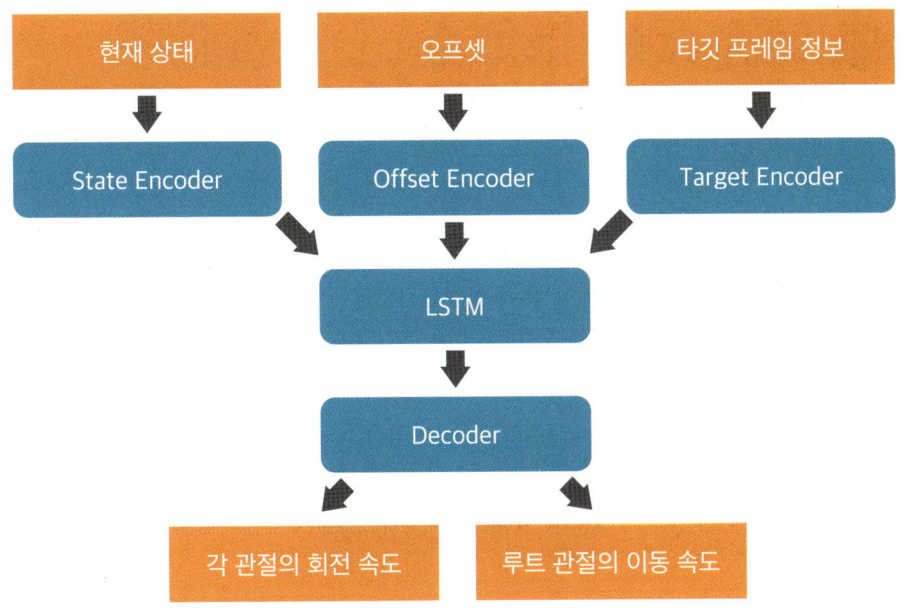

[그림 11] 모델의 개요도

다음으로는, Encoder의 출력값들을 하나로 묶어 **[LSTM]**(Long Short Term Memory) 층에 입력합니다. LSTM은 본 연구에서 다루는 애니메이션처럼 시간적인 관계를 가지는 데이터(시계열 데이터)를 처리하는 데에 강점을 가진 구조입니다. LSTM은 RNN(Recurrent Neural Network)이라는 모델의 발전형으로, 간단히 말해 RNN은 은닉층의 출력을 다음 입력에도 포함시켜 과거 정보를 고려한 추론이 가능하도록 설계된 구조입니다.

앞서 언급했듯이 애니메이션 데이터는 시계열 데이터이며, 과거에 캐릭터가 어떻게 움직였는지는 앞으로 캐릭터가 어떻게 움직일지를 예측하는 데 중요한 정보가 됩니다. 따라서 이와 같은 관계를 표현하기 위해 LSTM이 사용되는 것입니다.

마지막으로, LSTM의 출력을 "Decoder"에 입력하여 "**[각 관절의 회전 속도]**"와 "루트 관절의 이동 속도"를 출력합니다. 이 출력된 속도를 바탕으로 다음 프레임의 캐릭터 자세(각 관절의 회전, 루트 관절의 위치)를 다음과 같이 계산할 수 있습니다.

[다음 프레임의 각 관절 회전] = [현재 프레임의 회전] + [회전 속도]
[루트 관절의 위치] = [현재 프레임의 루트 관절 위치] + [루트 관절의 이동 속도]

이렇게 구한 '다음 프레임의 각 관절 회전값'과 '루트 관절 위치'가 실제로 출력될 애니메이션에 사용됩니다.

[LSTM]
LSTM이라는 이름을 처음 들었을 때 '좀 더 나은 이름으로 지을 수는 없었을까? 하는 생각도 들었지만, 지금은 처음 이 개념을 제안한 연구자들의 소박한 인품이 떠올라 오히려 정감이 간다.

[각 관절의 회전 속도]
회전 속도란 곧 각속도를 의미한다. 각속도는 그 값이 일정하더라도 관절의 개수나 사지의 길이에 따라 말단(end-effector)의 도달 속도는 현저하게 달라진다. 예를 들어 야구 투수가 온 힘을 다해 스트레이트 공을 포수의 미트에 던질 때 투수의 손끝은 1초도 안 되는 시간에 시속 160km에 도달하기도 한다. 이처럼 관절 위치는 단순 비교가 가능하지만 관절 각도는 그 오차가 아주 조금이라도 말단에 엄청난 영향을 줄 수 있다.

6. 현재의 과제와 향후 연구에 대하여

캐릭터 애니메이션 제작을 지원하기 위한 In-betweening이라 불리는 태스크를 해결하는 기법을 소개하였습니다. 현재는 이 기법을 바탕으로 프로토타입을 개발 중이지만, 실제로 개발 현장에 도입하기까지는 아직 갈 길이 멀었죠. 개발 중인 프로토타입에는 두 가지 문제점이 있습니다.

1. 캐릭터의 세세한 동작을 재현할 수 없다
2. 긴 애니메이션을 생성할 수 없다

이 두 가지 문제를 해결하기 위해 현재 시행착오를 반복하고 있습니다. 프로토타입이 완성된 후에는 개발 현장의 수요에 맞춰 기법을 추가로 개조해나갈 예정입니다. 사내 개발 현장을 대상으로 한 청취 조사 결과, 다음 두 가지 수요가 높은 것으로 드러났습니다.

1. 루프 애니메이션 간의 보간 동작 생성
2. 루프 애니메이션 중에 다른 동작을 합성

【루프 애니메이션】이란 애니메이션이 종료되었을 때 처음으로 되돌아가 반복 재생이 가능하도록 애니메이션의 시작과 끝이 자연스럽게 이어지도록 만든 것입니다[5]. 위의 수요 중 첫 번째인 루프 애니메이션 간의 보간 동작 생성은 In-betweening을 수행하는 프로토타입을 응용하여 실현할 수 있을 것으로 보입니다.

루프 애니메이션 간의 보간 동작 생성이란 서로 다른 루프 애니메이션 사이를 연결하는 적절한 애니메이션을 생성하는 태스크를 말합니다. 즉, 두 개의 루프 애니메이션이 자연스럽게 이어지도록 애니메이션을 생성해야 합니다. 예를 들어, [그림 12]와 같이 '서 있는' 애니메이션에서 '달리는' 애니메이션 사이의 '…?…' 부분을 보간하는 애니메이션을 생성하는 것입니다. 이 경우, 달리기 시작하는 듯한 애니메이션을 생성하면 될 것입니다. 그러나 현재의 프로토타입은 동일한 애니메이션으로부터 키 프레임을 추출해 학습시키고 있기 때문에 서로 다른 애니메이션을 연결하는 태스크를 해결하기 위해서는 프로토타입을 개조해야 할 것 같습니다. 프로토타입 완성 후에는 이 태스크에 착수할 예정입니다.

> 【루프 애니메이션】
> 영상의 기원이라 불리는 에드워드 마이브리지의 달리는 말 연속 사진 <The Horse in Motion>은 그 시초부터 루프 애니메이션 형태를 갖추고 있었다. 오히려 특별한 형태로 디지털 도구 없이는 제작이 어려운 루프 애니메이션이 영상 작품의 기원이었다고 생각하면 흥미롭다.

[그림 12] 루프 애니메이션 사이의 보간 동작 생성

【학습 데이터의 권리】 문제로 인해 실제 생성 결과를 보여드릴 수 없는 점은 매우 아쉽지만, 향후에는 독자 여러분께 어떤 형태로든(외부 발표나 실제 게임 내 구현 등) 성과물을 보여드릴 수 있도록 연구를 계속해 나갈 예정입니다.

7. 딥러닝을 활용한 캐릭터 애니메이션 생성의 전망

마지막으로, 캐릭터 애니메이션 생성 기술이 앞으로 어떻게 발전할 수 있을지에 대해 나름대로의 전망을 세 가지로 나누어 이야기하고자 합니다.

자연어를 이용한 애니메이션 생성

자연어를 이용한 애니메이션 생성 기술은 앞으로 더욱 발전해 나갈 것으로 보입니다. 2022년경부터 'Text to Image' AI가 만들어내는 이미지의 품질에 많은 이들이 놀랐는데, 그와 유사한 기술을 이용해 자연어로부터 애니메이션을 생성하는 연구도 작년부터 활발히 발표되기 시작했습니다. 아직은 이미지 생성처럼 사람이 만든 것과 견줄 수 있는 품질, 특히 게임에 사용할 수 있는 수준에는 이르지 못한 인상이지만, 최근의 생성계 AI 발전 속도를 고려하면, 'Text to Animation' 연구개발도 지금보다 훨씬 활발해질 것이라 생각합니다.

실시간 애니메이션 생성

게임 내에서 실시간으로 애니메이션을 생성하는 응용 사례도 있습니다[10][11]. 이는 애니메이션 제작 비용을 절감하는 목적도 있지만, 게임 내 상황이나 캐릭터의 내부 상태에 맞춰 실시간으로 애니메이션을 생성하는 방향도 고려되고 있습니다. 이러한 방식은 애니메이션의 사실감을 높이고 새로운 게임 체험을 만들어낼 수 있는 가능성을 지니고 있습니다.

예를 들어 VR이나 AR에서 플레이어의 신체 움직임에 맞춰 캐릭터가 반응함으로써 가상 세계 속 캐릭터와 상호작용하는 게임 등이 가능해질 수 있습니다. 하지만 현재로서는 【그래픽 처리】에 대부분의 연산 자원이 사용되고 있고 생성 품질 측면에서도 아직 과제가 많아 실제로 적용하기는 쉽지 않습니다. 향후 기술 발전에 기대하고 있는 부분입니다.

연기를 AI에게 가르친다

'【연기를 AI에게 가르친다】'는 것이 어떤 의미인지 의아해하실 수도 있습니다. AI를 학습시킬 때, 인간의 피드백을 이용하는 방법이 있습니다[12]. 이 방법은 OpenAI에서 제공하는 대규모 언어 모델인 ChatGPT의 학습에도 활용되고 있습니다. 인간의 피드백 없이 학습된 모델은, 사람이 보기엔 어색하거나 적절하지 않은 문장을 생성하는 등 품질에 문제가 있었습니다. 그러나 인간의 피드백을 주입함으로써, 인간의 상식과 기준을 AI가 학습할 수 있게 되었고, 생성되는 문장의 품질은 비약적으로 향상되었습니다.

【학습 데이터의 권리】
기계학습 기법에서 문제가 되는 것은 방대한 학습 데이터이다. 분야에 따라서는 학습 데이터 자체가 매우 적거나, 존재하더라도 권리상의 문제로 활용할 수 없는 경우도 있다. 캐릭터 애니메이션 분야 역시 다른 기계학습 주제와 비교하면 데이터 양이 적은 분야 중 하나.

【그래픽 처리】
원래는 고해상도의 그래픽을 출력하기 위해 만들어진 PC 부품 중 하나인 GPU. 최근에는 병렬 계산을 중심으로 한 분석 처리나 머신러닝 등, 다양한 분야에서 활용되고 있다. 게임에 따라서는 그래픽 향상에 GPU를 사용할지, AI의 추론 처리에 GPU를 사용할지에 대한 계산 자원의 활용 방법을 두고 논쟁이 끊이지 않는다.

【연기를 AI에게 가르친다】
AI 중에서도 학습의 교사 역할이 눈을 부릅뜨고 "무서운 아이…!"라고 중얼거릴 정도로, 재능 넘치는 개체가 탄생하게 될지도 모른다.

이와 마찬가지로 사람의 피드백을 애니메이션 생성에도 도입할 수 있을 것입니다. 즉, '어떤 애니메이션이 멋있는가', '해당 장면에 어울리는가'와 같은 인간의 주관적인 요소를 피드백을 통해 학습시킬 수 있지 않을까요? 이를 통해 현실 세계의 드라마나 영화 촬영처럼 AI에게 연기를 가르쳐 더 복잡한 애니메이션을 생성하게 하고, 나아가 애드립까지 가능하게 하는 것도 실현할 수 있을 것이라 생각합니다. 이것이 가능해진다면 게임 내 캐릭터와의 상호작용은 한층 더 풍부해질 것입니다.

8. 정리

딥러닝을 활용한 캐릭터 애니메이션 생성에 대해, 기초적인 내용부터 연구 내용 그리고 향후 전망까지 소개했습니다. 현재로서는 여전히 과제가 많은 연구 분야이지만, 동시에 앞으로의 발전이 더욱 기대되는 분야라고 느끼셨다면 기쁩니다.

2023년 현재, '오늘 할 수 없었던 일이 1년 후, 반년 후, 어쩌면 다음 달에는 가능해질지도 모른다'고 할 정도로, AI 기술의 발전은 눈부십니다. 앞서 캐릭터 애니메이션 생성의 향후 전망을 세 가지 언급했지만, 의외로 빠르게 게임에 구현되는 날이 올 수도 있습니다. 그런 미래를 기대하며 앞으로도 미래를 향한 연구 개발을 계속해 나가고자 합니다.

[N년 후]
2020년 전후로 급속히 진화해온 AI 분야. N년 후에 어떤 모습이 되어 있을지는 연구자들도 예측하기 어렵다. 언젠가 우리가 HAL 9000이나 아톰을 만나게 될 날도 그리 멀지 않을지도 모른다.

● 참고 문헌

[1] Kobayashi, M., Liao, C.-C., Inoue, K., Yojima, S., & Takahashi, M. (2023). Motion Capture Dataset for Practical Use of AI-based Motion Editing and Stylization, arXiv:2306.08861.

[2] Harvey, F. G., Yurick, M., Nowrouzezahrai, D., & Pal, C. (2020). Robust motion in-betweening. ACM Transactions on Graphics (TOG), 39(4), 60-1.

[3] Duan, Y., Shi, T., Zou, Z., Lin, Y., Qian, Z., Zhang, B., & Yuan, Y. (2021). Single-shot motion completion with transformer. arXiv preprint arXiv:2103.00776.

[4] Oreshkin, B. N., Valkanas, A., Harvey, F. G., Ménard, L. S., Bocquelet, F., & Coates, M. J. (2022). Motion Inbetweening via Deep Δ-Interpolator. arXiv preprint arXiv:2201.06701.

[5] 무카이 토모히코(向井 智彦)·가와치 카츠아키(川地 克明)·미야케 요이치로(三宅 陽一郎): 캐릭터 애니메이션의 수리와 시스템 - 3차원 게임에 있어서의 신체 운동 생성과 사전 지능(キャラクターアニメーションの数理とシステム－3次元ゲームにおける身体運動生成と事項知能－)- 코로나사(コロナ社)(2022)

[6] Tevet, G., Gordon, B., Hertz, A., Bermano, A. H., & Cohen-Or, D. (2022, October). Motionclip: Exposing human motion generation to clip space. In Computer Vision-ECCV 2022: 17th European Conference, Tel Aviv, Israel, October 23-27, 2022, Proceedings, Part XXII (pp. 358-374). Cham: Springer Nature Switzerland.

[7] Hong, F., Zhang, M., Pan, L., Cai, Z., Yang, L., & Liu, Z. (2022). AvatarCLIP: zero-shot text-driven generation and animation of 3D avatars. ACM Transactions on Graphics (TOG), 41(4), 1-19.

[8] Juravsky, J., Guo, Y., Fidler, S., & Peng, X. B. (2022, November). PADL: Language-Directed Physics-Based Character Control. In SIGGRAPH Asia 2022 Conference Papers (pp. 1-9).

[9] Tevet, G., Raab, S., Gordon, B., Shafir, Y., Cohen-Or, D., & Bermano, A. H. (2022). Human motion diffusion model. arXiv preprint arXiv:2209.14916.

[10] Peng, X. B., Guo, Y., Halper, L., Levine, S., & Fidler, S. (2022). Ase: Large-scale reusable adversarial skill embeddings for physically simulated characters. ACM Transactions On Graphics (TOG), 41(4), 1-17.

[11] Starke, S., Zhao, Y., Zinno, F., & Komura, T. (2021). Neural animation layering for synthesizing martial arts movements. ACM Transactions on Graphics (TOG), 40(4), 1-16.

[12] Stiennon, Nisan, et al. "Learning to summarize with human feedback." Advances in Neural Information Processing Systems 33 (2020): 3008-3021.

TALK 1

스퀘어 에닉스 AI부 좌담회

젊은 멤버 편

AI 부에서 탄생하는, 새로운 게임의 가능성

기계 학습, 자연어 처리, 생성계 AI 등 다양한 분야에서 게임 AI의 연구 개발에 도전하는 AI 부. 이 좌담회에서는 그중에서도 젊은 멤버들이 중심이 되어 AI부에서 일하는 매력과 앞으로의 비전에 대해 이야기합니다.

TALK MEMBER

AI 리서처
사이토 다이키
(里井 大輝)
Daiki Satoi

AI 리서처
모리 유스케
(森 友亮)
Yusuke Mori

AI 엔지니어
송 아세이
(宋 亜成)
Asei Sou

AI 엔지니어
엔도 테루토
(遠藤 輝人)
Teruto Endo

다양한 경험이 살아 있는, 스퀘에니 AI부

 AI 리서처로서 메타 AI의 연구 개발을 담당하고 있는 사토이입니다. 먼저 여러분의 지금까지의 경력과 입사의 계기에 대해 간단히 들어보고 싶습니다.

 AI 리서처 모리입니다. 대학원 박사 과정에서는 '자연어 처리를 통해 소설 집필을 지원하는 AI를 만들 수 있을까' 라는 주제로 연구에 몰두하고 있었습니다. 연구를 계속해나가면서 '크리에이터 지원' 이라는 분야에 점점 더 큰 흥미를 느끼게 되었고, 자연어 처리 엔지니어를 모집하고 있던 스퀘어 에닉스에 지원하게 되었습니다.

스퀘어 에닉스의 게임은 어릴 적부터 정말 좋아했으며, 무엇보다도 매료되었던 것은 '스토리'의 훌륭함이었습니다. 제가 자연어 처리를 연구 분야로 선택한 것도, 게임을 통해 '이야기'에 흥미를 갖게 된 것이 하나의 계기가 되었다고 느끼고 있습니다.

스토리와 지능에 관한 연구를 깊이 있게 추구하고자 하는 마음으로 연구를 이어왔고, 현재는 자연어 처리 기술을 게임에 응용하기 위한 연구 개발에 힘쓰고 있습니다.

 입사 후에는 실제로 자연어 처리를 활용한 게임 콘텐츠 및 기술 데모 개발에 매진하고 계시죠.

 2023년 4월에는, 1983년에 출시된 어드벤처 게임 <포트피아 연속 살인 사건>을 소재로 한 기술 데모 <SQUARE ENIX AI Tech Preview: THE PORTOPIA SERIAL MURDER CASE>를 릴리즈하였습니다.

※NLP : Natural Language Processing(자연어 처리)

원래 어드벤처 게임과 자연어 처리는 텍스트 어드벤처가 처음 등장했을 때부터 깊은 관련이 있었어요. 하지만 그 이후 자연어 처리와 게임 AI는 서로 다른 방향으로 발전해 왔죠. 자연어 처리 기술이 게임에 활용되는 경우는 좀처럼 없었습니다. 그렇기 때문에 최근의 자연어 처리 기술을 게임에 도입하면 새로운 게임 체험을 만들어낼 수 있지 않을까 하는 이야기가 나오게 된 것입니다. 1980년대에 사용되던 시스템을 현대의 자연어 처리 기술로 되살리는 프로젝트가 시작되었고, 지금도 연구를 계속하고 있습니다.

 저는 중국의 대학을 졸업한 후, 일본 대학원에서 메타 AI 연구를 진행했어요. 원래는 마작 게임에서의 머신 러닝을 연구하고 싶었는데, 대학원에서 메타 AI를 접하고 깊은 흥미를 느끼게 되었죠. 그때부터 연구 주제를 바꿔, 'FPS 게임의 동적 난이도 조정'에 관한 연구를 시작했습니다.

 동적인 난이도 조정이라는 건, FPS를 잘하는 사람도 못하는 사람도 적절한 밸런스로 즐길 수 있게 한다는 의미인가요?

 맞아요. 예를 들어 FPS에 능숙한 플레이어에게는 적의 수를 늘리고, 반대로 어려워하는 사람에게는 줄이는 식이죠. 난이도를 플레이어의 명중률이나 헤드샷 비율 등의 데이터를 기반으로 조정하는 연구를 하고 있었습니다. 하지만 이게 정말 어렵더라고요. 게임이 잘 안 풀리는 이유는 사람마다 다르고, 조정 방식도 일률적이면 잘 작동하지 않거든요.

그런 문제에는 또 다른 접근법이 필요하다는 걸 깨달았어요. 스퀘어 에닉스에 입사한 이후에도 그런 과제들과 마주하면서 메타 AI 개발에 매진하고 있습니다.

엔도 씨는 대학원에서 AI와는 조금 다른 성격의 연구를 하셨다 들었는데요.

제가 대학원에서 연구한 건 '인공생명' 이라고 불리는 분야예요. 간단히 말하면 컴퓨터로 인공적인 생명을 만들어서 '생명이란 무엇인가'를 이해하려는 분야죠. 그중에서도 저는 진화 알고리즘을 활용한 혼잡 제어 알고리즘(※)의 자동 생성에 대한 연구를 하고 있었습니다.

※혼잡 제어 알고리즘: 전기통신에서 트래픽을 제어해 네트워크 수용량 초과로 인한 혼잡이나 혼잡 붕괴를 방지하는 기법.

'인공생명' 이라는 분야를 선택한 이유는 컴퓨터로 뭔가 새로운 걸 만들어내는 데 도전해보고 싶었기 때문이에요. 처음에는 머신러닝을 연구하고 있었지만, 정답을 주고 그에 맞는 출력을 얻는 방식보다는 수렴하지 않는, 오픈엔디드(open-ended) 진화를 지향하는 인공생명 분야에 더 끌렸죠. 그렇지만 최근에는 대규모 언어 모델(LLM)의 등장, 이미지 생성 AI의 품질 향상 등으로 인해 머신러닝에서도 놀라운 것들이 많이 나오고 있어요. 머신러닝으로 새로운 걸 만든다는 것도 참 재미있겠다고 느끼게 되었습니다.

AI는 크리에이터나 아티스트를 지원할 뿐 아니라 메타 AI를 통해 콘텐츠 그 자체의 게임 디자인을 생성하거나 조정하는 식으로 직접 무언가를 창조해내기도 하죠. 다양한 접근이 가능하다는 게 AI의 재미 중 하나라고 생각해요. 그건 그렇고, 이렇게 다른 분야를 연구하셨던 엔도 씨가 왜 스퀘어 에닉스에 입사하셨나요?

취업을 준비하던 시기에 내 지식이 게임 개발에 도움이 될지도 모른다고 생각한 게 계기가 됐죠 일반적으로 게임 업계는 점점 개발 비용이 높아지고, 버그나 밸런스 문제로 개발이 연기되기도 하는 일이 많다는 얘기를 들었거든요. 지금 와서 생각하면 좀 뜨끔한 이야기이긴 하지만요(웃음). 그런 상황에 대해 **인공생명 분야의 연구로 얻은 지식과 경험 그리고 개인적으로 공부해온 머신러닝이 게임 개발 지원에 쓸 수 있지 않을까 싶었어요.**

스퀘어 에닉스를 선택한 가장 큰 이유는 <파이널 판타지 XV>를 플레이했던 경험이었습니다. 동료 캐릭터들과 이동 중 나누는 사소한 대화나 살아 있는 듯한 캐릭터의 움직임 등, 시스템이 굉장히 정교하게 만들어져 있어서 정말 재미있다고 느꼈어요. 흥미를 느꼈던 회사에서 연구를 해보고 싶다는 생각에 입사를 결심했고, 지금은 머신러닝 프로젝트에서 캐릭터 애니메이션 제작을 머신러닝으로 지원하는 연구를 담당하고 있어요. 앞으로도 AI 기술을 통해, 개발 현장의 분들이 게임의 재미나 품질 같은 본질적인 부분에 더 집중할 수 있는 환경을 만들어가고 싶습니다.

일하는 사람도, 일하는 방식도 다양한 환경

이번에는 AI부에 들어와서 느낀 점에 대해 물어보고 싶어요. 실제로 입사한 뒤 인상적이었던 일은 있었나요?

학생 때부터 외부 강연이나 기술 자료를 통해 스퀘어 에닉스의 기술 이야기를 들은 적이 있었기 때문에 솔직히 말하면 "그 ○○ 씨가 정말 있어!" 하는 흥분이 제일 컸습니다(웃음).

저도 공감합니다. 메타 AI를 연구할 때 참고했던 논문의 저자들과 같은 부서에서 함께 일할 수 있다니, 지금도 감격이에요. 선배들한테 여러 가지를 배울 수 있다는 게 정말 기뻐요.

저도 <파이널 판타지 XV의 인공지능>이라는 책을 읽고 "이렇게 재밌는 기술을 만든 사람들이 있구나!" 하고 감탄했었는데, 그 책에 나온 분들과 지금 함께 일하고 있다니, 정말 놀라운 일이에요. 사실 사토이 씨의 강연 기사도 예전에 읽었어서 지금도 약간 긴장돼요(웃음).

- 뭔가 몸 둘 바를 모르겠네요(웃음). 부서 분위기나 근무 방식에 대해서는 어떻게 생각하시나요?
- 무엇보다도 가장 특징적인 건, 다양한 국적의 사람들이 함께 일하고 있다는 점이라고 생각해요. 일본 문화뿐만 아니라 여러 나라의 문화가 뒤섞인 다문화 환경에서 일하면서 많은 자극을 받고 있습니다.
- 팀원들의 사고방식 면에서도 다양성이 있어서 흥미로워요. 각 나라에서 자라온 배경이 있기에 나올 수 있는 아이디어도 있고, "이런 관점도 있구나" 하고 감탄할 때도 많습니다. 때로는 일본어와 영어를 혼용해야 할 때도 있긴 하지만요.
- 확실히 AI부는 다국적이죠. 일본인끼리도 사고방식이나 시각은 다르지만, 해외에서 자란 분들은 익숙한 게임이 다르다든가, 문화적 차이도 있어서 흥미롭습니다. 중국 출신인 송 씨는 그런 게임에 대한 관점이나 접근 방식에서 차이를 느낀 적이 있나요?
- 어릴 적부터 PC 게임을 주로 하다 보니, 가정용 게임기에 익숙한 일본 사람들과는 차이를 느꼈어요. 참고로 스퀘어 에닉스의 게임이라면 중국에서는 <드래곤 퀘스트>보다는 <파이널 판타지> 쪽이 더 잘 알려져 있어요.

저는 원래 스퀘어 에닉스 게임들이 이야기 전개나 캐릭터 구축에 강하다고 느꼈어요. 특히 <파이널 판타지 XV>를 플레이했을 때, 동료들과 함께 모험을 떠나는 그 감각은 스퀘어 에닉스이기에 가능하다고 느꼈을 정도예요. 해외 출신인 제가 보더라도 느껴지는 그런 '스퀘어 에닉스다움', '스퀘어 에닉스이기에 가능한 것'이라는 강점은 앞으로도 중요하게 지켜나가야 한다고 생각합니다. <파이널 판타지 XV>처럼 AI 기술을 도입한 새로운 도전에 계속 나설 수 있도록, 앞으로도 연구를 이어가고 싶어요.

- 근무 형태로 말하면, 우리 회사에는 재택근무 제도(※1)가 있어서 재택과 출근을 병행할 수 있어요. 또한 '홈 리브 제도' (※2)도 있어서 외국 국적을 가진 분들도 일하기 편한 환경입니다.

※1 재택근무 제도: 회사가 각 직원에게 '홈 베이스(주 3일 이상 재택)', '오피스 베이스(주 3일 이상 출근)' 를 지정하는 제도
※2 홈리브 제도: 일본 내에서 장기간 근무하는 외국인 직원이 휴가 등을 위해 일시 귀국할 수 있도록 마련된 제도

- 저는 대학원에 다닐 때 코로나19의 영향으로 한동안 고국에 돌아가지 못했는데, 홈리브 제도를 통해 고향에 다녀올 수 있었어요. 재택근무 제도 덕분에 출근과 재택을 병행할 수 있어서 유연함이 느껴집니다.
- 저는 일주일에 절반은 출근하고, 나머지 절반은 재택근무를 하는 경우가 많아요. 입사 전에는 "재택으로 일하자!"는 마음이었는데, 역시 대면 커뮤니케이션이 중요하다고 느끼게 됐어요. 다른 부서 사람들과의 대화에서 수요를 파악하거나, 실제 게임 개발 현장을 직접 보게 된다든가… 그런 경험이 연구개발에 이어진다고 생각해요.

인풋과 아웃풋을 반복하며 넓어지는 지식

- AI부는 외부 발표 기회도 많은 편이죠. 특히 모리 씨는 다양한 곳에서 발표하는 인상이 강해요.
- 제가 AI부에 들어온 게 2022년 10월이었는데, 11월에는 벌써 후쿠오카에서 열린 컨퍼런스 'CEDEC+KYUSHU 2022'에서 발표했었어요. 정말 시간과의 싸움이었죠(웃음)
그 자리에서는 자연어 처리를 어드벤처 게임에 활용한 시도와 음성 합성에 관한 연구를 발표했습니다. 그 외에도 'GDC 2023' 이라는 국제 컨퍼런스에서는 어드벤처 게임 관련 발표를, 'CEDEC 2023' 에서는 '자연어 처리를 디지털 게임에 활용하기 위해 고려해야 할 점' 이라는 주제로 강연하기도 했어요. 돌이켜보니 정말 다양한 발표의 장에 나갈 기회를 얻을 수 있었던 것 같네요.

― 대학원에서도 학생이자 연구자로서 발표 경험이 있었지만, 기업 연구자로서 기업 개발자들을 대상으로 발표할 때는 어떤 차이를 느끼셨나요?

― 학술적인 발표 자리에서도 "이 연구가 실제 사회의 문제에 어떻게 응용될 수 있나요?" 라는 질문은 받았고 답변도 해왔습니다만, 지금은 게임 개발 현장의 분들이 "이게 실제로 우리 업무에 어떤 관련이 있나요?" 라고 질문하시는 경우가 많아졌어요. 그렇기 때문에 더 현실적인 현장에 대한 답변을 준비해야겠다고 느끼고 있습니다.

― 질문을 받으면서 처음 깨닫는 부분도 있고, 그런 경험이 외부 발표를 통해 얻어지는 건 정말 감사한 일이죠. 엔도 씨와 송 씨는 아직 AI부로서 공식 발표 경험은 없는 것 같지만, 컨퍼런스 등에서 다른 회사의 발표를 들을 기회는 많았을 것 같은데요?

― 그렇습니다. 특히 기억에 남는 건 2023년에 송 씨와 함께 다녀온 영국 연수입니다. 그곳에서 '게임 AI'를 주제로 한 국제 하계 학교 'International Summer School on AI and Games 2023'에 참가했습니다. 게임 AI 연구를 이끄는 연구자들의 강연을 통해 최신 기술을 접했을 뿐만 아니라, 해외 연구자들과의 교류도 할 수 있었던 정말 좋은 경험이었습니다.

― 게임 회사뿐 아니라 IT 기업과 연구자들도 참여했었죠. 강연 후에는 게임 개발의 최전선에서 활약하는 분들과 "어떤 시도를 하고 있는지"를 이야기할 기회도 있었고요. 참가자들도 여러 나라에서 모였기 때문에 영어로 소통하면서 "어떻게 머신러닝을 연구하고 있는지" "어떤 상황을 겪었는지" 등을 디스커션할 수 있었어요. 현장에서만 얻을 수 있는 통찰도 정말 많았습니다.

― 송 씨는 현지에서 직접 게임을 만들기도 했죠?

― 네, 머신러닝 기술을 활용한 게임 AI를 주제로 한 해커톤이 있었어요. 저는 평소엔 메타 AI 중심으로 연구·개발을 하고 있지만, 해커톤 기회인 만큼 LLM을 활용해 RPG를 만들어보자는 생각을 했습니다. 다른 나라 사람들과 함께 게임을 만든 경험은 정말 좋은 자극이 되었고, 아주 새롭고 즐거운 경험이었습니다.

― 그러고 나서 참가한 것이 '도쿄 게임 쇼'였어요. 비즈니스 데이에 참가했는데, 각 회사가 만든 게임을 실제로 플레이하면서 어떤 AI가 구현되어 있는지를 알 수 있는 소중한 기회였죠.

― 저도 도쿄 게임 쇼에서 시찰할 기회를 얻어서 자연어처리를 사용한 게임에는 어떤 것들이 있는지 조사해보려고 여러 부스를 둘러봤죠. 인디 게임 부스에선 도전적인 시도들도 접할 수 있었고… 정보를 수집하는 장소이기도 해서 정말 많은 공부가 되었습니다.

― 부스의 혼잡도를 보고 "이런 게임이 인기가 있구나"라는 감각을 익힐 수도 있었고, 자사 부스에선 플레이어들의 생생한 반응을 직접 볼 수 있는 것도 좋은 점이었죠.

― 그런 분위기를 느낄 수 있는 장소는 좀처럼 없잖아요. 출전하는 입장에서도 정말 귀중한 자리라고 생각합니다.

크리에이티브한 현장에서 얻은 '게임 개발'의 시점

― AI 부서는 연구개발 부문이지만, 게임 개발 현장과의 거리감이 가까운 것도 큰 매력이죠. 단순히 연구만 하는 게 아니라 "게임 개발에 어떻게 연구 기술을 도입할까" 라는 시점이 있다고 느껴집니다.

― AI 부서는 게임 개발 현장과 완전히 분리되어 있는 게 아니거든요. 게임 프로덕트에 기여하면서도 연구로서도 가치 있는 일을 할 수 있는 균형 잡힌 환경이라고 생각합니다.

― 저는 메타 AI 연구를 하면서 게임 개발도 동시에 진행하고 있는데요. 대학원에 있을 땐 혼자 연구하는 시간이 길었는데, 지금은 팀으로 연구개발을 진행하는 일이 더 많아졌죠. 엔지니어뿐 아니라 아티스트 분들과도 함께 작업하니까 다른 사람의 의견이나 기술을 나름대로 흡수할 수 있게 되고, 더 창의적인 연구가 가능해졌다고 생각해요. 역시 게임 AI 연구를 하는 이상, 실제로 상품이 유저의 손에 닿고, 플레이되고, 평가받는 것이 가장 큰 피드백이라고 생각합니다. 그건 내 연구 성과가 간접적으로 세상에 전달된다는 뜻이기도 하고, 굉장히 두근거리는 일이죠!

확실히 게임 AI는 반드시 주인공이 되는 건 아니고, 콘텐츠 속에서 '보이지 않는 조력자'처럼 쓰일 때도 있는 것 같습니다. 그래도 그 기술을 활용한 게임 디자이너나 아티스트, 플레이어로부터 직접 "이거 정말 좋았어요" 같은 피드백을 받으면 엄청 기쁘지 않나요?

 그 부분에 대해서 나는 오히려 어려움을 계속 느끼고 있어요. 입사한 지 아직 몇 년밖에 안 됐지만, 좀처럼 게임에서 실제로 사용할 수 있는 수준의 퀄리티를 만들어내지 못하고 있다는 생각이 들거든요. 개발 현장과 함께 일하는 건 정말 즐겁지만, 반대로 말하면 현장에서 요구하는 수준의 것, 실제로 사용할 수 있는 걸 만들어야 한다는 부담도 있습니다. 아직 갈 길이 멀지만, 게임 업계에서 톱 클래스의 기술을 보유한 현장에서 연구할 수 있다는 건 소중한 경험이고, 앞으로도 계속 정진해 나가고 싶습니다.

 그래도 연구하는 과정을 즐겁게 느낄 수 있다면 그건 정말 좋은 일이라고 생각합니다. 모리 씨도 AI 부서의 이런 연구 현장에서 일하면서 느낀 점이 있을까요?

 <mark>제 경우는 '연구 성과를 사용할 사람들에 대한 해상도'가 올라간 것 같습니다.</mark> 원래는 연구하던 집필·창작 지원 프로젝트에서도, "소설가들은 이걸 이렇게 쓸 거야" 라는 식의 이미지를 바탕으로 시스템을 설계하긴 했지만, 사용자 입장에서의 사용 편의성 같은 부분까지 충분히 다듬지는 못했던 것 같거든요.

입사하고 나서는, 사용자 여러분의 손에 전달된다는 전제를 바탕으로 한 '의식' 측면에서 배운 것이 많았습니다. '자연어 처리 모델이 응답하기까지 얼마나 시간이 걸리는지, 사용자가 스트레스를 느낄 만큼 대기 시간이 길지는 않은지', '게임 엔진 안에서 제대로 동작하는지' 등, 게임이나 디지털 엔터테인먼트의 연구·개발에서 당연히 고려해야 할 부분이지만, 그전까지는 스스로 인식하지 못했던 점들에 대한 감각이 바뀌고 있다고 생각합니다.

 게임 개발이라는 관점을 갖게 되었다는 것이지요. 저도 입사 당시에는 게임 디자인에 대해서는 완전한 문외한이었기 때문에 입사 후에 배운 것이 많았습니다.

 저와 송 씨는 입사 후, 팀 단위로 게임을 만드는 연수를 받았었지요. 엔지니어뿐만 아니라 아티스트, 플래너, 프로젝트 매니저, 프로듀서 분들과 함께 게임을 만드는 경험을 통해 다른 직군 분들의 고집과 사고방식뿐 아니라 커뮤니케이션의 중요성도 실감할 수 있었습니다.

 다른 사람들과 비교해 보면, 제 실력은 아직 많이 부족하구나 하고 실감했습니다(웃음). AI 부서에 들어온 뒤에는 게임 프로그래밍에 필요한 C++과 머신러닝 관련 연수도 받으며 많은 것을 배웠습니다.

 저는 경력직 입사였기 때문에 신입 사원 팀과 함께하는 게임 제작 연수는 받지 않았지만, 입사 후 게임 엔진을 직접 다뤄보며 정말 아무것도 몰랐구나 하고 느꼈습니다. 개인적으로 게임 엔진으로 작은 퍼즐 게임을 만들어 본 적은 있었기에 "뭐, 만져본 적은 있어요"라는 마음이었지만, 그 정도는 만져본 축에도 못 드는 수준이었더군요.

 정말로 시야가 확 바뀌었어요. 아무리 좋은 성과를 낸 연구라도 "게임 개발적인 관점에서 쓸 수 있는가"라는 시각이 없으면 안 되고, 반대로 최신 연구와 비교해 보면 퀄리티는 낮지만 게임에는 매우 유용한 연구도 있습니다. 그런 <mark>'게임 개발의 관점'으로 연구에 임하는 자세는 AI 부서에 들어와서 비로소 갖게 된 것 같아요.</mark>

마음에 남는 게임 체험을 목표로

🧑 그럼 마지막으로, 앞으로의 꿈이나 전망에 대해 말씀해 주세요.

🟢 저는 메타 AI 기술을 유행시키는 것이 목표입니다. 지금의 캐릭터 AI나 내비게이션 AI처럼, 메타 AI도 앞으로는 더욱 기본적인 기술로 취급될 수 있도록 만들고 싶습니다. 메타 AI를 활용한 다양한 게임이 만들어진다면 정말 기쁠 것 같습니다.

메타 AI를 게임에 도입함으로써, 플레이 중 개발자가 의도하지 않았던 스트레스 요소를 해소하고, 동시에 사용자에게 재미를 느끼게 하는 부분을 더욱 끌어낼 수 있다고 생각합니다. 예를 들어, 사용자 한 사람 한 사람을 위한 고유한 이야기를 생성하거나, 새로운 도전과 놀라움을 메타 AI가 제공하는 형태를 실현하고 싶습니다.

🔵 저는 스퀘어 에닉스가 만들어내고 세상에 선보이는 이야기들 속에 저희 기술이 더욱 활용되었으면 좋겠다고 생각하고 있습니다. 제가 연구하고 있는 자연어 처리뿐만 아니라, AI 부서에서는 그 외의 다양한 기술도 연구되고 있습니다. 그런 기술들이 스퀘어 에닉스의 '이야기' 속에 점점 더 녹아들어 갔으면 합니다.

예를 들어 <드래곤 퀘스트 V>에서 주인공의 결혼 상대를 누구로 정할지 고민했던 일이나 <드래곤 퀘스트 III>에서 시작 부분의 성격 진단에서 어떻게든 '외톨이 늑대(いっぴきおおかみ)'를 뽑으려고 수없이 플레이했던 일 같은… 그런, 스퀘어 에닉스가 만들어낸 세계에서 모험하고 이야기를 체험했던 추억이 있습니다. 제가 그렇게 사랑했던 그곳에, 제가 만든 기술이 관여할 수 있다면 참 좋겠다고 생각합니다

그리고 장기적으로는, AI 기술이 사용되고 있다는 사실조차 의식되지 않게 되었으면 좋겠어요. 아마 어떤 종류의 AI가 '당연한 것'이 되는 세상이 오면 애초에 그런 AI는 'AI'라고조차 불리지 않게 될 겁니다. '언젠가는 당연해질 기술'을 목표로 연구하는 사람으로서는 오히려 '언젠가 잊혀질 정도'가 가장 이상적인 모습 아닐까 싶어요. 언젠가 이 책을 읽은 분들이 "아, 이런 사람도 있었네"라고 생각해주는 정도면 딱 좋을지도 모르겠네요.(웃음).

 모리 씨가 이야기했던 '게임의 세계를 체험하고, 이야기를 음미한다'는 얘기를 들으면서 저도 농담 반 진심 반으로 '이세계 전생'을 할 수 있는 환경을 만들어보고 싶다는 꿈이 있어요. 물론 진짜로 이세계로 전생하자는 얘기는 아니고, 어디까지나 게임으로 만들 수 있다면 좋겠다는 상상입니다!

애초에 대부분의 게임은, 자신이 직접 이야기를 만들어갈 수 있는 형태가 아니고, 선택 가능한 행동도 어느 정도 정해져 있잖아요. 어릴 땐 그런 부분이 답답하게 느껴졌던 기억이 있어요. 하지만 요즘은 오히려, 자유롭게 동료들과 모험할 수 있는 환경만 주어졌을 땐 별로 재미가 없다는 걸 깨달았어요. 애니메이션이나 영화, 만화, 소설이 흥미로운 이유는, 이야기나 세계관 설정이라는 기반 위에서 캐릭터들이 행동하기 때문이고, 그냥 자유롭게 모험만 한다고 해서 애니메이션처럼 극적인 이야기가 생겨나는 건 아니니까요.

그래서 지금은, 시나리오나 세계관을 이해한 상태에서, 애드리브로 연기할 수 있는 캐릭터를 AI로 만들어볼 수 없을까 고민하고 있어요. 현재 진행 중인 캐릭터 애니메이션 연구도 그 목표와 연결되어 있다고 느끼고요. 기존 게임보다 훨씬 더 자유롭게 캐릭터와 상호작용할 수 있는 AI 시스템을 만들고 싶습니다.

🧑 이야기도, 애니메이션도, 메타 AI를 통한 게임 디자인도, 마음에 남는 게임 체험을 만들기 위해서는 이 모든 요소가 꼭 필요하다고 생각해요. 분야는 다르지만, AI 부 내에 이렇게 비슷한 목표를 가진 동료들이 있다는 게 저한테도 정말 큰 힘이 됩니다. 앞으로도 세계 디지털 게임 AI 씬을 이끄는 전문가 집단으로서 디지털 게임의 미래를 함께 탐색해나가고 싶어요.

PART 5
AI를 활용한 품질 보증 자동화

현대의 게임 개발에서는 어느 정도 게임 개발이 완료된 이후의 품질 보증 공정이 큰 비중을 차지한다고들 말합니다. 이는 마치 글을 쓴 뒤에 한자의 오탈자가 없는지, 문장의 연결이 어색하지 않은지를 확인하는 것과 비슷합니다. 문장이 길어질수록 그 확인 작업도 비대해지기 마련입니다. 이와 마찬가지로 게임 개발 공정이 대규모화하고 복잡해질수록 품질 보증 공정 역시 크고 긴 작업이 되어갑니다. 따라서 이 공정을 AI에 의해 자동화하는 것이 현대 게임 개발에서 강하게 요구되고 있습니다. 이 새로운 도전적인 영역에 도전하는 이들이 바로, 이 분야의 전문가인 파비앙 님, 오오타 님, 조슈아 님입니다.

PART 5는 PART 1~4와는 상당히 분위기가 다릅니다. 지금까지는 '게임을 만든다'는 것에 특화된 내용을 다뤘습니다. 그러나 본 PART에서는 '게임을 테스트한다'는 것이 주제입니다. 이는 만든 게임을 대상으로 삼아 철저히 조사하는 것을 의미합니다. 이 '테스트한다'는 말에는 '사양대로의 데이터인지 확인한다', '제대로 동작하고 있는지 확인한다', '무엇이 문제인지 밝혀낸다'는 뜻이 담겨 있습니다. 그리고 '개발자에게 문제점을 어떻게 전달할 것인가?'가 중요한 포인트가 됩니다. 게임 개발의 긴 역사 속에서 게임을 테스트하는 테스터는 항상 인간이었습니다. 그리고 현재, 인간이 아닌 'AI 테스터'가 게임을 플레이하고, 그 결과를 데이터로서 수집·분석하는 새로운 시대로 접어들고 있습니다.

'게임 테스트'란 대규모·복잡화된 게임의 모습을 포착하려는 시도이기도 합니다. 이 PART에 등장하는 다양한 그림들은 게임이라는 다차원 우주의 여러 단면을 보여줍니다. 다소 어려운 설명이 많지만, 세세한 부분은 몰라도 괜찮으니 계속 읽어 내려가 보시기 바랍니다. 게임이라는 운동하는 우주의 모습을 포착하려는 엔지니어링의 의지를, 부디 즐겨주시기 바랍니다.

미야케 요이치로

품질 보증의 개요

비디오 게임에 있어서의 품질보증(QA)과 테스트의 위치

지금까지는 게임 플레이어에게 직접적으로 영향을 미치는 AI 기술을 소개해 왔지만, 게임 그 자체 외에도 다양한 분야에 AI를 활용할 수 있습니다. 그중 하나가 게임의 '품질 보증(QA, Quality Assurance)'과 그 활동 중 하나인 '테스트'입니다. QA는 테스트에만 국한되지 않고, 게임 개발에 있어서 포괄적인 품질 활동을 지칭합니다. 한편, 테스트는 품질 보증 활동의 일환으로서 게임의 기능적인 면에서의 동작을 보증하거나, 비기능적인 면(성능이나 유저빌리티, 인종·성별·종교·장애에 대한 다양성에 대한 적절한 대응 등)의 동작을 보증하기 위해 수행됩니다.

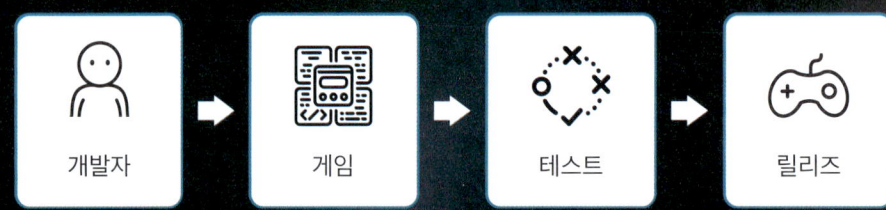

[그림 A] 개발부터 릴리즈까지의 이미지

비디오게임 시장이 국내에 한정되어 있던 시기에는, 기능 면에서의 테스트를 게임 개발자의 직감과 경험에 기반하여 애드혹(ad hoc) 방식으로 수행해도 출시 가능한 수준의 품질을 확보할 수 있었습니다. 그러나 하드웨어의 진화와 플랫폼의 확장(PC, 스마트폰, 태블릿 등)에 따라 비디오게임의 규모가 거대화·복잡화되었고, 시장 역시 전 세계로 확대되면서, 비기능적인 측면을 포함한 대규모 테스트가 필요하게 되었습니다.

이에 대응하기 위해 게임 업계에서는 사내에 테스트를 비롯한 품질 보승 업무를 전문으로 수행하는 독립적인 QA 부서를 두거나, 외부 테스트 회사에 테스트 업무를 위탁하는 방식으로 대처해 왔습니다. 더불어, 이미 QA와 테스트 개선이 진척되어 있던 타 산업 분야로부터 배워, 품질 보증 프로세스를 개선하고(테스트에도 소프트웨어 개발과 마찬가지로 계획·분석·설계·구현 등의 단계 도입), 테스트 기법의 도입도 추진해 왔습니다.

비디오 게임의 특수성과 테스트

비디오 게임이라는 소프트웨어에는 아래와 같은 특수성이 존재합니다.

- 비디오 게임은 프로그램과 콘텐츠(음성, 지형, 캐릭터 등의 데이터. '에셋'이라 불리는) 로 구성되어 있으나, 그 구성 비율은 1:99에서 3:97 정도다.
- 콘텐츠는 외형적인 정보뿐만 아니라 동작에 영향을 주는 정보를 함께 포함하고 있으며(충돌 판정이나 물리 반응에 사용하는 콜리전 메쉬, 캐릭터의 가동 범위를 결정하는 본, NPC 캐릭터의 동작을 AI가 결정할 수 있게 하는 내비메쉬 등), 이러한 요소들이 프로그램과 통합된 상태에서 제대로 작동하는지를 확인해야 한다.
- 프로그램은 위와 같은 콘텐츠를 적절히 연결하고 협조적으로 작동시키는 것이 주된 역할이므로 필연적으로 다양한 콘텐츠 및 다른 프로그램(컴포넌트)들과의 의존 관계를 가지며, 상호작용이 반드시 필요하다.

이러한 이유로 비디오게임 테스트는 주로 프로그램과 콘텐츠를 제품판에 가까운 형태로 통합한 패키지를 대상으로 이루어집니다(소프트웨어 엔지니어링 용어로는 '시스템 테스트' 또는 '인수 테스트'라고 부릅니다). 결과적으로, 품질 보증 프로세스의 개선이나 테스트 기법 도입과 같은 개선 활동 또한 이 '시스템 테스트'를 중심으로 진행되어 왔습니다.

[그림 B] 그래픽 관련 에셋의 구성 비율은 매우 크다.
풀HD 사이즈의 비압축 이미지 1장의 용량은 약 6MB로, 이는 소스코드 약 600만 자 분량에 해당하는 크기

테스트 자동화의 대상과 개발 페이즈

테스트 자동화 역시 '시스템 테스트'를 대상으로 하지만, 그 안에서 수행되는 테스트에는 다양한 종류가 존재합니다.

자동화를 검토할 때는 몇 가지 축(axis)을 기준으로 분류할 수 있습니다. 예를 들어, 사람과 기계가 각각 잘하는 테스트로 구분하는 방식이 있습니다.

1. 사람이 잘 하는 테스트
   - 탐색적 테스트 : 테스트 기법이나 자신의 경험에 기반하여 새로운 버그를 발견하는 테스트
2. 기계가 잘 하는 테스트
   - 회귀 테스트(리그레션 테스트): 변경이 이루어졌을 때 기존 기능이 퇴보하지 않았는지를 확인하는 테스트
   - 망라 테스트: 절차나 경로를 빠짐없이 확인하는 테스트. 비디오게임에서는 충돌 판정이 정의된 모든 위치에서 적절히 작동하는지를 확인하는 '콜리전 체크', 특정 장소나 상태에 따라 프레임 속도(FPS, frames per second)가 저하되지 않는지를 확인하는 'FPS 테스트' 등이 해당됩니다.

또한 별개의 축으로는, 적용되는 개발 페이즈에 따라 구분하는 방법도 있습니다.

1. 프리프로덕션
   게임의 시스템을 검토하고, 게임의 완성 이미지를 확립하는 단계. 시도와 실패를 반복하기 때문에 프로그램이나 콘텐츠는 제작 후 폐기되거나 다시 제작되는 경우가 많다.
2. 알파
   게임을 내부적으로 플레이할 수 있을 정도까지 제작하는 단계. 콘텐츠는 일부 임시 버전일 수 있고, 이후 다시 제작되는 가능성도 있다. 기반이 되는 프로그램은 거의 완성되어 있는 상태.
3. 베타
   게임을 거의 완성된 상태까지 마무리하는 단계. 이 단계의 패키지를 사용하여 외부 테스트 플레이를 실시하는 경우도 있다.
4. 마스터 체크
   제품으로서 출시할 수 있는 패키지로 마무리하는 단계. 게임 밸런스의 최종 조정이나 버그 제거 그리고 이에 따른 '시스템 테스트'도 이 시점에서 수행된다.
5. 출시 후의 패치 릴리즈 및 추가 콘텐츠 개발
   출시 후에 치명적인 버그가 발견되었을 경우 수정 패치를 제공하거나 유료 다운로드 콘텐츠(DLC) 개발이 이루어지는 경우가 있다.

[그림 C] 테스트 플레이의 모습

테스트 자동화는 테스트 대상이 어느 정도 안정되지 않으면, 재구성 비용이 매우 커지게 됩니다. 이 때문에 앞서 제시한 두 가지 축을 기준으로 평가할 경우 '베타', '마스터 체크' 및 '출시 후의 패치 릴리즈나 추가 콘텐츠 개발' 시점에서의 '회귀 테스트'와 '망라 테스트'에 한정하는 것이 투자 대비 효과를 높일 수 있습니다. 다만, 테스트 자동화 시스템의 구현 방식에 따라 '출시 후의 패치 릴리즈나 추가 콘텐츠 개발'에 적용하거나 해당 제품에 테스트 자동화 메커니즘을 삽입하기 어려운 경우에는 후술할 '아웃게임'의 테스트 자동화가 실현 수단이 되므로 개발 비용이 매우 높아질 수 있습니다.

반대로, 프로그램의 소스코드에 접근할 수 있는 수단이 있으며 테스트 자동화 메커니즘을 쉽게 삽입할 수 있는 경우, 이미 출시되어 품질이 확보된 제품을 대상으로 테스트 자동화를 적용할 수 있기 때문에 투자 대비 효과는 매우 높아질 것입니다.

시스템으로서의 테스트 자동화

'회귀 테스트'나 '망라 테스트'를 테스트 자동화의 대상으로 정하고, 단순히 테스트 실행만을 자동화하더라도 그 효과는 제한적입니다. 따라서 대상 게임의 어떤 버전을 대상으로, 어떤 시나리오의 테스트를 수행할지에 대한 테스트 계획, 발견된 버그를 어떻게 분석하고 보고할지를 포함한 버그 보고 단계까지, 전체 라이프사이클 상에서 어떤 부분을 어떻게 자동화할지, 또 어떤 부분은 사람의 손으로 남겨둘지를 고려해야 합니다. 이 PART에서는 테스트 실행의 자동화뿐만 아니라 이러한 계획 및 보고까지 포함한 종합적인 자동화 시스템의 설계와 구현에 대해 해설합니다.

비디오게임 테스트 실행에서의 고유한 과제

업무용 시스템 등과 크게 다른 비디오게임의 주요 특징은 바로 '랜덤성'입니다. 주사위를 사용하는 아날로그 게임을 포함해 다양한 요소가 확률에 의해 결정되며 그것이 게임이라는 엔터테인먼트의 매력 중 하나가 됩니다.

예를 들어 액션 게임이라면 적의 움직임이나 사용하는 기술에 랜덤성이 있습니다. 카드 게임이라면 어떤 카드를 획득하게 될지를 확률로 결정하게 됩니다. 하지만 이 '랜덤'이라는 속성은 테스트 자동화와는 가장 상성이 좋지 않은 요소 중 하나입니다. 가장 단순한 테스트 자동화는 수학의 함수처럼 입력에 대해 출력이 하나로 결정되는 결정적인 대상을 다룰 때입니다. 그러나 비디오게임은 랜덤성 그 자체로 이루어져 있습니다.

또한 랜덤성을 제외하더라도, 개발 단계에서는 캐릭터나 오브젝트의 배치, 움직임, 패턴 등에 수정이 자주 발생합니다. 이로 인해 비디오게임의 테스트 자동화에서는 이러한 랜덤성에 대한 대응이 반드시 필요하게 됩니다. AI는 이러한 랜덤성에 대응하는 데에도 활용할 수 있습니다.

그럼 다음 장부터는 테스트 실행의 자동화에서 AI를 어떻게 활용할 수 있는지를 몇 가지 패턴으로 나누어 살펴보겠습니다.

[그림 D] 랜덤성 때문에 공격이 반드시 명중하는 것은 아니다

그라보 파비앙 Fabien Gravot

2004년 프랑스 툴루즈에 위치한 Paul Sabatier 대학교에서 컴퓨터 사이언스 박사 학위를 취득.
2011년에 입사하여 『FINAL FANTASY XIV: A Realm Reborn』 및 『FINAL FANTASY XV』에서 내비게이션을 담당했으며, 『Game AI Pro』, 『Game AI Pro 3』 챕터 집필을 통해 해당 내용을 공개함. 현재는 QA 지원 툴 개발 팀의 리더로서, AI 기술을 활용한 게임 자동 리플레이 등의 게임 품질 확인 지원 툴 개발에 종사하고 있음.

오타 켄이치로 Kenichiro Ota

2001년 3월 와세다대학교 대학원 공학부 정보공학과 졸업. 전공은 소프트웨어 엔지니어링.
BtoB 및 BtoC의 다양한 산업 분야에서 테스트 자동화 지원을 경험한 뒤, 2018년 자동 테스트 툴 프로그래머로서 주식회사 스퀘어 에닉스에 입사. 현재는 품질관리 부문 QSTD에서 자동 테스트 플랫폼 ACRE의 개발 및 운용을 담당.
관심 분야는 소프트웨어 아키텍처, 소프트웨어 패턴, 최적화 알고리즘 등.

앤서니 조슈아 Joshua Anthony

툴 프로그래머. 영국 브리스틀 대학교에서 컴퓨터 사이언스 석사 학위 취득.
대학교 3학년 때 미국 캘리포니아대학교 샌디에이고 캠퍼스(UCSD)로 1년간 교환유학을 다녀옴.
2018년 졸업 후 핀테크 기업에서 사내 툴 개발을 담당.
2023년 주식회사 스퀘어 에닉스에 입사하여 QA 지원 툴 개발 팀에서 버그 분류 시스템 및 분석 툴을 담당하고 있음.

[QA]
'큐 에이'라고 발음한다. 과거에는 '디버그'라고 불리던 직무. 게임 관련 엔터테인먼트가 더 넓고 고도화되면서 디버깅에 요구되는 범위도 더 넓고 깊어졌다. 현대 QA의 중핵을 담당하는 이들의 지식과 기술에는 놀라움을 금할 수 없다.

QA에서 게임 AI 활용

일반적으로 게임에서는 노 플레이어 캐릭터(NPC)를 위해 AI를 구현하지만, 때로는 사람을 대신해 자동으로 동작하는 봇(Bot)을 구현하기도 합니다(그림 1). 이는 온라인 게임에서 특히 중요합니다. 온라인 게임에서는 항상 플레이어의 클라이언트와 게임을 운용하는 서버 간의 통신이 지속되어야 합니다. 연결이 끊긴 플레이어를 즉시 봇으로 교체함으로써 다른 멤버들이 느끼는 불만을 방지할 수 있습니다. 또한, 플레이어 수가 부족할 때의 보조 역할이나, 인간 플레이어와 대전하기 전의 연습용으로도 사용할 수 있습니다.

많은 경우, 이러한 봇은 플레이어와 동일한 입력 방식을 사용하여 제작됩니다. 이와 같은 봇이 개발 비용은 높지만, 매우 인간에 가까운 행동을 하기 때문에 게임 테스트 중에 실제 플레이어를 대체하는 용도로 사용할 수 있습니다. 『【For Honor】』[1]에는 12종류의 봇이 있으며, QA 팀이 하나의 난이도만 점검한 뒤, 모든 봇끼리 자동 대전을 수행하게 하여 각 봇의 특성을 평가함과 동시에 난이도 확인 비용을 절감하는 방법이 제시되었습니다. 게임을 테스트하는 방법으로는 다음의 세 가지가 있습니다.

[For Honor]
프랑스 Ubisoft사에서 2017년에 발매한 액션 게임. 모션 매칭(Motion Matching) 기술을 대대적으로 도입하여 여타 작품들과는 차별화된 매끄러운 애니메이션 표현을 구현한 타이틀로도 유명하다.

- 시뮬레이션(게임을 실제로 자동 실행해보기)
- 탐색(Bot에게 게임 스테이지를 탐험시키기)
- 스크립트 또는 조작 기록과 리플레이(행동을 지정하여 플레이시키기)

지금부터 이들을 차례로 설명하겠습니다.

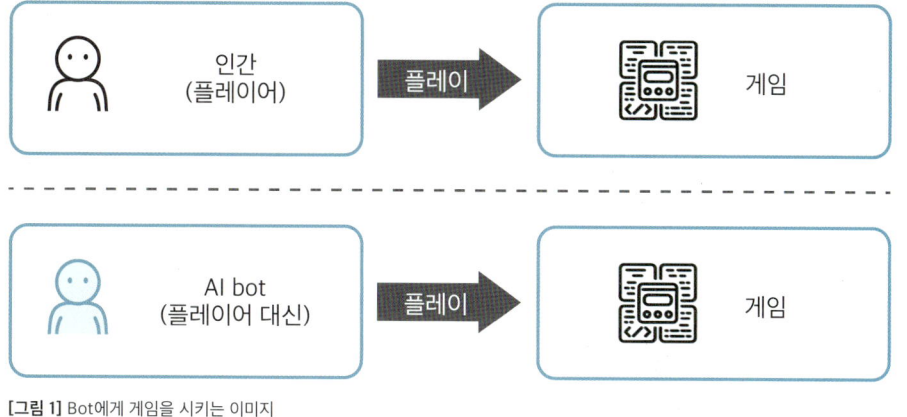

[그림 1] Bot에게 게임을 시키는 이미지

1. 시뮬레이션 테스트

시뮬레이션 테스트는 앞서 언급한 것처럼 게임 AI 캐릭터에게 상황을 인식시키고 의사 결정을 하게 하는 등 고도로 제어된 방식으로 실행할 수도 있지만, 랜덤 입력과 같은 단순한 방법으로도 수행할 수 있습니다. 일반적으로 랜덤 입력 방식은 멀리까지 도달하기는 어렵지만, 거의 테스트되지 않았던 조합에서 발생하는 버그를 발견할 수 있습니다. 또한, 시뮬레이션 테스트에 딥러닝(심층 학습)이나 기타 AI를 활용하는 사례도 있지만, 비용 절감이 제대로 이루어질 수 있도록 주의가 필요합니다.

『Battlefield V』에서는 이와 같은 봇을 구축하여 맵을 테스트하고 다수의 봇을 맵 안에서 배회시키는 방식이 사용되었습니다. 이를 통해 크래시 버그뿐 아니라 성능 문제까지 발견할 수 있었으며, 또한 텔레메트리(원격 데이터 수집)를 활용하여 셀 간 이동(트래버스)이 어려운 지점을 찾아낼 수 있었다고 소개되었습니다[2].

【Bot】
'봇'이라고 읽는다. 로봇(robot)이라는 단어에서 유래되었으며 'Robot'의 앞 두 글자를 딴 형태이다. 하드웨어를 포함하는 경우는 'Robot', 소프트웨어만으로 존재하는 경우는 'Bot'이라 부르는 경향이 있다. 'Robot'은 원래 체코어 'Robota'에서 유래한 것으로 알려져 있으며 일본어식으로는 '로보타'라고 부르면 더 친근하게 느껴질지도 모른다.
"근데 'Robota'는 여성 명사 아닌가요?"
그랬구나, 그건 미안.
"발음은 '로보타'보단 '우로봇타' 쪽이 더 가깝지 않나요?"
닥쳐.

【Battlefield V】
미국 Electronic Arts사에서 2018년에 발매한 FPS 타이틀. 제2차 세계대전을 배경으로 펼쳐지는 대규모 온라인 모드가 특징이다.

[그림 2] 게임 내 필드를 걷는 모습 ©ARMOR PROJECT/BIRD STUDIO/SQUARE ENIX

[그림 3] 게임의 메뉴 화면 ©ARMOR PROJECT/BIRD STUDIO/SQUARE ENIX

2. 탐색 테스트

탐색 테스트는 기본적으로 캐릭터가 이리저리 움직이며 이루어지는 테스트입니다. 시뮬레이션과 매우 비슷하지만, 다른 측면도 존재합니다. 그것은 탐색한 영역의 맵을 작성하고 그 맵을 바탕으로 탐색되지 않은 영역을 찾아내는 것입니다. 이 맵은 반드시 위치 기반일 필요는 없습니다. 예를 들어 『캔디크러시』(Candy Crush Saga)』에서는 메뉴를 탐색하는 봇이 구현되었습니다. 이 봇은 이미지에서 클릭 가능한 부분을 찾아내고, 연결된 메뉴의 그래프를 작성하여 아직 탐색되지 않은 전이(transition)에 도달할 수 있을 때까지 새로운 버튼을 계속 시도할 수 있었습니다. 이는 크래시 테스트에만 국한되지 않고, 버튼 인식이 이미지 처리에 기반하고 있기 때문에 메뉴의 시각적 요소에 대한 버그 감지에도 활용될 수 있었습니다[3].

3. 스크립트 테스트

【스크립트】 테스트의 주요 목적은 어떤 테스트가 실행되는지를 더 정밀하게 제어하고, 시뮬레이션이나 탐색 테스트로는 얻을 수 없는 정보를 얻는 데 있습니다.

예를 들어, '어느 마을의 상점에서 포션을 구입한 후, 특정 NPC에게 【전달하는 퀘스트】'가 있다고 가정해 봅시다. 전형적인 탐색 시스템에서는 이 퀘스트를 성공시키기 위해 모든 마을의 모든 상점에서 모든 아이템을 구입하고 모든 NPC에게 전달해 보려 할 것입니다. 하지만 퀘스트 설명과는 다른 조건으로 퀘스트가 성공하는 경우도 존재할 수 있으므로 이 방식은 그 퀘스트의 테스트로는 적절하지 않습니다.

이러한 유형의 테스트는 스크립트화가 필요하며, 게임 전체를 플레이할 수 있도록 만들기 위해서도 중요한 요소입니다.

【Candy Crush Saga】
2012년에 몰타공화국의 King Digital Entertainment사에서 발매된 매치 3 퍼즐 게임. 처음에는 Facebook 앱으로 제공되었고, 이후 스마트폰으로도 전개됨. 5년간 30억 회 이상 다운로드된 대인기 타이틀.

【스크립트】
가타카나로 '스쿠리푸토(スクリプト)'라고 하면 프로그램과 비슷한 무엇인가를 떠올리게 되지만, 여기서의 스크립트 테스트에서는 원래 뜻인 script 그대로, '대본'이나 '원고'의 의미로 사용되고 있다.

【전달하는 퀘스트】
소위 '심부름 퀘스트'. 오늘도 어딘가에서 구세의 용사는 마왕 따위는 제쳐두고 배달 업무에 열중하고 있을 것이다.

[그림 4] 게임의 전투 장면 ©ARMOR PROJECT/BIRD STUDIO/SQUARE ENIX

하지만 스크립트를 작성하는 데는 비용이 들기 때문에 이를 보조해줄 도구가 있다면 매우 유용합니다. 가장 단순한 방법은 【게임 플레이의 조작 기록】을 활용하는 것입니다. 테스터에게 해당 테스트를 수행하고 있는 것처럼 게임을 실제로 플레이하게 하고, 이후 이 테스트를 리플레이 하는 데 필요한 유용한 조작 단계를 시스템이 추출해내는 방식입니다. 이것은 시스템이 결정론적일 경우 입력을 기록하는 것만큼 간단한 작업입니다. 또한, 후술할 바와 같이 게임 상태(game state)에 따라 명령을 재해석하는 것도 가능합니다. 예를 들어 전투 상황에서는 리플레이마다 실제 행동이 달라질 수 있기 때문에, 다양한 적에게 사용된 공격을 기록하는 방식으로 대체할 수 있습니다.

【게임 플레이의 조작 기록】
키로거(keylogger) 또는 키로깅(keylogging)이라고도 불림. 하드웨어에 대한 입력을 그대로 기록함으로써 소프트웨어(게임 타이틀)마다 상이한 구현 방식의 영향을 받지 않게 해줌.

4. 비침투형과 침투형 테스트

스크립트 테스트(특히 플레이어의 입력에 기반한 테스트)에서는 【비침투형 테스트】를 수행하는 것이 가능합니다. 여기서 말하는 테스트란 실제로 AI가 게임을 플레이하여 게임의 동작을 확인하는 것을 의미합니다.

침투형 테스트란 테스트를 목적으로 게임에 수정을 가하는 테스트 방식입니다(예: 코드를 수정하여 자동 전투 상태를 무적 상태로 만드는 등). 테스트 수행에 필요한 정보를 제공하도록 게임을 조작하고 검증하는 방법입니다. 반면, 비침투형 테스트란 게임을 변경하지 않고 수행하는 테스트 방식으로, 플랫폼 레벨에서 동작합니다. 이는 실제 출시되는 게임과 완전히 동일한 환경에서 테스트를 수행할 수 있도록 하기 때문에 매우 중요합니다.

문제는 게임으로부터 정보를 얻어내는 것이 어렵다는 점입니다. 이에 대한 해결책으로는 여러 방식이 있습니다. 가장 성능이 뛰어난 방식은 '이미지 인식' 기반이며, 기록에 다양한 조건을 추가하는 것도 가능합니다(이벤트 발생을 대기하거나, 랜덤한 결과를 얻기 위해 서로 다른 행동을 선택하거나, 테스트 조건을 검증하는 등).

【비침투형 테스트】
non-intrusive test. 일본어에는 적절한 대응어가 없는 것 같지만, 공업 분야에서 사용되는 '비파괴 검사'가 이미지적으로 가장 유사한 개념이라 할 수 있음.

자동화할 수 있는 테스트의 수는 제한되지만, 이 시스템은 매우 범용성이 높기 때문에, 예를 들어 메뉴 테스트 등 다양한 게임에 적용할 수 있습니다.

게임에 **【랜덤성】**(예: 적의 공격 방식이 매번 달라지는 등)이 존재할 경우, 화면으로부터 게임 세계를 재구성하는 작업은 각 게임에 특화된 처리가 되어야 하므로 비용이 많이 듭니다. 이 때문에 대부분의 경우, 게임 자체로부터 필요한 정보를 직접 얻는 편이 더 간단합니다. 이 방식은 구현 비용이 들지만, 이미지 기반 기술보다 훨씬 저렴하고, 레벨의 변화에 대해서도 더 **【로버스트한】** 스크립트를 작성할 수 있습니다.

【랜덤성】
TRPG의 주사위 굴림 시절부터 게임의 놀이 구조를 지탱해 온 핵심 개념. 하지만 QA 관점에서는 정말 성가신 존재. 1/4096 확률로 발생하는 이벤트의 QA 체크 같은 건, 가볍게 의뢰하지 마라!

【로버스트한】
AI 분야(?)에서 자주 쓰이는 표현. '견고하'이라는 의미지만, 문맥상으로는 '유연한'이라는 뉘앙스가 더 어울리는 경우가 많다.

테스트 구현 방식	비침투형	침투형
최종 빌드의 테스트	OK	NG
계측용 빌드 테스트(개발용 데이터 생성)	부분적(계측 빌드에서는 FPS가 크게 떨어질 가능성 있음)	OK
다른 프로젝트로의 재사용성	매우 우수(스크립트만 필요)	게임/엔진별로 별도 구현 필요
레벨 변경 대응력	NG	부분적 가능
랜덤성 대응력	NG	OK
사용 시점	프로젝트 종료 시점	플레이어블 레벨 제작 시점부터 가능

[표 1]

다음으로는 스퀘어 에닉스의 몇몇 게임 타이틀에서 현재 사용되고 있는 탐색 기능을 갖춘 조작 기록 및 리플레이 기반 침투형 테스트 시스템을 소개합니다.

5. ACRE의 취지

테스트는 대개 반복적인 작업이기 때문에 사람에게는 동기 부여가 어려운 일입니다. 그러나 반복적인 작업일수록 AI로 자동화하기 쉬운 작업이기도 합니다. 사람이 전문 지식을 요구하는 작업에 더 많은 시간을 쓸 수 있도록 우리는 ACRE(AI Controlled Replay and Exploration)라는 게임 테스트 자동화 프레임워크를 개발했습니다. 이 시스템은 침투형 시스템입니다(플러그인이 제어할 수 있도록 게임 코드를 수정함).

이 시스템의 핵심 아이디어는 리플레이 메커니즘입니다. 테스터가 한 번 게임을 플레이하면 시스템은 그 행동을 그대로 리플레이(같은 동작을 재현)합니다. 게임의 랜덤성에 대응하기 위해 시스템은 현재의 게임 상태를 식별하고 이를 제어하기 위한 전용 봇을 사용합니다. 대부분의 게임 상태에서 플레이어를 제어할 수 있는 AI 덕분에 시스템은 기록된 경로를 중심으로 레벨을 탐색할 수 있게 됩니다. 게임의 진행(예: 퀘스트, NPC와의 상호작용 등)은 지금까지와 마찬가지로 리플레이 시스템이 담당합니다.

[그림 5] 목표 지점까지의 경로 탐색

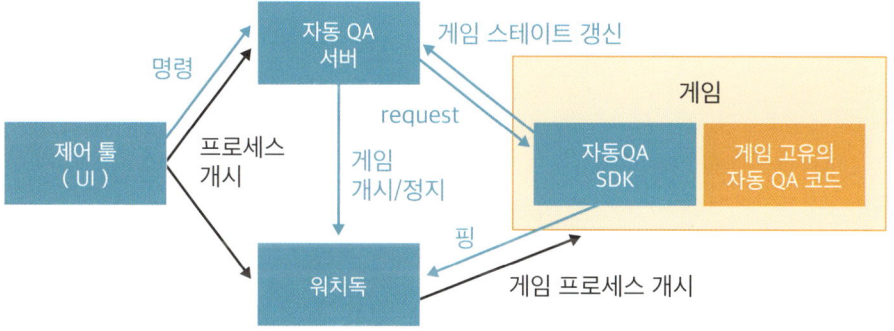

[그림 6] 게임 조작 기록 및 리플레이에 사용되는 프로세스와 신호

6. 조작 기록과 리플레이

ACRE 시스템은 조작 기록과 그에 기반한 AI를 활용한 리플레이(기록된 플레이어의 행동을 재현하는 것)를 기본으로 합니다. 하지만 여러 프로젝트 간의 재사용성을 높이고 게임에 미치는 영향을 줄이기 위해 계산의 일부는 **[게임 프로세스 외부에서]** 수행됩니다.

[그림 6]은 게임 조작 기록 또는 리플레이 중에 사용되는 다양한 프로세스를 나타낸 것입니다. 여기부터는 다소 복잡한 설명이 이어지지만, 이 시스템의 상세한 구조를 다룰 예정입니다(세세한 부분까지 이해할 필요는 없으니 전체 흐름을 큰 그림으로 파악해 주세요).

'제어 툴'은 테스터가 사용하는 UI(사용자 인터페이스)입니다(시스템 자동화를 위한 커맨드라인 버전도 존재함). 이 인터페이스에서는 파라미터를 설정하고, 워치독(이후에 설명) 및 자동 QA 서버 프로세스를 시작할 수 있습니다.

[게임 프로세스의 외부에서]
내부에서 수행될 경우, 멀티스레드 처리나 메모리 단편화 등으로 인해 발생하는 특수하고 재현이 어려운 문제들이 함께 발생할 수 있으므로 디버그 관련 처리는 가능한 한 프로세스 외부에서 실행하는 것이 바람직하다.

[그림 7] 시스템에 의한 리플레이

'자동 QA 서버'는 게임을 제어하는 역할을 합니다. 이는 모든 프로젝트에서 공통으로 사용되는 범용 프로세스로, 플레이어의 움직임을 기반으로 구성된 내비게이션 데이터(예: 플레이어가 이동한 경로의 정보 등)를 관리합니다. 또한 경로 탐색처럼 게임 성능을 저하시킬 수 있는 작업들을 계산하고, 게임 상태의 갱신에 따라 게임 제어를 위한 요청 플랜을 생성합니다.

【워치독】은 하드웨어와 게임 사이의 인터페이스 역할을 합니다. 게임 프로세스를 시작하거나(또는 기존의 게임 프로세스에 붙거나) 로그, 코어 덤프, 동영상, 스크린샷 등 버그 리포트에 필요한 정보를 수집합니다.

게임은 프로젝트마다 다르지만, 범용적인 SDK(소프트웨어 개발 키트)와 게임 고유의 자동 QA 코드가 추가됩니다. SDK는 같은 게임 엔진을 사용하는 게임들 간에 공통으로 사용할 수 있으며, 테스트 서버 및 워치독과의 통신을 제어합니다. 또한, 플레이어를 제어하기 위한 몇 가지 범용 봇과 기본 동작도 제공합니다. 반면 게임 고유의 자동 QA 코드는 게임 상태와 플레이어를 제어하는 봇의 구현을 정의합니다.

테스터는 일반적으로 게임을 평소처럼 플레이하며 세션을 기록합니다. 이 세션은 리플레이(그림 7)로 재생되며, 자동 QA 서버는 리플레이가 기록된 데이터와 동기화되어 있는지를 확인합니다. 시스템은 리플레이 중 중요한 요소가 언제 실패했는지를 감지하고, 그 실패를 【트리거】할 수 있습니다(예: 퀘스트 진행에 필요한 NPC가 발견되지 않는 경우 등). 테스트 자동화와 버그 분석의 구체적인 내용은 다음 섹션에서 설명합니다.

【워치독】
'감시견'이라는 뜻. 여기서는 시스템 상태를 감시하는 프로그램이나 기능을 의미함. 현실 세계에서의 워치독은 외부 침입을 경계하는 역할이지만, 소프트웨어 세계에서는 어째서인지 내부를 감시하는 역할을 맡고 있음. …소프트웨어 개발은 감시받는 감옥인가.

【트리거(trigger)】
단어를 들으면 권총 방아쇠를 당기는 동작이 떠오르는데, 그 이미지와 거의 같다. 이벤트나 처리를 호출할 때 프로그래머 사이에서 사용되는 용어로, 예전에는 '발화(發火)'라고도 불렸던 듯하다.

7. 게임 스테이트

사람은 게임을 플레이할 때 "지금은 전투 중이다" 또는 "무기점에서 무기를 사고 있다"처럼 게임의 상태를 자연스럽게 파악합니다. 하지만 AI가 게임을 플레이하며 상태를 파악하려면 게임의 다양한 데이터를 통해 판단할 수밖에 없습니다.

게임은 '게임 스테이트(게임 상태)'의 갱신 정보를 자동 QA 서버에 전송합니다. 이 정보에는 다음과 같은 일반적인 항목들이 포함됩니다.

- 기본 플레이어 데이터: 플레이어의 위치, 레벨 ID, 방향, 속도
- 카메라 방향
- 시간 정보
- 입력 상태의 갱신: 키 입력 이벤트, 아날로그 값 등
- 플레이어 맵의 갱신: 자동 QA 내비게이션 데이터와 관련된 정보('9. 맵과 경로 탐색' 참고)
- 게임 스테이트 스택 갱신: 게임 상태의 변화에 서버가 반응할 수 있도록 함

게임 스테이트는 컷신, 전투, 메뉴 등 게임 내의 특별한 모드를 나타냅니다. 플레이어를 제어하는 방식은 이 스테이트에 따라 달라지게 됩니다. SDK에는 다양한 게임 스테이트에 대해 기본적인 리플레이(시간 기반 리플레이)를 오버라이드(override, 여기서는 '플레이어 캐릭터를 AI가 대신 조종한다'는 의미) 할 수 있는 봇이 준비되어 있지만, 대부분은 개별 게임에 맞춘 구현이 필요합니다. 즉, 각 게임에 맞게 봇이 자동으로 플레이할 수 있도록 별도의 조정이 필요하다는 뜻입니다.

ACRE 시스템은 실제로 그림 8과 같이 **[게임 스테이트의 스택]**(내용물, 즉 게임 스테이트의 구성 상태을 저장합니다.

[그림 8] 게임 스테이트 스택의 예시
NPC를 호위하는 도중 전투가 시작되고, 전투 초기에 튜토리얼 메뉴가 트리거됨. 전투 중에 컷신이 재생되고, 전투 종료 후 또 다른 컷신에서 호위가 종료됨. 이후 새로운 전투가 다시 시작됨.

[게임 스테이트의 스택]
일반적인 게임에서는 상태를 스택 구조로 관리하지는 않는다. 하지만 ACRE 시스템에서는 리플레이를 보다 유연하게 제어하기 위해 스택 구조를 활용한다. 그림 8의 예시에서는 첫 번째 컷신 이후 NPC 호위가 완료되는 흐름이 존재한다면 두 번째 컷신의 상태는 부모인 'NPC 호위 완료'에 의해 처리 대상에서 스킵되게 된다.

[그림 9] 복잡한 게임 스테이트

다음으로 게임 스테이트의 세부 항목을 설명합니다. 모두 이해하지 못하더라도 "아, 이런 구조구나" 정도로 받아들이면 충분합니다. 게임 스테이트는 다음과 같은 정보를 저장합니다.

- **식별자**: 게임 스테이트의 유형을 나타내는 식별자와 동일한 유형 내에서 개별 스테이트를 구별하기 위한 옵션 식별자가 있다. 예를 들어, 게임 내에서 재생되는 영상마다 고유한 식별자를 가질 수 있다.
- **유저 데이터**: 게임 고유의 데이터 블록입니다. 자동 QA 서버는 이 데이터를 직접 사용하지 않지만, 리플레이 시 게임에 다시 전달된다. 예: 파괴해야 할 타깃, 선택된 메뉴 ID 등을 저장하는 용도
- **타임아웃 오버라이드**: 실패나 스킵 판정을 내리기까지 대기할 시간을 지정한다. 기본값은 기록된 시간(레코드 시간)을 기반으로 설정된다.
- **매칭 거리**: 게임 스테이트와 리플레이 데이터를 어느 정도까지 매칭할 것인가를 제한하는 옵션 거리. 예: 리플레이 데이터에 기록된 캐릭터 위치와 실제 리플레이 시 캐릭터 위치 간의 오차
- **동기화 플래그**: 자동 QA 서버가 기록된 게임 스테이트와 재생된 게임 스테이트를 어떤 방식으로 일치시킬지를 제어하는 플래그

8. 동기화

지금까지 설명한 조작 기록 데이터를 실제 게임 내에서 어떻게 리플레이할 수 있는지를 살펴보겠습니다. 이 기록 데이터를 리플레이(재현)함으로써, 플레이어 캐릭터가 실제로 움직이고 게임이 진행됩니다. 그 원리를 아래에 설명하지만, 항상 기록된 리플레이 데이터와 동일한 게임 플레이가 재현되는 것은 아닙니다. 게임에는 랜덤한 요소가 포함되어 있어 타이밍이 한 번만 어긋나도 이후의 모든 타이밍이 틀어질 수 있습니다. 따라서 게임 스테이트라는 비교적 큰 이벤트 단위로 리플레이를 수행할 수 있는 구조를 설계하게 됩니다.

자동 QA 서버는 게임의 현재 게임 스테이트 스택(내용물)과 기록된 스테이트 스택이 일치하는지를 감시합니다. ACRE의 목표 중 하나는 주요 이벤트를 정확히 리플레이하는 동시에, 세부 사항에 변경이 생기더라도 이를 제대로 처리할 수 있게 하는 것입니다. 왜냐하면 게임 【개발 도중】에는 이벤트의 큰 틀은 고정되어 있더라도, 그 안의 세부 요소(예: 발생 타이밍 등)는 여러 번 조정되기 때문입니다.

예를 들어, 컷신(그림 10)이나 튜토리얼의 추가·삭제, 전투의 변경 등에도 대응할 수 있습니다. 하지만 선택지가 늘어난다 하더라도 퀘스트의 【인터랙션】 자체는 그대로 유지되기를 원합니다. 퀘스트 인터랙션은 리플레이의 성공 조건으로 사용되기 때문에 변경이 생긴 경우에는 기록을 다시 해야 합니다. 게임 스테이트 내에서는 Bot이 이러한 변경 처리를 담당합니다. 예를 들어, 메뉴 Bot은 메뉴 항목의 식별자를 기록하고 있어서 해당 메뉴에 새로운 항목이 추가되더라도 데이터를 리플레이할 수 있습니다. 반면, 게임 스테이트 레벨에서의 동작은 동기화 플래그가 제어합니다.

가장 중요한 동기화 플래그는 다음과 같습니다(자세한 이해보다 직관적으로 받아들여도 괜찮습니다).

- **옵션**: 리플레이 성공에 필수적이지 않은 게임 스테이트(예: 튜토리얼, 컷신, 랜덤 전투 등)
- **스킵 가능**: 스테이트 타임아웃 시 스킵 요청을 트리거할 수 있는지 여부
- **순서 변경 가능**: 스테이트의 순서를 변경할 수 있는지 여부(예: 방황하는 몬스터와의 전투)
- **서버 시작**: 게임 스테이트의 시작을 자동 QA 서버 측에서 트리거할 수 있는지 여부

기본 동기화는 게임 스테이트의 시작과 종료 타이밍(타임아웃)을 기준으로 수행됩니다. 예를 들어 전투라면 전투의 시작과 종료 시점을 체크합니다. 기본값의 타임아웃은 기록된 데이터(리플레이 시점)에 기반합니다.

【개발 도중】
이상적으로는 게임이 완성된 뒤에 QA를 실시하는 것이 바람직하지만, 작업량이나 일정상의 문제 때문에 개발과 병행하여 QA를 시작할 수밖에 없는 경우가 많다. 열심히 자동 QA용 시스템을 구축했는데, 다음 날이면 게임 구현이 변경되어 있는 일도 흔하다.

【인터랙션】
상호작용, 교류. 플레이어의 조작을 방해하지 않는 캐릭터 간의 간단한 대사 주고받기부터 플레이어의 특정 조작으로 열리는 문까지, 자동 테스트의 적은 참으로 다양하다.

[그림 10] 게임 안의 컷신

[그림 11]은 기본적인 동기화 메커니즘을 나타냅니다. 여기서는 게임 스테이트의 기록 데이터와 재생 데이터를 실제로 어떻게 일치시키는지, 즉 어떻게 동기화하는지를 보여줍니다. 스테이트 동기화는 시작 상태를 얼마나 잘 맞춰서 진입시킬 수 있는가, 종료 상태를 정확히 감지하고 종료시킬 수 있는가에 달려 있습니다. 시작 조건은 일정 시간 동안 대기(타임아웃)하고, 종료 조건도 마찬가지로 대기 후 판단하게 됩니다(이 부분은 약간 세부적인 설명이므로 이해하지 않아도 괜찮고 건너뛰어도 무방합니다).

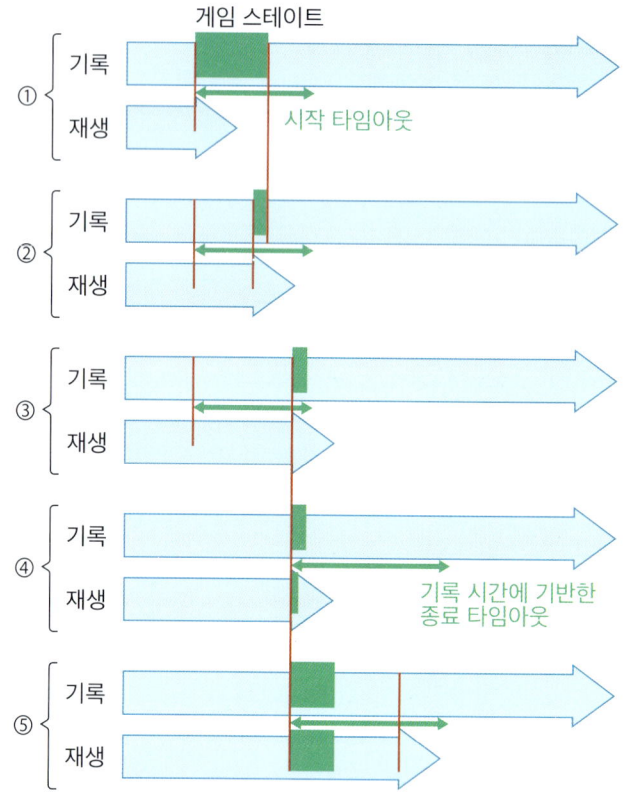

[그림 11] 게임 스테이트의 동기화
①기록 데이터에 게임 스테이트가 나타나며, 타임아웃 시작 ② 모션 데이터를 기반으로 동작은 계속되지만, 게임 스테이트에 고유한 데이터는 유지됨 ③ 모션 처리는 상태 밖까지 설정 가능 ④ 재생 중 게임 스테이트가 등장하며, 종료 타임아웃이 시작됨 ⑤ 타임아웃 전에 정상 종료되며, 동기화 성공

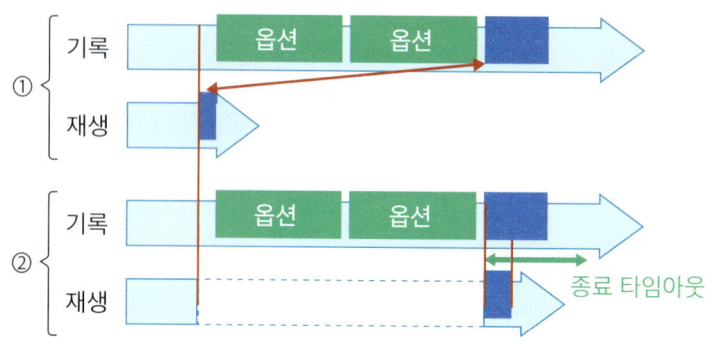

[그림 12] 옵션 플래그에 따른 동기화 예시: 옵션으로 설정된 게임 스테이트는 스킵됩니다.

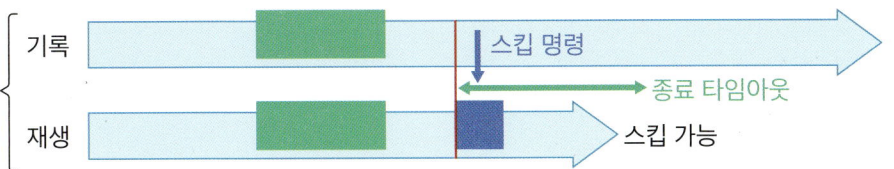

[그림 13] 스킵 가능한 플래그 예시:
스킵 요청은 예를 들어 튜토리얼 메뉴를 닫는 등의 클라이언트 업데이트를 트리거할 수 있습니다.

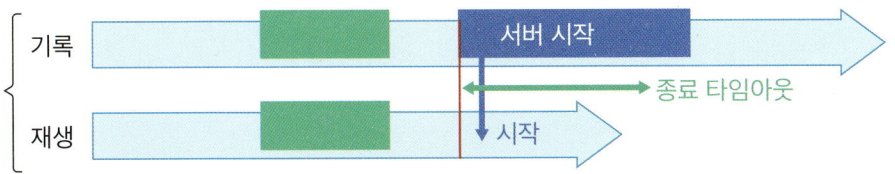

[그림 14] '서버 시작' 플래그 예시:
시작 요청은 인터랙션을 개시하는 등의 클라이언트 업데이트를 트리거할 수 있습니다.

[그림 12~14]는 동기화 플래그가 동기화 동작에 어떤 영향을 미치는지를 보여줍니다. 그중에서도 '서버 시작' 플래그는 인터랙션을 포함한 리플레이에서 자주 사용됩니다. 예를 들어 액션 게임과 같은 동적인 게임에서는 이동 중인 NPC와 플레이어 간의 인터랙션이 자주 발생합니다. 이때 단순히 키 입력만 리플레이하면 실패하거나 전혀 다른 인터랙션이 트리거되는 경우가 있습니다. 따라서 게임 스테이트 내의 유저 데이터를 게임 측에 전송하고, 정확한 타겟을 지정하는 것이 매우 중요합니다.

동기화 시스템은 게임 스테이트의 순서를 검사하고 리플레이의 유효성을 검증하지만, ACRE는 플레이어의 움직임 자체도 제어할 수 있어야 합니다.

9. 맵과 경로 탐색

ACRE에서는 플레이어 캐릭터를 플레이어 대신 자동으로 이동시킬 수 있어야 합니다. ACRE 내에서 캐릭터의 모션은 게임 내에서 동작하는 【모션 컨트롤러】로 분리되어 있어 고속으로 반응할 수 있게 설계되어 있습니다. 컨트롤러는 걷기, 사다리 오르기(그림 15), 차량 운전 등, 여러 개로 정의할 수 있습니다. 반면, 경로 탐색은 자동 QA 서버에서 수행되며, 행동 플랜(어디를 어떻게 이동할지)은 네트워크를 통해 전송됩니다. ACRE는 【자체적인 내비게이션】 시스템을 개발하는 방식을 택했습니다. 게임 내비게이션 시스템을 사용하지 않는 큰 이유는 성능 비용(코스트) 문제, 내비게이션 데이터 품질에 대한 제약, 탐색 시스템 특유의 요구 사항 등이 있습니다.

ACRE 시스템은 게임 성능에 영향을 최소화해야 하기 때문에 비용이 큰 시스템에 의존하지 않도록 설계되어 있습니다. 또한 많은 게임에서는 플레이어와 NPC가 대칭적이지 않으며 NPC는 플레이어가 할 수 있는 행동의 일부만 수행할 수 있는 경우가 많습니다.

【모션 컨트롤러】
캐릭터의 모션(애니메이션)을 제어하는 프로그램.

【자체적인 내비게이션】
패스, 내비메쉬 등 일반적인 게임 내 내비게이션 시스템은 NPC 이동을 위한 구조이며, 플레이어 조작을 모방하기 위한 시스템으로는 적합하지 않다.

[그림 15] 사다리를 오르는 캐릭터

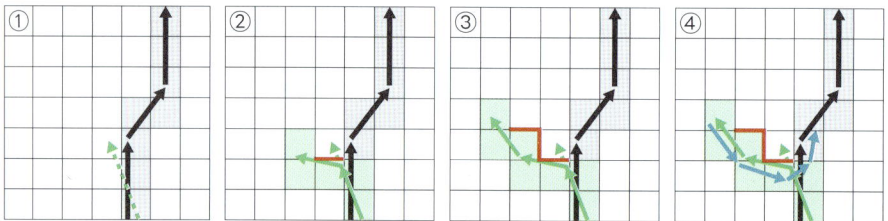

[그림 16] 맵의 생성과 경로 탐색 : ① 기록된 맵과 패스 그리고 플레이어를 제어하기 위한 바람직한 속도 ② 바람직한 속도에 따라 플레이어가 벽에 부딪히고 그 위를 미끄러진다. 바람직한 속도와 실제 움직임이 다르기 때문에 맵에 벽이 추가된다 ③ 패스를 수정하려고 하지만, 해당 엣지에 태그된 장애물 위를 다시 미끄러진다 ④ 플레이어가 패스에서 너무 멀어졌기 때문에 맵의 상단에서 경로 탐색이 트리거된다.

예를 들어, 게임에서는 NPC가 등장하지 않는 부분에는 내비게이션 데이터를 배치하지 않는 경우도 있으며, 자동 테스트를 위해 그러한 기능을 별도로 구현해야만 하는 경우에는 비용 대비 효과가 떨어집니다. 리플레이는 플레이어의 행동을 재현하려고 하지만, 플레이어가 갈 수 있는 장소에 NPC가 반드시 갈 수 있는 것은 아니므로 게임 내 NPC용 내비게이션 데이터만으로는 플레이어의 이동을 재현할 수 없는 경우가 있습니다. 반면, 여러 프로젝트에서 사용할 수 있는 범용적인 내비게이션 시스템을 개발하면 이 비용을 상쇄할 수 있습니다

게임의 내비게이션 시스템을 이용한 자동화 테스트는 이동에만 관련되기 때문에, 독립된 테스트로 구현이 가능합니다. 개발 기간 동안 대부분의 시간에 제약을 받지 않습니다.

ACRE의 내비게이션 시스템은 일반적인 이동과 모션 링크에 대응하기 위해 광범위한 그리드 맵을 기반으로 구성되어 있습니다. 모션 링크(게임 내 오브젝트와 그 오브젝트에 대응하는 모션 간의 연관 관계)는 점프, 문 열기 등 특정 인터랙션이 필요한 경우나, 낙하나 레벨 전환 등 중간 위치로 이동할 수 없는 경우에 사용됩니다. 그리드 맵은 플레이어의 위치와 레벨 ID에 따라 생성됩니다. 모션 링크는 게임에서 트리거되며, 시작과 종료 그리고 코스트가 【스토어되어】 경로 탐색에 사용됩니다.

【스토어하다】
데이터를 저장하거나 보관하는 것을 말한다. 유사한 표현으로는 '캐시하다'라는 것도 있다. '스토어', '캐시' 같은 단어를 들으면 왠지 쇼핑 같은 느낌이 들어 훈훈해지기도 하지만, 온라인 쇼핑몰에서 디지털 머니로 디지털 서비스를 구매하는 걸 생각하면, 돈도 데이터도 그다지 다르지 않은 것일지도 모른다.

이 기능을 통해, 리플레이 중에 플레이어 캐릭터가 절벽을 뛰어넘기 위해 점프하거나 진행을 방해하는 장애물(예: 바위)을 파괴하는 동작을 수행할 수 있습니다. 그 외에도, 게임 고유의 정보를 기반으로 리플레이에 필요한 충분한 정보를 제공하기 위해 유저 데이터도 함께 저장됩니다. 예를 들어, 링크 도중 2단 점프를 하기 위한 조건이나, 문을 여는 데 필요한 ID 및 문의 위치 등은 게임 쪽에서는 리플레이에 필요한 유저 데이터로 간주되지만, 서버 측에서는 사용되지 않습니다.

[그림 16]은 플레이어의 움직임에 따라 그리드 맵이 어떻게 갱신되는지를 나타냅니다. 벽이나 장애물은 바람직한 속도에 따르지 않았을 경우 감지됩니다(여기서 관성을 고려해야 함에 유의하세요). 맵은 플레이어의 움직임을 통해서만 구축되기 때문에 매우 드문드문한(희소한) 구조가 됩니다.

그리드 맵 상의 각각의 셀 엣지에는 '장애물', '트래버스 가능(해당 셀 간 이동 가능)', '미탐색' 같은 태그가 붙여집니다. 트래버스 가능 태그가 부여되면 트래버스된 구간의 정보도 저장됩니다. 경로 탐색은 모션 링크와 셀 엣지를 기반으로 한 고전적인 【A*】 알고리즘(자세한 설명은 생략하지만, 빠르게 경로를 탐색하기 위한 계산 방식입니다)을 통해 수행됩니다.

10. 탐색

리플레이는 게임이 처음부터 끝까지 정상적으로 플레이 가능한지를 확인하는 데 적합하지만, 사용되는 경로는 대부분 항상 동일한 【패스】입니다. 테스트 범위를 넓히고 텔레메트리 데이터를 수집하기 위해서는 기록된 패스 외부로 나가봐야 하며 본 시스템에서는 그것이 가능합니다.

ACRE의 내비게이션 시스템은 세계의 어느 부분이 아직 탐색되지 않았는지를 명시적으로 기억합니다. 이를 통해 랜덤 탐색을 수행하는 간단한 알고리즘을 작성할 수 있게 됩니다. 게임 전체를 탐색하는 것은 대규모 게임에서는 비용이 너무 많이 들기 때문에 랜덤 탐색은 매우 유용합니다. 하지만 순수한 랜덤 탐색은 【로컬 미니멈】(local minimum) 문제를 가지며, 특정 지점 주변을 배회하다가 시간을 낭비하게 되는 경우가 생길 수 있습니다. 이에 따라 ACRE의 탐색 알고리즘은 두 개의 페이즈로 나뉘어 있습니다.

1. 탐색된 지역에 도달할 때까지 직선으로 이동한다.
2. 미탐색 상태인 가장 가까운 엣지까지 경로를 찾아낸 뒤, 그 지점에서 랜덤한 방향을 선택한다.

ACRE의 알고리즘은 원하는 방향을 따르지 않을 경우 벽을 찾는 것으로부터 시작합니다. 그 후 맵의 구멍을 메우고 새로운 지역에 도달하려 시도합니다(그림 17).

【A*】
'에이스타'라고 읽는다. 그래프 이론의 디익스트라 알고리즘을 기반으로 한 탐색 알고리즘. 1960년대 논문이 원조이다. 글로만 공부했기 때문에, 사람들 앞에서 A*를 듣거나 발음할 줄 몰라 곤란했던 적이 있다.

【패스】
'경로(path)'를 의미한다. 여기서는 셀 간 연결 정보를 가리킨다. 가끔 밤샘 작업 끝에 작성한 코드에서 pass라는 변수명을 써놓은 걸 나중에 보고 얼굴이 붉어지기도 한다.

【로컬 미니멈】
최적화 문제에서 사용되는 수학 용어. 일정 범위 내에서 찾아낸 최적값인 '막다른 골목'에 빠지는 문제를 말한다. 우리가 진짜 원하는 건 전체 범위에서의 최적값(글로벌 미니멈)이다.

[그림 17] <FINAL FANTASY VII REMAKE>의 탐색
파란색으로 표시된 경로를 따라 지도의 구멍을 찾아 탐험한다.

11. 앞으로의 과제

탐색 기능은 벽을 찾아내고 텔레메트리 데이터를 수집할 수 있지만, 이를 더욱 유용하게 만들기 위해서는 충돌 검사(collision check)의 도입을 고려해볼 수 있습니다. 주요한 문제는 충돌이 발생하는 벽이 정확한 위치에 배치되어 있는지를 실제로 파악할 수 있는 방법이 없다는 점입니다.

충돌 문제를 감지하는 방법에는 다음의 두 가지가 있습니다.

- 내비게이션 메쉬와 비교하기
- 이전에 생성된 맵과의 차이를 비교하고, 의미 있는 변화를 알려주는 방식

그 외에도 가능한 개선점으로는 환경 변화에 더욱 로버스트한 시스템으로 만드는 것과 재기록 없이 경로를 찾을 수 있도록 탐색 시스템의 일부를 활용하는 것 등을 들 수 있습니다.

백엔드 시스템

1. 개발 배경

자동 테스트를 로컬 PC나 장비에서만 실행하는 것으로는 효율성과 효과 모두 한계가 있습니다. 이 때문에 작성된 자동 테스트를 CI(Continuous Integration: 지속적 통합)나 CD(Continuous Delivery: 지속적 딜리버리) 프로세스에 통합하여 실행하는 방식은 게임 업계를 막론하고 널리 IT 업계 전반에서 사용되고 있습니다. CI란 소프트웨어를 지속적으로 구축(빌드)하는 것을 의미합니다. 다수 인원이 함께 개발하는 경우 개발 데이터는 지속적으로 갱신되므로, 예를 들어 1시간마다 전체를 자동으로 빌드하는 등의 작업이 이루어집니다. 이런 과정 속에 자동 테스트를 통합하면 '만들고 테스트하는' 사이클이 지속적이고 자동으로 이루어지게 되어 견고한 개발 환경을 구성할 수 있습니다.

하지만 게임 업계에서는 게임 패키지를 생성하는 빌드는 매우 복잡한 과정을 수반하며(이를 빌드 파이프라인이라 부릅니다), 자동화하더라도 시간이 많이 소요되는 작업이 됩니다. 이 때문에 타 산업 분야에서 베스트 프랙티스로 자리 잡은 유닛 테스트(일부 기능 단위 테스트) → 인테그레이션 테스트(전체 구성 후 테스트) → 시스템 테스트(운용 관점 테스트)로 이어지는 자동 테스트 파이프라인을 빌드 파이프라인에 통합하여 CI/CD를 수행하는 방식은 게임 업계에서는 【흔하지 않습니다】. 빌드 파이프라인과는 독립된 형태로 자동 테스트를 상시 실행하고 스케일시키는 시스템이 별도로 필요합니다.

이러한 자동 테스트 실행 시스템은 CI나 CD를 제공하는 【Jenkins®】[4]와 같은 소프트웨어나 Azure® DevOps™[5]와 같은 서비스 위에 구축되기도 합니다. 하지만 ACRE에서는, 복수의 게임 타이틀을 동시에 지원하고, 유연한 테스트 정의와 적절한 장비 활용을 실현하기 위해 테스트 정의 및 실행 결정을 Jenkins®로부터 독립된 테스트 스케줄러로 구현하고 있습니다(Jenkins®는 지정된 시간에 명령을 전달하는 시스템이며, 여기서는 테스트 실행 명령을 전달하는 용도로만 사용됩니다).

【흔하지 않다】
게임이라는 콘텐츠가 워낙 복잡해서인지, 올바른 구현이 이론적으로가 아니라 유저의 반응에 따라 결정되는 탓인지 확실하진 않지만, 시스템 엔지니어링이나 비즈니스 애플리케이션 개발 등 이웃 소프트웨어 산업과 비교해 보면 잔디의 색이 상당히 달라 보이는 경우가 많다.

【Jenkins®】
아이콘은 영국 집사 아저씨의 모습. server에서 service를 serve해주는 servant를 몸소 구현한 Jenkins®라는 소프트웨어.

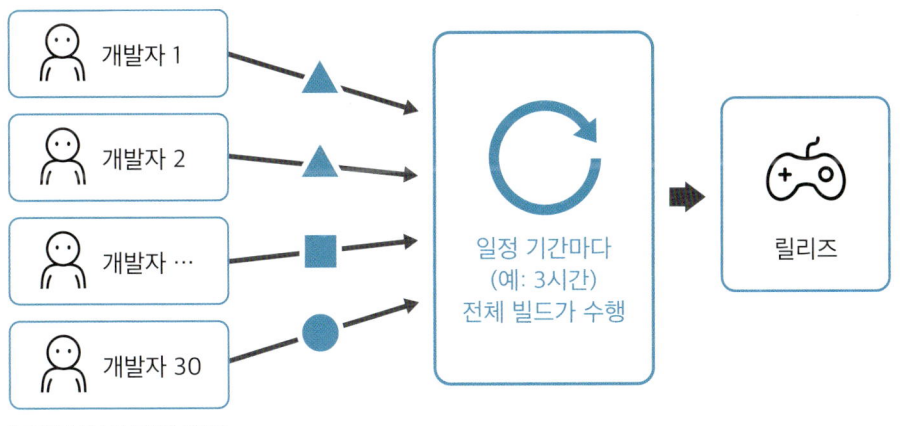

[그림 18] 지속적 통합의 이미지

[그림 19] 빌드 과정을 거쳐 게임을 플레이할 수 있게 된다 ©ARMOR PROJECT/BIRD STUDIO/SQUARE ENIX

ACRE는 Jenkins®를 플랫폼별 테스트 실행이나 후술할 커스텀 빌드를 생성하는 잡 실행 시스템으로 활용하고 있습니다. Jenkins®를 이러한 방식으로 사용하는 이유는 잡의 큐잉(순차적으로 명령을 발행하는 기능), 다양한 트리거, 잡 간 연동, 재시도 등의 메커니즘에 대해 높은 실적과 안정성을 보유하고 있기 때문입니다. 이러한 기능을 처음부터 자체 구현하기보다는 Jenkins®의 기능을 활용하는 편이 시스템 전체의 신뢰성을 높이는 데 효과적입니다.

ACRE의 백엔드 시스템은 이 테스트 【스케줄러】를 중심으로 Jenkins®와 연동하여 각 타이틀의 빌드 및 테스트를 수행하는 전체 메커니즘을 가리킵니다. 먼저, 테스트 스케줄러를 중심으로 한 워크플로우 전체 구조를 살펴보겠습니다(그림 20).

【스케줄러】
지정된 시각에 프로그램을 실행하는 구조이자, 현재의 시스템 가동 상황과 남은 리소스를 고려해 추가 프로그램 실행을 시도하는 구조. 예를 들면 스케줄표에 빈칸이 있으면 가차 없이 회의 예약을 넣는 귀신 매니저 같은 존재.…작업 시간 좀 주세요.

2. 워크플로우

ACRE가 대상으로 삼는 테스트는 개발·검증 패키지(사용자가 실제로 구매하게 되는 게임 패키지에 각종 디버그 기능 등을 포함시킨 버전)의 시스템 테스트입니다. 테스트의 주요 트리거는 Jenkins®에서 일반적으로 사용되는 소스 코드 【리포지토리】의 변경 사항이 아니라 각 프로젝트의 빌드 파이프라인에서 생성된 개발·검증 패키지의 신규 릴리즈입니다.

【리포지토리】
소프트웨어 개발에서는 일반적으로 소스 코드 변경 이력을 관리하는 버전 관리 시스템을 사용하는데, 그 파일과 이력 데이터를 저장하는 공간을 의미한다.

ACRE는 앞서 설명했듯, 게임의 실행 바이너리에 빌드 시 통합되는 형태의 테스트 도구이기 때문에 최신 개발·검증 패키지가 프로젝트로부터 릴리즈되는 시점에 ACRE를 포함한 전용 커스텀 빌드를 새롭게 생성해야 합니다. 단, 에셋(콘텐츠, 게임 데이터는 변경하지 않기 때문에 패키지 전체를 다시 빌드하는 것이 아니라 프로그램 부분만 변경한 커스텀 빌드를 생성하고 테스트 실행 시 기존 패키지의 실행 바이너리를 이 커스텀 빌드로 대체합니다(이 바이너리 대체 방식은 플랫폼마다 다릅니다).

커스텀 빌드를 생성하는 동안에도, 하나 또는 그 이상의 이전 빌드를 사용한 테스트는 대기하지 않고 계속 실행될 수 있습니다. 이로 인해 테스트 스케줄러는 빌드와 테스트를 장비가 허용하는 범위 내에서 병렬로, 동시에 여러 개 투입합니다.

ACRE에서는 항상 실행 대상이 되는 자동 테스트 스크립트를 '세션'이라고 부릅니다. 여기서는 일반적인 자동 테스트 용어로서 '테스트 스크립트'라는 표현을 사용하고 있지만, 앞서 설명한 것처럼 ACRE의 세션은 사용자의 조작을 기록한 것으로, 직접 어떤 프로그래밍 언어로 스크립트 형식으로 작성하는 것은 아닙니다. 기록된 세션은 ACRE의 리포지토리에 있는 공유 세션 영역에 배치함으로써, 테스트 스케줄러의 테스트 실행 대상으로 설정할 수 있습니다. 테스트 스케줄러가 구체적으로 이를 어떻게 사용하는지는 '3. 테스트 스케줄러'에서 설명합니다.

테스트 스케줄러는 Jenkins®의 잡에서 호출되는 Python 스크립트로 되어 있습니다. 테스트 스케줄러의 잡 실행 트리거는 '플랫폼별 테스트용 잡의 종료' 또는 '지정된 간격에 따른 정기 실행'입니다. 후자는 Jenkins®가 계획 정지 후 재가동되는 등의 상황에서 기존 테스트 실행이 전혀 존재하지 않는 경우를 고려하여 준비한 것입니다.

일반적으로 테스트 스케줄러의 실행 시간보다 Jenkins® 상의 어떤 테스트가 먼저 종료됩니다. 이 때문에 '테스트 스케줄러가 Jenkins®에 테스트를 투입 → 테스트 실행 → 테스트 종료 → 테스트 스케줄러 기동'이라는 사이클이 Jenkins® 상에서 무한 루프를 이루며, Jenkins®가 작동 중인 한 테스트는 계속 실행되게 됩니다. 커스텀 빌드 생성에 대해서도 테스트와 마찬가지로, 테스트 스케줄러와 빌드용 잡 사이에서 무한 루프가 발생합니다.

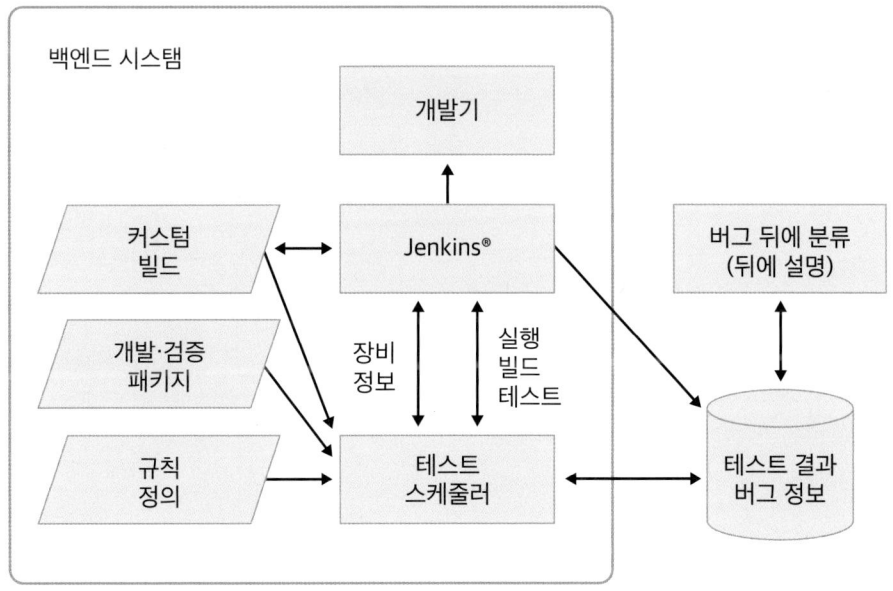

[그림 20] 백엔드 시스템의 워크플로우

3. 테스트 스케줄러

이는 게임 타이틀마다 정의된 룰 정의 파일을 기반으로 Jenkins®로부터 획득할 수 있는 현재 장비의 가용 상태, 타이틀별로 릴리즈된 패키지, 생성된 커스텀 빌드, 실행 중인 빌드 및 테스트 등의 정보를 종합적으로 고려하여 빌드나 테스트를 Jenkins®에 요청하는 Python 스크립트입니다.
룰 정의 파일은 크게 나누면 대상 세션을 기술하는 파트("sessions_map"에서 정의), 그 세션에 대해 적용할 다양한 파라미터 및 발동 조건을 기술하는 룰 파트("rules" 이하에 기술)로 나뉩니다. 룰 파트는 네스트 구조(즉, 규칙 안에 규칙을 넣는 구조)로 구성할 수 있으며 실제로 빌드나 테스트로 투입되는 것은 최하위에 정의된 항목입니다. 하위 규칙은 상위 규칙의 정의를 계승하는 구조가 됩니다([그림 21]).

룰 파트에서 가장 중요한 파라미터는 "priority"(우선순위)로 지정하는 값입니다. 우선순위가 높은 항목부터 "condition"으로 지정된 조건식을 Python의 eval 함수로 평가하고 그 결과를 0에서 1 사이의 숫자로 반환합니다. 그 결과 수치가 높은 것부터 규칙이 발동되며 해당 커스텀 빌드나 테스트가 Jenkins®에 요청됩니다. 즉, 우선순위가 높은 항목부터 실행되지만, "condition" 조건에서 실행 불가능하다고 판정된 항목은 실행되지 않습니다. "condition"의 평가 결과가 0일 경우 해당 규칙은 트리거되지 않으며, 대응하는 커스텀 빌드나 테스트도 요청되지 않습니다.

"condition"에 기입하는 식은 자유롭게 확장 가능하며, 독자적인 함수나 메서드를 정의하여 그 안에서 고려하고자 하는 제약을 추가할 수 있습니다. 예를 들어, 인수를 지정하여 "일주일에 한 번만 실행한다"라든가 "특정 요일에만 실행한다"는 조건을 작성할 수 있습니다([그림 22]).

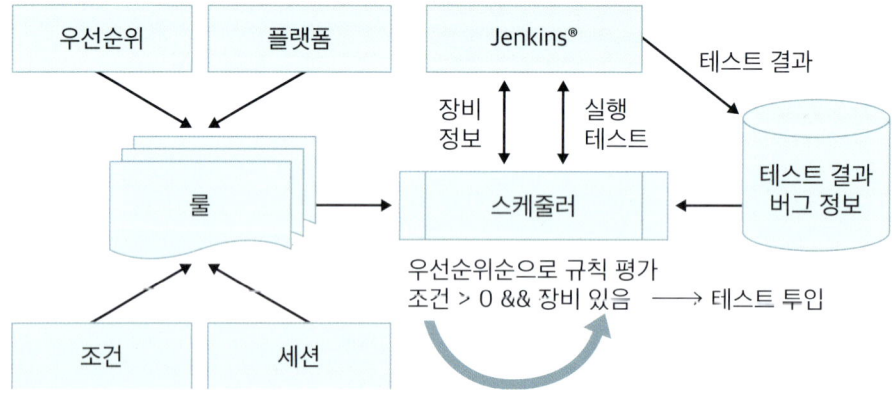

[그림 21] 전체 시스템

```
"backend": {
  "rules": {
    "project": "******",
    "package_cache": "%autoqa_packages_path%",
    "source_root": "d:¥¥******",
    "condition": "(3.0 - is_tested_changelist() - 2.0 * is_tested() * save_game_is_valid()",
    "rules": {
      "PS5": {
        "package_source_list": ["Development", "Shipping"],
        "configuration": "PS5_Development",
        "debug_draw": true,
        "rules": {
          "sessions": {
            "slice_package": 2,
            "priority": 12,
            "sessions_list": "all_sessions"
          }
        }
      }
    },
    "sessions_map": {
      "all_sessions": [
        "Chapt_01_01",
        "Chapt_01_02",
        "Chapt_01_03"
      ]
    }
  }
}
```

"condition": "(途中式略 * check_interval(weeks=1)", 1週間に1度だけ実施

実体はEvaluatorクラスのメソッド（Pythonのevalで評価される）

```
def check_interval(self, **kwargs) -> float:
    parameter = self.__parameter
    past_result = self.__cache.get_past_results(timedelta(**kwargs))   # 1週間以内に同じテスト結果があれば0.0
    if any(result for result in past_result
        if (result.project == parameter.project and result.session == parameter.session
            and result.configuration == parameter.configuration and result.rule_name == parameter._rule_name)):
        return 0.0
    return 1.0
```

[그림 22] 실제 코드(코드를 직접 읽고 이해하고 싶은 분은 참고하시기 바랍니다)

4. 슬라이스 패키지와 고정 패키지

조금 스케줄러 내부를 들여다보겠습니다. 전부를 이해할 필요는 없지만, 보다 구체적으로 설명하기 위해 시스템의 세부 사항을 살펴보겠습니다. "priority"에 의한 우선순위 지정과 "condition"에 의한 룰의 발동 제어만으로는 테스트에 충분한 수의 기기가 있는 경우를 제외하고는 다음과 같은 문제가 발생합니다.

- 패키지의 릴리스 빈도가 너무 높아, 우선순위가 높은 테스트만 실행된다.
- 우선순위가 높은 테스트라도 룰 정의 파일에 기술된 전체 수량이 실행되지 않은 채 다음 패키지 테스트로 넘어가 버린다.

이러한 문제에 대응하기 위해 테스트 스케줄러에서는 룰에 대해 다음과 같은 지정을 할 수 있습니다.

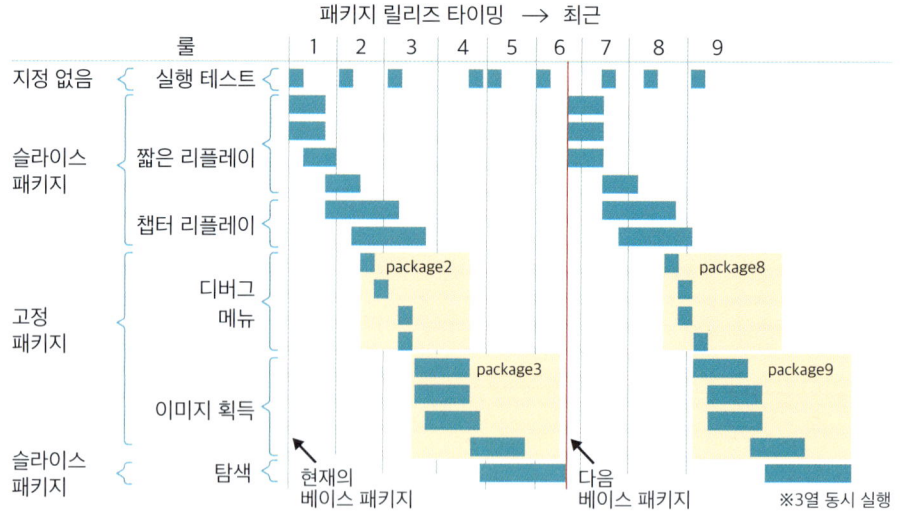

[그림 23] 스케줄러 실행 예시

- **슬라이스 패키지**: "slice_package"로 지정합니다. 항상 최신의 사용 가능한 패키지를 대상으로 지정된 세션을 전량 실행합니다. 테스트 커버리지를 보장하면서 조기에 버그를 탐지하고자 할 때 사용합니다.
- **고정 패키지**: "fixed_package"로 지정합니다. 패키지를 고정하고, 지정된 세션을 전량 실행합니다. 성능이나 영상 확인 등, 테스트 대상 세션의 전제를 통일시켜 테스트 결과를 비교하고자 할 때 사용합니다.

내부적으로는 고정 패키지와 슬라이스 패키지의 기점을 제어하기 위해 베이스 패키지라는 정보를 보유합니다(그림 23). 슬라이스 패키지의 경우 베이스 패키지 이후의 최신 패키지를 사용합니다. 고정 패키지의 경우 베이스 패키지 이후에 최초로 고정 패키지 규칙이 발동될 때 그 시점의 패키지를 고정 대상으로 설정합니다. 베이스 패키지는 관련된 슬라이스 패키지 및 고정 패키지 테스트가 모두 완료되었을 때 리셋됩니다. 이를 통해 룰 정의 파일에 패키지 정보를 명시적으로 작성하지 않아도 슬라이스 패키지 및 고정 패키지의 대상이 자동으로 결정됩니다.

5. 장비 사용률 배분

우선순위가 높은 테스트만 실행되는 문제는 테스트 대상 타이틀이 하나뿐이라면 슬라이스 패키지와 고정 패키지를 통해 해결할 수 있습니다. 하지만 타이틀별로 패키지 릴리즈 빈도가 다를 경우, 슬라이스 패키지와 고정 패키지 기능만으로는 릴리즈 빈도가 높은 타이틀의 테스트만 실행되는 문제가 남게 됩니다. 이러한 문제에 대응하기 위해 타이틀과 플랫을 정의하고 그 배분에 기반해 테스트를 투입할 수 있도록 지정할 수 있게 되어 있습니다.

룰의 평가는 한 번 우선순위 기준으로 전체를 평가한 뒤, 다시 장비 사용률 배분 기능을 통해 재평가되어 최종적으로 투입할 빌드나 테스트가 결정됩니다. 이 장비 사용률 배분 기능 덕분에 릴리스 빈도가 상대적으로 낮은 타이틀의 테스트도 배정된 비율 범위 내에서 반드시 실행되도록 보장됩니다.

6. 장비의 공유와 할당

콘솔 게임 개발 장비는 고가입니다. 또한 【Steam】 등의 PC 플랫폼이라 하더라도 고성능 하드웨어가 요구되는 경우가 많기 때문에 검증용 PC 역시 고가가 됩니다. 따라서 가능한 한 개발 장비를 공유하고, 조건이 맞는 경우에는 각 테스트에서 자유롭게 활용할 수 있는 것이 바람직합니다.

이를 위해 ACRE의 백엔드 시스템은 다음과 같은 기능들을 제공합니다. 몇 가지가 있지만, 요지는 '효율적이고, 자동적이며, 낭비 없이, 언제든 사용할 수 있도록' 빌드를 구성하고자 한다는 것입니다. 그를 위한 수단 몇 가지를 아래에 나열합니다. 세부까지 몰라도 전체적인 방향만 느껴도 충분합니다.

- **온디맨드 인스톨**: 장비에 대상 패키지가 설치되어 있지 않을 경우에만 설치하는 기능입니다. 장비의 스토리지에 설치를 위한 공간이 부족할 경우, 코어 덤프(크래시 발생 시 생성되는 파일)를 삭제하거나, 다른 타이틀을 제거하는 등 자동으로 용량을 확보합니다. 매우 유용한 기능입니다.
- **온디맨드 빌드 및 선행 빌드**: 필요해진 시점이거나, 빌드 서버가 유휴 상태일 때 커스텀 빌드를 생성하는 기능입니다. 온디맨드 빌드는 테스트 스케줄러가 아닌 Jenkins®에서 직접 테스트를 실행할 때 사용되며, 선행 빌드는 테스트 스케줄러에서 투입됩니다. 선행 빌드를 통해 빌드 대기 중인 테스트가 없어지므로, 장비는 언제든 대기 없이 테스트를 계속 실행할 수 있습니다.
- **커스텀 빌드 및 패키지의 동기화 및 캐시**: 장비에 안정적이고 최대한 빠르게 커스텀 빌드나 패키지를 설치할 수 있도록, 백엔드 시스템의 여러 지점에서 동기화 및 캐시 처리를 수행하고 있습니다.
- **【투기적】 테스트 투입**: 디버그 메뉴의 스모크 테스트처럼 짧은 세션으로 구성된 룰이 연속으로 트리거될 경우, 각 테스트의 종료 시간이 테스트 스케줄러 실행 시간보다 짧아 장비가 유휴 상태가 되는 일이 발생합니다. 이를 방지하기 위해 현재의 유휴 장비 수보다 조금 더 많은 수의 테스트를 투입하도록 하고 있습니다. 계산식은 이전 실행 경향을 바탕으로 지수 함수와 상한 지정 조합을 사용합니다. 실행하는 테스트 특성에 따라 차이는 있지만, 이 투기적 투입을 통해 유휴 장비 수만큼만 사용할 경우보다 약 20% 정도 장비 가동률을 높일 수 있습니다.
- **장비의 풀링**: 장비를 백엔드 시스템에 등록해 두고, 자신이 사용할 때만 렌탈하는 기능입니다. 이를 통해 야간에는 사용되지 않던 개인 소속 장비도 ACRE의 테스트 장비로 활용할 수 있게 됩니다.

【Steam】
PC용 게임 플랫폼의 대표 주자. 과거에는 디스크 등 물리 매체를 중심으로 판매되던 PC 게임도, 디지털 판매가 주류가 된 이후로는 구매부터 다운로드, 라이브러리 관리까지 지원하는 플랫폼 서비스가 전성기를 누리게 되었다.

【투기적】
앞으로 어떤 일이 벌어질 지는 아직 알 수 없지만, 설령 헛수고가 되더라도 미리 준비해두자는 사고방식. CPU의 투기적 실행(speculative execution) 등이 대표적인 예. 성공하면 "이럴 줄 알고 준비해 뒀지!"라고 말해주자.

PART 5 : AI를 활용한 품질 보증 자동화

[그림 24] 멀티플랫폼으로 릴리스되는 타이틀

7. 레질리언스(회복 기능)

【레질리언스】
자주 듣지 않는 영어 단어지만, (심리적) 외력에 대한 저항력을 뜻하는 심리학 용어에서 파생된 것이라고 한다. IT계 용어는 죄다 가타카나투성이여서 정말 헷갈리기만 하다. 순수 영어인 줄 알았더니 일본식 영어인 경우도 많아 외국인 스태프에게 이상하게 보일 때도 있다. 현대의 정철이나 정약용 같은 사람이 절실하다.

【서킷 브레이커】
원래는 전기공학 용어. 말 그대로 '브레이커'. 전자레인지 돌리면 가차 없이 내려가는 그것. 주식 시장에서도 가끔 사용되며, 간단히 말하면 과부하를 감지하고 차단하는 시스템을 말한다. 하지만 IT 분야에서는 의미가 꽤 달라져서 장애를 감지하고 자동으로 복구하는 시스템을 뜻한다. 왜 하필 그 이름일까?

테스트가 상시 실행되는 동안에는, 크래시로 인해 장비가 테스트에 사용할 수 없게 되거나, 설치할 수 없는 패키지가 릴리스되거나, 타이틀의 버전이나 파일 서버가 계획 정지되거나 하는 등, 테스트를 중단시키는 다양한 이벤트가 발생합니다. ACRE의 백엔드 시스템에서는 이러한 이벤트에 대해 가능한 한 자동으로 대응하여 테스트를 계속 진행할 수 있도록 다음과 같은 【레질리언스】(문제가 발생했을 때 자동으로 회복하는 시스템) 기능을 제공합니다.

- **장비의 남은 용량 확인 및 확보**: 설치 시의 용량 확인 및 확보는 앞서 설명한 바 있지만, 설치 후에도 기동 시 크래시 때문에 코어 덤프가 대량 생성되어 장비의 여유 공간이 부족해지고 타이틀 기동이나 테스트 내 저장이 불가능해지는 경우가 있습니다. 이를 위해 테스트 실행 시점에도 기동에 필요한 최소한의 여유 공간을 확인하고 필요 시 자동으로 확보합니다.
- **【서킷 브레이커】와 자동 복귀**: GPU 크래시나 OS까지 영향을 주는 특수한 크래시로 인해 장비에서 응답이 사라져 테스트가 불가능해질 수 있습니다. 또한 설치가 불가능한 손상된 패키지가 릴리스되는 경우도 있습니다. 이러한 경우 장비를 Jenkins®에서 분리하거나 해당 패키지를 테스트 대상에서 제외해 연속적인 테스트 실패를 방지하는 기능이 서킷 브레이커입니다. 복귀에는 물리적인 리셋이나 장비의 시스템 소프트웨어 설치 등 수동 절차가 필요한 경우도 있지만, 그 이후에는 Jenkins®로 자동 복귀되도록 설계되어 있습니다.
- **타이틀 및 룰 단위의 계획 정지**: 종속된 서버의 계획 정지 등, 사전에 중단이 필요한 시간이 알려진 경우 영향을 받는 타이틀이나 룰을 개별적으로 시간 지정하여 정지시킬 수 있습니다.

[그림 25] 어떤 이유에서든 테스트가 중단될 수 있다

8. 중단 시간과 토일의 절감

레질리언스 기능을 통해 환경에 의한 장애에 어느 정도 대응할 수 있다고 해도 장비 유지보수를 비롯한 관리 작업이 여전히 수동 상태라면 자동 테스트의 실행 시간이 줄어들고 전형적인 【토일】(반복적 수작업)도 늘어나게 됩니다. 이러한 유지보수에 필요한 작업도 ACRE의 백엔드 시스템에서는 다음과 같이 자동화하고 있습니다.

우선순위 기반 테스트 결과 삭제

테스트 결과는 크래시나 프리징 등 비정상 종료의 경우 코어 덤프나 영상 파일 등을 포함하게 되어 하루에 약 4TB 정도의 용량이 생성됩니다. 날짜 기준으로 단순 삭제하게 되면 중요도가 높은 버그라도 해결되기 전에 테스트 결과가 삭제될 수 있기 때문에 테스트 결과 정보에 우선순위를 부여하고 가중치를 계산하여, 가중치가 임계값을 초과한 경우에만 삭제하도록 하는 '우선순위 기반 테스트 결과 삭제'를 구현하고 있습니다. 이를 통해 크래시 버그 등 중요도가 높은 문제에 필요한 코어 덤프나 증빙【영상】자료를 장기간 보관할 수 있습니다.

세션의 병합과 커밋

ACRE의 테스트 스크립트인 세션은 병합 도구를 통해 병합하여 더 긴 시나리오(예: 통합 플레이)를 만들 수 있습니다. 하지만 담당자가 매번 병합 도구를 수동으로 실행하고 버전 관리 도구에 커밋까지 하게 되면 시간이 많이 걸립니다. 이 때문에 이 세션 병합과 커밋은 버전 관리 도구의 main stream 또는 main branch에 파일이 병합될 때 자동으로 Jenkins®의 잡으로 동작하도록 되어 있습니다. 병합에 실패한 경우에는 관련된 멤버에게 이메일로 알림이 전송되며 실패 원인을 조사하고 수정하여 다시 커밋하게 됩니다.

【토일(toil)】
같은 작업의 반복으로, 자동화가 가능하다고 여겨지는 수작업. 효율화 이야기가 나올 때 가장 먼저 도마에 오르는 업무. 프로젝트 관리 쪽 용어.

【영상】
그래픽 버그 등은 영상이 없으면 무엇을 고쳐야 할지 알 수 없는 경우가 많다. 한때는 VHS 테이프로 녹화하고 눈으로 확인했지만, 너무 많이 덮어씌운 테이프에서는 도무지 어떤 부분이 버그인지조차 보이지 않게 되는 경우도 있었다.

Windows Update의 자동화

백엔드 시스템에서 사용하는 장비 관리 PC나 테스트 실행 PC는 Jenkins®의 에이전트 역할도 하고 있습니다. 이 때문에【Windows Update】적용에 따른 일련의 플로우를 Windows Update를 자동화하는 잡과 스크립트로 자동화하고 있습니다.

에이전트 정지 → 에이전트 상에서 실행 중인 테스트의 종료 대기 → Windows Update 적용 → 재부팅 → 에이전트 재활성화

Windows Update의 조기 적용은 보안 취약성 대응을 위해 필수적입니다. 자동 테스트 관점에서는 Windows Update 적용이 지연되면 각종 알림이 테스트에서 기록된 영상에 비쳐 보이거나, 애초에 그런 알림들이 테스트 실행 자체를 막아버리는 문제가 발생할 수 있습니다. 불필요한 대화 상자는 테스트 결과 영상의 수동 확인(캐릭터 동작과 음성, 자막의 동기나 윤리 관점의 테스트 등 현재 ACRE 에서는 아직 대응하지 못하고 있으며, 현재는 사람이 수행하는 테스트)을 방해하기 때문에, 이런 관점에서도 Windows Update의 완전 자동화는 필수적입니다.

【Windows Update】
오늘은 무슨 날? Windows Update의 날! 전혀 기쁘지 않은 건 왜일까. 거리 곳곳의 디지털 사이니지에 Windows 대화상자가 큼지막하게 표시되는 모습은 이제 현대의 풍경이 되어버렸다.

메트릭스(측정된 데이터)의 수집과 계측

뒤에서 설명할 자동 버그 분류 항목에서 다룰 'Metabase™'를 통한 테스트 결과, '백엔드 시스템 측 장비의 가동 상태', '커스텀 빌드 시간', '룰별 실행 시간 집계' 등 백엔드 시스템의 건전성'을 확인하기 위한 메트릭스를 테스트 실행 시에 수집하여 리포트하고 있습니다. 백엔드 시스템의 성능 향상을 위한 지표로 삼는 동시에, 인지하지 못했던 환경 문제나 이벤트가 발생했을 때 원인 조사가 쉬워지도록 하고 있습니다.

[그림 26] 비정상 종료 시에는 코어 덤프를 출력

버그 분류와 데이터 분석

버그 분류에 대해 설명하겠습니다. 게임 개발의 품질 관리 과정에서는 하루에 수백 건의 자동 테스트를 실행합니다. 그 결과를 의미 있는 방식으로 그룹화하여 분류함으로써, 게임 내 개별 버그의 상태를 추적할 수 있도록 합니다. 이는 매우 중요한 작업이며, 이 분류 처리를 수행하는 시스템을 '**버그 분류기**'라고 부릅니다.

먼저, 버그 분류기가 테스트 결과를 어떻게 개별 '버그'로 그룹화하고, 이러한 문제들을 관련 팀에 계속해서 알리는지에 대해 추상적으로 설명하겠습니다. 다음으로, 테스트 결과와 분류 데이터를 분석하기 위해 오픈 소스 도구를 어떻게 사용하는지도 설명하겠습니다.

> [버그 분류기]
> 버그의 종류를 분류하는 장치로, 버그의 심각도를 측정하고 대응 우선 순위를 나누는 트리아지(triage)와는 개념적으로 다르다.

1. 버그 분류

버그 분류기는 테스트 결과를 게임에 특유한 문제인 '버그'로 분류하는 역할을 맡은 시스템입니다. 자동 테스트가 종료되면 결과를 분류하기 위한 요청이 버그 분류기로 전송됩니다(그림 27). 테스트 중 오류가 발생한 경우 그것이 이미 알려진 버그인지 새로운 버그인지를 분류합니다. 이 정보를 이용하면 자동 리플레이가 정상적으로 완료됐을 때 기존 버그가 수정됐는지를 판단할 수 있습니다. 결과가 분류되면 게임 팀에게는 게임 내 버그 상태가 업데이트됐음을 알리기 위해 ACRE 팀에게는 ACRE 시스템 자체나 기록된 리플레이와 관련 있을 수 있는 문제를 알리기 위해 이메일 알림이 전송됩니다.

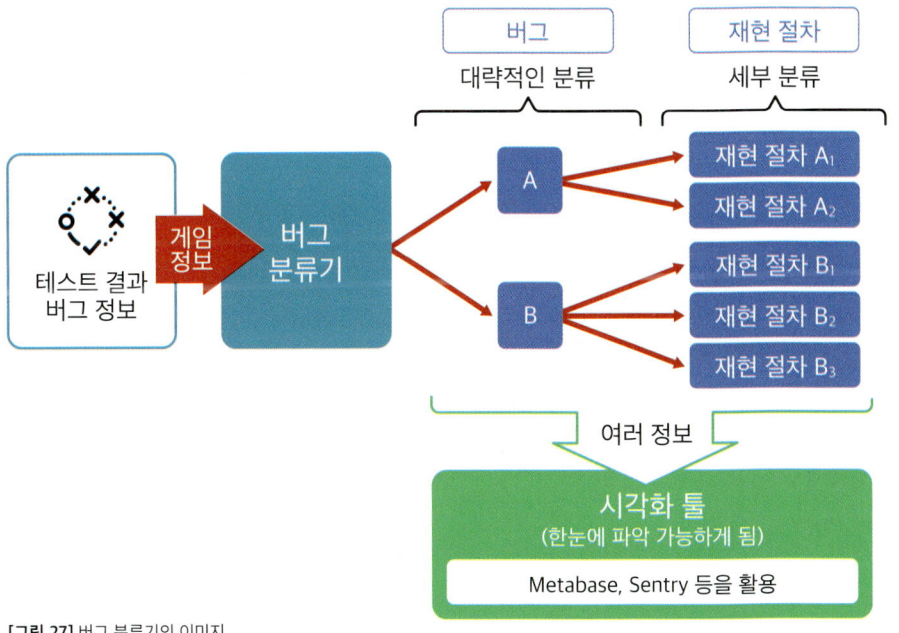

[그림 27] 버그 분류기의 이미지

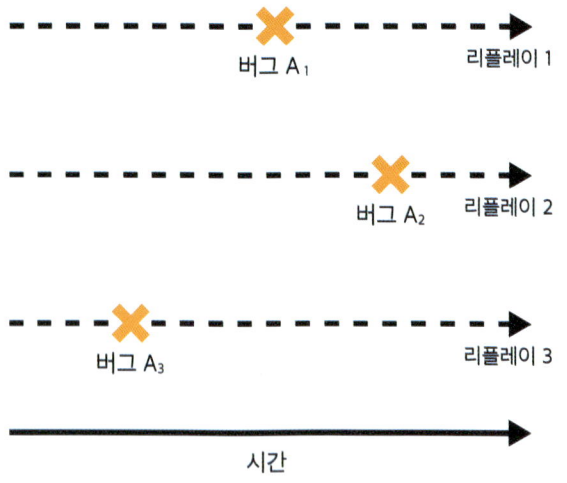

[그림 28] 3개의 리플레이에서 서로 다른 시점에 발생한 버그 A(예)

2. 핑거프린트를 활용한 버그 분류

테스트 결과를 개별 버그로 그룹화하기 위해, **【핑거프린트】**라고 불리는 것을 생성합니다. 이는 기본적으로 버그에 관한 중요한 정보의 목록이며, 특정 버그에 대한 '고유 식별자'로 작동합니다. 핑거프린트에 어떤 정보를 포함할지는 발생한 오류의 종류에 따라 달라집니다.

예를 들어, 크래시 버그의 경우에는 스택 트레이스(에러가 발생했을 때의 처리 흐름 기록) 중 가장 관련 있는 부분을 핑거프린트에 포함시킵니다. 또한 핑거프린트의 해시화된 버전을 특정 버그의 라벨처럼 저장하여 데이터베이스 내의 다른 버그와 쉽게 비교할 수 있도록 합니다. 데이터베이스에 동일한 라벨을 가진 행이 두 개 있으면 동일한 버그가 두 번 발생한 것으로 간주됩니다. 또 동일한 버그가 여러 개의 리플레이에서 재현되는 경우가 많기 때문에(재현 절차가 서로 다름) 리플레이 정보와 리플레이 중 버그가 발생한 시점을 이용해 한 단계 상위의 분류를 수행합니다. [그림 28]은 세 개의 서로 다른 리플레이에서 발생한 버그 A를 나타낸 것입니다. 다음은 [그림 28]의 리플레이 1에서 발생한 버그 A1의 재현율을 예로 들어 버그의 재현율과 해결에 대해 설명합니다.

3. 버그 재현율과 해결

데이터베이스에 존재하는 모든 미해결 버그에 대해 해당 **【버그의 재현율】**과 그 버그가 수정되었는지를 수신된 테스트 결과를 기반으로 추정할 수 있도록 합니다. 버그 분류기는 버그가 발생한 횟수와 해당 버그가 발생했던 시점을 리플레이가 정상적으로 통과한 횟수 양쪽 모두를 기록함으로써 버그의 재현율을 계산합니다(리플레이 중간에 다른 버그가 발생했는지 여부나 리플레이가 정상 종료되었는지 여부에 상관없이 이 버그에 대해서는 '미발생'으로 간주합니다).

【핑거프린트】
원래는 지문을 뜻하지만, IT 업계에서는 '고유 ID 중에서도 강력한 녀석'처럼 다뤄진다. 명칭 자체에서 "반드시 특정해주마!"라는 묘한 의욕이 느껴지지 않는 것도 아니다.

【버그의 재현율】
재현 가능한 버그는 그렇게 무서운 존재가 아니다. 재현 중에 동작 중인 프로그램 위치를 고치기만 하면 된다. 문제는 재현되지 않지만 존재하는 것이 확실한 버그다. 무엇을 고쳐야 할지 몰라 로그를 무작정 심게 된다.

버그 분류와 데이터 분석

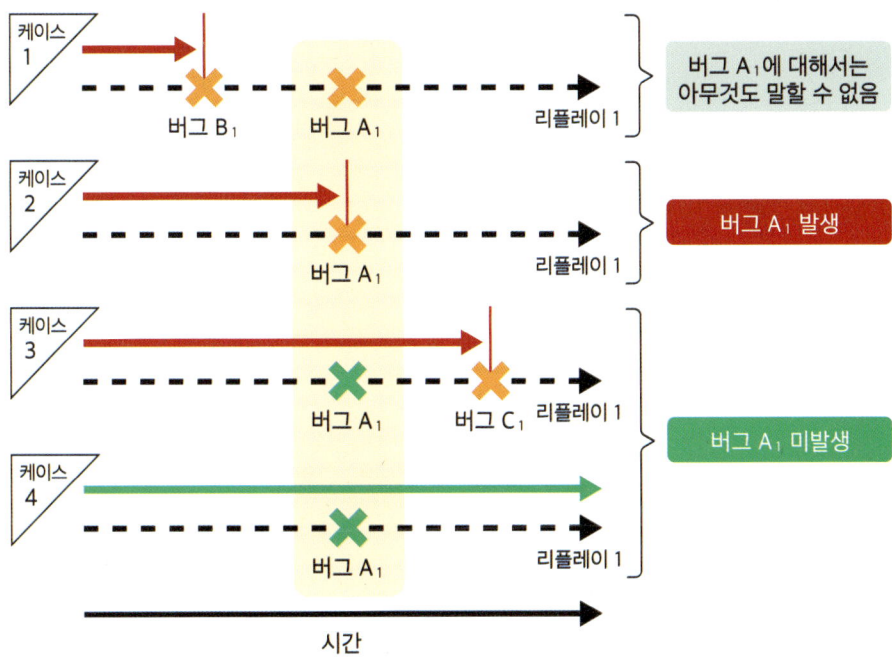

[그림 29] 리플레이 1의 테스트 결과를 기반으로 한 버그 A1의 재현율 계산에 미치는 영향(예)

그럼, 과거의 리플레이 1에서 특정 시점에 발생했던 버그 A1의 재현율만을 생각해 봅시다([그림 29]). 리플레이 1을 다시 한 번 테스트하면 버그 A1 관점에서 4가지 결과가 가능합니다. 케이스 1은 버그 A1이 발생하기 전 시점에서 관계없는 버그 B1이 발생해 테스트가 종료되는 경우입니다. 리플레이가 다른 문제로 인해 조기에 종료되었기 때문에 리플레이를 계속 진행했더라면 버그 A1이 발생했을지 알 수 없어 해당 테스트 결과로는 버그 A1의 재현율에 대해 아무 정보도 얻을 수 없습니다. 케이스 2는, 버그 A1이 실제로 발생하여 리플레이가 실패한 경우다. 이 테스트 결과에 따라, 데이터베이스 안의 버그 A1의 발생 횟수가 증가한다. 마지막으로, 리플레이가 버그 A1이 발생하는 시점을 지나, 다른 버그 C1에서 실패하거나(케이스 3), 리플레이가 끝까지 성공하는(케이스 4) 경우도 있다. 케이스 3과 케이스 4의 리플레이는 버그 A1이 발생하는 시점을 넘어 계속되었기 때문에, 이들은 버그 A1의 미발생으로 간주된다.

각 재현 절차(예: 버그 A1, A2, A3 등)의 재현율을 모아 하나의 버그(예: 버그 A)의 재현율을 산출합니다. 버그가 한동안 발생하지 않은 경우(리플레이가 여러 번 테스트되었지만, 버그가 발생하지 않았음) 해당 버그는 해결된 것으로 간주할 수 있습니다. 하지만 해결되었다고 판단하기까지의 기간은 그 버그의 재현율에 좌우됩니다([그림 30] 참조).

재현율이 매우 높은(예를 들어, 하루에도 여러 번 발생하는) 버그가 갑자기 발생하지 않게 되고, **【수일간 미발생】** 상태만 계속될 경우, 해당 버그는 수정되었을 가능성이 높다고 판단하여 해결됨으로 마크할 수 있습니다(그림 30의 버그 A처럼). 반대로, 재현율이 낮은 버그를 확신을 가지고 해결된 것으로 간주하려면 여러 번 미발생 상태가 계속될 때까지 더 오래 기다려야 합니다(그림 30의 버그 B처럼).

【수일간 미발생】
아무 조치도 하지 않았는데 갑자기 발생하지 않게 되는 버그가 있다. 그런 때면 그 아이(버그)가 자꾸 신경 쓰이는 사춘기 소년(아저씨)처럼 안절부절못하게 된다.

315

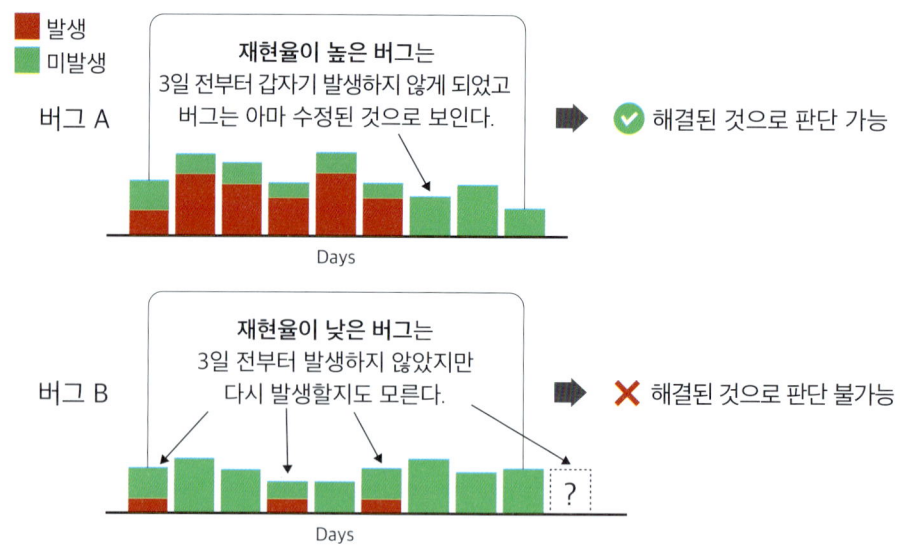

[그림 30] 재현율이 높은 버그에 대한 해결 여부 확인과, 재현율이 낮은 버그에 대한 해결 여부 확인의 차이

4. 알림

【알림】
디버깅 기간이 되면 매일 아침 엄청난 양의 버그 알림이 도착한다. 점점 여유가 없어지면, 옆자리에 앉은 동료와 누가 더 많은 버그를 받았는지 이상한 경쟁이 벌어지기도 한다.

버그 분류기에는 ACRE 팀(QA 전문 팀)과 게임 팀에 버그 상태를 알리는 【알림】 시스템이 있습니다. 예를 들어, 새로운 버그가 발견되었을 때나 버그가 해결되었을 때 등입니다. 크래시 버그처럼 게임상의 문제일 가능성이 높은 버그는 ACRE와 게임 팀 양쪽에 보고되며 게임상의 문제인지 확신할 수 없는 버그는 ACRE 팀에게만 보고됩니다.

예를 들어 자동 리플레이가 정상 종료되지 않았을 경우, 그 원인이 게임 내의 순수한 버그일 수도 있고 단순히 레벨 디자인 변경일 수도 있습니다. 이 경우에는 기록된 리플레이를 갱신해야 할 필요가 있습니다. 버그 분류 시스템이 개선되면 더 많은 유형의 버그를 게임 팀에도 보고할 수 있게 됩니다. 버그 알림 외에도 버그로 분류할 수 없는 시스템상의 문제(테스트 서버 타임아웃, 게임이 시작되지 않음 등)가 발생한 경우 ACRE 팀에 '문제' 알림이 전송됩니다.

[그림 31]은 주요한 요소들을 설명한 알림 메일 예시입니다. 다소 상세한 내용이긴 하지만, 대략 이런 느낌이라는 정도만 파악해도 충분합니다.

【챕터】
RPG 등의 시나리오 기반 게임에서 게임의 진행을 구분하는 단위 중 하나. 소설의 '장(章)'과 같은 이미지.

1. 메일 제목에는 문제의 개요(발생한 문제 유형, 게임 【챕터】, 플랫폼 등)가 기재되어 있습니다. 또한 왼쪽의 아이콘은 해당 메일이 어떤 유형의 알림인지 나타냅니다 (NEW는 '신규' 버그 알림입니다).
2. 이 텍스트는 해당 문제가 어느 팀에 할당되었는지를 나타냅니다 (ACRE 또는 게임). ACRE 팀에 할당된 문제는 ACRE 팀에게만 전송되고, 게임 팀에 할당된 문제는 양쪽 팀에 전송됩니다.
3. 이것은 재현율 정보를 나타냅니다. 이 버그의 재현율은 1/1(1회의 리플레이에서 1회 발생)입니다. 또한 다른 리플레이에서도 발생한 경우에는 그 케이스를 포함한 전체 재현율도 함께 표시됩니다 (이번에는 2/4). 게임 팀에 알림을 보내기 전에 해당 문제가 재현 가능한 것인지 확인해야 하므로 버그가 두 번째로 발생했을 때에 '신규' 버그 알림이 전송됩니다.

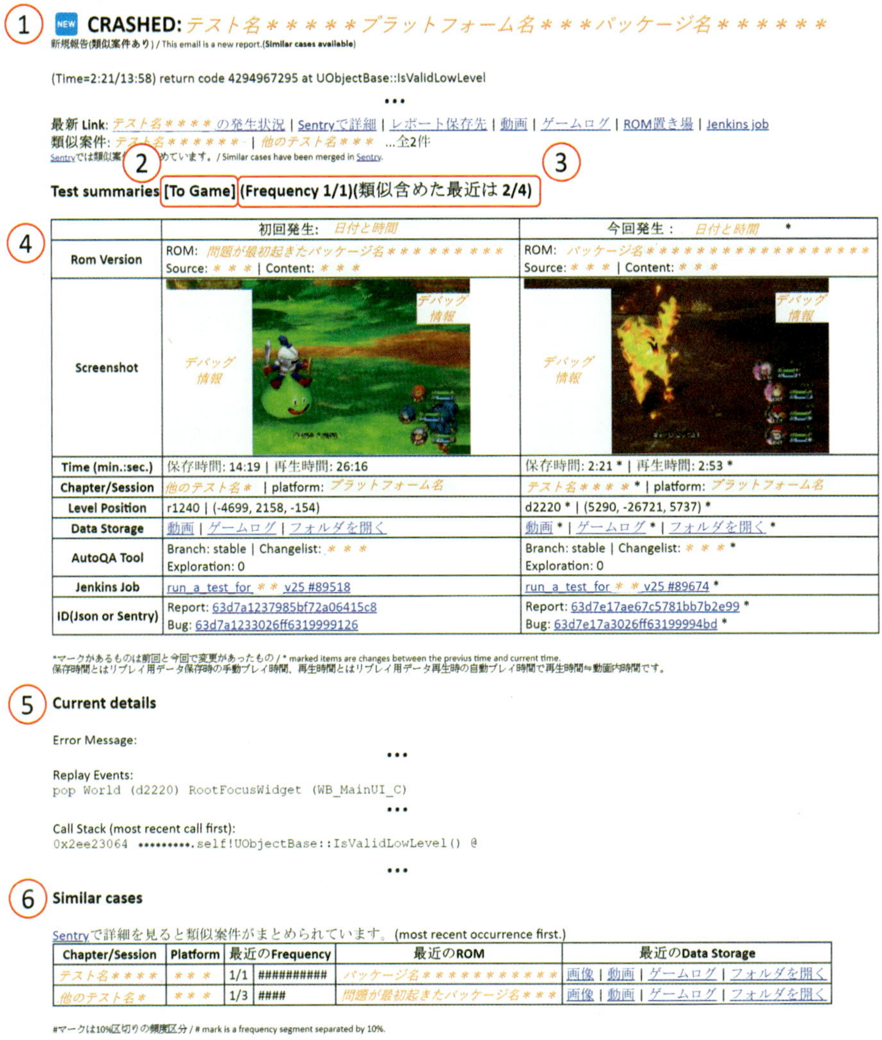

1 **CRASHED:** テスト名＊＊＊＊＊プラットフォーム名＊＊＊パッケージ名＊＊＊＊＊＊

新規報告(類似案件あり) / This email is a new report.(**Similar cases available**)

(Time=2:21/13:58) return code 4294967295 at UObjectBase::IsValidLowLevel

• • •

最新 Link: テスト名＊＊＊＊の発生状況 | Sentryで詳細 | レポート保存先 | 動画 | ゲームログ | ROM置き場 | Jenkins job

類似案件: テスト名＊＊＊＊＊＊ | 他のテスト名＊＊＊ ...全2件

Sentryでは類似案 めています。/ Similar cases have been merged in Sentry.

2 3

Test summaries [To Game] (Frequency 1/1)(類似含めた最近は 2/4)

4

	初回発生: 日付と時間	今回発生： 日付と時間 *
Rom Version	ROM: 問題が最初起きたパッケージ名＊＊＊＊＊＊＊＊＊ Source: ＊＊＊ | Content: ＊＊＊	ROM: パッケージ名＊＊＊＊＊＊＊＊＊＊＊＊＊＊＊＊＊＊＊ Source: ＊＊＊ | Content: ＊＊＊
Screenshot	デバッグ情報 デバッグ情報	デバッグ情報 デバッグ情報
Time (min.:sec.)	保存時間: 14:19 | 再生時間: 26:16	保存時間: 2:21 * | 再生時間: 2:53 *
Chapter/Session	他のテスト名＊ | platform: プラットフォーム名	テスト名＊＊＊＊ * | platform: プラットフォーム名
Level Position	r1240 | (-4699, 2158, -154)	d2220 * | (5290, -26721, 5737) *
Data Storage	動画 | ゲームログ | フォルダを開く	動画 * | ゲームログ * | フォルダを開く *
AutoQA Tool	Branch: stable | Changelist: ＊＊＊ Exploration: 0	Branch: stable | Changelist: ＊＊＊ * Exploration: 0
Jenkins Job	run_a_test_for ＊＊ v25 #89518	run_a_test_for ＊＊ v25 #89674 *
ID(Json or Sentry)	Report: 63d7a1237985bf72a06415c8 Bug: 63d7a1233026ff6319999126	Report: 63d7e17ae67c5781bb7b2e99 * Bug: 63d7e17a3026ff63199994bd *

*マークがあるものは前回と今回で変更があったもの / * marked items are changes between the previus time and current time.
保存時間とはリプレイ用データ保存時の手動プレイ時間、再生時間とはリプレイ用データ再生時の自動プレイ時間で再生時間≒動画内時間です。

5 **Current details**

Error Message:

• • •

Replay Events:
```
pop World (d2220) RootFocusWidget (WB_MainUI_C)
```

• • •

Call Stack (most recent call first):
```
0x2ee23064 *********.self!UObjectBase::IsValidLowLevel() @
```

• • •

6 **Similar cases**

Sentryで詳細を見ると類似案件がまとめられています。(most recent occurrence first.)

Chapter/Session	Platform	最近のFrequency		最近のROM	最近のData Storage
テスト名＊＊＊＊	＊＊＊	1/1	##########	パッケージ名＊＊＊＊＊＊＊＊＊＊＊	画像 | 動画 | ゲームログ | フォルダを開く
他のテスト名＊	＊＊＊	1/3	####	問題が最初起きたパッケージ名＊＊＊	画像 | 動画 | ゲームログ | フォルダを開く

#マークは10%区切りの頻度区分 / # mark is a frequency segment separated by 10%.

[그림 31] 버그 알림 메일

4. 이 표는 이 버그가 최초로 발생한 시점과 이 이메일의 트리거가 된 최신 발생에 관한 다양한 정보를 스크린샷 및 녹화 영상 링크와 함께 표시합니다.
5. "Current details(현재의 상세 정보)"에는 에러 메시지, 콜 스택, 리플레이 이벤트 스택이 표시됩니다.
6. "Similar cases(유사 사례)"에는 버그가 발생한 각 리플레이의 정보가 개별 재현율 정보와 함께 표시됩니다.

[그림 32] 수정을 진행하면서 반복적으로 검증을 수행한다 ©ARMOR PROJECT/BIRD STUDIO/SQUARE ENIX

5. 데이터 분석

버그 분류기는 백엔드 서비스이며 테스트 결과나 현재의 버그를 쉽게 표시해줄 수 있는 UI를 갖추고 있지 않습니다. 그래서 이 부분을 보완하기 위해 오픈소스 툴을 사용하고 있습니다. 버그 분류기의 UI에 서드파티 【오픈소스 툴】을 사용하는 것으로 개발 리소스를 절약할 수 있으며, 이러한 툴은 자체 서버에서 간단히 호스팅할 수 있다. 우리가 사용하고 있는 대표적인 두 가지 도구는 Metabase™와 Sentry™입니다.

Metabase™

【Metabase™】는 다양한 데이터 소스를 기반으로 여러 형태의 차트와 대시보드를 만들 수 있는 데이터 분석 및 시각화 툴입니다(그림 33). Metabase™로 데이터 소스에 쿼리를 실행할 때 시각적 쿼리 빌더를 사용할 수 있는 옵션이 있으며, 대시보드는 프로그래밍을 모르는 사람도 만들 수 있습니다. 더욱 고급 사용자 정의를 위해 네이티브 데이터베이스 쿼리도 지원합니다. 우리의 경우, 버그 분류기에서 수집된 버그 정보를 포함한 특정 게임의 모든 테스트 결과를 표시하는 전용 대시보드가 있다. 좌측 상단의 원형 차트는 전체 테스트 결과를 크게 4가지 범주로 분류한 것입니다.

- SUCCESS : 녹화된 리플레이가 문제없이 완료된 경우
- CRASH : 리플레이 중 게임이 크래시(crash)한 경우
- FAILURE : 녹화된 리플레이가 어떤 문제로 인해 완료되지 않았으며 버그로 분류된 경우
- Not Classified : 버그 분류기에 의해 현재 버그로 분류되지 않은 기타 테스트 결과

【오픈소스 툴】
이쯤까지 오면 게임 개발 자체보다는 오히려 일반 기업의 데이터 운영·관리 이야기에 가까워진다. 따라서 솔루션 역시 일반적으로 사용되는 도구들을 활용할 수 있게 된다.

【Metabase™】
Facebook의 Metaverse랑 비슷하지 않아? 하고 동료랑 농담하듯 얘기했는데 진짜로 헷갈린 사람을 마주쳤다. 어떤 표정을 지어야 할지 모르겠더라. 그냥 웃으면 되는 거겠지.

버그 분류와 데이터 분석

※33 Metabase™

오른쪽 위의 막대그래프는 챕터별로 분류된 리턴 코드를 나타냅니다. 이 두 개의 표는 게임의 현재 상태와 문제가 발생했을 가능성이 있는 위치에 대한 상위 수준의 개요를 제공합니다. 더 구체적인 정보는 맨 아래 표에 표시되며 테스트 파일이나 버그와 관련된 Sentry™ 페이지로 연결되는 링크를 포함해 모든 테스트와 분류 결과가 나타냅니다.

Metabase™에서는 대시보드에 필터를 추가할 수 있습니다. 특정 기간 내의 모든 테스트 결과를 쉽게 확인할 수 있도록 날짜 필터를 제공하고 있으며, 특정 챕터나 특정 플랫폼(예: PlayStation®5, Windows 등)의 결과를 확인하기 위한 필터도 있습니다. 이처럼 Metabase™는 전체 테스트 결과를 대상으로 데이터를 필터링하고 시각화하는 데 유용합니다.

Sentry™

【Sentry™】는 에러 추적 및 성능 모니터링을 위한 플랫폼이다(그림 34). '이벤트'(문제가 발생했음을 나타내는)를 수신하고, '이슈'(특정 버그로 분류하는 개념)로 그룹화한다. 버그 분류기에서는 진행 중인 문제를 표시하기 위한 UI로 Sentry™를 사용하고 있으며, 이슈 병합이나 이슈 상태 갱신(예: 이슈를 '해결됨'으로 표시) 같은 수동 조작도 수행할 수 있다.

【Sentry™】
경비병이라는 의미. 워치독이니, 센트리니, 왜 다들 외부가 아니라 내부를 감시할까? 날 보지 마, 난 안 했다고!

PART 5 : AI를 활용한 품질 보증 자동화

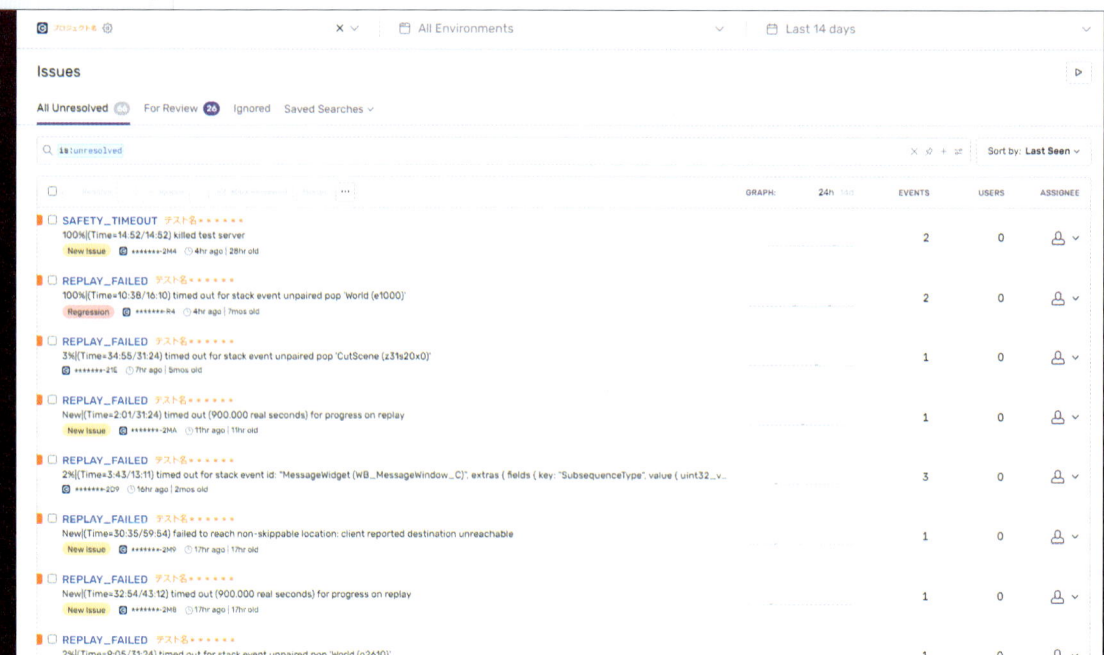

[그림 34] Sentry™

버그 분류기에 의해 테스트가 분류되면 '이벤트'가 Sentry™로 전송됩니다. 이 '이벤트'에는 장애에 대한 모든 관련 정보가 포함됩니다. 버그 분류기와 마찬가지로 Sentry™도 핑거프린트를 사용하여 이벤트를 자동으로 '이슈'로 그룹화합니다. 기본적으로 Sentry™는 자체적인 그룹화 알고리즘을 사용하여 핑거프린트를 자동으로 결정하지만, 버그 분류 중에 이미 핑거프린트를 생성하고 있기 때문에 그것을 이벤트 내에서 Sentry™에 전송합니다. Sentry™ 내에서는 수동으로 이슈를 병합하거나 상태를 변경하는 것도 가능하기 때문에 Sentry™의 이슈와 버그 분류기의 데이터베이스를 주기적으로 동기화하는 프로세스도 마련되어 있습니다.

Sentry™는 다양한 플랫폼과의 통합 기능이 내장되어 있으며 커스텀 통합 기능을 제작하는 것도 가능합니다. 2024년 현재, ACRE에서는 오픈소스인 【Redmine】의 티켓을 생성하는 기능을 지원하고 있습니다.

【Redmine】
티켓이라는 단위로 태스크를 관리하는 도구. 본래 용도는 프로젝트 진행 상황을 관리하는 것이 주 목적이지만, 디버깅 시에는 버그 DB의 대용으로 변칙적으로 사용되기도 한다.

"Redmine is a registered trademark of Jan Schulz-Hofen and Jean-Philippe Lang.
https://www.redmine.org/"

[그림 35] 게임 화면에는 다양한 문자 표현이 포함되어 있다.

결론

이 PART에서는 플레이어를 제어하는 것뿐만 아니라, 테스트 스케줄링의 균형을 맞추고 테스트 결과를 분류하기 위해 몇 가지 AI 기술을 사용하는 ACRE 시스템을 소개하였습니다. 이는 최종 사용자가 직접 평가할 수 있는 게임 내부의 AI는 아니지만, 제작 비용 절감에 기여하는 기술입니다.

그 외의 AI 기술은 특히 이미지 처리 분야에서 품질 보증을 위한 워크플로우 개선에도 활용될 수 있습니다. 예를 들어, OCR(이미지에서 문자를 인식하는 시스템), 패턴 인식, 혹은 단순한 블랙 스크린 인식 등이 있습니다. 이러한 기술들의 목적은 반복 작업을 줄이고, 테스터의 역량을 게임의 품질에 집중할 수 있도록 하는 데 있습니다.

● 참고 문헌
[1] F. Doll, X. Guilbeault (Ubisoft) (2017), GDC, 'Deterministic vs. Replicated AI: Building the Battlefield of For Honor', https://gdcvault.com/play/1024035/Deterministic-vs-Replicated-AI-Building
[2] J. Gillberg(Electronic Arts) (2019), GDC, 'AI for Testing: The Development of Bots that Play Battlefield V', https://gdcvault.com/play/1025905/AI-for-Testing-The-Development
[3] A. Andelkovic (King) (2020), QA: Challenge Accepted 6.0, 'How King Uses AI to Test Candy Crush Saga', https://www.youtube.com/watch?v=K_DEE-iMc10
[4] Jenkins® is a registered trademark of LF Charities Inc. https://www.jenkins.io/
[5] Azure® is registered trademarks of Microsoft Corporation
[6] METABASE is a registered trademark of METABASE, INC. https://www.metabase.com/
[7] SENTRY is a registered trademark of FUNCTIONAL SOFTWARE, INC. https://sentry.io

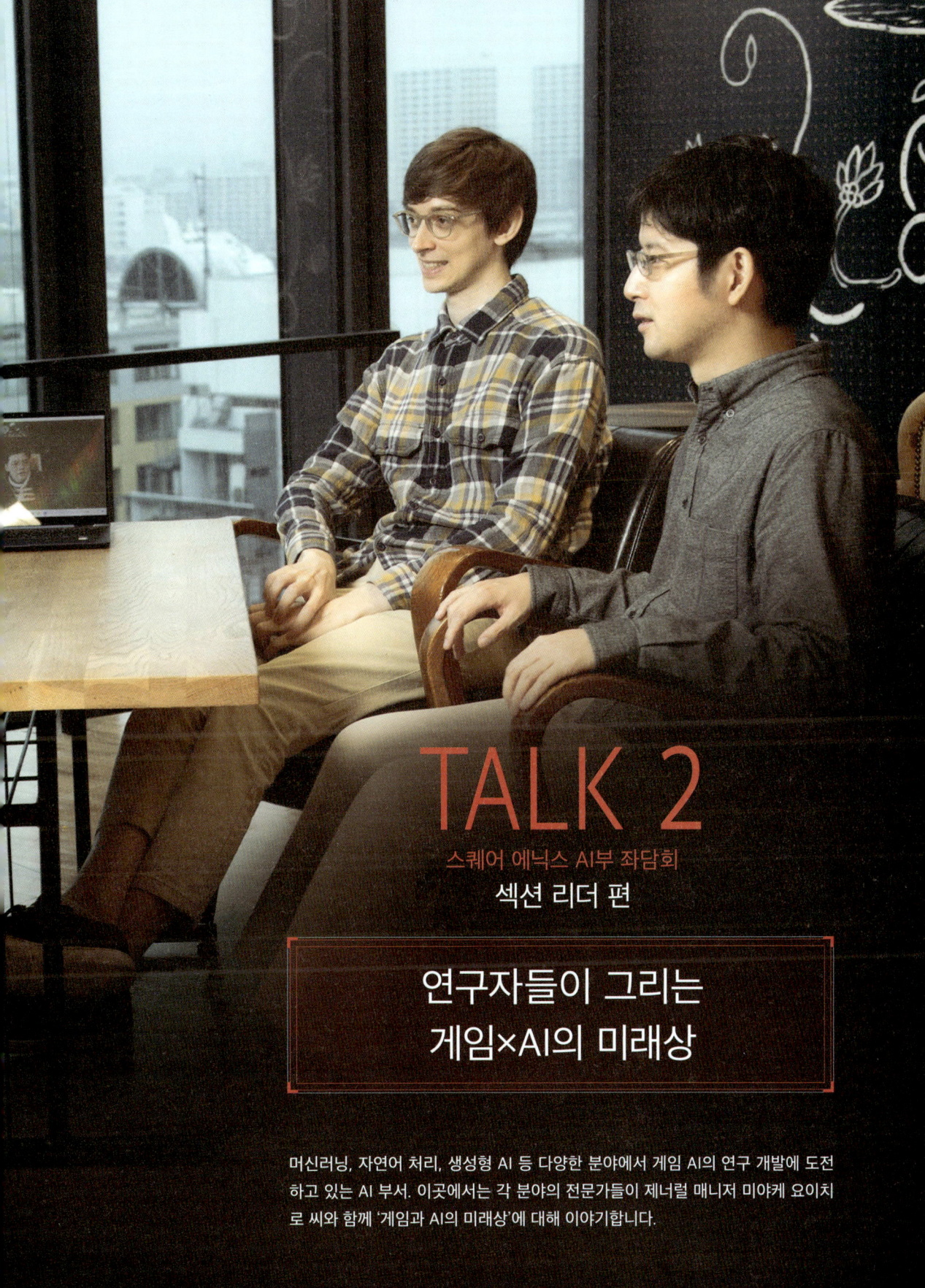

TALK 2

스퀘어 에닉스 AI부 좌담회

섹션 리더 편

연구자들이 그리는 게임×AI의 미래상

머신러닝, 자연어 처리, 생성형 AI 등 다양한 분야에서 게임 AI의 연구 개발에 도전하고 있는 AI 부서. 이곳에서는 각 분야의 전문가들이 제너럴 매니저 미야케 요이치로 씨와 함께 '게임과 AI의 미래상'에 대해 이야기합니다.

메타 AI로 '게임의 재미'를 계속 추구한다

이번에는 각 분야의 핵심이라 할 수 있는 여러분께 게임 AI가 앞으로의 게임 경험을 어떻게 변화시켜 갈 것인지, 그 미래상에 대해 이야기를 들어보고자 합니다. 먼저 사토이 씨가 연구를 진행 중인 '메타 AI'의 가능성부터 들어볼까요?

지금까지 메타 AI는 게임 전체를 컨트롤하는 존재로서, 플레이어에게는 보이지 않는 곳에서 활약해왔습니다. 하지만 앞으로는 AI의 존재 자체가 플레이어에게도 '당연한' 것이 되어갈 거라고 생각합니다.

지금까지의 메타 AI는 『제비우스』(1982)나 『Left 4 Dead』(2008)처럼, 플레이어에 따라 난이도를 조정하거나, 적의 출현 빈도를 제어하는 등, 보이지 않는 곳에서 몰래 밸런스를 조정해 재미있게, 더 오래 플레이할 수 있도록 한다는 개념이 주류였습니다. 하지만 최근에는 AI 자체가 세상에 널리 퍼지면서 훨씬 더 친숙한 존재가 되어가고 있죠. 그렇기 때문에 앞으로는, AI가 게임을 더욱 흥미롭게 만드는 요소로서 '당연한' 존재가 되어갈 것입니다. 그 AI는 동료일 수도 있고, 적일 수도 있고, 동료도 적도 아닌 어떤 존재일 수도 있습니다. 하지만 중요한 건 'AI와 함께 논다'는 걸 어떻게 구현할 것인가, 거기에 큰 가능성이 있다고 느끼고 있습니다.

역시 그렇군요. 게임 시스템 속에 숨어 있던 존재가 AI로서 드러나고, 유저와 인터랙션하게 되는 느낌이군요….

맞아요. 그리고 개인적으로는 더욱 '재미란 무엇인가'를 추구해 나가고 싶다고 생각하고 있어요. 입사 후에는 메타 AI를 사용해 직접적으로 게임을 재미있게 만드는 게임 AI 개발(※ 2차원 감정 맵에 기반한 메타 AI' 참조)을 하거나, 개발 현장에서 그걸 게임 AI에 어떻게 활용해야 할지 문제 해결을 여러 방면으로 모색하며 고군분투하고 있는데요, 아직 모르는 것도 많다는 걸 느낍니다. 그래도 연구 개발을 진행하는 가운데, 게임 AI나 메타 AI에 어떤 과제가 있는지, 어떤 것이 요구되는지에 대해서는 점점 보이기 시작한 것 같아요.

아직 과제도 많다
딥러닝의 활용

머신러닝 중에서도 딥러닝은 세상에서 점점 더 보편화되고 있지만, 게임 내에서는 아직 본격적으로 활용되지 않고 있습니다. 앞으로는 점점 더 사용되어 갈 거라고 생각하는데요, 레안드로 씨는 어떻게 보고 계신가요?

머신러닝 도구와 새로운 제작 방식이 게임 개발에 큰 영향을 미칠 것이라 생각합니다. 예를 들어, 게임 개발자가 새로운 애셋이나 새로운 스토리를 제작할 때 등에 유용한 도구가 될 수 있겠네요.

최종적으로는 그런 기술들이 게임에 통합될 거라고 생각하지만, 이를 실현하기 위해서는 기술적으로 아직 더 많은 진보가 필요합니다. 왜냐하면 머신러닝 모델은 본질적으로 큰 메모리를 필요로 하기 때문이죠. 현재 시점에서는 소규모이고 단순한 모델밖에 사용할 수 없어서, 할 수 있는 일에 한계가 있습니다. 예를 들어, ChatGPT 같은 것을 게임 안에서 구동하려고 해도 메모리 요구량이 너무 커서 현실적이지 않아요.

하드웨어 제조사가 머신러닝용 가속기 개발을 우선적으로 진행해준다면 가능해질 수도 있지만, 아직은 시간이 더 필요할 겁니다. 그럼에도 불구하고 머신러닝 모델이 더 작아지고 효율적으로 되며 하드웨어도 그에 맞춰 진화해 간다면 게임에 머신러닝을 탑재하는 것도 가능해질 겁니다.

실제로 일부 게임 엔진에서는 진보가 보이고 있습니다. 예를 들어 Unity는 GPU를 활용하여 딥러닝 계산을 시뮬레이션하고 있어요. 게임기의 그래픽 기능을 이용하면, 하드웨어가 딥러닝 전용으로 설계되지 않았더라도 딥러닝이 가능합니다. 하지만 같은 GPU를 그래픽 렌더링에도 함께 사용해야 하니 이 또한 한계가 있죠. 언젠가 딥러닝에 특화된 새로운 부품이 등장함으로써, 더 흥미로운 것들이 가능해질 것으로 기대하고 있어요.

 GPU 외에도, 온라인 상의 계산 자원을 사용하는 방법도 있지만, 게임에서 딥러닝 모델을 돌리기 위해 온라인 자원을 활용하는 것은 아직 일반적이지 않죠. 최근에는 심층 신경망을 온라인에서 작동시키는 게임들도 일부 보이긴 하지만요.

 맞습니다. 다만 문제도 있어요. 온라인 계산 자원을 활용하려면 인터넷 접속이 필요하고, 서비스가 다운되면 해당 기능은 사용할 수 없습니다. 그래서 게임의 핵심적인 중요한 부분에는 사용할 수 없는 거예요.

비용 문제 등 여러 과제도 있겠네요. 그건 그렇고, 딥러닝에는 대규모 언어 모델(LLM)부터, 텍스트 기반 음성 생성(TTS)까지 다양한 활용 분야가 있는데, 게임 도입이라는 관점에서 가능성을 느끼는 분야가 있다면요?

 AI가 방대한 텍스트 데이터를 분석하는 '자연어 처리(NLP)'는 가장 혁신적인 기술 중 하나라고 생각해요. 특히 새로운 캐릭터와 대화할 수 있게 되는 건 정말 흥미롭죠. 어쩌면 『The Elder Scrolls V: Skyrim』(2011)처럼 게임의 진행도에 맞춰 퀘스트를 자동 생성하는 시스템을 구현할 수도 있을 거예요. 예를 들어 언어 모델과 캐릭터의 성격을 모방하는 AI를 조합하면, 새로운 캐릭터와의 대화가 가능해지고, 퀘스트를 동적으로 생성하는 것도 가능할 겁니다. 즉, 더 다이내믹한 콘텐츠를 만들어낼 수 있게 되는 거죠.

더불어 TTS 기술로 새로운 목소리를 생성할 수 있게 된다면, 플레이어가 보다 몰입감 있는 체험을 할 수 있을 것이라고 생각해요.

TALK 1 : 젊은 멤버 편

예를 들어, 플레이어가 어떤 방에 들어가면 많은 NPC 캐릭터들의 대화가 들려온다고 해보죠. 특정 캐릭터에게 다가가면 특정한 실제 대화를 들을 수 있고, 다른 캐릭터에게 가면 또 다른 대화를 들을 수 있게 됩니다. 비록 대화 내용은 반복된다 하더라도, 음성을 매번 다르게 할 수 있다면 보다 현실감 있는 플레이가 가능하다고 생각해요.

- '강화학습' 에 대해서는 어떻게 생각하시나요?
- 물론, '강화학습' 도 기대되는 기술 중 하나입니다. 주된 용도는 대전 상대용 자동 AI를 만드는 것이지만, 최근에는 대규모 언어 모델 학습에도 강화학습이 활용되는 등, 다양한 분야에 응용할 수 있을 것이라고 생각합니다.

캐릭터 인터랙션이 만들어내는 게임 속의 '몰입감'

- 고티에 씨는 음성 인식과 AI 그리고 캐릭터와 플레이어 간의 인터랙션에 대해 연구 중이시죠. 캐릭터 인터랙션으로 앞으로 게임이 어떻게 변화할 것 같나요?
- 캐릭터 인터랙션은 매우 큰 분야로, 정말 다양한 기술을 다루고 있습니다. 예를 들어 머신러닝도 활용할 수 있을 것이고, 캐릭터의 다양한 감정을 생성할 수도 있게 될 겁니다. 개발자가 의도적으로 장면마다 감정을 설정하지 않아도, 자동적으로 '이 이벤트라면 이런 감정이 든다', '이 캐릭터 성격이라면 이렇게 느낄 것이다' 같은 식으로 캐릭터가 더 자연스럽게 보이도록 만들 수 있을 겁니다.

다만, '커뮤니케이션' 쪽은 아직 허들이 높습니다. 예를 들어 플레이어가 여러 행동을 하고 있어도 주변 캐릭터들이 아무 반응 없이 다른 NPC와 계속 대화만 이어가거나, 플레이어의 행동을 알아채지 못하는 등, 원활한 커뮤니케이션이 이루어지지 않는 장면이 아직 많습니다. 대형 게임에서는 플레이어의 의도를 이해하고 반응하는 캐릭터도 늘었지만, 인간 수준의 반응을 실현하려면 아직 시간이 걸릴 것으로 생각합니다.

- 캐릭터 인터랙션에 관한 연구는 학계에서도 활발히 이루어지고 있나요?
- 아쉽게도, 그 정도로 연구가 진척되진 않았어요. 현재로서는 머신러닝은 수도 그래픽 등 시각 영역에 집중되어 있는 것 같습니다. 물론, ChatGPT를 AI 캐릭터에 도입하면 어떤 결과가 나올지 탐구하는 움직임도 있지만요.
- 고티에 씨도 딥러닝이나 머신러닝을 도입해서 연구개발하고 계신가요?
- 아직 도입하지 않았습니다. 레안드로 씨가 설명한 것처럼, 머신러닝 모델은 리소스를 많이 소모하기 때문에 게임 내에서 쉽게 사용할 수는 없습니다. 현재는 "머신러닝을 사용할 수 없다면 어떤 시스템을 개발할 수 있을까"라는 관점에서 게임에 적용 가능한 요소들을 연구하고 있어요. 물론, 강화학습을 이용해서 작은 모

델을 훈련시키는 방식도 있기 때문에 그런 방향에서도 접근하고 있습니다. 캐릭터의 존재감이 커질수록 플레이어의 몰입감도 더 깊어지는 것을 목표로 하고 있습니다.

유연한 제어성과 더 인간다운 의지를 지닌 AI를 만들기 위해

● 나미키 씨가 개발 중인 게임 캐릭터의 의사 결정 시스템에 대해 질문드릴게요. '의사 결정'이라는 개념은 다소 추상적이라 이해하기 어려운 면이 있는데요, 이 연구개발에서 겨냥하는 바, 또는 '이 부분을 바꾸면 게임이 변한다'는 어떤 야망이 있을까요?

● 저는 스퀘어 에닉스다운, 가치 있는 게임 AI를 만들고 싶습니다. 특히 의사 결정 시스템은 앞으로 10년 동안 크게 변할 것이라고 생각합니다. 지금의 진화 상황은 1997년에 『파이널 판타지 VII』이 등장했을 때와 매우 유사해요. 최근 몇 년 사이에 딥러닝, 강화학습, 대규모 언어 모델 등의 기술이 발전했지만, 한편으로는 이러한 기술을 사용자에게 전달할 수 있는 하드웨어 개발이 뒤처지고 있습니다. 하지만 생각해보면, 초대 PlayStation이 발매된 후 『파이널 판타지 VII』처럼 3D 모델 게임이 급속히 보급되었죠. 앞으로 10년 안에 같은 상황이 올 것이라고 예측하고 있습니다. 딥러닝 기반의 의사 결정 시스템이 '당연한 존재'가 되는 시대죠. 그렇다 해도, 단순히 "딥러닝을 사용할 수 있게 되었다", "강한 적을 만들 수 있게 되었다"는 상황에서 **단지 강하기만 한 AI를 만드는 것에는 의미가 없습니다**. 그다음으로는 반드시 **"스퀘어 에닉스다운 가치를 창출할 수 있는가"**를 생각해야 한다고 느끼고 있어요.

예를 들어, Sony AI, 폴리포니 디지털, 소니 인터랙티브 엔터테인먼트 이 세 회사가 공동 개발한 『Gran Turismo Sophy』는 강화학습을 이용한 레이싱 게임 AI입니다. 이 AI의 특징은 단순히 '강하다'는 것에 그치지 않고, 윤리적으로 페어플레이를 한다는 점이에요. 스포츠맨십에 입각한 공정한 플레이를 하면서도 강한, 사람들이 동경할 수 있는 요소를 지닌 AI인 것이죠. 그런 특징을 지닌 AI를 어떻게 실현해나갈 것인가, 이건 앞으로도 중요한 시점이 될 것입니다.

● 나미키 씨가 개발하시는 분야는 오히려 기호주의적인 접근이죠. AI 부서 안에서도 기호주의적 '심볼릭 AI 팀'과 '머신러닝 팀'이 나뉘어 있는데, 의사 결정 분야에서는 이 둘이 어떻게 융합해 나갈 거라고 생각하시나요?

● 사용자 경험이나 게임으로서의 오락성을 제공하기 위해서도 이 두 분야의 융합은 반드시 필요하다고 생각합니다.

머신러닝 연구에서는 종종 "인간보다 높은 성능을 발휘했다"는 성과가 많죠. 최근엔 대규모 언어 모델을 이용한 플래닝도 실현되고 있지만, 정량적인 성능만 달성해서는 '오락'으로 성립하지 않습니다. 왜냐하면 게임을 하는 유저는 정량적으로 강한 AI를 원하는 게 아니거든요. 유저는 "어떻게 하면 성취감을 느낄 수 있을까", "이기고 싶다는 생각이 드는 적과 싸울 수 있을까"를 중시합니다. 반면에 일반적인 학습 알고리즘은 "어떻게 하면 최적으로 움직일까"라는 평가 함수로만 제어되기 때문에, 그런 감성적 기대를 채워주지 못하죠. 따라서, 머신러닝에 기존의 심볼릭 시스템을 융합해, 게임 플래너가 생각하는 '강함'에 더 가까운 형태로 AI를 설계할 수 있느냐가, 앞으로의 게임 AI 개발의 핵심 과제가 될 거라고 생각합니다.

- 머신러닝은 최근, 확실히 강한 캐릭터를 만드는 데 집중되어 왔죠. 누군가는 "간단하고 즐거운 AI를 만들고 싶다"고 말하더라도, 현재의 머신러닝은 그런 유연한 생성에는 적합하지 않습니다. 이런 연구는 아직 많이 진척되어 있지 않지요.
- 심볼릭 AI는 커스터마이즈하기 쉬운 장점이 있으니까요.
- 게임 디자이너들이 엄청 좋아하고 있죠.
- 그래도 딥러닝은 아주 세세한 부분까지 학습해주는 섬세함은 있지만….
- 그렇죠. 그래도 결국 블랙박스처럼 되어버려 디자이너들이 다루지 못하게 되고 마니까요.
- 디자이너들이 쓰기 편한 시스템으로 만드는 건, 게임 산업 특유의 과제라고 생각해요. 엔지니어가 게임 전체를 만드는 건 아니니까요.
- 대규모 언어 모델을 활용한 접근 방식으로 보면 앞으로는 언어 모델이 플래닝이나 비헤이비어 트리(※) 데이터를 자동으로 출력해줄 수 있는 가능성도 있다고 생각합니다. 예를 들어, 게임 디자이너가 게임 엔진에 "이런 식으로 움직이게 해주세요"라고 프롬프트를 입력하면 전투를 수행하는 적 캐릭터의 비헤이비어 트리를 게임 엔진이 자동으로 구현해주는 식이지요. 그렇기 때문에, 딥러닝이나 강화학습만이 게임 AI의 미래라고 단정 지을 수는 없다고 봅니다.

※비헤이비어 트리: 적이나 NPC와 같은 AI 캐릭터에게 독자적인 의사 결정을 시키기 위해 사용되는 기술 모델

- 머신러닝에서 종종 간과되는 요소 중 하나는 '조정 가능성(controlability)'이라고 생각합니다. 게임의 목적이나 게임 디자인을 위해서는 어떤 결과를 얻을 것인가를 아주 세밀하게 제어할 필요가 있기 때문인 것 같아요. ==애초에 AI의 출력 결과는 항상 완벽하거나 올바른 것만 있는 것도 아닙니다. 물론 정확도도 중요하지만, 더욱 중요한 건 미세 조정이나 조작이 매우 쉽게 이루어질 수 있어야 한다는 점.== 디자이너나 애니메이터, 디렉터 등 현장에서 작업하는 이들이 바꾸고 싶은 부분을 간단하게 수정할 수 있도록, 그런 AI 시스템을 개발하는 게 더욱 중요하다고 생각합니다.

- 디자이너나 디렉터가 딥러닝 기반 시스템을 자신이 원하는 대로 다룰 수 있는 조정 가능성은 정말로 중요한 요소입니다. 게임 산업에서는 엔지니어가 아닌 사람들도 커스터마이즈할 수 있어야 하니까요. 이 점에 대해 메타 AI를 다루고 계신 사토이 님은 머신러닝을 어떻게 보고 계신가요?
- 머신러닝이나 딥러닝에만 국한되지 않더라도, 예전부터 알고리즘이 무언가를 생성하는 게임에 관한 연구나, 그런 시스템을 활용한 작품들은 여러 가지 있어 왔죠. 하지만 '그저 생성만 되면 괜찮다'는 접근은 적절하지 않다고 생각합니다. ==오히려 어떤 제약을 어떻게 줄 것인가가 생성 품질을 결정짓는 요소라고도 할 수 있고, 그 부분에 창의력을 발휘할 여지가 많다고 보고 있습니다.==

알고리즘에 대한 조정 가능성을 설계하려면, 게임 디자이너가 하고자 하는 바를 AI를 만드는 사람이 어떻게 잘 구현할 수 있을지를 고민해야 해요. 하지만 현재로서는 이와 관련된 지식이 충분히 정리되어 있지 않은 부분이 많습니다. 예를 들면 앞서 나미키 씨가 이야기한 "적 캐릭터는 단순히 강하기만 한 것이 아니라, 윤리적인 플레이를 할 수 있으면 좋겠다"는 의견도 그 중 하나라고 생각합니다. 또 "전투 상대 캐릭터가 플레이어에게 부당한 공격을 하고 있지는 않은가"와 같은 문제도 실제 제품 개발 과정에서 매우 신경 쓰이는 부분이죠. 하지만 이 '부당함을 느끼지 않게 한다'는 것은 파고들면 굉장히 복잡한 문제입니다. 그럼 그런 감각을 어떻게 구현할 수 있을까? 이 부분에 대해서는 앞으로 더 많은 논의가 필요하다고 생각합니다. 앞으로는 이러한 경험과 지식을 더 많이 축적해 나가는 일이 중요하다고 느끼고 있습니다.

젊은 멤버 편 : TALK 1

AI 기술의 연계로 태어나는 시너지

 평소에는 각자의 전문 분야를 이끌고 계시는데요, 서로 어떤 식으로 연계하고 있는지도 듣고 싶습니다.

 머신러닝은, 강화학습을 제외하면 학습 데이터를 기반으로 학습해 나가는 방식이죠. 그러니까 데이터가 없으면 좋은 시스템을 만들 수 없습니다. 그래서 다른 분야와 협력할 때는 "어떤 데이터를 가지고 있는가", "학습에 사용할 수 있는 데이터가 있는가" 를 확인하는 것에서 시작합니다. 예를 들어, 메타 AI에 머신러닝을 적용하고 싶다면 "어떤 메타 AI로부터 배워야 할까?" 를 묻는 것이고, 캐릭터의 감정을 학습시키고 싶다면 "어떤 데이터에서 감정을 추출해낼 수 있을까?" 부터 이야기하게 됩니다.

 머신러닝 계열은 익혀야 할 스킬셋이 많아요. 반면, 게임 AI 엔지니어 쪽도 할 일은 산처럼 있죠. 두 분야를 모두 깊이 있게 아는 인재는 많지 않기 때문에, 그런 인재를 어떻게 키울 것인가도 중요한 과제입니다. 다양한 기술과 사람을 잘 연결하지 않으면, 머신러닝은 단순히 최적화를 위한 도구밖에 되지 않습니다. 단지 최적의 행동을 체크하는 툴이나 QA 시스템에만 쓰이게 된다면 너무 아쉬운 거죠. 그래서야말로, AI 기술을 얼마나 잘 융합시켜서 시너지를 낼 수 있는지가 핵심이라고 생각합니다.

 맞아요. 머신러닝 쪽 사람들과 협력하는 건 쉬운 일이 아니지만, 최근엔 조금씩 연계가 이루어지고 있어요. 예를 들어, 캐릭터 AI의 감정을 회화로 표현하는 연구에서는, 머신러닝 엔지니어인 핸디 에드가 씨와 함께 다양한 작업을 했습니다. 또 다른 사람과는 음악 생성에 대해 협력한 적도 있고요. 제가 캐릭터를 움직이고 싶을 때는, 내비게이션 시스템을 개발하고 있는 동료와 협업하고 있어요.

무엇보다도, 각 분야에서 어떤 것을 만들고 있는지, 어떤 기술을 개발하고 있는지를 알고 있는 게 중요하다고 생각해요. 그걸 알고 있으면, 훗날 자신의 전문 분야와 연결해서 협업할 수 있으니까요.

과제를 넘고, AI가 실현하는 '스퀘어에닉스다움'

 평소에 느끼는 과제나 어려움이 있다면 들려주세요. 디지털 게임에 AI를 도입해나가는 데 있어서, '이 부분이 장벽이었다' 같은 점이나, 특별히 생각하고 계신 바가 있을까요?

 가장 큰 장벽은 역시 개발 현장과의 커뮤니케이션이에요. 가끔 게임 디자이너로부터 "여기에 머신러닝 기술을 적용하고 싶다" 는 상담을 받는데, 꼭 그 선택이 맞다고는 할 수 없어요. 머신러닝이 만능은 아니고, 경우에 따라선 룰 기반 AI나 심볼릭 AI가 더 잘 작동하는 경우도 있으니까요. 또, 머신러닝으로 구현 가능한 일이라 해도, 많은 시간과 데이터 수집이 필요하다면 그 노력에 상응하는 효과가 있는지 신중히 판단해야 해요. 결국, 그들이 진짜 원하는 바를 제대로 파악하고, 우리가 제공할 수 있는 것을 명확히 하는 게 중요하고, 그러기 위해선 공동작업이 무엇보다도 필요하다고 느껴요.

 반대로, 디자이너 쪽에서 "이 기술은 여기까지만 쓸 수 있어" 라고 스스로 한계를 설정해버리는 경우도 있어요. 새로운 기술을 소개하면서 "이걸로 이런 것도 할 수 있어요" 라고 여러 번 설명해도 잘 받아들여지지 않기도 해요. 하지만 디자이너 입장에서는 새로운 기술을 상상하기가 쉽지 않죠. 그래서 새로운 기술을 쓰는 프로젝트에서는, 그런 '커뮤니케이션 장벽' 이 존재한다고 느낍니다.

사실은 "이런 것도 만들 수 있을까요?" 같은 식의 상담을 더 많이 받고 싶어요. 그런데 대부분 "어차피 안 될 거야" 라고 생각하시니까, 아예 처음부터 상담이 오질 않아요. 개발 중에도 몇 달 뒤에 와서 "이런 걸 만들고 싶었는데, 역시 무리죠?" 하고 물어보시는 경우도 있긴 해요 (웃음).

정말 자주 있는 일이죠. 저희도 뭘 어떻게 설명해야 할지 모르겠고, 상대방도 뭘 설명해줘야 할지 모르는 경우가 많아요.

디자이너와의 협업이 필수적인 만큼, 훨씬 더 밀도 있는 커뮤니케이션이 필요하다고 생각해요.

방금 고티에 씨가 말씀하신 부분, 저도 똑같이 느끼고 있어요. 특히 메타 AI는 게임 디자인이나 사양에 큰 영향을 주는 기술이라, 사양이 다 정해진 다음에 "메타 AI 도입해볼까요?" 라고 오셔도, 그 시점에선 할 수 있는 일이 정말 한정적이거든요. 제가 처음 참여했던 프로젝트도 마찬가지였어요. 모든 사양이 다 정해진 뒤에 "메타 AI를 도입해보면 어떨까요?" 라고 제안이 와서, 정해진 틀 안에서 밸런스를 살짝 조정하는 정도밖에 못했죠.

AI는 게임 디자인의 핵심에 관여하는 기술이라, 뒤늦게 추가하는 게 쉬운 일이 아니에요.

"좀 더 일찍 커뮤니케이션을 했더라면, 유저에게 도움이 되는 기술을 제안할 수 있었을 텐데…" 하고 아쉬운 마음이 들 때도 많아요. 이상적으로는, 사양을 결정하기 전에 디자이너 쪽에서 메타 AI 도입을 전제로 기획을 잡아주면 가장 좋아요. 그러려면 우선 메타 AI가 뭔지 알아야 하고, "기회가 되면 써보고 싶다" 는 긍정적인 관심도 필요하죠.

또 뭔가 궁금한 게 생겼을 때, 부담 없이 자연스럽게 소통할 수 있는 관계를 만들어가면 좋겠다고 생각해요.

AI는 게임 디자인을 확장하고 깊게 만들어주는 기술인 만큼, 그것을 활용하는 디자이너와의 소통이야말로 가장 중요한 과제일지도 몰라요.

덧붙여 말씀드리면, AI 기술은 각각 특성이 다르기 때문에, "해당 타이틀과 얼마나 잘 맞는지" 를 고려해서 제안하는 것도 중요하다고 봐요. 예를 들어, 상태 머신은 액션 게임과 궁합이 좋고, 플래닝 시스템은 장시간 플레이나 동료와의 협력, 팀플 요소가 많은 게임에서 유용하게 쓰이죠. 타이틀과 어울리지 않는 기술을 억지로 넣으면 오히려 역효과가 나는 경우도 많아서, 그 판단이 쉽지 않다는 걸 많이 느껴요. 그리고 결국 "어떻게 하면 스퀘어 에닉스다운 게임을 만들 수 있을까" 라는 것이 AI 부서의 가장 큰 과제라고 생각해요. 스퀘어 에닉스는, 동료와 함께 역경을 이겨낸다거나, 동료 간의 유대를 테마로 한 게임에 강하다고 생각하거든요. 『파이널 판타지 XV』처럼, 동료와 함께 싸우는 시스템 위에 스토리를 얹는 방식이죠. 이런 새로운 형태를 정립해 나가는 과정에서, 게임 AI는 점점 더 중요한 역할을 하게 될 거예요.

연구·게임 개발, 두 축으로 유저에게 '새로운 게임 체험'을 전하다

자, 마지막으로 여러분께 여쭤보고 싶습니다. 이 일을 하면서 "정말 잘하고 있구나" "이 일을 하길 잘했구나" 라고 느끼는 순간은 언제인가요?

역시 자신이 개발해 온 기술이 실제 게임에 사용되었을 때가 가장 감동적입니다. 몇 년간 힘써 개발한 기술들 중에는 회사 내부에서 활용되지 못하는 경우도 있지만, 그 또한 결코 헛된 일은 아닙니다. 예를 들어 GDC나 CEDEC 같은 컨퍼런스에서 발표하거나 논문을 쓰는 계기가 되기도 하고, 그를 통해 전 세계 연구자들과의 연결이 생기기도 하거든요. 그런 연구자들과 의견을 교환하는 경험은 정말 기쁩니다.

 저는 게임 개발자로서의 시점과 연구자로서의 시점, 두 가지 관점을 가지고 있습니다.

기업 내 게임 개발자로서는, 유저가 실제로 손에 쥐는 '게임' 이라는 결과물에 기여할 수 있다는 점이 큰 의미입니다. 자신의 연구가 '유저를 즐겁게 하는 것' 으로 이어지고 있다는 걸 느낄 수 있을 때 보람을 크게 느끼죠. 물론 제가 연구 중인 메타 AI는 반드시 겉으로 드러나는 요소는 아니지만, 메타 AI를 활용한 게임 디자이너로부터 "정말 좋았어요!" 라는 피드백을 받은 적이 있어서, 그때는 정말 기뻤습니다.

또 연구자로서는 메타 AI 연구 개발을 통해 '게임의 재미란 무엇인가' 라는 질문에 새로운 인식을 얻거나 깊이 파고들 수 있다는 점이 무척 즐겁습니다. AI 부서 내부뿐만 아니라 타 부서나 외부 회사 사람들과 의견을 교환할 기회도 많기 때문에, 매우 자극적인 환경에서 연구하고 있다고 느낍니다.

 저 역시, 자신이 만든 것이 게임 개발에 기여하거나 게임의 일부가 되었을 때 가장 기쁩니다. 또 하나는, 머신러닝과 게임이라는 콘셉트를 결합한 연구를 해 나갈 수 있다는 점인데요. 현재 다양한 분야에서 머신러닝 연구가 진행되고 있지만, 게임은 그 중심이 되는 테마는 아니라고 느끼고 있습니다. 그렇기 때문에 이 분야에서 새로운 아이디어를 시도해볼 수 있다는 점이 저에게는 큰 동기부여가 됩니다.

 역시 그 부분은 다들 공통적인 것 같네요. 저도 새로운 콘셉트의 AI를 도입한 게임이 실제로 출시되어, 유저의 손에 닿고, SNS나 블로그, 게시판 등을 통해 감상을 받을 수 있었을 때 가장 기쁩니다. 물론 반응이 안 좋으면 꽤 낙담하기도 합니다만 (웃음).

사실, 기술적으로는 도전적인 시도를 했지만, 매출이 그리 좋지 않았던 게임도 세상에는 많이 존재합니다. 하지만 그런 게임에 대해 "이 기술은 좋았어요" 같은 평을 들었을 때, 기술자로서는 정말 기뻐요. 사용자에게 기술적인 노력을 인정받았다는 것은, 기술자로서 가장 큰 보람이라고 생각해요.

플레이어가 AI 기술 자체를 의식해주는가라 하면, 그건 좀 어려울지도 모르겠습니다. 오히려 AI는 자연스럽게 보이는 것이 목표이기 때문에, 그런 피드백이 잘 안 오는 면도 있다고 봐요.

 확실히 직접적으로 기술을 평가하는 코멘트는 적어요. 그래도 "이 장면 무서웠다" 라든가 "얘 진짜 강했지" 같은 댓글만으로도 충분히 보람을 느낍니다.

 우리의 가장 중요한 임무는 기술을 게임에 도입하는 것이지만, 동시에 'AI 기술 자체를 발전시켜 나가는 것' 도 중요한 사명입니다. 그래서 개발과 연구, 두 분야 모두 똑같이 중요하다고 생각해요. 이 분야는 주제가 정말 풍부하고, 게임 산업이 아니면 연구하기 어려운 테마도 많습니다. AI 부서는 그런 각각의 분야에서 최전선의 연구를 이어가고 있고요. 그리고 그 성과를 수십만, 수백만 명의 유저에게 전달할 수 있다는 점은 엄청난 매력이라고 생각합니다. 앞으로도 AI 기술의 연구와 개발, 이 두 바퀴를 바탕으로 게임의 새로운 가능성을 열어가고 싶습니다.

후기

• 이 책을 읽고 나서(아직 다 못 읽었더라도!)
이 책을 끝까지 읽어주셔서 감사합니다(모든 내용을 빠짐없이 읽는 건 쉽지 않기 때문에 먼저 이 후기를 읽고 계신 분도 계실 거라 생각합니다). 사실 책이라는 건 마음이 내킬 때 읽는 것이기에, 곁에 두고만 있어도 큰 영광입니다.
이 책을 쭉 훑어보기만 해도, 꽤나 방대한 분량과 넓은 주제를 다루고 있다는 느낌을 받으셨을 겁니다. '디지털 게임 AI'라는 세계가 있고, 우리가 평소 무심코 플레이하는 그 속에도 이런 복잡한 세계가 숨어 있다는 걸 느끼셨다면, 저희의 목적은 이미 충분히 달성된 것이라 생각합니다. 이 책을 이해하고, 이 분야의 넓이를 조금이나마 체감하셨다면 더할 나위 없이 기쁘겠습니다.

• 디지털 게임 AI는 지금부터
'디지털 게임 AI'는 아직까지도 매우 젊은 분야입니다. 연구 분야의 '나이'라는 건 좀처럼 가늠하기 어려운 개념이지만, 대학에서 배우는 대부분의 학문은 수백 년(물리학, 화학 등)에서 수천 년(수학, 법학, 건축학 등)의 역사를 지녔습니다. 그에 반해 'AI(인공지능)'는 1950년대에 시작됐고, '디지털 게임 AI'에 이르면 겨우 1990년대 이후에야 태동하기 시작했습니다. 말 그대로 아직 '여명기'에 해당한다고 볼 수 있습니다. 앞으로 이 '디지털 게임 AI' 분야 안에서 새로운 연구 주제들이 하나하나 열리게 될 것이며, 이는 디지털 게임의 디자인 전반에도 큰 영향을 주게 될 것입니다. 어느 영역 하나도 아직 완성되었다고 할 수 없고, 앞으로 발전 가능성이 풍부한 영역입니다.

이 책에서 소개한 기술들도, 지금까지 이루어진 일들보다는 앞으로 시도될 일들이 훨씬 더 많을 분야입니다. 그만큼 환경도, 정보도 정비되어 있지 않은 상태입니다. 그런 상황 속에서도 이 책을 세상에 내고자 했던 이유는, 바로 이 여명기의 현장에서 느껴지는 '짜릿한 설렘'이 너무나 컸기 때문입니다. 그리고 그 설렘을 책이라는 형태로 꼭 전달하고 싶었습니다. 물론, 이 설렘은 스퀘어 에닉스의 여러 게임 속에도 고스란히 녹아 있습니다. 앞으로도 AI를 통해 디지털 게임의 진화에 기여하고자 합니다. 게임이든, 책이든, 웹 기사든, 여러분에게 이 흥미로운 분야의 매력을 계속해서 전해 드릴 수 있으면 좋겠습니다.

• 도서 소개
마지막으로, 이 책을 계기로 '디지털 게임 AI'에 관심을 갖게 되신 분들을 위해 다음 단계로 참고하실 만한 책을 소개해드립니다.

1. 『FINAL FANTASY XV의 인공지능 - 게임 AI에서 엿보는 미래』
　(FINAL FANTASY XV の人工知能 - ゲームAIから見える未来)
　주식회사 스퀘어·에닉스 『FFXV』 AI 팀 저, 본디지털, 2019년)
　(株式会社スクウェア・エニックス 『FFXV』 AIチーム 著、ボーンデジタル、2019年)

이 책은 정말 훌륭한 책입니다. 실제 게임 타이틀에서 개발된 AI 기술을 15명의 개발자가 직접 소개하고 있습니다. 전체 컬러로 구성되어 있어 다양한 게임 화면과 툴 화면도 함께 볼 수 있으며, 그 구성은 실로 압도적입니다. 본서의 부교재로도 자신 있게 추천할 수 있는 한 권입니다.

2. 『인공지능 만드는 법 ― '재미있는' 게임 AI는 어떻게 작동하는가』
    (人工知能の作り方 ――「おもしろい」ゲームAIはいかにして動くのか)
    미야케 요이치로 저, 기술평론사, 2016년
    (三宅陽一郎 著、技術評論社、2016年)

디지털 게임 AI의 다양한 테크닉을 에세이 스타일로 풀어낸 책입니다. 게임 디자인과 기술 사이를 다룬 내용으로, 부담 없이 읽을 수 있는 도서입니다.

3. 『게임 AI 기술 입문 ― 광대한 인공지능 세계를 체계적으로 배우다』
    (ゲームAI技術入門 ―― 広大な人工知能の世界を体系的に学ぶ)
    미야케 요이치로 저, 기술평론사, 2019년
    (三宅陽一郎 著、技術評論社、2019年)

디지털 게임 AI의 전체적인 체계를 다룬 본격적인 교과서입니다. 이 분야의 연구를 더 깊이 있게 공부하고 싶은 분들께 이상적입니다.

· **논문 및 정보 출처에 대하여**
아래 사이트에서 관련 논문과 자료를 무료로 열람하실 수 있습니다. 방대한 정보를 다루고 있으므로 '디지털 게임 AI'에 대해 알아보고 싶을 때는 먼저 일본 인공지능학회 사이트를 확인해보세요.

일본 인공지능학회(JSAI)
https://www.ai-gakkai.or.jp

- 내가 추천하는 북마크 '디지털 게임 인공지능의 역사적 변천 ―룰 베이스에서 딥러닝까지'
  (ディジタルゲームの人工知能の歴史的変遷―ルールベースからディープラーニングまで)
  https://www.ai-gakkai.or.jp/resource/my-bookmark/my-bookmark_vol37-no6

- 내가 추천하는 북마크 '디지털 게임의 인공지능(ディジタルゲームの人工知能)'
  https://www.ai-gakkai.or.jp/resource/my-bookmark/my-bookmark_vol32-no4

용어집

이 책을 읽는 데에 있어 최소한 알아두면 좋은 용어 50개 정도를 간단히 설명합니다. 각 장에서 보다 자세한 설명이 이어지므로, 여기에서 전부 이해하지 않아도 괜찮습니다. 모르는 단어가 나왔을 때나 개념을 정리하고 싶을 때 활용해 주세요.

G 게임 개발 용어
A AI 용어

QA	G	품질 보증(Quality Assurance)의 약자. 품질 관리와 거의 같은 의미
UX	G	사용자 경험(User Experience)의 약자. 게임 UX는 게임 내 체험의 의미
애니메이션	G	캐릭터나 오브젝트의 움직임
앰비언트	A	군중, 다수의 캐릭터 무리
이벤트	G	게임 내에서 발생한 사건 또는 일련의 상황
인티그레이션	G	여러 시스템을 하나로 통합하는 것
웨이포인트	A	지형을 단순화해서 나타내기 위한 연결된 좌표들의 집합
에이전트	A	역할을 가진 인공지능. 여기서는 캐릭터 AI와 같은 의미
에이전트 아키텍처	A	캐릭터 AI 전체의 설계 구조
이펙트	A	캐릭터·신체·메타: 게임 전체에 영향을 주는 요소
온·디맨드	G	요청이 발생했을 때 실행되는 방식
캐릭터	G	게임에 등장하는 인물
캐릭터 AI	A	캐릭터의 두뇌 역할을 하는 인공지능
쿼리	G	다른 시스템에 데이터를 전달하거나 계산을 요구하는 명령
커밋	G	새로운 프로그램을 기존 프로그램 위치에 반영하는 것
콜리전	G	충돌. 충돌 대상 자체를 의미하기도 함
스크립트	G	특정 문제 영역을 프로그래밍하는 언어
스티어링	A	이동 속도, 방향, 가속도 등, 운동을 제어하는 시스템
센서	A	캐릭터가 가진 '오감'을 표현하는 기능
테스트	G	게임을 플레이하며 버그나 사항 일치를 확인하는 행위
내비게이션 AI	A	'길 찾기'나 '위치 판단'을 담당하는 AI
내비게이션 데이터	A	[내비게이션 메시지], [웨이포인트]를 의미
내비게이션 메시지	G A	서로 연결된 콜리전 데이터로 지형을 표현한 것
논 플레이어 캐릭터	G	플레이어가 조작하지 않고 AI가 움직이는 캐릭터

파이프라인	G	일련의 일관된 처리 흐름. 예: 게임 개발 파이프라인
패스	A	환경 속에서 목표 지점까지의 경로를 찾는 것. 경로 탐색이라고도 함
백엔드	G	시스템의 핵심을 뒷받침하는 요소. 게임에서 보이지 않는 내부 프로세스나 서버
패치	G	이미 출시된 소프트웨어에 수정 사항이나 추가 요소를 덧붙이는 것
블랙보드	A	AI가 서로 정보를 공유하고 협력하는 데 사용하는 가상의 공간
플래닝	A	행동 계획을 세우는 것
프로시저 기술	G	규칙이나 코드로 CG 데이터를 자동 생성하는 기술
머지	G	새로운 프로그램을 기존 코드에 병합하는 것
마스터	G	최종 데이터
메타	A	게임 전체를 조망하며 요소를 설계할 수 있는 인공지능
런타임	A	게임 실행 중의 상태
립싱크	G	입술(립)의 움직임이 대사에 맞게 움직이는 것
리플레이	G	플레이를 기록하고 그걸 다시 재생하는 것
로깅	G	게임을 실행했을 때의 동작을 기록하는 것
위치 탐색	G A	환경 속에서 특정 위치를 찾는 처리
의사결정	A	어떤 행동을 할지 선택하는 과정
의사결정 알고리즘	A	의사결정을 구현할 때 사용하는 계산 방법
기계학습	A	인공지능의 학습 전반을 가리키는 말
강화학습	A	기계학습의 한 종류. 경험을 통해 절차를 배우는 것
지도 학습	A	기계학습의 한 종류. 정답이 있는 데이터를 기반으로 학습하는 방식
사양	G	게임의 설계를 수치나 규칙으로 정리한 것
자연어 처리	A	사람이 사용하는 일상 언어와 관련된 전반적인 기술. NLP라고도 함
자동 테스트	G	소프트웨어가 자동으로 테스트를 수행하는 것. 자동 플레이라고도 함
자율형 인공지능	A	스스로 느끼고, 사고하며, 몸을 움직이는 인공지능
심층 학습	A	딥러닝이라고도 함. 이 책에서는 신경망을 학습시키는 것을 뜻한다
인공지능 (AI)	A	기계나 게임 캐릭터 등 인간 아닌 존재가 가진 지능
세계 표현	A	지식 표현의 한 종류. 지형에 관한 정보를 나타낸 것. 내비게이션 데이터 등
지식 표현	A	지식의 형태. 이를 설계함으로써 인공지능이 지식 수준을 높일 수 있음
동료 AI	A	주인공과 함께 행동하기 위한 설계된 동료 캐릭터의 인공지능
품질 관리	G	게임의 버그를 없애고 사양대로 동작하는지 확인함으로써 품질을 관리함

스퀘어 에닉스의
게임 AI

초판 1쇄 인쇄 2025년 07월 10일
초판 1쇄 발행 2025년 07월 15일

저자 : 스퀘어 에닉스 | 번역 : 송지연 | 펴낸이 : 이동섭
책임편집 : 송정환 | 본문 디자인: 강민철 | 표지 디자인: 조세연
기획편집 : 이민규, 박소진 | 영업·마케팅 : 조정훈, 곽혜연
e-BOOK : 홍인표, 최정수, 김은혜, 정희철, 김유빈
라이츠: 서찬웅, 서유림 | 관리 : 이윤미

㈜에이케이커뮤니케이션즈
등록 1996년 7월 9일(제302-1996-00026호)
주소 : 08513 서울특별시 금천구 디지털로 178, 1805호
TEL : 02-702-7963~5 FAX : 0303-3440-2024
홈페이지 : https://ak-it.tistory.com
　　　　　http://www.amusementkorea.co.kr :
원고투고 : tugo@amusementkorea.co.kr

ISBN 979-11-274-6240-6　13000

AI in SQUARE ENIX
ⓒSQUARE ENIX
All rights reserved.
Original Japanese edition published by Born Digital, Inc.
Korean translation rights ⓒ2025 by AK Communications, Inc.
Korean translation rights arranged with Born Digital, Inc, Tokyo
through AK Communications, Inc.

이 책의 한국어판 저작권은 일본 Born Digital, Inc.와의 독점 계약으로
㈜에이케이커뮤니케이션즈에 있습니다.
저작권법에 의해 한국에서 보호를 받는 저작물이므로 무단전재와 무단복제를 금합니다.
*잘못된 책은 구입한 곳에서 무료로 바꿔드립니다.